Segurança, Território, População

MICHEL FOUCAULT

Segurança, Território, População

Curso dado no Collège de France (1977-1978)

◆

*Edição estabelecida por Michel Senellart
sob a direção de
François Ewald e Alessandro Fontana*

Tradução EDUARDO BRANDÃO
Revisão da tradução CLAUDIA BERLINER

martins fontes

Esta obra foi publicada originalmente em francês com o título
SÉCURITÉ, TERRITOIRE, POPULATION *por Éditions du Seuil, Paris.*
© *Seuil/Gallimard, 2004.*
Edição estabelecida por Michel Senellart sob a direção de François Ewald
e Alessandro Fontana.
© *2023 Martins Editora Livraria Ltda., São Paulo, para a presente edição.*

Publisher	Evandro Mendonça Martins Fontes
Coordenação editorial	Vanessa Faleck
Produção editorial	Carolina Cordeiro Lopes
Revisão	Renata Sangeon
	Barbara Parente

2ª edição março de 2023 | **Fonte** Berkeley Oldstyle
Papel Lux Cream 60 g/m² | **Impressão e acabamento** Imprensa da Fé

Dados Internacionais de Catalogação na Publicação (CIP)
Angélica Ilacqua CRB-8/7057

Foucault, Michel, 1926-1984

Segurança, território, população : curso dado no Collège de France (1977-1978) / Michel Foucault ; tradução de Eduardo Brandão ; revisão da tradução de Claudia Berliner. – 2. ed. – São Paulo : Martins Fontes – selo Martins, 2023.
584 p.

Edição estabelecida por Michel Senellart, sob a direção de François Ewald e Alessandro Fontana.
Bibliografia
ISBN 978-65-5554-019-2
Título original: Sécurité, territoire, population

1. Estado 2. Poder (Ciências sociais) 3. Ciência política I. Título II. Brandão, Eduardo III. Berliner, Claudia.

22-1664   CDD 320.1

Índice para catálogo sistemático:
1. O Estado : Filosofia : Ciência política   320.101

Todos os direitos desta edição reservados à
Martins Editora Livraria Ltda.
Av. Dr. Arnaldo, 2076
01255-000 São Paulo SP Brasil
Tel.: (11) 3116 0000
info@emartinsfontes.com.br
www.emartinsfontes.com.br

SUMÁRIO

Nota XI

AULAS, ANO 1977-1978

Aula de 11 de janeiro de 1978 3
Perspectiva geral do curso: o estudo do biopoder. – Cinco proposições sobre a análise dos mecanismos de poder. – Sistema legal, mecanismos disciplinares e dispositivos de segurança. Dois exemplos: (a) a punição do roubo; (b) o tratamento da lepra, da peste e da varíola. – Características gerais dos dispositivos de segurança (I): os espaços de segurança. – O exemplo da cidade. – Três exemplos de organização do espaço urbano nos séculos XVI e XVII: (a) *La Métropolitée* de Alexandre Le Maître (1682); (b) a cidade de Richelieu; (c) Nantes.

Aula de 18 de janeiro de 1978 39
Características gerais dos dispositivos de segurança (II): a relação com o acontecimento: a arte de governar e o tratamento do aleatório. – O problema da escassez alimentar nos séculos XVII e XVIII. – Dos mercantilistas aos fisiocratas. – Diferenças entre dispositivo de segurança e mecanismo disciplinar na maneira de tratar o acontecimento. – A nova racionalidade governamental e a emergência da "população". – Conclusão sobre o liberalismo: a liberdade como ideologia e técnica de governo.

Aula de 25 de janeiro de 1978 75
Características gerais dos dispositivos de segurança (III): a normalização. – Normação e normalização. – O exemplo da epidemia (a varíola) e as campanhas de inoculação do século XVIII. – Emergência de novas noções: caso, risco, perigo, crise. – As formas de normalização na disciplina e nos mecanismos de segurança. – Implantação de uma nova tecnologia política: o governo das populações. – O problema da população nos mercantilistas e nos fisiocratas. – A população como operadora das transformações nos saberes: da análise das riquezas à economia política, da história normal à biologia, da gramática geral à filologia histórica.

Aula de 1º de fevereiro de 1978 119
O problema do "governo" no século XVI. – Multiplicidade das práticas de governo (governo de si, governo das almas, governo dos filhos etc.). – O problema específico do governo do Estado. – O ponto de repulsão da literatura sobre o governo: *O Príncipe*, de Maquiavel. – Breve história da recepção de *O Príncipe*, até o século XIX. – A arte de governar, distinta da simples habilidade do príncipe. – Exemplo dessa nova arte de governar: *O espelho político*, de Guillaume de La Perrière (1555). – Um governo que encontra seu fim nas "coisas" a dirigir. – Regressão da lei em benefício de táticas diversas. – Os obstáculos históricos e institucionais à aplicação dessa arte de governar até o século XVIII. – O problema da população, fator essencial do desbloqueio da arte de governar. – O triângulo governo-população-economia política. – Questões de método: o projeto de uma história da "governamentalidade". A supervalorização do problema do Estado.

Aula de 8 de fevereiro de 1978 157
Por que estudar a governamentalidade? – O problema do Estado e da população. – Relembrando o projeto geral: tríplice deslocamento da análise em relação (a) à instituição, (b) à função, (c) ao objeto. – Objeto do curso deste ano. – Elementos para uma história da noção de "governo". Seu campo semântico do século XIII ao século XV. – A ideia de governo dos homens. Suas fontes: (A) A organização de um poder pastoral no Oriente pré-

cristão e cristão. (B) A direção de consciência. – Primeiro esboço do pastorado. Suas características específicas: (a) ele se exerce sobre uma multiplicidade em movimento; (b) é um poder fundamentalmente benéfico que tem por objetivo a salvação do rebanho; (c) é um poder que individualiza. *Omnes et singulatim*. O paradoxo do pastor. – A institucionalização do pastorado pela Igreja cristã.

Aula de 15 de fevereiro de 1978.. 183

Análise do pastorado (continuação). – O problema da relação pastor-rebanho na literatura e no pensamento grego: Homero, a tradição pitagórica. Raridade da metáfora do pastor na literatura política clássica (Isócrates, Demóstenes). – Uma exceção maior: o *Político* de Platão. O uso da metáfora nos outros textos de Platão (*Crítias, Leis, República*). A crítica da ideia de um magistrado-pastor no *Político*. A metáfora pastoral aplicada ao médico, ao agricultor, ao ginasta e ao pedagogo. – A história do pastorado no Ocidente como modelo de governo dos homens é indissociável do cristianismo. Suas transformações e suas crises até o século XVIII. Necessidade de uma história do pastorado. – Características do "governo das almas": poder globalizante, coextensivo à organização da Igreja e distinto do poder político. – O problema das relações entre poder político e poder pastoral no Ocidente. Comparação com a tradição russa.

Aula de 22 de fevereiro de 1978.. 219

Análise do pastorado (fim). – Especificidade do pastorado cristão em relação às tradições oriental e hebraica. – Uma arte de governar os homens. Seu papel na história da governamentalidade. – Principais características do pastorado cristão do século III ao século VI (são João Crisóstomo, são Cipriano, santo Ambrósio, Gregório, o Grande, Cassiano, são Bento): (1) a relação com a salvação. Uma economia dos méritos e dos deméritos: (a) o princípio da responsabilidade analítica; (b) o princípio da transferência exaustiva e instantânea; (c) o princípio da inversão sacrifical; (d) o princípio da correspondência alternada. (2) A relação com a lei: instauração de uma relação de dependência integral entre a ovelha e quem a dirige. Uma relação individual e não finalizada. Diferença entre a *apátheia* grega e a *apátheia* cristã. (3) A relação com a verdade: a produção de verdades ocultas. Ensinamento pastoral e direção de consciência. – Conclusão: uma forma de poder absolutamente nova que assinala o aparecimento de modos específicos de individualização. Sua importância decisiva para a história do sujeito.

Aula de 1º de março de 1978 255
A noção de "conduta". – A crise do pastorado. – As revoltas de conduta no campo do pastorado. – O deslocamento das formas de resistência, na época moderna, para os confins das instituições políticas: exemplos do exército, das sociedades secretas, da medicina. – Problema de vocabulário: "revoltas de conduta", "insubmissão", "dissidência", "contracondutas". As contracondutas pastorais. Recapitulação histórica: (a) o ascetismo; (b) as comunidades; (c) a mística; (d) a Escritura; (e) a crença escatológica. – Conclusão: desafios da referência à noção de "poder pastoral" para uma análise dos modos de exercício do poder em geral.

Aula de 8 de março de 1978 305
Da pastoral das almas ao governo político dos homens. – Contexto geral dessa transformação: a crise do pastorado e as insurreições de conduta no século XVI. A Reforma protestante e a Contrarreforma. Outros fatores. – Dois fenômenos notáveis: a intensificação do pastorado religioso e a multiplicação da questão da conduta, nos planos privado e público. – A razão governamental própria do exercício da soberania. – Comparação com são Tomás. – A ruptura do *continuum* cosmológico-teológico. – A questão da arte de governar. – Observação sobre o problema da inteligibilidade em história. – A razão de Estado (I): novidade e objeto de escândalo. – Três pontos de focalização do debate polêmico em torno da razão de Estado: Maquiavel, a "política", o "Estado".

Aula de 15 de março de 1978 341
A razão de Estado (II): sua definição e suas principais características no século XVII. – O novo modelo de temporalidade histórica acarretado pela razão de Estado. – Traços específicos da

razão de Estado em relação ao governo pastoral: (1) O problema da salvação: a teoria do golpe de Estado (Naudé). Necessidade, violência, teatralidade. – (2) O problema da obediência. Bacon: a questão das sedições. Diferenças entre Bacon e Maquiavel. – (3) O problema da verdade: da sabedoria do príncipe ao conhecimento do Estado. Nascimento da estatística. O problema do segredo. – O prisma reflexivo no qual apareceu o problema do Estado. – Presença-ausência do elemento "população" nessa nova problemática.

Aula de 22 de março de 1978 383
A razão de Estado (III). – O Estado como princípio de inteligibilidade e objetivo. – O funcionamento dessa razão governamental: (A) Nos textos teóricos. A teoria da manutenção do Estado. (B) Na prática política. A relação de concorrência entre os Estados. – O tratado de Vestefália e o fim do Império Romano. – A força, novo elemento da razão política. – Política e dinâmica das forças. – O primeiro conjunto tecnológico característico dessa nova arte de governar: o sistema diplomático-militar. – Seu objetivo: a busca de um equilíbrio europeu. O que é a Europa? A ideia de "balança". – Seus instrumentos: (1) a guerra; (2) a diplomacia; (3) o estabelecimento de um dispositivo militar permanente.

Aula de 29 de março de 1978 417
O segundo conjunto tecnológico característico da nova arte de governar segundo a razão de Estado: a polícia. Significações tradicionais da palavra até o século XVI. Seu novo sentido nos séculos XVII-XVIII: cálculo e técnica garantem o bom emprego das forças do Estado. – A tripla relação entre o sistema do equilíbrio europeu e a polícia. – Diversidade das situações italiana, alemã e francesa. – Turquet de Mayerne, *A monarquia aristodemocrática*. – O controle da atividade dos homens como elemento constitutivo da força do Estado. – Objetos da polícia: (1) o número de cidadãos; (2) as necessidades da vida; (3) a saúde; (4) as profissões; (5) a coexistência e a circulação dos homens. – A polícia como arte de administrar a vida e o bem-estar das populações.

Aula de 5 de abril de 1978 447
A polícia (continuação). – Delamare. – A cidade, lugar de elaboração da polícia. Polícia e regulamentação urbana. A urbanização do território. Relação da polícia com a problemática mercantilista. – A emergência da cidade-mercado. – Os métodos da polícia. Diferença entre polícia e justiça. Um poder de tipo essencialmente regulamentar. Regulamentação e disciplina. – Volta ao problema dos cereais. – A crítica do Estado de polícia a partir do problema da escassez alimentar. As teses dos economistas, relativas ao preço do cereal, à população e ao papel do Estado. – Nascimento de uma nova governamentalidade. Governamentalidade dos políticos e governamentalidade dos economistas. – As transformações da razão de Estado: (1) a naturalidade da sociedade; (2) as novas relações entre o poder e o saber; (3) a responsabilidade com a população (higiene pública, demografia etc); (4) as novas formas de intervenção estatal; (5) o estatuto da liberdade. – Os elementos da nova arte de governar: prática econômica, gestão da população, direito e respeito às liberdades, polícia com função repressiva. – As diferentes formas de contraconduta relativas a essa governamentalidade. – Conclusão geral.

Resumo do curso 487
Situação dos cursos 493

Índices 537
   Índice das noções 539
   Índice dos nomes de pessoas 557

NOTA

Michel Foucault lecionou no Collège de France de janeiro de 1971 até sua morte em junho de 1984 – com exceção de 1977, quando gozou de um ano sabático. O nome da sua cadeira era: *História dos sistemas de pensamento*.

Essa cadeira foi criada em 30 de novembro de 1969, por proposta de Jules Vuillemin, pela assembleia geral dos professores do Collège de France em substituição à cadeira de história do pensamento filosófico, que Jean Hyppolite ocupou até a sua morte. A mesma assembleia elegeu Michel Foucault, no dia 12 de abril de 1970, titular da nova cadeira[1]. Ele tinha 43 anos.

Michel Foucault pronunciou a aula inaugural no dia 2 de dezembro de 1970[2].

O ensino no Collège de France obedece a regras específicas. Os professores têm a obrigação de dar 26 horas de aula por ano (metade das quais, no máximo, pode ser dada na

....

1. Michel Foucault encerrou o opúsculo que redigiu para sua candidatura com a seguinte fórmula: "Seria necessário empreender a história dos sistemas de pensamento" ("Titres et travaux", *in Dits et Écrits*, 1954-1988, ed. por D. Defert e F. Ewald, colab. J. Lagrange, Paris, Gallimard, 1994, 4 vols.; cf. vol. I, p. 846). [Ed. bras.: *Ditos e escritos* – 5 vols. temáticos, Rio de Janeiro, Forense Universitária.]
2. Ela será publicada pelas Éditions Gallimard em maio de 1971 com o título: *L'Ordre du discours*. [Ed. bras.: *A ordem do discurso*, trad. Laura Fraga de Almeida Sampaio, São Paulo, Loyola, 1996.]

forma de seminários[3]). Devem expor cada ano uma pesquisa original, o que os obriga a sempre renovar o conteúdo do seu ensino. A frequência às aulas e aos seminários é inteiramente livre, não requer inscrição nem nenhum diploma. E o professor também não fornece certificado algum[4]. No vocabulário do Collège de France, diz-se que os professores não têm alunos, mas ouvintes.

O curso de Michel Foucault era dado todas as quartas-feiras, do começo de janeiro até o fim de março. A assistência, numerosíssima, composta de estudantes, professores, pesquisadores, curiosos, muitos deles estrangeiros, mobilizava dois anfiteatros do Collège de France. Michel Foucault queixou-se repetidas vezes da distância que podia haver entre ele e seu "público" e do pouco intercâmbio que a forma do curso possibilitava[5]. Sonhava com um seminário que servisse de espaço para um verdadeiro trabalho coletivo. Fez várias tentativas nesse sentido. Nos últimos anos, no fim da aula, dedicava um bom momento para responder às perguntas dos ouvintes.

Eis como, em 1975, um jornalista do *Nouvel Observateur*, Gérard Petitjean, transcrevia a atmosfera reinante: "Quando Foucault entra na arena, rápido, decidido, como alguém que pula na água, tem de passar por cima de vários corpos para chegar à sua cadeira, afasta os gravadores para pousar seus papéis, tira o paletó, acende um abajur e arranca, a cem por

....
3. Foi o que Michel Foucault fez até o início da década de 1980.
4. No âmbito do Collège de France.
5. Em 1976, na (vã) esperança de reduzir a assistência, Michel Foucault mudou o horário do curso, que passou de 17h45 para as 9 da manhã. Cf. o início da primeira aula (7 de janeiro de 1976) de "*Il faut défendre la société*". *Cours au Collège de France, 1976*, ed. por M. Bertani e A. Fontana, sob a dir. de F. Ewald e A. Fontana, Paris, Gallimard/Seuil, 1997. [Ed. bras.: *Em defesa da sociedade, Curso no Collège de France (1975-1976)*, trad. Maria Ermentina Galvão, São Paulo, Martins Fontes, 2002.]

hora. Voz forte, eficaz, transportada por alto-falantes, única concessão ao modernismo de uma sala mal iluminada pela luz que se eleva de umas bacias de estuque. Há trezentos lugares e quinhentas pessoas aglutinadas, ocupando todo e qualquer espaço livre [...] Nenhum efeito oratório. É límpido e terrivelmente eficaz. Não faz a menor concessão ao improviso. Foucault tem doze horas por ano para explicar, num curso público, o sentido da sua pesquisa durante o ano que acabou de passar. Então, compacta o mais que pode e enche as margens como aqueles missivistas que ainda têm muito a dizer quando chegam ao fim da folha. 19h15. Foucault para. Os estudantes se precipitam para a sua mesa. Não é para falar com ele, mas para desligar os gravadores. Não há perguntas. Na confusão, Foucault está só". E Foucault comenta: "Seria bom poder discutir o que propus. Às vezes, quando a aula não foi boa, bastaria pouca coisa, uma pergunta, para pôr tudo no devido lugar. Mas essa pergunta nunca vem. De fato, na França, o efeito de grupo torna qualquer discussão real impossível. E como não há canal de retorno, o curso se teatraliza. Tenho com as pessoas que estão aqui uma relação de ator ou de acrobata. E, quando termino de falar, uma sensação de total solidão..."[6].

Michel Foucault abordava seu ensino como pesquisador: explorações para um futuro livro, desbravamento também de campos de problematização, que se formulavam muito mais como um convite lançado a eventuais pesquisadores. É por isso que os cursos do Collège de France não repetem os livros publicados. Não são o esboço desses livros, embora certos temas possam ser comuns a livros e cursos. Têm seu estatuto próprio. Originam-se de um regime discursivo específico no conjunto dos "atos filosóficos" efetuados por Michel

....

6. Gérard Petitjean, "Les Grands Prêtres de l'université française", *Le Nouvel Observateur*, 7 de abril de 1975.

Foucault. Neles desenvolve, em particular, o programa de uma genealogia das relações saber/poder em função do qual, a partir do início dos anos 1970, refletirá sobre seu trabalho – em oposição ao de uma arqueologia das formações discursivas que ele até então dominara[7].

Os cursos também tinham uma função na atualidade. O ouvinte que assistia a eles não ficava apenas cativado pelo relato que se construía semana após semana; não ficava apenas seduzido pelo rigor da exposição: também encontrava neles uma luz sobre a atualidade. A arte de Michel Foucault estava em diagonalizar a atualidade pela história. Ele podia falar de Nietzsche ou de Aristóteles, da perícia psiquiátrica no século XIX ou da pastoral cristã, mas o ouvinte sempre tirava do que ele dizia uma luz sobre o presente e sobre os acontecimentos contemporâneos. A força própria de Michel Foucault em seus cursos vinha desse sutil cruzamento entre uma fina erudição, um engajamento pessoal e um trabalho sobre o acontecimento.

◆

Os anos 1970 viram o desenvolvimento e o aperfeiçoamento dos gravadores de fita cassete – a mesa de Michel Foucault logo foi tomada por eles. Os cursos (e certos seminários) foram conservados graças a esses aparelhos.

Esta edição toma como referência a palavra pronunciada publicamente por Michel Foucault e fornece a sua transcrição mais literal possível[8]. Gostaríamos de poder publicá-la tal

....

7. Cf. em particular "Nietzsche, la généalogie, l'histoire", in *Dits et Écrits*, II, p. 137. [Trad. bras.: "Nietzsche, a genealogia e a história, in *Microfísica do poder*, Roberto Machado (org.), Rio de Janeiro, Graal, 1979.]
8. Foram utilizadas, em especial, as gravações realizadas por Gérard Burlet e Jacques Lagrange, depositadas no Collège de France e no IMEC.

qual. Mas a passagem do oral ao escrito impõe uma intervenção do editor: é necessário, no mínimo, introduzir uma pontuação e definir parágrafos. O princípio sempre foi o de ficar o mais próximo possível da aula efetivamente pronunciada.

Quando parecia indispensável, as repetições foram suprimidas; as frases interrompidas foram restabelecidas e as construções incorretas, retificadas.

As reticências assinalam que a gravação é inaudível. Quando a frase é obscura, figura entre colchetes uma integração conjectural ou um acréscimo.

Um asterisco no rodapé indica as variantes significativas das notas utilizadas por Michel Foucault em relação ao que foi dito.

As citações foram verificadas e as referências aos textos utilizados, indicadas. O aparato crítico se limita a elucidar os pontos obscuros, a explicitar certas alusões e a precisar os pontos críticos.

Para facilitar a leitura, cada aula foi precedida por um breve resumo que indica suas principais articulações.

O texto do curso é seguido do resumo publicado no *Annuaire du Collège de France*. Michel Foucault o redigia geralmente no mês de junho, pouco tempo depois do fim do curso, portanto. Era a oportunidade que tinha para destacar, retrospectivamente, a intenção e os objetivos do curso. E constituem a melhor apresentação de suas aulas.

Cada volume termina com uma "situação", de responsabilidade do editor do curso. Trata-se de dar ao leitor elementos de contexto de ordem biográfica, ideológica e política, situando o curso na obra publicada e dando indicações relativas a seu lugar no âmbito do *corpus* utilizado, a fim de facilitar sua compreensão e evitar os contrassensos que poderiam se dever ao esquecimento das circunstâncias em que cada um dos cursos foi elaborado e dado.

Segurança, território, população, curso ministrado em 1978, é editado por Michel Senellart.

◆

Com esta edição dos cursos no Collège de France, vem a público um novo aspecto da "obra" de Michel Foucault.

Não se trata, propriamente, de inéditos, já que esta edição reproduz a palavra proferida em público por Michel Foucault, excluindo o suporte escrito que ele utilizava e que podia ser muito elaborado.

Daniel Defert, que possui as notas de Michel Foucault, permitiu que os editores as consultassem. A ele nossos mais vivos agradecimentos.

Esta edição dos cursos no Collège de France foi autorizada pelos herdeiros de Michel Foucault, que desejaram satisfazer à forte demanda de que eram objeto, tanto na França como no exterior. E isso em incontestáveis condições de seriedade. Os editores procuraram estar à altura da confiança que neles foi depositada.

François Ewald e Alessandro Fontana

AULAS,
ANO 1977-1978

AULA DE 11 DE JANEIRO DE 1978

> Perspectiva geral do curso: o estudo do biopoder. – Cinco proposições sobre a análise dos mecanismos de poder. – Sistema legal, mecanismos disciplinares e dispositivos de segurança. Dois exemplos: (a) a punição do roubo; (b) o tratamento da lepra, da peste e da varíola. – Características gerais dos dispositivos de segurança (I): os espaços de segurança. – O exemplo da cidade. – Três exemplos de organização do espaço urbano nos séculos XVI e XVII: (a) *La Métropolitée* de Alexandre Le Maître (1682); (b) a cidade de Richelieu; (c) Nantes.

Este ano gostaria de começar o estudo de algo que eu havia chamado, um pouco no ar, de biopoder[1], isto é, essa série de fenômenos que me parece bastante importante, a saber, o conjunto dos mecanismos pelos quais aquilo que, na espécie humana, constitui suas características biológicas fundamentais vai poder entrar numa política, numa estratégia política, numa estratégia geral de poder. Em outras palavras, como a sociedade, as sociedades ocidentais modernas, a partir do século XVIII, voltaram a levar em conta o fato biológico fundamental de que o ser humano constitui uma espécie humana. É em linhas gerais o que chamo, o que chamei, para lhe dar um nome, de biopoder. Então, antes de mais nada, um certo número de proposições, por assim dizer, proposições no sentido de indicações de opção; não são nem princípios, nem regras, nem teoremas.

Em primeiro lugar, a análise desses mecanismos de poder que iniciamos há alguns anos e a que damos seguimento agora, a análise desses mecanismos de poder não é de forma alguma uma teoria geral do que é o poder. Não é uma parte, nem mesmo um início dela. Nessa análise, trata-se simplesmente de saber por onde isso passa, como se passa, entre quem e quem, entre que ponto e que ponto, segundo quais procedimentos e com quais efeitos. Logo, só poderia ser, no máximo, e só pretende ser, no máximo, um início de teoria, não do que é o poder, mas do poder, contanto que se admita que o poder não é, justamente, uma substância, um fluido, algo que decorreria disto ou daquilo, mas simplesmente na medida em que se admita que o poder é um conjunto de mecanismos e de procedimentos que têm como papel ou função e tema manter — mesmo que não o consigam — justamente o poder. É um conjunto de procedimentos, e é assim e somente assim que se poderia entender que a análise dos mecanismos de poder dá início a algo como uma teoria do poder.

Segunda indicação de opção: as relações, esse conjunto de relações, ou antes, melhor dizendo, esse conjunto de procedimentos que têm como papel estabelecer, manter, transformar os mecanismos de poder, pois bem, essas relações não são autogenéticas*, não são autossubsistentes**, não são fundadas em si mesmas. O poder não se funda em si mesmo e não se dá a partir de si mesmo. Se preferirem, simplificando, não haveria relações de produção *mais* — ao lado, acima, vindo *a posteriori* modificá-las, perturbá-las, torná-las mais consistentes, mais coerentes, mais estáveis — mecanismos de poder. Não haveria, por exemplo, relações de tipo familiar que tivessem, a mais, mecanismos de poder, não haveria relações sexuais que tivessem, a mais, ao lado, acima, mecanismos de poder. Os mecanismos de poder são parte intrínseca de todas essas relações, são circularmente o efeito e a causa delas, mesmo que, é claro, entre os diferentes mecanismos de poder que podemos encontrar nas relações de produção, nas relações familiares, nas relações sexuais, seja possível encontrar coordenações laterais, subordinações hierárquicas, isomorfismos, identidades ou analogias técnicas, efeitos encadeados que permitem percorrer de uma maneira ao mesmo tempo lógica, coerente e válida o

....
* autogenéticas: entre aspas no manuscrito.
** autossubsistentes: entre aspas no manuscrito.

conjunto dos mecanismos de poder e apreendê-los no que podem ter de específico num momento dado, durante um período dado, num campo dado.

Em terceiro lugar, a análise dessas relações de poder pode, é claro, se abrir para, ou encetar algo como a análise global de uma sociedade. A análise desses mecanismos de poder também pode se articular, por exemplo, com a história das transformações econômicas. Mas, afinal de contas, o que faço, não digo aquilo para o que sou feito, porque disso não tenho a menor ideia, enfim o que faço não é, afinal de contas, nem história, nem sociologia, nem economia. É uma coisa que, de uma maneira ou de outra, e por razões simplesmente de fato, tem a ver com a filosofia, isto é, com a política da verdade, porque não vejo muitas outras definições para a palavra "filosofia" além dessa. Trata-se da política da verdade. Pois bem, na medida em que se trata disso, e não de sociologia, não de história nem de economia, vocês veem que a análise dos mecanismos de poder, essa análise tem, no meu entender, o papel de mostrar quais são os efeitos de saber que são produzidos em nossa sociedade pelas lutas, os choques, os combates que nela se desenrolam, e pelas táticas de poder que são os elementos dessa luta.

Quarta indicação: não há, creio, discurso teórico ou simplesmente análise que não seja de uma maneira ou de outra percorrida ou embasada em algo como um discurso no imperativo. Mas creio que o discurso imperativo que, na ordem da teoria, consiste em dizer "goste disto, deteste aquilo, isto é bom, aquilo é ruim, seja a favor disso, cuidado com aquilo", tudo isso me parece ser, em todo caso atualmente, nada mais que um discurso estético que só pode encontrar seu fundamento em opções de ordem estética. Quanto ao discurso imperativo que consiste em dizer "lute contra isto e desta ou daquela maneira", pois bem, parece-me que é um discurso bem ligeiro, quando é feito a partir de uma instituição qualquer de ensino ou, até, simplesmente numa folha de papel. Como quer que seja, a dimensão do que se tem a fazer só pode aparecer, parece-me, no interior de um campo de forças reais, isto é, um campo de forças que nunca um sujeito falante pode criar sozinho e a partir da sua palavra; é um campo de forças que não se pode de maneira nenhuma controlar nem fazer valer no interior desse discurso. Por conseguinte, o imperativo que embasa a análise teórica que se procura fazer – já que tem de haver um –, eu gostaria que fosse simplesmente um imperativo condicional do gênero deste: se você quiser lutar, eis alguns pontos-chave, eis algumas linhas de força, eis algumas travas e alguns bloqueios. Em outras palavras, gostaria que esses imperativos não fossem nada mais que indicadores táticos. Cabe a mim saber, é claro, e aos que trabalham no mesmo sentido, cabe a nós por conseguinte saber que campos de forças reais tomar como referência para fazer uma análise que seja eficaz em termos táticos. Mas, afinal de contas, é esse o círculo da luta e da verdade, ou seja, justamente, da prática filosófica.

Enfim, um quinto e último ponto: essa relação, creio, séria e fundamental entre a luta e a verdade, que é a própria dimensão em que há séculos se desenrola a filosofia, pois bem, essa relação séria e fundamental entre a luta e a verdade, creio que não faz nada mais que se teatralizar, se descarnar, perder o sentido e a eficácia nas polêmicas internas ao discurso teórico. Portanto proporei em tudo isso um só imperativo, mas que será categórico e incondicional: nunca fazer política[2].

Bem, gostaria agora de começar este curso. Ele se chama, portanto, "segurança, território, população"[3].

Primeira questão, claro: o que se pode entender por "segurança"? É a isso que gostaria de consagrar esta hora e talvez a próxima, enfim, conforme a lentidão ou a rapidez do que direi. Bem, um exemplo, ou melhor, uma série de exemplos, melhor ainda, um exemplo modulado em três tempos. É simples, é infantil, mas vamos começar por aí e creio que isso me permitirá dizer um certo número de coisas. Seja uma lei penal simplíssima, na forma de proibição, digamos, "não matarás, não roubarás", com sua punição, digamos, o enforcamento, ou o desterro, ou a multa. Segunda modulação, a mesma lei penal, ainda "não matarás", ainda acompanhada de certo número de punições se for infringida, mas desta vez o conjunto é enquadrado, de um lado, por toda uma série de vigilâncias, controles, olhares, esquadrinhamentos diversos que permitem descobrir, antes mesmo de o ladrão roubar, se ele vai roubar etc. E, de outro lado, na outra extremidade, a punição não é simplesmente esse momento espetacular, definitivo, do enforcamento, da multa ou do desterro, mas será uma prática como o encarceramento, impondo ao culpado toda uma série de exercícios, de trabalhos, trabalho de transformação na forma, simplesmente, do que se chama de técnicas penitenciárias, trabalho obrigatório, moralização, correção etc. Terceira modulação a partir da mesma matriz: seja a mesma lei penal, sejam igualmente as punições, seja o mesmo tipo de enquadramento na forma de vigilância, de um lado, e correção, do outro. Mas, desta vez, a aplicação dessa lei penal, a organização da prevenção, da punição corretiva, tudo isso vai ser comandado por uma série de questões que vão ser perguntas do seguinte gênero, por exemplo: qual é a taxa média da criminalidade desse [tipo]*? Como se pode prever estatisticamente que haverá esta ou aquela quantidade de roubos num momento dado, numa sociedade dada, numa cidade dada, na cidade, no campo, em determinada camada social etc.? Em segundo lugar, há momentos, regiões, sistemas penais tais que essa taxa média vai aumentar ou diminuir? As crises, a fome, as guerras, as punições rigorosas ou, ao contrário, as punições brandas vão modificar essas proporções? Outras perguntas mais: essa criminalidade, ou seja, o roubo portanto, ou, dentro do roubo, este ou aquele tipo

....
* M.F.: gênero.

de roubo, quanto custa à sociedade, que prejuízos produz, que perdas etc.? Mais outras perguntas: a repressão a esses roubos custa quanto? É mais oneroso ter uma repressão severa e rigorosa, uma repressão fraca, uma repressão de tipo exemplar e descontínua ou, ao contrário, uma repressão contínua? Qual é o custo comparado do roubo e da sua repressão? O que é melhor, relaxar um pouco com o roubo ou relaxar um pouco a repressão? Mais outras perguntas: se o culpado é encontrado, vale a pena puni-lo? Quanto custaria puni-lo? O que se deveria fazer para puni-lo e, punindo-o, reeducá-lo? Ele é efetivamente reeducável? Ele representa, independentemente do ato que cometeu, um perigo permanente, de sorte que, reeducado ou não, reincidiria etc.? De maneira geral, a questão que se coloca será a de saber como, no fundo, manter um tipo de criminalidade, ou seja, o roubo, dentro de limites que sejam social e economicamente aceitáveis e em torno de uma média que vai ser considerada, digamos, ótima para um funcionamento social dado. Pois bem, essas três modalidades me parecem características de diferentes coisas que foram estudadas [e daquelas] que eu gostaria de estudar agora.

A primeira forma, vocês conhecem, a que consiste em criar uma lei e estabelecer uma punição para os que a infringirem, é o sistema do código legal com divisão binária entre o permitido e o proibido, e um acoplamento, que é precisamente no que consiste o código, o acoplamento entre um tipo de ação proibida e um tipo de punição. É portanto o mecanismo legal ou jurídico. O segundo mecanismo, a lei enquadrada por mecanismos de vigilância e de correção, não voltarei a isso, é evidentemente o mecanismo disciplinar[4]. É o mecanismo disciplinar que vai se caracterizar pelo fato de que dentro do sistema binário do código aparece um terceiro personagem, que é o culpado, e ao mesmo tempo, fora, além do ato legislativo que cria a lei e do ato judicial que pune o culpado, aparece toda uma série de técnicas adjacentes, policiais, médicas, psicológicas, que são do domínio da vigilância, do diagnóstico, da eventual transformação dos indivíduos. Tudo isso nós já vimos. A terceira forma é a que caracterizaria não mais o código legal, não mais o mecanismo disciplinar, mas o dispositivo de segurança[5], isto é, o conjunto dos fenômenos que eu gostaria de estudar agora. Dispositivo de segurança que vai, para dizer as coisas de maneira absolutamente global, inserir o fenômeno em questão, a saber, o roubo, numa série de acontecimentos prováveis. Em segundo lugar, as reações do poder ante esse fenômeno vão ser inseridas num cálculo que é um cálculo de custo. Enfim, em terceiro lugar, em vez de instaurar uma divisão binária entre o permitido e o proibido, vai-se fixar de um lado uma média considerada ótima e, depois, estabelecer os limites do aceitável, além dos quais a coisa não deve ir. É portanto toda uma outra distribuição das coisas e dos mecanismos que assim se esboça.

Por que tomei esse exemplo tão infantil? Para logo ressaltar duas ou três coisas que gostaria que ficassem bem claras para vocês todos e, antes de mais nada, para mim, é claro. Aparentemente, eu lhes ofereci aqui, por assim dizer, uma espécie de esquema histórico totalmente descarnado. O sistema legal é o funcionamento penal arcaico, aquele que se conhece da Idade Média aos séculos XVII-XVIII. O segundo é o que poderíamos chamar de moderno, que é implantado a partir do século XVIII; e o terceiro é o sistema, digamos, contemporâneo, aquele cuja problemática começou a surgir bem cedo, mas que está se organizando atualmente em torno das novas formas de penalidade e do cálculo do custo das penalidades: são as técnicas americanas[6], mas também europeias que encontramos agora. De fato, caracterizando-se as coisas assim – o arcaico, o antigo, o moderno e o contemporâneo –, creio que se perde o essencial. Perde-se o essencial, primeiramente, é claro, porque essas modalidades antigas de que eu lhes falava implicam, evidentemente, as que se manifestam como mais novas. No sistema jurídico-legal, aquele que funcionava, em todo caso aquele que dominava até o século XVIII, é absolutamente evidente que o aspecto disciplinar estava longe de estar ausente, já que, afinal de contas, quando se impunha a um ato, mesmo que e sobretudo se esse ato fosse aparentemente de pouca importância e de pouca consequência, quando se impunha uma punição dita exemplar, era precisamente porque se pretendia obter um efeito corretivo, se não sobre o culpado propriamente – porque se ele fosse enforcado a correção era pouca para ele –, [pelo menos sobre o]* resto da população. Nessa medida, pode-se dizer que a prática do suplício como exemplo era uma técnica corretiva e disciplinar. Do mesmo modo que no mesmo sistema, quando se punia o roubo doméstico de maneira extraordinariamente severa – a pena de morte para um roubo de pequeníssima monta, caso tivesse sido cometido dentro de uma casa por alguém que era recebido nesta ou empregado como doméstico –, era evidente que se visava com isso, no fundo, um crime que só era importante por sua probabilidade, e podemos dizer que aí também se havia instaurado algo como um mecanismo de segurança. Poderíamos [dizer]** a mesma coisa a propósito do sistema disciplinar, que também comporta toda uma série de dimensões que são propriamente da ordem da segurança. No fundo, quando se procura corrigir um detento, um condenado, procura-se corrigi-lo em função dos riscos de recidiva, de reincidência que ele apresenta, isto é, em função do que se chamará, bem cedo, da sua periculosidade – ou seja, aqui também, mecanismo de segurança. Logo, os mecanismos disciplinares não aparecem simplesmente a partir do século XVIII, eles já estão presentes no interior do código jurídico-legal. Os mecanismos de segurança também são antiquíssimos como mecanismos. Eu também

....
* M. Foucault diz: em compensação, a correção, o efeito corretivo dirigia-se evidentemente ao.
** M.F: tomar.

poderia dizer, inversamente, que, se tomarmos os mecanismos de segurança tais como se tenta desenvolvê-los na época contemporânea, é absolutamente evidente que isso não constitui de maneira nenhuma uma colocação entre parênteses ou uma anulação das estruturas jurídico-legais ou dos mecanismos disciplinares. Ao contrário, tomem por exemplo o que acontece atualmente, ainda na ordem penal, nessa ordem da segurança. O conjunto das medidas legislativas, dos decretos, dos regulamentos, das circulares que permitem implantar os mecanismos de segurança, esse conjunto é cada vez mais gigantesco. Afinal de contas, o código legal referente ao roubo era relativamente muito simples na tradição da Idade Média e da época clássica. Retomem agora todo o conjunto da legislação que vai dizer respeito não apenas ao roubo, mas ao roubo cometido pelas crianças, ao estatuto penal das crianças, às responsabilidades por razões mentais, todo o conjunto legislativo que diz respeito ao que é chamado, justamente, de medidas de segurança, a vigilância dos indivíduos depois de sua instituição: vocês vão ver que há uma verdadeira inflação legal, inflação do código jurídico-legal para fazer esse sistema de segurança funcionar. Do mesmo modo, o *corpus* disciplinar também é amplamente ativado e fecundado pelo estabelecimento desses mecanismos de segurança. Porque, afinal de contas, para de fato garantir essa segurança é preciso apelar, por exemplo, e é apenas um exemplo, para toda uma série de técnicas de vigilância, de vigilância dos indivíduos, de diagnóstico do que eles são, de classificação da sua estrutura mental, da sua patologia própria etc., todo um conjunto disciplinar que viceja sob os mecanismos de segurança para fazê-los funcionar.

    Portanto, vocês não têm uma série na qual os elementos vão se suceder, os que aparecem fazendo seus predecessores desaparecerem. Não há a era do legal, a era do disciplinar, a era da segurança. Vocês não têm mecanismos de segurança que tomam o lugar dos mecanismos disciplinares, os quais teriam tomado o lugar dos mecanismos jurídico-legais. Na verdade, vocês têm uma série de edifícios complexos nos quais o que vai mudar, claro, são as próprias técnicas que vão se aperfeiçoar ou, em todo caso, se complicar, mas o que vai mudar, principalmente, é a dominante ou, mais exatamente, o sistema de correlação entre os mecanismos jurídico-legais, os mecanismos disciplinares e os mecanismos de segurança. Em outras palavras, vocês vão ter uma história que vai ser uma história das técnicas propriamente ditas. Exemplo: a técnica celular, a detenção em celas é uma técnica disciplinar. Vocês podem perfeitamente fazer a história dela, que remonta a bem longe. Vocês já a encontram muito empregada na era do jurídico-legal. Encontram-na empregada no caso de pessoas que têm dívidas, encontram-na empregada sobretudo na ordem religiosa. Vocês fazem então a história dessa técnica celular (isto é, [a história de] seus deslocamentos, [de] sua utilização), veem a partir de que momento a técnica celular, a disciplina celular é empregada no sistema penal comum, que conflitos ela suscita, como ela regride. Vocês também poderiam fazer a análise da técnica, nesse caso de segurança, que seria por exemplo a estatística dos crimes. A estatística dos crimes é coisa que não data de hoje, mas tampouco é coisa muito antiga. Na França, são os célebres Balanços do Ministério da Justiça que possibilitam, a partir de 1826[7], a estatística dos crimes. Vocês podem portanto fazer a história dessas técnicas. Mas há uma outra história, que seria a história das tecnologias, isto é, a história muito mais global, mas, é claro, também muito mais vaga das correlações e dos sistemas de dominante que fazem com que, numa sociedade dada e para este ou aquele setor dado – porque não é necessariamente sempre ao mesmo passo que as coisas vão evoluir neste ou naquele setor, num momento dado, numa sociedade dada, num país dado –, se instale uma tecnologia de segurança, por exemplo, que leva em conta e faz funcionar no interior da sua tática própria elementos jurídicos, elementos disciplinares, às vezes até mesmo multiplicando-os. Temos atualmente um exemplo bem nítido disso, ainda a propósito desse domínio da penalidade. É certo que a evolução contemporânea, não apenas da problemática, da maneira como se reflete sobre a penalidade, mas igualmente [da] maneira como se pratica a penalidade, é claro que por enquanto, faz anos, bem uns dez anos pelo menos, a questão se coloca essencialmente em termos de segurança. No fundo, a economia e a relação econômica entre o custo da repressão e o custo da delinquência é a questão fundamental. Ora, o que se vê é que essa problemática trouxe tal inflação nas técnicas disciplinares, que no entanto estavam estabelecidas fazia muito tempo, que o ponto em que, se não o escândalo, pelo menos o atrito apareceu – e a ferida foi bastante sensível para provocar reações, reações violentas e reais –, foi essa multiplicação disciplinar. Em outras palavras, foi o disciplinar que, na própria época em que os mecanismos de segurança estão se estabelecendo, foi o disciplinar que provocou, não a explosão, porque não houve explosão, mas pelo menos os conflitos mais manifestos e mais visíveis. Então, o que eu gostaria de tentar lhes mostrar durante este ano é em que consiste essa tecnologia, algumas dessas tecnologias [de segurança]*, estando entendido que cada uma delas consiste em boa parte na reativação e na transformação das técnicas jurídico-legais e das técnicas disciplinares de que lhes falei nos anos precedentes.

Outro exemplo que vou simplesmente esboçar aqui, mas para introduzir outra ordem de problemas ou para realçar e generalizar o problema (aqui também são exemplos de que já falei n vezes**). Ou seja, podemos dizer, a exclusão dos leprosos na Idade Média, até o fim da Idade Média[8]. É uma exclusão que se fazia essencialmente, embora também houvesse outros aspectos, por um conjunto mais uma vez jurídi-

....
* M.F.: disciplinares.
** M. Foucault acrescenta: e que são [palavra inaudível].

co, de leis, de regulamentos, conjunto religioso também de rituais, que em todo caso traziam uma divisão, e uma divisão de tipo binário entre os que eram leprosos e os que não eram. Segundo exemplo: o da peste (deste também já lhes havia falado[9], logo torno a ele rapidamente). Os regulamentos relativos à peste, tais como os vemos formulados no fim da Idade Média, no século XVI e ainda no século XVII, dão uma impressão bem diferente, agem de uma maneira bem diferente, têm uma finalidade bem diferente e, sobretudo, instrumentos bem diferentes. Trata-se nesses regulamentos relativos à peste de quadrilhar literalmente as regiões, as cidades no interior das quais existe a peste, com uma regulamentação indicando às pessoas quando podem sair, como, a que horas, o que devem fazer em casa, que tipo de alimentação devem ter, proibindo-lhes este ou aquele tipo de contato, obrigando-as a se apresentar a inspetores, a abrir a casa aos inspetores. Pode-se dizer que temos, aí, um sistema que é de tipo disciplinar. Terceiro exemplo: o que estudamos atualmente no seminário, isto é, a varíola ou, a partir do século XVIII, as práticas de inoculação[10]. O problema se coloca de maneira bem diferente: não tanto impor uma disciplina, embora a disciplina [seja]* chamada em auxílio; o problema fundamental vai ser o de saber quantas pessoas pegaram varíola, com que idade, com quais efeitos, qual a mortalidade, quais as lesões ou quais as sequelas, que riscos se corre fazendo-se inocular, qual a probabilidade de um indivíduo vir a morrer ou pegar varíola apesar da inoculação, quais os efeitos estatísticos sobre a população em geral, em suma, todo um problema que já não é o da exclusão, como na lepra, que já não é o da quarentena, como na peste, que vai ser o problema das epidemias e das campanhas médicas por meio das quais se tentam jugular os fenômenos, tanto os epidêmicos quanto os endêmicos.

Aqui também, por sinal, basta ver o conjunto legislati-

....
* M.F.: será.

vo, as obrigações disciplinares que os mecanismos de segurança modernos incluem, para ver que não há uma sucessão: lei, depois disciplina, depois segurança. A segurança é uma certa maneira de acrescentar, de fazer funcionar, além dos mecanismos propriamente de segurança, as velhas estruturas da lei e da disciplina. Na ordem do direito, portanto, na ordem da medicina, e poderia multiplicar os exemplos – foi por isso que lhes citei este outro –, vocês estão vendo que encontramos apesar de tudo uma evolução um tanto ou quanto parecida, transformações mais ou menos do mesmo tipo nas sociedades, digamos, como as nossas, ocidentais. Trata-se da emergência de tecnologias de segurança no interior, seja de mecanismos que são propriamente mecanismos de controle social, como no caso da penalidade, seja dos mecanismos que têm por função modificar em algo o destino biológico da espécie. Então, e é essa a questão central do que eu gostaria de analisar, poderíamos dizer que em nossas sociedades a economia geral de poder está se tornando da ordem da segurança? Eu gostaria portanto de fazer aqui uma espécie de história das tecnologias de segurança e tentar ver se podemos efetivamente falar de uma sociedade de segurança. Em todo caso, sob o nome de sociedade de segurança eu gostaria simplesmente de saber se há efetivamente uma economia geral de poder que tenha a forma [de] ou que, em todo caso, seja dominada pela tecnologia de segurança.

Então, algumas características gerais desses dispositivos de segurança. Gostaria de ressaltar quatro, não sei quantos..., enfim, vou começar analisando alguns para vocês. Em primeiro lugar, gostaria de estudar um pouquinho, assim por alto, o que poderíamos chamar de espaços de segurança. Em segundo, estudar o problema do tratamento do aleatório. Em terceiro, estudar a forma de normalização que é específica da segurança e que não me parece do mesmo tipo da normalização disciplinar. E, enfim, chegar ao que vai ser o problema preciso deste ano, a correlação entre a técnica de segurança e a população, ao mesmo tempo como objeto e sujeito desses mecanismos de segurança, isto é, a emergência não apenas da noção, mas da realidade da população. São, no fundo, uma ideia e uma realidade sem dúvida absolutamente modernas em relação ao funcionamento político, mas também em relação ao saber e à teoria políticos anteriores ao século XVIII.

Então, em primeiro lugar, em linhas gerais, as questões de espaço. Poderíamos dizer, à primeira vista e de uma maneira um tanto esquemática: a soberania se exerce nos limites de um território, a disciplina se exerce sobre o corpo dos indivíduos e, por fim, a segurança se exerce sobre o conjunto de uma população. Limites do território, corpo dos indivíduos, conjunto de uma população, tudo bem, mas não é isso e creio que isso não cola. Não cola, primeiro, porque o problema das multiplicidades é um problema que já encontramos a propósito da soberania e a propósito da disciplina. Embora seja verdade que a soberania se inscreve e funciona essencialmente num território e que, afinal de contas, a ideia de uma soberania sobre um território não povoado é uma ideia jurídica e politicamente não apenas aceitável, mas perfeitamente aceita e primeira, o fato é que o exercício da soberania em seu desenrolar efetivo, real, cotidiano, indica sempre, é claro, uma certa multiplicidade, mas que vai ser tratada justamente seja como a multiplicidade de sujeitos, seja [como] a multiplicidade de um povo.

A disciplina também, é claro, se exerce sobre o corpo dos indivíduos, mas procurei lhes mostrar como, na verdade, o indivíduo não é na disciplina o dado primeiro sobre o qual ela se exerce. A disciplina só existe na medida em que há uma multiplicidade e um fim, ou um objetivo, ou um resultado a obter a partir dessa multiplicidade. A disciplina escolar, a disciplina militar, a disciplina penal também, a disciplina nas fábricas, a disciplina operária, tudo isso é uma determinada maneira de administrar a multiplicidade, de organizá-la, de estabelecer seus pontos de implantação, as coordenações, as trajetórias laterais ou horizontais, as trajetórias verticais e piramidais, a hierarquia etc. E, para uma disciplina, o indivíduo é muito mais uma determinada maneira de recortar a multiplicidade do que a matéria-prima a partir da qual ela é construída. A disciplina é um modo de individualização das multiplicidades, e não algo que, a partir dos indivíduos trabalhados primeiramente a título individual, construiria em seguida uma espécie de edifício de elementos múltiplos. Portanto, afinal, a soberania, a disciplina, como também, é claro, a segurança só podem lidar com multiplicidades.

Por outro lado, os problemas de espaço são igualmente comuns a todas as três. No caso da soberania, é óbvio, pois é antes de mais nada como uma coisa que se exerce no interior do território que a soberania aparece. Mas a disciplina implica uma repartição espacial, e creio que a segurança também – e é justamente disso, desses diferentes tratamentos do espaço pela soberania, disciplina e segurança que eu gostaria de lhes falar agora.

Vamos ver de novo uma série de exemplos. Vou pegar, é claro, o caso das cidades. A cidade era, ainda no século XVIII, no início do século XIX também, essencialmente caracterizada por uma especificidade jurídica e administrativa que a isolava ou a marcava de uma maneira bastante singular em relação às outras extensões e espaços do território. Em segundo lugar, a cidade se caracterizava por um encerramento dentro de um espaço murado e denso, no qual a função militar nem de longe era a única. E, por fim, ela se caracterizava por uma heterogeneidade econômica e social muito acentuada em relação ao campo.

Ora, tudo isso suscitou nos séculos XVII-XVIII toda uma massa de problemas ligados ao desenvolvimento dos Estados administrativos para os quais a especificidade jurídica da cidade colocava um problema de difícil solução. Em segundo lugar, o crescimento do comércio e, depois, no século XVIII, da demografia urbana colocava o problema do seu adensamento e do seu encerramento no interior das muralhas. O desenvolvimento das técnicas militares também colocava esse mesmo problema. Enfim, a necessidade de intercâmbios econômicos permanentes entre a cidade e seu entorno imediato para a subsistência, seu entorno distante para suas relações comerciais, tudo isso [fazia com que] o encerramento da cidade, seu encravamento, [também levantasse] um problema. E, em linhas gerais, era precisamente desse desencravamento espacial, jurídico, administrativo, econômico da cidade que se tratava no século XVIII. Ressituar a cidade num espaço de circulação. Sobre esse ponto, remeto vocês a um estudo extraordinariamente completo e perfeito, já que é feito por um historiador: é o estudo de Jean-Claude Perrot sobre a cidade de Caen no século XVIII[11], em que ele mostra que o problema da cidade era essencial e fundamentalmente um problema de circulação.

Tomemos um texto de meados do século XVII, escrito por uma pessoa chamada Alexandre Le Maître, com o título de *La Métropolitée*[12]. Esse Alexandre Le Maître era um protestante que havia deixado a França antes da revogação do edito de Nantes e que tinha se tornado, a palavra é importante, engenheiro-geral do Eleitor de Brandemburgo. E dedicou *La Métropolitée* ao rei da Suécia, e o livro foi editado em Amsterdam. Tudo isso – protestante, Prússia, Suécia, Amsterdam – não é em absoluto desprovido de significado. E o problema de *La Métropolitée* é o seguinte: deve haver uma capital num país e em que essa capital deve consistir? A análise que Le Maître faz é a seguinte: o Estado, diz ele, se compõe na verdade de três elementos, três ordens, três estados mesmo: os camponeses, os artesãos e o que ele chama de terceira ordem ou terceiro estado, que são, curiosamente, o soberano e os oficiais que estão a seu serviço[13]. Em relação a esses três elementos, o Estado deve ser como um edifício. As fundações do edifício, as que estão na terra, debaixo da terra, que não vemos, mas que asseguram a solidez do conjunto, são é claro os camponeses. As partes comuns, as partes de serviço do edifício, são é claro os artesãos. Quanto às partes nobres, as partes de habitação e de recepção, são os oficiais do soberano e o próprio soberano[14]. A partir dessa metáfora arquitetônica, o território também deve compreender suas fundações, suas partes comuns e suas partes nobres. As fundações serão o campo, e no campo, nem é preciso dizer, devem viver os camponeses e ninguém mais que os camponeses. Em segundo lugar, nas pequenas cidades devem viver todos os artesãos e ninguém mais que os artesãos. E, enfim, na capital, parte nobre do edifício do Estado, devem viver o soberano, seus oficiais e aqueles artesãos e comerciantes indispensáveis ao funcionamento da corte e do *entourage* do soberano[15]. A relação entre essa capital e o resto do território é vista por Le Maître de diferentes formas. Deve ser uma relação geométrica, no sentido de que um bom país é, em poucas palavras, um país que tem forma de círculo, e é bem no centro do círculo que a capital deve estar situada[16]. Uma capital que estivesse na extremidade de um território comprido e de forma irregular não poderia exercer todas as funções que deve exercer. De fato, e é aí que a segunda relação aparece, essa relação entre a capital e o território tem de ser uma relação estética e simbólica. A capital deve ser o ornamento do território[17]. Mas deve ser também uma relação política, na medida em que os decretos e as leis devem ter no território uma implantação tal que nenhum canto do reino escape dessa rede geral das leis e dos decretos do soberano[18]. A capital também deve ter um papel moral e difundir até os confins do território tudo o que é necessário impor às pessoas quanto à sua conduta e seus modos de agir[19]. A capital deve dar o exemplo dos bons costumes[20]. A capital deve ser o lugar em que os oradores sacros sejam os melhores e melhor se façam ouvir[21], deve ser também a sede das academias, pois as ciências e a verdade devem nascer aí para então se difundir no resto do país[22]. E, enfim, um papel econômico: a capital deve ser o lugar do luxo para que constitua um lugar de atração para as mercadorias que vêm do estrangeiro[23], e ao mesmo tempo deve ser o ponto de redistribuição pelo comércio de certo número de produtos fabricados, manufaturados etc.[24]

Deixemos de lado o aspecto propriamente utópico desse projeto. Creio que ele é apesar de tudo interessante, porque me parece que temos aí uma definição da cidade, uma reflexão sobre a cidade, essencialmente em termos de soberania. Ou seja, a relação da soberania com o território é que é essencialmente primeira e que serve de esquema, de chave para compreender o que deve ser uma cidade-capital e como ela pode e deve funcionar. Aliás, é interessante ver como, através dessa chave da soberania como problema fundamental, vemos surgir um certo número de funções propriamente urbanas, funções econômicas, funções morais e administrativas etc. E o que é interessante afinal é que o sonho de Le Maître é o de conectar a eficácia política da soberania a uma distribuição espacial. Um bom soberano, seja ele um soberano coletivo ou individual, é alguém que está bem situado no interior de um território, e um território que é civilizado no que concerne à sua obediência ao soberano é um território que tem uma boa disposição espacial. Pois bem, tudo isso, essa ideia da eficácia política da soberania está ligada aqui à ideia de uma intensidade das circulações: circulação das ideias, circulação das vontades e das ordens, circulação comercial também. Para Le Maître, trata-se, no fundo – ideia ao mesmo tempo antiga, já que se trata da soberania, e moderna, já que se trata da circulação –, de superpor o Estado de soberania, o Estado territorial e o Estado comercial. Trata-se de amarrá-los e de reforçá-los uns em relação aos outros. Desnecessário dizer-lhes que se está, nesse período e nessa região da Europa, em pleno mercantilismo, ou melhor, em pleno cameralismo[25]. Ou seja, o problema é como, dentro de um sistema de soberania estrita, assegurar o desenvolvimento econômico máximo por intermédio do comércio. Em suma, o problema de Le Maître é o seguinte: como assegurar um Estado bem capitalizado, isto é, bem organizado em torno de uma capital, sede da soberania e ponto central de circulação política e comercial. Já que, afinal, esse Le Maître foi engenheiro-geral do Eleitor de Brandemburgo, poderíamos ver a filiação que há entre essa ideia de um Estado, de uma província bem "capitalizada"* e o célebre Estado comercial fechado de Fichte[26], isto é, toda a evolução desde o mercantilismo cameralista até a economia nacional alemã do início do século XIX. Em todo caso, a cidade-capital é pensada nesse texto em função das relações de soberania que se exercem sobre um território.

Vou pegar agora outro exemplo. Poderia tê-lo pegado nas mesmas regiões do mundo, ou seja, esta Europa do Norte que foi tão importante no pensamento e na teoria política do século XVII, essa região que vai da Holanda à Suécia, em torno do mar do Norte e do mar Báltico. Kristiania[27] e Gotemburgo[28], na Suécia, seriam exemplos. Vou pegar um na França. Temos portanto toda essa série de cidades artificiais que foram construídas, algumas no norte da Europa e um certo número aqui, na França, na época de Luís XIII e de Luís XIV. Tomo o exemplo de uma cidadezinha chamada Richelieu, que foi construída nos confins da Touraine e do Poitou, que foi construída a partir de nada, precisamente[29]. Onde não havia nada, construiu-se uma cidade. E como a construíram? Pois bem, utilizou-se a célebre forma do acampamento romano que, na época, acabava de ser reutilizada na instituição militar como instrumento fundamental de disciplina. Em fins do século XVI – início do século XVII, precisamente nos países protestantes – donde a importância disso tudo na Europa do Norte –, põe-se de novo em vigor a forma do acampamento romano bem como os exercícios, a subdivisão das tropas, os controles coletivos e individuais no grande projeto de disciplinarização do exército[30]. Ora, trate-se de Kristiania, de

....
* As aspas constam do manuscrito do curso, p. 8.

Gotemburgo ou de Richelieu, é essa forma do acampamento que se utiliza. A forma do acampamento é interessante. De fato, no caso precedente, *La Métropolitée* de Le Maître, a organização da cidade era pensada essencialmente dentro da categoria mais geral, mais global do território. Era por meio de um macrocosmo que se procurava pensar a cidade, com uma espécie de abonador do outro lado, já que o próprio Estado era pensado como um edifício. Enfim, era todo esse jogo entre o macrocosmo e o microcosmo que perpassava pela problemática da relação entre a cidade, a soberania e o território. Já no caso dessas cidades construídas com base na figura do acampamento, podemos dizer que a cidade é pensada de início, não a partir do maior que ela, o território, mas a partir do menor que ela, a partir de uma figura geométrica que é uma espécie de módulo arquitetônico, a saber, o quadrado ou o retângulo por sua vez subdivididos, por cruzes, em outros quadrados ou outros retângulos.

Há que salientar imediatamente que, pelo menos no caso de Richelieu, assim como nos campos bem organizados e nas boas arquiteturas, essa figura, esse módulo que é utilizado não aplica simplesmente o princípio da simetria. Claro, há um eixo de simetria, mas que é enquadrado e que se torna funcional graças a dissimetrias bem calculadas. Numa cidade como Richelieu, por exemplo, vocês têm uma rua mediana, que divide efetivamente em dois retângulos o retângulo da cidade, e outras ruas, algumas delas paralelas a essa rua mediana, outras perpendiculares, mas que estão em distâncias diferentes, umas mais próximas, outras mais afastadas, de tal modo que a cidade é subdividida, sim, em retângulos, mas em retângulos que são, uns grandes, outros pequenos, com uma gradação do maior ao menor. Os retângulos maiores, isto é, o maior espaçamento das ruas, se encontram num extremo da cidade, e os menores, a quadrícula mais estreita, estão ao contrário no outro extremo da cidade. Do lado dos retângulos maiores, onde a trama é larga, onde as ruas são largas, é aí que as pessoas devem morar. Já onde a trama é mais estreita, é aí que devem estar o comércio, os artesãos, as lojas, é aí também que deve haver uma praça em que se realizarão as feiras. E esse bairro comercial – vê-se bem como o problema da circulação [...]*, quanto mais estabelecimentos comerciais houver, mais deve haver circulação, quanto mais estabelecimentos houver, mais deve haver superfície na rua e possibilidades de percorrer a rua etc. –, esse bairro comercial é margeado, de um lado, pela igreja, do outro pelo mercado coberto. E do lado das moradias, do bairro residencial, em que os retângulos são mais largos, haverá duas categorias de casas, as que dão para a rua principal ou para as ruas paralelas à principal, que vão ser casas de um certo número de andares, dois creio, com mansarda e, nas ruas perpendiculares, as casas menores, de um só andar: diferença de *status* social, diferença de fortuna etc. Creio que, nesse esquema simples, encontramos exatamente o tratamento disciplinar das multiplicidades no espaço, isto é, [a] constituição de um espaço vazio e fechado, no interior do qual vão ser construídas multiplicidades artificiais organizadas de acordo com o tríplice princípio da hierarquização, da comunicação exata das relações de poder e dos efeitos funcionais específicos dessa distribuição, por exemplo, assegurar o comércio, assegurar a moradia etc. No caso de Le Maître e da sua *La Métropolitée*, tratava-se em poucas palavras de "capitalizar"** um território. Neste, vai se tratar de arquitetar um espaço. A disciplina é da ordem do edifício (edifício no sentido lato).

Agora, terceiro exemplo: seriam as urbanizações reais de cidades que existiam efetivamente no século XVIII. Temos então aí toda uma série. Vou pegar o exemplo de Nantes, que foi estudado em 1932, creio, por uma pessoa chamada Pierre Lelièvre, que sugeriu diversos projetos de construção, de pla-

....
* Frase inacabada.
** Aspas de M. Foucault.

nejamento da cidade de Nantes[31]. Cidade importante, porque está em pleno desenvolvimento comercial, por um lado, e porque, por outro, suas relações com a Inglaterra fizeram que o modelo inglês fosse utilizado. E o problema de Nantes é, evidentemente, o problema: desfazer as aglomerações desordenadas, abrir espaço para as novas funções econômicas e administrativas, regulamentar as relações com o entorno rural e, enfim, prever o crescimento. Passo por cima do projeto, encantador porém, de um arquiteto chamado Rousseau[32], que tinha a ideia de reconstruir Nantes em torno de uma espécie de bulevar-passeio que teria a forma de um coração. Sim, é um sonho, mas não deixa de ter sua importância. Vê-se que o problema era a circulação, ou seja, que para a cidade ser um agente perfeito de circulação, devia ter a forma de um coração que garante a circulação do sangue. É engraçado mas, afinal, a arquitetura do fim do século XVIII, Boullée[33], Ledoux[34] etc., ainda funcionará muitas vezes com base em princípios assim, com a boa forma sendo o suporte do exercício exato da função. Na verdade, os projetos que foram realizados não foram Nantes em forma de coração. Foram projetos, um projeto em particular, apresentado por uma pessoa chamada Vigné de Vigny[35], no qual não se tratava em absoluto de reconstruir, nem de impor uma forma simbólica capaz de garantir a função, mas de um certo número de coisas precisas e concretas.

Em primeiro lugar, abrir eixos que atravessassem a cidade e ruas largas o bastante para assegurar quatro funções. Primeira, a higiene, o arejamento, eliminar todas aquelas espécies de bolsões em que se acumulavam os miasmas mórbidos nos bairros demasiado apertados, em que as moradias eram demasiado apinhadas. Função de higiene, portanto. Segunda, garantir o comércio interior da cidade. Terceira, articular essa rede de ruas com estradas externas de modo que as mercadorias de fora pudessem chegar ou ser enviadas, mas isso sem abandonar as necessidades do controle aduaneiro. E, por fim – o que era um dos problemas importantes das cidades no século XVIII –, possibilitar a vigilância, a partir do momento em que a supressão das muralhas, tornada necessária pelo desenvolvimento econômico, fazia que não fosse mais possível fechar a cidade de noite ou vigiar com rigor as idas e vindas durante o dia; por conseguinte, a insegurança das cidades tinha aumentado devido ao afluxo de todas as populações flutuantes, mendigos, vagabundos, delinquentes, criminosos, ladrões, assassinos etc., que podiam vir, como se sabe, do campo [...]*. Em outras palavras, tratava-se de organizar a circulação, de eliminar o que era perigoso nela, de separar a boa circulação da má, [de] maximizar a boa circulação diminuindo a má. Tratava-se, portanto, também de planejar os acessos ao exterior, essencialmente no que concerne ao consumo da cidade e a seu comércio com o mundo exterior. Foi organizado um eixo de circulação com Paris, realizou-se o aproveitamento do rio Erdre, por onde vinha da Bretanha a lenha para a calefação. E, por fim, nesse plano de reurbanização de Vigny, tratava-se de responder a uma questão fundamental e que é, paradoxalmente, bastante nova, a saber: como integrar a um projeto atual as possibilidades de desenvolvimento da cidade? Foi todo o problema do comércio nos cais e do que ainda não se chamava de docas. A cidade se percebe como estando em desenvolvimento. Certo número de coisas, de acontecimentos, de elementos vai vir ou se produzir. O que se deve fazer para enfrentar antecipadamente o que não se conhece com exatidão? A ideia é simplesmente utilizar as margens do Loire e construir cais, os mais compridos, os maiores possíveis ao longo do Loire. No entanto, quanto mais se encomprida a cidade, mais se perde o benefício dessa espécie de quadrícula clara, coerente etc. Será possível administrar bem uma cidade cuja extensão é tão grande, será que a circulação vai ser boa, a partir do mo-

....
* Algumas palavras inaudíveis.

mento em que a cidade vai se estender indefinidamente no sentido do comprimento? O projeto de Vigny era construir cais ao longo de uma das margens do Loire, deixar um bairro se desenvolver, depois construir, apoiando-se em ilhas, pontes sobre o Loire e, a partir dessas pontes, deixar se desenvolver, fazer se desenvolver um bairro em face do primeiro, de modo que esse equilíbrio das duas margens do Loire evitaria o prolongamento indefinido de um dos lados do rio.

Enfim, pouco importa o detalhe do planejamento previsto. Creio que ele é muito importante, que é em todo caso significativo por um certo número de razões. Em primeiro lugar, não se trata mais de construir, dentro de um espaço vazio ou esvaziado, como no caso dessas cidades, digamos, disciplinares, como Richelieu, Kristiania etc. A disciplina trabalha num espaço vazio, artificial, que vai ser inteiramente construído. Já a segurança vai se apoiar em certo número de dados materiais. Ela vai trabalhar, é claro, com a disposição do espaço, com o escoamento das águas, com as ilhas, com o ar etc. Logo, ela trabalha sobre algo dado. [Em segundo lugar,] não se trata, para ela, de reconstruir esse dado de tal modo que se atingisse um ponto de perfeição, como numa cidade disciplinar. Trata-se simplesmente de maximizar os elementos positivos, de poder circular da melhor maneira possível, e de minimizar, ao contrário, o que é risco e inconveniente, como o roubo, as doenças, sabendo perfeitamente que nunca serão suprimidos. Trabalha-se portanto não apenas com dados naturais, mas também com quantidades que são relativamente compressíveis, mas que nunca o são totalmente. Isso nunca pode ser anulado, logo vai-se trabalhar com probabilidades. Em terceiro lugar, o que se vai procurar estruturar nesses planejamentos são os elementos que se justificam por sua polifuncionalidade. O que é uma boa rua? É uma rua na qual vai haver, é claro, uma circulação dos chamados miasmas, logo das doenças, e vai ser necessário administrar a rua em função desse papel necessário, embora pouco desejável, da rua. A rua vai ser também aquilo por meio do que se levam as mercadorias, vai ser também aquilo ao longo do que vai haver lojas. A rua vai ser também aquilo pelo que vão poder transitar os ladrões, eventualmente os amotinados etc. Portanto são todas essas diferentes funções da cidade, umas positivas, outras negativas, mas são elas que vai ser preciso implantar no planejamento. Enfim, o quarto ponto importante é que vai se trabalhar com o futuro, isto é, a cidade não vai ser concebida nem planejada em função de uma percepção estática que garantiria instantaneamente a perfeição da função, mas vai se abrir para um futuro não exatamente controlado nem controlável, não exatamente medido nem mensurável, e o bom planejamento da cidade vai ser precisamente: levar em conta o que pode acontecer. Enfim, acredito que possamos falar aqui de uma técnica que se vincula essencialmente ao problema da segurança, isto é, no fundo, ao problema da série. Série indefinida dos elementos que se deslocam: a circulação, número x de carroças, número x de passantes, número x de ladrões, número x de miasmas etc.* Série indefinida dos elementos que se produzem: tantos barcos vão atracar, tantas carroças vão chegar etc. Série igualmente indefinida das unidades que se acumulam: quantos habitantes, quantos imóveis etc. É a gestão dessas séries abertas, que, por conseguinte, só podem ser controladas por uma estimativa de probabilidades, é isso, a meu ver, que caracteriza essencialmente o mecanismo de segurança.

Digamos para resumir isso tudo que, enquanto a soberania capitaliza um território, colocando o problema maior da sede do governo, enquanto a disciplina arquiteta um espaço e coloca como problema essencial uma distribuição hierárquica e funcional dos elementos, a segurança vai procurar criar um ambiente em função de acontecimentos ou de séries de acontecimentos ou de elementos possíveis, séries

....
* M. Foucault repete: Série indefinida dos elementos que se deslocam.

que vai ser preciso regularizar num contexto multivalente e transformável. O espaço próprio da segurança remete portanto a uma série de acontecimentos possíveis, remete ao temporal e ao aleatório, um temporal e um aleatório que vai ser necessário inscrever num espaço dado. O espaço em que se desenrolam as séries de elementos aleatórios é, creio, mais ou menos o que chamamos de meio. O meio é uma noção que, em biologia, só aparece – como vocês sabem muito bem – com Lamarck[36]. É uma noção que, em compensação, já existe em física, que havia sido utilizada por Newton e os newtonianos[37]. O que é o meio? É o que é necessário para explicar a ação à distância de um corpo sobre outro. É, portanto, o suporte e o elemento de circulação de uma ação[38]. É portanto o problema circulação e causalidade que está em questão nessa noção de meio. Pois bem, creio que os arquitetos, os urbanistas, os primeiros urbanistas do século XVIII, são precisamente os que, não diria utilizaram a noção de meio, porque, tanto quanto pude ver, ela nunca é utilizada para designar as cidades nem os espaços planejados; em compensação, se a noção não existe, diria que o esquema técnico dessa noção de meio, a espécie de – como dizer? – estrutura pragmática que a desenha previamente está presente na maneira como os urbanistas procuram refletir e modificar o espaço urbano. Os dispositivos de segurança trabalham, criam, organizam, planejam um meio antes mesmo da noção ter sido formada e isolada. O meio vai ser portanto aquilo em que se faz a circulação. O meio é um conjunto de dados naturais, rios, pântanos, morros, é um conjunto de dados artificiais, aglomeração de indivíduos, aglomeração de casas etc. O meio é certo número de efeitos, que são efeitos de massa que agem sobre todos os que aí residem. É um elemento dentro do qual se faz um encadeamento circular dos efeitos e das causas, já que o que é efeito, de um lado, vai se tornar causa, do outro. Por exemplo, quanto maior a aglomeração desordenada, mais haverá miasmas, mais se ficará doente. Quanto mais se ficar doente, mais se morrerá, claro. Quanto mais se morrer, mais haverá cadáveres e, por conseguinte, mais haverá miasmas etc. Portanto, é esse fenômeno de circulação das causas e dos efeitos que é visado através do meio. E, enfim, o meio aparece como um campo de intervenção em que, em vez de atingir os indivíduos como um conjunto de sujeitos de direito capazes de ações voluntárias – o que acontecia no caso da soberania –, em vez de atingi-los como uma multiplicidade de organismos, de corpos capazes de desempenhos, e de desempenhos requeridos como na disciplina, vai-se procurar atingir, precisamente, uma população. Ou seja, uma multiplicidade de indivíduos que são e que só existem profunda, essencial, biologicamente ligados à materialidade dentro da qual existem. O que vai se procurar atingir por esse meio é precisamente o ponto em que uma série de acontecimentos, que esses indivíduos, populações e grupos produzem, interfere com acontecimentos de tipo quase natural que se produzem ao redor deles.

Parece-me que, com esse problema técnico colocado pela cidade, vê-se – mas não passa de um exemplo, poderíamos encontrar vários outros, voltaremos ao assunto –, vê-se a irrupção do problema da "naturalidade"* da espécie humana dentro de um meio artificial. E essa irrupção da naturalidade da espécie dentro da artificialidade política de uma relação de poder é, parece-me, algo fundamental. Para terminar, remeterei simplesmente a um texto daquele que foi sem

....
* Entre aspas no manuscrito, p. 16. M. Foucault escreve:

> Dizer que é a irrupção da 'naturalidade' da espécie humana no campo das técnicas de poder seria um exagero. Mas, se [até] então ela aparecia principalmente na forma da necessidade, da insuficiência ou da fraqueza, do mal, agora ela aparece como interseção entre uma multiplicidade de indivíduos que vivem, trabalham e coexistem uns com os outros num conjunto de elementos materiais que agem sobre eles e sobre os quais eles agem de volta.

dúvida o primeiro grande teórico do que poderíamos chamar de biopolítica, de biopoder. Ele fala disso, aliás, a respeito de outra coisa, a natalidade, que foi evidentemente um dos grandes desafios, mas vê-se muito bem surgir aí a noção de um meio histórico-natural como alvo de uma intervenção de poder, que me parece totalmente diferente da noção jurídica de soberania e de território, diferente também do espaço disciplinar. [É a propósito dessa] ideia de um meio artificial e natural, em que o artifício age como uma natureza em relação a uma população que, embora tramada por relações sociais e políticas, também funciona como uma espécie, que encontramos nos *Estudos sobre a população* de Moheau[39] um texto como este: "Depende do governo mudar a temperatura do ar e melhorar o clima; um curso dado às águas estagnadas, florestas plantadas ou queimadas, montanhas destruídas pelo tempo ou pelo cultivo contínuo da sua superfície formam um solo e um clima novos. Tamanho é o efeito do tempo, da habitação da terra e das vicissitudes na ordem física, que os cantões mais sadios tornaram-se morbígenos"[40]. Ele se refere a um verso de Virgílio em que se fala do vinho que gela nos tonéis e diz: será que veríamos hoje, na Itália, o vinho gelar nos tonéis?[41] Pois bem, se houve tanta mudança, não é que o clima mudou, é que as intervenções políticas e econômicas do governo modificaram o curso das coisas a tal ponto que a própria natureza constituiu para o homem, eu ia dizendo um outro meio, só que a palavra "meio" não está em Moheau. Em conclusão, ele diz: "Se do clima, do regime, dos usos, do costume de certas ações resulta o princípio desconhecido que forma o caráter e os espíritos, pode-se dizer que os soberanos, por leis sábias, por instituições sutis, pelo incômodo que trazem os impostos, pela consequente faculdade de suprimi-los, enfim por seu exemplo, regem a existência física e moral dos seus súditos. Talvez um dia seja possível tirar partido desses meios para matizar à vontade os costumes e o espírito da nação"[42]. Como vocês estão vendo, voltamos a encontrar aqui o problema do soberano, mas desta vez o soberano não é mais aquele que exerce seu poder sobre um território a partir de uma localização geográfica da sua soberania política, o soberano é algo que se relaciona com uma natureza, ou antes, com a interferência, a intrincação perpétua de um meio geográfico, climático, físico com a espécie humana, na medida em que ela tem um corpo e uma alma, uma existência física [e] moral; e o soberano será aquele que deverá exercer seu poder nesse ponto de articulação em que a natureza no sentido dos elementos físicos vem interferir com a natureza no sentido da natureza da espécie humana, nesse ponto de articulação em que o meio se torna determinante da natureza. É aí que o soberano vai intervir e, se ele quiser mudar a espécie humana, só poderá fazê-lo, diz Moheau, agindo sobre o meio. Creio que temos aí um dos eixos, um dos elementos fundamentais nessa implantação dos mecanismos de segurança, isto é, o aparecimento, não ainda de uma noção de meio, mas de um projeto, de uma técnica política que se dirigiria ao meio.

NOTAS

1. Cf. *"Il faut défendre la société"*. *Cours au Collège de France, 1975-1976*, ed. por M. Bertani & A. Fontana, Paris, Gallimard-Le Seuil ("Hautes Études"), 1997, p. 216 ("De quoi s'agit-il dans cette nouvelle technologie de pouvoir, dans cette bio-politique, dans ce bio-pouvoir qui est en train de s'installer?" [De que se trata nessa nova tecnologia do poder, nessa biopolítica, nesse biopoder que está se instalando?]); *La volonté de savoir*, Paris, Gallimard, "Bibliothèque des histoires", 1976, p. 184 [ed. bras.: "A vontade de saber", in *História da sexualidade I*, trad. Maria Thereza da Costa Albuquerque e J. A. Guilhon de Albuquerque, Rio de Janeiro, Graal, 1985].

2. Estas últimas frases devem ser comparadas com o que Foucault declara, no fim desse mesmo ano, em sua longa entrevista a D. Trombadori, sobre a sua decepção, ao voltar da Tunísia, ante as polêmicas teóricas dos movimentos de extrema-esquerda depois de Maio de 1968: "Falou-se na França de hipermarxismo, de deflagração de teorias, de anátemas, de grupuscularização. Era exatamente o contrapé, o avesso, o contrário do que me havia apaixonado na Tunísia [quando dos levantes estudantis de março de 1968]. Isso talvez explique a maneira como procurei considerar as coisas a partir daquele momento, em defasagem relativamente a essas discussões infinitas, a essa hipermarxização [...] Tentei fazer coisas que implicassem um engajamento pessoal, físico e real, e que colocassem os problemas em termos concretos, precisos, definidos no interior de uma situação dada" ("Entretien avec Michel Foucault" (fins de 1978), *Dits et Écrits, 1954-1988*, ed. por D. Defert e F. Ewald, colab. J. Lagrange, Paris, Gallimard, 1994, 4 vols. [doravante, *DE* em referência a essa edição], IV, nº 281, p. 80. Sobre o vínculo entre essa concepção do engajamento e o olhar que, em outubro e novembro de 1978, Foucault lança sobre os acontecimentos do Irã, cf. nossa "Situação dos cursos", *infra*, p. 510.

3. Cf. aula de 1º de fevereiro (*DE*, III, p. 655), em que Foucault precisa que teria sido mais exato intitular esse curso de "História da governamentalidade".

4. Cf. *Surveiller et Punir*, Paris, Gallimard, "Bibliothèque des histoires", 1975. [Ed. bras.: *Vigiar e punir*, trad. Raquel Ramalhete, Petrópolis, Vozes, 1977.]

5. É na última aula (17 de março de 1976) do curso de 1975-1976, *Il faut défendre la société, op. cit.*, p. 219, que Foucault distingue pela primeira vez os mecanismos de segurança dos mecanismos disciplinares. O conceito de "segurança", todavia, não é retomado em *La volonté de savoir*, onde Foucault prefere, em oposição às disciplinas, que se exercem sobre o corpo dos indivíduos, o conceito de "controles reguladores" que se encarregam da saúde e da vida das populações (p. 183).

6. Sobre essas novas formas de penalidade no discurso neoliberal americano, cf. *Naissance de la biopolitique. Cours au Collège de France, 1978-1979*, ed. por M. Senellart, Paris, Gallimard-Le Seuil, "Hautes Études", 2004, aula de 21 de março de 1979, p. 245 ss. [Ed. bras.: *Nascimento da biopolítica*, trad. Eduardo Brandão, São Paulo, Martins Fontes, 2008.]

7. Trata-se das estatísticas judiciárias publicadas todos os anos, desde 1825, pelo Ministério da Justiça. Cf. A.-M. Guerry, *Essai sur la statistique morale de la France*, Paris, Crochard, 1833, p. 5: "Os primeiros documentos autênticos publicados sobre a administração da justiça criminal na França remontam tão somente ao ano de 1825. [...] Hoje, os procuradores-gerais enviam cada trimestre ao ministro da Justiça relatórios sobre o estado dos assuntos criminais ou correcionais levados aos tribunais da sua competência. Esses relatórios redigidos com base em modelos uniformes, para que apresentem unicamente resultados positivos e comparáveis, são examinados com cuidado no ministério, controlados uns pelos outros em suas diversas partes, e sua análise feita no fim de cada ano forma o *Balanço geral da administração da justiça criminal*".

8. Cf. *Histoire de la folie à l'âge classique*, Paris, Gallimard, "Bibliothèque des histoires", ed. 1972, p. 13-6 [ed. bras.: *História da loucura na idade clássica*, trad. J. T. Coelho Netto, São Paulo, Perspectiva, 1978]; *Les Anormaux. Cours au Collège de France, année 1974-1975*, ed. por V. Marchetti & A. Salomoni, Paris, Gallimard-Le Seuil, "Hautes Études", 1999, aula de 15 de janeiro de 1975, p. 40-1 [ed. bras.: *Os anormais*, trad. Eduardo Brandão, São Paulo, Martins Fontes, 2001, p. 54-5]; *Surveiller et Punir, op. cit.*, p. 200.

9. *Les Anormaux, op. cit.*, p. 41-5; *Surveiller et Punir, op. cit.*, p. 197-200.

10. M. Foucault volta a esse tema na aula de 25 de janeiro, p. 73 ss. Sobre a exposição de A.-M. Moulin apresentada no seminário, cf. *infra*, p. 105, nota 2.

11. Jean-Claude Perrot, *Genèse d'une ville moderne, Caen au XVIIIe siècle* (tese, Universidade de Lille, 1974, 2 vols.), Paris-La Haye, Mou-

ton, "Civilisations et Sociétés", 1975, 2 vols. Michèle Perrot faz referência a esse livro em seu posfácio a J. Bentham, *Le Panoptique*, Paris, Belfond, 1977: "L'inspecteur Bentham", p. 189 e 208, obra de que Foucault havia participado (entrevista a J.-P. Barrou e M. Perrot, "L'oeil du pouvoir", *ibid.*, p. 9-31 [in *Microfísica do poder*, *op. cit.*, p. 209-27]).

12. Alexandre Le Maître (quartel-mestre e engenheiro-geral de S.A.E. de Brandemburgo), *La Métropolitée, ou De l'établissement des villes Capitales, de leur Utilité passive & active, de l'Union de leurs parties & de leur anatomie, de leur commerce, etc.*, Amsterdam, B. Bockholt, 1682; reed. Éditions d'histoire sociale, 1973.

13. *La Métropolitée, op. cit.*, cap. x, p. 22-4: "Dos três Estados a serem distinguidos numa província; de sua função e das suas qualidades".

14. *Ibid.*

15. *Ibid.*, cap. xi, p. 25-7: "Que, como na vida campestre ou nos vilarejos só há camponeses, deviam-se distribuir os Artesãos nas pequenas cidades e só ter nas grandes cidades, ou nas capitais, a gente culta e os artesãos absolutamente necessários".

16. *Ibid.*, cap. xviii, p. 51-4: "A grandeza que deve ter o país, a província, ou o distrito a que se pretende dar uma cidade capital."

17. *Ibid.*, cap. iv, p. 11-2: "Que a cidade capital não está apenas de posse do útil, mas também do honesto; não somente das riquezas, mas também do escol e da glória".

18. *Ibid.*, cap. xviii, p. 52: "[A capital] será o coração político, que faz viver e mover-se todo o corpo da província, pelo princípio fundamental da ciência regente, que forma um inteiro de várias peças, sem no entanto arruiná-las".

19. *Ibid.*, cap. xxiii, p. 69: "É [...] necessário que o olho do príncipe lance seus raios nos procedimentos do seu povo, que observe a conduta deste, que possa vigiá-los de perto e que sua simples presença sirva de freio ao vício, às desordens e à injustiça. Ora, isso só pode ter bom êxito pela união das partes na Metropolitana".

20. *Ibid.*, p. 67-72: "Que a presença do soberano é necessária em seus Estados, onde se dá o maior comércio, para ser testemunha das ações e do negócio de seus súditos, mantê-los na equidade e no temor, mostrar-se ao povo e deste ser como o sol, que os ilumina com sua presença".

21. *Ibid.*, cap. xxviii, p. 79-87: "Que na Metropolitana a gente de púlpito e que prega deve ser oradores célebres".

22. *Ibid.*, cap. xxvii, p. 76-9: "Que há fortes razões para a fundação das Academias nas Cidades Capitais, ou Metropolitanas".

23. *Ibid.*, cap. xxv, p. 72-3: "Que a capital, por fazer o maior consumo, também deve ser a sede do comércio".

24. *Ibid.*, cap. v, p. 12-3: "Que a causa essencial e final da cidade capital só pode ser a utilidade pública e que com esse fim ela deve ser a mais opulenta."

25. A cameralística, ou ciência cameral (*Cameralwissenschaft*), designa a ciência das finanças e da administração que se desenvolveu, a partir do século xvii, nas "câmaras" dos príncipes, esses órgãos de planejamento e de controle burocrático que substituíram pouco a pouco os conselhos tradicionais. Foi em 1727 que essa disciplina obteve o direito de entrar nas Universidades de Halle e de Frankfurt sobre o Oder, tornando-se objeto de ensino para os futuros funcionários do Estado (cf. M. Stolleis, *Geschichte des öffentlichen Rechts in Deutschland, 1600-1800*, Munique, C. H. Beck, t. 1, 1988 / *Histoire du droit public en Allemagne, 1600-1800*, trad. fr. M. Senellart, Paris, puf, 1998, p. 556-8). Essa criação de cadeiras de *Oeconomie-Policey und Cammersachen* resultava da vontade de Frederico Guilherme I da Prússia, que se havia proposto modernizar a administração do reino e acrescentar o estudo da economia ao do direito na formação dos futuros funcionários. A.W. Small resume assim o pensamento dos cameralistas: "O problema central da ciência, para os cameralistas, era o problema do Estado. De acordo com eles, o objeto de toda teoria social era mostrar como o bem-estar (*welfare*) do Estado podia ser assegurado. Viam no bem-estar do Estado a fonte de todo outro bem-estar. Toda a sua teoria social se irradiava a partir desta tarefa central: prover o Estado de dinheiro vivo (*ready means*)" (A.W. Small, *The Cameralists: The pioneers of German social polity*, Londres, Burt Franklin, 1909, p. viii). Sobre o mercantilismo, cf. *infra*, aula de 5 de abril, p. 454.

26. Johann Gottlieb Fichte (1762-1814), *Der geschlossene Handelsstaat*, Tübingen, Cotta / *L'État commercial fermé*, trad. fr. J. Gibelin, Paris, Librairie générale de droit et de jurisprudence, 1940; nova ed. com introdução e notas de D. Schulthess, Lausanne, L'Âge d'homme, "Raison dialectique", 1980. Nessa obra dedicada ao ministro das Finanças, o economista Struensee, Fichte se ergue tanto contra o liberalismo como contra o mercantilismo, acusados de empobrecer a maioria da população, aos quais opõe o modelo de um "Estado racional" com fundamento contratual, que controle a produção e planeje a alocação dos recursos.

27. Kristiania: antigo nome da capital da Noruega (Oslo, desde 1925), reconstruída pelo rei Cristiano iv em 1624, depois do incêndio que destruiu a cidade. M. Foucault diz todas as vezes "Kristiana".

28. Fundada por Gustavo Adolfo II em 1619, a cidade foi construída com base no modelo das cidades holandesas, em razão dos terrenos pantanosos.

29. Situada a sudeste de Chinon (Indre-et-Loire), à margem do Mable, a cidade foi construída pelo cardeal de Richelieu, que mandou demolir os velhos casebres, no local do domínio patrimonial, e a reconstruiu, a partir de 1631, com base num projeto regular traçado por Jacques Lemercier (1585-1654). As obras foram dirigidas pelo irmão deste último, Pierre Lemercier, que fez os projetos do castelo e do conjunto da cidade.

30. O acampamento romano (*castra*) era formado por um quadrado ou um retângulo, subdividido em diversos quadrados ou retângulos. Sobre a castrametação romana (arte de instalar os exércitos nos acampamentos), cf. a nota detalhadíssima do *Nouveau Larousse illustré*, t. 2, 1899, p. 431. Sobre a retomada desse modelo, no início do século XVII, como condição da disciplina militar e forma ideal dos "'observatórios' da multiplicidade humana" – "o acampamento é o diagrama de um poder que age pelo efeito de uma visibilidade geral" –, cf. *Surveiller et Punir*, p. 173-4 e figura 7. A bibliografia citada por Foucault, então, é essencialmente francesa (p. 174, n. 1), com exceção do tratado de J. J. von Wallhausen, *L'Art militaire pour l'infanterie*, Francker, Uldrick Balck, 1615 (trad. fr. de *Kriegskunst zu Fusz* por J. Th. de Bry; citado p. 172, n. 1). Wallhausen foi o primeiro diretor da *Schola militaris* fundada em Siegen, Holanda, por João de Nassau em 1616. Sobre as características da "revolução militar" holandesa e sua difusão na Alemanha e na Suécia, cf. a riquíssima bibliografia fornecida por G. Parker, *The Thirty Year's War*, Londres, Routledge & Kegan Paul, 1984 / *La Guerre de Trente Ans*, trad. fr. A. Charpentier, Paris, Aubier, "Collection historique", 1987, p. 383 e 407.

31. P. Lelièvre, *L'Urbanisme et l'Architecture à Nantes au XVIIIe siècle*, tese de doutoramento, Nantes, Librairie Durance, 1942.

32. *Plan de la ville de Nantes et des projets d'embellissement présentés par M. Rousseau, architecte*, 1760, com a seguinte dedicatória: "Illustrissimo atque ornatissimo D. D. Armando Duplessis de Richelieu, duci Aiguillon, pari Franciae". Cf. P. Lelièvre, *op. cit.*, p. 89-90: "Uma imaginação tão completamente arbitrária só apresenta, na verdade, o interesse da sua desconcertante fantasia". (O plano da cidade de Nantes, com sua forma de coração, é reproduzido no verso da página 87.) Cf. também p. 205: "Será absurdo supor que a própria ideia de 'circulação' possa ter inspirado essa figura anatômica, sulcada por artérias?

Não levemos mais longe que ele essa analogia limitada ao contorno, esquemático e estilizado, do órgão da circulação".

33. Étienne-Louis Boullée (1728-1799), arquiteto e desenhista francês. Preconizava a adoção de formas geométricas inspiradas na natureza (ver seus projetos de um Museu, de uma Biblioteca Nacional, de um palácio para a capital de um grande império ou de um túmulo em homenagem a Newton, in J. Starobinski, *1798. Les Emblèmes de la raison*, Paris, Flammarion, 1973, p. 62-7).

34. Claude-Nicolas Ledoux (1736-1806), arquiteto e desenhista francês, autor de *L'Architecture considérée sous le rapport de l'art, des moeurs et de la législation*, Paris, ed. do autor, 1804.

35. *Plan de la ville de Nantes, avec les changements et les accroissements par le sieur de Vigny, architecte du Roy et de la Société de Londres, intendant des bâtiments de Mgr le duc d'Orléans. – Fait par nous, architecte du Roy, à Paris, le 8 avril 1755*. Cf. P. Lelièvre, *L'Urbanisme et l'Architecture...*, p. 84-9; cf. igualmente o estudo que lhe consagra L. Delattre, in *Bulletin de la Société archéologique et historique de Nantes*, t. LII, 1911, p. 75-108.

36. Jean-Baptiste Monet de Lamarck (1744-1829), autor de *Philosophie zoologique* (1809); cf. G. Canguilhem, "Le vivant et son milieu", in id., *La Connaissance de la vie*, Paris, Vrin, 1965, p. 131: "Lamarck sempre fala de meios, no plural, e entende expressamente por isso fluidos como a água, o ar e a luz. Quando Lamarck quer designar o conjunto das ações que se exercem de fora sobre um ser vivo, isto é, o que hoje chamamos de meio, ele nunca diz meio, mas sempre 'circunstâncias influentes'. Por conseguinte, circunstâncias é para Lamarck um gênero de que clima, lugar e meio são as espécies".

37. Cf. G. Canguilhem, *ibid.*, p. 129-30: "Historicamente considerados, a noção de meio e o termo meio foram importados da mecânica para a biologia, na segunda parte do século XVIII. A noção mecânica, mas não o termo, aparece com Newton, e o termo meio, com seu significado mecânico, está presente na *Encyclopédie* [Enciclopédia] de D'Alembert e de Diderot, no verbete Meio. [...] Os mecanicistas franceses chamaram de meio o que Newton entendia por fluido, cujo tipo, para não dizer o arquétipo único, é, na física de Newton, o éter". É por intermédio de Buffon, explica Canguilhem, que Lamarck toma emprestado de Newton o modelo de explicação de uma reação orgânica pela ação de um meio. Sobre a emergência da ideia de meio, na segunda metade do século XVIII, através da noção de "forças pene-

trantes" (Buffon), cf. M. Foucault, *Histoire de la folie...*, *op. cit.*, III, 1, ed. de 1972, p. 385 ss. ("Noção negativa [...] que aparece no século XVIII, para explicar as variações e as doenças, muito mais que as adaptações e as convergências. Como se essas 'forças penetrantes' formassem o verso, o negativo do que virá a ser, posteriormente, a noção positiva de meio", p. 385).

38. G. Canguilhem, *in op. cit.*, p. 130: "O problema a resolver para a mecânica na época de Newton era o da ação à distância de indivíduos físicos distintos".

39. Moheau, *Recherches et Considérations sur la population de la France*, Paris, Moutard, 1778; reed. com introd. e quadro analítico por R. Gonnard, Paris, P. Geuthner, "Collection des économistes et des réformateurs sociaux de la France", 1912; reed. anotada por E. Vilquin, Paris, INED/PUF, 1994. Segundo J.-Cl. Perrot, *Une histoire intellectuelle de l'économie politique, XVIIe-XVIIIe siècle*, Paris, Éd. de EHESS, "Civilisations et Sociétés", 1992, p. 175-6, esse livro constitui "o verdadeiro 'espírito das leis' demográficas do século XVIII". A identidade do autor ("Moheau", sem nenhum prenome) foi objeto de uma longa controvérsia desde a publicação da obra. Certo número de comentadores viram aí um pseudônimo detrás do qual estaria dissimulado o barão Auget de Montyon, sucessivamente intendente de Riom, de Aix e de La Rochelle. Parece estabelecido hoje em dia que o livro foi mesmo escrito por Jean-Baptiste Moheau, que foi seu secretário até 1775 e morreu guilhotinado em 1794. Cf. R. Le Mée, "Jean-Baptiste Moheau (1745-1794) et les *Recherches*... Un auteur énigmatique ou mythique?", in Moheau, *Recherches et Considérations...*, ed. de 1994, p. 313-65.

40. *Recherches et Considérations...*, livro II, parte 2, cap. XVII: "Da influência do Governo sobre todas as causas que podem determinar os progressos ou as perdas da população", ed. de 1778, p. 154-5; ed. de 1912, p. 291-2; ed. de 1994, p. 307. A frase termina assim: "[...] e que não há nenhuma relação entre os graus de frio e de calor nas mesmas regiões em épocas diferentes".

41. *Ibid.*: "Virgílio nos surpreende quando fala do vinho que gelava na Itália nos tonéis; certamente o campo de Roma não era o que é hoje na época dos romanos, que melhoraram a habitação de todos os lugares que submeteram à sua dominação" (ed. de 1778, p. 155; ed. de 1912, p. 292; ed. de 1994, p. 307).

42. *Ibid.*, p. 157, 293, 307-8.

AULA DE 18 DE JANEIRO DE 1978

> Características gerais dos dispositivos de segurança (II): a relação com o acontecimento: a arte de governar e o tratamento do aleatório. – O problema da escassez alimentar nos séculos XVII e XVIII. – Dos mercantilistas aos fisiocratas. – Diferenças entre dispositivo de segurança e mecanismo disciplinar na maneira de tratar o acontecimento. – A nova racionalidade governamental e a emergência da "população". – Conclusão sobre o liberalismo: a liberdade como ideologia e técnica de governo.

Tínhamos começado a estudar um pouco o que poderíamos chamar de forma, simplesmente de forma de alguns dos dispositivos importantes de segurança. Da última vez, disse duas palavras a propósito das relações entre o território e o meio. Procurei lhes mostrar através de alguns textos, de um lado, de alguns projetos e também de algumas urbanizações reais de cidades no século XVIII, como o soberano do território tinha se tornado arquiteto do espaço disciplinado, mas também, e quase ao mesmo tempo, regulador de um meio no qual não se trata tanto de estabelecer os limites, as fronteiras, no qual não se trata tanto de determinar localizações, mas, sobretudo, essencialmente de possibilitar, garantir, assegurar circulações: circulação de pessoas, circulação de mercadorias, circulação do ar etc. Para dizer a verdade, essa função estruturante do espaço e do território pelo soberano não é coisa nova no século XVIII. Afinal, que soberano não quis fazer uma ponte sobre o Bósforo ou remover montanhas?* Mas resta saber também, justamente, no interior de que economia geral de poder se situam esse projeto e essa estruturação do espaço e do território. Trata-se de marcar um

....
* Em vez dessa frase, figuram no manuscrito estes três nomes: "Nemrod, Xerxes, Yu Kong".

território ou de conquistá-lo? Trata-se de disciplinar súditos e fazê-los produzir riquezas ou trata-se de constituir para uma população algo que seja um meio de vida, de existência, de trabalho?

Gostaria agora de retomar essa análise dos dispositivos de segurança a partir de outro exemplo e para tentar precisar um pouco outra coisa: não mais a relação com o espaço e o meio, mas a relação do governo com o acontecimento*. Problema do acontecimento. Vou tomar diretamente um exemplo, o da escassez. A escassez alimentar, que não é exatamente a fome, é – como definia um economista da segunda metade do século XVIII, de que já voltaremos a falar –, é "a insuficiência *atual* da quantidade de cereais necessária para fazer uma nação subsistir"[1]. Ou seja, a escassez alimentar é um estado de raridade de gêneros que tem a propriedade de gerar um processo que a traz de volta e que tende, se não houver outro mecanismo que venha detê-la, a prolongá-la e acentuá-la. É um estado de raridade, de fato, que faz os preços subirem. Quanto mais os preços sobem, mais os que detêm os objetos escassos procuram estocá-los e açambarcá-los para os preços subirem mais ainda, e assim até o momento em que as necessidades mais elementares da população deixam de ser satisfeitas. A escassez alimentar é, para os governantes, em todo caso para o governo francês no século XVII e no século XVIII, o tipo de acontecimento a evitar, por certo número de razões óbvias. Só vou recordar a mais clara e, para o governo, a mais dramática. A escassez alimentar é um fenômeno cujas consequências imediatas e mais sensíveis aparecem, claro, inicialmente no meio urbano, porque afinal de contas a escassez alimentar é sempre relativamente menos difícil de suportar – relativamente – no meio rural. Em todo caso, ela aparece no

....
* M. Foucault se detém aqui para fazer uma observação sobre os gravadores: "Não sou contra nenhum aparelho, mas não sei – desculpem-me dizer isso –, tenho uma alergiazinha...".

meio urbano e acarreta quase imediatamente, e com uma grande probabilidade, a revolta. Ora, é claro, desde as experiências do século XVII, a revolta urbana é a grande coisa a evitar para o governo. Flagelo do lado da população, catástrofe, crise, se preferirem, do lado do governo.

De um modo geral, se se quiser simplesmente reproduzir a espécie de horizonte filosófico-político sobre cujo fundo a escassez alimentar aparece, direi que [esta], como todos os flagelos, é retomada nas duas categorias mediante as quais o pensamento político tentava pensar a inevitável desgraça. [Em primeiro lugar], o velho conceito antigo, greco-latino, de fortuna, a má fortuna. Afinal de contas, a escassez alimentar é a má sorte no estado puro, já que seu fator mais imediato, mais aparente, é precisamente a intempérie, a seca, a geada, o excesso de umidade, em todo caso algo sobre o que não se tem controle. E essa má fortuna, como vocês sabem, não é simplesmente uma constatação de impotência. É todo um conceito político, moral, cosmológico igualmente que, desde a Antiguidade até Maquiavel e, por fim, até Napoleão, foi não apenas uma maneira de pensar filosoficamente a desgraça política, mas até mesmo um esquema de comportamento no campo político. O responsável político na antiguidade greco-romana, na Idade Média, até Napoleão inclusive, e talvez até mesmo além dele, joga com a má sorte, e, como Maquiavel mostrou, há toda uma série de regras de jogo em relação à má fortuna[2]. Logo, a escassez alimentar aparece como uma das formas fundamentais da má fortuna para um povo e para um soberano.

Em segundo lugar, a outra matriz filosófica e moral que permite pensar a escassez alimentar é a má natureza do homem. Má natureza que vai se ligar ao fenômeno da escassez alimentar na medida em que esta vai aparecer como um castigo[3]. Mas, de uma maneira mais concreta e mais precisa, a má natureza do homem vai influir sobre a escassez alimentar, vai aparecer como um dos seus motivos na medida em que a avidez dos homens – sua necessidade de ganhar, seu desejo de ganhar cada vez mais, seu egoísmo – vai provocar todos esses fenômenos de estocagem, açambarcamento, retenção de mercadoria, que vão acentuar o fenômeno da escassez alimentar[4]. O conceito jurídico-moral da má natureza humana, da natureza decaída, o conceito cosmológico-político da má fortuna são os dois marcos gerais no interior dos quais se pensa a escassez alimentar.

De uma maneira muito mais precisa e institucional, nas técnicas de governo, de gestão política e econômica de uma sociedade como a sociedade francesa nos séculos XVII e XVIII, o que se vai fazer contra a escassez alimentar? Estabeleceu-se contra ela, e desde há muito tempo, todo um sistema que direi ao mesmo tempo jurídico e disciplinar, um sistema de legalidade e um sistema de regulamentos que se destina essencialmente a impedir a escassez alimentar, isto é, não simplesmente detê-la quando ela se produz, não simplesmente extirpá-la, mas literalmente preveni-la: que ela não possa ocorrer de forma alguma. Sistema jurídico e disciplinar que, concretamente, adquire as formas que vocês conhecem: clássicas – limitação de preços, limitação principalmente do direito de estocagem (proibição de estocar, logo necessidade de vender imediatamente), limitação da exportação* (proibição de enviar cereais para o exterior), tendo como única restrição a isso a limitação da extensão dos cultivos, na medida em que, se os cultivos de cereais forem demasiado extensos, demasiado abundantes, o excesso de abundância acarretará uma queda dos preços tal que os camponeses terão grandes perdas. Portanto toda uma série de limitações – de preços, de estocagem, da exportação e do cultivo. Sistema de pressões também, pois vai-se pressionar as pessoas para que semeiem ao menos uma quantidade mínima, vai-se proibir o cultivo disto ou daquilo. Vai-se obrigar as pessoas, por exemplo, a

....
* M.F.: importação.

arrancar a vinha para forçá-las a semear cereais. Vai-se forçar os comerciantes a vender antes de esperar a elevação dos preços e, desde as primeiras colheitas, vai-se estabelecer todo um sistema de vigilância que vai possibilitar o controle dos estoques, impedir a circulação de um país a outro, de uma província a outra. Vai-se impedir o transporte marítimo de cereais. Tudo isso, todo esse sistema jurídico e disciplinar de limitações, de pressões, de vigilância permanente, todo esse sistema é organizado para quê? O objetivo é, obviamente, que os cereais sejam vendidos ao preço mais baixo possível, que os camponeses tenham por conseguinte o menor lucro possível e que a gente das cidades possa, assim, se alimentar ao preço mais baixo possível, o que vai ter por consequência que os salários pagos a ela serão também os mais baixos possíveis. Essa regulação por baixo do preço de venda dos cereais, do lucro camponês, do custo de compra para as pessoas, do salário, vocês sabem que é evidentemente o grande princípio político que foi desenvolvido, organizado, sistematizado durante todo o período que podemos chamar de mercantilista, se entendermos por mercantilismo essas técnicas de governo e de gestão da economia que praticamente dominaram a Europa desde o início do século XVII até o início do século XVIII. Esse sistema é essencialmente um sistema antiescassez alimentar, já que com esse sistema de proibições e de impedimentos, o que vai acontecer? Vai acontecer que, por um lado, todos os cereais serão colocados no mercado, e o mais depressa possível. Sendo [os cereais] colocados no mercado o mais depressa possível, o fenômeno de escassez será relativamente limitado e, além do mais, as proibições à exportação*, as proibições de estocagem e de elevação de preços vão impedir o que mais se teme: que os preços disparem nas cidades e que as pessoas se revoltem.

....
* M.F.: importação.

Sistema antiescassez alimentar, sistema essencialmente centrado num acontecimento eventual, um acontecimento que poderia se produzir e que se procura impedir que se produza antes que ele se inscreva na realidade. Inútil insistir nos fracassos bem conhecidos, mil vezes constatados, desse sistema. Fracassos que consistem no seguinte: primeiro, essa manutenção do preço dos cereais no nível mais baixo produz este primeiro efeito, de que, mesmo quando há abundância de cereais, ou melhor, principalmente quando há abundância de cereais, os camponeses vão se arruinar, pois dizer abundância de cereais é dizer tendência dos preços à baixa e, finalmente, o preço* do trigo para os camponeses vai ser inferior aos investimentos que eles fizeram para obtê-lo; logo, ganho que tende a zero, às vezes que até cai abaixo do custo da produção para os camponeses. Em segundo lugar, segunda consequência, vai ser que, não tendo obtido, nem nos anos em que o trigo é abundante, lucro suficiente com a sua colheita, os camponeses vão se ver fadados e constrangidos a plantar pouco. Quanto menos lucro tiverem, menos vão poder semear. Esse plantio escasso vai ter como consequência imediata que bastará a menor irregularidade climática, quer dizer, a menor oscilação climática, frio demais, estiagem demais, umidade demais, para que essa quantidade de trigo que é justo o suficiente para alimentar a população caia abaixo das normas requeridas e a escassez alimentar apareça no ano seguinte. De modo que, a cada instante, essa política do preço mais baixo possível expõe à escassez alimentar e, precisamente, a esse flagelo que se procurava conjurar.

[Perdoem-me o] caráter ao mesmo tempo por demais esquemático e um tanto austero disso tudo. Como as coisas vão se passar no século XVIII, quando se procurou destravar esse sistema? Todo o mundo sabe, e aliás é exato, que foi do interior de uma nova concepção da economia, talvez até do in-

....

* M.F.: o preço de custo.

terior desse ato fundador do pensamento econômico e da análise econômica que é a doutrina fisiocrática, que se começou a colocar como princípio fundamental de governo econômico[5] o princípio da liberdade de comércio e de circulação dos cereais. Consequência teórica, ou melhor, consequência prática de um princípio teórico fundamental, que era o dos fisiocratas, a saber, que o único ou praticamente o único produto líquido que podia ser obtido numa nação era o produto camponês[6]. A bem da verdade, não se pode negar que a liberdade de circulação dos cereais é efetivamente uma das consequências teóricas lógicas do sistema fisiocrático. Quer tenha sido o próprio pensamento fisiocrático, quer tenham sido os fisiocratas com sua influência que a tenham imposto ao governo francês nos anos 1754-1764, mesmo assim é um pouco verdade, embora sem dúvida não seja suficiente. Mas creio que o que seria de fato inexato é considerar que essa forma de opção política, essa programação da regulação econômica não seja nada mais que a consequência prática de uma teoria econômica. Creio ser possível mostrar facilmente que o que aconteceu então e que deu ensejo aos grandes editos ou "declarações" dos anos 1754-1764, o que aconteceu então foi, na realidade, talvez através e graças ao intermédio, ao apoio dos fisiocratas e da sua teoria, foi na verdade toda uma mudança, ou melhor, uma fase de uma grande mudança nas técnicas de governo e um dos elementos dessa instauração do que chamarei de dispositivos de segurança. Em outras palavras, vocês podem ler o princípio da livre circulação dos cereais seja como a consequência de um campo teórico, seja como um episódio na mutação das tecnologias de poder e como um episódio na implantação dessa técnica dos dispositivos de segurança que me parece característica, uma das características das sociedades modernas.

Há uma coisa, em todo caso, que é verdade: é que, muito antes dos fisiocratas, certo número de governos haviam de fato pensado que a livre circulação dos cereais era não só uma melhor fonte de lucro, mas certamente um mecanismo de segurança muito melhor contra o flagelo da escassez alimentar. Era em todo caso a ideia que os políticos ingleses tiveram bem cedo, desde o fim do século XVII, já que em 1689 eles haviam criado e feito o Parlamento adotar um conjunto de leis que, em suma, impunha, admitia a liberdade de circulação e de comércio dos cereais, com um sustentáculo e um corretivo, entretanto. Em primeiro lugar, a liberdade de exportação, que devia permitir em período fasto, ou seja, em período de abundância e de boas safras, sustentar o preço do trigo, dos cereais em geral, que corria o risco de desabar pelo próprio fato dessa abundância. Para sustentar o preço, não só se permitia a exportação, mas ajudava-se a exportação por um sistema de incentivos, instituindo um corretivo, um adjuvante a essa liberdade[7]. E, em segundo lugar, para evitar igualmente que houvesse, em período favorável, uma importação grande demais de trigo pela Inglaterra, estabeleceram-se taxas de importação, de tal maneira que o excesso de abundância vindo dos produtos importados não fizesse os preços novamente caírem[8]. Logo, o bom preço era obtido por essas duas séries de medidas.

Esse modelo inglês de 1689 vai ser o grande cavalo de batalha dos teóricos da economia, mas também dos que, de uma maneira ou outra, tinham uma responsabilidade administrativa, política, econômica na França do século XVIII[9]. E foram então os trinta anos durante os quais o problema da liberdade dos cereais foi um dos problemas políticos e teóricos maiores na França do século XVIII. Três fases, por assim dizer: primeiro, antes de 1754, ou seja, no momento em que o velho sistema jurídico-disciplinar ainda vigora plenamente com suas consequências negativas, toda uma fase de polêmicas; 1754, adoção na França de um regime que é, em linhas gerais, moldado quase tal e qual no da Inglaterra, ou seja, uma liberdade relativa mas corrigida e, de certa forma, sustentada[10]; depois, de 1754 a 1764, chegada dos fisiocratas[11],

AULA DE 18 DE JANEIRO DE 1978   47

mas somente nesse momento, à cena teórica e política, toda uma série de polêmicas a favor da liberdade dos cereais; e, enfim, os editos de maio de 1763[12] e de agosto de 1764[13], que estabelecem a liberdade quase total dos cereais, com apenas algumas restrições. Por conseguinte, vitória dos fisiocratas[14], mas também de todos os que, sem ser diretamente fisiocratas, os discípulos de Gournay[15] por exemplo, tinham sustentado essa causa. O ano de 1764 é, portanto, a liberdade dos cereais. Infelizmente, o edito é de agosto de [17]64. Em setembro de [17]64, isto é, no mesmo ano, algumas semanas depois, as más colheitas na Guyenne fazem os preços subirem a uma velocidade astronômica, e já começa a surgir a questão de se não se deve voltar atrás nessa liberdade dos cereais. Com isso, vamos ter uma terceira campanha de discussões, defensiva desta vez, em que os fisiocratas e os que sustentam os mesmos princípios sem ser fisiocratas vão ser obrigados a defender a liberdade que fizeram quase integralmente reconhecer em 1764[16].

Portanto temos todo um pacote de textos, de projetos, de programas, de explicações. Vou me referir simplesmente ao que é, ao mesmo tempo, o mais esquemático, o mais claro e que teve, de resto, uma importância considerável. É um texto que data de 1763, que se chama *Carta de um negociante sobre a natureza do comércio dos cereais*. Foi escrito por um sujeito que se chamava Louis-Paul Abeille[17], importante ao mesmo tempo pela influência que teve seu texto e pelo fato de que, discípulo de Gournay, tinha em suma unificado a maioria das posições fisiocráticas. Ele representa portanto uma [espécie] de ponto de articulação no pensamento econômico dessa época. Então, [se tomarmos] esse texto como referência – mas ele é simplesmente exemplar de toda uma série de outros, e, com algumas modificações, creio que encontraríamos nos outros textos os mesmos princípios que os aplicados por Abeille na sua *Carta de um negociante* –, no fundo, o que é que ele faz? Mais uma vez, poderíamos retomar o texto de Abeille numa análise do campo teórico, procurando descobrir quais são os princípios diretores, as regras de formação dos conceitos, dos elementos teóricos etc., e seria preciso sem dúvida retomar a teoria do produto líquido[18]. Mas não é assim que eu gostaria de retomar esse texto. Não, portanto, como no interior de uma arqueologia do saber, mas na linha de uma genealogia das tecnologias de poder. E então creio que poderíamos reconstituir o funcionamento do texto, em função não das regras de formação desses conceitos, mas dos objetivos, das estratégias a que ele obedece e das programações de ação política que sugere.

Creio que a primeira coisa a aparecer seria a seguinte: que, no fundo, para Abeille, essa mesma coisa que se devia evitar a qualquer preço, antes mesmo que ela se produzisse, no sistema jurídico-disciplinar, a saber, a escassez e a carestia, esse mal a evitar na visão de Abeille e dos fisiocratas, e dos que pensam da mesma maneira, no fundo não é nenhum mal. E não se deve pensá-lo como um mal, ou seja, deve-se considerá-lo como um fenômeno que é, primeiramente, natural e, por conseguinte, em segundo lugar, que não é nem bom nem ruim. Ele é o que é. Essa desqualificação em termos de moral ou simplesmente em termos de bom ou de ruim, de coisas a evitar ou a não evitar, essa desqualificação implica que a análise não vai ter por alvo principal o mercado, isto é, o preço de venda do produto em função da oferta e da procura, mas vai de certo modo recuar um ponto ou sem dúvida até vários pontos e tomar por objeto, não tanto o fenômeno escassez-carestia, tal como pode aparecer no mercado, já que é o mercado, o espaço mesmo do mercado que faz aparecer a escassez e a carestia, mas o que chamarei de história do cereal, desde o momento em que o cereal é plantado, com o que isso implica de trabalho, de tempo gasto e de terras semeadas – de custo, por conseguinte. O que acontece com o cereal desde esse momento até o momento em que terá finalmente produzido todos os lucros que pode produzir? A unidade de análise não será mais, portanto, o mercado com seus efeitos escassez-carestia, mas o cereal com tudo o que lhe pode acontecer e lhe acontecerá naturalmente de certo modo, em todo caso em função de um mecanismo e de leis em que vão interferir tanto a qualidade do terreno, [como] o cuidado com que é cultivado, as condições climáticas de sequidão, calor, umidade, e enfim a abundância ou a escassez, a colocação no mercado etc. É muito mais a realidade do cereal do que o medo da escassez alimentar que vai ser o acontecimento que vamos procurar entender. E é nessa realidade do cereal, em toda a sua história e com todos os vaivéns e acontecimentos que podem de certo modo fazer sua história oscilar ou se mexer em relação a uma linha ideal, é nessa realidade que se vai tentar enxertar um dispositivo graças ao qual as oscilações da abundância e do preço baixo, da escassez e da carestia vão se ver, não impedidas de antemão, não proibidas por um sistema jurídico e disciplinar, que, impedindo isto, forçando aquilo, deve evitar que elas ocorram. O que Abeille e os fisiocratas e teóricos da economia no século XVIII procuraram obter foi um dispositivo que, conectando-se à própria realidade dessas oscilações, vai atuar de tal modo que, por uma série de conexões com outros elementos da realidade, esse fenômeno, sem de certo modo nada perder da sua realidade, sem ser impedido, se encontre pouco a pouco compensado, freado, finalmente limitado e, no último grau, anulado. Em outras palavras, é um trabalho no próprio elemento dessa realidade que é a oscilação abundância/escassez, carestia/preço baixo, é apoiando-se nessa realidade, e não tentando impedir previamente, que um dispositivo vai ser instalado, um dispositivo que é precisamente, a meu ver, um dispositivo de segurança e não mais um sistema jurídico-disciplinar.

Em que vai consistir esse dispositivo que se conecta portanto à realidade de certa forma reconhecida, aceita, nem valorizada nem desvalorizada, reconhecida simplesmente como natureza, qual é o dispositivo que, conectando-se a essa realidade de oscilação, vai permitir regulá-la? A coisa é conhecida, vou simplesmente resumi-la. Em primeiro lugar, não visar o menor preço possível, mas sim autorizar, propiciar até um aumento do preço do cereal. Esse aumento do preço do cereal, que pode ser proporcionado por meios um pouco artificiais, como no método inglês, em que as exportações eram sustentadas por incentivos, em que se fazia pressão sobre as importações, taxando-as, pode-se utilizar esse meio para fazer o preço do cereal subir, mas também se pode – e é essa a solução liberal (tornarei daqui a pouco sobre essa palavra, "liberal") à qual se alinham os fisiocratas – [suprimir] todas as proibições de estocagem, de modo que as pessoas poderão, como quiserem, quando quiserem, na quantidade que desejarem, por maior que seja, estocar seu cereal e retê-lo, aliviando assim o mercado quando houver abundância. Vão ser igualmente suprimidas todas as proibições de exportação, de modo que as pessoas terão direito, se tiverem vontade, quando os preços externos forem favoráveis, de mandar o cereal para o exterior. Aqui também novo alívio do mercado, desobstrução, e com isso, quando houver abundância, a possibilidade de estocagem, de um lado, e a permissão de exportação, do outro, vão manter os preços. Teremos então uma coisa que é paradoxal em relação ao sistema precedente, que era impossível e indesejável nele, a saber, que, quando houver abundância, haverá ao mesmo tempo preços relativamente altos. Acontece que gente como Abeille, por exemplo, e todos os que escreveram nessa época, escreviam num momento em que, justamente, uma série de boas safras entre 1762 e 1764 permitia tomar esse exemplo favorável.

Portanto os preços sobem mesmo em período de abundância. A partir desse aumento dos preços, o que vamos ter? Primeiro, uma extensão do cultivo. Como foram bem remunerados na safra anterior, os camponeses poderão dispor de muito grão para semear e fazer os gastos necessários para um grande plantio e um bom cultivo. Com isso, depois dessa primeira safra bem paga, aumentam as probabilidades da safra seguinte ser boa. Mesmo que as condições climáticas não sejam muito favoráveis, a maior extensão das terras semeadas, o melhor cultivo compensarão essas más condições e haverá maiores probabilidades de a escassez alimentar ser evitada. Mas, ampliando assim o cultivo, o que vai acontecer? Vai acontecer que essa primeira elevação dos preços não será acompanhada por uma elevação semelhante e de mesma proporção no ano seguinte, porque, afinal, quanto maior a abundância, os preços evidentemente tenderão a se estabilizar, de modo que uma primeira elevação dos preços vai ter como consequência necessária uma diminuição do risco de escassez alimentar e uma estabilização do preço ou uma redução do ritmo de aumento. A probabilidade da escassez alimentar e a probabilidade da elevação dos preços vão se ver igualmente reduzidas.

Suponhamos agora, a partir desse esquema em que os dois anos consecutivos foram favoráveis, o primeiro muito favorável com a elevação de preço, o segundo suficientemente favorável – logo, temos nesses casos redução da elevação dos preços –, suponhamos agora que o segundo ano seja ao contrário um ano de pura e franca escassez alimentar. Eis como Abeille raciocina nesse caso. No fundo, diz ele, o que é uma escassez alimentar? Nunca é a ausência pura e simples, a ausência total dos meios de subsistência necessários a uma população. Porque, simplesmente, ela morreria. Ela morreria em alguns dias ou algumas semanas, e, diz ele, nunca se viu uma população desaparecer por falta de comida. A escassez alimentar, diz ele, é "uma quimera"[19]. Vale dizer que, qualquer que seja a pequena quantidade da colheita, sempre há com que alimentar a população por uns dez meses, ou oito meses, ou seis meses, ou seja, pelo menos por certo tempo a população vai poder viver. Claro, a escassez alimentar vai se anunciar bem cedo. Os fenômenos a resolver não vão se produzir unicamente quando, no fim do sexto mês, as pessoas não tiverem mais o que comer. Desde o início, desde o momento em que se percebe que a safra vai ser ruim, um certo número de fenômenos e de oscilações vai se produzir. E, imediatamente, a elevação dos preços, que os vendedores logo calcularam da seguinte maneira, dizendo-se: ano passado, com tal quantidade de trigo, obtive por cada saca de trigo, cada sesteiro de trigo, tal soma; este ano, tenho duas vezes menos trigo, logo vou vender cada sesteiro duas vezes mais caro. E os preços sobem no mercado. Mas, diz Abeille, deixemos essa alta de preços se dar. Não é isso que importa. A partir do momento em que as pessoas sabem que o comércio é livre – é livre dentro do país, livre também de um país ao outro –, elas sabem perfeitamente que ao fim do sexto mês as importações vão ocupar o lugar do trigo que falta no país. Ora, as pessoas que têm trigo e que podem vendê-lo, e que teriam a tentação de retê-lo aguardando esse tal sexto mês ao fim do qual os preços deveriam disparar, não sabem quanto trigo vai poder vir dos países exportadores e, portanto, chegar ao país. Não sabem se, afinal de contas, no sexto mês não vai haver uma quantidade tão grande de trigo que os preços desabarão. Logo, em vez de esperar esse sexto mês, em que não sabem se os preços não vão baixar, as pessoas vão preferir aproveitar, desde o início, desde o anúncio da safra ruim, a pequena alta de preços que se produz. Vão pôr seu trigo no mercado e não vai haver esses fenômenos que se observam agora, em tempos de regulamentação, esses comportamentos de pessoas que retêm o trigo a partir do momento em que se anuncia uma safra ruim. Portanto a alta de preços vai ocorrer, mas logo vai se estabilizar ou alcançar o teto, na medida em que todo o mundo vai entregar seu trigo na perspectiva das tais importações, quem sabe maciças, que vão se produzir a partir do sexto mês[20].

Do lado dos exportadores dos países estrangeiros, vamos ter o mesmo fenômeno, quer dizer, se souberem que na

França há uma escassez alimentar, os exportadores ingleses, alemães etc., vão querer aproveitar as elevações de preços. Mas eles não sabem que quantidade de trigo virá para a França dessa maneira. Não sabem de que quantidade de trigo seus concorrentes dispõem, quando, em que momento, em que proporção eles vão levar seu trigo e, por conseguinte, também não sabem se, esperando demais, não farão um mau negócio. Donde a tendência, que terão, de aproveitar a alta imediata de preços para lançar seu trigo nesse mercado para eles estrangeiro, que é a França, e com isso o trigo vai afluir na medida mesma de sua escassez[21]. Ou seja, é o fenômeno escassez-carestia induzido por uma safra ruim num dado momento que vai acarretar, por toda uma série de mecanismos que são ao mesmo tempo coletivos e individuais (tornaremos sobre esse ponto daqui a pouco), aquilo que o vai pouco a pouco corrigir, compensar, frear e finalmente anular. Ou seja, é a alta que produz a baixa. A escassez alimentar será anulada a partir da realidade desse movimento que leva à escassez alimentar. De modo que, numa técnica como esta de liberdade pura e simples da circulação de cereais, não pode haver escassez alimentar. Como diz Abeille, a escassez alimentar é uma quimera.

Essa concepção dos mecanismos do mercado não é simplesmente a análise do que acontece. É ao mesmo tempo uma análise do que acontece e uma programação do que deve acontecer. Ora, para fazer essa análise-programação é necessário um certo número de condições. Vocês puderam identificá-las de passagem. Primeiro, a análise* teve de ser consideravelmente ampliada. Primeiro, ela tem de ser ampliada do lado da produção. Mais uma vez, não se deve considerar simplesmente o mercado, mas o ciclo inteiro, desde os atos produtores iniciais até o lucro final. O lucro do agricultor faz parte desse conjunto que é preciso, ao mesmo tempo, levar em

....

* M. Foucault acrescenta: a consideração.

conta, tratar ou deixar desenvolver-se. Em segundo lugar, ampliação do lado do mercado, porque não se trata simplesmente de considerar um mercado, o mercado interno da França, é o mercado mundial de cereais que deve ser levado em conta e posto em relação com cada mercado no qual o cereal pode ser vendido. Não basta portanto pensar nas pessoas que vendem e que compram na França num mercado dado. É preciso pensar em todas as quantidades de cereal que podem ser postas à venda em todos os mercados e em todos os países do mundo. Ampliação portanto da análise do lado da produção, ampliação do lado do mercado. [Em terceiro lugar,] ampliação também do lado dos protagonistas, na medida em que, em vez de lhes impor regras imperativas, vai-se procurar identificar, compreender, conhecer como e por que eles agem, qual o cálculo que fazem quando, diante de uma alta dos preços, eles retêm os cereais, que cálculo, ao contrário, vão fazer quando sabem que há liberdade, quando não sabem que quantidade de cereal vai chegar, quando hesitam em prever se haverá alta ou baixa do cereal. É isso tudo, isto é, esse elemento de comportamento plenamente concreto do *homo oeconomicus*, que deve ser levado igualmente em consideração. Em outras palavras, uma economia, ou uma análise econômico-política, que integre o momento da produção, que integre o mercado mundial e que integre enfim os comportamentos econômicos da população, produtores e consumidores.

Não é só isso. Essa nova maneira de conceber as coisas e de programá-las implica algo importantíssimo em relação a esse acontecimento que é a escassez alimentar, em relação a esse acontecimento-flagelo que é a escassez-carestia, com sua eventual consequência, a revolta. No fundo, o flagelo, a escassez alimentar, tal como se concebia até então, era um fenômeno ao mesmo tempo individual e coletivo: as pessoas passavam fome, populações inteiras passavam fome, a nação passava fome, e era precisamente isso, essa espécie de solidariedade imediata, de grande abrangência do acontecimento que constituía seu caráter de flagelo. Ora, na análise que venho de lhes fazer e no programa econômico-político que é seu resultado imediato, o que vai acontecer? Vai acontecer que, no fundo, o acontecimento será dissociado em dois níveis. De fato, podemos dizer que graças a essas medidas, ou melhor, graças à supressão do jugo jurídico-disciplinar que enquadrava o comércio de cereais, no cômputo geral, como dizia Abeille, a escassez alimentar se torna uma quimera. Patenteia-se que, de um lado, ela não pode existir e que, quando existia, longe de ser uma realidade, uma realidade de certo modo natural, nada mais era que o resultado aberrante de certo número de medidas artificiais, elas mesmas aberrantes. Desde então, portanto, já não há escassez alimentar. Não vai mais haver escassez alimentar como flagelo, não vai mais haver esse fenômeno de escassez, de fome maciça, individual e coletiva que evolui exatamente ao mesmo passo e sem descontinuidade, de certo modo, nos indivíduos e na população em geral. Agora já não há escassez alimentar no que concerne à população. Mas o que isso quer dizer? Isso quer dizer que essa freada da escassez alimentar é obtida por um certo "*laisser-faire*", por um certo "*laisser-passer*"[22], um certo "andar" [*aller*], no sentido de "deixar as coisas andarem". O que vai fazer que se deixe os preços subirem onde eles tenderem a subir. Vai-se deixar que se crie e se desenvolva esse fenômeno de escassez-carestia neste ou naquele mercado, em toda uma série de mercados, e é isso, essa realidade mesma à qual se deu a liberdade de se desenvolver, é esse fenômeno que vai acarretar justamente sua autofrenagem e sua autorregulação. De modo que já não haverá escassez alimentar em geral, desde que haja para toda uma série de pessoas, em toda uma série de mercados, uma certa escassez, uma certa carestia, uma certa dificuldade de comprar trigo, uma certa fome, por conseguinte, e afinal de contas é bem possível que algumas pessoas morram de fome. Mas é deixando essas pessoas morrerem de fome que se poderá fazer da escassez alimentar uma quimera e impedir que ela se produza com aquele caráter maciço de flagelo que a caracterizava nos sistemas precedentes. De modo que o acontecimento-escassez é assim dissociado. A escassez-flagelo desaparece, mas a escassez que faz os indivíduos morrerem não só não desaparece, como não deve desaparecer.

Temos portanto dois níveis de fenômenos. Não nível coletivo e nível individual, porque afinal de contas não é simplesmente um indivíduo que vai morrer, ou em todo caso sofrer, com essa escassez de cereais. É toda uma série de indivíduos. Mas vamos ter uma cesura absolutamente fundamental entre o nível pertinente à ação econômico-política do governo, e esse nível é o da população, e outro nível, que vai ser o da série, da multiplicidade dos indivíduos, nível esse que não vai ser pertinente, ou antes, só será pertinente na medida em que, administrado devidamente, mantido devidamente, incentivado devidamente, vai possibilitar o que se pretende obter no nível, este sim, pertinente. A multiplicidade dos indivíduos já não é pertinente, a população, sim. Essa cesura no interior do que constituía a totalidade dos súditos ou dos habitantes de um reino, essa cesura não é uma cesura real. Não vai haver uma coisa e outra. Mas é no próprio interior do saber-poder, no próprio interior da tecnologia e da gestão econômica que vamos ter esse corte entre o nível pertinente da população e o nível não pertinente, ou ainda, o nível simplesmente instrumental. O objetivo final vai ser a população. A população é pertinente como objetivo, e os indivíduos, as séries de indivíduos, os grupos de indivíduos, a multiplicidade dos indivíduos, esta não vai ser pertinente como objetivo. Vai ser simplesmente pertinente como instrumento, intermédio ou condição para obter algo no nível da população.

Cesura fundamental sobre a qual procurarei tornar da próxima vez, porque creio que tudo o que está envolvido nessa noção de população aparece bem claramente aí. A população como sujeito político, como novo sujeito coletivo absolutamente alheio ao pensamento jurídico e político dos séculos precedentes, está em via de aparecer aí na sua complexidade, com as suas cesuras. Vocês já estão vendo que ela aparece tanto como objeto, isto é, aquilo sobre o que, para o que são dirigidos os mecanismos para obter sobre ela certo efeito, [quanto como] sujeito, já que é a ela que se pede para se comportar deste ou daquele jeito. A população coincide com a antiga noção de povo, mas de maneira tal que os fenômenos se escalonam em relação a ela e que haverá certo número de níveis a reter e outros que, ao contrário, não serão retidos ou serão retidos de outra maneira. E, para assinalar simplesmente a coisa sobre a qual gostaria de tornar da próxima vez, por ser ela fundamental, eu gostaria – e encerrarei com esse texto de Abeille – de lhes indicar que, nesse texto justamente, encontramos uma distinção curiosíssima. Porque, terminada sua análise, Abeille tem entretanto um escrúpulo. Ele diz: tudo isso é muito bonito. A escassez-flagelo é uma quimera, está bem. Ela é uma quimera, de fato, contanto que as pessoas se comportem devidamente, isto é, que umas aceitem suportar a escassez-carestia e que as outras vendam seu trigo no devido momento, isto é, bem cedo, contanto que os exportadores despachem seu produto assim que os preços começarem a subir. Tudo isso é muito bonito, e temos aí, não digo os bons elementos da população, mas comportamentos que fazem que cada um dos indivíduos funcione como membro, como elemento dessa coisa que se quer administrar da melhor maneira possível, a saber, a população. Eles agem como membros da população devem agir. Mas suponham que num mercado, numa cidade dada, as pessoas, em vez de esperar, em vez de suportar a escassez, em vez de aceitar que o cereal seja caro, em vez de, por conseguinte, aceitar comprar pouca quantidade dele, em vez de aceitar passar fome, em vez de aceitar [esperar]* que o trigo

....

* Palavra omitida por M. Foucault.

chegue em quantidade suficiente para que os preços caiam ou, em todo caso, para que a alta se atenue ou se estabilize um pouco, suponham que em vez disso, por um lado, elas se atirem sobre as provisões, se apropriem delas sem pagar, suponham que, por outro lado, haja um certo número de pessoas que pratiquem retenções de cereal irracionais ou mal calculadas, e tudo irá encrencar. E, com isso, vamos ter revolta de um lado, açambarcamento de outro, ou açambarcamento e revolta. Pois bem, diz Abeille, tudo isso prova que essas pessoas não pertencem realmente à população. O que são elas? Pois bem, são o povo. O povo é aquele que se comporta em relação a essa gestão da população, no próprio nível da população, como se não fizesse parte desse sujeito-objeto coletivo que é a população, como se se pusesse fora dela, e, por conseguinte, é ele que, como povo que se recusa a ser população, vai desajustar o sistema[23].

Temos sobre esse ponto uma análise apenas esboçada por Abeille, mas que é muito importante, na medida em que, de um lado, vocês veem que ela é relativamente próxima sob certos aspectos, que ela faz eco, que ela tem uma espécie de simetria em relação ao pensamento jurídico que dizia, por exemplo, que todo indivíduo que aceita as leis do seu país assina um contrato social, aceita-o e o revalida a cada instante em seu próprio comportamento, enquanto aquele que, ao contrário, viola as leis, rasga o contrato social, este torna-se estrangeiro em seu próprio país e, por conseguinte, cai sob as leis penais que vão puni-lo, exilá-lo, de certo modo matá-lo[24]. O delinquente em relação a esse sujeito coletivo criado pelo contrato social rasga esse contrato e cai do lado de fora desse sujeito coletivo. Aqui também, nesse desenho que começa a esboçar a noção de população, vemos estabelecer-se uma divisória na qual o povo aparece como sendo, de uma maneira geral, aquele que resiste à regulação da população, que tenta escapar desse dispositivo pelo qual a população existe, se mantém, subsiste, e subsiste num nível ótimo. Essa oposição povo/população é importantíssima. Procurarei lhes mostrar da próxima vez como, apesar da simetria aparente em relação ao sujeito coletivo do contrato social, é na verdade de uma coisa bem diferente que se trata e [que] a relação população-povo não é semelhante à oposição sujeito obediente/delinquente, que o próprio sujeito coletivo população é muito diferente do sujeito coletivo constituído e criado pelo contrato social[25].

Em todo caso, para terminar com isso, gostaria de mostrar a vocês que, se quisermos entender melhor em que consiste um dispositivo de segurança como o que os fisiocratas e, de maneira geral, os economistas do século XVIII pensaram para a escassez alimentar, se quisermos caracterizar um dispositivo como esse, creio que é necessário compará-lo com os mecanismos disciplinares que podemos encontrar não apenas nas épocas precedentes, mas na mesma época em que eram implantados esses mecanismos de segurança. No fundo, creio que podemos dizer o seguinte. A disciplina é essencialmente centrípeta. Quero dizer que a disciplina funciona na medida em que isola um espaço, determina um segmento. A disciplina concentra, centra, encerra. O primeiro gesto da disciplina é, de fato, circunscrever um espaço no qual seu poder e os mecanismos do seu poder funcionarão plenamente e sem limites. E, justamente, se retomarmos o exemplo da polícia disciplinar dos cereais, tal como ela existia até meados do século XVIII, tal como vocês vão encontrá-la exposta em centenas de páginas do *Tratado de polícia* de Delamare[26], a polícia disciplinar dos cereais é efetivamente centrípeta. Ela isola, concentra, encerra, é protecionista e centra essencialmente sua ação no mercado ou nesse espaço do mercado e no que o rodeia. Em vez disso, vocês veem que os dispositivos de segurança, tais como procurei reconstituí-los, são o contrário, tendem perpetuamente a ampliar, são centrífugos. Novos elementos são o tempo todo integrados, integra-se a produção, a psicologia, os comportamentos, as maneiras de fazer dos produtores, dos compradores, dos consumidores, dos importadores, dos exportadores, integra-se o mercado mundial. Trata-se portanto de organizar ou, em todo caso, de deixar circuitos cada vez mais amplos se desenvolverem.

Em segundo lugar, segunda grande diferença: a disciplina, por definição, regulamenta tudo. A disciplina não deixa escapar nada. Não só ela não permite o *laisser-faire*, mas seu princípio é que até as coisas mais ínfimas não devem ser deixadas entregues a si mesmas. A menor infração à disciplina deve ser corrigida com tanto maior cuidado quanto menor ela for. Já o dispositivo de segurança, como vocês viram, deixa fazer* [*laisse faire*]. Não é que deixa fazer tudo, mas há um nível em que o *laisser-faire* é indispensável. Deixar os preços subirem, deixar a escassez se estabelecer, deixar as pessoas passarem fome, para não deixar que certa coisa se faça, a saber, instalar-se o flagelo geral da escassez alimentar. Em outras palavras, a maneira como a disciplina trata do detalhe não é, em absoluto, a mesma maneira como os dispositivos de segurança tratam dele. A disciplina tem essencialmente por função impedir tudo, inclusive e principalmente o detalhe. A segurança tem por função apoiar-se nos detalhes que não vão ser valorizados como bons ou ruins em si, que vão ser tomados como processos necessários, inevitáveis, como processos naturais no sentido lato, e vai se apoiar nesses detalhes que são o que são, mas que não vão ser considerados pertinentes, para obter algo que, em si, será considerado pertinente por se situar no nível da população.

Terceira diferença. No fundo, a disciplina, e aliás os sistemas de legalidade também, como é que procedem? Pois bem, eles dividem todas as coisas de acordo com um código que é o do permitido e do proibido. Depois, no interior des-

---

* Entre aspas no manuscrito, p. 7: "Já a segurança '*laissez faire*', no sentido positivo da expressão".

ses dois campos – do permitido e do proibido –, vão especificar, determinar exatamente o que é proibido, o que é permitido, ou melhor, o que é obrigatório. E pode-se dizer que, no interior desse sistema geral, o sistema de legalidade, o sistema da lei tem essencialmente por função determinar sobretudo as coisas proibidas. No fundo, o que a lei diz, essencialmente, é não fazer isto, não fazer tal coisa, não fazer também tal outra etc. De modo que o movimento de especificação e de determinação num sistema de legalidade incide sempre e de modo tanto mais preciso quando se trata do que deve ser impedido, do que deve ser proibido. Em outras palavras, é tomando o ponto de vista da desordem que se vai analisar cada vez mais apuradamente, que se vai estabelecer a ordem – ou seja: é o que resta. A ordem é o que resta quando se houver impedido de fato tudo o que é proibido. Esse pensamento negativo é o que, a meu ver, caracteriza um código legal. Pensamento e técnica negativos.

O mecanismo disciplinar também codifica perpetuamente em permitido e proibido, ou melhor, em obrigatório e proibido, ou seja, o ponto sobre o qual um mecanismo disciplinar incide são menos as coisas a não fazer do que as coisas a fazer. Uma boa disciplina é o que lhes diz a cada instante o que vocês devem fazer. E, se tomarmos como modelo de saturação disciplinar a vida monástica que foi, de fato, o ponto de partida e a matriz, na vida monástica perfeita o que o monge faz é inteiramente regulado, dia e noite, e a única coisa indeterminada é o que não se diz e que é proibido. No sistema da lei, o que é indeterminado é o que é permitido; no sistema da regulação disciplinar, o que é determinado é o que se deve fazer, por conseguinte todo o resto, sendo indeterminado, é proibido.

No dispositivo de segurança tal como acabo de lhes expor, parece-me que se tratava justamente de não adotar nem o ponto de vista do que é impedido, nem o ponto de vista do que é obrigatório, mas distanciar-se suficientemente para poder apreender o ponto em que as coisas vão se produzir, sejam elas desejáveis ou não. Ou seja, vai-se procurar reapreendê-las no plano da sua natureza ou, digamos – essa palavra não tinha, no século XVIII, o sentido que lhe damos hoje em dia[27] –, vai-se tomá-las no plano da sua realidade efetiva. E é a partir dessa realidade, procurando apoiar-se nela e fazê-la atuar, fazer seus elementos atuar uns em relação aos outros, que o mecanismo de segurança vai [funcionar]*. Em outras palavras, a lei proíbe, a disciplina prescreve e a segurança, sem proibir nem prescrever, mas dando-se evidentemente alguns instrumentos de proibição e de prescrição, a segurança tem essencialmente por função responder a uma realidade de maneira que essa resposta anule essa realidade a que ela responde – anule, ou limite, ou freie, ou regule. Essa regulação no elemento da realidade é que é, creio eu, fundamental nos dispositivos da segurança.

Poderíamos dizer também que a lei trabalha no imaginário, já que a lei imagina e só pode ser formulada imaginando todas as coisas que poderiam ser feitas e não devem ser feitas. Ela imagina o negativo. A disciplina trabalha, de certa forma, no complementar da realidade. O homem é malvado, o homem é ruim, ele tem maus pensamentos, tendências más etc. Vai-se constituir, no interior do espaço disciplinar, o complementar dessa realidade, prescrições, obrigações, tanto mais artificiais e tanto mais coercitivas por ser a realidade o que é e por ser ela insistente e difícil de se dobrar. Enfim, a segurança, ao contrário da lei que trabalha no imaginário e da disciplina que trabalha no complementar da realidade, vai procurar trabalhar na realidade, fazendo os elementos da realidade atuarem uns em relação aos outros, graças a e através de toda uma série de análises e de disposições específicas. De modo que se chega, a meu ver, a esse ponto que é essencial e com o qual, ao mesmo tempo, todo o pensamento e

....
* M.F.: atuar.

toda a organização das sociedades políticas modernas se encontram comprometidos: a ideia de que a política não tem de levar até o comportamento dos homens esse conjunto de regras, que são as regras impostas por Deus ao homem ou tornadas necessárias simplesmente por sua natureza má. A política tem de agir no elemento de uma realidade que os fisiocratas chamam precisamente de a física, e eles vão dizer, por causa disso, que a política é uma física, que a economia é uma física[28]. Quando dizem isso, não visam tanto a materialidade, no sentido, digamos assim, pós-hegeliano da palavra matéria, visam na verdade essa realidade que é o único dado sobre o qual a política deve agir e com o qual ela deve agir. Colocar-se sempre e exclusivamente nesse jogo da realidade consigo mesma – é isso, creio eu, que os fisiocratas, que os economistas, que o pensamento político do século XVIII entendiam quando diziam que, como quer que seja, permanecemos na ordem da física e que agir na ordem política ainda é agir na ordem da natureza.

Vocês veem ao mesmo tempo que esse postulado, quero dizer esse princípio fundamental, de que a técnica política nunca deve descolar do jogo da realidade consigo mesma, é profundamente ligado ao princípio geral do que se chama liberalismo. O liberalismo, o jogo: deixar as pessoas fazerem, as coisas passarem, as coisas andarem, *laisser-faire, laisser-passer* e *laisser-aller*, quer dizer, essencial e fundamentalmente, fazer de maneira que a realidade se desenvolva e vá, siga seu caminho, de acordo com as leis, os princípios e os mecanismos que são os da realidade mesma. De modo que esse problema da liberdade [sobre o qual] tornarei, espero, da próxima vez[29], creio que podemos considerá-lo, reapreendê-lo de diferentes formas. Claro, pode-se dizer – e acho que isso não seria errado, não pode ser errado – que essa ideologia da liberdade, essa reivindicação da liberdade foi uma das condições de desenvolvimento de formas modernas ou, se preferirem, capitalistas da economia. É inegável. O problema é saber se, efetivamente, na implantação dessas medidas liberais, como, por exemplo, vimos a propósito do comércio de cereais, era de fato isso que se visava ou se buscava em primeira instância. Problema, em todo caso, que se coloca. Em segundo lugar, disse em algum lugar que não se podia compreender a implantação das ideologias e de uma política liberais no século XVIII sem ter bem presente no espírito que esse mesmo século XVIII, que havia reivindicado tão alto as liberdades, as tinha no entanto lastreado com uma técnica disciplinar que, pegando as crianças, os soldados, os operários onde estavam, limitava consideravelmente a liberdade e proporcionava de certo modo garantias ao próprio exercício dessa liberdade[30]. Pois bem, creio que me equivoquei. Nunca estou completamente equivocado, claro, mas, enfim, não é exatamente isso. Creio que o que está em jogo é algo bem diferente. É que, na verdade, essa liberdade, ao mesmo tempo ideologia e técnica de governo, essa liberdade deve ser compreendida no interior das mutações e transformações das tecnologias de poder. E, de uma maneira mais precisa e particular, a liberdade nada mais é que o correlativo da implantação dos dispositivos de segurança. Um dispositivo de segurança só poderá funcionar bem, em todo caso aquele de que lhes falei hoje, justamente se lhe for dado certa coisa que é a liberdade, no sentido moderno [que essa palavra]* adquire no século XVIII: não mais as franquias e os privilégios vinculados a uma pessoa, mas a possibilidade de movimento, de deslocamento, processo de circulação tanto das pessoas como das coisas. E é essa liberdade de circulação, no sentido lato do termo, é essa faculdade de circulação que devemos entender, penso eu, pela palavra liberdade, e compreendê-la como sendo uma das faces, um dos aspectos, uma das dimensões da implantação dos dispositivos de segurança.

A ideia de um governo dos homens que pensaria antes de mais nada e fundamentalmente na natureza das coisas, e

....
* M.F.: que ela.

não mais na natureza má dos homens, a ideia de uma administração das coisas que pensaria antes de mais nada na liberdade dos homens, no que eles querem fazer, no que têm interesse de fazer, no que eles contam fazer, tudo isso são elementos correlativos. Uma física do poder ou um poder que se pensa como ação física no elemento da natureza e um poder que se pensa como regulação que só pode se efetuar através de e apoiando-se na liberdade de cada um, creio que isso aí é uma coisa absolutamente fundamental. Não é uma ideologia, não é propriamente, não é fundamentalmente, não é antes de mais nada uma ideologia. É primeiramente e antes de tudo uma tecnologia de poder, é em todo caso nesse sentido que podemos lê-lo. Gostaria, na próxima vez, de terminar o que lhes disse sobre a forma geral dos mecanismos de segurança, falando dos procedimentos de normalização.

NOTAS

1. Louis-Paul Abeille, *Lettre d'un négociant sur la nature du commerce des grains*, 1763, p. 4; reed. 1911, p. 91 (palavra grifada pelo autor). Sobre essa obra, cf. *infra*, nota 17.
2. Cf. notadamente *O Príncipe*, cap. 25: "*Quantum fortuna in rebus humanis possit et quomodo illi sit occurrendum*" [De quanto pode a fortuna nas coisas humanas e de que modo se pode resistir-lhe] (trad. fr. J.-L. Fournel & J.-Cl. Zancarini, Paris, PUF, 2000, p. 197).
3. Cf. por exemplo N. Delamare, *Traité de la police*, 2ª ed., Paris, M. Brunet, 1722, t. II, p. 294-5: "Muitas vezes é um desses flagelos salutares, de que Deus se serve para nos castigar e nos fazer cumprir com nosso dever. [...] Deus muitas vezes se vale das causas secundárias para exercer na terra sua Justiça [...]. Assim, seja por nos serem elas [a escassez alimentar ou a fome] enviadas do céu com esse fito de nos corrigir, seja por ocorrerem pelo curso ordinário da natureza, ou pela malícia dos homens, elas são em aparência sempre as mesmas, mas sempre na ordem da Providência". Sobre esse autor, cf. *infra*, nota 26.
4. Sobre essa "avidez" imputada aos comerciantes monopolizadores, que, segundo uma explicação frequentemente invocada pela polícia e pelo povo sob o Antigo Regime, teria sido a causa essencial da penúria e da alta dos preços, cf. por exemplo N. Delamare, *op. cit.*, p. 390, a propósito da crise dos meios de subsistência de 1692-93: "Mas [embora a ferrugem, na primavera de 1692, só houvesse destruído a metade da colheita no pé], como basta um só pretexto aos Mercadores mal-intencionados e sempre ávidos de ganho para determiná-los a ampliar seus objetivos à custa da escassez alimentar, não deixarão de se aproveitar deste; logo os vimos adotar novamente seu comportamento ordinário e valer-se novamente de todas as suas práticas danosas para fazer o preço dos cereais subir: sociedades, viagens à Província, difusão de boatos, monopólios mediante a compra de todos os cereais, aumento dos lances nos mercados, compra antecipada de cereais no pé ou nas granjas e celeiros, retenção em armazéns; assim, todo o comércio viu-se reduzido a alguns dentre eles, que dele se haviam apoderado" (citado por S. L. Kaplan, *Bread, Politics and Political Economy in the Reign of Louis XV*, Haia, Martinus Nijhoff, 1976, p. 56 / *Le Pain, le*

Peuple et le Roi, trad. fr. M.-A. Revellat, Paris, Perrin, "Pour l'histoire", 1986, p. 52-3).

5. Essa noção constitui o fio condutor do pensamento de Quesnay, das "Maximes de gouvernement économique" [Máximas de governo econômico], que concluem o verbete "Grains" [Cereais] (1757; in F. Quesnay *et la physiocratie*, INED, 1958, t. 2, p. 496-510), às "Maximes générales du gouvernement économique d'un royaume agricole" [Máximas gerais do governo econômico de um reino agrícola] (1767; *ibid.*, p. 949-76).

6. Cf. por exemplo F. Quesnay, verbete "Impôts" [Impostos] (1757), *ibid.*, t. 2, p. 582: "As riquezas anuais que constituem a renda da nação são os produtos que, cobertas todas as despesas, formam os lucros obtidos dos bens de raiz". [Sobre o produto líquido, ver abaixo, nota 18. (N. T.)]

7. É o sistema da gratificação na saída dos cereais em navios ingleses, enquanto não excedessem os preços fixados pela lei (cf. E. Depitre, introdução a Cl.-J. Herbert, *Essai sur la police générale des grains* (1775), Paris, L. Geuthner, "Collection des économistes et des réformateurs sociaux de la France", 1910, p. XXXIII. Esse texto constitui uma das fontes documentais de Foucault).

8. Proibição da importação de cereais estrangeiros "enquanto seu preço corrente se mantivesse abaixo do preço fixado pelos estatutos" (cf. E. Depitre, *ibid.*)

9. Cf. por exemplo Claude-Jacques Herbert (1700-1758), *Essai sur la police générale des grains*, *op. cit.*, ed. Londres, 1753, p. 44-5: "A Inglaterra, baseada nos mesmos princípios [que a Holanda], parece não temer ver-se esgotada e só se prevenir, ao contrário, contra a superfluidade. Nos últimos sessenta anos, ela adotou um método que parece estranho à primeira vista, mas que a preservou desde essa época das consequências malfazejas da escassez alimentar. Só há direitos sobre a entrada, não há nenhum na saída; ao contrário, eles a incentivam e recompensam". Análise mais detalhada na segunda edição (citada) de 1755, p. 43-4. Discípulo de Gournay, Herbert foi um dos primeiros, com Boisguilbert (*Détail de la France* e *Traité de la nature, culture, commerce et intérêt des grains*, 1707), Dupin (*Mémoire sur les Bleds*, 1748) e Plumart de Dangeul (*Remarques sur les avantages et les désavantages de la France et de la Grande-Bretagne par rapport au commerce et aux autres sources de la Puissance des États*, 1754) a defender o princípio da liberdade dos cereais conforme o modelo inglês. Foi seu

tratado, entretanto, que exerceu a influência mais profunda. Sobre os "incontáveis Memórias, Ensaios, Tratados, Cartas, Observações, Respostas e Diálogos" que mobilizaram a opinião pública sobre a questão dos cereais a partir de meados do século XVIII, cf. J. Letaconnoux, "La question des subsistances et du commerce des grains en France au XVIIIe siècle: travaux, sources et questions à traiter", *Revue d'histoire moderne et contemporaine*, março de 1907, artigo a que remete Depitre, *in op. cit.*, p. VI.

10. Edito de 17 de setembro de 1754, assinado pelo controlador-geral Moreau de Séchelles (mas concebido por seu predecessor, Machault d'Arnouville), que instaurava a livre circulação dos cereais e das farinhas no interior do reino e autorizava as exportações nos anos de abundância. O texto havia sido preparado por Vincent de Gournay (cf. *infra*, nota 15).

11. Cf. G. Weulersse, *Le Mouvement physiocratique en France de 1756 à 1770*, Paris, Félix Alcan, 1910, 2 vols.; sobre esses anos de 1754-1764, cf. t. 1, p. 44-90: "Les débuts de l'École".

12. Cf. G.-F. Letrosne, *Discours sur l'état actuel de la magistrature et sur les causes de sa décadence*, [s.l.], 1764, p. 68: "A declaração de 25 de maio de 1763 abateu aquelas barreiras internas erguidas pela timidez, por muito tempo mantidas pelo uso, tão favoráveis ao monopólio e tão caras aos olhos da autoridade arbitrária, mas ainda falta dar o passo essencial" (a saber, a liberdade de exportação, complemento necessário à liberdade interna), citado *in* S. L. Kaplan, *Le Pain...*, trad. cit., p. 107. Letrosne (ou Le Trosne) também é o autor de um opúsculo sobre a liberdade de comércio dos cereais (cf. *infra*, nota 14).

13. Na realidade, julho de 1764. "A declaração de maio trata do comércio de cereais como um assunto nacional, o edito de julho de 1764 acrescenta-lhe uma dimensão internacional ao permitir a exportação dos cereais e da farinha. [...]" (S. L. Kaplan, trad. cit., p. 78; para mais detalhes, cf. p. 79).

14. Cf. G. Weulersse, *Les Physiocrates*, Paris, G. Doin, 1931, p. 18: "Foi [Trudaine de Montigny, conselheiro do controlador-geral Laverdy] o verdadeiro autor do Edito libertador de 1764; e, para redigi-lo, a quem recorreu? A Turgot, e até a Dupont, cujo texto acabou prevalecendo quase inteiramente. Foi sem dúvida por seus cuidados que o opúsculo de Le Trosne sobre *A liberdade [de comércio] dos cereais sempre útil e nunca danosa* [Paris, 1765] difundiu-se nas províncias, e é nele que o controlador-geral vai buscar armas para defender sua política".

15. Vincent de Gournay (1712-1759): negociante em Cádiz por quinze anos, depois Intendente do Comércio (de 1751 a 1758), após diversas viagens à Europa, é o autor, com seu aluno Cliquot-Blervache, de *Considérations sur le commerce* [Considerações sobre o comércio] (1758), de numerosas memórias redigidas pelo Escritório do Comércio e de uma tradução de *Traités sur le commerce* [Tratados sobre o comércio] de Josiah Child (1754; orig.: 1694) (seu comentário não pôde ser impresso em vida; 1ª edição por Takumi Tsuda, Tóquio, 1983). "Sua influência sobre a evolução do pensamento econômico na França [foi] considerável, graças a seu papel na administração comercial francesa, graças a seu trabalho de direção dos estudos econômicos na Academia de Amiens e, principalmente, graças a seu papel oficioso na publicação de trabalhos econômicos" (A. Murphy, "Le développement des idées économiques en France (1750-1756)", *Revue d'histoire moderne et contemporaine*, t. XXXIII, out.-dez. de 1986, p. 523). Ele contribuiu para a difusão das ideias de Cantillon e assegurou o sucesso da fórmula (cuja paternidade, desde Dupont de Nemours, lhe foi frequentemente atribuída) "laissez faire, laissez passer" (sobre a origem desta, cf. a nota sobre d'Argenson, in *Naissance de la biopolitique*, *op. cit.*, aula de 10 de janeiro de 1979, p. 27, n. 13. Cf. Turgot, "Éloge de Vincent de Gournay", *Mercure de France*, agosto de 1759; G. Schelle, *Vincent de Gournay*, Paris, Guillaumin, 1897; G. Weulersse, *Le Mouvement physiocratique...*, *op. cit.*, t. 1, p. 58-60; *id.*, *Les Physiocrates*, *op. cit.*, p. XV, e a obra, hoje de referência, de S. Meysonnier, *La Balance et l'Horloge. La genèse de la pensée libérale en France au XVIIIe siècle*, Montreuil, Les Éditions de la passion, 1989, p. 168-236, "Vincent de Gournay ou la mise en oeuvre d'une nouvelle politique économique" (biografia detalhada p. 168-87). O principal discípulo de Gournay, com Turgot, foi Morellet (cf. G. Weulersse, *Le Mouvement physiocratique...*, t. 1, p. 107-8; *id.*, *Les Physiocrates*, p. 15).

16. Cf. E. Depitre, introd. a Herbert, *Essais...*, *op. cit.*, p. VIII: "[...] é então um intenso período de publicações e de vivas polêmicas. Mas a posição dos economistas é menos boa: veem-se obrigados a passar da ofensiva à defensiva e respondem em grande número aos *Diálogos* do abade Galiani [*Dialogues sur le commerce des blés*, Londres, 1770]."

17. Louis-Paul Abeille (1719-1807), *Lettre d'un négociant sur la nature du commerce des grains* (Marselha, 8 de outubro de 1763), [s.n.l.d.]; reed. *in* L.-P. Abeille, *Premiers Opuscules sur le commerce des grains:*

1763-1764, introdução e índice analítico por Edgard Depitre, Paris, P. Geuthner, "Collection des économistes et des réformateurs sociaux de la France", 1911, p. 89-103. Quando publicou esse texto, Abeille era secretário da Sociedade de Agricultura da Bretanha, fundada em 1756 em presença de Gournay. Conquistado para as teses fisiocráticas, foi nomeado secretário do Bureau do Comércio em 1768, porém mais tarde distanciou-se da escola. Sobre sua vida e seus escritos, cf. J.-M. Quérard, *La France littéraire, ou Dictionnaire bibliographique des savants, historiens et gens de lettres de la France*, Paris, F. Didot, t. I, 1827, p. 3-4; G. Weulersse, *Le Mouvement physiocratique*..., t. 1, p. 187-8, sobre a ruptura de Abeille com os fisiocratas, ocorrida em 1769 ("Mais tarde, Abeille defenderá Necker contra Dupont", precisa ele). Também é autor de *Réflexions sur la police des grains en France* (1764), obra reeditada por Depitre nos *Premiers Opuscules*..., p. 104-26, e de *Principes sur la liberté du commerce des grains*, Amsterdam-Paris, Desaint, publicada sem nome de autor em 1768 (a brochura foi objeto de uma réplica imediata de F. Véron de Forbonnais, "Examen des *Principes sur la liberté du commerce des grains*", *Journal de l'agriculture* (agosto de 1768), respondida pelas *Éphémerides du citoyen* – o jornal fisiocrata – em dezembro do mesmo ano) (cf. G. Weleursse, *Le Mouvement physiocratique*..., t. 1, índice bibliográfico, p. xxiv).

18. Sobre essa noção, cf. G. Weleursse, *ibid.*, t. 1, p. 261-8 ("Para os fisiocratas [...], a única renda verdadeira, a única renda propriamente dita é a renda líquida ou o produto líquido; e por produto líquido eles entendem o excedente do produto total, ou produto bruto, além dos custos de produção").

19. L.-P. Abeille, *Lettre d'un négociant*..., ed. de 1763, p. 4; reed. de 1911, p. 91: "A escassez alimentar, isto é, a insuficiência atual da quantidade de cereais necessária para fazer uma Nação subsistir, é evidentemente uma quimera. A colheita teria de ser nula, considerando esse termo com todo rigor. Não vimos nenhum povo que a fome tenha feito desaparecer da terra, nem mesmo em 1709". Essa concepção não é própria apenas de Abeille. Cf. S. L. Kaplan, *Le Pain*..., p. 74-5: "[...] os homens que tratam dos problemas da subsistência não estão convencidos de que a penúria é 'real'. Eles admitem que certas supostas situações de escassez alimentar parecem verdadeiros casos de fome, mas objetam que não são acompanhadas de verdadeira penúria de cereais. Os mais veementes críticos são os fisiocratas, que também são os mais hostis ao governo. Lemercier escreve que a escassez alimentar de 1725

é artificial. Roubaud acrescenta a de 1740 à lista das penúrias factícias. Quesnay e Dupont acreditam que a maioria das situações de escassez alimentar são criadas pela opinião pública. O próprio Galiani, que detesta os fisiocratas, declara que, em três quartos dos casos, a escassez alimentar é 'uma doença da imaginação'". Em novembro de 1764, quando estouravam revoltas em Caen, Cherbourg e no Dauphiné, o *Journal économique*, acolhendo calorosamente a nova era de política liberal, zombava do "temor quimérico da escassez alimentar" (S. L. Kaplan, *ibid.*, p. 138).

20. L.-P. Abeille, *Lettre d'un négociant...*, ed. de 1763, p. 9-10; reed. de 1911, p. 94: "É verdade que a liberdade não impediria que o preço de mercado se sustentasse; mas, longe de aumentá-lo, ela poderia contribuir talvez para fazê-lo baixar, porque ameaçaria continuamente com a concorrência dos estrangeiros, e os que têm concorrentes a temer devem apressar-se a vender e, por conseguinte, limitar seu lucro para não correr o risco de se verem forçados a contentar-se com um lucro menor ainda".

21. *Ibid.*, ed. de 1763, p. 7-8; ed. de 1911, p. 93: "Vejo claramente que o interesse será o único motor dos comerciantes estrangeiros. Eles ficam sabendo que falta trigo num país; que, por conseguinte, o trigo se vende facilmente aí e a bom preço; a partir desse momento, faz-se todo tipo de especulação: é para lá que convém enviar cereais, e enviar prontamente, a fim de aproveitar o momento em que a venda é favorável".

22. Sobre a origem dessa fórmula "laissez faire, laissez passer", cf. *supra*, nota 15 sobre Vincent de Gournay, e *Naissance de la biopolitique*, aula de 10 de janeiro de 1979, p. 27, n. 13.

23. L.-P. Abeille, *Lettre d'un négociant...*, ed. de 1763, p. 16-7; reed. de 1911, p. 98-9: "Quando a necessidade se faz sentir, isto é, quando os cereais sobem até um preço alto demais, o Povo fica inquieto. Por que aumentar sua inquietação declarando a do Governo com a proibição da saída? [...] Se se acrescentam a essa proibição, que é em si no mínimo inútil, ordens de fazer declarações etc., o mal poderia ser levado ao auge em pouquíssimo tempo. Não se tem acaso tudo a perder, exasperando os que são governados contra os que governam e tornando o povo audacioso contra os que lhe fornecem cotidianamente os meios de subsistir? É atiçar uma guerra civil entre os proprietários e o povo." Cf. igualmente a ed. de 1763, p. 23; reed. de 1911, p. 203: "Nada lhes [às Nações] seria mais funesto do que subverter os

direitos de propriedade e reduzir os que constituem a força de um Estado a não ser mais que provedores de um povo inquieto, que só tem em mira o que beneficia a sua avidez e que não sabe medir o que os proprietários devem pelo que podem."

24. Cf. por exemplo J.-J. Rousseau, *Du contrat social*, 1762, II, 5, in *Oeuvres complètes*, Paris, Gallimard, "Bibliothèque de la Pleiade", t. III, 1964, p. 376-7: "[...] todo malfeitor que ataque o direito social se torna, por seus feitos, rebelde e traidor da pátria, deixa de ser membro desta ao violar suas leis e até lhe faz guerra. Então a conservação do Estado é incompatível com a dele, um dos dois tem de perecer, e, quando se faz o culpado morrer, é menos como cidadão do que como inimigo. O processo, o julgamento são as provas e a declaração de que ele rompeu o tratado social e, por conseguinte, não é mais membro do Estado. Ora, como ele assim se reconheceu, pelo menos por nele residir, deve ser excluído pelo exílio, como infrator do pacto, ou pela morte, como inimigo público; porque tal inimigo não é uma pessoa moral, é um homem, e é então que o direito da guerra é matar o vencido".

25. Cf. *infra*, aula de 25 de janeiro, p. 86 (3ª observação a propósito dos três exemplos: da cidade, da escassez alimentar e da epidemia).

26. Nicolas Delamare (de La Mare) (1639-1723), *Traité de la police, où l'on trouvera l'histoire de son établissement, les fonctions et les prérogatives de ses magistrats, toutes les lois et tous les règlements qui la concernent*, t. I-III, Paris, 1705-1719, t. IV por A.-L. Lecler du Brillet, 1738 (cf. *infra*, aula de 5 de abril, p. 482, nota 1, para maiores precisões). Delamare foi comissário do Châtelet de 1673 a 1710, sob a chefia de La Reynie – primeiro magistrado encarregado da chefia de polícia, desde a sua criação pelo edito de março de 1667 – depois sob a chefia de d'Argenson. Cf. P.-M. Bondois, "Le Commissaire N. Delamare et le *Traité de la police*", *Revue d'histoire moderne*, 19, 1935, p. 313-51. Sobre a polícia dos cereais, cf. o tomo II, que constitui, segundo S. L. Kaplan, *Le Pain...*, p. 394, nota 1 do capítulo 1, "a fonte mais rica para as questões de administração dos meios de subsistência" (*Traité de la police*, t. II, livro V: "Des vivres"; ver em particular o título 5: "De la Police de France, touchant le commerce des grains", p. 55-89, e o título 14: "De la Police des Grains, & de celle du Pain, dans les temps de disette ou de famine", p. 294-447).

27. Para uma análise aprofundada das diferentes acepções da palavra "natureza" no século XVIII, cf. a obra clássica de J. Ehrard, que Foucault conhecia, *L'Idée de nature en France dans la première moitié du*

xvIII^e siècle, Paris, SEVPEN, 1963; reed., Paris, Albin Michel, "Bibliothèque de l'évolution de l'humanité", 1994.

28. Cf. Dupont de Nemours, *Journal de l'agriculture, du commerce et des finances*, setembro de 1765, prefácio (fim): "[A economia política] não é uma ciência de opinião, em que se contesta entre verossimilhanças e probabilidades. O estudo das leis físicas, que se reduzem ao cálculo, decide sobre seus mais ínfimos resultados" (citado por G. Weulersse, *Le Mouvement physiocratique*..., t. 2, p. 122); Le Trosne, *ibid.*, junho de 1766, p. 14-5: "Como a ciência econômica nada mais é que a aplicação da ordem natural ao governo das sociedades, ela é tão constante em seus princípios e tão capaz de demonstração quanto as ciências físicas mais exatas" (citado por G. Weulersse, *loc. cit.*, nota 3). O nome "fisiocracia", que resume essa concepção do governo econômico, apareceu em 1768, com a coletânea *Physiocratie ou Constitution naturelle du gouvernement le plus avantageux au genre humain*, publicado por Dupont de Nemours.

29. M. Foucault não torna sobre esse tema na aula seguinte.

30. Cf. *Surveiller et Punir, op. cit.*, p. 223-5.

AULA DE 25 DE JANEIRO DE 1978

> Características gerais dos dispositivos de segurança (III): a normalização. – Normação e normalização. – O exemplo da epidemia (a varíola) e as campanhas de inoculação do século XVIII. – Emergência de novas noções: caso, risco, perigo, crise. – As formas de normalização na disciplina e nos mecanismos de segurança. – Implantação de uma nova tecnologia política: o governo das populações. – O problema da população nos mercantilistas e nos fisiocratas. – A população como operadora das transformações nos saberes: da análise das riquezas à economia política, da história normal à biologia, da gramática geral à filologia histórica.

Nos anos precedentes*, eu tinha procurado mostrar um pouco o que havia de específico, parece-me, nos mecanismos disciplinares em relação ao que podemos chamar, em linhas gerais, de sistema da lei. Este ano meu projeto era mostrar, em vez disso, o que pode haver de específico, de particular, de diferente nos dispositivos de segurança, se comparados a esses mecanismos da disciplina que eu havia procurado descobrir. Portanto é na oposição, na distinção em todo caso, segurança/disciplina que eu queria insistir. E isso tendo por objetivo imediato, e imediatamente sensível e visível, claro, pôr fim à invocação repetida do amo e, igualmente, à afirmação monótona do poder. Nem poder nem amo, nem o poder nem o amo e nem um nem outro como Deus. Procurei portanto, no primeiro curso, mostrar como era possível apreender essa distinção entre disciplina e segurança a propósito da maneira como uma e outra, a disciplina e a segurança, tratavam, arranjavam as distribuições espaciais. Da última vez, procurei mostrar a vocês como disciplina e segurança trata-

....

* M. Foucault acrescenta: quer dizer, os anos precedentes, um ou dois anos, digamos os anos que acabam de passar.

vam cada uma de uma maneira diferente o que podemos chamar de acontecimento, e gostaria hoje – de uma maneira que será breve porque gostaria de chegar logo ao âmago e, em certo sentido, ao fim do problema – de tentar lhes mostrar como tanto uma como a outra tratam de maneira diferente aquilo que podemos chamar de normalização.

Vocês conhecem melhor do que eu a nefasta sorte da palavra "normalização". O que não é normalização? Eu normalizo, tu normalizas etc. Vamos tentar descobrir, ainda assim, alguns pontos importantes nisso tudo. Em primeiro lugar, um certo número de pessoas que tiveram a prudência, nestes dias, de reler Kelsen[1] percebeu que Kelsen dizia, demonstrava, queria mostrar que entre a lei e a norma havia e não podia deixar de haver uma relação fundamental: todo sistema legal se relaciona a um sistema de normas. Mas creio que é preciso mostrar que a relação entre a lei e a norma indica efetivamente que há, intrinsecamente a todo imperativo da lei, algo que poderíamos chamar de uma normatividade, mas que essa normatividade intrínseca à lei, fundadora talvez da lei, não pode de maneira nenhuma ser confundida com o que tentamos identificar aqui sob o nome de procedimentos, processos, técnicas de normalização. Diria até, ao contrário, que, se é verdade que a lei se refere a uma norma, a lei tem portanto por papel e função – é a própria operação da lei – codificar uma norma, efetuar em relação à norma uma codificação, ao passo que o problema que procuro identificar é mostrar como, a partir e abaixo, nas margens e talvez até mesmo na contramão de um sistema da lei se desenvolvem técnicas de normalização.

Tomemos agora a disciplina. A disciplina normaliza, e creio que isso é algo que não pode ser contestado. Mas é necessário precisar em que consiste, na sua especificidade, a normalização disciplinar. Resumo de uma forma muito esquemática e grosseira coisas mil vezes ditas, vocês hão de me desculpar. A disciplina, é claro, analisa, decompõe, decompõe os indivíduos, os lugares, os tempos, os gestos, os atos, as operações. Ela os decompõe em elementos que são suficientes para percebê-los, de um lado, e modificá-los, de outro. É isso, esse célebre quadriculamento disciplinar que procura estabelecer os elementos mínimos de percepção e suficientes de modificação. Em segundo lugar, a disciplina classifica os elementos assim identificados em função de objetivos determinados. Quais são os melhores gestos a fazer para obter determinado resultado? Qual é o melhor gesto a fazer para carregar o fuzil, qual a melhor posição a tomar? Quais são os operários mais aptos para determinada tarefa, as crianças mais aptas para obter determinado resultado? Em terceiro lugar, a disciplina estabelece as sequências ou as coordenações ótimas: como encadear os gestos uns aos outros, como dividir os soldados por manobra, como distribuir as crianças escolarizadas em hierarquias e dentro de classificações? Em quarto lugar, a disciplina estabelece os procedimentos de adestramento progressivo e de controle permanente e, enfim, a partir daí, estabelece a demarcação entre os que serão considerados inaptos, incapazes e os outros. Ou seja, é a partir daí que se faz a demarcação entre o normal e o anormal. A normalização disciplinar consiste em primeiro colocar um modelo, um modelo ótimo que é construído em função de certo resultado, e a operação de normalização disciplinar consiste em procurar tornar as pessoas, os gestos, os atos, conformes a esse modelo, sendo normal precisamente quem é capaz de se conformar a essa norma e o anormal quem não é capaz. Em outros termos, o que é fundamental e primeiro na normalização disciplinar não é o normal e o anormal, é a norma. Dito de outro modo, há um caráter primitivamente prescritivo da norma, e é em relação a essa norma estabelecida que a determinação e a identificação do normal e do anormal se tornam possíveis. Essa característica primeira da norma em relação ao normal, o fato de que a normalização disciplinar vá da norma à demarcação final do normal e do anormal, é por causa disso que eu preferiria dizer, a propósito do que acontece nas técnicas disciplinares, que se trata muito mais de uma normação do que de uma normalização. Perdoem-me o barbarismo, mas é para melhor salientar o caráter primeiro e fundamental da norma.

Agora, se pegarmos esse conjunto de dispositivos que chamei, usando um termo que com certeza não é satisfatório e sobre o qual será preciso tornar, de dispositivos de segurança, como é que as coisas ocorrem do ponto de vista da normalização? Como é que se normaliza? Depois de ter tomado os exemplos da cidade e da escassez alimentar, gostaria de tomar o exemplo, evidentemente quase necessário nesta série, da epidemia e, em particular, dessa doença endêmico-epidêmica que era, no século XVIII, a varíola[2]. Problema importante, claro, primeiro porque a varíola era sem sombra de dúvida a doença mais amplamente endêmica de todas as que se conhecia na época, pois toda criança que nascia tinha duas chances em três de pegar varíola. De uma maneira geral e para toda a população, a taxa de [mortalidade]* [devido à] varíola era de 1 para 7,782, quase 8. Logo, fenômeno amplamente endêmico, de mortalidade elevadíssima. Em segundo lugar, era um fenômeno que também apresentava a característica de ter surtos epidêmicos muito fortes e intensos. Em Londres, particularmente, no fim do século XVII e início do século XVIII, vocês têm, em intervalos que não iam além dos cinco ou seis anos, surtos epidêmicos intensíssimos. Em terceiro lugar, por fim, a varíola é evidentemente um exemplo privilegiado, já que, a partir de 1720, com a chamada inoculação ou variolização[3], e a partir de 1800 com a vacinação[4], tem-se à disposição técnicas que apresentam o quádruplo caráter, absolutamente insólito nas práticas médicas da época, primeiro de serem absolutamente preventivas, segundo de apresentarem um caráter de certeza, de sucesso quase total, terceiro de poderem,

....
* M.F.: morbidade.

em princípio e sem dificuldades materiais ou econômicas maiores, ser generalizáveis à população inteira, enfim e sobretudo a variolização primeiramente, mas também a própria vacinação no início do século XIX apresentavam esta quarta vantagem, considerável, de serem completamente estranhas a toda e qualquer teoria médica. A prática da variolização e da vacinação, o sucesso da variolização e da vacinação eram impensáveis nos termos da racionalidade médica da época[5]. Era um puro dado de fato[6], estava-se no empirismo mais despojado, e isso até que a medicina, *grosso modo* em meados do século XIX, com Pasteur, possa dar uma explicação racional do fenômeno.

Tinha-se pois técnicas absolutamente impensáveis nos termos da teoria médica, generalizáveis, seguras, preventivas. O que aconteceu e quais foram os efeitos dessas técnicas puramente empíricas na ordem do que poderíamos chamar de "polícia médica"?[7] Creio que a variolização, primeiro, e a vacinação em seguida beneficiaram-se de dois suportes que tornaram possível [sua] inscrição nas práticas reais de população e de governo da Europa ocidental. Primeiramente, claro, essa característica certa, generalizável, da vacinação e da variolização permitia pensar o fenômeno em termos de cálculo das probabilidades, graças aos instrumentos estatísticos de que se dispunha[8]. Nessa medida, pode-se dizer que a variolização e a vacinação beneficiaram-se de um suporte matemático que foi ao mesmo tempo uma espécie de agente de integração no interior dos campos de racionalidade aceitáveis e aceitos na época. Em segundo lugar, parece-me que o segundo suporte, o segundo fator de importação, de imigração dessas práticas para o interior das práticas médicas aceitas – apesar da sua estranheza, da sua heterogeneidade em relação à teoria –, o segundo fator foi o fato de que a variolização e a vacinação se integravam, pelo menos de uma maneira analógica e por toda uma série de semelhanças importantes, aos outros mecanismos de segurança de que lhes falava. O que me pareceu de fato importante, bem característico dos mecanismos de segurança a propósito da escassez alimentar, era justamente que, enquanto os regulamentos jurídico-disciplinares que haviam reinado até meados do século XVIII procuravam impedir o fenômeno da escassez alimentar, o que se procurou, a partir de meados do século XVIII com os fisiocratas, mas também com vários outros economistas, foi apoiar-se no próprio processo da escassez alimentar, na espécie de oscilação quantitativa que produzia ora a abundância, ora a escassez, apoiar-se na realidade desse fenômeno, não procurar impedi-lo, mas ao contrário fazer funcionar em relação a ele outros elementos do real, de modo que o fenômeno de certo modo se anulasse. Ora, o que havia de notável na variolização, mais na variolização e de uma maneira mais clara do que na vacinação, era que a variolização não procurava tanto impedir a varíola quanto, ao contrário, provocar nos indivíduos que eram inoculados algo que era a própria varíola, mas em condições tais que a anulação podia se produzir no momento mesmo dessa vacinação, que não resultava numa doença total e completa, e era se apoiando nessa espécie de primeira pequena doença artificialmente inoculada que se podiam prevenir os outros eventuais ataques da varíola. Temos aqui, tipicamente, um mecanismo de segurança que possui a mesma morfologia que observamos a propósito da escassez alimentar. Logo, dupla integração no interior das diferentes tecnologias de segurança, no interior da racionalização do acaso e das probabilidades. Eis, sem dúvida, o que tornava aceitáveis essas novas técnicas, aceitáveis, se não para o pensamento médico, pelo menos para os médicos, para os administradores, para os que eram encarregados da "polícia médica" e, finalmente, para as próprias pessoas.

Ora, creio que através dessa prática tipicamente de segurança vemos esboçar-se um certo número de elementos que são importantíssimos para a posterior extensão dos dispositivos de segurança em geral. Em primeiro lugar, através de tudo o que acontece na prática da inoculação, na vigilância a que são submetidas as pessoas que foram inoculadas, no conjunto dos cálculos pelos quais se procura saber se, de fato, vale ou não a pena inocular as pessoas, se se corre o risco de morrer da inoculação, ou antes, da própria varíola, através disso tudo o que é que vemos? Vemos antes de mais nada que a doença vai deixar de ser compreendida naquela categoria que ainda era muito sólida, muito consistente, dentro do pensamento médico e da prática médica da época, a noção de "doença reinante"[9]. Uma doença reinante, tal como vocês a veem definida ou descrita na medicina do século XVII e até mesmo do século XVIII, é uma espécie de doença substancial, digamos assim, enfim, uma doença que está ligada a um país, uma cidade, um clima, um grupo de pessoas, uma região, um modo de vida. Era nessa relação maciça e global entre um mal e um lugar, um mal e pessoas, que se definia, se caracterizava a doença reinante. A partir do momento em que, a propósito da varíola, passam a ser feitas as análises quantitativas de sucessos e insucessos, de fracassos e de êxitos, quando passam a calcular as diferentes eventualidades de morte ou de contaminação, então a doença não vai mais aparecer nessa relação maciça da doença reinante com o seu lugar, seu meio, ela vai aparecer como uma distribuição de casos numa população que será circunscrita no tempo ou no espaço. Aparecimento, por conseguinte, dessa noção de caso, que não é o caso individual, mas que é uma maneira de individualizar o fenômeno coletivo da doença, ou de coletivizar, mas no modo da quantificação, do racional e do identificável, de coletivizar os fenômenos, de integrar no interior de um campo coletivo os fenômenos individuais. Portanto, noção de caso.

Em segundo lugar, o que se vê aparecer é o seguinte fato: se a doença é assim acessível, no nível do grupo e no nível de cada indivíduo, nessa noção, nessa análise da distribuição dos casos é possível identificar a propósito de cada indivíduo ou de cada grupo individualizado qual o risco que cada um tem, seja de pegar a varíola, seja de morrer dela, seja de se curar. Pode-se então, para cada indivíduo, dada a sua idade, dado o lugar em que mora, pode-se igualmente para cada faixa etária, para cada cidade, para cada profissão, determinar qual é o risco de morbidade, o risco de mortalidade. Sabe-se assim (e não estou me referindo, por exemplo, ao texto que é de certo modo o balanço de todas essas pesquisas quantitativas, que foi publicado bem no começo do século XIX por Duvillard, com o título de *Análise da influência da varíola*[10], esse texto estabelece todos esses dados quantitativos que foram acumulados [no] século XVIII e mostra que, para cada criança que nasce, há um certo risco de pegar varíola e que é possível estabelecer esse risco, que é da ordem de 2/3), para cada faixa etária, qual o risco específico. Se alguém pegar varíola, será possível determinar qual o risco de morrer dessa varíola conforme a faixa etária, se for moço, velho, se pertencer a determinado meio, se tiver determinada profissão etc. Será possível estabelecer também, se alguém for variolizado, qual o risco de que essa vacinação ou essa variolização provoque a doença e qual o risco de, apesar dessa variolização, pegá-la mais tarde. Noção portanto totalmente central, que é a noção de risco.

Em terceiro lugar, esse cálculo dos riscos mostra logo que eles não são os mesmos para todos os indivíduos, em todas as idades, em todas as condições, em todos os lugares e meios. Assim, há riscos diferenciais que revelam, de certo modo, zonas de mais alto risco e zonas, ao contrário, de risco menos elevado, mais baixo, de certa forma. Em outras palavras, pode-se identificar assim o que é perigoso. É perigoso, [em relação à] varíola, ter menos de três anos. É mais perigoso, [em relação ao] risco de varíola, morar numa cidade do que no campo. Logo, terceira noção importante, depois do caso e do risco, a noção de perigo.

E, por fim, pode-se identificar, de outro modo que não na categoria geral de epidemia, fenômenos de disparada, de aceleração, de multiplicação, que fazem que a multiplicação da doença num momento dado, num lugar dado, possa vir, por meio do contágio, a multiplicar os casos que, por sua vez, vão multiplicar outros casos, e isso segundo uma tendência, uma curva que pode vir a não mais se deter, a não ser que, por um mecanismo artificial, ou também por um mecanismo natural porém enigmático, possa ser controlada e o seja efetivamente. Esses fenômenos de disparada que se produzem de uma maneira regular são, em suma, o que se chama – não exatamente no vocabulário médico, aliás, porque a palavra já era empregada para designar outra coisa –, é *grosso modo* o que vai se chamar de crise. A crise é esse fenômeno de disparada circular que só pode ser controlado por um mecanismo superior, natural e superior, que vai freá-lo, ou por uma intervenção artificial.

Caso, risco, perigo, crise: são, creio eu, noções novas, pelo menos em seu campo de aplicação e nas técnicas que elas requerem, porque vamos ter, precisamente, toda uma série de formas de intervenção que vão ter por meta, não fazer como se fazia antigamente, ou seja, tentar anular pura e simplesmente a doença em todos os sujeitos em que ela se apresenta, ou ainda impedir que os sujeitos que estejam doentes tenham contato com os que não estão. O sistema disciplinar, no fundo, aquele que vemos aplicado nos regulamentos de epidemia, ou também nos regulamentos aplicados às doenças endêmicas, como a lepra, esses mecanismos disciplinares a que tendem? Em primeiro lugar, é claro, a tratar a doença no doente, em todo doente que se apresentar, na medida em que ela puder ser curada; e, em segundo lugar, anular o contágio pelo isolamento dos indivíduos não doentes em relação aos que estão doentes. Já o dispositivo que aparece com a variolização-vacinação vai consistir em quê? Não, em absoluto, em fazer essa demarcação entre doentes e não doentes. Vai consistir em levar em conta o conjunto sem descontinuidade, sem ruptura, dos doentes e não doentes, isto é, em outras palavras, a população, e em ver nessa população qual é o coeficiente de morbidade provável, ou de mortalidade provável, isto é, o que é normalmente esperado, em matéria de acometimento da doença, em matéria de morte ligada à doença, nessa população. E foi assim que se estabeleceu – nesse ponto, todas as estatísticas, tais como foram feitas no século XVIII, concordam – que a taxa de mortalidade normal devido à varíola era, portanto, de 1 para 7,782. Dá para ter portanto ideia de uma morbidade ou de uma mortalidade "normal". Essa é a primeira coisa.

A segunda coisa é que, em relação a essa morbidade ou a essa mortalidade dita normal, considerada normal, vai-se tentar chegar a uma análise mais fina, que permitirá de certo modo desmembrar as diferentes normalidades umas em relação às outras. Vai-se ter a distribuição "normal" dos casos de afecção por varíola ou de morte em decorrência da varíola em cada idade, em cada região, em cada cidade, nos diferentes bairros da cidade, conforme as diferentes profissões das pessoas. Vai-se ter portanto a curva normal, global, as diferentes curvas consideradas normais, e a técnica vai consistir em quê? Em procurar reduzir as normalidades mais desfavoráveis, mais desviantes em relação à curva normal, geral, reduzi-las a essa curva normal, geral. Foi assim, por exemplo, que, quando se descobriu, o que ocorreu bem cedo evidentemente, que a varíola afetava muito mais depressa, muito mais facilmente, com muito mais força e uma taxa de morbidade muito mais alta as crianças abaixo de três anos, o problema que se colocou foi procurar reduzir essa morbidade e essa mortalidade infantis de tal modo que ela tentasse chegar ao nível médio de morbidade e de mortalidade, o qual se verá aliás deslocado pelo fato de que uma faixa de indivíduos que figuram dentro dessa população geral terá uma morbidade e uma mortalidade mais fracas. É nesse nível do jogo das normalidades diferenciais, do seu desmembramento e do rebate de umas sobre as outras que – ainda não se trata da epidemiologia, da medicina das epidemias – a medicina preventiva vai agir.

Temos portanto um sistema que é, creio, exatamente o inverso do que podíamos observar a propósito das disciplinas. Nas disciplinas, partia-se de uma norma e era em relação ao adestramento efetuado pela norma que era possível distinguir depois o normal do anormal. Aqui, ao contrário, vamos ter uma identificação do normal e do anormal, vamos ter uma identificação das diferentes curvas de normalidade, e a operação de normalização vai consistir em fazer essas diferentes distribuições de normalidade funcionarem umas em relação às outras e [em] fazer de sorte que as mais desfavoráveis sejam trazidas às que são mais favoráveis. Temos portanto aqui uma coisa que parte do normal e que se serve de certas distribuições consideradas, digamos assim, mais normais que as outras, mais favoráveis em todo caso que as outras. São essas distribuições que vão servir de norma. A norma está em jogo no interior das normalidades diferenciais*. O normal é que é primeiro, e a norma se deduz dele, ou é a partir desse estudo das normalidades que a norma se fixa e desempenha seu papel operatório. Logo, eu diria que não se trata mais de uma normação, mas sim, no sentido estrito, de uma normalização.

Tomei, há quinze dias, há oito dias e hoje, três exemplos: a cidade, a escassez alimentar, a epidemia, ou, se preferirem, a rua, o cereal, o contágio. Esses três fenômenos, vemos imediatamente que têm entre si um vínculo bem visível, muito manifesto: todos eles estão ligados ao fenômeno da cidade. Todos eles se encaixam portanto no primeiro dos problemas que procurei esboçar, porque afinal de contas o problema da escassez alimentar e do cereal é o problema da cidade-merca-

....

* M. Foucault, aqui, repete: e a operação de normalização consiste em jogar e fazer jogar umas em relação às outras essas diferentes distribuições de normalidade.

do, o problema do contágio e das doenças epidêmicas, é o problema da cidade como foco de doenças. A cidade como mercado também é a cidade como lugar de revolta; a cidade, foco de doenças, é a cidade como lugar de miasmas e de morte. De qualquer modo, o problema da cidade é que está, acredito, no âmago desses diferentes exemplos de mecanismos de segurança. E, se é verdade que o esboço da complexa tecnologia das seguranças aparece por volta do meado do século XVIII, creio que é na medida em que a cidade colocava problemas econômicos e políticos, problemas de técnica de governo que eram, ao mesmo tempo, novos e específicos. Digamos também, de uma forma bem grosseira, seria preciso burilar tudo isso, que dentro de um sistema de poder que era essencialmente territorial, que tinha se fundado e desenvolvido a partir da dominação territorial tal como havia sido definida pela feudalidade, a cidade sempre tinha sido uma exceção. Aliás, a cidade por excelência era a cidade franca. Era a cidade que tinha a possibilidade, o direito, à qual se tinha reconhecido o direito de se governar até certo ponto e numa certa medida e com certo número de limites bem definidos. Mas a cidade representava sempre como que um espaço de autonomia em relação às grandes organizações e aos grandes mecanismos territoriais de poder que caracterizavam um poder desenvolvido a partir da feudalidade. Creio que a integração da cidade aos mecanismos centrais de poder, melhor dizendo, a inversão que fez que a cidade tenha se tornado o problema primeiro, antes mesmo do problema do território, creio que esse é um fenômeno, uma inversão característica do que aconteceu entre o século XVII e o início do século XIX. Problema a que foi preciso responder com novos mecanismos de poder cuja forma, sem dúvida, deve ser encontrada no que chamo de mecanismos de segurança. No fundo, foi necessário reconciliar o fato da cidade com a legitimidade da soberania. Como exercer a soberania sobre a cidade? Não era simples, e para isso foi necessária toda uma série de transformações, da qual o que lhes indiquei não passa, evidentemente, de um minúsculo esboço.

Em segundo lugar, gostaria de notar que esses três fenômenos que procurei identificar – a rua, o cereal, o contágio, ou a cidade, a escassez alimentar, a epidemia –, esses três fenômenos, ou melhor, esses três problemas têm em comum que as questões que colocam giram finalmente, todas elas, mais ou menos em torno do problema da circulação. Circulação entendida, é claro, no sentido bem amplo, como deslocamento, como troca, como contato, como forma de dispersão, como forma de distribuição também, sendo o problema o seguinte: como é que as coisas devem circular ou não circular? E poderíamos dizer que, se o problema tradicional da soberania e, por conseguinte, do poder político ligado à forma da soberania, sempre fora até então o de, ou conquistar novos territórios, ou, ao contrário, manter o território conquistado, podemos dizer, nessa medida, que o problema da soberania era de certa forma este: como é que as coisas não se mexem, ou como é que posso ir em frente sem que se mexam? Como demarcar o território, como fixá-lo, como protegê-lo ou ampliá-lo? Em outras palavras, tratava-se de algo que poderíamos chamar precisamente de segurança do território ou segurança do soberano que reina no território. E é esse, afinal de contas, o problema de Maquiavel. O problema que Maquiavel colocava era justamente o de saber como, num território dado, tenha ele sido conquistado ou recebido em herança[11], seja o poder legítimo ou ilegítimo, pouco importa, como fazer para que o poder do soberano não fosse ameaçado ou, em todo caso, pudesse, com toda certeza, afastar as ameaças que pesavam sobre ele. Segurança do príncipe: era esse o problema do príncipe, na realidade do seu poder territorial, era esse, a meu ver, o problema político da soberania. Mas, longe de pensar que Maquiavel abre o caminho para a modernidade do pensamento político, direi que ele assinala, ao contrário, o fim de uma era, em todo caso que ele culmina num momento, assinala o ápice de um momento em que o problema era, de fato, o da segurança do príncipe e do seu território. Ora, parece-me que o que vemos aparecer através dos fenômenos evidentemente muito parciais que procurei identificar era um problema bem diferente: não mais estabelecer e demarcar o território, mas deixar as circulações se fazerem, controlar as circulações, separar as boas das ruins, fazer que as coisas se mexam, se desloquem sem cessar, que as coisas vão perpetuamente de um ponto a outro, mas de uma maneira tal que os perigos inerentes a essa circulação sejam anulados. Não mais segurança do príncipe e do seu território, mas segurança da população e, por conseguinte, dos que a governam. Outra mudança, pois, que creio importantíssima.

Esses mecanismos [ainda] têm uma terceira característica em comum. Sejam as novas formas de pesquisa urbanística, seja a maneira de impedir a escassez ou, pelo menos, de controlá-la, sejam as maneiras de prevenir as epidemias, seja lá como for esses mecanismos têm o seguinte em comum: eles tentam fazer uns e outros agirem, mas sem que se trate, de maneira nenhuma, em todo caso não primeiramente e de modo fundamental, de uma relação de obediência entre uma vontade superior, a do soberano, e as vontades que lhe seriam submetidas. Trata-se ao contrário de fazer os elementos de realidade funcionarem uns em relação aos outros. Em outras palavras, não é ao eixo da relação soberano-súditos que o mecanismo de segurança deve se conectar, garantindo a obediência total e, de certa forma, passiva dos indivíduos ao seu soberano. Ele se conecta aos processos que os fisiocratas diziam físicos, que poderíamos dizer naturais, que podemos dizer igualmente elementos de realidade. Esses mecanismos também tendem a uma anulação dos fenômenos, não na forma da proibição, "você não pode fazer isso", tampouco "isso não vai acontecer", mas a uma anulação progressiva dos fenômenos pelos próprios fenômenos. Trata-se, de certo modo, de delimitá-los em marcos aceitáveis, em vez de impor-lhes uma lei que lhes diga não. Não é portanto no eixo soberano-súditos, tampouco é na forma da proibição que os mecanismos de segurança põem-se a funcionar. E, enfim, todos esses mecanismos – e chegamos assim ao ponto, creio eu, central em tudo isso –, esses mecanismos não tendem como os da lei, como os da disciplina, a repercutir da maneira mais homogênea e mais contínua, mais exaustiva possível, a vontade de um sobre os outros. Trata-se de fazer surgir certo nível em que a ação dos que governam é necessária e suficiente. Esse nível de pertinência para a ação de um governo não é a totalidade efetiva e ponto por ponto dos súditos, é a população com seus fenômenos e seus processos próprios. A ideia do panóptico[12], ideia em certo sentido moderna, podemos dizer que é também uma ideia totalmente arcaica, pois se trata no fundo, no mecanismo panóptico, de colocar no centro alguém, um olho, um olhar, um princípio de vigilância que poderá de certo modo fazer sua soberania agir sobre todos os indivíduos [situados] no interior dessa máquina de poder. Nessa medida, podemos dizer que o panóptico é o mais antigo sonho do mais antigo soberano: que nenhum dos meus súditos escape e que nenhum dos gestos de nenhum dos meus súditos me seja desconhecido. Soberano perfeito também é, de certo modo, o ponto central do panóptico. Em compensação, o que vemos surgir agora [não é] a ideia de um poder que assumiria a forma de uma vigilância exaustiva dos indivíduos para que, de certo modo, cada um deles, em cada momento, em tudo o que faz, esteja presente aos olhos do soberano, mas o conjunto dos mecanismos que vão tornar pertinentes, para o governo e para os que governam, fenômenos bem específicos, que não são exatamente os fenômenos individuais, se bem que – e será preciso tornar sobre esse ponto, porque é importantíssimo –, se bem que os indivíduos figurem aí de certo modo e os processos de individualização sejam aí bem específicos. É uma maneira bem diferente de fazer funcionar a relação coletivo/indivíduo, totalidade do corpo social/fragmentação elementar, é uma maneira diferente que vai agir no que chamo de população. E o governo das populações é, creio, algo totalmente diferente do exercício de uma soberania sobre até mesmo o grão mais fino dos comportamentos individuais. Temos aí duas economias de poder que são, parece-me, totalmente diferentes.

Gostaria portanto, agora, de começar a analisar isso. Procurei simplesmente, através dos exemplos da cidade, da escassez alimentar e da epidemia, apreender mecanismos, a meu ver, novos nessa época. E através deles, vê-se que o que está em questão é, de um lado, toda uma economia de poder bem diferente e, de outro lado – é sobre isso que eu gostaria de lhes dizer agora algumas palavras –, um personagem político absolutamente novo, creio eu, que nunca havia existido, que não havia sido percebido, reconhecido, de certo modo, recortado até então. Esse novo personagem fez uma entrada notável, e logo notada aliás, no século XVIII – a população.

Claro, não é a primeira vez que o problema, as preocupações concernentes à população aparecem, não apenas no pensamento político em geral, mas no interior mesmo das técnicas, dos procedimentos de governo. Pode-se dizer que, de forma muito remota, considerando aliás o uso da palavra "população" em textos mais antigos[13], vê-se que o problema da população tinha sido colocado desde havia muito e, de certo modo, de uma maneira quase permanente, mas sob uma modalidade essencialmente negativa. O que se chamava de população era essencialmente o contrário da depopulação. Ou seja, entendia-se por "população" o movimento pelo qual, após algum grande desastre, fosse ele a epidemia, a guerra ou a escassez alimentar, depois de um desses grandes momentos dramáticos em que os homens morriam numa rapidez, numa intensidade espetacular, o movimento pelo qual se repovoava um território que tinha se tornado deserto. Digamos ainda que é em relação ao deserto ou à desertificação por causa das grandes catástrofes humanas que se colocava o problema da população. Aliás, é bem característico ver que as célebres tabelas de mortalidade – vocês sabem que a demografia do século XVIII só pôde começar na medida em que foram estabelecidas, em certo número de países, especialmente na Inglaterra, tabelas de mortalidade que possibilitavam toda uma série de quantificações e também permitiam saber de que as pessoas haviam morrido[14] –, as tabelas de mortalidade, é claro, nem sempre existiram e, principalmente, nem sempre foram contínuas. Na Inglaterra, que foi o primeiro país a fazer essas tabelas de mortalidade, só se faziam, durante o século XVI e, creio eu, até o início do século XVII – não me lembro mais muito bem da data em que as coisas mudaram –, em todo caso durante todo o século XVI, só se faziam tabelas de mortalidade na época das grandes epidemias e nos momentos em que algum flagelo tornava a mortalidade tão dramática que se queria saber exatamente quantas pessoas morriam, onde morriam e de que morriam[15]. Em outras palavras, a questão da população não era considerada de maneira nenhuma em sua positividade e em sua generalidade. Era em relação a uma mortalidade dramática que se colocava a questão de saber o que é a população e como se poderá repovoar.

O valor positivo da noção de população tampouco data desse meado do século XVIII a que até aqui me referi. Basta ler os textos dos cronistas, dos historiadores, dos viajantes para ver que a população sempre figura, em sua descrição, como um dos fatores, um dos elementos do poderio de um soberano. Para que um soberano fosse poderoso, era evidentemente necessário que ele reinasse sobre um território extenso. Media-se também, ou estimava-se, ou avaliava-se a importância dos seus tesouros. Extensão do território, importância dos tesouros e população, sob três aspectos aliás: portanto, uma população numerosa e, por conseguinte, capaz de figurar no brasão do poder de um soberano, essa população se manifestava pelo fato de que ele dispunha de tropas numerosas, pelo fato de que as cidades eram populosas, pelo fato enfim de que os mercados eram muito frequentados. Essa população numerosa só podia caracterizar o poder do soberano sob duas condições suplementares. A de que ela fosse obediente, de um lado, e, de outro, animada por um zelo, por um gosto do trabalho e por uma atividade que permitiam que o soberano, por um lado, fosse efetivamente poderoso, isto é, obedecido, e, por outro lado, rico. Tudo isso pertence ao que há de mais tradicional na maneira de conceber a população.

As coisas começam a mudar com o século XVII, época que se caracterizou pelo cameralismo[16] e pelo mercantilismo[17]* que não são tanto doutrinas econômicas quanto uma nova maneira de colocar os problemas do governo. Tornaremos, se for o caso, a esse ponto. Em todo caso, para os mercantilistas do século XVII, a população já não aparece simplesmente como uma característica positiva que pode figurar nos emblemas do poder do soberano, mas aparece no interior de uma dinâmica, ou melhor, não no interior, mas no princípio mesmo de uma dinâmica – da dinâmica do poder do Estado e do soberano. A população é um elemento fundamental, isto é, um elemento que condiciona todos os outros. Condiciona por quê? Porque a população fornece braços para a agricultura, isto é, garante a abundância das colheitas, já que haverá muitos cultivadores, muitas terras cultivadas, abundância de colheitas, logo preço baixo dos cereais e dos produtos agrícolas. Ela também fornece braços para as manufaturas, isto é, permite por conseguinte dispensar, tanto quanto possível, as importações e tudo o que seria necessário pagar em boa moeda, em ouro ou em prata, aos países estrangeiros. [Enfim,] a população é um elemento fundamental na dinâmica do poder dos Estados porque garante, no

....

* M. Foucault faz aqui, no manuscrito, a pergunta: "Assimilá-los?".

interior do próprio Estado, toda uma concorrência entre a mão de obra possível, o que, obviamente, assegura salários baixos. Baixo salário quer dizer preço baixo das mercadorias produzidas e possibilidade de exportação, donde nova garantia do poder, novo princípio para o próprio poder do Estado.

A população estar assim na base tanto da riqueza como do poderio do Estado é algo que só pode ocorrer, claro, se ela é enquadrada por todo um aparato regulamentar que vai impedir a emigração, atrair os imigrantes, beneficiar a natalidade, um aparato regulamentar que também vai definir quais são as produções úteis e exportáveis, que vai estabelecer também os objetos a serem produzidos, os meios de produzi-los, os salários também, que vai proibir o ócio e a vagabundagem. Em suma, todo um aparato que vai fazer dessa população, considerada portanto princípio, raiz, de certo modo, do poder e da riqueza do Estado, que vai garantir que essa população trabalhará como convier, onde convier e em que convier. Em outras palavras, era a população como força produtiva, no sentido estrito do termo, a preocupação do mercantilismo – e creio justamente que não é depois dos mercantilistas, não é no século XVIII, não é evidentemente tampouco no século XIX que a população será considerada essencial e fundamentalmente força produtiva. Os que consideraram a população essencialmente força produtiva foram os mercantilistas ou os cameralistas, contanto, é claro, que essa população fosse efetivamente adestrada, repartida, distribuída, fixada de acordo com mecanismos disciplinares. População, princípio de riqueza, força produtiva, enquadramento disciplinar: tudo isso se articula no interior do pensamento, do projeto e da prática política dos mercantilistas.

A partir do século XVIII, nesses anos que tomei até aqui como referência, parece-me que as coisas vão mudar. Costuma-se dizer que os fisiocratas, por oposição aos mercantilistas do período precedente, eram antipopulacionistas[18]. Ou seja, enquanto uns consideravam que a população, por ser fonte de riqueza e de poder, devia ser o mais possível aumentada, pretende-se que os fisiocratas tinham posições muito mais matizadas. Na verdade, acredito que não é tanto sobre o valor ou o não valor da extensão da população que se dá a diferença. Parece-me que os fisiocratas se diferenciam dos mercantilistas ou dos cameralistas essencialmente porque têm outra maneira de tratar a população[19]. Porque, no fundo, os mercantilistas e os cameralistas, quando falavam dessa população que, por um lado, era fundamento de riqueza e, de outro lado, devia ser enquadrada por um sistema regulamentar, ainda a consideravam apenas a coleção dos súditos de um soberano, aos quais se podia, precisamente, impor de cima, de uma maneira inteiramente voluntarista, certo número de leis, de regulamentos que lhes dizia o que deviam fazer, onde deviam fazer, como deviam fazer. Em outras palavras, os mercantilistas consideravam de certo modo o problema da população essencialmente no eixo do soberano e dos súditos. Era como súditos de direito, súditos submetidos a uma lei, súditos suscetíveis de um enquadramento regulamentar, era na relação entre a vontade do soberano e a vontade submissa das pessoas que se situava o projeto mercantilista, cameralista ou colbertiano, se preferirem. Ora, acredito que, com os fisiocratas – de uma maneira geral, com os economistas do século XVIII –, a população vai parar de aparecer como uma coleção de súditos de direito, como uma coleção de vontades submetidas que devem obedecer à vontade do soberano por intermédio de regulamentos, leis, decretos etc. Ela vai ser considerada um conjunto de processos que é preciso administrar no que têm de natural e a partir do que têm de natural.

Mas o que significa essa naturalidade* da população? O que faz que a população, a partir desse momento, seja percebida não a partir da noção jurídico-política de sujeito, mas

....
* naturalidade: entre aspas no manuscrito, p. 13.

como uma espécie de objeto técnico-político de uma gestão e de um governo? O que é essa naturalidade? Creio, para dizer as coisas muito brevemente, que ela aparece de três maneiras. Primeiramente, a população, tal como é problematizada no pensamento, mas [também] na prática governamental do século XVIII, não é a simples soma dos indivíduos que habita um território. Tampouco é resultado apenas da vontade deles de se reproduzirem. Tampouco é o *vis-à-vis* de uma vontade soberana que pode ou favorecê-la ou esboçá-la. Na verdade, a população não é um dado primeiro, ela está na dependência de toda uma série de variáveis. A população varia com o clima. Varia com o entorno material. Varia com a intensidade do comércio e da atividade de circulação das riquezas. Varia, é claro, de acordo com as leis a que é submetida: por exemplo, os impostos, as leis sobre o casamento. Varia também com os hábitos das pessoas: por exemplo, a maneira como se dá o dote das filhas, a maneira como se assegura os direitos de primogenitura, a maneira como se criam as crianças, como são ou não confiadas a uma ama. A população varia com os valores morais ou religiosos que são reconhecidos a este ou aquele tipo de conduta: por exemplo, valorização ético-religiosa do celibato dos padres e dos monges. Ela varia também e principalmente com, é claro, o estado dos meios de subsistência, e é aí que encontramos o célebre aforismo de Mirabeau, que diz que a população nunca irá variar além, e não pode, em caso algum, ir além dos limites que lhe são estabelecidos pela quantidade dos meios de subsistência[20]. Todas essas análises, sejam elas as de Mirabeau, do abade Pierre Jaubert[21] ou de Quesnay no verbete "Homens" da *Enciclopédia*[22], tudo isso mostra com clareza que, nesse pensamento, a população não é essa espécie de dado primitivo, de matéria sobre a qual vai se exercer a ação do soberano, esse *vis-à-vis* do soberano. A população é um dado que depende de toda uma série de variáveis que fazem que ela não possa ser transparente à ação do soberano, ou ainda, que a relação entre a população e o soberano não possa ser simplesmente da ordem da obediência ou da recusa da obediência, da obediência ou da revolta. Na verdade, as variáveis de que depende a população fazem que ela escape consideravelmente da ação voluntarista e direta do soberano na forma da lei. Se se diz a uma população "faça isto", nada prova não só que ela o fará, mas também, simplesmente, que ela poderá fazê-lo. O limite da lei, enquanto só se considerar a relação soberano-súdito, é a desobediência do súdito, é o "não" oposto pelo súdito ao soberano. Mas, quando se trata da relação entre o governo e a população, o limite do que é decidido pelo soberano ou pelo governo não é necessariamente a recusa das pessoas às quais ele se dirige.

A população aparece portanto, nessa espécie de espessura em relação ao voluntarismo legalista do soberano, como um fenômeno de natureza. Um fenômeno de natureza que não se pode mudar como que por decreto, o que não quer dizer entretanto que a população seja uma natureza inacessível e que não seja penetrável, muito pelo contrário. É aí que a análise dos fisiocratas e dos economistas se torna interessante, porque essa naturalidade que se nota no fato da população é perpetuamente acessível a agentes e a técnicas de transformação, contanto que esses agentes e essas técnicas de transformação sejam ao mesmo tempo esclarecidos, refletidos, analíticos, calculados, calculadores. É necessário, evidentemente, não apenas levar em conta a mudança voluntária das leis, se as leis são desfavoráveis à população; mas principalmente, se se quiser favorecer a população ou conseguir que a população esteja numa relação justa com os recursos e as possibilidades de um Estado, é necessário agir sobre toda uma série de fatores, de elementos que estão aparentemente longe da própria população, do seu comportamento imediato, longe da sua fecundidade, da sua vontade de reprodução. É necessário, por exemplo, agir sobre os fluxos de moeda que vão irrigar o país, saber por onde esses fluxos de moeda passam, saber se eles irrigam de fato todos os elementos da população, se não deixam regiões inertes. Vai ser preciso agir sobre as exportações: quanto mais houver demanda de exportação, mais haverá evidentemente possibilidades de trabalho, logo possibilidades de riqueza, logo possibilidades de população. Coloca-se o problema das importações: importando, beneficia-se ou prejudica-se a população? Se se importa, tira-se trabalho das pessoas daqui, mas, se se importa, dá-se também comida. Problema, portanto, capital no século XVIII, da regulamentação das importações. Em todo caso, é por todos esses fatores distantes, pelo jogo desses fatores que vai efetivamente ser possível agir sobre a população. É portanto uma técnica totalmente diferente que se esboça, como vocês veem: não se trata de obter a obediência dos súditos em relação à vontade do soberano, mas de atuar sobre coisas aparentemente distantes da população, mas que se sabe, por cálculo, análise e reflexão, que podem efetivamente atuar sobre a população. É essa naturalidade penetrável da população que, a meu ver, faz que tenhamos aqui uma mutação importantíssima na organização e na racionalização dos métodos de poder.

Poderíamos dizer também que a naturalidade da população aparece de uma segunda maneira no fato de que, afinal de contas, essa população é evidentemente feita de indivíduos, de indivíduos perfeitamente diferentes uns dos outros, cujo comportamento, pelo menos dentro de certos limites, não se pode prever exatamente. Apesar disso existe, de acordo com os primeiros teóricos da população no século XVIII, pelo menos uma invariante que faz que a população tomada em seu conjunto tenha um motor de ação, e só um. Esse motor de ação é o desejo. O desejo – velha noção que havia feito sua aparição e que havia tido sua utilidade na direção de consciência (poderíamos eventualmente tornar sobre esse ponto)[23] –, o desejo faz aqui, pela segunda vez agora, sua aparição no interior das técnicas de poder e de governo. O desejo é aquilo por que todos os indivíduos vão agir. Desejo contra o qual não se pode fazer nada. Como diz Quesnay: você não pode impedir as pessoas de virem morar onde consideraram que será mais proveitoso para elas e onde elas desejam morar, porque elas desejam esse proveito. Não procure mudá-las, elas não vão mudar[24]. Mas – e é aqui que essa naturalidade do desejo marca a população e se torna penetrável pela técnica governamental – esse desejo, por motivos sobre os quais será necessário tornar e que constituem um dos elementos teóricos importantes de todo o sistema, esse desejo é tal que, se o deixarmos agir e contanto que o deixemos agir, em certo limite e graças a certo número de relacionamentos e conexões, acabará produzindo o interesse geral da população. O desejo é a busca do interesse para o indivíduo. O indivíduo, de resto, pode perfeitamente se enganar, em seu desejo, quanto ao seu interesse pessoal, mas há uma coisa que não engana: que o jogo espontâneo ou, em todo caso, espontâneo e, ao mesmo tempo, regrado do desejo permitirá de fato a produção de um interesse, de algo que é interessante para a própria população. Produção do interesse coletivo pelo jogo do desejo: é o que marca ao mesmo tempo a naturalidade da população e a artificialidade possível dos meios criados para geri-la.

É importante, porque vocês veem que com essa ideia de uma gestão das populações a partir de uma naturalidade do desejo delas e da produção espontânea do interesse coletivo pelo desejo, que com essa ideia tem-se algo que é o exato oposto do que era a velha concepção ético-jurídica do governo e do exercício da soberania. Pois, o que é o soberano para os juristas, e isto para os juristas medievais, mas também para todos os teóricos do direito natural, tanto para Hobbes como para Rousseau? O soberano é aquele que é capaz de dizer não ao desejo de todo indivíduo, sendo o problema o de saber como esse "não" oposto ao desejo dos indivíduos pode ser legítimo e fundado na própria vontade dos indivíduos. Enfim, esse é um enorme problema. Ora, vemos formar-se, através desse pensamento econômico-político dos fisiocratas, uma ideia bem diferente, que é a seguinte: o problema dos que governam não deve ser absolutamente o de saber como eles podem dizer não, até onde podem dizer não, com que legitimidade eles podem dizer não; o problema é o de saber como dizer sim, como dizer sim a esse desejo. Não, portanto, o limite da concupiscência ou o limite do amor-próprio, no sentido do amor a si mesmo, mas ao contrário tudo o que vai estimular, favorecer esse amor-próprio, esse desejo, de maneira que possa produzir os efeitos benéficos que deve necessariamente produzir. Temos aí portanto a matriz de toda uma filosofia, digamos, utilitarista[25]. E como creio que a Ideologia de Condillac[26], enfim, o que se chamou de sensualismo, era o instrumento teórico pelo qual se podia embasar a prática da disciplina[27], direi que a filosofia utilitarista foi o instrumento teórico que embasou esta novidade que foi, na época, o governo das populações*.

Enfim, a naturalidade da população que aparece nesse benefício universal do desejo, que aparece também no fato de que a população é sempre dependente de variáveis complexas e modificáveis, a naturalidade da população aparece de uma terceira maneira. Ela aparece na constância dos fenômenos que se poderia esperar que fossem variáveis, pois dependem de acidentes, de acasos, de condutas individuais, de causas conjunturais. Ora, esses fenômenos que deveriam ser irregulares, basta observá-los, olhá-los e contabilizá-los para perceber que na verdade são regulares. Foi essa a grande descoberta, no fim do século XVII, do inglês Graunt[28], que, justamente a propósito dessas tabelas de mortalidade, pôde estabelecer não apenas que a cada ano havia, de qualquer modo, um número constante de mortos numa cidade, mas

....
* Manuscrito, p. 17: "O importante, também, é que a 'filosofia utilitarista' é um pouco para o governo das populações o que a Ideologia era para as disciplinas".

que havia uma proporção constante dos diferentes acidentes, variadíssimos porém, que produzem essas mortes. A mesma proporção de pessoas morre de consumpção, a mesma proporção de pessoas morre de febres, ou de pedra, ou de gota, ou de icterícia[29]. E o que evidentemente deixou Graunt totalmente estupefato foi que a proporção de suicídios é exatamente a mesma de um ano para o outro nas tabelas de mortalidade de Londres[30]. Veem-se também outros fenômenos regulares, como, por exemplo, que há mais homens que mulheres no nascimento, mas que há mais acidentes diversos que atingem os meninos do que as meninas, de modo que, ao fim de certo tempo, a proporção se restabelece[31]. A mortalidade das crianças é, em todo caso, sempre maior que a dos adultos[32]. A mortalidade é sempre mais elevada na cidade do que no campo[33] etc. Temos aí, portanto, uma terceira superfície de afloramento para a naturalidade da população.

Não é portanto uma coleção de sujeitos jurídicos, em relação individual ou coletiva, com uma vontade soberana. A população é um conjunto de elementos, no interior do qual podem-se notar constantes e regularidades até nos acidentes, no interior do qual pode-se identificar o universal do desejo produzindo regularmente o benefício de todos e a propósito do qual pode-se identificar certo número de variáveis de que ele depende e que são capazes de modificá-lo. Com a tomada em consideração ou, se preferirem, a pertinentização de efeitos próprios à população, creio que temos um fenômeno muito importante: é o ingresso, no campo das técnicas de poder, de uma natureza* que não é aquilo a que, aquilo acima de que, aquilo contra o que o soberano deve impor leis justas. Não há natureza e, depois, acima da natureza, contra ela, o soberano e a relação de obediência que lhe é devida. Tem-se uma população cuja natureza é tal que é no interior dessa natureza, com ajuda dessa natureza, a propósito dessa natureza que

....
* natureza: entre aspas no manuscrito, p. 18.

o soberano deve desenvolver procedimentos refletidos de governo. Em outras palavras, no caso da população tem-se algo bem diferente de uma coleção de sujeitos de direito diferenciados por seu estatuto, sua localização, seus bens, seus cargos, seus ofícios; [tem-se]* um conjunto de elementos que, de um lado, se inserem no regime geral dos seres vivos e, de outro, apresentam uma superfície de contato para transformações autoritárias, mas refletidas e calculadas. A dimensão pela qual a população se insere entre os outros seres vivos é a que vai aparecer e que será sancionada quando, pela primeira vez, se deixará de chamar os homens de "gênero humano" e se começará a chamá-los de "espécie humana"[34]. A partir do momento em que o gênero humano aparece como espécie, no campo de determinação de todas as espécies vivas, pode-se então dizer que o homem aparecerá em sua inserção biológica primeira. A população é portanto, de um lado, a espécie humana e, de outro, o que se chama de público. Aqui também a palavra não é nova, mas seu uso sim[35]. O público, noção capital no século XVIII, é a população considerada do ponto de vista das suas opiniões, das suas maneiras de fazer, dos seus comportamentos, dos seus hábitos, dos seus temores, dos seus preconceitos, das suas exigências, é aquilo sobre o que se age por meio da educação, das campanhas, dos convencimentos. A população é portanto tudo o que vai se estender do arraigamento biológico pela espécie à superfície de contato oferecida pelo público. Da espécie ao público: temos aí todo um campo de novas realidades, novas realidades no sentido de que são, para os mecanismos de poder, os elementos pertinentes, o espaço pertinente no interior do qual e a propósito do qual se deve agir.

    Poderíamos acrescentar ainda o seguinte: quando falei da população, havia uma palavra que voltava sem cessar — vocês vão me dizer que fiz de propósito, mas não totalmente

....
* M.F.: mas.

talvez –, é a palavra "governo". Quanto mais eu falava da população, mais eu parava de dizer "soberano". Fui levado a designar ou a visar algo que, aqui também, creio eu, é relativamente novo, não na palavra, não num certo nível de realidade, mas como técnica nova. Ou antes, o privilégio que o governo começa a exercer em relação às regras, a tal ponto que um dia será possível dizer, para limitar o poder do rei, que "o rei reina, mas não governa"[36], essa inversão do governo em relação ao reino e o fato de o governo ser no fundo muito mais que a soberania, muito mais que o reino, muito mais que o *imperium*, o problema político moderno creio que está absolutamente ligado à população. A série: mecanismos de segurança – população – governo e abertura do campo do que se chama de política, tudo isso, creio eu, constitui uma série que seria preciso analisar.

Queria lhes pedir mais cinco minutos para acrescentar uma coisa, e vocês vão compreender por quê. Está um pouco à margem de tudo isso[37]. Emergência portanto dessa coisa absolutamente nova que é a população, com a massa de problemas jurídicos, políticos e técnicos que levanta. Agora, se pegarmos outra série de domínios, [a] do que poderíamos chamar de saberes, perceberemos – e não é uma solução que lhes proponho, mas um problema – que em toda uma série de saberes esse mesmo problema da população aparece.

Mais precisamente, tomemos o caso da economia política. No fundo, na medida em que se tratou, para as pessoas que se ocupavam de finanças – já que era disso que ainda se tratava no século XVII –, de quantificar as riquezas, de medir sua circulação, de determinar o papel da moeda, de saber se era melhor desvalorizar ou, ao contrário, valorizar uma moeda, na medida em que se tratava de estabelecer ou de manter os fluxos do comércio exterior, creio que a "análise econômica"* permanecia exatamente no plano do que poderíamos

....
* M. Foucault acrescenta: entre aspas

chamar de análise das riquezas³⁸. Em compensação, a partir do momento em que se pôde fazer entrar, no campo não apenas da teoria, mas também da prática econômica, esse novo sujeito, novo sujeito-objeto que é a população, e isso sob seus diferentes aspectos, aspectos demográficos, mas também como papel específico dos produtores e dos consumidores, dos proprietários e dos que não são proprietários, dos que criam lucro e dos que recolhem o lucro, creio que a partir do momento em que se pôde fazer entrar no interior da análise das riquezas o sujeito-objeto que é a população, com todos os efeitos de subversão que isso pôde ter no campo da reflexão e da prática econômicas, então parou-se de fazer a análise das riquezas e abriu-se um novo domínio de saber, que é a economia política. Afinal, um dos textos fundamentais de Quesnay é o verbete "Homens" da *Enciclopédia*³⁹, e Quesnay não parou de dizer ao longo de toda a sua obra que o verdadeiro governo econômico era o governo que se ocupava da população⁴⁰. Mas, afinal de contas, que o problema da população ainda é, no fundo, o problema central de todo o pensamento da economia política até o próprio século xix, prova-o a célebre oposição Malthus-Marx⁴¹, porque, afinal de contas, onde está a linha que os divide a partir de um fundo ricardiano⁴² que é absolutamente comum a ambos? Está em que, para um, Malthus, o problema da população foi essencialmente pensado como um problema de bioeconomia, enquanto Marx tentou contornar o problema da população e descartar a própria noção de população, mas para voltar a encontrá-la sob a forma propriamente, não mais bioeconômica, mas histórico-política de classe, de enfrentamento de classes e de luta de classes. É isto mesmo: ou a população, ou as classes, e foi aqui que se produziu a fratura, a partir de um pensamento econômico, de um pensamento de economia política que só havia sido possível como pensamento na medida em que o sujeito-população havia sido introduzido.

Tomem agora o caso da história natural e da biologia. No fundo, a história natural, como vocês sabem, tinha essencialmente por papel e função determinar quais eram as características classificatórias dos seres vivos que possibilitavam reparti-los nesta ou naquela casa da tabela⁴³. O que se [produziu] no século XVIII e no início do século XIX foi toda uma série de transformações que fizeram que se passasse da identificação das características classificatórias à análise interna do organismo⁴⁴, depois do organismo em sua coerência anatomofuncional às relações constitutivas ou reguladoras desse organismo com o meio de vida. Em linhas gerais, é todo o problema Lamarck-Cuvier⁴⁵, cuja solução está em Cuvier, cujos princípios de racionalidade estão em Cuvier⁴⁶. E, enfim, passou-se, e esta é a passagem de Cuvier a Darwin⁴⁷, do meio de vida, em sua relação constitutiva ao organismo, à população, a população que Darwin pôde mostrar que era, de fato, o elemento através do qual o meio produzia seus efeitos sobre o organismo. Para pensar as relações entre o meio e o organismo, Lamarck era obrigado a imaginar algo como uma ação direta e como uma modelagem do organismo pelo meio. Cuvier era obrigado, por seu lado, a invocar toda uma série de coisas aparentemente mais mitológicas, mas que na verdade lidavam muito mais com o campo de racionalidade, que eram as catástrofes e a Criação, os diferentes atos criadores de Deus, enfim, pouco importa. Já Darwin encontrou o que era a população, que era o veículo entre o meio e o organismo, com todos os efeitos próprios da população: mutações, eliminação etc. Foi portanto a problematização da população no interior dessa análise dos seres vivos que permitiu passar da história natural à biologia. A articulação história natural/biologia deve ser buscada na população.

Poder-se-ia dizer, creio eu, a mesma coisa acerca da passagem da gramática geral à filologia histórica⁴⁸. A gramática geral era a análise das relações entre os signos linguísticos e as representações de qualquer sujeito falante ou do sujeito falante em geral. A filologia só pôde nascer a partir do momento em que uma série de pesquisas, que haviam sido realizadas em diversos países do mundo, particularmente nos países da Europa central e também da Rússia por motivos políticos, conseguiu identificar a relação que havia entre uma população e uma língua, e em que, por conseguinte, o problema foi o de saber de que modo a população, como sujeito coletivo, de acordo com regularidades próprias, aliás, não da população, mas da sua língua, podia no decorrer da história transformar a língua que falava. Aqui também foi a introdução do sujeito-população que, a meu ver, permitiu passar da gramática geral à filologia.

Creio que, para resumir tudo isso, poderíamos dizer que, se quisermos procurar o operador de transformação que fez passar da história natural à biologia, da análise das riquezas à economia política, da gramática geral à filologia histórica, o operador que levou todos esses sistemas, esses conjuntos de saberes para o lado das ciências da vida, do trabalho e da produção, para o lado das ciências das línguas, será na população que deveremos procurá-lo. Não da forma que consistiria em dizer: as classes dirigentes, compreendendo por fim a importância da população, lançaram nessa direção os naturalistas que, com isso, se converteram em biólogos, os gramáticos que, com isso, se transformaram em filólogos e os financistas que se tornaram economistas. Não é dessa forma, mas da forma seguinte: é um jogo incessante entre as técnicas de poder e o objeto destas que foi pouco a pouco recortando no real, como campo de realidade, a população e seus fenômenos específicos. É a partir da constituição da população como correlato das técnicas de poder que pudemos ver abrir-se toda uma série de domínios de objetos para saberes possíveis. E, em contrapartida, foi porque esses saberes recortavam sem cessar novos objetos que a população pôde se constituir, se continuar, se manter como correlativo privilegiado dos modernos mecanismos de poder.

Daí esta consequência: a temática do homem, através das ciências humanas* que o analisam como ser vivo, indivíduo trabalhador, sujeito falante, deve ser compreendida a partir da emergência da população como correlato de poder e como objeto de saber. O homem, afinal de contas, tal como foi pensado, definido, a partir das ciências ditas humanas do século XIX e tal como foi refletido no humanismo do século XIX, esse homem nada mais é finalmente que uma figura da população. Ou, digamos ainda, se é verdade que, enquanto o problema do poder se formulava dentro da teoria da soberania, em face da soberania não podia existir o homem, mas apenas a noção jurídica de sujeito de direito. A partir do momento em que, ao contrário, como *vis-à-vis* não da soberania, mas do governo, da arte de governar, teve-se a população, creio que podemos dizer que o homem foi para a população o que o sujeito de direito havia sido para o soberano. Pronto, o pacote está empacotado e o nó [dado]**.

....
* ciências humanas: entre aspas no manuscrito.
** Conjectura: palavra inaudível.

NOTAS

1. Hans Kelsen (1881-1973). Nascido em Praga, ensinou Direito Público e Filosofia em Viena, de 1919 a 1929, depois em Colônia, de 1930 a 1933. Exonerado pelos nazistas, prosseguiu a carreira em Genebra (1933-1938) e em Berkeley (1942-1952). Fundador da Escola de Viena (autor de *Zeitschrift für öffentliches Recht*, criada em 1914), que radicalizava a doutrina do positivismo jurídico, defendeu, em *Reine Rechtslehre* (2ª ed., Viena, 1960 / *Théorie pure du droit*, trad. fr. da 1ª ed. por H. Thévenaz, Neuchâtel, La Baconnière, 1953; trad. fr. da 2ª ed. por Ch. Eisenmann, Paris, Dalloz, 1962 [*Teoria pura do direito*, São Paulo, Martins Fontes, 2006]) uma concepção normativista do direito, segundo a qual o direito constitui um sistema hierarquizado e dinâmico de normas, articuladas umas nas outras por uma relação de imputação (distinta da relação de causalidade, em que se baseia o raciocínio científico), isto é, "a relação entre certo comportamento como condição e uma sanção como consequência" (*Théorie générale des normes*, trad. fr. O. Beaud & F. Malkani, Paris, PUF, "Léviathan", 1996, cap. 7, § 2, p. 31). Para não levar a uma regressão ao infinito (fazendo todo poder jurídico decorrer necessariamente de autorizações jurídicas superiores), esse sistema extrai sua validade de uma norma fundamental (*Grundnorm*), que não é posta como as outras normas, mas pressuposta e, por isso, suprapositiva, "representando o fundamento último da validade de todas as normas jurídicas que constituem a ordem jurídica" (*ibid.*, cap. 59, p. 343), segundo a qual "devemos, como juristas, pressupor que devemos nos comportar como a constituição historicamente primeira prescreve" (*ibid.*). Cf. igualmente sua obra póstuma, *Allgemeine Theorie der Normen* (Viena, Manz Verlag, 1979; trad. fr. cit.). Sobre Kelsen, cf. as observações de G. Canguilhem, *Le Normal et le Pathologique*, Paris, PUF, 3ª ed., 1975, p. 184-5 [Ed. bras.: *O normal e o patológico*, Forense Universitária, 2006].

2. Cf. a tese de doutoramento em medicina de Anne-Marie Moulin, *La Vaccination anti-variolique. Approche historique de l'évolution des idées sur les maladies transmissibles et leur prophylaxie*, Université Pierre et Marie Curie (Paris 6) – Faculté de Médecine Pitié-Salpêtrière, 1979, [s.l.n.d.]. A autora dessa tese fez uma exposição sobre "as campanhas

de variolização no século XVIII", em 1978, no seminário de M. Foucault (cf. *infra*, "Resumo do curso", p. 494). Cf. igualmente J. Hecht, "Un débat médical au XVIIIe siècle, l'innoculation de la petite vérole", *Le Concours médical*, 18, 1º de maio de 1959, p. 2147-52, e as duas obras publicadas no ano que precede este curso: P. E. Razzell, *The Conquest of Smallpox: The impact of inoculation on smallpox mortality in the 18th century*, Firle, Caliban Books, 1977, e G. Miller, *The Adoption of Inoculation for Smallpox in England and France*, Filadélfia, University of Philadelphia Press, 1977, que Foucault pôde consultar.

3. A primeira palavra era empregada, no século XVIII, em referência ao processo de enxerto vegetal. A segunda só foi utilizada no século XIX.

4. É a partir de 1800 que a vacinação jenneriana vai substituir progressivamente a inoculação (cf. E. Jenner, *An Inquiry into the Causes and Effects of the Variolae Vaccinae*, Londres, 1798 [repr. da 1ª ed.: Londres, Dawson, 1966]; R. Le Droumaguet, *À propos du centenaire de Jenner. Notes sur l'histoire des premières vaccinations contre la variole*, Tese de medicina, Belfort-Mulhouse, 1923; A.-M. Moulin, *op. cit.*, p. 33-6).

5. Cf. A.-M. Moulin, *op. cit.*, p. 36: "[No fim do século XVIII] a medicina não elucidou o significado profundo das inoculações"; e p. 42, a propósito da "modificação" instaurada pela vacina no organismo, esta citação de Berthollet: "Qual é a natureza dessa diferença e dessa mudança? Ninguém sabe; somente a experiência prova sua realidade" (*Exposition des faits recueillis jusqu'à présent concernant les effets de la vaccination*, 1812).

6. A inoculação era praticada na China desde o século XVII e na Turquia (cf. A.-M. Moulin, *op. cit.*, p. 12-22). Ver, sobre a prática chinesa, a carta do pe. La Coste de 1724 publicada nas *Mémoires de Trévoux*, e, sobre a Turquia, o debate sobre a inoculação na Royal Society da Inglaterra, a partir dos relatos dos mercadores da Companhia do Levante. Em 1º de abril de 1717, Lady Montaigu, esposa do embaixador da Inglaterra em Istambul, que foi uma das propagandistas mais fervorosas da inoculação em seu país, escrevia a uma correspondente: "A varíola, tão fatal e tão frequente em nosso país, foi tornada inofensiva aqui pela descoberta da inoculação [...] Existe aqui um grupo de anciãs especializadas nessa operação" (citado por A.-M. Moulin, *op. cit.*, p. 19-20).

7. Sobre essa noção, cf. o artigo de M. Foucault, "La politique de la santé au XVIIIe siècle" [A política da saúde no século XVIII], *in Les*

Machines à guérir. Aux origines de l'hôpital moderne; dossiers et documents, Paris, Institut de l'environnement, 1976, p. 11-21; *DE*, III, nº 168, p. 15-27 (ver p. 17-8).

8. Cf. A.-M. Moulin, *op. cit.*, p. 26: "Em 1760, o matemático Bernouilli informa de maneira mais rigorosa [que as tabelas de estatística de J. Jurin, nas *Philosophical Transactions* da Royal Society, de 1725] a estatística que é na verdade a única justificativa teórica da inoculação. [...] Se adotarmos a inoculação, resultará um ganho de vários milhares de pessoas para a sociedade civil; mesmo mortífera, por matar crianças no berço, é preferível à varíola, que faz perecer adultos úteis à sociedade; se é verdade que a generalização da inoculação acarreta o risco de substituir as grandes epidemias por um estado de endemia permanente, o perigo é menor, porque a varíola é uma erupção generalizada, e a inoculação só atinge uma pequena superfície da pele". Bernouilli conclui, dessa demonstração, que, se desprezarmos o ponto de vista do indivíduo, "será sempre geometricamente verdadeiro que o interesse dos príncipes é favorecer a inoculação" (D. Bernouilli, "Essai d'une nouvelle analyse de la mortalité causée par la petite vérole et des avantages de l'inoculation pour la prévenir", *Histoires et Mémoires de l'Académie des sciences*, 2, 1766). Esse ensaio, que data de 1760, suscitou a reação hostil de d'Alembert, em 12 de novembro de 1760, na Academia de Ciências. Para uma análise detalhada do método de cálculo de Bernouilli e da querela com d'Alembert, cf. H. Le Bras, *Naissance de la mortalité*, Paris, Gallimard-Le Seuil, "Hautes Études", 2000, p. 335-42.

9. Sobre essa noção, cf. M. Foucault, *Naissance de la clinique*, Paris, PUF, "Galien", 1963, p. 24 [ed. bras.: *O nascimento da clínica*, 6ª ed., Rio de Janeiro, Forense Universitária, 2006] (citação de L. S. D. Le Brun, *Traité théorique sur les maladies épidémiques*, Paris, Didot le jeune, 1776, p. 2-3) e p. 28 (referência a F. Richard de Hautesierck, *Recueil d'observations. Médecine des hôpitaux militaires*, Paris, Imprimerie royale, 1766, t. I, p. XXIV-XXVII).

10. Emmanuel Étienne Duvillard (1755-1832), *Analyse et Tableaux de l'influence de la petite vérole sur la mortalité à chaque âge, et de celle qu'un préservatif tel que la vaccine peut avoir sur la population et la longévité*, Paris, Imprimerie impériale, 1806. (Sobre Duvillard, "especialista de estatística das populações, mas também teórico de seguros e do cálculo de rendas", cf. G. Thuillier, "Duvillard et la statistique en 1806", *Études et Documents*, Paris, Imprimerie nationale, Comité pour

l'histoire économique et financière de la France, 1989, t. 1, p. 425-35; A. Desrosières, *La Politique des grands nombres. Histoire de la raison statistique*, Paris, La Découverte, 1993; reed. 2000, p. 48-54.)

11. Sobre essa distinção, que funda em Maquiavel toda a problemática do "novo príncipe", cf. *O Príncipe*, cap. 1: "Os principados são ou hereditários, quando seus príncipes são desde muito tempo do sangue do senhor, ou novos" (trad. cit., p. 45), e 2: "Digo portanto que, nos Estados hereditários, acostumados com príncipes de mesmo sangue, há dificuldades muito menores de se manter que nos novos [...]."

12. Cf. *infra*, aula de 8 de fevereiro, p. 158.

13. M. Foucault talvez faça alusão aqui aos escritos de Bacon, a quem foi creditada por vários dicionários a invenção da palavra "população" (cf. por exemplo *Dictionnaire historique de la langue française. Le Robert*). Essa palavra, na realidade, não é encontrada em Bacon e só aparece em traduções tardias. A primeira ocorrência da palavra inglesa parece remontar aos *Political Discourses* (1751) de Hume; quanto ao termo francês, só começou a circular na segunda metade do século XVIII. Montesquieu, em 1748, ainda o ignora. Ele fala de "número de homens" (*De l'esprit des lois*, XVIII, 10, in *Oeuvres complètes*, Paris, Gallimard, "Bibliothèque de la Pleiade", 1958, t. 2, p. 536) ou dos habitantes, de "propagação da espécie" (*ibid.*, XXIII, 26, *O.C.*, p. 710; 27, *O.C.*, p. 711; cf. *Lettres persanes* [*Cartas persas*] (1721), CXXII, *O.C.*, t. 1, p. 313). Em compensação, ele emprega com frequência, desde as *Lettres persannes*, a forma negativa da palavra, "depopulação" (carta CXVII, *O.C.*, p. 305; *De l'esprit des lois*, XXIII, 19, *O.C.*, p. 695; *O.C.*, p. 711). O uso dessa palavra remonta ao século XIV (cf. Littré, *Dictionnaire de la langue française*, Paris, J.-J. Pauvert, 1956, t. 2, p. 1645), no sentido ativo do verbo "depopular-se". Ausente da primeira edição do *Essai sur la police générale des grains* de Herbert (*op. cit.*) em 1753, "população" figura na edição de 1755. Para um balanço recente da questão, cf. H. Le Bras, prefácio da obra publicada sob a sua direção, *L'Invention des populations*, Paris, Odile Jacob, 2000, e I. Tamba, "Histoires de démographe et de linguiste: le couple population/ dépopulation", *Linx* (Paris X), 47, 2002, p. 1-6.

14. Sobre John Graunt, cf. *infra*, nota 28.

15. Cf. E. Vilquin, introdução a J. Graunt, *Observations naturelles ou politiques répertoriées dans l'Index ci-après et faites sur les bulletins de mortalité de John Graunt citoyen de Londres, en rapport avec le gouvernement, la religion, le commerce, l'accroissement, l'atmosphère, les maladies*

et les divers changements de ladite cité, Paris, INED, 1977, p. 18-9: "Os boletins de mortalidade de Londres estão entre os primeiros levantamentos demográficos publicados, mas sua origem é mal conhecida. O mais antigo boletim encontrado responde a um pedido do Conselho Real ao prefeito de Londres a propósito do número de óbitos devidos à peste, de 21 de outubro de 1532 [...]. Em 1532 e em 1535, houve algumas séries de boletins semanais indicando o número total de óbitos devidos à peste, para cada paróquia. É evidente que esses boletins não tinham outra razão de ser senão proporcionar às autoridades londrinas uma ideia da amplitude e da evolução da peste; logo, eles aparecem e desaparecem com ela. A peste de 1563 deu lugar a uma longa série de boletins que se estenderam de 12 de junho de 1563 a 26 de julho de 1566. Houve também uma série em 1574, outra, contínua, de 1578 a 1583, depois de 1592 a 1595 e de 1597 a 1600. Não é impossível que a regularidade dos boletins semanais remonte a 1563, mas ela só é certa a partir de 1603".

16. Cf. *supra*, p. 34, nota 25.

17. *Ibid.*

18. Sobre essa questão, cf. G. Weulersse, *Le Mouvement physiocratique...*, *op. cit.*, t. 2, livro V, cap. 1, p. 268-95: "Discussion des principes du populationnisme"; *id.*, *Les Physiocrates, op. cit.*, p. 251-4; J. J. Spengler, *Économie et Population. Les doctrines françaises avant 1800: de Budé à Condorcet*, trad. fr. G. Lecarpentier & A. Fage, Paris, PUF ("Travaux et Documents", Cahier nº 21), 1954, p. 165-200; A. Landry, "Les idées de Quesnay sur la population", *Revue d'histoire des doctrines économiques et sociales*, 1909, reed. in *F. Quesnay et la physiocratie, op. cit.*, t. I, p. 11-49; J.-Cl. Perrot, *Une histoire intellectuelle de l'économie politique, op. cit.*, p. 143-92 ("Les économistes, les philosophes et la population").

19. A posição essencial dos fisiocratas sobre o tema consiste na introdução das riquezas como mediação entre a população e os meios de subsistência. Cf. F. Quesnay, verbete "Homes", em *F. Quesnay et la physiocratie*, t. II, p. 549: "Gostar-se-ia de aumentar a população do campo e não se sabe que o aumento da população depende previamente do aumento das riquezas". Cf. G. Weulersse, *Les Physiocrates*, p. 252-3: "Não que o aumento da população os deixasse indiferentes: porque os homens contribuem para enriquecer o Estado de duas maneiras, como produtores e como consumidores. Mas eles só serão produtores úteis se produzirem mais do que consomem, isto é, se o

trabalho deles se realizar com a ajuda dos capitais necessários; e seu consumo, também, só será vantajoso se eles pagarem um bom preço pelos artigos de que vivem, isto é, igual ao que os compradores estrangeiros lhes pagariam: senão, uma grande população nacional, longe de ser um recurso, se torna um peso. Mas comecem por fazer os rendimentos da terra crescer: os homens, chamados de certo modo à vida pela abundância dos salários, se multiplicarão proporcionalmente, por conta própria; eis o verdadeiro populacionismo, indireto, mas bem entendido". Excelente precisão também *in* J. J. Spengler, trad. fr. cit., p. 167-70. Sobre a análise do papel da população pelos fisiocratas e pelos economistas, cf. já M. Foucault, *Histoire de la folie...*, *op. cit.*, p. 429-30.

20. Cf. Victor Riquet[t]i, marquês de Mirabeau (1715-1789), dito Mirabeau, o Velho, *L'Ami des hommes, ou Traité de la population*, publicado sem nome de autor, Avignon, [s.n.], 1756, 3 vols. (ver L. Brocard, *Les Doctrines économiques et sociales du marquis de Mirabeau dans l'"Ami des hommes"*, Paris, Giard et Brière, 1902). O aforismo de Mirabeau, tirado de *L'Ami des hommes* – "a magnitude dos meios de subsistência é a magnitude da população" (t. 1, p. 37) –, encontra seu complemento na obra de A. Goudart, *Les Intérêts de la France mal entendus, dans les branches de l'agriculture, de la population, des finances...*, publicado no mesmo ano (em Amsterdam, por Jacques Coeur, 3 vols.): "É do grau geral dos meios de subsistência que sempre depende o número de homens", e é retomado, até em sua formulação figurada (os homens se multiplicam "como ratos num celeiro, se têm os meios de subsistir sem limitações") de Richard Cantillon, *Essai sur la nature du commerce en général*, Londres, Fletcher Gyles, 1755, reimpr. (fac-símile) Paris, INED, 1952 e 1997, cap. 15, p. 47.

21. Abade Pierre Jaubert, *Des causes de la dépopulation et des moyens d'y remédier*, publicado sem nome de autor, Londres-Paris, Dessain junior, 1767.

22. Esse verbete, escrito para a *Encyclopédie*, cuja publicação foi proibida em 1757 e só recomeçou em 1765, permaneceu inédito até 1908 (*Revue d'histoire des doctrines économiques et sociales*, 1); reed. in *François Quesnay et la physiocratie*, t. 2, *Oeuvres*, p. 511-78. Foi no entanto parcialmente copiado e difundido por Henry Pattullo em seu *Essai sur l'amélioration des terres*, Paris, Durand, 1758 (cf. J.-Cl. Perrot, *Une histoire intellectuelle de l'économie politique*, p. 166). O verbete de Quesnay foi substituído na *Encyclopédie*, depois de 1765, pelo de Di-

derot, "Homes" (Política) e pelo de Damilaville, "Population". O manuscrito do verbete, depositado na Bibliothèque Nationale, só foi descoberto em 1889. É por isso que não é reproduzido na coletânea de E. Daire, *Les Physiocrates* (Paris, Guillaumin, 1846). Cf. L. Salleron, em F. *Quesnay et la physiocratie*, t. 2, p. 511, n. 1.

23. M. Foucault faz alusão aqui a uma questão já tratada, em 1975, no curso sobre *Les anormaux* (*op. cit.*). Cf. *infra*, p. 252, nota 43.

24. Cf. o verbete "Homes", in *op. cit.*, p. 537: "Os homens se reúnem e se multiplicam em toda parte em que podem adquirir riquezas, viver no conforto, possuir com segurança e em propriedade as riquezas que seu trabalho e sua indústria podem lhes proporcionar".

25. Sobre essa noção, cf. *Naissance de la biopolitique*, *op. cit.*, aula de 17 de janeiro de 1979, p. 42 (o utilitarismo como "tecnologia de governo").

26. Étienne Bonnot de Condillac (1715-1780), autor de *Essai sur l'origine des connaissances humaines*, Paris, P. Mortier, 1746, de *Traité des sensations*, Paris, De Bure, 1754, e de *Traité des animaux*, Paris, De Bure, 1755. Ele sustenta, no *Traité des sensations*, que não há nenhuma operação da alma que não seja uma sensação transformada – donde o nome de sensualismo dado à sua doutrina – e que toda sensação, qualquer que seja, basta para gerar todas as faculdades, imaginando, para defender sua tese, uma estátua à qual confere separada e sucessivamente os cinco sentidos. A Ideologia designa o movimento filosófico oriundo de Condillac, que começou em 1795 com a criação do Instituto (de que fazia parte a Academia de Ciências Morais e Políticas, à qual pertenciam os condillacianos). O principal representante dessa escola foi Destutt de Tracy (1754-1836), autor de *Éléments d'idéologie*, Paris, Courcier, 1804-1815, 4 vols. M. Foucault, que consagrou várias páginas aos Ideólogos em *Les Mots et les Choses* (Paris, Gallimard, "Bibliothèque des sciences humaines", 1966, cap. VII, p. 253-5 [ed. bras.: *As palavras e as coisas*, São Paulo, Martins Fontes, 2002]), já relaciona a concepção genética de Condillac ao dispositivo panóptico de Bentham – apresentado como a forma pura do poder disciplinar – em seu curso de 1973-1974, *Le Pouvoir psychiatrique* (ed. por J. Lagrange, Paris, Gallimard-Le Seuil, "Hautes Études", 2003), aula de 28 de novembro de 1973, p. 80 [ed. bras.: *O poder psiquiátrico*, São Paulo, Martins Fontes, 2006]. Sobre Condillac, cf. igualmente *Les Mots et les Choses*, cap. III, p. 74-7.

27. Cf. *Surveiller et Punir*, *op. cit.*, p. 105: "[O discurso dos ideólogos] fornecia [...], pela teoria dos interesses, das representações e

dos sinais, pelas séries e gêneses que reconstituía, uma espécie de receita geral para o exercício do poder sobre os homens: o 'espírito' como superfície de inscrição para o poder, tendo a semiologia como instrumento; a submissão dos corpos pelo controle das ideias; a análise das representações, como princípio numa política dos corpos, muito mais eficaz do que a anatomia ritual dos suplícios. O pensamento dos ideólogos não foi apenas uma teoria do indivíduo e da sociedade; ela se desenvolveu como uma tecnologia dos poderes sutis, eficazes e econômicos, em oposição às despesas suntuárias do poder dos soberanos".

28. John Graunt (1620-1674), *Natural and Political Observations Mentioned in a Following Index, and Made upon the Bills of Mortality. With reference to the Government, Religion, Trade, Growth, Ayre, Diseases, and the Several Changes of the Said City*, Londres, John Martin, 1662, 5ª ed., 1676; reed. em *The Economic Writings of Sir William Petty*, por C. H. Hull, Cambridge, University Press, 1899 / *Les Oeuvres économiques de Sir William Petty*, trad. fr. H. Dussauze & M. Pasquier, t. 2, Paris, Giard et Brière, 1905, p. 351-467; nova trad. fr. anotada por E. Vilquin (cf. *supra*, nota 15). Autodidata, de profissão negociante de tecidos, amigo de W. Petty, Graunt teve a ideia de fazer tabelas cronológicas a partir dos boletins de mortalidade publicados por ocasião da grande peste que dizimou Londres no século XVII. Esse texto é considerado o ponto de partida da demografia moderna (cf. P. Lazarsfeld, *Philosophie des sciences sociales*, Paris, Gallimard, "Bibliothèque des sciences humaines", 1970, p. 79-80: "[...] as primeiras tabelas de mortalidade, publicadas em 1662 por Graunt, que é considerado o fundador da demografia moderna..."). A atribuição das *Observations* a Graunt, no entanto, foi contestada a partir do século XVII em favor de Petty. Cf. H. Le Bras, *Naissance de la mortalité*, *op. cit.*, p. 9, para quem "a balança pende nitidamente contra a paternidade de Graunt e a favor da de Petty". A tese oposta é defendida por Ph. Kreager, "New light on Graunt", *Population Studies*, 42 (1), março de 1988, p. 129-40.

29. J. Graunt, *Observations*, *op. cit.*, cap. II, § 19, trad. fr. E. Vilquin, p. 65-6: "[...] entre as diferentes causas [de Óbitos], algumas estão em relação constante com o número de enterros. É o caso das doenças crônicas e das doenças a que a cidade está mais sujeita, por exemplo, a consumpção, a hidropisia, a icterícia, a gota, a pedra, a paralisia, o escorbuto, o inchaço dos pulmões ou sufocação da matriz, o raquitismo, a velhice, as febres quartãs, as febres, o fluxo de ventre e a diarreia".

30. *Ibid*.: "E o mesmo vale para certos acidentes, como o desgosto, o afogamento, os suicídios, as mortes devidas a diversos acidentes etc." Sobre a probabilidade dos suicídios, cf. igualmente cap. III, § 13, trad. fr. E. Vilquin, p. 69-70.

31. *Ibid.*, cap. VIII, § 4, trad. fr. E. Vilquin, p. 93: "Já dissemos que há mais homens do que mulheres [cf. o § 1 desse capítulo]; acrescentamos que o número dos primeiros ultrapassa o das segundas em cerca de 1/3. Assim, mais homens do que mulheres morrem de morte violenta, isto é, que há um maior número que são massacrados na guerra, mortos por acidente, afogados no mar ou mortos pela mão da justiça. [...] e no entanto essa diferença de 1/3 leva as coisas a tal situação que cada mulher pode ter um marido, sem que se tolere a poligamia".

32. *Ibid.*, cap. XI, trad. fr. E. Vilquin, p. 105: "Encontramos [cf. cap. II, §§ 12-13, p. 62-3] que, em cada 100 indivíduos concebidos e animados, cerca de 36 morrem antes da idade de 6 anos e talvez só um sobreviva até os 76 anos" (segue-se então o que muitos comentadores chamam impropriamente de "tabela de mortalidade" de Graunt).

33. *Ibid.*, cap. XI, § 12, trad. fr. E. Vilquin, p. 114: "[...] embora os Homens morram de uma maneira mais regular e menos salteada (*per saltum*) em Londres do que na Província, enfim, morrem comparativamente (*per rata*) menos [na Província], de sorte que a fumaça, o vapor e o mau cheiro mencionados acima, embora tornem o clima de Londres mais estável, não o tornam mais salubre". A alusão de Foucault a Durkheim é evidente aqui. Sobre o interesse que a sociologia manifesta no século XIX pelo suicídio, "essa obstinação a morrer, tão estranha e no entanto tão regular, tão constante em suas manifestações, logo tão pouco explicável por particularidades ou acidentes individuais", cf. *La Volonté de savoir*, *op. cit.*, p. 182.

34. "A espécie, unidade sistemática, tal como os naturalistas a compreenderam por muito tempo, foi definida pela primeira vez por John Ray [em sua *Historia plantarum*, Londres, Faithorne] em 1686 ['o conjunto de indivíduos que geram, pela reprodução, outros indivíduos semelhantes a eles']. Antes, a palavra era empregada em acepções bem diferentes. Para Aristóteles, designava pequenos grupos. Mais tarde, foi confundida com a de gênero" (E. Guyénot, *Les Sciences de la vie aux XVIIe et XVIIIe siècles. L'idée d'évolution*, Paris, Albin Michel, "L'Évolution de l'humanité", 1941, p. 360). É em 1758, na 10ª edição do seu *Systema naturae*, que Lineu inclui o gênero *Homem* na ordem dos *Primatas*, distinguindo duas espécies: o *Homo sapiens* e o *Homo troglodytes*

(*Systema naturae per Regna Tria Naturae*, 12ª ed., Estocolmo, Salvius, 1766, t. I, p. 28 ss.). Sobre o nascimento do conceito de espécie no século XVII, cf. igualmente F. Jacob, *La Logique du vivant*, Paris, Gallimard, "Bibliothèque des sciences humaines", 1970, p. 61-3. A expressão "espécie humana" é de uso corrente no século XVIII. Ela é frequentemente encontrada em Voltaire, Rousseau, Holbach... Cf. por exemplo Georges Louis Buffon (1707-1788), *Des époques de la nature*, Paris, Imprimerie royale, 1778, p. 187-8: "[...] o homem é, de fato, a grande e derradeira obra da criação. Não cansarão de nos dizer que a analogia parece demonstrar que a espécie humana seguiu a mesma evolução e data do mesmo tempo das outras espécies, que ela até mesmo se difundiu mais universalmente e que, embora a época da sua criação seja posterior à dos animais, nada prova que o homem não tenha se submetido às mesmas leis da natureza, sofrido as mesmas alterações, as mesmas mudanças. Conviremos que a espécie humana não difere essencialmente das outras espécies por suas faculdades corporais e que, sob esse aspecto, sua sorte foi praticamente a mesma das outras espécies; mas podemos acaso duvidar que não nos diferenciamos prodigiosamente dos animais pelo raio divino que o ser soberano se dignou de nos propiciar? [...]".

35. Sobre esse novo uso da palavra "público", cf. a obra fundamental de J. Habermas, *Strutkturwandel der Öffentlichkeit*, Neuwied--Berlim, H. Luchterhand, 1962, cuja tradução francesa de M. de Launay, *L'Espace public. Archéologie de la publicité comme dimension constitutive de la société bourgeoise*, acabava de ser lançada pela editora Payot (1978). Foucault volta mais demoradamente a essa questão do público no fim da aula de 15 de março (cf. *infra*, p. 369).

36. Célebre fórmula de Thiers num artigo do *National*, 4 de fevereiro de 1830.

37. M. Foucault vai repor em perspectiva, à luz do fenômeno da população, três grandes domínios epistêmicos estudados em *Les Mots et les Choses*, *op. cit.*: a passagem da análise das riquezas à economia política, da história natural à biologia, da gramática geral à filologia histórica, precisando ao mesmo tempo que não se trata de uma "solução", mas de um "problema" a aprofundar. Para uma primeira retomada "genealógica" desses três campos de saber, a partir da generalização tática do saber histórico no fim do século XVIII, cf. *Il faut défendre la société*, *op. cit.*, aula de 3 de março 1976, p. 170.

38. Cf. *Les Mots et les choses*, cap. VI, "Échanger", p. 177-85 (I. L'analyse des richesses, II. Monnaie et prix).

39. Cf. *supra*, nota 22.

40. Cf. o verbete "Homes" de F. Quesnay, *op. cit.*, p. 512: "O estado da população e o emprego dos homens são [...] os principais objetos econômicos dos Estados; porque é do trabalho e da indústria dos homens que resultam a fertilidade das terras, o valor venal das produções e o bom emprego das riquezas pecuniárias. São estas as quatro fontes da abundância; elas contribuem mutuamente para o crescimento umas das outras; mas só se podem sustentar pela manutenção da administração geral dos homens, dos bens, das produções [...]". Sobre o governo econômico, ver por exemplo *Despotisme de la Chine* (1767), cap. 8, em *F. Quesnay et la physiocratie*, t. 2, p. 923: "O governo econômico do cultivo das terras é uma amostra do governo geral da nação". Portanto – comenta C. Larrère, que cita esse trecho (*L'Invention de l'économie au XVIIIe siècle*, Paris, PUF, "Léviathan", 1992, p. 194) – é em torno do governo que se forma a unidade de uma doutrina, em que podem se encontrar "essas leis e essas condições que devem reger a administração do governo geral da sociedade" (*Despotisme de la Chine, ibid.*). Cf. o artigo de A. Landry citado *supra* ("Les idées de Quesnay...") e *infra*, p. 151, nota 23.

41. Cf. os textos reunidos in K. Marx & F. Engels, *Critique de Malthus*, org. por R. Dangeville *et al.*, Paris, Maspero, 1978.

42. David Ricardo (1772-1823), economista britânico, autor dos *Princípios de economia política e tributação* (ed. orig.: *On the Principles of Political Economy and Taxation*, Londres, J. Murray, 1817). Ele estabeleceu com Malthus, a partir de 1809, laços de amizade que não alteraram suas divergências teóricas. Sobre essa relação Malthus-Ricardo, cf. *Les Mots et les Choses*, p. 269: "[...] o que torna a economia possível e necessária [para Ricardo] é uma perpétua e fundamental situação de raridade: diante de uma natureza que por si mesma é inerte e, salvo numa parte minúscula, estéril, o homem arrisca a vida. Já não é nos jogos da representação que a economia encontra seu princípio, mas nessa região perigosa em que a vida enfrenta a morte. Ela remete portanto a essa ordem de considerações bastante ambíguas que podemos chamar de antropológicas: ela remete, de fato, às propriedades biológicas de uma espécie humana, que Malthus, na mesma época que Ricardo, mostrou tender sempre a crescer, se não se puser remédio ou freio a isso [...]".

43. Cf. *Les Mots et les Choses*, cap. V, "Classer", p. 140-4 (II. L'histoire naturelle) e 150-8 (IV. Le caractère).

44. Cf. *ibid.*, cap. VII, "Les limites de la représentation", p. 238-45 (III. L'organisation des êtres), páginas consagradas em particular a Lamarck, tido como aquele que "encerrou a era da história natural" e "entreabriu a da biologia", não com suas teses transformacionistas, mas com a distinção, que foi o primeiro a estabelecer, "entre o espaço da organização e o espaço da nomenclatura".

45. Cf. *ibid.*, p. 287-8. O problema evocado aqui por Foucault diz respeito aos respectivos lugares que convém atribuir a Lamarck e a Cuvier na história da biologia nascente. Lamarck, por suas intuições transformistas "que parecem 'prefigurar' o que será o evolucionismo", terá sido mais moderno que Cuvier, preso a um "velho fixismo, todo impregnado de preconceitos tradicionais e de postulados teológicos" (p. 287)? Rejeitando a oposição sumária, oriunda de um "jogo de amálgamas, de metáforas, de analogias mal controladas" (*ibid.*), entre o pensamento "progressista" do primeiro e o pensamento "reacionário" do segundo, Foucault demonstra que foi paradoxalmente com Cuvier que "a historicidade se introduziu na natureza" (p. 288) – graças à sua descoberta da descontinuidade das formas vivas, que rompia com a continuidade ontológica ainda aceita por Lamarck – e que se abriu, assim, a possibilidade de um pensamento da evolução. Uma análise bastante convergente desse problema é exposta por F. Jacob em *La logique du vivant*, p. 171-5 [ed. bras.: *A lógica da vida*, Rio de Janeiro, Graal, 1983], que Foucault resenhou elogiosamente ("Croître et multiplier", *Le Monde*, nº 8037), 15-16 de novembro de 1970; *DE*, II, nº 81, p. 99-104.

46. Cf. *Les Mots et les Choses*, cap. VIII, "Travail, vie, langage", p. 275-92 (III. Cuvier). Cf. também a conferência dada por Foucault nas Jornadas Cuvier no Institut d'histoire des sciences em maio de 1969, "La situation de Cuvier dans l'histoire de la biologie", *Revue d'histoire des sciences et de leurs applications*, t. XXIII (1), jan.-mar. de 1970, p. 63-92 (*DE*, II, nº 77, p. 30-6, discussão, p. 36-66.

47. Essa questão não é tratada em *Les Mots et les Choses*. Cf. "La situation de Cuvier...", p. 36.

48. Cf. *Les Mots et les Choses*, cap. IV, "Parler", p. 95-107 (§ II. La grammaire générale), cap. VIII "Travail, vie, langage", p. 292-307 (§ V. Bopp), e a introdução a A. Arnauld & C. Lancelot, *Grammaire générale et raisonnée*, Paris, Republications Paulet, 1969, p. III-XXVI (*DE*, I, nº 60, p. 732-52).

AULA DE 1º DE FEVEREIRO DE 1978*

> O problema do "governo" no século XVI. – Multiplicidade das práticas de governo (governo de si, governo das almas, governo dos filhos etc.). – O problema específico do governo do Estado. – O ponto de repulsão da literatura sobre o governo: *O Príncipe*, de Maquiavel. – Breve história da recepção de *O Príncipe*, até o século XIX. – A arte de governar, distinta da simples habilidade do príncipe. – Exemplo dessa nova arte de governar: *O espelho político*, de Guillaume de La Perrière (1555). – Um governo que encontra seu fim nas "coisas" a dirigir. – Regressão da lei em benefício de táticas diversas. – Os obstáculos históricos e institucionais à aplicação dessa arte de governar até o século XVIII. – O problema da população, fator essencial do desbloqueio da arte de governar. – O triângulo governo-população-economia política. – Questões de método: o projeto de uma história da "governamentalidade". A supervalorização do problema do Estado.

Através da análise de alguns mecanismos de segurança, procurei ver como apareciam os problemas específicos da população e, examinando mais de perto esses problemas da população da última vez, vocês se lembram, fomos rapidamente remetidos ao problema do governo. Resumindo, tratava-se da colocação, naquelas primeiras aulas, da série segurança-população-governo. Pois bem, agora é esse problema do governo que eu gostaria de procurar inventariar.

Claro, nunca faltaram, tanto na Idade Média como na Antiguidade greco-romana, desses tratados que se apresenta-

---

* Uma primeira transcrição deste curso foi publicada na revista italiana *Aut-aut*, nº 167-168, set.-dez. de 1978, reproduzida em *Actes*, nº especial 54, *Foucault hors les murs*, verão de 1986, p. 6-15, e republicada tal qual, conforme a regra que os editores haviam estabelecido, em *DE*, III, nº 239, p. 635-57, com o título de "La 'gouvernementalité'" [ed. bras. in *Microfísica do poder*, *op. cit.*, p. 277-93]. Nossa edição foi inteiramente revista a partir das gravações e do manuscrito.

vam como conselhos ao príncipe quanto à maneira de se conduzir, de exercer o poder, de se fazer aceitar ou respeitar por seus súditos; conselhos para amar a Deus, obedecer a Deus, introduzir na cidade dos homens a lei de Deus[1] etc. Mas creio que o que é notável é que, a partir do século XVI e em todo esse período que vai, *grosso modo*, do meado do século XVI ao fim do século XVIII, vemos desenvolver-se, florescer toda uma considerável série de tratados que já não se oferecem exatamente como conselhos ao príncipe, mas que, entre o conselho ao príncipe e o tratado de ciência política, se apresentam como artes de governar. Creio que, de modo geral, o problema do "governo"* eclode no século XVI, de maneira simultânea, a propósito de muitas questões diferentes e sob múltiplos aspectos. Problema, por exemplo, do governo de si. O retorno ao estoicismo gira, no século XVI, em torno dessa atualização do problema: como governar a si mesmo. Problema, igualmente, do governo das almas e das condutas – o que foi, evidentemente, todo o problema da pastoral católica e protestante. Problema do governo dos filhos – é a grande problemática da pedagogia tal como aparece e se desenvolve no século XVI. E, por último, talvez somente por último, governo dos Estados pelos príncipes. Como se governar, como ser governado, como governar os outros, por quem devemos aceitar ser governados, como fazer para ser o melhor governador possível? Parece-me que todos esses problemas são, em sua intensidade e em sua multiplicidade também, característicos do século XVI, e isso no ponto de cruzamento, para dizer as coisas muito esquematicamente, de dois movimentos, de dois processos: o processo, evidentemente, que, desfazendo as estruturas feudais, está criando, instaurando os grandes Estados territoriais, administrativos, coloniais, e um outro movimento totalmente diferente, que aliás não deixa de ter interferências no primeiro, mas é complexo – está

....
* Entre aspas no manuscrito, p. 2.

fora de cogitação analisar tudo isso aqui –, e que, com a Reforma, depois a Contrarreforma, põe em questão a maneira como se quer ser espiritualmente dirigido, na terra, rumo à salvação pessoal. Movimento, de um lado, de concentração estatal; movimento, de outro lado, de dispersão e de dissidência religiosa: é aí, creio, no cruzamento desses dois movimentos, que se coloca, com aquela intensidade particular do século XVI evidentemente, o problema do "como ser governado, por quem, até que ponto, com que fim, por que métodos". É uma problemática geral do governo em geral, que é, creio, a característica dominante dessa questão do governo no século XVI.

Em toda essa literatura sobre o governo que vai se estender até o fim do século XVIII, com a mutação que procurarei identificar daqui a pouco, em toda essa enorme literatura sobre o governo que se inaugura ou, em todo caso, que eclode, que explode no meado do século XVI, gostaria de isolar simplesmente alguns ponto notáveis – porque é uma literatura imensa, é uma literatura monótona também. Gostaria simplesmente de identificar os pontos que dizem respeito à própria definição do que se entende por governo do Estado, o que chamaríamos, se quiserem, de governo sob sua forma política. Para tentar isolar alguns desses pontos notáveis quanto à definição do governo do Estado, creio que o mais simples seria sem dúvida opor essa massa de literatura sobre o governo a um texto que, do século XVI ao século XVIII, não cessou de constituir, para essa literatura do governo, uma espécie de ponto de repulsão, explícito ou implícito. Esse ponto de repulsão, em relação ao qual, por oposição [ao qual] e [pela] rejeição do qual se situa a literatura do governo, esse texto abominável é, evidentemente, *O Príncipe* de Maquiavel[2]. Texto cuja história é interessante, ou antes, de que seria interessante reconstituir as relações que teve, justamente, com todos os textos que o seguiram, criticaram, rejeitaram.

[Primeiro,] *O Príncipe* de Maquiavel, [é bom lembrar,] não foi imediatamente abominado, [mas foi,] ao contrário, exaltado por seus contemporâneos e seus sucessores imediatos, e exaltado de novo bem no fim do século XVIII, ou melhor, bem no início do século XIX, justamente no momento em que está desaparecendo, acaba de desaparecer, toda essa literatura sobre a arte de governar. *O Príncipe* de Maquiavel reaparece nesse momento, no início do século XIX, essencialmente na Alemanha, aliás, onde é traduzido, apresentado, comentado por gente como Rehberg[3], Leo[4], Ranke[5], Kellermann[6], na Itália também com Ridolfi[7], num contexto, creio eu – enfim, seria o caso de analisar, eu lhes digo isso de uma maneira totalmente isométrica –, um contexto que era, de um lado, é claro, o de Napoleão, mas contexto criado também pela Revolução e pelo problema da Revolução, isto é[8]: como e em que condições é possível manter a soberania de um soberano sobre um Estado? Há também o aparecimento, com Clausewitz, do problema das relações entre política e estratégia. E a importância política, manifestada pelo congresso de Viena[9], em 1815, das relações de força e do cálculo das relações de força como princípio de inteligibilidade e de racionalização das relações internacionais. Há enfim o problema da unidade territorial da Itália e da Alemanha, pois vocês sabem que Maquiavel havia sido precisamente um dos que haviam procurado definir em que condições a unidade territorial da Itália podia ser feita.

É nesse clima que Maquiavel vai reaparecer no início do século XIX. Entrementes, contudo, entre a homenagem que foi prestada a Maquiavel no início do século XVI e essa redescoberta, essa revalorização do início do século XIX, é certo que houve uma longa literatura anti-Maquiavel. Ora numa forma explícita: toda uma série de livros que, em geral aliás, vêm dos meios católicos, muitas vezes jesuítas até – vocês têm, por exemplo, o texto de Ambrogio Politi que se chama *Disputationes de libris a Christiano detestandis*[10], isto é, se bem entendo, *Discussões sobre os livros que um cristão deve detestar*; há o livro de uma pessoa que teve o azar de ter como sobrenome Gentillet* e como prenome Innocent: Innocent Gentillet, escreveu um dos primeiros anti-Maquiavel, que se chama *Discurso de Estado sobre os meios de bem governar contra Nicolau Maquiavel*[11]; encontrarão também, mais tarde, na literatura explicitamente antimaquiaveliana, o texto de Frederico II, de 1740[12]. Mas há também toda uma literatura implícita que está em posição de demarcação e de oposição surda a Maquiavel. É o caso, por exemplo, do livro inglês de Thomas Elyot, que se chama *The Governour*, publicado em 1580[13], do livro de Paruta sobre *A perfeição da vida política*[14] e talvez um dos primeiros, sobre o qual me deterei aliás, o livro de Guillaume de La Perrière, *O espelho político*, publicado em 1555**[15]. Seja esse anti-Maquiavel manifesto ou sub-reptício, creio que o importante aqui é que ele não tem apenas as funções negativas de obstrução, de censura, de rejeição do inaceitável, e, qualquer que seja o gosto dos nossos contemporâneos por esse gênero de análise – vocês sabem, um pensamento tão forte e tão subversivo, tão avançado, que todos os discursos cotidianos são obrigados a obstruí-lo por meio de um mecanismo de repressão essencial –, creio que não é isso que é interessante na literatura anti-Maquiavel[16]. A literatura anti--Maquiavel é um gênero, é um gênero positivo, que tem seu objeto, que tem seus conceitos e que tem sua estratégia, e é como tal, nessa positividade, que eu gostaria de focalizá-la.

Tomemos portanto essa literatura anti-Maquiavel, explícita ou implícita. O que encontramos nela? Claro, encontramos negativamente uma espécie de representação invertida do pensamento de Maquiavel. Apresenta-se ou reconstrói-se um Maquiavel adverso, de que se necessita aliás para dizer o que se tem a dizer. Esse príncipe mais ou menos reconstituí-

....
* Bonitinho, graciosinho. (N. T.)
** M.F.: 1567.

do – não coloco evidentemente a questão de saber no que, em que medida se parece efetivamente com *O Príncipe* de Maquiavel –, em todo caso esse príncipe contra o qual se combate ou contra o qual se quer dizer outra coisa, como é ele caracterizado nessa literatura?

Primeiro, por um princípio: para Maquiavel, o príncipe está em relação de singularidade e de exterioridade, de transcendência em relação ao seu principado. O príncipe de Maquiavel recebe seu principado seja por herança, seja por aquisição, seja por conquista; como quer que seja, ele não faz parte do principado, é exterior a ele. O vínculo que o liga ao seu principado é um vínculo ou de violência, ou de tradição, ou ainda um vínculo que foi estabelecido pelo acomodamento de tratados e pela cumplicidade ou concordância dos outros príncipes, pouco importa. Em todo caso, é um vínculo puramente sintético: não há pertencimento fundamental, essencial, natural e jurídico entre o príncipe e seu principado. Exterioridade, transcendência do príncipe, eis o princípio. Corolário do princípio: na medida em que essa relação é de exterioridade, ela é frágil, e não vai parar de ser ameaçada. Ameaçada do exterior pelos inimigos do príncipe que querem tomar ou retomar seu principado; do interior também, porque não há razão em si, razão *a priori*, razão imediata, pela qual os súditos aceitem o principado do príncipe. Em terceiro lugar, desse princípio e desse corolário deduz-se um imperativo: o objetivo do exercício do poder vai ser, evidentemente, manter, fortalecer e proteger esse principado. Mais exatamente, esse principado entendido não como o conjunto constituído pelos súditos e pelo território, por assim dizer o principado objetivo; vai se tratar de proteger esse principado na medida em que ele é a relação do príncipe com o que ele possui, com o território que herdou ou adquiriu, com os súditos que lhe são submissos. É esse principado como relação do príncipe com seus súditos e seu território, é isso que se trata de proteger, e não diretamente, ou imediatamente, ou fundamentalmente, ou primeiramente, o território e seus habitantes. É esse vínculo frágil do príncipe com seu principado que a arte de governar, a arte de ser príncipe apresentada por Maquiavel deve ter como objetivo.

Isso traz, para o livro de Maquiavel, a consequência de que o modo de análise vai ter dois aspectos. Por um lado, tratar-se-á de identificar os perigos: de onde vêm, em que consistem, qual sua intensidade comparada: qual é o maior perigo, qual o menor? E, em segundo lugar, a arte de manipular as relações de força que vão permitir que o príncipe aja de forma que seu principado, como vínculo com seus súditos e seu território, possa ser protegido. Em linhas gerais, digamos que *O Príncipe* de Maquiavel, tal como aparece na filigrana desses diferentes tratados, explícitos ou implícitos, fadados ao anti-Maquiavel, aparece essencialmente como um tratado de habilidade do príncipe em conservar seu principado. Pois bem, creio que é isso, esse tratado da habilidade do príncipe, do *savoir-faire* do príncipe, que a literatura anti-Maquiavel quer substituir por algo diferente e novo, relativamente a isso, que é uma arte de governar: ser hábil em conservar seu principado não é, em absoluto, possuir a arte de governar. A arte de governar é outra coisa. Em que ela consiste?

Para tentar identificar as coisas em seu estado ainda grosseiro, vou pegar um dos primeiros textos dessa grande literatura antimaquiaveliana, o de Guillaume de La Perrière, que data portanto de 1555* e que se chama *O espelho político, contendo diversas maneiras de governar*[17]. Nesse texto, mais uma vez decepcionante, sobretudo quando comparado ao próprio Maquiavel, vemos entretanto delinear-se um certo número de coisas que são, a meu ver, importantes. Primeiro, o que La Perrière entende por "governar" e "governador", que definição ele dá? Ele diz – está na página 23 do seu texto:

....

* M.F.: 1567 [*mesma data no manuscrito*].

"Governador* pode ser chamado todo monarca, imperador, rei, príncipe, senhor, magistrado, prelado, juiz e assemelhados"[18]. Como La Perrière, outros também, tratando da arte de governar, lembrarão regularmente que se diz igualmente "governar uma casa", "governar almas", "governar crianças", "governar uma província", "governar um convento, uma ordem religiosa", "governar uma família".

Essas observações, que parecem ser e que são observações de puro vocabulário, têm na verdade importantes implicações políticas. É que, de fato, o príncipe, tal como aparece em Maquiavel ou nas representações que dele são dadas, é por definição – esse era um princípio fundamental do livro tal como era lido – único em seu principado, e numa posição de exterioridade e de transcendência em relação a esse. Enquanto, aí, vemos que o governador, as pessoas que governam, a prática do governo, por um lado, são práticas múltiplas, já que muita gente governa: o pai de família, o superior de um convento, o pedagogo, o professor em relação à criança ou ao discípulo; há portanto muitos governos em relação aos quais o do príncipe que governa seu Estado não é mais que uma das modalidades**. Por outro lado, todos esses governos são interiores à própria sociedade ou ao Estado. É no interior do Estado que o pai de família vai governar sua família, que o superior do convento vai governar seu convento etc. Há, portanto, ao mesmo tempo, pluralidade das formas de governo e imanência das práticas de governo em relação ao Estado, multiplicidade e imanência dessa atividade, que a opõem radicalmente à singularidade transcendente do príncipe de Maquiavel.

Claro, entre todas essas formas de governo que se deixam apreender, se entrecruzam, se emaranham no interior

....

* Gouverneur. (N. T.)
** M. Foucault acrescenta: enquanto só há uma modalidade [*algumas palavras inaudíveis*] o principado, a de ser príncipe.

da sociedade, no interior do Estado, há uma forma bem particular de governo, que vamos procurar identificar: é essa forma particular de governo que vai se aplicar a todo o Estado. Assim é que, procurando fazer a tipologia das diferentes formas de governo num texto um pouco mais tardio do que aquele a que me refiro – que data exatamente do século seguinte –, François La Mothe Le Vayer, numa série de textos que são textos pedagógicos para o Delfim, dirá: no fundo, há três tipos de governo que pertencem cada um a uma forma de ciência ou reflexão particular: o governo de si mesmo, que pertence à moral; a arte de governar uma família como convém, que pertence à economia; e enfim a "ciência de bem governar" o Estado, que pertence à política[19]. Em relação à moral e à economia, é evidente que a política tem sua singularidade, e La Mothe Le Vayer indica que a política não é exatamente a economia nem totalmente a moral. A meu ver, o que é importante aqui é que, apesar dessa tipologia, aquilo a que se referem, o que sempre postulam essas artes de governar é uma continuidade essencial de uma à outra e da segunda à terceira. Enquanto a doutrina do príncipe ou a teoria jurídica do soberano procuram o tempo todo deixar bem assinalada a descontinuidade entre o poder do príncipe e qualquer outra forma de poder, enquanto se trata de explicar, de fazer valer, de fundar essa descontinuidade, aí, nessas artes de governar, devemos procurar identificar a continuidade, continuidade ascendente e continuidade descendente.

Continuidade ascendente, no sentido de que quem quiser ser capaz de governar o Estado primeiro precisa saber governar a si mesmo; depois, num outro nível, governar sua família, seu bem, seu domínio; por fim, chegará a governar o Estado. É essa espécie de linha ascendente que vai caracterizar todas essas pedagogias do príncipe, que são tão importantes naquela época e de que La Mothe Le Vayer dá um exemplo. Para o Delfim, ele escreve primeiro um livro de moral, depois um livro de economia [...]* e, por fim, um tratado de política[20]. É a pedagogia do príncipe que vai assegurar portanto essa continuidade ascendente das diferentes formas de governo. Inversamente, vocês têm uma continuidade descendente, no sentido de que, quando um Estado é bem governado, os pais de família sabem bem governar sua família, suas riquezas, seus bens, sua propriedade, e os indivíduos, também, se dirigem como convém. Essa linha descendente, que faz o bom governo do Estado repercutir até na conduta dos indivíduos ou na gestão das famílias, é o que se começa a chamar, nessa época, de "polícia". A pedagogia do príncipe assegura a continuidade ascendente das formas de governo, e a polícia, sua continuidade descendente.

Vocês estão vendo que, nessa continuidade, a peça essencial tanto na pedagogia do príncipe como na polícia, o elemento central é esse governo da família, chamado, justamente, de "economia". E a arte do governo, tal como aparece em toda essa literatura, deve responder essencialmente a esta pergunta: como introduzir a economia – isto é, a maneira de administrar corretamente os indivíduos, os bens, as riquezas, como fazê-lo no seio de uma família, como pode fazê-lo um bom pai de família que sabe dirigir sua mulher, seus filhos, sua criadagem, que sabe fazer prosperar a fortuna da sua família, que sabe arranjar para ela as alianças que convêm –, como introduzir essa atenção, essa meticulosidade, esse tipo de relação do pai de família com sua família na gestão de um Estado? A introdução da economia no seio do exercício político, é isso, a meu ver, que será a meta essencial do governo. Assim o é no século XVI, é verdade, mas será também ainda no século XVIII. No verbete "Economia política" de Rousseau, vocês veem como Rousseau ainda coloca o problema nesses mesmos termos, dizendo em linhas gerais: a palavra "economia" designa originariamente "o sábio governo da casa para

....
* Algumas palavras inaudíveis.

o bem comum de toda a família"[21]. Problema, diz Rousseau: como esse sábio governo da família poderá, *mutatis mutandis*, e com as descontinuidades que serão observadas, ser introduzido na gestão geral do Estado?[22] Governar um Estado será portanto aplicar a economia, uma economia no nível de todo o Estado, isto é, [exercer]* em relação aos habitantes, às riquezas, à conduta de todos e de cada um uma forma de vigilância, de controle, não menos atenta do que a do pai de família sobre a casa e seus bens.

Uma expressão, por sinal importante no século XVIII, também caracteriza isso muito bem. Quesnay fala de um bom governo como sendo um "governo econômico"[23]. E encontramos em Quesnay, tornarei sobre esse ponto mais tarde, o momento [em que nasce]** essa noção de governo econômico, que é, no fundo, uma tautologia, já que a arte de governar é, precisamente, a arte de exercer o poder na forma e segundo o modelo da economia. Mas se Quesnay diz "governo econômico" é que a palavra "economia", por motivos que procurarei elucidar daqui a pouco, já está adquirindo seu sentido moderno e aparece nesse momento que a própria essência desse governo, isto é, da arte de exercer o poder na forma da economia, vai ter por objeto principal o que agora chamamos de economia. A palavra "economia" designava uma forma de governo no século XVI, e no século XVIII designará um nível de realidade, um campo de intervenção para o governo, através de uma série de processos complexos e, creio, absolutamente capitais para nossa história. Eis portanto o que é governar e ser governado.

Em segundo lugar, sempre nesse texto de Guillaume de La Perrière, encontramos [a] seguinte [frase]***: "Governo é a correta disposição das coisas, das quais alguém se encarrega

....
* M.F.: ter.
** Palavras pouco audíveis.
*** M.F.: o texto.

para conduzi-las a um fim adequado"²⁴. É a essa segunda frase que eu gostaria de vincular uma nova série de observações, diferentes das que diziam respeito à própria definição do governador e do governo. "Governo é a correta disposição das coisas." Gostaria de me deter um pouco nesta palavra, "coisas", porque, quando se olha o que, em *O Príncipe* de Maquiavel, caracteriza o conjunto dos objetos sobre os quais age o poder, percebe-se que, para Maquiavel, o objeto, de certo modo o alvo do poder, são duas coisas: é, de um lado, um território e, [de outro], as pessoas que moram nesse território. Nisto, aliás, Maquiavel não faz nada mais que retomar para seu uso próprio e para os fins particulares da sua análise um princípio jurídico que é o mesmo pelo qual se caracterizava a soberania: a soberania no direito público, da Idade Média ao século XVI, não se exerce sobre as coisas, ela se exerce primeiro sobre um território e, por conseguinte, sobre os súditos que nele habitam. Nesse sentido, pode-se dizer que o território é o elemento fundamental tanto do principado de Maquiavel como da soberania jurídica do soberano, tal como a definem os filósofos ou os teóricos do direito. Claro, esses territórios podem ser fecundos ou estéreis, podem ter uma população densa ou, ao contrário, esparsa, as pessoas podem ser ricas ou pobres, ativas ou preguiçosas, mas todos esses elementos não são mais que variáveis em relação ao território que é o próprio fundamento do principado ou da soberania.

Ora, no texto de La Perrière, vocês veem que a definição do governo não se refere de maneira nenhuma ao território: governam-se coisas. Quando La Perrière diz que o governo governa "coisas", o que ele quer dizer? Não creio que se trate de opor as coisas aos homens, mas antes de mostrar que aquilo com que o governo se relaciona não é, portanto, o território, mas uma espécie de complexo constituído pelos homens e pelas coisas. Quer dizer também que essas coisas de que o governo deve se encarregar, diz La Perrière, são os homens, mas em suas relações, em seus vínculos, em suas imbricações com essas coisas que são as riquezas, os recursos, os meios de subsistência, o território, é claro, em suas fronteiras, com suas qualidades, seu clima, sua sequidão, sua fecundidade. São os homens em suas relações com estas outras coisas que são os costumes, os hábitos, as maneiras de fazer ou de pensar. E, enfim, são os homens em suas relações com estas outras coisas que podem ser os acidentes ou as calamidades como a fome, as epidemias, a morte.

Que o governo tenha por objeto as coisas entendidas assim como imbricação dos homens e das coisas, é algo de que, creio eu, encontraríamos facilmente a confirmação na metáfora inevitável a que sempre se faz referência nesses tratados do governo, a metáfora do barco[25]. O que é governar um barco? É encarregar-se dos marinheiros, mas é também encarregar-se do navio, da carga; governar um barco também é levar em conta os ventos, os escolhos, as tempestades, as intempéries. E é esse estabelecimento da relação dos marinheiros* com o navio que se tem de salvar, com a carga que se tem de levar ao porto, e as relações de tudo isso com todos esses acontecimentos que são os ventos, os escolhos, as tempestades, é o estabelecimento dessa relação que caracteriza o governo de um barco. Mesma coisa para a casa: governar uma família, no fundo, não é essencialmente ter por fim salvar as propriedades da família, é essencialmente ter como objetivo, como meta, os indivíduos que compõem a família, sua riqueza, sua prosperidade; é levar em conta acontecimentos que podem sobrevir: as mortes, os nascimentos; é levar em conta as coisas que se podem fazer, como as alianças com outras famílias. É toda essa gestão geral que caracteriza o governo e em relação à qual o problema da propriedade fundiária, no caso da família, ou a aquisição da soberania sobre um território, no caso do príncipe, não são mais que elementos relativamente secundários. O essencial, portanto, é esse complexo

....
* Foucault acrescenta: que se tem de salvar.

de homens e de coisas, é isso que é o elemento principal, o território – a propriedade, de certo modo, é apenas uma variável.

Mais uma vez, esse tema que vemos aparecer em La Perrière nessa curiosa definição do governo como governo das coisas, vocês vão tornar a encontrar nos séculos XVII e XVIII. Frederico II, em seu *Anti-Maquiavel*, tem páginas significativas a esse respeito, quando diz por exemplo: comparemos a Holanda com a Rússia. A Rússia é um país que pode ter as fronteiras mais extensas de todos os Estados europeus, mas de que é feita? É feita de pântanos, de florestas, de desertos; é pouco povoada por alguns grupos de pessoas pobres, miseráveis, sem atividades, sem indústrias. Comparem com a Holanda: ela é pequena, também é feita, por sinal, de pântanos, mas na Holanda há uma população, uma riqueza, uma atividade comercial, uma frota que fazem da Holanda um país importante da Europa, o que a Rússia está apenas começando a ser[26]. Logo, governar é governar as coisas.

Volto mais uma vez a esse texto que eu lhes citava há pouco, quando La Perrière dizia: "Governo é a correta disposição das coisas, das quais alguém se encarrega para conduzi-las a um fim adequado". O governo tem portanto uma finalidade, ele dispõe das coisas, no sentido em que acabo de dizer, e dispõe das coisas [tendo em vista um fim]*. E, nisso também, creio que o governo se opõe muito claramente à soberania. Claro, a soberania, nos textos filosóficos, nos textos jurídicos também, nunca foi apresentada como um direito puro e simples. Nunca foi dito, nem pelos juristas, nem, *a fortiori*, pelos teólogos, que o soberano legítimo tem suas razões para exercer seu poder, e ponto final. Para ser um bom soberano, o soberano sempre deve se propor um fim, isto é, dizem regularmente os textos, o bem comum e a salvação de todos. Tomo, por exemplo, um texto do fim do século XVII, em que Pufendorf diz: "Só se conferiu [a esses soberanos; M.F.] a

....
* Conjectura: palavras inaudíveis.

autoridade soberana para que eles a utilizassem de modo a proporcionar e manter a utilidade pública [...]. Um soberano não deve considerar nada vantajoso para si, se também não o for para o Estado"[27]. Ora, esse bem comum, ou ainda, essa salvação de todos que encontramos regularmente invocados, postos como a própria finalidade da soberania, esse bem comum de que falam os juristas, em que consiste? Se vocês examinarem o conteúdo real que juristas e teólogos dão a esse bem comum, o que eles dizem? Que há bem comum quando todos os súditos obedecem sem falha às leis, executam os encargos que lhes foram atribuídos, praticam corretamente os ofícios a que se dedicam, respeitam a ordem estabelecida, pelo menos na medida em que essa ordem é conforme às leis que Deus impôs à natureza e aos homens. Ou seja, o bem público é essencialmente a obediência à lei, à lei do soberano sobre esta terra ou à lei do soberano absoluto, Deus. Mas, como quer que seja, o que caracteriza a finalidade da soberania, esse bem comum, esse bem geral, não é afinal de contas outra coisa senão a submissão a essa lei. Isso quer dizer que a finalidade da soberania é circular: ela remete ao próprio exercício da soberania; o bem é a obediência à lei, logo o bem que a soberania se propõe é que as pessoas obedeçam à soberania. Circularidade essencial que, quaisquer que sejam, evidentemente, a estrutura teórica, a justificação moral ou os efeitos práticos, não está tão distante do que Maquiavel dizia quando [declarava]* que o objetivo principal do príncipe devia ser manter seu principado; continuamos nesse círculo da soberania em relação a ela mesma, do principado em relação a ele mesmo.

Ora, com a nova definição de La Perrière, com essa busca de definição do governo, creio que vemos aparecer outro tipo de finalidade. O governo é definido por La Perrière como uma maneira correta de dispor das coisas para levá-las,

....
* M.F.: dizia.

não à forma do "bem comum", como diziam os textos dos juristas, mas a um "fim adequado", fim adequado para cada uma das coisas que, precisamente, devem ser governadas. O que implica, primeiro, uma pluralidade de fins específicos. Por exemplo, o governo deverá agir de modo que se produza o máximo possível de riquezas; e terá de agir de modo que se forneça às pessoas meios de subsistência suficientes, ou mesmo a maior quantidade possível de meios de subsistência; o governo terá de agir, por fim, de modo que a população possa multiplicar-se. Logo, toda uma série de finalidades específicas, que vão se tornar o próprio objetivo do governo. E, para alcançar essas diversas finalidades, vai se dispor das coisas. Essa palavra "dispor" é importante, porque, na soberania, o que possibilitava alcançar a finalidade da soberania, isto é, a obediência às leis, era a própria lei. Lei e soberania coincidiam pois absolutamente uma com outra. Ao contrário, aqui não se trata de impor uma lei aos homens, trata-se de dispor das coisas, isto é, de utilizar táticas, muito mais que leis, ou utilizar ao máximo as leis como táticas; agir de modo que, por um certo número de meios, esta ou aquela finalidade possa ser alcançada.

Creio que temos aqui uma ruptura importante: enquanto a finalidade da soberania está em si mesma e enquanto ela tira seus instrumentos de si mesma sob a forma da lei, a finalidade do governo está nas coisas que ele dirige; ela deve ser buscada na perfeição, na maximização ou na intensificação dos processos que ele dirige, e os instrumentos do governo, em vez de serem leis, vão ser diversas táticas. Regressão, por conseguinte, da lei; ou antes, na perspectiva do que deve ser o governo, a lei não é certamente o instrumento maior. Aqui também voltamos a encontrar o tema que circulou durante todo o século XVII e que está manifestamente explícito no século XVIII em todos os textos dos economistas e dos fisiocratas, quando eles explicam que não é certamente pela lei que se pode efetivamente alcançar as finalidades do governo.

Enfim, quarta observação, quarta referência tomada sempre desse texto de Guillaume de La Perrière, mas sobre este ponto simples, elementar e rápido: La Perrière diz que alguém que sabe governar bem, um bom governador, deve possuir "paciência, sabedoria e diligência"[28]. Por "paciência" o que ele entende? Pois bem, quando quer explicar a palavra paciência, ele toma o exemplo do que chama de "o rei das abelhas", isto é, o zangão, e diz: o zangão reina na colmeia – o que não é verdade, mas não importa – e reina sem necessitar de ferrão[29]. Deus quis mostrar com isso, de uma maneira "mística", diz ele, que o verdadeiro governador não deve necessitar de um ferrão, isto é, de um instrumento para matar, de uma espada, para exercer seu governo. Ele deve ter mais paciência do que cólera, ou ainda, não é o direito de matar, não é o direito de fazer valer sua força que deve ser essencial no personagem do governador. E que conteúdo positivo dar a essa ausência de ferrão? A sabedoria e a diligência. A sabedoria, isto é, não exatamente o conhecimento das leis humanas e divinas, o conhecimento da justiça e da equidade, como era a tradição, a sabedoria que vai ser requerida daquele que governa é precisamente esse conhecimento das coisas, dos objetivos que podem ser alcançados, que se deve fazer que possam ser alcançados, a "disposição" que se deve empregar para atingi-los, é esse conhecimento que vai constituir a sabedoria do soberano. Quanto à sua diligência, é precisamente o que faz que o soberano, ou antes, aquele que governa, só deva governar na medida em que se considere e aja como se estivesse a serviço dos que são governados. Aqui também La Perrière se refere ao exemplo do pai de família: o pai de família é aquele que levanta mais cedo que todas as pessoas da sua casa, que deita mais tarde que os outros, é ele que zela por tudo, porque se considera a serviço da sua casa[30].

Vocês percebem imediatamente quanto essa caracterização do governo é diferente da caracterização do príncipe tal como a encontrávamos, ou tal como se pensava encontrá-la, em Maquiavel. Claro, essa noção de governo ainda é muito tosca, apesar de alguns aspectos de novidade. Creio que esse pequeno esboço da noção e da teoria da arte de governar, esse primeiro rápido esboço não ficou certamente no ar, no século XVI; ele não era simplesmente assunto de teóricos políticos. Podemos identificar suas correlações no real. Por um lado, a teoria da arte de governar esteve ligada, desde o século XVI, a todos os desenvolvimentos do aparelho administrativo das monarquias territoriais (aparecimento dos aparelhos de governo, dos representantes do governo etc.); esteve ligada também a todo um conjunto de análises e de saberes que se desenvolveram desde o fim do século XVI e que adquiriram toda a sua amplitude no século XVII, essencialmente esse conhecimento do Estado em seus diferentes dados, em suas diferentes dimensões, nos diferentes fatores do seu poder, e foi isso que se chamou precisamente de "estatística" como ciência do Estado[31]. Enfim, em terceiro lugar, essa busca de uma arte de governar não pode não ser posta em correlação com o mercantilismo e o cameralismo que são, ao mesmo tempo, esforços para racionalizar o exercício do poder, em função precisamente dos conhecimentos adquiridos pela estatística e que também foram uma doutrina, ou melhor, um conjunto de princípios doutrinais quanto à maneira de aumentar o poder e a riqueza do Estado. Essa arte de governar não é, portanto, apenas uma ideia de filósofos ou de conselheiros do príncipe; ela só foi formulada na medida em que, efetivamente, estava se instalando o grande aparelho da monarquia administrativa e as formas de saber correlatas a esse aparelho.

Mas, para dizer a verdade, essa arte de governar não pôde adquirir sua amplitude e sua consistência antes do século XVIII. Ela ficou, de certo modo, bastante encerrada no interior das formas da monarquia administrativa. O fato de que essa arte de governar tenha permanecido assim, um tanto envolvida em si mesma ou, em todo caso, prisioneira de estruturas [...]*, tem, a meu ver, um certo número de razões. Primeiro razões históricas que bloquearam essa arte de governar. Essas razões históricas, no sentido estrito da expressão "razão histórica", seriam fáceis de encontrar; creio que se trata simplesmente – estou falando em linhas bastante gerais, claro – da série das grandes crises do século XVII: a Guerra dos Trinta Anos, primeiro, com suas devastações e suas ruínas; em segundo lugar, [em meados]** do século, as grandes revoltas rurais e urbanas, e enfim a crise financeira, a crise dos meios de subsistência também, que endividou toda a política das monarquias ocidentais no fim do século XVII. A arte de governar, no fundo, só podia se realizar, se refletir, adquirir e multiplicar suas dimensões em período de expansão, isto é, fora das grandes urgências militares, econômicas e políticas que não cessaram de atormentar o século XVII, do início ao fim.

Razões históricas, digamos assim, maciças e grosseiras, que bloquearam essa arte de governar. Penso também que essa arte de governar, formulada no século XVI, viu-se bloqueada no século XVII [por] outras razões que poderíamos chamar, com palavras de que não gosto muito, de estruturas institucionais e mentais. Em todo caso, digamos que a pregnância do problema do exercício da soberania, ao mesmo tempo como questão teórica e como princípio de organização política, foi um fator fundamental nesse bloqueio da arte de governar. Enquanto a soberania era o problema maior, enquanto as instituições de soberania eram as instituições

....
* Uma ou duas palavras ininteligíveis. A passagem que precede, desde "que são, ao mesmo tempo, esforços..." falta, curiosamente, na transcrição do curso publicada em *Dits et Écrits* (cf. *infra*, p. 117, nota *), p. 648, e é substituída por um parágrafo de 19 linhas de que não se encontram vestígios nem na gravação nem no manuscrito.
** Palavras dificilmente audíveis. Manuscrito "que ocupam todo o meado do século".

fundamentais, enquanto o exercício do poder foi pensado como exercício da soberania, a arte de governar não podia se desenvolver de maneira específica e autônoma, e creio que temos um exemplo disso justamente no mercantilismo. O mercantilismo, é verdade, foi de fato o primeiro esforço, eu ia dizer a primeira sanção, dessa arte de governar no plano ao mesmo tempo das práticas políticas e dos conhecimentos sobre o Estado – nesse sentido, pode-se dizer que o mercantilismo é de fato um primeiro limiar de racionalidade nessa arte de governar de que o texto de La Perrière indicava simplesmente alguns princípios mais morais que realistas. O mercantilismo é de fato a primeira racionalização do exercício do poder como prática do governo; é de fato a primeira vez que começa a se constituir um saber do Estado capaz de ser utilizado para as táticas do governo. É a pura verdade, mas o mercantilismo viu-se bloqueado e detido, creio eu, precisamente por ter se dado o que como objetivo? Pois bem, essencialmente o poder do soberano: como fazer de modo que não tanto o país seja rico, mas que o soberano possa dispor de riquezas, possa ter tesouros, que possa constituir exércitos com os quais poderá fazer sua política? O objetivo do mercantilismo é o poder do soberano, e os instrumentos que o mercantilismo se dá, quais são? São as leis, os decretos, os regulamentos, isto é, as armas tradicionais da soberania. Objetivo: o soberano; instrumentos: as próprias ferramentas da soberania. O mercantilismo procurava fazer as possibilidades dadas por uma arte refletida de governo entrarem numa estrutura institucional e mental de soberania que a bloqueava. De sorte que, durante todo o século XVII e até a grande liquidação dos temas mercantilistas do início do século XVIII, a arte de governar ficou de certo modo andando sem sair do lugar, pega entre duas coisas. De um lado, um quadro amplo demais, abstrato demais, rígido demais, que era precisamente a soberania como problema e como instituição. Essa arte de governar procurou compor com a teoria da soberania; tentou-se deduzir de uma teoria renovada da soberania os princípios diretores de uma arte de governar. É aí que intervêm os juristas do século XVII quando formulam ou quando atualizam a teoria do contrato. A teoria do contrato – do contrato fundador, do engajamento recíproco dos soberanos e dos súditos – vai ser a espécie de matriz a partir da qual se procurará alcançar os princípios gerais de uma arte de governar. Mas, se a teoria do contrato, se essa reflexão sobre as relações entre o soberano e seus súditos teve um papel importantíssimo na teoria do direito público, [na realidade] – o exemplo de Hobbes prova[-o] suficientemente –, apesar do fato de que o que [se] queria encontrar era, no fim das contas, os princípios diretores de uma arte de governar, não [se] foi além da formulação de princípios gerais de direito público.

Portanto, por um lado, um quadro amplo demais, abstrato demais, rígido demais da soberania e, por outro, um modelo estreito demais, frágil demais, inconsistente demais, que era o da família. A arte de governar, ou procurava coincidir com a forma geral da soberania, ou então, melhor dizendo, ao mesmo tempo se acomodava, não podia deixar de se acomodar a essa espécie de modelo completo que era o governo da família[32*]. Como fazer para que quem governe possa governar o Estado tão bem, de uma maneira tão precisa, meticulosa, quanto se pode governar uma família? E, com isso mesmo, se estava bloqueado por essa ideia da economia que, ainda nessa época, se referia unicamente à gestão de um pequeno conjunto constituído pela família e pela gente da casa. A gente da casa e o pai de família, de um lado, o Estado

....
* O manuscrito acrescenta, p. 17: "Porque é o governo da família que melhor corresponde a essa arte de governar que se busca: um poder imanente à sociedade (o pai faz parte da família), um poder sobre 'as coisas' e não sobre o território, um poder com finalidades múltiplas, todas elas concernentes ao bem-estar, à felicidade, à riqueza da família, um poder pacífico, vigilante".

e o soberano, do outro: a arte de governar não podia encontrar sua dimensão própria.

Como se deu o desbloqueio da arte de governar? Esse desbloqueio, tal como o bloqueio, tem de ser inserido em certo número de processos gerais: a expansão demográfica do século XVIII, ligada por sua vez à abundância monetária, ligada por sua vez ao aumento da produção agrícola segundo os processos circulares que os historiadores conhecem bem e que, por conseguinte, eu ignoro. Sendo tudo isso o marco geral, podemos dizer, de uma forma mais precisa, que o desbloqueio dessa arte de governar esteve ligado, penso eu, à emergência do problema da população. Ou, digamos também, temos um processo bastante sutil, que precisaríamos tentar reconstituir em detalhe, no qual veríamos como a ciência do governo, o recentramento da economia em outra coisa além da família e, enfim, o problema da população estão ligados uns aos outros. Foi através do desenvolvimento da ciência do governo que a economia pôde recentrar-se num certo nível de realidade que caracterizamos agora como econômica, e foi também através do desenvolvimento da ciência do governo que foi possível recortar o problema específico da população. Mas poder-se-ia igualmente dizer que é graças à percepção dos problemas específicos da população e graças ao isolamento desse nível de realidade que se chama economia, que o problema do governo pôde enfim ser pensado, refletido e calculado fora do marco jurídico da soberania. E essa mesma estatística que, nos marcos do mercantilismo, nunca tinha podido funcionar, senão no interior e, de certo modo, em benefício de uma administração monárquica que funcionava, por sua vez, na forma da soberania, essa mesma estatística vai se tornar o fator técnico principal, ou um dos fatores técnicos principais, desse desbloqueio.

De fato, como o problema da população vai possibilitar o desbloqueio da arte de governar? A perspectiva da população e a realidade dos fenômenos próprios da população vão possibilitar afastar definitivamente o modelo da família e recentrar essa noção de economia noutra coisa. De fato, essa estatística que havia funcionado até então no interior dos marcos administrativos e, portanto, do funcionamento da soberania, essa mesma estatística descobre e mostra pouco a pouco que a população tem suas regularidades próprias: seu número de mortos, seu número de doentes, suas regularidades de acidentes. A estatística mostra igualmente que a população comporta efeitos próprios da sua agregação e que esses fenômenos são irredutíveis aos da família: serão as grandes epidemias, as expansões epidêmicas, a espiral do trabalho e da riqueza. A estatística mostra [também] que, por seus deslocamentos, por seus modos de agir, por sua atividade, a população tem efeitos econômicos específicos. A estatística, ao possibilitar a quantificação dos fenômenos próprios da população, faz aparecer sua especificidade irredutível [ao] pequeno âmbito da família. Salvo certo número de temas residuais, que podem ser perfeitamente temas morais e religiosos, a família como modelo do governo vai desaparecer.

Em compensação, o que vai aparecer nesse momento é a família como elemento no interior da população e como apoio fundamental para governar esta. Em outras palavras, até o surgimento da problemática da população, a arte de governar não podia ser pensada senão a partir do modelo da família, a partir da economia entendida como gestão da família. A partir do momento em que, ao contrário, a população vai aparecer como absolutamente irredutível à família, a família passa para o nível inferior em relação à população; aparece como elemento no interior da população. Portanto, ela não é mais um modelo; é um segmento, segmento simplesmente privilegiado porque, quando se quiser obter alguma coisa da população quanto ao comportamento sexual, quanto à demografia, ao número de filhos, quanto ao consumo, é pela família que se terá efetivamente de passar. Mas, de modelo, a família vai se tornar instrumento, instrumento privilegiado para o governo das populações e não modelo quimérico para o bom governo. Esse deslocamento da família do nível de modelo para o nível de instrumentação é absolutamente fundamental. E é de fato a partir de meados do século XVIII que a família aparece nessa instrumentalidade em relação à população: serão as campanhas sobre a mortalidade, as campanhas relativas ao casamento, as vacinações, as inoculações etc. Logo, o que faz que a população possibilite o desbloqueio da arte de governar é que ela elimina o modelo da família.

Em segundo lugar, a população vai aparecer por excelência como a meta final do governo, porque, no fundo, qual pode ser a finalidade deste último? Não é certamente governar, mas melhorar a sorte das populações, aumentar suas riquezas, sua duração de vida, sua saúde. E o instrumento que o governo vai se dar para obter esses fins, que, de certo modo, são imanentes ao campo da população, será essencialmente a população, agindo diretamente sobre ela por meio de campanhas ou também, indiretamente, por meio de técnicas que vão permitir, por exemplo, estimular, sem que as pessoas percebam muito, a taxa de natalidade, ou dirigindo nesta ou naquela região, para determinada atividade, os fluxos de população. É a população, portanto, muito mais que o poder do soberano, que aparece como o fim e o instrumento do governo: sujeito de necessidades, de aspirações, mas também objeto nas mãos do governo. [Ela aparece] como consciente, diante do governo, do que ela quer, e também inconsciente do que a fazem fazer. O interesse como consciência de cada um dos indivíduos que constitui a população e o interesse como interesse da população, quaisquer que sejam os interesses e as aspirações individuais dos que a compõem, é isso que vai ser, em seu equívoco, o alvo e o instrumento fundamental do governo das populações. Nascimento de uma arte ou, em todo caso, de táticas e técnicas absolutamente novas.

Enfim, a população vai ser o ponto em torno do qual vai se organizar o que se chamava de "paciência do soberano" nos textos do século XVI. Ou seja, a população vai ser o objeto que o governo deverá levar em conta nas suas observações, em seu saber, para chegar efetivamente a governar de maneira racional e refletida. A constituição de um saber de governo é absolutamente indissociável da constituição de um saber de todos os processos que giram em torno da população no sentido lato, o que se chama precisamente "economia". Eu dizia a vocês na última vez que a economia política pôde se constituir a partir do momento em que, entre os diferentes elementos da riqueza, apareceu um novo sujeito, que era a população. Pois bem, é apreendendo essa rede contínua e múltipla de relações entre a população, o território e a riqueza que se constituirá uma ciência chamada "economia política" e, ao mesmo tempo, um tipo de intervenção característica do governo, que vai ser a intervenção no campo da economia e da população*. Em suma, a passagem de uma arte de governar a uma ciência política[33], a passagem de um regime dominado pelas estruturas de soberania a um regime dominado pelas técnicas do governo se faz no século XVIII em torno da população e, por conseguinte, em torno do nascimento da economia política.

Quando lhes digo isso, não quero dizer de forma alguma que a soberania deixou de ter um papel a partir do momento em que a arte de governar começou a se tornar ciência política. Direi até, ao contrário, que nunca o problema da soberania se colocou com tanta acuidade quanto nesse momento, porque se tratava precisamente, não mais, como no século XVI ou no século XVII, de tentar deduzir das teorias da soberania uma arte de governar, mas, dado que havia uma arte de governar, dado que essa arte se desenvolvia, de ver que forma jurídica, que forma institucional, que fundamento de direito ia ser possível dar à soberania que caracteriza um Estado.

....
* O manuscrito especifica, p. 20: "Fisiocratas: uma ciência do governo é uma ciência das relações entre as riquezas e a população".

Leiam os dois textos de Rousseau – o primeiro, cronologicamente, o verbete "Economia política" da *Enciclopédia*[34] –, e verão como Rousseau postula o problema do governo e da arte de governar, registrando precisamente o seguinte (o texto é muito característico desse ponto de vista). Ele diz: a palavra "economia" designa essencialmente a gestão pelo pai de família dos bens da família[35]; mas esse modelo não deve mais ser aceito, ainda que se tenha feito referência a ele no passado. Em nossos dias, diz ele, sabemos que a economia política não é mais a economia familiar e, sem se referir explicitamente nem à fisiocracia, nem à estatística, nem ao problema geral da população, ele registra esse corte e o fato de que "economia", "economia política" tem um sentido totalmente novo, que não deve mais ser reduzido ao velho modelo da família[36]. Em todo caso, ele se atribui nesse verbete a tarefa de definir uma arte do governo. Depois escreverá o *Contrato social*[37]: o problema será precisamente saber como, com noções como as de "natureza", de "contrato", de "vontade geral", pode-se oferecer um princípio geral de governo que dará lugar, ao mesmo tempo, ao princípio jurídico da soberania e aos elementos pelos quais se pode definir e caracterizar uma arte do governo. Logo, a soberania não é de forma alguma eliminada pelo surgimento de uma nova arte de governar, uma arte de governar que agora transpôs o limiar de uma ciência política. O problema da soberania não é eliminado; ao contrário, é tornado mais agudo do que nunca.

Quanto à disciplina, ela também não é eliminada. Claro, sua organização, sua implantação, todas as instituições dentro das quais ela havia florescido no século XVII e no início do século XVIII (as escolas, as fábricas, os exércitos), tudo isso fazia corpo [com] e só se compreende pelo desenvolvimento das grandes monarquias administrativas, mas nunca, tampouco, a disciplina foi mais importante e mais valorizada do que a partir do momento em que se procurava administrar a população – e administrar a população não quer dizer simplesmente administrar a massa coletiva dos fenômenos ou administrá-los simplesmente no plano dos seus resultados globais; administrar a população quer dizer administrá-la igualmente em profundidade, administrá-la com sutileza e administrá-la em detalhe.

Por conseguinte, a ideia de um governo como governo da população torna ainda mais agudo o problema da fundação da soberania – e temos Rousseau – e ainda mais aguda a necessidade de desenvolver as disciplinas – e temos toda a história das disciplinas que procurei contar em outra ocasião[38]. De sorte que as coisas não devem de forma nenhuma ser compreendidas como a substituição de uma sociedade de soberania por uma sociedade de disciplina, e mais tarde de uma sociedade de disciplina por uma sociedade, digamos, de governo. Temos, de fato, um triângulo – soberania, disciplina e gestão governamental –, uma gestão governamental cujo alvo principal é a população e cujos mecanismos essenciais são os dispositivos de segurança. Em todo caso, o que eu queria lhes mostrar era um vínculo histórico profundo entre o movimento que desloca as constantes da soberania para detrás do problema, agora maior, das boas opções de governo, o movimento que faz a população aparecer como um dado, como um campo de intervenção, como a finalidade das técnicas de governo, [enfim] o movimento que isola a economia como domínio específico de realidade e a economia política ao mesmo tempo como ciência e como técnica de intervenção do governo nesse campo de realidade*. São estes três movimentos – a meu ver: governo, população e economia política –, acerca dos quais cabe notar que constituem a partir do século XVIII uma série sólida, que certamente não foi dissociada até hoje.

....
* O manuscrito acrescenta, p. 22: "[movimento esse] que vai garantir a gestão das populações por um corpo de funcionários".

Acrescentarei apenas uma palavra [...]*. No fundo, se eu quisesse ter dado ao curso que iniciei este ano um título mais exato, certamente não teria escolhido "segurança, território, população". O que eu queria fazer agora, se quisesse mesmo, seria uma coisa que eu chamaria de história da "governamentalidade". Por esta palavra, "governamentalidade", entendo o conjunto constituído pelas instituições, os procedimentos, análises e reflexões, os cálculos e as táticas que permitem exercer essa forma bem específica, embora muito complexa, de poder que tem por alvo principal a população, por principal forma de saber a economia política e por instrumento técnico essencial os dispositivos de segurança. Em segundo lugar, por "governamentalidade" entendo a tendência, a linha de força que, em todo o Ocidente, não parou de conduzir, e desde há muito, para a preeminência desse tipo de poder que podemos chamar de "governo" sobre todos os outros – soberania, disciplina – e que trouxe, por um lado, o desenvolvimento de toda uma série de aparelhos específicos de governo [e, por outro lado]**, o desenvolvimento de toda uma série de saberes. Enfim, por "governamentalidade", creio que se deveria entender o processo, ou antes, o resultado do processo pelo qual o Estado de justiça da Idade Média, que nos séculos XV e XVI se tornou o Estado administrativo, viu-se pouco a pouco "governamentalizado".

Sabe-se que fascínio exerce hoje o amor ou o horror ao Estado; sabe-se quanta atenção as pessoas dedicam ao nascimento do Estado, à sua história, à sua progressão, ao seu poder, aos seus abusos. Encontramos essa supervalorização do problema do Estado essencialmente sob duas formas, parece-me. Sob uma forma imediata, afetiva e trágica: é o lirismo do monstro frio[39] diante de nós. Existe uma segunda maneira de supervalorizar o problema do Estado – e sob uma

....

* Seguem-se algumas palavras ininteligíveis.
** M.F.: também o desenvolvimento.

forma paradoxal, por ser aparentemente redutora –, que é a análise que consiste em reduzir o Estado a um certo número de funções como, por exemplo, o desenvolvimento das forças produtivas, a reprodução das relações de produção; e esse papel redutor do Estado em relação a outra coisa torna, apesar de tudo, o Estado absolutamente essencial como alvo a atacar e, como vocês sabem, como posição privilegiada a ocupar. Ora, o Estado, sem dúvida não mais hoje em dia do que no curso da sua história, nunca teve essa unidade, essa individualidade, essa funcionalidade rigorosa e, diria até, essa importância. Afinal de contas, o Estado talvez não seja mais que uma realidade compósita e uma abstração mitificada cuja importância é bem mais reduzida do que se imagina. Talvez. O que há de importante para a nossa modernidade, isto é, para a nossa atualidade, não é portanto a estatização da sociedade, mas o que eu chamaria de "governamentalização" do Estado.

Vivemos na era da "governamentalidade", aquela que foi descoberta no século XVIII. Governamentalização do Estado que é um fenômeno particularmente tortuoso, pois, embora efetivamente os problemas da governamentalidade, as técnicas de governo tenham se tornado de fato o único intuito político e o único espaço real da luta e dos embates políticos, essa governamentalização do Estado foi, apesar de tudo, o fenômeno que permitiu ao Estado sobreviver. E é possível que, se o Estado existe tal como ele existe agora, seja precisamente graças a essa governamentalidade que é ao mesmo tempo exterior e interior ao Estado, já que são as táticas de governo que, a cada instante, permitem definir o que deve ser do âmbito do Estado e o que não deve, o que é público e o que é privado, o que é estatal e o que é não estatal. Portanto, se quiserem, o Estado em sua sobrevivência e o Estado em seus limites só devem ser compreendidos a partir das táticas gerais da governamentalidade.

Talvez fosse possível, de modo totalmente global, grosseiro e, por conseguinte, inexato, reconstituir as grandes formas, as grandes economias de poder no Ocidente da seguinte maneira: primeiro, o Estado de justiça, nascido numa territorialidade de tipo feudal, que corresponderia *grosso modo* a uma sociedade da lei – leis consuetudinárias e leis escritas –, com todo um jogo de compromissos e litígios; depois, o Estado administrativo, nascido numa territorialidade de tipo fronteiriça, e não mais feudal, nos séculos XV e XVI, esse Estado administrativo que corresponde a uma sociedade de regulamentos e de disciplinas; e, por fim, um Estado de governo que já não é essencialmente definido por sua territorialidade, pela superfície ocupada, mas por uma massa: a massa da população, com seu volume, sua densidade, com, é claro, o território no qual ela se estende, mas que de certo modo não é mais que um componente seu. E esse Estado de governo, que tem essencialmente por objeto a população e que se refere [a] e utiliza a instrumentação do saber econômico, corresponderia a uma sociedade controlada pelos dispositivos de segurança.

Aí estão, se quiserem, algumas considerações sobre a instauração desse fenômeno, a meu ver importante, da governamentalidade. Procurarei agora lhes mostrar como essa governamentalidade nasceu, [em primeiro lugar] a partir de um modelo arcaico, o da pastoral cristã; em segundo lugar, apoiando-se num modelo, ou antes, numa técnica diplomático-militar; e, enfim, em terceiro lugar, como essa governamentalidade só pôde adquirir as dimensões que tem graças a uma série de instrumentos bem particulares, cuja formação é contemporânea precisamente da arte de governar e que chamamos, no antigo sentido do termo, o sentido dos séculos XVII e XVIII, de "polícia". A pastoral, a nova técnica diplomático-militar e, enfim, a polícia – creio que foram esses os três grandes pontos de apoio a partir dos quais pôde se produzir esse fenômeno fundamental na história do Ocidente, a governamentalização do Estado.

NOTAS

1. Sobre essa tradição dos "espelhos dos príncipes", cf. P. Hadot, "Fürstenspiegel", in *Reallexikon für Antike und Christentum*, t. 8, org. por Th. Klauser, Stuttgart, A. Heisemann, 1972, col. 555-632.

2. N. Machiavelli, *Il Principe* (1513), Roma, B. Di Giunta (impr.), 1532.

3. A. W. Rehberg, *Das Buch vom Fürsten von Niccolo Macchiavelli*, übersetzt und mit Einleitung und Anmerkungen begleitet, Hanôver, bei den Gebrüdern Hahn, 1810 (2ª ed., Hanôver, Hahnschen Hofbuchhandlung, 1824). Cf. S. Bertelli & P. Innocenti, *Bibliografia machiavelliana*, Verona, Edizioni Valdonega, 1979, p. 206 e 221-3.

4. Heinrich Leo publicou em 1826 a primeira tradução alemã das cartas familiares de Maquiavel, precedida de uma introdução (*Die Briefe des Florentinischen Kanzlers und Geschichtsschreiber Niccolò Machiavelli an seine Freunde*, aus den Italienischen überstzt von Dr. H. Leo, 2ª ed., Berlim, Ferdinand Dümmler, 1828). Cf. G. Procacci, *Machiavelli nella cultura europea dell'età moderna*, Bari, Laterza, 1995, p. 385-6; S. Bertelli & P. Innocenti, *op. cit.*, p. 227-8.

5. Leopold von Ranke (1795-1886), *Zur Kritik neuerer Geschichtsschreiber*, Leipzig-Berlim, G. Reimer, 1824, p. 182-202. Ranke, nessa obra, consagra apenas um "breve mas substancial" apêndice a Maquiavel (Procacci). Sobre a sua importância, cf. P. Villari, *Niccolò Machiavelli e i suoi tempi*, Milão, U. Hoepli, 1895, t. II, p. 463 ss.; G. Procacci, *op. cit.*, p. 383-4: "Ranke foi, após Fichte, o primeiro dentre os intérpretes alemães (não esqueçamos que as páginas hegelianas do ensaio *Über Verfassung Deutschlands* ainda eram inéditas) a colocar de forma consequente o problema da unidade da obra maquiaveliana e a procurar resolvê-lo numa base puramente histórica". Cf. igualmente Friedrich Meinecke (1795-1815), *Die Idee der Staatsräson in der neueren Geschichte*, Munique-Berlim, R. Oldenbourg, 1924 / *L'Idée de la raison d'État dans l'histoire des temps modernes*, trad. fr. M. Chevallier, Genebra, Droz, 1973, p. 343: "[...] foi um dos juízos mais ricos em pensamento e mais fecundos escritos sobre Maquiavel. Ele abre assim o caminho para todos os seus sucessores. Cinquenta anos depois, acrescentou complementos que esclareceram sua atitude diante do ma-

quiavelismo, enquanto a primeira edição se limitou a uma exposição puramente histórica, em que o juízo moral mal era abordado". Essa segunda edição, publicada em 1874, está reproduzida nas *Sämtliche Werke*, Leipzig, 1877, XXXIII-XXXIV, p. 151 ss.

6. Esse autor não é citado em nenhuma bibliografia. Não há sinal do seu nome no artigo de A. Elkan, "Die Entdeckung Machiavellis in Deutschland zu Beginn des 19. Jahrhunderts", *Historische Zeitschrift*, 119, 1919, p. 427-58.

7. Angelo Ridolfi, *Pensieri intorno allo scopo di Niccolò Machiavelli nel libro Il Principe*, Milão, 1810. Cf. G. Procacci, *Machiavelli nella cultura europea...*, p. 374-7.

8. E não "nos Estados Unidos", como está na edição deste texto em *Aut-aut* (*DE*, III, p. 637).

9. Congresso reunido em Viena, de novembro de 1814 a junho de 1815, a fim de estabelecer uma paz duradoura após as guerras napoleônicas e redesenhar o mapa político da Europa. Foi o mais importante congresso europeu reunido desde o de Vestefália (1648). Cf. *infra*, p. 444, nota 9.

10. Lancellotto Politi (entrou para a ordem dominicana em 1517, adotando o nome de Ambrogio Catarino): *Enarrationes R. P. F. Ambrossi Catharini Politi Senensis Archiepiscopi campani in quinque priora capita libri Geneses. Adduntur plerique alii tractatus et quaestiones rerum variarum*, Romae, apud Antonium Bladum Camerae apostolicae typographum, 1552 (segundo Luigi Firpo, "La prima condanna del Machiavelli", Università degli Studi di Torino, *Annuario dell'anno accademico 1966-67*, Turim, 1967, p. 28, a obra pode ter sido impressa em 1548). O parágrafo intitulado "Quam execranti Machiavelli discursus & institutio sui principis" (p. 340-4), nesse livro, segue-se imediatamente àquele em que o autor trata de "libris a Christiano detestandis & a Christianismo penitus eliminandis" (p. 339): não apenas as obras pagãs, mas também a dos imitadores, como Petrarca e Boccaccio (cf. G. Procacci, *Machiavelli nella cultura europea...*, p. 89-91).

11. I. Gentillet, *Discours sur les moyens de bien gouverner et maintenir en bonne paix un Royaume ou autre Principauté, divisez en trois parties à savoir du Conseil, de la Religion et Police, que doit tenir un Prince. Contre Nicolas Machiavel Florentin*, s.l. [Genebra], 1576; reed. com o título de *Anti-Machiavel*, comentários e notas de C. E. Rathé, Genebra, Droz, "Les Classiques de la pensée politique", 1968 (cf. C. E. Rathé, "Innocent Gentillet and the first 'Antimachiavel'"), *Bibliothèque d'Humanisme*

et Renaissance, XXVII, 1965, p. 186-225. Gentillet (c. 1535-1588) era um jurisconsulto huguenote, refugiado em Genebra após a noite de são Bartolomeu. Seu livro teve 24 edições, entre 1576 e 1655 (dez em francês, oito em latim, duas em inglês, uma em holandês e três em alemão). O título citado por Foucault (*Discours d'Estat...*) corresponde à edição de Leyden, publicada em 1609.

12. Frederico II, *Anti-Machiavel*, Haia, 1740 (trata-se da versão remanejada por Voltaire da *Refutação do príncipe* de Maquiavel, escrita em 1739 pelo jovem príncipe herdeiro, cujo texto só será publicado em 1848); reed. Paris, Fayard ("Corpus des oeuvres de philosophie en langue française"), 1985.

13. A primeira edição do livro de Thomas Elyot, *The Boke Named the Governour*, publicada em Londres, data na verdade de 1531; edição crítica de D. W. Rude, Nova York, Garland, 1992.

14. Paolo Paruta, *Della perfettione della vita politica*, Veneza, D. Nicolini, 1579.

15. Guillaume de La Perrière (1499?-1553?), *Le Miroire politique, oeuvre non moins utile que necessaire à tous monarches, roys, princes, seigneurs, magistrats, et autres surintendants et gouverneurs de Republicques*, Lyon, Macé Bonhomme, 1555; 2ª e 3ª ed., Paris, 1567 (a primeira de V. Norment e J. Bruneau, a segunda de Robert Le Mangnier; ed. inglesa, *The Mirror of Police*, Londres, Adam Islip, 1589 e 1599). Cf. G. Dexter, "Guillaume de La Perrière", *Bibliothèque d'Humanisme et Renaissance*, XVII (1), 1955, p. 56-73; E. Sciacca, "Forme di governo e forma della società nel *Miroire Politicque* di Guillaume de La Perrière", *Il Pensiero politico*, XXII, 1989, p. 174-97. A obra, póstuma, teria sido redigida em 1539, por solicitação dos *Capitolz* de Toulouse, que pediram ao autor para "redigir num volume, pôr em ordem conveniente, ilustrar e enriquecer os decretos e regulamentos municipais, concernentes ao fato do governo político" (3ª dedicatória, p. 9).

16. Todo o fim dessa frase, desde "qualquer que seja o gosto", falta na edição *Aut-Aut* do texto.

17. Título da primeira edição parisiense de 1567: *Le Miroir politique, contenant diverses manières de gouverner & policer les Republiques qui sont, & ont esté par cy-devant,* a que remetem as citações de M. Foucault. Cf. *supra*, nota 15.

18. G. de La Perrière, *op. cit.*, fol. 23r.

19. François La Mothe Le Vayer (1588-1672), *L'Oeconomique du Prince*, Paris, A. Courbé, 1653; reed. *in Oeuvres*, t. I, parte II, Dresden,

Michel Groell, 1756, p. 287-8: "A moral, que é a ciência dos costumes, se divide em três partes. Na primeira, que se chama ética ou moral por excelência, e sobre a qual Vossa Majestade já se deteve, aprendemos a nos governar a nós mesmos pelas regras da razão. Há duas outras partes que seguem naturalmente essa, uma das quais é a econômica e a outra a política. Essa ordem é assaz natural, pois que é coisa de todo necessária que um homem saiba se governar a si mesmo antes de comandar os outros, seja como pai de família, o que pertence à economia, seja como soberano, magistrado ou ministro de Estado, o que concerne à política". Cf. igualmente o prólogo de *La Politique du Prince*, em *Oeuvres*, p. 299: "Depois das duas primeiras partes da moral, uma das quais ensina a se regrar a si mesmo e a outra a ser bom econômo, isto é, a conduzir corretamente uma família, segue a terceira parte, que é a política, ou a ciência de bem governar". Esses escritos, compostos de 1651 a 1658, são agrupados, na edição das *Oeuvres* de Le Vayer, com o título de *Sciences dont la connaissance peut devenir utile au Prince*. Eles formam a continuação da Instrução do Senhor Delfim, que data de 1640. Cf. N. Choublier-Myskowski, *L'Éducation du prince au XVIIe siècle d'après Heroard et La Mothe Le Vayer*, Paris, Hachette, 1976.

20. F. de La Mothe Le Vayer, *La Géographie et la Morale du Prince*, Paris, A. Courbé, 1651 (*Oeuvres*, t. I, parte II, p. 3-174, para o primeiro tratado, e p. 239-86, para o segundo); *L'Oeconomique du Prince. La Politique du Prince*, Paris, A. Courbé, 1653 (*Oeuvres*, ibid., p. 287-98, para o primeiro tratado, e p. 299-360 para o segundo).

21. Jean-Jacques Rousseau, *Discours sur l'économie politique* (1755), em *Oeuvres complètes*, t. 3, Paris, Gallimard, "Bibliothèque de la Pleiade", 1964, p. 241: "A palavra economia vem de οἶκος, casa, e de νόμος, lei, e significa originalmente apenas o sábio e legítimo governo da casa, para o bem comum de toda a família".

22. *Ibid.*: "O sentido desse termo estendeu-se, em seguida, ao governo da grande família, que é o Estado". Rousseau precisa, algumas linhas abaixo, que "as regras de conduta próprias de uma dessas sociedades" não poderiam "convir à outra: elas se diferenciam por demais em grandeza para poderem ser administradas da mesma maneira, e sempre haverá uma extrema diferença entre o governo doméstico, em que o pai pode ver tudo por si mesmo, e o governo civil, em que o chefe não vê quase nada a não ser pelos olhos alheios". Cf. *infra*, nota 36.

23. Cf. François Quesnay (1694-1774), *Maximes générales du gouvernement économique d'un royaume agricole*, in Du Pont de Nemou-

rs, org., *Physiocratie ou Constitution naturelle du Gouvernement le plus avantageux au genre humain*, Paris, Merlin, 1768, p. 99-122; reed. in F. *Quesnay et la physiocratie*, t. 2, p. 949-76. Cf. *supra*, p. 114-5, nota 40.

24. G. de La Perrière, *Le Miroir politique*, f. 23r: "Gouvernement est droicte disposition des choses, desquelles on prent charge pour les conduire jusques à fin convenable".

25. Sobre a utilização clássica dessa metáfora, cf. Platão, *Eutífron*, 14b, *Protágoras*, 325c, *República*, 389d, 488a-489d, 551c, 573d, *Político*, 296e-297a, 297e, 301d, 302a, 304a, *Leis*, 737a, 942b, 945c, 961c, etc. (cf. P. Louis, *Les Métaphores de Platon*, Paris, Les Belles Lettres, 1945, p. 156); Aristóteles, *Política*, III, 4, 1276b, 20-30; Cícero, *Ad Atticum*, 10, 8, 6, *De republica*, 3, 47; Tomás de Aquino, *De regno*, I, 2, II, 3. Foucault retorna, na aula seguinte (*infra*, p. 165), sobre essa metáfora naval a partir do *Édipo rei* de Sófocles.

26. Frederico II, *Anti-Machiavel*, comentário do capítulo 5 de *O Príncipe*, ed. Amsterdam, 1741, p. 37-9. M. Foucault utiliza, ao que tudo indica, a edição Garnier do texto, publicada em sequência a *O Príncipe* de Maquiavel por R. Naves, em 1941, p. 117-8 (cf. igualmente a edição crítica da obra de C. Fleischauer, in *Studies on Voltaire and the Eighteenth Century*, Genebra, E. Droz, 1958, vol. V, p. 199-200). A paráfrase feita por Foucault comporta, no entanto, uma inexatidão: Frederico II não diz que a Rússia é feita de pântanos etc., mas de terras "férteis em trigo".

27. Samuel von Pufendorf (1632-1694), *De officio hominis et civis iuxta Legem naturalem*, ad Junghans, Londini Scanorum, 1673, livro II, cap. II, § 3 / *Les Devoirs de l'homme et du citoyen tels qu'ils sont prescrits par la loi naturelle*, trad. fr. J. Barbeyrac, 4ª ed., Amsterdam, Pierre de Coup, 1718, t. 1, p. 361-2: "O bem do povo é a soberana lei: é também a máxima geral que os Poderes devem ter incessantemente diante dos olhos, já que a eles só foi conferida a autoridade soberana para que a utilizassem a fim de proporcionar e manter a utilidade pública, que é a finalidade natural do estabelecimento das sociedades civis. Portanto, um soberano não deve considerar nada vantajoso para si, se também não o é para o Estado"; cf. igualmente *De jure naturae et gentium*, Lund, sumptibus A. Junghaus, 1672, VII, IX, § 3 / *Le Droit de la nature et des gens, ou Système général des principes les plus importants de la Morale, de la Jurisprudence et de la Politique*, trad. fr. J. Barbeyrac, Amsterdam, H. Schelte & J. Kuyper, 1706.

28. G. de La Perrière, *Le Miroir politique*, f. 23r: "Todo governo de Reino ou República deve ter em si, necessariamente, sabedoria, paciência e diligência".

29. *Ibid.*, f. 23v: "Por isso todo governador deve ter paciência, a exemplo do Rei das abelhas, que não tem ferrão, com o que a natureza quis mostrar misticamente que os reis e governadores de República devem usar para com seus súditos muito mais clemência do que severidade, e equidade do que rigor".

30. *Ibid.*: "Que deve ter um bom governador de República? Deve ter extrema diligência no governo da sua cidade, e se o bom pai de família (para ser tido como bom ecônomo, isto é, administrador) deve ser em sua casa privada o primeiro a se levantar e o último a se deitar, o que deve fazer o governador da cidade, na qual há várias casas? E o Rei, em cujo Reino há várias cidades?".

31. Sobre a história da estatística, cf. a obra clássica de V. John, *Geschichte der Statistik*, Stuttgart, F. Encke, 1884, cuja referência figura nas notas de M. Foucault. Talvez ele também conhecesse o volume publicado pelo INSEE, *Pour une histoire de la statistique*, t. 1, Paris, 1977 (reed. Paris. Éd. Economica/INSEE, 1987).

32. Cf. por exemplo Richelieu, *Testament politique*, Amsterdam, H. Desbordes, 1688; ed. L. André, Paris, R. Laffont, 1947, p. 279: "As famílias particulares são os verdadeiros modelos das Repúblicas".

33. Cf. o subtítulo do livro de P. Schiera sobre o cameralismo (*Il Cameralismo e l'assolutismo tedesco*, Milão, A. Giuffrè, 1968): *Dall'Arte di Governo alle Scienze dello Stato*. Foucault nunca cita esse livro, que fez época na história recente da *Polizeiwissenschaft*, mas é provável que dele tivesse pelo menos um conhecimento indireto, via P. Pasquino, então muito próximo dele. M. Foucault torna sobre a palavra "ciência", que então recusa, no início da aula seguinte.

34. Cf. *supra*, nota 21.

35. Cf. *ibid.*

36. *Discours sur l'économie politique*, ed. citada, p. 241 e 244: "[...] como o governo do Estado poderia ser semelhante ao da família, cujo fundamento é tão diferente? [...] De tudo o que acabo de expor, segue-se que foi com razão que se distinguiu a economia política da economia particular e que como o Estado não tem nada em comum com a família, salvo a obrigação que têm os chefes de fazer felizes um e a outra, as mesmas regras de conduta não poderiam convir a ambos".

37. *Du Contract social, ou Principe du droit politique*, Amsterdam, M. Rey, 1762.

38. Cf. *Surveiller et Punir, op. cit.*
39. Essa expressão de Nietzsche é retomada com frequência no discurso anarquista (*Ainsi parlait Zarathoustra*, parte I, "La nouvelle idole", trad. fr. G. Bianqui, Paris, Aubier, 1946, p. 121: "O Estado é o mais frio de todos os monstros frios [*das kälteste aller kalten Ungeheuer*]. Ele é frio inclusive quando mente; e eis a mentira que escapa da sua boca: 'Eu, o Estado, sou o povo'").

AULA DE 8 DE FEVEREIRO DE 1978

> Por que estudar a governamentalidade? – O problema do Estado e da população. – Relembrando o projeto geral: tríplice deslocamento da análise em relação (a) à instituição, (b) à função, (c) ao objeto. – Objeto do curso deste ano. – Elementos para uma história da noção de "governo". Seu campo semântico do século XIII ao século XV. – A ideia de governo dos homens. Suas fontes: (A) A organização de um poder pastoral no Oriente pré-cristão e cristão. (B) A direção de consciência. – Primeiro esboço do pastorado. Suas características específicas: (a) ele se exerce sobre uma multiplicidade em movimento; (b) é um poder fundamentalmente benéfico que tem por objetivo a salvação do rebanho; (c) é um poder que individualiza. *Omnes et singulatim*. O paradoxo do pastor. – A institucionalização do pastorado pela Igreja cristã.

Vou lhes pedir que me desculpem porque hoje vou ser um pouco mais confuso que de costume. Estou gripado, não me sinto bem. Mas eu achava chato, tinha certo escrúpulo em deixar vocês virem aqui e lhes dizer na última hora que não ia dar meu curso. Então vou falar do jeito que puder, e vocês hão de me perdoar tanto pela quantidade como pela qualidade.

Gostaria de começar agora a percorrer um pouco a dimensão do que eu chamei com esta feia palavra que é "governamentalidade"*. Supondo-se portanto que "governar" não seja a mesma coisa que "reinar", não seja a mesma coisa que "comandar" ou "fazer a lei"**; supondo-se que governar não seja a mesma coisa que ser soberano, ser suserano, ser senhor, ser juiz, ser general, ser proprietário, ser mestre-escola, ser professor; supondo-se portanto que haja uma especificidade do que é governar, seria preciso saber agora qual é o tipo de poder que essa noção abarca. Ou seja, analisar as re-

....
* Entre aspas no manuscrito.
** Esses três verbos e essa locução estão entre aspas no manuscrito.

lações de poder que são visadas no século XVI nessas artes de governar de que lhes falei, que são igualmente visadas na teoria e na prática mercantilistas do século XVII; enfim, que são visadas – e que chegam então a certo limiar, como disse da última vez, se bem me lembro, de ciência[1], creio que a palavra é totalmente inadequada e catastrófica, digamos a um certo nível de competência política –, que são visadas, *grosso modo*, na doutrina fisiocrática do "governo econômico"[2]*.

Primeira questão: por que querer estudar esse domínio, no fim das contas inconsistente, nebuloso, cingido por uma noção tão problemática e artificial quanto a de "governamentalidade"? Minha resposta, é claro, será imediatamente a seguinte: para abordar o problema do Estado e da população. Segunda questão: tudo isso é muito bonito, mas o Estado e a população todo o mundo sabe o que são, em todo caso imagina saber o que são. A noção de Estado e a noção de população têm sua definição, sua história. O domínio a que essas noções se referem é, *grosso modo*, mais ou menos conhecido, ou, se tem uma parte imersa e obscura, tem uma outra visível. Por conseguinte, como se trata de estudar esse domínio, na melhor – ou na pior – das hipóteses semiobscuro do Estado e da população, por que querer abordá-lo através de uma noção que é plena e inteiramente obscura, a de "governamentalidade"? Por que atacar o forte e o denso com o fraco, o difuso e o lacunar?

Pois bem, vou lhes dizer a razão disso em duas palavras e recordando um projeto um pouco mais geral. Quando nos anos precedentes falávamos das disciplinas, a propósito do exército, dos hospitais, das escolas, das prisões, falar das disciplinas era, no fundo, querer efetuar um tríplice deslocamento, passar, por assim dizer, para o exterior, e de três maneiras. Primeiro, passar para o exterior da instituição, descentrar-se em relação à problemática da instituição, ao que se poderia

....
* Entre aspas no manuscrito.

chamar de "institucional-centrismo". Tomemos o exemplo do hospital psiquiátrico. Claro, podemos partir do que é o hospital psiquiátrico, em seu dado, em sua estrutura, em sua densidade institucional, podemos tentar encontrar suas estruturas internas, identificar a necessidade lógica de cada uma das peças que o constituem, mostrar que tipo de poder médico se organiza nele, como se desenvolve nele certo saber psiquiátrico. Mas podemos – e aqui eu me refiro muito especificamente à obra evidentemente fundamental, essencial, que tem de ser lida obrigatoriamente, de Robert Castel sobre *A ordem psiquiátrica*[3] –, podemos proceder do exterior, isto é, mostrar de que maneira o hospital como instituição só pode ser compreendido a partir de algo exterior e geral, que é a ordem psiquiátrica, na própria medida em que essa ordem se articula com um projeto absolutamente global, que visa toda a sociedade e que podemos chamar, *grosso modo*, de higiene pública[4]. Podemos mostrar – é o que fez Castel – como a instituição psiquiátrica concretiza, intensifica, adensa uma ordem psiquiátrica que tem essencialmente por raiz a definição de um regime não contratual para os indivíduos desvalorizados[5]. Enfim, podemos mostrar como essa ordem psiquiátrica coordena por si mesma todo um conjunto de técnicas variadas relativas à educação das crianças, à assistência aos pobres, à instituição do patronato operário[6]. Um método como esse consiste em passar por trás da instituição a fim de tentar encontrar, detrás dela e mais globalmente que ela, o que podemos chamar *grosso modo* de tecnologia de poder. Assim, essa análise permite substituir a análise genética segundo a filiação por uma análise genealógica (não confundir a gênese e a filiação com a genealogia), uma análise genealógica que reconstitui toda uma rede de alianças, de comunicações, de pontos de apoio. Logo, primeiro princípio metodológico: passar por fora da instituição para substituí-la pelo ponto de vista global da tecnologia de poder[7].

Em segundo lugar, segunda defasagem, segunda passagem ao exterior em relação à função. Seja, por exemplo, o caso da prisão. Pode-se, é claro, fazer a análise da prisão a partir das funções esperadas, das funções que foram definidas como funções ideais da prisão, da maneira ótima de exercer essas funções – o que Bentham havia *grosso modo* feito em seu *Panóptico*[8] – e depois, a partir daí, ver quais foram as funções realmente preenchidas pela prisão e estabelecer historicamente um balanço funcional do saldo positivo e negativo, enfim, em todo caso do que era visado e do que na verdade foi alcançado. Mas, ao estudar a prisão pelo viés das disciplinas, tratava-se, aí também, de curto-circuitar, ou melhor, de passar para o exterior em relação a esse ponto de vista funcional e ressituar a prisão numa economia geral de poder. E com isso se percebe que a história real da prisão sem dúvida não é comandada pelos sucessos e fracassos da sua funcionalidade, mas que ela se inscreve na verdade em estratégias e táticas que se apoiam até mesmo nos próprios déficits funcionais. Portanto: substituir o ponto de vista interno da função pelo ponto de vista externo das estratégias e táticas.

Enfim, o terceiro descentramento, a terceira passagem ao exterior é em relação ao objeto. Assumir o ponto de vista das disciplinas era recusar-se a adotar um objeto já pronto, seja ele a doença mental, a delinquência ou a sexualidade. Era recusar-se a querer medir as instituições, as práticas e os saberes com o metro e a norma desse objeto já dado. Tratava-se, em vez disso, de apreender o movimento pelo qual se constituía através dessas tecnologias movediças um campo de verdade com objetos de saber. Podemos dizer sem dúvida nenhuma que a loucura "não existe"[9]*, mas isso não quer dizer que ela não é nada. Tratava-se, em resumo, de fazer o inverso do que a fenomenologia nos tinha ensinado a dizer e a pen-

....
* Entre aspas no manuscrito.

sar, a fenomenologia que dizia *grosso modo*: a loucura existe, o que não quer dizer que ela seja alguma coisa[10].

Em suma, o ponto de vista adotado em todos esses estudos consistia em procurar destacar as relações de poder da instituição, a fim de analisá-las [sob o prisma]* das tecnologias, destacá-las também da função, para retomá-las numa análise estratégica e destacá-las do privilégio do objeto, a fim de procurar ressituá-las do ponto de vista da constituição dos campos, domínios e objetos de saber. Esse triplo movimento de passagem ao exterior foi tentado a propósito das disciplinas, e é mais ou menos isso, no fundo, é essa possibilidade que eu gostaria de explorar em relação ao Estado. Será que se pode passar para o exterior do Estado, como se pôde passar – e, afinal de contas, como era bastante fácil passar – para o exterior em relação a essas diferentes instituições? Haverá, em relação ao Estado, um ponto de vista abrangente, como era o ponto de vista das disciplinas em relação às instituições locais e definidas? Creio que essa questão, esse tipo de questão não pode deixar de ser colocado, nem que seja como resultado, como necessidade implicada por aquilo que acabo de dizer. Porque, afinal de contas, essas tecnologias gerais de poder que procuramos reconstituir passando fora da instituição, será que afinal elas não estão na dependência de uma instituição global, de uma instituição totalizante que é, precisamente, o Estado? Será que, saindo dessas instituições locais, regionais, pontuais que são os hospitais, as prisões, as famílias, não somos simplesmente remetidos a outra instituição, de sorte que só sairíamos da análise institucional para sermos intimados a entrar num outro tipo de análise institucional, ou num outro registro, ou num outro nível de análise institucional, precisamente aquele em que estaria em pauta o Estado? Porque é muito bom, por exemplo, salientar o encerramento como procedimento geral que envolveu a histó-

....
* M. Foucault repete: do ponto de vista.

ria da psiquiatria. Será que, afinal de contas, o encerramento não é uma típica operação estatal, ou que depende em linhas gerais da ação do Estado? Pode-se muito bem destacar os mecanismos disciplinares dos locais em que se tenta pô-los em prática, como as prisões, as fábricas, o exército. Não é acaso o Estado que é finalmente responsável em última instância por sua aplicação geral e local? A generalidade extrainstitucional, a generalidade não funcional, a generalidade não objetiva alcançada pelas análises de que eu lhes falava há pouco – pois bem, pode ser que ela nos ponha em presença da instituição totalizadora do Estado.*

....

* Sem dúvida em razão do cansaço invocado anteriormente, M. Foucault desiste neste ponto de expor todo um desenvolvimento, p. 8 a 12 do manuscrito:

> Daí a segunda razão de colocar a questão do Estado: o método que consiste em analisar os poderes localizados em termos de procedimentos, técnicas, tecnologias, táticas e estratégias não é simplesmente uma maneira de passar de um nível ao outro, do micro ao macro? E, por conseguinte, teria apenas um valor provisório: o tempo dessa passagem? É verdade que nenhum método deve ser, em si, uma meta. Um método deve ser feito para nos livrarmos dele. Mas trata-se menos de um método do que de um ponto de vista, de um acomodamento do olhar, uma maneira de fazer o [suporte (?)] das coisas girar pelo deslocamento de quem as observa. Ora, parece-me que tal deslocamento produz certo número de efeitos que merecem, se não ser conservados a qualquer preço, pelo menos mantidos o máximo que se puder. Quais são esses efeitos?
> a. Desinstitucionalizando e desfuncionalizando as relações de poder pode-se estabelecer sua genealogia, isto é, a maneira como elas se põem, se formam, se conectam, se desenvolvem, se multiplicam, se transformam a partir de algo totalmente diferente delas mesmas, a partir de processos que são totalmente diferentes das relações de poder. Exemplo do exército: pode-se dizer que o disciplinamento do exército se deve à sua estatização. Explica-se a transformação de uma estrutura de poder numa instituição pela intervenção de outra instituição de poder. O círculo sem exterioridade. Ao passo que esse disciplinamento [posto (?)] em relação, [não] com a concentração estatal, mas com o problema das populações flutuantes, a importância das redes comerciais, as invenções técnicas, os modelos [vá-

Então o objeto do curso que eu gostaria de dar este ano seria, em suma, o seguinte. Assim como, para examinar as relações entre razão e loucura no Ocidente moderno, procuramos interrogar os procedimentos gerais de internamento e segregação, passando assim por trás do asilo, do hospital, das terapias e das classificações*, assim como no caso da prisão

....

> rias palavras ilegíveis] gestão de comunidade, é toda essa rede de aliança, de apoio e de comunicação que constitui a "genealogia" da disciplina militar. Não a gênese: filiação. Para escapar da circularidade que remete a análise das relações de poder de uma instituição a outra, só apreendendo-as onde elas constituem técnicas com valor operatório em processos múltiplos.
> b. Desinstitucionalizando e desfuncionalizando as relações de poder, pode-se [ver] em que e por que elas são instáveis.
> – Permeabilidade a toda uma série de processos diversos. As tecnologias de poder não são imóveis: não são estruturas rígidas que visam imobilizar processos vivos mediante sua própria imobilidade. As tecnologias de poder não cessam de se modificar sob a ação de numerosos fatores. E, quando uma instituição desmorona, não é necessariamente porque o poder que a sustentava foi posto fora de circuito. Pode ser porque ela se tornou incompatível com algumas mutações fundamentais dessas tecnologias. Exemplo da reforma penal (nem revolta popular, nem mesmo pressão extrapopular).
> – Mas também acessibilidade a lutas ou a ataques que encontram necessariamente seu teatro na instituição.
> O que quer dizer que é perfeitamente possível atingir efeitos globais não só por enfrentamentos concertados, mas igualmente por ataques locais, ou laterais, ou diagonais que põem em jogo a economia geral do conjunto. Assim: os movimentos espirituais marginais, as multiplicidades de dissidências religiosas, que não se voltavam de forma nenhuma contra a Igreja Católica, acabaram solapando não apenas todo um segmento da instituição eclesiástica, mas a própria maneira como se exerce no Ocidente o poder religioso...
> Por causa desses efeitos teóricos e práticos, talvez valha a pena dar continuidade à experiência iniciada.

* O manuscrito acrescenta aqui (p. 13): "assim como para examinar o estatuto da doença e os privilégios do saber médico no mundo moderno, também aqui é necessário passar por trás do hospital e das instituições médicas, para tentar chegar aos procedimentos de responsabilização geral pela vida e pela doença no Ocidente, a 'biopolítica'".

procuramos passar por trás das instituições penitenciárias propriamente ditas, para tentarmos descobrir a economia geral de poder, será que, no caso do Estado, é possível dar a mesma virada? Será que é possível passar ao exterior? Será que é possível repor o Estado moderno numa tecnologia geral de poder que teria possibilitado suas mutações, seu desenvolvimento, seu funcionamento? Será que se pode falar de algo como uma "governamentalidade", que seria para o Estado o que as técnicas de segregação eram para a psiquiatria, o que as técnicas da disciplina eram para o sistema penal, o que a biopolítica era para as instituições médicas? Eis um pouco o objeto [deste curso]*.

Bom, essa noção de governo. Primeiro, vamos nos situar brevemente na própria história da palavra, num período em que ela ainda não havia adquirido o sentido político, o sentido estatal que começa a ter de forma rigorosa nos séculos XVI-XVII. Valendo-nos simplesmente de dicionários históricos da língua francesa[11], o que vemos? Vemos que a palavra "governar" abrange na realidade, nos séculos XIII, XIV e XV, uma massa considerável de significados diversos. Primeiro, encontramos o sentido puramente material, físico, espacial de dirigir, de fazer ir em frente, ou até o sentido de a própria pessoa ir em frente num caminho, numa estrada. "Governar" é seguir um caminho ou fazer seguir um caminho. Vocês encontram um exemplo disso em Froissart, num texto como este: "Um

....

* Palavras inaudíveis. M. Foucault acrescenta: Então, eu gostaria agora, para que vocês me perdoem o caráter [palavra inaudível] do que procuro lhes dizer entre dois acessos de tosse...

O manuscrito comporta esta nota complementar: "N.B. Não digo que o Estado nasceu da arte de governar, nem que as técnicas de governo dos homens nascem no século XVII. O Estado, como conjunto das instituições da soberania, existia havia milênios. As técnicas de governo dos homens também eram mais que milenares. Mas foi a partir de uma nova tecnologia geral [de] governo dos homens que o Estado adquiriu a forma que conhecemos".

[...] caminho tão estreito que [...] dois homens nele não poderiam governar-se"[12], isto é, não poderiam andar lado a lado. Tem também o sentido material, porém muito mais amplo, de sustentar assegurando a subsistência. Vocês encontram por exemplo [isto] num texto que data de 1421: "trigo suficiente para governar Paris por dois anos"[13], ou ainda, exatamente na mesma época: "um homem não tinha de que viver nem de que governar sua mulher, que estava doente"[14]. Logo, "governar", no sentido de sustentar, de alimentar, de proporcionar subsistência. "Uma senhora de governo grande demais"[15] é uma senhora que consome demais e que é difícil de sustentar. "Governar" também tem o sentido próximo, mas um pouco diferente, de tirar sua subsistência de alguma coisa. Froissart fala de uma cidade "que se governa de seus tecidos"[16], quer dizer, que tira sua subsistência deles. Aí temos o conjunto das referências, em todo caso algumas das referências propriamente materiais da palavra "governar".

Temos agora os significados de ordem moral. "Governar" pode querer dizer "conduzir alguém", seja no sentido, propriamente espiritual, do governo das almas – sentido então plenamente clássico, que vai durar e subsistir por muito, muito tempo –, seja de uma maneira ligeiramente defasada em relação a isso, "governar" pode querer dizer "impor um regime", impor um regime a um doente: o médico governa o doente, ou o doente que se impõe certo número de cuidados se governa. Assim, diz um texto: "Um doente que, depois de sair do hospital Hôtel-Dieu, em consequência do seu mau governo, foi-se desta para a melhor"[17]. Ele não observou um bom regime. "Governar" ou o "governo" pode se referir então à conduta no sentido propriamente moral do termo: uma mulher que era de "mau governo"[18], isto é, de má conduta. "Governar" pode se referir também a uma relação entre indivíduos, relação que pode assumir várias formas, seja a relação de mando e de chefia: dirigir alguém, controlá-lo. Ou também, ter uma relação com alguém, uma relação verbal: "governar alguém" pode querer dizer "falar com alguém", "entreter" no sentido de que pessoas se entretêm numa conversa. Assim, um texto do século XV diz: "Ele regalava mesa farta a todos os que o governavam durante seu jantar"[19]. Governar alguém durante seu jantar é conversar com esse alguém. Mas também pode se referir a um comércio sexual: "Um sujeito que governava a mulher do vizinho e ia ter com ela frequentemente"[20].

Tudo isso é uma referência ao mesmo tempo empírica, não científica, feita com dicionários e remissões diversas. Creio, apesar de tudo, que isso permite que situemos um pouco uma das dimensões do problema. Vemos que a palavra "governar", antes de adquirir seu significado propriamente político a partir do século XVI, abrange um vastíssimo domínio semântico que se refere ao deslocamento no espaço, ao movimento, que se refere à subsistência material, à alimentação, que se refere aos cuidados que se podem dispensar a um indivíduo e à cura que se pode lhe dar, que se refere também ao exercício de um mando, de uma atividade prescritiva, ao mesmo tempo incessante, zelosa, ativa, e sempre benévola. Refere-se ao controle que se pode exercer sobre si mesmo e sobre os outros, sobre seu corpo, mas também sobre sua alma e sua maneira de agir. E, enfim, refere-se a um comércio, a um processo circular ou a um processo de troca que passa de um indivíduo a outro. Como quer que seja, através de todos esses sentidos, há algo que aparece claramente: nunca se governa um Estado, nunca se governa um território, nunca se governa uma estrutura política. Quem é governado são sempre pessoas, são homens, são indivíduos ou coletividades. Quando se fala da cidade que se governa, que se governa com base nos tecidos, quer dizer que as pessoas tiram sua subsistência, seu alimento, seus recursos, sua riqueza, dos tecidos. Não é portanto a cidade como estrutura política, mas as pessoas, indivíduos ou coletividade. Os homens é que são governados.*

....

* O manuscrito acrescenta: "História da governamentalidade. Três grandes vetores da governamentalização do Estado: a pastoral cristã = modelo

Temos aí, a meu ver, [um elemento]* que pode nos pôr na pista de uma coisa que tem sem dúvida certa importância. Os que são governados, portanto, inicialmente, fundamentalmente, pelo menos através dessa primeira pesquisa, são os homens. Ora, a ideia de que os homens são governáveis é uma ideia que certamente não é grega e que não é, tampouco, creio eu, uma ideia romana. Claro, aparece com muita regularidade, pelo menos na literatura grega, a metáfora do leme, do timoneiro, do piloto, daquele que tem o leme, para designar a atividade daquele que está à frente da cidade e que tem, em relação a ela, certo número de encargos e de responsabilidades. Reportem-se simplesmente ao texto do *Édipo rei*[21]. No *Édipo rei*, vê-se muitas vezes, ou repetidas vezes, essa metáfora do rei que tem a seu encargo a cidade e que, tendo a seu encargo a cidade, deve conduzi-la bem, como um bom piloto governa devidamente seu navio, e deve evitar os escolhos e conduzi-lo ao porto[22]. Mas em toda essa série de metáforas, em que o rei é assimilado a um timoneiro e a cidade a um navio, o que convém notar é que o que é governado, o que nessa metáfora é designado como objeto do governo, é a própria cidade, que é como um navio entre os escolhos, como um navio em meio à tempestade, um navio que é obrigado a bordejar a fim de evitar os piratas, os inimigos, um navio que tem de ser levado a bom porto. O objeto do governo, aquilo sobre o que recai o ato de governar, não são os indivíduos. O capitão ou o piloto do navio não governa os marujos, governa o navio. É da mesma maneira que o rei governa a cidade, mas não os homens da cidade. A cidade em sua realidade substancial, em sua unidade, com sua sobrevivência possível ou seu desaparecimento eventual, isso é

....
antigo; o novo regime de relações diplomático-militares = estrutura de apoio; o problema da polícia interna do Estado = suporte interno". Cf. *supra*, as últimas linhas da aula anterior (1º de fevereiro).
* M.F: uma coisa.

que é o objeto do governo, o alvo do governo. Os homens, de seu lado, só são governados indiretamente, na medida em que também estão embarcados no navio. E é por intermédio, por meio do embarque no navio, que os homens se acham governados. Mas não são os homens que são diretamente governados por aquele que está à frente da cidade.*

Não creio, portanto, que a ideia de que pode haver um governo dos homens e de que os homens podem ser governados seja uma ideia grega. Tornarei, seja no fim desta aula, se tiver tempo e coragem, seja da próxima vez, sobre esse problema, essencialmente em torno de Platão e do *Político*. Mas, de uma maneira geral, creio que se pode dizer que a ideia de um governo dos homens é uma ideia cuja origem deve ser buscada no Oriente, num Oriente pré-cristão primeiro, e no Oriente cristão depois. E isso sob duas formas: primeiramente, sob a forma da ideia e da organização de um poder de tipo pastoral, depois sob a forma da direção de consciência, da direção das almas.

Primeiramente, a ideia e a organização de um poder pastoral. Que o rei, o deus ou o chefe seja um pastor em relação aos homens, que são como seu rebanho, é um tema que encontramos com bastante frequência em todo o Oriente mediterrâneo. Encontramos no Egito[23], encontramos na Assíria[24] e na Mesopotâmia[25], encontramos também e principalmente, claro, entre os hebreus. No Egito, por exemplo, mas também nas monarquias assírias e babilônicas, o rei é efetivamente designado, de forma nitidamente ritual, como o pastor dos homens. O faraó, por exemplo, no momento da sua coroação, na cerimônia da sua coroação, recebe as insígnias de pastor. Dão-lhe o cajado do pastor e declaram que ele é efetivamen-

---

* O manuscrito acrescenta, p. 16: "Isso não exclui que haja entre os ricos, os poderosos, os que têm um estatuto que lhes permite administrar os negócios da cidade, e os outros (não os escravos ou os estrangeiros, mas os cidadãos) modos de ação múltiplos e densos: clientelismo, evergetismo".

te o pastor dos homens. O título de pastor dos homens faz parte da titulação real dos monarcas babilônicos. Era igualmente um termo que designava a relação dos deuses ou do deus com os homens. O deus é o pastor dos homens. Num hino egípcio, lê-se algo assim: "Ó Rá, que velas quando todos os homens dormem, que procuras o que é benéfico para teu rebanho..."[26]. O deus é o pastor dos homens. Enfim, essa metáfora do pastor, essa referência ao pastorado permite designar certo tipo de relação entre o soberano e o deus, na medida em que, se Deus é o pastor dos homens, se o rei também é o pastor dos homens, o rei é de certo modo o pastor subalterno a que Deus confiou o rebanho dos homens e que deve, ao fim do dia e ao fim do seu reinado, restituir a Deus o rebanho que lhe foi confiado. O pastorado é um tipo de relação fundamental entre Deus e os homens, e o rei de certo modo participa dessa estrutura pastoral da relação entre Deus e os homens. Um hino assírio diz, dirigindo-se ao rei: "Companheiro resplandecente que participas do pastorado de Deus, tu que cuidas do país e que o alimentas, ó pastor da abundância"[27].

Evidentemente, foi sobretudo entre os hebreus que o tema do pastorado se desenvolveu e se intensificou[28]. Com este particular que, entre os hebreus, a relação pastor-rebanho é essencialmente, fundamentalmente e quase exclusivamente uma relação religiosa. As relações entre Deus e seu povo é que são definidas como relações entre um pastor e seu rebanho. Nenhum rei hebreu, com exceção de Davi, fundador da monarquia, é nominalmente, explicitamente designado como pastor[29]. O termo é reservado a Deus[30]. Simplesmente, certos profetas são vistos como tendo recebido das mãos de Deus o rebanho dos homens, que a ele devem devolver[31]; e, por outro lado, os maus reis, os que são denunciados como tendo traído sua missão, são designados como maus pastores, nunca individualmente aliás, sempre globalmente, como os que dilapidaram o rebanho, dispersaram o rebanho, os que foram incapazes de lhe dar seu alimento e de levá-lo de volta à sua terra[32]. A relação pastoral, em sua forma plena e em sua forma positiva, é portanto, essencialmente, a relação entre Deus e os homens. É um poder de tipo religioso que tem seu princípio, seu fundamento, sua perfeição no poder que Deus exerce sobre seu povo.

Temos aí, creio eu, uma coisa ao mesmo tempo fundamental e provavelmente específica desse Oriente mediterrâneo tão diferente do que encontramos entre os gregos. Porque nunca, entre os gregos, vocês encontrarão a ideia de que os deuses conduzem os homens como um pastor pode conduzir seu rebanho. Qualquer que seja a intimidade – e ela não é necessariamente muito grande – entre os deuses gregos e sua cidade, a relação nunca é essa. O deus grego funda a cidade, indica sua localização, ajuda na construção das muralhas, garante sua solidez, dá seu nome à cidade, pronuncia oráculos e, assim, dá conselhos. Consulta-se o deus, ele protege, ele intervém, às vezes ele também se zanga e se reconcilia, mas nunca o deus grego conduz os homens da cidade como um pastor conduziria suas ovelhas.

Esse poder do pastor, que vemos tão alheio ao pensamento grego e tão presente, tão intenso no Oriente mediterrâneo, principalmente entre os hebreus, como ele se caracteriza? Quais são seus traços específicos? Creio que podemos resumi-los da seguinte maneira. O poder do pastor é um poder que não se exerce sobre um território, é um poder que, por definição, se exerce sobre um rebanho, mais exatamente sobre o rebanho em seu deslocamento, no movimento que o faz ir de um ponto a outro. O poder do pastor se exerce essencialmente sobre uma multiplicidade em movimento. O deus grego é um deus territorial, um deus *intra muros*, tem seu lugar privilegiado, seja sua cidade, seja seu templo. O Deus hebraico, ao contrário, é o Deus que caminha, o Deus que se desloca, o Deus que erra. Nunca a presença desse Deus hebraico é mais intensa, mais visível, do que, precisamente, quando seu povo se desloca e quando, na errância do seu povo, em seu deslocamento, nesse movimento que o leva a deixar a cidade, as campinas e os pastos, ele toma a frente do seu povo e mostra a direção que este deve seguir. Já o deus grego aparece nas muralhas para defender sua cidade. O Deus hebraico aparece quando, precisamente, os hebreus saem da cidade, à saída das muralhas, e quando começam a seguir o caminho que atravessa as campinas. "Ó Deus, quando saías à frente do teu povo", dizem os Salmos[33]. Aliás, é dessa mesma maneira, em todo caso de uma maneira que lembra um pouco isso, que o deus-pastor egípcio Amon é definido como aquele que conduz as pessoas por todos os caminhos. E se, nessa direção que o Deus assegura em relação a uma multiplicidade em movimento, se há referência ao território, é na medida em que o deus-pastor sabe onde ficam as campinas férteis, quais são os bons caminhos para chegar lá e quais serão os lugares de repouso favoráveis. A propósito de Jeová, diz o Êxodo: "Tu conduziste com fidelidade esse povo que resgataste, tu o levaste com tua força aos pastos da tua santidade"[34]. Portanto, em oposição ao poder que se exerce sobre a unidade de um território, o poder pastoral se exerce sobre uma multiplicidade em movimento.

Em segundo lugar, o poder pastoral é fundamentalmente um poder benfazejo. Vocês vão me dizer que isso faz parte de todas as caracterizações religiosas, morais e políticas do poder. O que seria um poder que fosse fundamentalmente malfazejo? O que seria um poder que não tivesse por função, destino e justificação fazer o bem? Característica universal, mas com o detalhe de que esse dever de fazer o bem, em todo caso no pensamento grego e creio que também no pensamento romano, não passa afinal de contas de um dos componentes, dentre muitos outros traços, que caracterizam o poder. O poder vai se caracterizar, tanto quanto por seu bem-fazer, por sua onipotência, pela riqueza e por todo o fulgor dos símbolos de que se cerca. O poder vai se definir por sua capacidade de triunfar sobre os inimigos, de derrotá-los, de reduzi-los à escravidão. O poder se definirá também pela possibilidade de conquistar e por todo o conjunto dos territórios, riquezas etc., que terá acumulado. O bem-fazer é apenas uma das características em todo esse feixe pelo qual o poder é definido.

Sendo o poder pastoral, a meu ver, inteiramente definido por seu bem-fazer, ele não tem outra razão de ser senão fazer o bem. É que, de fato, o objetivo essencial, para o poder pastoral, é a salvação do rebanho. Nesse sentido, pode-se dizer, é claro, que não se está muito distante do que é tradicionalmente fixado como o objetivo do soberano – a salvação da pátria –, que deve ser a *lex suprema* do exercício do poder[35]. Mas essa salvação que deve ser assegurada ao rebanho tem um sentido muito preciso nessa temática do poder pastoral. A salvação são, antes de mais nada e essencialmente, os meios de subsistência. Os meios de subsistência abundantes e a alimentação garantida são os bons pastos. O pastor é aquele que alimenta e que alimenta diretamente ou, em todo caso, que alimenta conduzindo às boas campinas, depois certificando-se de que os animais de fato comem e são alimentados adequadamente. O poder pastoral é um poder de cuidado. Ele cuida do rebanho, cuida dos indivíduos do rebanho, zela para que as ovelhas não sofram, vai buscar as que se desgarram, cuida das que estão feridas. E, num texto que é um comentário rabínico um pouco tardio, mas que reflete muito bem tudo isso, explica-se como e por que Moisés foi designado por Deus para conduzir o rebanho de Israel. É que, quando era pastor no Egito, Moisés sabia perfeitamente fazer suas ovelhas pastarem e sabia, por exemplo, que, quando chegava numa campina, devia mandar primeiro para lá as ovelhas mais jovens, que só podiam comer a relva mais tenra, depois mandava as ovelhas um pouco mais velhas, e só depois mandava para a campina as ovelhas mais velhas, as mais robustas também, as que podiam comer a relva mais dura. Assim, cada uma das categorias de ovelhas tinha efetivamente a erva de que necessitava e alimento suficiente. Era ele que presidia essa distribuição justa, calculada e pensada do alimento, e foi então que Jeová, vendo isso, lhe disse: "Já que sabes ter piedade das ovelhas, terás piedade do meu povo, e é a ti que eu o confiarei"[36].

Assim, o poder do pastor se manifesta num dever, numa tarefa de sustento, de modo que a forma – e essa também é uma característica importante, a meu ver, do poder pastoral –, a forma que o poder pastoral adquire não é, inicialmente, a manifestação fulgurante da sua força e da sua superioridade. O poder pastoral se manifesta inicialmente por seu zelo, sua dedicação, sua aplicação infinita. O que é o pastor? Aquele cujo poder fulgura aos olhos dos homens, como os soberanos ou como os deuses, em todo caso os deuses gregos, que aparecem essencialmente pelo seu fulgor? De jeito nenhum. O pastor é aquele que zela. "Zelar", é claro, no sentido de vigilância do que pode ser feito de errado, mas principalmente como vigilância a propósito de tudo o que pode acontecer de nefasto. Ele vai zelar pelo rebanho, afastar a desgraça que pode ameaçar qualquer animal do rebanho. Vai zelar para que as coisas corram o melhor possível para cada um dos animais do rebanho. É assim no caso do Deus hebraico, também é assim no caso do deus egípcio, de que se diz: "Ó Rá, que velas quando todos os homens dormem, que procuras o que é benéfico para teu rebanho..."[37]. Mas por quê? Essencialmente porque ele tem um encargo, que não é definido de início pelo lado honorífico, que é definido de início pelo lado fardo e fadiga. Toda a preocupação do pastor é uma preocupação voltada para os outros, nunca para ele mesmo. Está aí, precisamente, a diferença entre o mau e o bom pastor. O mau pastor é aquele que só pensa no pasto para seu próprio lucro, que só pensa no pasto para engordar o rebanho que poderá vender e dispersar, enquanto o bom pastor só pensa no seu rebanho e em nada além dele. Não busca nem seu proveito próprio no bem-estar do rebanho. Creio que vemos surgir aí, esboçar-se aí um poder cujo caráter é essencialmente oblativo e, de certo modo, transicional. O pastor está a serviço do rebanho, deve servir de intermediário entre ele e os pastos, a alimentação, a salvação, o que implica que o poder pastoral, em si, é sempre um bem. Todas as dimensões de terror e de força ou de violência temível, todos esses poderes inquietantes que fazem os homens tremer diante do poder dos reis e dos deuses, pois bem, tudo isso se apaga quando se trata do pastor, seja ele o rei-pastor ou o deus-pastor.

Enfim, última característica que abrange certo número de coisas que cruzei até aqui, é essa ideia de que o poder pastoral é um poder individualizante. Quer dizer, é verdade que o pastor dirige todo o rebanho, mas ele só pode dirigi-lo bem na medida em que não haja uma só ovelha que lhe possa escapar. O pastor conta as ovelhas, conta-as de manhã, na hora de levá-las à campina, conta-as à noite, para saber se estão todas ali, e cuida delas uma a uma. Ele faz tudo pela totalidade do rebanho, mas faz tudo também para cada uma das ovelhas do rebanho. É aqui que chegamos ao célebre paradoxo do pastor, que adquire duas formas. Por um lado, o pastor tem de estar de olho em todos e em cada um, *omnes et singulatim*[38], o que vai ser precisamente o grande problema tanto das técnicas de poder no pastorado cristão, como das técnicas de poder, digamos, modernas, tais como foram introduzidas nas tecnologias da população de que lhes falava. *Omnes et singulatim*. E, depois, de maneira ainda mais intensa, no problema do sacrifício do pastor em relação ao seu rebanho, sacrifício dele próprio pela totalidade do rebanho, sacrifício da totalidade do rebanho por cada uma das ovelhas. Quero dizer o seguinte: o pastor, nessa temática hebraica do rebanho, o pastor deve tudo ao seu rebanho, a ponto de aceitar sacrificar-se pela salvação do rebanho[39]. Mas, por outro lado, como precisa salvar cada uma das suas ovelhas, será que ele não vai se ver na situação em que, para salvar uma só ovelha, vai ser obrigado a descuidar da totalidade do rebanho? É esse o tema que vocês veem repetir-se indefinidamente ao longo de todas as diferentes sedimentações do texto bíblico, do Gênesis aos comentários rabínicos, tendo precisamente, no centro disso tudo, Moisés. Moisés é aquele que efetivamente aceitou, para ir salvar uma ovelha que se tinha desgarrado, abandonar a totalidade do rebanho. Ele acabou encontrando a ovelha, trouxe-a de volta nos ombros e viu, nesse momento, que o rebanho que ele havia aceitado sacrificar estava salvo, simbolicamente salvo, justamente pelo fato de que ele havia aceitado sacrificá-lo[40]. Estamos aí no centro do desafio, do paradoxo moral e religioso do pastor, enfim do que poderíamos chamar de paradoxo do pastor: sacrifício de um pelo todo, sacrifício do todo por um, que vai estar no cerne da problemática cristã do pastorado.

Em suma, podemos dizer o seguinte: a ideia de um poder pastoral é a ideia de um poder que se exerce mais sobre uma multiplicidade do que sobre um território. É um poder que guia para um objetivo e serve de intermediário rumo a esse objetivo. É, portanto, um poder finalizado, um poder finalizado sobre aqueles mesmos sobre os quais se exerce, e não sobre uma unidade de tipo, de certo modo, superior, seja ela a cidade, o território, o Estado, o soberano [...]* É, enfim, um poder que visa ao mesmo tempo todos e cada um em sua paradoxal equivalência, e não a unidade superior formada pelo todo. Pois bem, creio que as estruturas da cidade grega e do Império Romano eram totalmente estranhas a um poder desse tipo. Vocês dirão que existe, no entanto, certo número de textos na literatura grega em que se faz, de maneira explícita, a comparação entre o poder político e o poder do pastor. Aí está o texto do *Político*, que, como vocês sabem, se empenha precisamente nessa pesquisa, nesse tipo de pesquisa. O que é aquele que reina? O que é reinar? Acaso não é exercer o poder sobre seu rebanho?

Bem, escutem, como estou mesmo muito indisposto, não vou me lançar nesse assunto, vou lhes pedir para ficarmos por aqui. Estou cansado demais. Volto a falar disso, do problema

....
* Palavra inaudível.

do *Político*, da próxima vez, em Platão. Gostaria simplesmente de lhes indicar *grosso modo*... Bem, se eu lhes dei esse pequeno esquema um bocado mal-ajambrado, é que me parece que temos aqui um fenômeno importantíssimo, que é o seguinte: essa ideia de um poder pastoral, completamente alheio, em todo caso consideravelmente alheio ao pensamento grego e romano, foi introduzido no mundo ocidental por intermédio da Igreja cristã. Foi a Igreja cristã que coagulou todos esses temas de poder pastoral em mecanismos precisos e em instituições definidas, foi ela que realmente organizou um poder pastoral ao mesmo tempo específico e autônomo, foi ela que implantou seus dispositivos no interior do Império Romano e que organizou, no coração do Império Romano, um tipo de poder que, creio eu, nenhuma outra civilização havia conhecido. Porque é de fato este, afinal, o paradoxo, sobre o qual eu gostaria de me deter nas próximas aulas: é que, de todas as civilizações, a do Ocidente cristão foi sem dúvida, ao mesmo tempo, a mais criativa, a mais conquistadora, a mais arrogante e, sem dúvida, uma das mais sangrentas. Em todo caso, é uma das que certamente praticaram as maiores violências. Mas, ao mesmo tempo – e é este o paradoxo sobre o qual gostaria de insistir –, o homem ocidental aprendeu durante milênios o que nenhum grego sem dúvida jamais teria aceitado admitir, aprendeu durante milênios a se considerar uma ovelha entre as ovelhas. Durante milênios, ele aprendeu a pedir sua salvação a um pastor que se sacrifica por ele. A forma de poder mais estranha e mais característica do Ocidente, aquela que também viria a ter a fortuna mais vasta e duradoura, creio que não nasceu nas estepes nem nas cidades. Ela nasceu no âmbito do homem de natureza, não nasceu no âmbito dos primeiros impérios. Essa forma de poder tão característica do Ocidente, tão única, creio, em toda a história das civilizações, nasceu, ou pelo menos inspirou seu modelo no pastoreio, na política considerada assunto de pastoreio.

NOTAS

1. Cf. a aula precedente (1º de fevereiro), p. 137-8 e 140-1, a propósito da economia como "ciência do governo", e p. 141-2, "uma arte de governar que agora transpôs o limiar de uma ciência política".
2. Sobre essa noção, cf. *supra*, aula de 18 de janeiro, p. 44-5.
3. R. Castel, *L'Ordre psychiatrique. L'âge d'or de l'aliénisme*, Paris, Minuit, "Le sens commun", 1976 [ed. bras.: *A ordem psiquiátrica*, Graal, 1991].
4. Cf. *ibid.*, cap. 3, p. 138-52 ("L'aliéniste, l'hygiéniste et le philanthrope"). Cf. p. 142-3, as citações do folheto de apresentação dos *Annales d'hygiène publique et de médecine légale*, criados em 1829 por Marc e Esquirol ("a higiene pública, que é a arte de conservar a saúde dos homens reunidos em sociedade [...] está destinada a ter um grande desenvolvimento e a proporcionar numerosas aplicações ao aperfeiçoamento das nossas instituições").
5. *Ibid.*, cap. 1, p. 39-50 ("Le criminel, l'enfant, le mendiant, le prolétaire et le fou").
6. *Ibid.*, cap. 5, p. 208-15 ("Les opérateurs politiques").
7. É no curso de 1973-1974 sobre *Le pouvoir psychiatrique*, *op. cit.*, que Foucault, tornando sobre diversos pontos que considerava contestáveis da *Histoire de la folie*, questiona pela primeira vez a crítica do poder psiquiátrico em termos de instituição e lhe opõe a crítica baseada na análise das relações de poder, ou microfísica do poder. Cf. a aula de 7 de novembro de 1973, p. 16: "[...] não creio que a noção de instituição seja muito satisfatória. Parece-me que ela encerra certo número de perigos porque, a partir do momento em que se fala de instituições, fala-se, no fundo, ao mesmo tempo de indivíduos e de coletividade, o indivíduo, a coletividade e as regras que os regem já estão dados, e, por conseguinte, podem-se precipitar aí todos os discursos psicológicos ou sociológicos. [...] O importante, portanto, não são as regularidades institucionais, mas muito mais as disposições de poder, as redes, as correntes, as intermediações, os pontos de apoio, as diferenças de potencial que caracterizam uma forma de poder e que, creio, são constitutivos ao mesmo tempo do indivíduo e da coletividade". E a aula de 14 de novembro de 1973, p. 34: "Sejamos bastante

anti-institucionalistas". Cf. também *Surveiller et Punir*, *op. cit.*, p. 217: "A 'disciplina' não pode se identificar nem com uma instituição nem com um aparelho".

8. Jeremy Bentham (1748-1832), *Panopticon, or the Inspection-House...*, in *Works*, ed. J. Bowring, Edimburgo, Tait, 1838-1843, t. IV, p. 37-66 / *Panoptique. Mémoire sur un nouveau principe pour construire des maisons d'inspection, et nommément des maisons de force*, trad. fr. E. Dumont, Paris, Imprimerie nationale, 1791; reed. *in Oeuvres de Jérémy Bentham*, ed. por E. Dumont, Bruxelas, Louis Hauman et Cie, t. 1, 1829, p. 245-62 (texto reproduzido em J. Bentham, *Le Panoptique*, precedido de "L'oeil du pouvoir", [citado *supra*, p. 33, nota 11], e seguido da tradução por M. Sissung da primeira parte da versão original do *Panopticon*, tal como Bentham a publicou na Inglaterra em 1791). Cf. *Surveiller et Punir*, p. 201-6.

9. Cf. "L'éthique du souci de moi comme pratique de la liberté" (janeiro de 1984), *DE*, IV, nº 356, p. 726: "Fizeram-me dizer que a loucura não existia, quando o problema era absolutamente inverso: tratava-se de saber como a loucura, sob as diferentes definições que puderam lhe dar, pôde, num momento dado, ser integrada num campo institucional que a constituía como doença mental que tem certo lugar ao lado de outras doenças". Era assim, por exemplo, segundo Paul Veyne, que Raymond Aron compreendia a *Histoire de la folie*.

10. Cf. Paul Veyne, "Foucault révolutionne l'histoire" (1978), *in id., Comment on écrit l'histoire*, Paris, Le Seuil, "Points Histoire", 1979, p. 229 [ed. bras.: *Como se escreve a história*, Brasília, UNB, 1998]: "Quando mostrei a Foucault as presentes páginas, ele me disse mais ou menos o seguinte: 'Pessoalmente, nunca escrevi que *a loucura não existe*, mas pode-se escrever isso; porque, para a fenomenologia, a loucura existe, mas não é uma coisa, quando se deve dizer, ao contrário, que a loucura não existe, mas que nem por isso ela é nada'".

11. O manuscrito (folha não numerada, inserida entre as páginas 14 e 15) remete ao *Dictionnaire de l'ancienne langue française et de tous ses dialectes du IXe au XVe siècle*, de Frédéric Godefroy, Paris, F. Vieweg, 1885, t. IV.

12. "Un petit chemin si estroit, qu'un homme a cheval seroit assez empesché de passer outre, ne deux hommes ne s'y pourroyent gouverner" (Froissart, *Chroniques*, 1559, livro I, p. 72; citado por F. Godefroy, *Dictionnaire*, p. 326).

13. "Si y avoit a Paris plus de blé que homme qui fust ne en ce temps y eust oncques voeu de son age, car on tesmoignoit qu'il y en avoit pour bien gouverner Paris pour plus de 2 ans entiers" (*Journal de Paris sous Charles VI*, p. 77; citado por F. Godefroy, *Dictionnaire*, p. 325).

14. "Il n'y avoit de quoy vivre ni gouverner sa femme qui estoit malade" (1425, Arch. JJ 173, peça 186; citado por F. Godefroy, *ibid.*).

15. "Pour ces jours avait ung chevalier et une dame de trop grand gouvernement, et se nommoit li sires d'Aubrecicourt" (Froissart, *Chroniques*, t. II, p. 4; citado por F. Godefroy, *ibid.*).

16. "Une grosse ville non fermee qui s'appelle Senarpont et se gouverne toute de la draperie" (Froissart, *Chroniques*, livro V; citado por F. Godefroy, *ibid.*, p. 326).

17. "De laquelle bateure icellui Philipot a esté malade par l'espace de trois semaines ou environ, tant a l'Ostel Dieu ou il fu porté comme en son hostel, et depuis, par son mauvais gouvernement, est alé de vie a trespassement" (1423, Archives JJ 172; peça 186; citado por F. Godefroy, *ibid.*, p. 325).

18. "Une fille qui avoit esté de mauvais gouvernement" (H. Estienne, *Apol. P. Hérod.*, c. 15; citado por F. Godefroy, *ibid.*).

19. "Il fit bonne chere a tous, voire aux principaux des Seize, qui le gouvernerent pendant son souper" (Pasq., *Lett.*, XVII, 2; citado por F. Godefroy, *ibid.*).

20. "Un quidam qui gouvernait la femme de son voisin et l'alloit voir si souvent qu'a la fin le mary s'en aperçut" (G. Bouchet, *Serées*, l. III, p. 202; citado por F. Godefroy, *ibid.*; citado igualmente por Littré, *Dictionnaire de la langue française*, Paris, J.-J. Pauvert, 1957, t. 4, p. 185).

21. Sófocles, *Édipo rei*, trad. fr. de P. Masqueray, *Oedipe roi*, Paris, Les Belles Lettres, "Collection des universités de France", 1940. Foucault interessou-se várias vezes por essa peça nos anos 1970-1980. Cf. o curso de 1970-1971, "La Volonté de savoir", 12ª aula (retomada em conferência em Cornell em outubro de 1972); "La Vérité et les formes juridiques" (1974), *DE*, II, nº 139, p. 553-68; as primeiras aulas do curso de 1979-1980, "Du gouvernement des vivants" (16 de janeiro, 23 de janeiro e 1º de fevereiro de 1980); o seminário de Louvain, maio de 1981, "Mal dire, dire vrai. Fônctions de l'aveu" (inédito).

22. Na realidade, a imagem só aparece uma vez no texto do *Édipo rei*. Cf. trad. fr. de R. Pignarre, Paris, Garnier, 1964; reed. GF, 1995, p. 122: (Coro): "Meu rei, eu te disse e de novo te digo, / darei prova de loucura e de tolice, / se abandonasse a ti / que, quando meu país

penava na tempestade, / foste o bom vento que o guiou. Ah! novamente, / se tu podes, leva-nos hoje a bom porto". Mas é recorrente na obra de Sófocles: *Ajax*, 1082, *Antígona*, 162, 190 (cf. P. Louis, *Les Métaphores de Platon*, *op. cit.*, p. 156, n. 18).

23. Foi a partir da 12ª dinastia, sob o Médio Império, no início do 2º milênio, que os faraós foram designados como pastores do seu povo. Cf. D. Müller, "Der gute Hirt. Ein Beitrag zur Geschichte ägyptischer Bildrede", *Zeitschrift für ägypt. Sprache*, 86, 1961, p. 126-44.

24. A qualificação do rei como pastor (*re'~u*) remonta a Hamurabi (c. 1728-1686). A maioria dos reis assírios, até Assurbanipal (669-626) e os monarcas neobabilônicos, adotou esse costume. Cf. L. Dürr, *Ursprung und Ausbau der israelitisch-jüdischen Heilandserwartung. Ein Beitrag zur Theologie des Alten Testaments*, Berlim, C. A. Schwetschke & Sohn, 1925, p. 116-20.

25. Cf. I. Seibert, *Hirt – Herde – König. Zur Herausbildung des Königtums in Mesopotamien*, Berlim (Deutsche Akademie der Wissenschaft zu Berlin. Schriften der Sektion für Altertumwissenschaft, 53), 1969.

26. "Hymne à Amon-Rê" (Cairo, c. 1430 a.C.), *in* A. Barucq & F. Daumas, *Hymnes et Prières de l'Égypte ancienne*, nº 69, Paris, Le Cerf, 1980, p. 198.

27. Fonte não identificada. Sobre a origem divina do poder real, que a imagem do pastor exprime, cf. I. Seibert, *Hirt – Herde – König*, p. 7-9.

28. Existe, sobre esse tema, uma literatura abundante. Cf. W. Jost, *Poimen. Das Bild vom Hirten in der biblischen Überlieferung und seine christologische Bedeutung*, Giessen, Otto Kindt, 1939; G. E. Post, verbete "Sheep", in *Dictionary of the Bible*, t. 4, Edimburgo, 1902, p. 486-7; V. Hamp, "Das Hirtmotiv im Alten Testament", *in Festschrift Kard. Faulhaber*, Munique, J. Pfeiffer, 1949, p. 7-20; *id.*, verb. "Hirt", *in Lexikon für Theologie und Kirche*, Friburgo em Breisgau, 1960, col. 384-386. Sobre o Novo Testamento: Th. H. Kempf, *Christus der Hirt. Ursprung und Deutung einer altchristlichen Symbolgestalt*, Roma, Officium Libri Catholici, 1942; J. Jeremias, verb. "Ποιμήν", *in Theologisches Wörterbuch zum Neuen Testament*, Bd. 6, 1959, p. 484-501. Assinalemos também, entre os estudos mais recentes, o verbete de P. Grelot, "Berger", *in Dictionnaire de spiritualité ascétique et mystique*, Paris, Bauchesne, t. 12, 1984, col. 361-72, e a boa síntese, acompanhada de uma riquíssima bibliografia, de D. Peil, *Untersuchungen zur Staats- und Herrschaftsmetaphorik*

in literarischen Zeugnissen von der Antike bis zur Gegenwart, Munique, W. Fink, 1983, p. 29-164 ("Hirt und Herde").

29. Esse título ainda não lhe é diretamente aplicado nos livros históricos e sapienciais. Cf. o livro II de Samuel 5, 2; 24, 17; Salmos, 78, 70-72: Deus lhe confia o cuidado de "pastorear" o povo de Israel, e Davi designa este último como "rebanho". Em compensação, é frequente nos livros proféticos: cf. por exemplo Ezequiel 34, 23; 37, 24 ("Meu servo Davi reinará sobre eles [= os filhos de Israel]; haverá um só pastor para todos eles"). Como sugere Foucault, a imagem do pastor às vezes é empregada para designar os reis pagãos: cf. Isaías 44, 28 (a propósito de Ciro); Jeremias 25, 34.

30. Cf. Gênesis 48, 15; Salmos 23, 1-4; 80, 2; Isaías 40, 11; Jeremias 31, 10; Ezequiel 34, 11-16; Zacarias 11, 4-14. Cf. W. Jost, *Poimen*, p. 19 ss. As ocorrências da aplicação do vocabulário pastoral ("guiar", "conduzir", "recolher [no redil]", "levar ao pasto" etc.) a Jeová são evidentemente muito mais numerosas. Cf. J. Jeremias, "Ποιμήν" in *op. cit.*, 486.

31. Cf. Jeremias 17, 16 (mas a tradução dessa passagem é contestada); Amós 1, 1; 7, 14-15 (W. Jost, *op. cit.*, p. 16).

32. Cf. Isaías 56, 11; Jeremias 2, 8; 10, 21; 12, 10, 23, 1-3; Ezequiel 34, 2-10 ("Ai dos pastores de Israel que se apascentam a si mesmos. Não devem os pastores apascentar o rebanho? Vós vos nutristes de leite, vos vestistes de lã, sacrificastes as ovelhas mais gordas, mas não fizestes o rebanho pastar. Não fortificastes as ovelhas fracas, não cuidastes da que estava doente, não curastes a que estava ferida. Não trouxestes a que se desgarrava, não procurastes a que estava perdida. Mas vós as dominastes com violência e dureza"); Zacarias 10, 3; 11, 4-17; 13, 7.

33. Salmos 68, 8.

34. Êxodo 15, 13.

35. M. Foucault faz alusão aqui à máxima "Salus populi suprema lex esto", cuja primeira ocorrência se encontra – com um sentido bem diferente – em Cícero (*De legibus*, 3, 3, 8, a propósito do dever dos magistrados de aplicar zelosamente a lei) e que foi retomada a partir do século XVI pela maioria dos teóricos absolutistas. Cf. *supra* (p. 152, nota 27), a citação do *De officio hominis et civis* de Pufendorf.

36. Cf. J. Engemann, verbete "Hirt", *in Reallexikon für Antike und Christentum*, Stuttgart, t. 15, 1991, col. 589: "Andererseits bleibt ihnen (= den Rabbinen) dennoch bewusst, dass Mose, gerade weil er ein

guter Hirt war, von Gott erwählt wurde, das Volk Israel zu führen (Midr. Ex. 2, 2); cf. L. Ginzberg, *The legends of the Jews* 7 [trad. do alemão por Henrietta Szold] (Philadelphia [Jewish Publ. Soc. of America] 1938) Reg. s.v. shepherd." Cf. igualmente Fílon de Alexandria, *De vita Mosis*, I, 60 (*apud* D. Peil, *Untersuchungen...*, *op. cit.*, p. 43 n. 59); Justino, *Apol.* 62, 3 (segundo W. Jost, *Poimen*, p. 14, n. 1).

37. Frase já citada acima, p. 167.

38. Cf. a conferência "'Omnes et singulatim': towards a criticism of political reason", pronunciada por Foucault na universidade de Stanford em outubro de 1979 ("'Omnes et singulatim': vers une critique de la raison politique", trad. fr. P.-E. Dauzat, *DE*, IV, nº 291, p. 134-61).

39. Cf. João 11, 50; 18, 14: "É conveniente que um só homem morra por todo o povo".

40. Cf. a aula seguinte (15 de fevereiro), p. 202-3.

AULA DE 15 DE FEVEREIRO DE 1978

Análise do pastorado (continuação). – O problema da relação pastor-rebanho na literatura e no pensamento grego: Homero, a tradição pitagórica. Raridade da metáfora do pastor na literatura política clássica (Isócrates, Demóstenes). – Uma exceção maior: o *Político* de Platão. O uso da metáfora nos outros textos de Platão (*Crítias, Leis, República*). A crítica da ideia de um magistrado-pastor no *Político*. A metáfora pastoral aplicada ao médico, ao agricultor, ao ginasta e ao pedagogo. – A história do pastorado no Ocidente como modelo de governo dos homens é indissociável do cristianismo. Suas transformações e suas crises até o século xviii. Necessidade de uma história do pastorado. – Características do "governo das almas": poder globalizante, coextensivo à organização da Igreja e distinto do poder político. – O problema das relações entre poder político e poder pastoral no Ocidente. Comparação com a tradição russa.

Nessa exploração do tema da governamentalidade, eu havia iniciado um vaguíssimo esboço, não da história, mas de algumas referências que permitem fixar um pouco o que creio ter sido tão importante no Ocidente e que se pode chamar, que é efetivamente chamado de pastorado. Tudo isso, essas reflexões sobre a governamentalidade, esse vago esboço do pastorado, não deve ser tido como ponto pacífico, é claro. Não é um trabalho acabado, não é nem mesmo um trabalho feito, é um trabalho em andamento, com tudo o que isso pode comportar de imprecisões, de hipóteses – enfim, são pistas possíveis, para vocês, se quiserem, para mim, talvez.

Bom, eu havia insistido um pouco a última vez sobre esse tema do pastorado e havia tentado mostrar a vocês que a relação pastor-rebanho, para designar a relação seja de Deus com os homens, da divindade com os homens, seja do soberano com seus súditos, essa relação pastor-rebanho havia sido, sem dúvida, um tema presente, frequente, na literatura egípcia faraônica, na literatura assíria também, que havia sido em todo caso um tema insistente entre os hebreus e que, em compensação, não me parecia que essa mesma relação pastor-rebanho havia tido alguma importância para os gregos. Parece-me inclusive que a relação pastor-rebanho não é para os gregos um bom modelo político. Creio que se pode fazer um certo número de objeções a isso, e da última vez, aliás, alguém veio me dizer que não estava de acordo sobre esse tema e sobre esse ponto. Então, se me permitem, gostaria de tentar por uns dez minutos delinear um pouco esse problema da relação pastor-rebanho na literatura e no pensamento gregos.

Parece-me de fato que podemos dizer que o tema da relação pastor-rebanho, para designar a relação do soberano ou do responsável político com seus súditos ou concidadãos, está presente nos gregos, e apoiar essa afirmação em três grupos possíveis de referências. Primeiro, claro, no vocabulário homérico. Todo o mundo sabe que, na *Ilíada*, essencialmente a propósito de Agamêmnon, mas também na *Odisseia*, temos toda uma série de referências que designam o rei como pastor dos povos, como *poimén laôn*, denominação ritual[1]*. É inegável, e creio que isso se explica facilmente, na medida em que, em toda a literatura indo-europeia, essa é de fato uma denominação ritual do soberano, que encontramos justamente na literatura assíria; é uma denominação ritual, a que consiste em dirigir-se ao soberano chamando-o de "pastor dos povos". Há um grande número de estudos sobre isso. Remeto-os por exemplo ao de Rüdiger Schmitt, num livro alemão sobre a poesia, as expressões poéticas na época indo-europeia. É um livro de 1967[2]. [Nas páginas] 283-284 vocês encontrarão toda uma série de referências a essa expressão – *poimén laôn*, pastor dos povos –, que é arcaica, que é precoce, que também é tardia já que vocês a encontram, por exemplo, nos poemas

....

* M. Foucault, no manuscrito, cita as seguintes referências: *Ilíada*, II, 253; *Odisseia*, III, 156; XIV, 497.

em inglês antigo do *Beowulf*[3], onde o soberano é designado como pastor dos povos ou pastor do país.

Segunda série de textos: são os que se referem explicitamente à tradição pitagórica, nos quais, desde o início até o neopitagorismo, até os textos do pseudo-Arquitas citados por Estobeu[4], vocês também encontrarão referências ao modelo do pastor. E isso essencialmente em torno de dois ou três temas. Primeiro, a etimologia tradicionalmente aceita pelos pitagóricos, que pretende que *nómos*, lei, venha de *nomeús*, isto é, pastor. O pastor é aquele que faz a lei, na medida em que é ele que distribui o alimento, que dirige o rebanho, que indica a direção correta, que diz como as ovelhas devem cruzar para ter uma boa progenitura. Tudo isso, função do pastor, que dita a lei ao seu rebanho. Daí a denominação de Zeus como *Nómios*. Zeus é o deus-pastor, o deus que concede às ovelhas o alimento de que necessitam. Enfim, sempre nessa mesma literatura de tipo pitagórico, vocês encontram a ideia de que o que caracteriza o magistrado não é tanto seu poder, sua força, a capacidade que tem de decidir. O magistrado, para os pitagóricos, é antes de mais nada o *philánthropos*, aquele que ama seus administrados, aquele que ama os homens que a ele estão submetidos, aquele que não é egoísta. O magistrado, por definição, é cheio de zelo e de solicitude, tal como o pastor. "A lei não é feita para ele", magistrado, ela é feita primeiro e antes de tudo "para seus administrados"[5]. Trata-se portanto, com certeza, de uma tradição bastante coerente, uma tradição duradoura que, durante toda a Antiguidade, manteve esse tema fundamental, de que o magistrado, aquele que decide na cidade, é antes de mais nada, essencialmente, um pastor. Mas, é claro, essa tradição pitagórica é uma tradição, se não marginal, em todo caso limite.

Como ela aparece – é a terceira série de textos a que eu fazia referência –, como ela aparece no vocabulário político clássico? Encontramos aí duas teses, por assim dizer. Uma, do alemão Gruppe, em sua edição dos fragmentos de

Arquitas[6], que explica que, na verdade, a metáfora do pastor praticamente não está presente entre os gregos, salvo onde possa ter havido influência oriental, mais precisamente influência hebraica, que os textos em que o pastor é representado como modelo do bom magistrado são textos significativos, densos, que se referem a uma ideologia ou a um tipo de representação política tipicamente oriental, mas que esse tema está absolutamente limitado aos pitagóricos. Onde vocês encontram referência ao pastor, há que enxergar uma influência pitagórica, logo uma influência oriental.

A essa tese se opõe a de Delatte, em *A política dos pitagóricos*[7], Delatte que diz: não, de jeito nenhum, o tema do pastor como modelo ou personagem político é um lugar-comum. Não pertence em absoluto aos pitagóricos. Não traduz nenhuma influência oriental e, no fim das contas, é um tema relativamente sem importância, uma espécie de lugar-comum do pensamento, ou melhor, simplesmente do vocabulário, da retórica política da época clássica[8]. De fato, essa tese de Delatte, essa afirmação de Delatte é apresentada como tal, ele não fundamenta essa afirmação de que o tema do pastor é um lugar-comum no pensamento ou no vocabulário político da época clássica em nenhuma referência precisa. Mas, quando observamos os diferentes índices que poderiam relacionar na literatura grega os empregos de palavras como "apascentar", "pastor", "pai", palavras como *poimén, nomeús*, ficamos mesmo assim um bocado surpresos. Por exemplo, o *Index isokráteios* não traz nenhuma referência à palavra *poimén*, à palavra *nomeús*. Ou seja, não parece que em Isócrates se possa encontrar nem mesmo a expressão de apascentar, pastorear ou pastor. E, num texto preciso, o *Areopagítico*, em que Isócrates descreve com muita precisão os deveres do magistrado[9], o seguinte fato nos surpreende: do bom magistrado e daquele que deve zelar pela boa educação da juventude, desse magistrado, Isócrates dá uma descrição muito precisa, muito prescritiva, muito densa. Toda uma série de deveres e de tarefas incumbem a esse magistrado. Ele deve cuidar dos jovens, deve vigiá-los sem cessar, deve zelar não apenas por sua educação, mas também por sua alimentação, pela maneira como se comportam, pela maneira como se desenvolvem, até mesmo pela maneira como se casam. Estamos bem perto da metáfora do pastor. Ora, a metáfora do pastor não aparece. Vocês praticamente também não vão encontrar em Demóstenes esse tipo de metáfora. Logo, no que se chama de vocabulário político clássico da Grécia, a metáfora do pastor é uma metáfora rara[10].

Rara, com uma exceção, claro, e uma exceção maior, capital: ela está em Platão. Nele vocês veem toda uma série de textos em que o bom magistrado, o magistrado ideal é considerado o pastor. Ser um bom pastor é não apenas ser o bom, mas principalmente o verdadeiro, o magistrado ideal. Isso no *Crítias*[11], na *República*[12], nas *Leis*[13] e no *Político*[14]. Esse texto do *Político* creio que deve ser tratado à parte. Vamos deixá-lo de lado por enquanto e pegar os outros textos de Platão, em que essa metáfora do pastor-magistrado é utilizada. O que é que a gente vê? Parece-me que a metáfora do pastor, nos outros textos de Platão – quer dizer, todos menos *O político* –, essa metáfora do pastor é empregada de três maneiras.

Primeiro, para designar qual foi a modalidade específica, plena e bem-aventurada do poder dos deuses sobre a humanidade nos primeiros tempos da sua existência e antes que a desgraça ou a dureza dos tempos houvesse mudado a condição daquela. Os deuses são, originariamente, os pastores da humanidade. Os deuses é que alimentaram [os homens]*, que os guiaram, que lhes proporcionaram sua alimentação, seus princípios gerais de conduta, que zelaram pela sua felicidade e pelo seu bem-estar. É isso que vocês encontram no *Crítias*[15], que voltarão a encontrar no *Político*, e vocês vão ver o que, a meu ver, isso significa.

....
* M.F.: que os alimentaram.

Em segundo lugar, vocês também encontram textos nos quais o magistrado do tempo atual, do tempo de dureza, do tempo posterior à grande felicidade da humanidade presidida pelos deuses, também é considerado um pastor. Mas há que entender que o magistrado-pastor nunca é considerado nem como o fundador da cidade, nem como quem lhe deu suas leis essenciais, mas como o magistrado principal. O magistrado-pastor – nas *Leis* isso é bem característico, perfeitamente claro –, o magistrado-pastor é na verdade um magistrado subordinado. Ele é meio intermediário entre o cão de guarda propriamente dito, digamos brutalmente, o policial, e aquele que é o verdadeiro senhor ou legislador da cidade. No livro x das *Leis*, vocês veem que o magistrado-pastor é contraposto, de um lado, aos animais predadores que ele tem de manter longe do seu rebanho, mas também é diferente dos senhores, que estão na cúpula do Estado[16]. Logo funcionário-pastor, claro, mas apenas funcionário. Ou seja, não é tanto a própria essência da função política, a essência mesma do que é o poder na cidade, que será representada pelo pastor, mas simplesmente uma função lateral, uma função que o *Político* chamará justamente de adjuvante[17], que é assim designada.

Enfim, terceira série de textos, ainda em Platão e com exceção do *Político*, são os textos da *República*, em particular no livro I, a discussão com Trasímaco, em que Trasímaco diz, como se se tratasse de uma obviedade ou de um lugar-comum, em todo caso de um tema familiar: sim, claro, vão dizer que o bom magistrado é aquele que é um verdadeiro pastor. Contudo, vamos ver um pouco o que o pastor faz. Você acredita mesmo, diz Trasímaco, que o pastor é o homem que tem em vista essencialmente e até exclusivamente o bem do seu rebanho? O pastor só se empenha na medida em que isso pode lhe proporcionar um retorno, ele só se empenha por seus animais tendo em vista o dia em que poderá sacrificá-los, matá-los ou vendê-los. É por egoísmo que o pastor age como age e finge se dedicar aos seus animais. Logo, diz Trasímaco, essa comparação com o pastor não é em absoluto tópica para caracterizar a virtude necessária ao magistrado[18]. Ao que se responde a Trasímaco: mas esse que você define assim não é o bom pastor, não é o verdadeiro pastor, não é o pastor pura e simplesmente, é a caricatura do pastor. Um pastor egoísta é uma coisa contraditória. O verdadeiro pastor é justamente aquele que se dedica inteiramente ao seu rebanho e não pensa em si mesmo[19]. É certo que temos aí... quer dizer, é provável em todo caso que tenhamos aí uma referência explícita, se não a esse lugar-comum que não parece ser tão comum no pensamento grego, pelo menos a um tema familiar, conhecido de Sócrates, de Platão, dos círculos [platônicos], que era o tema pitagórico. É esse tema pitagórico do magistrado-pastor, da política como pastoreio, é esse tema que aflora, creio, claramente no texto da *República*, no livro I.

É justamente com este que vai debater o grande texto do *Político*, porque o grande texto do *Político* tem por função, precisamente, parece-me, colocar diretamente e, de certo modo, em cheio, o problema de saber se efetivamente se pode caracterizar, não este ou aquele magistrado da cidade, mas o magistrado por excelência, ou melhor, a própria natureza do poder político tal como se exerce na cidade, se se pode efetivamente analisá-la a partir desse modelo da ação e do poder do pastor sobre seu rebanho. Será que a política pode efetivamente corresponder a essa forma da relação pastor-rebanho? É a questão fundamental, em todo caso uma das dimensões fundamentais do *Político*. E a essa questão o texto inteiro responde "não", e um não que me parece bastante circunstanciado para que se possa ver nele uma rejeição formal do que Delatte chamava, parece-me que equivocadamente, de lugar-comum, mas que devemos reconhecer como um tema familiar à filosofia pitagórica: o chefe na cidade deve ser o pastor do rebanho.

Rejeição desse tema portanto. Vocês sabem – vou simplesmente retomar de forma esquemática o desenrolar do

Político –, vocês sabem em linhas gerais como é feita essa rejeição da metáfora do pastor. O que é um homem político, o que é o homem político? Só se pode defini-lo, é claro, pelo conhecimento específico e pela arte particular que lhe permitem exercer efetivamente, como tem de ser, como deve ser, sua ação de homem político. Essa arte, esse conhecimento que caracteriza o homem político é a arte de prescrever, a arte de comandar. Ora, quem comanda? Claro, um rei comanda. Mas, afinal de contas, um adivinho que transmite as ordens do deus, um mensageiro, um arauto que traz o resultado das deliberações de uma assembleia, mas afinal o patrão dos remadores num barco, estes também comandam, dão ordens. É preciso portanto reconhecer, entre toda essa gente que efetivamente dá ordens, quem é verdadeiramente o homem político e qual é a arte propriamente política que corresponde à função do magistrado. Donde análise do que é prescrever, e essa análise se faz, num primeiro tempo, da seguinte maneira. Há duas maneiras de prescrever, diz Platão. Podem-se prescrever as ordens que você mesmo dá, podem-se prescrever as ordens que um outro dá: é o que faz o mensageiro ou o arauto, é o que faz o patrão dos remadores, é o que também faz o adivinho. Já transmitir as ordens que um mesmo dá, é evidente que é isso que o homem político faz[20]. Essas ordens que alguém dá e transmite em seu próprio nome, a quem podem ser dadas? Elas podem dizer respeito a coisas inanimadas. É o que vai fazer, por exemplo, o arquiteto, que vai impor sua vontade e suas decisões a essas coisas inanimadas que são a madeira e a pedra. Pode-se também impô-las a coisas animadas, essencialmente a seres vivos. É evidentemente nesse lado que se deve situar o homem político, em oposição aos arquitetos. Ele vai prescrever a seres vivos portanto[21]. Você pode prescrever a seres vivos de duas maneiras. Ou prescrevendo a indivíduos singulares: a seu cavalo ou ao par de bois que você conduz. Podem-se também dar prescrições a animais que vivem em rebanho, formados em rebanho, a toda uma coletividade de animais. É evidente que o homem político está mais desse lado. Ele vai comandar portanto seres que vivem em rebanho[22]. Podem-se enfim dar ordens ou a esses seres vivos que são os animais, qualquer um, todos os animais, ou a essa espécie particular de seres vivos que são os humanos. É evidentemente aqui que se encontra o homem político. Ora, o que é dar ordens a um rebanho de seres vivos, animais ou homens? É evidentemente ser seu pastor. Temos portanto a seguinte definição: o homem político é o pastor dos homens, é o pastor desse rebanho de seres vivos que a população de uma cidade constitui[23]. Em sua canhestrez evidente, é claro que esse resultado registra, se não um lugar-comum, pelo menos uma opinião familiar e que o problema do diálogo vai ser precisamente o de saber como se pode escapar desse tema familiar.

E o movimento pelo qual se escapa desse tema familiar, o homem político como pastor do rebanho, esse movimento, creio eu, se desenrola em quatro etapas. Primeiro, retoma-se esse método de divisão, tão tosco e tão simplista em seus primeiros momentos. De fato, uma objeção aparece de imediato: o que significa opor assim todos os animais, quaisquer que sejam, aos homens? Má divisão, diz Platão referindo-se ao problema de método [...]*[24]. Não se podem pôr todos os animais de um lado e todos os homens do outro. É preciso fazer divisões que sejam realmente divisões plenas, de ambos os lados, boas divisões por metades equivalentes. A propósito desse tema, de que o magistrado é alguém que zela [por] um rebanho, vai ser necessário portanto distinguir os diferentes tipos de animais, vai ser necessário distinguir os animais selvagens dos animais pacatos e domésticos[25]. Os homens pertencem a essa segunda categoria. Entre os animais domésticos ou pacatos, os que vivem na água e os que vivem na terra. O homem deve ser posto entre os que vivem na terra.

....
* Algumas palavras inaudíveis.

Os que vivem na terra devem se dividir em voláteis e pedestres, nos que têm chifres, nos que não têm chifres, nos que têm o pé fendido, nos que não têm o pé fendido, nos que podem ser cruzados, nos que não podem ser cruzados. E a divisão se perde assim em suas subdivisões, mostrando com isso que, quando se procede desse modo, isto é, partindo desse tema familiar – o magistrado é um pastor, mas é o pastor de quem? –, não se chega a lugar nenhum. Em outras palavras, quando, nessa definição, toma-se como invariante "magistrado = pastor" e se faz variar o objeto sobre o qual se exerce essa relação, o poder do pastor, nesse momento podem-se ter todas as classificações que se quiser dos animais possíveis, aquáticos, não aquáticos, pedestres, não pedestres, com pé fendido, sem pé fendido etc., vai-se ter uma tipologia dos animais, mas não se avançará nada na questão fundamental que é a seguinte: o que é essa arte de prescrever? Como invariante, o tema do pastor é totalmente estéril e sempre nos remete às variações possíveis nas categorias animais[26].

Donde a necessidade de retomar o procedimento, e é esse o segundo momento nessa crítica do tema, segundo momento que consiste em dizer: agora é preciso ver em que consiste ser pastor. Ou seja, fazer variar o que havia sido até então admitido como a invariante da análise. O que é ser pastor, em que consiste? Pode-se portanto responder assim: ser pastor quer dizer, em primeiro lugar, ser o único a ser pastor num rebanho. Nunca há vários pastores por rebanho. Um só. E, por outro lado, a propósito das formas de atividade, percebe-se que o pastor é alguém que deve fazer uma porção de coisas. Deve garantir a alimentação do rebanho. Deve cuidar das ovelhas mais jovens. Deve tratar das que estão doentes ou feridas. Deve conduzi-las pelos caminhos dando-lhes ordens ou eventualmente tocando música. Deve arranjar as uniões para que as ovelhas mais vigorosas e mais fecundas deem os melhores cordeiros. Portanto um só pastor e toda uma série de funções diferentes[27]. Agora retomemos isso e apliquemos ao gênero humano ou à cidade. O que se vai [dizer]*? O pastor humano deve ser único, está certo, só pode haver um magistrado ou, em todo caso, um rei. Mas todas essas atividades de alimentação, de cuidados, de terapêutica, de arranjo das uniões, quem vai se encarregar delas na cidade, quem pode ser encarregado, quem é de fato encarregado delas? É aí que o princípio da unidade do pastor, da unicidade do pastor é imediatamente contestado e que se vê nascer o que Platão chama de rivais do rei, os rivais do rei em matéria de pastorado. Se o rei for de fato definido como um pastor, por que não se dirá que o agricultor que alimenta os homens, ou o padeiro que faz o pão e que fornece alimento aos homens não são tão pastores da humanidade quanto o pastor do rebanho quando conduz as ovelhas nos pastos ou quando lhes dá de beber? O agricultor, o padeiro é um rival do rei, é pastor da humanidade. Mas o médico que trata os que estão doentes também é pastor, exerce função de pastor, o professor de ginástica, o pedagogo que cuida da boa educação das crianças, da sua saúde, do vigor do seu corpo, da sua aptidão, estes também são pastores em relação ao rebanho humano. Todos podem reivindicar ser pastores e, portanto, são rivais do homem político[28].

Tínhamos, pois, uma invariante, admitida de saída: o magistrado é o pastor. Faz-se variar a série dos seres sobre os quais se exerce o poder do pastor, tem-se uma tipologia de animais, a divisão não para. Retomemos portanto a análise do pastor, em que ela consiste – e nesse momento vemos proliferar toda uma série de funções que não são funções políticas. Temos portanto, de um lado, a série de todas as divisões possíveis nas espécies animais, de outro lado, a tipologia de todas as atividades possíveis que, na cidade, podem ser relacionadas à atividade do pastor. O político desapareceu. Donde a necessidade de retomar o problema.

....
* Palavra inaudível.

Terceiro tempo da análise: como se vai recuperar a própria essência do político? É aqui que intervém o mito. O mito do *Político* vocês conhecem. É a ideia de que o mundo gira em torno de si mesmo, primeiro num sentido que é o sentido correto, que é em todo caso o sentido da felicidade, o sentido natural, a que se segue, quando ele chega ao fim, um movimento no sentido inverso, que é o movimento dos tempos difíceis[29]. Enquanto o mundo gira sobre o seu eixo no primeiro sentido, a humanidade vive de fato na felicidade. É a era de Cronos. É uma era, diz Platão, "é um tempo que não pertence à atual constituição do mundo, mas à sua constituição anterior"[30]. Nesse momento, como as coisas acontecem? Há toda uma série de espécies animais, e cada uma delas se apresenta como um rebanho. E à frente desse rebanho está, de fato, um pastor. Esse pastor é o gênio pastor que preside a cada uma das espécies animais. E, dentre essas espécies animais, há um rebanho particular, o rebanho humano. Esse rebanho humano também tem seu gênio pastor. Esse pastor quem é? É, diz Platão, "a divindade em pessoa"[31]. A divindade em pessoa é o pastor do rebanho humano no período da humanidade que não pertence à atual constituição do mundo. O que esse pastor faz? Para dizer a verdade, é uma tarefa ao mesmo tempo infinita, exaustiva e fácil. Fácil na medida em que a natureza inteira oferece ao homem tudo de que ele necessita: a comida é fornecida pelas árvores, o clima é tão ameno que o homem não precisa construir casas, pode dormir ao relento e, mal ele morre, volta à vida. É a esse rebanho bem-aventurado, com fartura de alimento e renascendo perpetuamente, é a esse rebanho sem ameaças, sem dificuldades, que a divindade preside. A divindade é o seu pastor e, como diz ainda o texto de Platão, "por ser a divindade seu pastor, eles não necessitavam de constituição política"[32]. A política vai começar, portanto, precisamente quando termina esse primeiro tempo feliz, em que o mundo gira no sentido certo. A política vai começar quando o mundo gira no sentido inverso. De fato, quando o mundo gira no sentido inverso, a divindade se retira, a dificuldade dos tempos começa. Os deuses, é claro, não abandonam totalmente os homens, mas só os ajudam de maneira indireta, dando-lhes o fogo, as [artes]*³³ etc. Eles não são mais, verdadeiramente, os pastores onipresentes, imediatamente presentes, como eram na primeira fase da humanidade. Os deuses se retiraram e os homens são obrigados a se dirigir uns aos outros, isto é, necessitam de política e de homens políticos. Mas, e aqui também o texto de Platão é muito claro, esses homens que agora se encarregam dos outros homens não estão acima do rebanho, como os deuses podiam estar acima da humanidade. Fazem parte dos homens, logo não se pode considerá-los pastores³⁴.

Então, quarto tempo da análise: como a política, o político, os homens da política só intervêm quando a antiga constituição da humanidade desaparece, isto é, quando a era da divindade-pastor termina, como vai se definir o papel do homem político, em que vai consistir essa arte de dar ordens aos outros? É aí que, para substituir o modelo do pastor, vai-se propor um modelo, celebérrimo na literatura política, que é o modelo da tecelagem³⁵. O homem político é um tecelão. Por que o modelo da tecelagem é bom? (Passo rapidamente por esse ponto, são coisas conhecidas.) Primeiro, com certa precisão, utilizando esse modelo da tecelagem vai se poder fazer uma análise coerente do que são as diferentes modalidades da ação política no interior da cidade. Contra o tema, de certo modo invariável e global do pastor, que leva necessariamente ou ao estado anterior da humanidade, ou à multidão de pessoas que podem reivindicar ser pastores da humanidade, com o modelo do tecelão vamos ter, ao contrário, um esquema analítico das próprias operações que se desenrolam no interior da cidade, no que concerne ao fato de comandar os homens. Vai-se poder pôr à parte, primeiro, tudo

....
* Palavra inaudível.

o que constitui as artes adjuvantes da política, isto é, as outras formas segundo as quais podem-se prescrever certas coisas aos homens e que não são propriamente a política. De fato, a arte da política é como a arte do tecelão, não uma coisa que se ocupa globalmente de tudo, como o pastor deveria se ocupar de todo o rebanho. A política, como a arte do tecelão, só pode se desenvolver a partir e com ajuda de certo número de ações adjuvantes ou preparatórias. A lã precisa ser tosquiada, o fio precisa ser trançado, o cardador tem de passar por lá para que o tecelão possa trabalhar. Da mesma maneira, para ajudar o homem político vai ser necessária toda uma série de artes adjuvantes. Fazer a guerra, pronunciar boas sentenças nos tribunais, também persuadir as assembleias pela arte da retórica, tudo isso não é propriamente política, mas é condição para o exercício dela[36]. O que vai ser então a atividade política propriamente dita, a essência do político, o homem político ou a ação do homem político? Vai ser ligar, como o tecelão liga a urdidura e a trama. O homem político liga entre si os elementos, os bons elementos que foram formados pela educação, vai ligar as virtudes, as diferentes formas de virtude que são distintas umas das outras e, às vezes, até opostas umas às outras, vai tecer e ligar entre si os temperamentos opostos, por exemplo os homens fogosos e os homens moderados, e vai tecê-los com a lançadeira de uma opinião comum que os homens compartilham. A arte do rei não é portanto, de maneira nenhuma, a arte do pastor, é a arte do tecelão, é uma arte que consiste em juntar as existências, eu cito, "numa comunidade que se baseia na concórdia e na amizade"[37]. Assim, o tecelão político, o político tecelão forma com sua arte específica, bem diferente de todas as outras, o mais magnífico de todos os tecidos, e "toda a população do Estado, escravos e homens livres, vê-se envolvida nas dobras desse tecido magnífico"[38], diz ainda Platão. E é assim que se é levado a toda a felicidade que pode caber a um Estado.

Creio que temos aí, nesse texto, a rejeição formal do tema do pastorado. Não se trata em absoluto, para Platão, de dizer que o tema do pastorado deve ser inteiramente eliminado ou abolido. Trata-se, sim, de mostrar justamente que, para ele, se pastorado há, só pode ser naquelas atividades menores, sem dúvida necessárias à cidade, mas subordinadas em relação à ordem política, que são a atividade por exemplo do médico, do agricultor, do ginasta, do pedagogo. Todos esses podem ser, de fato, comparados a um pastor, mas o homem político, com suas atividades particulares e específicas, não é um pastor. Há, no *Político*, um texto claríssimo a esse respeito. Está no parágrafo 295a, um texto que diz: vocês imaginam por exemplo que o homem político poderia se rebaixar, poderia simplesmente ter o tempo de fazer como faz o pastor, como o médico também, como o pedagogo ou como o ginasta: sentar-se ao lado de cada cidadão para aconselhá-lo, alimentá-lo e tratar dele?[39] Essas atividades de pastor existem, são necessárias. Deixemo-las onde elas estão, onde elas têm seu valor e sua eficácia, com o médico, o ginasta, o pedagogo. Sobretudo, não digamos que o homem político é um pastor. A arte real de prescrever não pode ser definida a partir do pastorado. O pastorado é demasiado miúdo, em suas exigências, para poder convir a um rei. É pouco demais também por causa da própria humildade da sua tarefa, e, por conseguinte, os pitagóricos se equivocam ao quererem defender a forma pastoral, que pode efetivamente funcionar em pequenas comunidades religiosas e pedagógicas, eles se equivocam ao defendê-la na escala de toda a cidade. O rei não é um pastor.

Creio que temos aí, com todos os sinais negativos que nos foram dados pela ausência do tema do pastor no vocabulário político clássico da Grécia e pela crítica explícita que Platão dele faz, o sinal manifesto de que o pensamento grego, a reflexão grega sobre a política exclui essa valorização do tema do pastor. Vocês a encontram entre os orientais e entre os hebreus. Sem dúvida houve no mundo antigo – mas isso é para ser buscado muito mais longe, com muito maior precisão – formas de apoio que permitiram que, a partir de certo momento, precisamente com o "cristianismo" (boto "cristianismo" entre aspas), se difundisse a forma do pastorado. Mas esses pontos de apoio à difusão ulterior do pastorado creio que não devem ser buscados no pensamento político nem nas grandes formas de organização da cidade. Seria certamente necessário olhar para o lado das pequenas comunidades, dos grupos restritos com as formas específicas de socialidade a eles vinculadas, como as comunidades filosóficas ou religiosas, os pitagóricos, por exemplo, as comunidades pedagógicas, as escolas de ginástica; talvez também (voltarei ao tema da próxima vez) em certas formas de direção de consciência. Poder-se-ia ver, senão a colocação explícita do tema do pastor, pelo menos um certo número de configurações, um certo número de técnicas e também um certo número de reflexões que permitiram que, posteriormente, o tema do pastorado, de importação oriental, se difundisse em todo o mundo helênico. Em todo caso não é, creio eu, no grande pensamento político que vocês encontrariam verdadeiramente a análise positiva do poder a partir da forma do pastorado e da relação pastor-rebanho.

Assim sendo, creio que podemos dizer o seguinte: a verdadeira história do pastorado, como foco de um tipo específico de poder sobre os homens, a história do pastorado como modelo, como matriz de procedimentos de governo dos homens, essa história do pastorado no mundo ocidental só começa com o cristianismo. E sem dúvida a palavra "cristianismo" – refiro-me aqui ao que costuma dizer Paul Veyne[40] –, o termo "cristianismo" não é exato, na verdade ele abrange toda uma série de realidades diferentes. Sem dúvida seria necessário dizer, se não com maior precisão, pelo menos com um pouco mais de exatidão, que o pastorado começa com certo processo que, este sim, é absolutamente único na história e de que sem dúvida não encontramos nenhum exemplo em nenhuma outra civilização: processo pelo qual uma religião, uma comunidade religiosa se constituiu como Igreja, isto é, como uma instituição que aspira ao governo dos homens em sua vida cotidiana a pretexto de levá-los à vida eterna no outro mundo, e isso na escala não apenas de um grupo definido, não apenas de uma cidade ou de um Estado, mas de toda a humanidade. Uma religião que aspire assim ao governo cotidiano dos homens em sua vida real a pretexto da sua salvação e na escala da humanidade – é isso a Igreja, e não temos disso nenhum outro exemplo na história das sociedades. Creio que se forma, assim, com essa institucionalização de uma religião como Igreja, forma-se assim, e devo dizer que muito rapidamente, pelo menos em suas linhas mestras, um dispositivo de poder que não cessou de se desenvolver e de se aperfeiçoar durante quinze séculos, digamos desde os séculos II, III depois de Jesus Cristo, até o século XVIII da nossa era. Esse poder pastoral, totalmente ligado à organização de uma religião como Igreja, a religião cristã como Igreja cristã, esse poder pastoral por certo transformou-se consideravelmente no curso desses quinze séculos de história. Ele por certo foi deslocado, desmembrado, transformado, integrado a formas diversas, mas no fundo nunca foi verdadeiramente abolido. E, quando eu me coloco no século XVIII como sendo o fim da era pastoral, é provável que ainda me engane, porque de fato o poder pastoral em sua tipologia, em sua organização, em seu modo de funcionamento, o poder pastoral que se exerceu como poder é sem dúvida algo de que ainda não nos libertamos.

Isso não quer dizer que o poder pastoral tenha permanecido uma estrutura invariante e fixa ao longo dos quinze, dezoito ou vinte séculos da história cristã. Pode-se até mesmo dizer que esse poder pastoral, sua importância, seu vigor, a própria profundidade da sua implantação se medem pela intensidade e pela multiplicidade das agitações, revoltas, descontentamentos, lutas, batalhas, guerras sangrentas travadas em torno dele, por ele e contra ele[41]. A imensa querela da gnose, que durante séculos dividiu o cristianismo[42], é em grande parte uma querela sobre o modo de exercício do poder pastoral. Quem será o pastor? Como, sob que forma, com que direitos, para fazer o quê? O grande debate, ligado aliás à gnose, entre o ascetismo dos anacoretas e a regulação da vida monástica sob a forma do cenóbio[43] ainda é, nos primeiros séculos da nossa era, um assunto [...]* de pastorado. Mas, afinal de contas, todas as lutas que perpassaram não apenas a Igreja cristã, mas o mundo cristão, isto é, todo o mundo ocidental, do século XIII até os séculos XVII-XVIII, todas essas lutas, enfim uma grande parte dessas lutas, foram lutas em torno de e a propósito do poder pastoral. De Wyclif[44] a Wesley[45], do século XIII ao século XVIII, todas essas lutas que culminaram nas guerras religiosas eram fundamentalmente lutas para saber quem teria efetivamente o direito de governar os homens, governar os homens em sua vida cotidiana, nos detalhes e na materialidade que constituem a existência deles, para saber quem tem esse poder, de quem o recebe, como o exerce, com que margem de autonomia para cada um, qual a qualificação para os que exercem esse poder, qual o limite da sua jurisdição, que recurso se pode ter contra eles, que controle há de uns sobre os outros. Tudo isso, essa grande batalha da pastoralidade perpassou o Ocidente do século XIII ao século XVIII, sem que nunca, afinal, o pastorado tenha sido efetivamente liquidado. Porque, embora seja verdade que a Reforma foi sem dúvida muito mais uma grande batalha pastoral do que uma grande batalha doutrinal, embora seja verdade que o que estava em jogo com a Reforma era a maneira como o poder pastoral era exercido, o que saiu da Reforma, ou seja, um mundo protestante ou um mundo de igrejas protestantes e a Contrarreforma, esses dois mundos,

....
* Seguem-se uma ou duas palavras ininteligíveis.

essa série de mundos, não eram mundos sem pastorado. Ao contrário, foi um prodigioso fortalecimento do poder pastoral que saiu dessa série de agitações e de revoltas que se inicia no século XIII e se estabiliza, *grosso modo*, nos séculos XVII e XVIII. Saiu delas um formidável fortalecimento do pastorado de dois diferentes tipos: o tipo, digamos, protestante ou das diferentes seitas protestantes com um pastorado meticuloso, porém tanto mais meticuloso quanto mais flexível era hierarquicamente, e, ao contrário, uma Contrarreforma com um pastorado inteiramente controlado, uma pirâmide hierarquizada, dentro de uma Igreja católica fortemente centralizada. Como quer que seja, dessas grandes revoltas – eu ia dizendo antipastorais, não, dessas grandes revoltas em torno do pastorado, em torno do direito de ser governado e do direito de saber como se vai ser governado e por quem, todas essas revoltas estão efetivamente ligadas a uma reorganização em profundidade do poder pastoral. Direi que, afinal de contas, o poder político de tipo feudal sem dúvida conheceu revoluções ou, em todo caso, defrontou com uma série de processos que acabaram liquidando-o de fato e varrendo-o da história do Ocidente, salvo alguns vestígios. Houve revoluções antifeudais, nunca houve uma revolução antipastoral. O pastorado ainda não passou pelo processo de revolução profunda que o teria aposentado definitivamente da história.

Não se trata aqui, é claro, de fazer a história desse pastorado. Gostaria simplesmente de observar que essa história do pastorado não me parece – faço aqui uma reserva, pois seria necessário consultar pessoas competentes, isto é, historiadores, não eu –, parece-me que essa história nunca foi realmente feita. Fez-se a história das instituições eclesiásticas. Fez-se a história das doutrinas, das crenças, das representações religiosas. Fez-se também a história, procurou-se fazer a história das práticas religiosas reais, a saber: como, quando as pessoas se confessavam, comungavam etc. Mas a história das técnicas empregadas, a história das reflexões sobre essas técnicas pastorais, a história do seu desenvolvimento, da sua aplicação, a história do seu aperfeiçoamento sucessivo, a história dos diferentes tipos de análise e de saber ligados ao exercício do pastorado, parece-me que isso nunca foi realmente feito. Contudo, desde o início do cristianismo, o pastorado não foi simplesmente percebido como uma instituição necessária, não foi simplesmente pensado como um conjunto de prescrições impostas a alguns, de privilégios concedidos a outros. Na verdade, houve sobre o pastorado uma gigantesca reflexão que logo se colocou como reflexão não apenas, mais uma vez, sobre as leis e as instituições [...]*, mas uma reflexão teórica, uma reflexão com valor de filosofia. Não devemos esquecer que foi são Gregório de Nazianzo o primeiro a definir essa arte de governar os homens pelo pastorado como *tékhne tekhnôn, epistéme epistemôn*, "arte das artes", "ciência das ciências"[46]. O que será repetido depois, até o século XVIII, da forma tradicional que vocês conhecem, *ars artium, regimen animarum*[47]: o "regime das almas", o "governo das almas", é isso que é *ars artium*. Ora, essa frase deve ser entendida não apenas como um princípio fundamental, mas também em seu aspecto polêmico, pois o que era a *ars artium*, a *tékhne technôn*, a *epistéme epistemôn* antes de Gregório de Nazianzo? Era a filosofia. Ou seja, bem antes dos séculos XVII-XVIII, a *ars artium*, o que no Ocidente cristão tomava o lugar da filosofia não era outra filosofia, não era nem mesmo a teologia, era a pastoral. Era aquela arte pela qual se ensinavam as pessoas a governar os outros, ou pela qual se ensinavam os outros a se deixar governar por alguns. Esse jogo do governo de uns pelos outros, do governo cotidiano, do governo pastoral, foi isso que foi entendido durante quinze séculos como sendo a ciência por excelência, a arte de todas as artes, o saber de todos os saberes.

....

* Segue-se uma palavra inaudível.

Esse saber de todos os saberes, essa arte de governar os homens, creio que se quiséssemos identificar algumas das suas características poderíamos notar imediatamente o seguinte*: vocês se lembram do que dizíamos da última vez a propósito dos hebreus. Deus sabe como para os hebreus, muito mais que para os egípcios, muito mais até que para os assírios, o tema do pastor era importante, ligado à vida religiosa, ligado à percepção histórica que o povo hebreu tinha de si mesmo. Tudo se desenrolava na forma pastoral, pois Deus era o pastor e as errâncias do povo judeu eram as errâncias do rebanho em busca do seu pasto. Tudo, em certo sentido, era pastoral. No entanto, duas coisas. Primeira, a relação pastor-rebanho não era, afinal, nada mais que um dos aspectos das relações múltiplas, complexas, permanentes entre Deus e os homens. Deus era pastor, mas também era outra coisa além de pastor: era legislador, por exemplo, ou se afastava do seu rebanho num movimento de cólera e abandonava-o à própria sorte. Tanto na história, como na organização do povo hebraico, a relação pastor-rebanho não era a única das dimensões, a única forma sob a qual se podia perceber as relações entre Deus e seu povo. Segunda, e principal, não havia entre os hebreus uma instituição pastoral propriamente dita. No interior da sociedade hebraica, ninguém era pastor em relação aos outros. Melhor ainda, os reis hebraicos (eu lhes lembrava isso da última vez) não eram especificamente designados como pastores dos homens, com exceção de Davi, fundador da monarquia davidiana. Quanto aos outros, só foram designados como pastores precisamente quando se tratava de denunciar neles sua negligência e de mostrar quanto haviam sido maus pastores. Entre os hebreus, o rei nunca foi designado como sendo o pastor sob a sua forma positiva, direta, imediata. Fora de Deus, não há pastor.

....

* M. Foucault acrescenta: é que o que caracteriza a institucionalização do pastorado na Igreja cristã é o seguinte:

Em compensação, na Igreja cristã, vamos ver, ao contrário, esse tema do pastor adquirir de certo modo autonomia em relação aos outros, não ser simplesmente uma das dimensões ou um dos aspectos da relação entre Deus e os homens. Vai ser a relação fundamental, essencial, não apenas uma ao lado das outras, mas uma relação que envolve todas as outras; e, em segundo lugar, vai ser, claro, um tipo de relação que vai se institucionalizar num pastorado que tem as suas leis, as suas regras, as suas técnicas, os seus procedimentos. Portanto o pastorado vai se tornar autônomo, vai se tornar globalizante e vai se tornar específico. De alto a baixo da Igreja, as relações de autoridade são baseadas nos privilégios e, ao mesmo tempo, nas tarefas do pastor em relação ao seu rebanho. Cristo, claro, é pastor, e é um pastor que se sacrifica para trazer de volta a Deus o rebanho perdido, que chega a se sacrificar não apenas pelo rebanho em geral, mas por cada uma das ovelhas em particular. Encontramos aí o tema mosaico, como vocês sabem, do bom pastor que aceita sacrificar todo o seu rebanho para salvar a única ovelha que está em perigo[48]. Mas o que não passava de um tema na literatura mosaica vai se tornar agora a pedra angular de toda a organização da Igreja. O primeiro pastor é, obviamente, Cristo. A epístola aos hebreus já dizia: "Deus trouxe de entre os mortos o maior pastor de ovelhas, Nosso Senhor Jesus Cristo"[49]. Cristo é o pastor. Os apóstolos também são pastores, os pastores que vão visitar uns depois dos outros os rebanhos que lhes foram confiados e que, ao fim do seu dia e ao fim da sua vida, quando virá o temível dia, terão de prestar contas de tudo o que aconteceu com o rebanho. Evangelho de são João, 21, 15-17: Jesus Cristo manda Pedro apascentar seus cordeiros e apascentar suas ovelhas[50]. Os apóstolos são pastores. Os bispos são pastores, são os prepostos, os que são postos na frente para – cito aqui são Cipriano, na Epístola 8 – "*custodire gregem*", "guardar o rebanho"[51], ou ainda na Epístola 17, "*fovere oves*", "cuidar das ovelhas"[52]. No texto que será durante toda a Idade Média o texto fundamental da pastoral, a bíblia do pastorado cristão, por assim dizer, no livro de Gregório, o Grande, *Regula pastoralis* (*A regra da vida pastoral*)*, editado com frequência e que às vezes é chamado de *Liber pastoralis* (*Livro pastoral*)[53], Gregório, o Grande, chama regularmente o bispo de "pastor". Os abades à frente das comunidades são considerados pastores. Reportem-se às *Regras* fundamentais de são Bento[54].

Resta enfim o problema, ou antes, abre-se o problema de saber se, quando o cristianismo estabelece a organização das paróquias e a territorialidade precisa das paróquias no decorrer da Idade Média[55], podem os padres ser considerados pastores. Vocês sabem que foi um dos problemas que causaram, se não exatamente a Reforma, pelo menos toda uma série de crises, contestações, debates que finalmente levaram à Reforma. Mal as paróquias eram compostas, já se colocava o problema de saber se os padres seriam os pastores. Sim, respondeu Wyclif[56]. Sim, vão responder, cada uma a seu modo, toda uma série de igrejas protestantes. Sim, vão responder também os jansenistas nos séculos XVII e XVIII[57]. Ao que a Igreja responderá obstinadamente: não, os padres não são pastores[58]. Ainda em 1788**, Marius Lupus publicava um *De parochiis* que contesta fundamentalmente a tese – que, na verdade, numa atmosfera pré e pós-conciliar, será por fim admitida em linhas gerais – de que os padres são pastores[59].

Em todo caso – deixemos em aberto esse problema dos padres –, pode-se dizer que toda a organização da Igreja, de Cristo aos abades e aos bispos, é uma organização que se apresenta como pastoral. E os poderes que a Igreja detém são dados, quero dizer, ao mesmo tempo organizados e justificados como poder do pastor em relação ao rebanho. O que é o

....

* M. Foucault cita o título no plural: *Regulae pastoralis vitae*, As regras da vida pastoral.
** M.F.: 1798.

poder sacramental, o poder do batismo? É chamar as ovelhas para o rebanho. O da comunhão? É dar o alimento espiritual. É poder, pela penitência, reintegrar as ovelhas que se desgarraram do rebanho. O poder de jurisdição também é um poder de pastor. É, de fato, o poder de jurisdição que permite que o bispo, por exemplo, como pastor, expulse do rebanho a ovelha que, por sua doença ou por seu escândalo, seja capaz de contaminar todo o rebanho. O poder religioso é portanto o poder pastoral.

Enfim, característica absolutamente essencial e fundamental: esse poder globalmente pastoral permaneceu, ao longo do cristianismo, distinto do poder político. Isso não quer dizer que o poder religioso nunca tenha se dado como tarefa outra coisa senão encarregar-se das almas dos indivíduos. Ao contrário, o poder pastoral – é essa uma das suas características fundamentais, sobre a qual tornarei da próxima vez[60], e um dos seus paradoxos – só se encarrega da alma dos indivíduos na medida em que essa condução das almas também implica uma intervenção, e uma intervenção permanente na condução cotidiana, na gestão das vidas, mas também nos bens, nas riquezas, nas coisas. Ele diz respeito não apenas aos indivíduos, mas [também] à coletividade, e é um texto de são João Crisóstomo que diz que o bispo deve zelar por todas as coisas, o bispo deve ter mil olhares, porque não deve simplesmente se encarregar dos indivíduos, mas de toda a cidade e finalmente – isso está no *De sacerdotio*[61] – [do] *orbis terrarum*, [do] mundo inteiro. É portanto uma forma de poder que é, sem dúvida, um poder terrestre, apesar de ter por fim o além. No entanto, apesar disso, sempre foi na Igreja ocidental – deixemos de lado a Igreja oriental – um poder totalmente distinto do poder [político]*. Sem dúvida, é necessário ouvir essa separação ecoar já na célebre apóstrofe de Valentiniano a santo Ambrósio, quando ele enviou Ambrósio

....
* M.F.: religioso.

para governar Milão. Ele o enviou para governar Milão, "não como magistrado, mas como pastor"[62]. A fórmula, creio eu, vai ser como uma espécie de princípio, de lei fundamental através de toda a história do cristianismo.

Farei aqui duas observações. Primeiro, claro, vai haver, entre o poder pastoral da Igreja e o poder político, uma série de interferências, de apoios, de intermediações, toda uma série de conflitos, evidentemente, sobre os quais não tornarei e que vocês conhecem muito bem, de modo que o entrecruzamento do poder pastoral e do poder político será efetivamente uma realidade histórica no Ocidente. Mas creio, e este ponto é fundamental, que apesar de todas essas interferências, apesar de todos esses entrecruzamentos, esses apoios, essas intermediações, em sua forma, em seu tipo de funcionamento, em sua tecnologia interna, o poder pastoral vai permanecer absolutamente específico e diferente do poder político, pelo menos até o século XVIII. Ele não funciona da mesma maneira, e ainda que sejam os mesmos personagens a exercer o poder pastoral e o poder político, e Deus sabe quanto isso se fez no Ocidente cristão, ainda que a Igreja e o Estado, a Igreja e o poder político tivessem todas as formas de aliança que se possa imaginar, creio que essa especificidade foi um traço absolutamente característico do Ocidente cristão.

Segunda observação: a própria razão dessa distinção é um grande problema histórico e, pelo menos para mim, um enigma. Em todo caso, não tenho em absoluto a pretensão de resolvê-lo nem mesmo de colocar as dimensões complexas do problema agora, e, aliás, nem tampouco da próxima vez. Como é que esses dois tipos de poder, o poder político e o poder pastoral, conservaram assim a sua especificidade e a sua fisionomia próprias? É um problema. Tenho a impressão de que, se examinássemos o cristianismo oriental, teríamos um processo, um desenvolvimento bem diferente, um entrelaçamento muito mais forte, talvez certa forma de perda de especificidade de um e de outro, sei lá. Uma coisa em todo caso me parece evidente: é que, apesar de todas as interferências, a especificidade permaneceu a mesma. O rei, aquele mesmo de que Platão buscava a definição, a especificidade e a essência, o rei continuou sendo rei, ainda que, aliás, um certo número de mecanismos de recuperação ou de mecanismos-passarela tenha sido instalado – por exemplo, a sagração dos reis na França e na Inglaterra, o fato de o rei ter sido por algum tempo considerado um bispo e, aliás, sagrado como bispo. Apesar disso tudo, o rei continuou sendo rei e o pastor continuou sendo pastor. O pastor continuou sendo um personagem que exerce seu poder no modo místico, o rei continuou sendo alguém que exercia seu poder no modo imperial. A distinção, a heterogeneidade do pastorado crístico e da soberania imperial, essa heterogeneidade parece-me [ser] um dos traços do Ocidente. Mais uma vez, não creio que encontraríamos a mesma coisa no Oriente. Penso, por exemplo, no livro de Alain Besançon, dedicado, já faz agora bem uns quinze anos, ao *Tzarévitch imolado*, no qual ele desenvolve um certo número de temas religiosos próprios da monarquia, do Império russo, em que ele mostra muito bem quanto os temas crísticos estão presentes na soberania política tal como foi, se não efetivamente organizada, pelo menos vivida, percebida, sentida em profundidade na sociedade russa antiga, e até mesmo na sociedade moderna[63].

Eu gostaria simplesmente de citar para vocês um texto de Gogol com o qual dei outro dia, por puro acaso, no livro de Siniávski sobre Gogol que acaba de ser publicado[64]. Para definir o que é o tzar, o que deve ser o tzar – é uma carta a Jukóvski que data de 1846 –, Gogol evoca o futuro do Império russo, evoca o dia em que o Império alcançará sua forma perfeita e a intensidade afetiva que a relação política, a relação de senhorio entre o soberano e seus súditos requer. Eis o que ele diz sobre esse Império enfim reconciliado: "O homem se encherá de [um] amor até então nunca sentido para com a humanidade inteira. A nós, considerados individualmente, nada nos inflamará [com esse] amor. Ele permanecerá ideal, quimérico [e] não consumado. Só podem se penetrar [desse amor] os que têm por regra intangível amar a todos os homens como a um só homem. Por ter amado todo o seu reino até o último súdito da última classe e por ter convertido todo o seu reino em seu corpo, sofrendo, chorando, implorando noite e dia por seu povo infeliz, o soberano [o tzar] adquire essa voz onipotente do amor, a única capaz de se fazer ouvir pela humanidade, a única capaz de tocar nas feridas sem irritá-las, a única capaz de levar a calma às diferentes classes sociais e a harmonia ao Estado. O povo só se curará verdadeiramente onde o [César] [tiver consumado] seu destino supremo: ser a imagem na terra Daquele que é Amor"[65]. Temos aí, creio eu, uma admirável imagem, uma admirável evocação de um soberano crístico. Esse soberano crístico não me parece característico do Ocidente. O soberano ocidental é César, não é Cristo. O pastor ocidental não é César, mas Cristo.

Da próxima vez, procurarei entrar um pouco nessa comparação entre o poder político e o poder pastoral e mostrar a vocês a especificidade desse poder pastoral em sua própria forma, em relação ao poder político.

NOTAS

1. Segundo K. Stegmann von Pritzwald, *Zur Geschichte der Herrscherbezeichnungen von Homer bis Platon*, Leipzig ("Forschungen zur Völker-Psychologie u. Soziologie" 7), 1930, p. 16-24, a denominação ποιμήν λαῶν se encontra 44 vezes na *Ilíada* e 12 vezes na *Odisseia* (segundo J. Engemann, "Hirt", verbete citado [*Reallexikon für Antike und Christentum*, t. 15, 1991], col. 580). P. Louis, por sua vez (*Les Métaphores de Platon, op. cit.*, p. 162), recenseou 41 referências na *Ilíada* e 10 na *Odisseia*. Cf. H. Ebeling, ed., *Lexikon Homericum*, Leipzig, 1885; reed. Hildesheim, Olms, 1963, t. 2, p. 195. W. Jost, *Poimen, op. cit.*, p. 8, assinala que a expressão também é empregada como título realengo em *O escudo de Héracles*, 41 (poema apócrifo cujo início foi por muito tempo atribuído a Hesíodo).

2. R. Schmitt, *Dichtung und Dichtersprache in indogermanischer Zeit*, Wiesbaden, O. Harrassowitz, 1967.

3. *Ibid.*, p. 284: "Längst hat man auch auf die germanische Parallele hingewiesen, die uns das altenglische *Beowulf*-Epos in den Verbindungen *folces hyrde* 'Hirte des Volkes' (v. 610, 1832, 1849, 2644, 2981) und ähnlichem *rīces hyrde* 'Hirte des Reiches' (v. 2027, 3080) bietet." R. Schmitt precisa que essa expressão não era desconhecida dos povos exteriores à área indo-germânica: "So bezeichnet etwa Hammurabi sich selbst als (akkad.) *re'ū nīšī* 'Hirte des Volkes'" (sobre este último exemplo, cf. *supra*, p. 178, nota 24). *Beowulf*: poema anglo-saxão anônimo da época pré-cristã, modificado entre os séculos VIII e X, cujo manuscrito foi publicado pela primeira vez em 1815 (primeira tradução francesa por L. Botkine, Le Havre, Lepelletier, 1877).

4. Trata-se dos fragmentos de um Περὶ νομοῦ καὶ δικαιοσύνης, atribuídos pela Antiguidade a Arquitas de Tarento, mas certamente apócrifos; escritos em dialeto dórico, foram conservados por Estobeu, *Florilegium*, 43, 129 (= *Anthologion*, IV, 132, ed. Wachsmuth & Hense); 43, 132 (135 W-H); 43, 133a e b (136 e 137 W-H); 43, 134 (138 W-H) e 46, 61 (IV, 5, 61 W-H), in A. E. Chaignet, *Pythagore et la Philosophie pythagoricienne, contenant les fragments de Philolaüs et d'Archytas*, Paris, Didier, 1874 (cf. "Omnes et singulatim", *loc. cit.*, *DE*, IV, p. 140, n. **).

5. Sobre os diferentes elementos dessa tradição, cf. *infra*, nota 7.

6. O. F. Gruppe, *Ueber die Fragmente des Archytas und der älteren Pythagoreer*, Berlim, G. Eichler, 1840, p. 92 (cf. A. Delatte, *Essai sur la politique pythagoricienne* [ver nota seguinte], p. 73: "o magistrado é identificado a um pastor: essa concepção [de acordo com Gruppe] é especificamente judaica" e p. 121, n. 1: "Não sei por que Gruppe (*Fragm. des Arch.*, p. 92) quer ver nessa simples comparação [do magistrado com um pastor] uma identificação e, nesta, o indício de uma influência hebraica").

7. A. Delatte, *Essai sur la politique pythagoricienne*, Liège, Vaillant-Carmanne, "Bibliothèque de la Faculté de philosophie et lettres de l'Université de Liège", 1922; reed. Genebra, Slatkine, 1979.

8. *Ibid.*, p. 121 (a propósito da seguinte passagem: "No que concerne a bem comandar, o verdadeiro magistrado deve ser não apenas sábio e poderoso, mas também humano (φιλάνθρωπον). Porque seria estranho um pastor odiar seu rebanho ou tratá-lo mal"): "A comparação do magistrado com um pastor é clássica na literatura política do século iv. Mas esta não é uma fórmula vã nem um lugar-comum: justifica-se pela etimologia da palavra νομεύς, apresentada no fragmento precedente [cf. p. 118: "A Lei tem portanto de impregnar os costumes e os hábitos dos cidadãos; só assim ela os tornará independentes e repartirá entre cada um o que cada um merece e o que lhe cabe. Assim como o Sol, avançando no círculo do Zodíaco, distribui a todos os seres terrestres a parte de nascimento, de alimento e de vida que lhes cabe, produzindo a bela mistura das estações como uma eunomia. É por esse motivo também que Zeus é chamado de Νόμιος e de Νεμήϊος, e que aquele que distribui a comida às ovelhas se chama νομεύς. Do mesmo modo, dá-se o nome de *nómos* aos cantos dos citaredos, porque também eles põem ordem na alma, por serem cantados de acordo com uma harmonia, ritmos e metros"]. O autor encontra nessa palavra a mesma raiz e a mesma noção que em διανέμεν, que caracteriza, para ele, a ação da Lei".

9. Isócrates, *Aréopagitique*, in *Discours*, t. iii, trad. fr. G. Mathieu, Paris, Les Belles Lettres, "Collection des universités de France", 1942, § 36, p. 72; § 55, p. 77; § 58, p. 78 (cf. "Omnes et singulatim", *loc. cit.*, p. 141 n. *).

10. Cf. Xenofonte, *Cyropédie*, viii, 2, 14 e I, 1, 1-3, em que a identificação do rei com um pastor é claramente designada como sendo de origem persa (referências indicadas por A. Diès, *in* Platon, *Le Politique*, *Oeuvres complètes*, t. 9, Paris, Les Belles Lettres, "Collection des universités de France", 1935, p. 19).

11. Platão, *Crítias*, 109b-c.
12. Platão, *República*, I, 343a-345e; III, 416a-b; IV, 440d.
13. Platão, *Leis*, V, 735b-e.
14. Platão, *Político*, 267c-277d. M. Foucault utiliza a tradução de Léon Robin, in Platon, *Oeuvres complètes*, Paris, Gallimard, "Bibliothèque de la Pleiade", 1950.
15. *Crítias*, 109b-c (cf. trad. fr. L. Robin, *O.C.*, t. 2, p. 529).
16. *Leis*, X, 906b-c, trad. fr. L. Robin, *O.C.*, t. 2, p. 1037: "É manifesto, aliás, que na terra vivem homens que têm alma de animais predadores e que estão de posse de injustas aquisições, almas que, quando, porventura, se encontram em face das almas dos cães de guarda ou da alma dos pastores, ou em face da alma dos Amos, que estão no topo da escala, procuram persuadi-las, com palavras lisonjeiras e encantamentos mesclados com votos, de que a elas é permitido [...] enriquecer-se à custa dos seus semelhantes, sem sentir por si mesmas nenhum desagrado".
17. *Político*, 281d-e, p. 379 (distinção feita pelo Estrangeiro entre "causa verdadeira" e "causa adjuvante").
18. *República*, I, 343b-344c, trad. fr. L. Robin, *O.C.*, t. 1, p. 879-81.
19. *Ibid.*, 345c-e, p. 882-3.
20. *Político*, 260e, p. 344-5.
21. *Ibid.*, 261a-d, p. 345-6.
22. *Ibid.*, 261d, p. 346.
23. *Ibid.*, 261e-262a, p. 346.
24. *Ibid.*, 262a-263e, p. 347-9.
25. *Ibid.*, 264a, p. 350.
26. *Ibid.*, 264b-267c, p. 350-6.
27. *Ibid.*, 268a, p. 356-7.
28. *Ibid.*, 267e-268a, p. 356.
29. *Ibid.*, 268e-270d, p. 358-61.
30. *Ibid.*, 271c-d, p. 362: "[...] é um tempo que não pertence à atual constituição do andamento do mundo: também ele pertencia à constituição anterior".
31. *Ibid.*, 271e, p. 363: "[...] A Divindade em pessoa é que era seu pastor e que presidia à sua vida [...]".
32. *Ibid.* : "[...] ora, como esta [a Divindade] era seu pastor, não havia necessidade de constituição política".
33. *Ibid.*, 274c-d, p. 367: "É essa portanto a origem desses benefícios de que, segundo antigas lendas, os deuses nos fizeram fruir,

acrescentando a eles seus ensinamentos e o aprendizado requerido por suas dádivas: o fogo, dom de Prometeu; as artes, dons de Hefesto e da Deusa que era sua colaboradora; as sementes, enfim, e as plantas, dádivas de outras Divindades".

34. *Ibid.*, 275b-c, p. 369: "[...] comparada com um rei, é ainda grande demais, penso eu, a figura do pastor divino, enquanto os políticos daqui e de agora são, por natureza, muito mais semelhantes àqueles de que são chefes, ao mesmo tempo que a cultura e a educação de que usufruem se aproxima muito mais das de seus subordinados".

35. *Ibid.*, 279a-283b, p. 375-81.

36. *Ibid.*, 303d-305e, p. 415-9.

37. *Ibid.*, 311b, p. 428.

38. *Ibid.*, 311c, p. 428-9: "[...] uma vez acabado por esta [a arte real], tendo em vista a vida comum, o mais magnífico de todos os tecidos e o mais excelente; uma vez toda a população do Estado, escravos e homens livres, envolvida em suas dobras, essa finalização [a finalização de um tecido resultante de um correto entrecruzamento] consiste então, dizia, para a atividade política, em manter unidas por meio desse trançado as duas maneiras de ser em questão [...]".

39. *Ibid.*, 295a-b, p. 401: "De fato, como é que poderia haver alguém capaz, Sócrates, de a cada momento da vida vir sentar-se ao lado de cada um para lhe prescrever com exatidão o que lhe convém?".

40. Foucault faz alusão a um artigo, "La famille et l'amour sous le Haut-Empire romain", *Annales ESC*, 1, 1978, republicado *in* P. Veyne, *La Société romaine*, Paris, Le Seuil ("Des travaux"), 1991, p. 88-130, assim como, sem dúvida, a uma palestra sobre o amor em Roma, feita por Paul Veyne na sua presença, em 1977, no seminário de Georges Duby no Collège de France, de que ele lhe havia voltado a falar (agradeço a P. Veyne por essas informações).

41. Sobre as revoltas de conduta que traduziram, desde a Idade Média, uma resistência ao pastorado, cf. *infra*, aula de 1º de março, p. 266.

42. Cf. *ibid.*

43. Cf. *ibid.*

44. John Wyclif (c. 1324-1384), teólogo e reformador inglês, autor do *De dominio divino* (1376), do *De veritate Scripturae sanctae* (1378) e do *De ecclesia* (1378). Sua doutrina está na origem do movimento dos "lollards", que atacava os costumes eclesiásticos e reclamava o retorno à pobreza. Partidário da separação entre a Igreja e o

Estado, afirmava a autonomia da Escritura, independentemente do magistério da Igreja, e rejeitava os sacramentos, sendo os padres, todos iguais, simples difusores do Verbo. Cf. H. B. Workman, *John Wyclif*, Oxford, 1926, 2 vols.; L. Cristiani, verbete "Wyclif", in *Dictionnaire de théologie catholique*, 1950, t. 15/2, col. 3585-3614; K. B. McFarlane, *John Wyclif and the Beginnings of English Nonconformity*, Londres, 1952, reed. Harmondsworth, 1972.

45. John Wesley (1703-1791), fundador dos metodistas, uma das principais correntes do movimento *Revival of Religion* (o Despertar), que preconizava, no século XVIII, a restauração da fé original no seio do protestantismo. Cf. G. S. Wakefield, verbete "Wesley", in *Dictionnaire de spiritualité ascétique et mystique*, t. 16, 1994, col. 1374-1392.

46. Gregório de Nazianzo, *Discours* 1, 3, trad. fr. J. Laplace, Paris, Cerf ("Sources chrétiennes"), 1978, p. 110-1: "Na verdade, parece-me que a arte das artes (*tékhne tekhnôn*) e a ciência das ciências (*epistéme epistemôn*) é conduzir o ser humano, que é o mais diverso e o mais complexo dos seres" (*Discours* 2, 16).

47. A fórmula aparece nas primeiras linhas do *Pastoral* de Gregório, o Grande (que conhecia os *Discursos* do nazianzeno pela tradução latina de Rufino, *Apologetica*): "ars est artium regimen animarum" ("o governo das almas é a arte das artes"), *Règle pastorale*, trad. fr. Ch. Morel, introd. e notas de B. Judic, Paris, Cerf, "Sources chrétiennes", 1992, p. 128-9.

48. Cf. Lucas 15, 4: "Qual de vós, se tiver cem ovelhas e vier a perder uma, não abandonará as outras oitenta e nove no deserto para ir buscar a que se desgarrou, até a encontrar?" (cf. Ezequiel 34,4); mesmo texto em Mateus 18, 12; João 10, 11: "Eu sou o bom pastor, o bom pastor que dá a vida por suas ovelhas". Cf. também 10, 15.

49. São Paulo, *Epístola aos hebreus* 13, 20.

50. João 15, 17: "Depois de desjejuarem, Jesus disse a Simão-Pedro: 'Simão, filho de João, tu me amas mais do que estes?' Ele lhe respondeu: 'Sim, Senhor, tu sabes que te amo.' Jesus lhe disse: 'Apascenta meus cordeiros.' Ele lhe pergunta de novo, pela segunda vez: 'Simão, filho de João, tu me amas?' – 'Sim, Senhor, disse-lhe ele, tu sabes que te amo.' Jesus lhe disse: 'Apascenta meus cordeiros.' Ele lhe pergunta pela terceira vez: 'Simão, filho de João, tu me amas?' Pedro ficou magoado por ele lhe ter perguntado pela terceira vez 'tu me amas?', e respondeu: 'Senhor, tu sabes tudo, tu sabes muito bem que eu te amo.' Jesus lhe disse: 'Apascenta meus cordeiros.'"

51. São Cipriano (c. 200-258), *Correspondance*, texto estabelecido e traduzido para o fr. pelo cônego Bayard, 2ª ed., Paris, Les Belles Lettres, "CUF", 1961, t. 1, epístola 8, p. 19: "[...] incumbat nobis qui videmur praepositi esse et vice pastorum custodire gregem" ("o cuidado do rebanho cabe a nós, que estamos à sua frente aparentemente para conduzi-lo e cumprir a função de pastores").

52. *Ibid.*, epístola 17, p. 49: "Quod quidem nostros presbyteri et diaconi monere debuerant, ut commendatas sibi oves foverent [...]" ("Eis o que os padres e os diáconos deviam recordar aos nossos fiéis, a fim de fazer prosperar as ovelhas que lhes são confiadas [...]").

53. Ou, mais simplesmente, o *Pastoral*. Gregório, o Grande, *Regula pastoralis*, composta entre setembro de 590 e fevereiro de 591; PL 77, col. 13-128.

54. São Bento, *Regula sancti Benedicti / A regra de são Bento* (século VI), introd., trad. fr. e notas de A. de Vogüé, Paris, Cerf, "Sources chrétiennes", 1972. Cf. 2, 7-9, t. II, p. 443: "E o abade deve saber que o pastor arcará com a responsabilidade por todo erro que o pai de família vier a constatar em suas ovelhas. Mas, se o pastor pôs todo o seu zelo a serviço de um rebanho turbulento e desobediente, se ministrou todos os seus cuidados às ações malsãs dele, seu pastor será absolvido no juízo do Senhor...".

55. Sobre a definição canônica das paróquias, sua formação a partir do século V e as condições jurídicas da sua constituição, cf. R. Naz, verbete "Paroisse", *in Dictionnaire de droit canonique*, Paris, Librairie Letouzey et Ané, t. VI, 1957, col. 1234-1247. A fonte imediata de M. Foucault, aqui, é o verbete de B. Dolhagaray, "Curés", *in Dictionnaire de théologie catholique*, Paris. Letouzey et Ané, t. III, 2, 1908, col. 2429-2453.

56. Cf. B. Dolhagaray, verbete citado, col. 2430, § 1 (a partir da questão: "São os padres de instituição divina?"): "Uns heréticos, ditos presbiterianos, e depois Wyclif, Jan Hus, Lutero, Calvino etc. quiseram estabelecer que simples padres eram do mesmo nível dos bispos. O concílio de Trento condenou esse erro".

57. *Ibid.*, col. 2430-31: "Os sorbonistas dos séculos XIII e XIV, e os jansenistas do século XVII queriam estabelecer [...] que os padres eram realmente de instituição divina, tendo recebido diretamente de Deus autoridade sobre os fiéis; a tal ponto que, tendo sido o padre instituído esposo da sua igreja, do mesmo modo que o bispo o foi da sua catedral, e sendo pastor encarregado da direção do seu povo no foro interior e no foro exterior, ninguém podia exercer as funções sagradas

numa paróquia sem a autorização do padre. São direitos exclusivos, divinos, do paroquiato, pretendiam eles".

58. *Ibid.*, col. 2432, § 3 (questão: "Os padres são pastores no sentido estrito do termo?"): "Com todo rigor, essa denominação de pastor convém unicamente aos bispos. Nos príncipes da Igreja realizam-se as prerrogativas contidas nessa expressão. Aos bispos foi confiado, na pessoa dos apóstolos, o poder divino de apascentar o rebanho de Cristo, de instruir os fiéis e regê-los. Os textos evangélicos dão fé disso; os comentadores não hesitam nesse ponto; o ensino tradicional é unânime. [...] O povo, ao atribuir o título de pastor a seus padres, sabe muito bem que eles só o são graças aos bispos e na medida em que eles permanecem em união com eles, submetidos à sua jurisdição".

59. Marius Lupus, *De Parochiis ante annum Christi millesium*, Bergomi, *apud* V. Antoine, 1788: "Certum est pastoris titulum parochis non quadrare; unde et ipsum hodie nunquam impartit Ecclesia romana. Per pastores palam intelliguntur soli episcopi. Parochiales presbyterii nequaquam a Christo Domino auctoritatem habent in plebem suam, sed ab episcopo [...] hic enim titulus solis episcopis debetur" (citado por B. Dolhagaray, verbete "Curés", col. 2432, a partir da edição de Veneza, 1789, t. II, p. 314). Os cânones 55, § 1 e 519 do novo Código de Direito Canônico, promulgado após o concílio do Vaticano II, precisam claramente a função pastoral dos párocos ("A paróquia é a comunidade precisa dos fiéis, que é constituída de maneira estável em cada igreja e cuja responsabilidade pastoral é confiada ao pároco, como seu pastor próprio, sob a autoridade do bispo diocesano"; "O pároco é o pastor próprio da paróquia que lhe é confiada [...]").

60. M. Foucault não torna, na aula seguinte, sobre esse aspecto material do *regimen animarum*.

61. João Crisóstomo (c. 345-407), *ΠΕΡΙ ΙΕΡΩΣΝΗΣ, De sacerdotio*, composto c. 390 / *Sur le sacerdoce*, introd., trad. fr. e notas de A.-M. Malingrey, Paris, Cerf, "Sources chrétiennes", 1980, parte VI, cap. 4, título, p. 314-5: "Ao padre é confiada a direção do mundo inteiro [τῆς οἰκουμένης] e outras missões temíveis"; *Patrologia Graeca*, ed. J.-P. Migne, t. XLVII, 1858, col. 677: "Sacerdotarum terrarum orbi aliisque rebus tremendis praepositum esse".

62. A frase original não contém a palavra "pastor". Ela se encontra na vida de santo Ambrósio por Paulino (*Vita sancti Ambrosii mediolanensis episcopi, a Paulino ejus notario ad beatum Augustinum conscripta*), 8, PL 14, col. 29D: "Qui inventus [Ambrósio, até então governador

(*judex*) das províncias do Norte da Itália, havia tentado fugir, para evitar sua eleição para bispo], cum custodiretur a populo, missa relatio est ad clementissimum imperatorem tunc Valentinianum, qui summo gaudio accepit quod judex a se directus ad sacerdotium peteretur. Laetabatur etiam Probus praefectus, quod verbum ejus impleretur in Ambrosio; dixerat enim proficiscenti, cum mandata ab eodem darentur, ut moris est: *Vade, age non ut judex, sed ut episcopus*" (grifos meus; M.S.). Sobre esse episódio, cf. por exemplo H. [F.] von Campenhausen, *Les Pères latins* (orig.: *Lateinische Kirchenväter*), Stuttgart, Kohlhammer, c. 1960, trad. fr. C. A. Moreau, 1967; reed. Paris, Le Seuil, "Livre de vie", 1969, p. 111-2.

63. A. Besançon, *Le Tsarévitch immolé. La symbolique de la loi dans la culture russe*, Paris, Plon, 1967, cap. 2: "La relation au souverain", p. 80-7; reed. Paris, Payot, 1991.

64. A. Siniávski, *Dans l'ombre de Gogol*, trad. fr. do russo por G. Nivat, Paris, Le Seuil, "Pierres vives", 1978. Cf. a tradução dessa carta (fictícia) de Gogol a Jukóvski, "Sur le lyrisme de nos poètes" (*Passages choisis de ma correspondance avec mes amis*, 1864, Carta x) por J. Johannet, *in* Nicolas Gogol, *Oeuvres complètes*, Paris, Gallimard, "Bibliothèque de la Pleiade", 1967, p. 1540-1 (sobre o "grande projeto" místico e político de Gogol, a que essa obra correspondia, cf. a nota do tradutor, p. 1488). Dissidente soviético, condenado em 1966 a sete anos de campo de concentração por ter publicado, sob o pseudônimo de Abram Tertz, uma viva sátira do regime (*Récits fantastiques*, Paris, 1964), André Siniávski (1925-1997) vivia em Paris desde 1973. *Dans l'ombre de Gogol* foi escrito, no essencial, durante sua internação no campo, assim como *Une voix dans le choeur* (Paris, Le Seuil, 1974) e *Promenades avec Pouchkine* (1976). Foucault havia encontrado Siniávski em junho de 1977, num evento no teatro Récamier, organizado para protestar contra a visita de Leonid Brejnev à França (cf. a "Cronologia" estabelecida por D. Defert, *DE*, I, p. 51. Sobre a dissidência soviética, cf. *infra*, p. 294, nota 27.

65. *Ibid.*, trad. fr. Nivat, p. 50. O texto lido por Foucault apresenta alguns acréscimos menores, assinalados entre colchetes, em relação ao original: "O homem se encherá de amor até então nunca sentido para com a humanidade inteira. A nós, considerados individualmente, nada nos inflamará com esse amor, ele permanecerá ideal, quimérico, não consumado. Só podem dele se penetrar os que têm por regra intangível amar a todos os homens como a um só homem. Por ter ama-

do todo o seu reino até o último súdito da última classe e por ter convertido todo o seu reino em seu corpo, sofrendo, chorando, implorando noite e dia por seu povo infeliz, o soberano adquire essa voz onipotente do amor, a única capaz de se fazer ouvir pela humanidade, a única capaz de tocar nas feridas sem irritá-las, a única capaz de levar a calma às diferentes classes sociais e a harmonia ao Estado. O povo só se curará verdadeiramente onde o monarca consumar seu destino supremo – ser a imagem na terra Daquele que é Amor".

AULA DE 22 DE FEVEREIRO DE 1978

> Análise do pastorado (fim). – Especificidade do pastorado cristão em relação às tradições oriental e hebraica. – Uma arte de governar os homens. Seu papel na história da governamentalidade.
> – Principais características do pastorado cristão do século III ao século VI (são João Crisóstomo, são Cipriano, santo Ambrósio, Gregório, o Grande, Cassiano, são Bento): (1) a relação com a salvação. Uma economia dos méritos e dos deméritos: (a) o princípio da responsabilidade analítica; (b) o princípio da transferência exaustiva e instantânea; (c) o princípio da inversão sacrifical; (d) o princípio da correspondência alternada. (2) A relação com a lei: instauração de uma relação de dependência integral entre a ovelha e quem a dirige. Uma relação individual e não finalizada. Diferença entre a *apátheia* grega e a *apátheia* cristã. (3) A relação com a verdade: a produção de verdades ocultas. Ensinamento pastoral e direção de consciência.
> – Conclusão: uma forma de poder absolutamente nova que assinala o aparecimento de modos específicos de individualização. Sua importância decisiva para a história do sujeito.

Gostaria hoje de terminar com essas histórias de pastor e de pastoral, que devem lhes parecer um pouco compridas demais e da próxima vez voltar ao problema do governo, da arte de governar, da governamentalidade a partir dos séculos XVII-XVIII. Vamos liquidar com a pastoral.

Da última vez, quando eu havia procurado opor o pastor da Bíblia ao tecelão de Platão, o pastor hebraico ao magistrado grego, não tinha desejado mostrar que havia, de um lado, um mundo grego ou um mundo greco-romano que ignorava inteiramente o tema do pastor e a forma pastoral como maneira de dirigir os homens, e que, de outro lado, teria havido, vindo de um Oriente mais ou menos próximo, especialmente da cultura hebraica, o tema, a ideia, a forma de um poder pastoral que o cristianismo teria adotado e imposto por bem ou por mal, a partir da teocracia judaica, ao mundo greco-romano. Quis simplesmente mostrar que o pensamento grego não teria recorrido ao modelo do pastor para analisar o poder político e que, se esse tema do pastor, que é tão frequentemente utilizado, tão altamente valorizado no Oriente, havia sido utilizado na Grécia, foi seja nos textos arcaicos, a título de designação ritual, seja também nos textos clássicos para caracterizar certas formas na verdade locais e bem delimitadas de poder exercido, não pelos magistrados no âmbito de toda a cidade, mas por certos indivíduos sobre comunidades religiosas, em relações pedagógicas, nos cuidados do corpo etc.

O que eu gostaria de mostrar agora é que o pastorado cristão, tal como se institucionalizou, se desenvolveu e foi pensado essencialmente a partir do século III, é de fato bem diferente da pura e simples retomada, transposição ou continuação do que pudemos identificar como tema principalmente hebraico ou oriental. Creio que o pastorado cristão é absolutamente, profundamente, diria quase essencialmente diferente desse tema pastoral que já tínhamos identificado.

É bem diferente, antes de mais nada, claro, porque o tema foi enriquecido, transformado, complicado pelo pensamento cristão. É bem diferente também, e é algo totalmente novo, na medida em que o pastorado cristão, o tema pastoral no cristianismo deu lugar – o que não havia sido, em absoluto, o caso na civilização hebraica – a toda uma imensa rede institucional que não encontramos em outra parte. O Deus dos hebreus é, sim, um deus-pastor, mas não havia pastores no interior do regime político e social dos hebreus. Portanto, o pastorado deu lugar, no cristianismo, a uma rede institucional densa, complicada, compacta, rede institucional que pretendia ser, que de fato foi coextensiva à Igreja inteira, logo à cristandade, a toda a comunidade do cristianismo. Portanto, tema muito mais complicado, institucionalização do pastorado. Enfim e principalmente, terceira diferença, e é nisso que eu gostaria de insistir, o pastorado no cristianismo deu lugar a toda uma arte de conduzir, de dirigir, de levar, de guiar, de controlar, de manipular os homens, uma arte de segui-los e de empurrá-los passo a passo, uma arte que tem a função de encarregar-se dos homens coletiva e individualmente ao longo de toda a vida deles e a cada passo da sua existência. É isso, creio – em todo caso no que diz respeito ao que seria o pano de fundo histórico dessa governamentalidade de que eu gostaria de falar –, parece-me que se trata de um fenômeno importante, decisivo e sem dúvida único na história das sociedades e das civilizações. Nenhuma civilização, nenhuma sociedade foi mais pastoral do que as sociedades cristãs desde o fim do mundo antigo até o nascimento do mundo moderno. E creio que esse pastorado, esse poder pastoral não pode ser assimilado ou confundido com os procedimentos utilizados para submeter os homens a uma lei ou a um soberano. Tampouco pode ser assimilado aos métodos empregados para formar as crianças, os adolescentes e os jovens. Tampouco pode ser assimilado às receitas que são utilizadas para convencer os homens, persuadi-los, arrastá-los mais ou menos contra a vontade deles. Em suma, o pastorado não coincide nem com uma política, nem com uma pedagogia, nem com uma retórica. É uma coisa inteiramente diferente. É uma arte de governar os homens*, e é por aí, creio, que devemos procurar a origem, o ponto de formação, de cristalização, o ponto embrionário dessa governamentalidade cuja entrada na política assinala, em fins do século XVI, séculos XVII-XVIII, o limiar do Estado moderno. O Estado moderno nasce, a meu ver, quando a governamentalidade se torna efetivamente uma prática política calculada e refletida. A pastoral cristã parece-me ser o pano de fundo desse processo, estando entendido que há, por um lado, uma imensa distância entre o tema hebraico do pastor e a pastoral cristã e [que] haverá, é claro, outra distância não menos importante, não menos ampla, entre o governo, a direção pastoral dos

....
* "governar os homens": entre aspas no manuscrito.

indivíduos e das comunidades e o desenvolvimento das artes de governar, a especificação de um campo de intervenção política a partir dos séculos XVI-XVII.

Hoje eu simplesmente gostaria, não, é claro, de estudar como essa pastoral cristã se formou, como se institucionalizou, como, desenvolvendo-se, não se confundiu, muito pelo contrário, com um poder político, apesar de toda uma série de interferências e de interligações. Portanto não é propriamente a história da pastoral, do poder pastoral cristão que quero fazer (seria ridículo querer fazê-lo, [dado] por um lado o meu nível de competência e, por outro, o tempo de que disponho). Gostaria simplesmente de assinalar alguns dos traços que foram desenhados, desde o início, na prática e na reflexão que sempre acompanhou a prática pastoral e que, creio, nunca se apagaram.

Para fazer esse esboço vago, rudimentar, elementar, vou recorrer a alguns textos antigos, textos que datam *grosso modo* do século III ao século VI e que redefinem o pastorado, seja nas comunidades de fiéis, nas igrejas – já que a Igreja, no fundo, só veio a existir relativamente tarde –, certo número de textos essencialmente ocidentais, ou textos orientais que tiveram grande importância, grande influência no Ocidente, como por exemplo o *De sacerdotio* de são João Crisóstomo[1]. Tomarei as *Cartas* de são Cipriano[2], o capital tratado de santo Ambrósio intitulado *De officiis ministrorum* (os encargos, os ofícios dos ministros)[3] e o texto de Gregório, o Grande, *Liber pastoralis*[4]*, que será utilizado em seguida até o fim do século XVII como o texto, o livro básico da pastoral cristã. Tomarei também alguns textos que se referem precisamente a uma forma de certo modo mais densa, mais intensa de pastoral, a que é aplicada no interior, não das igrejas ou das comunidades de fiéis, mas das comunidades monásticas, o texto de [João] Cassiano, que, no fundo, transmitiu ao Ocidente as primeiras

....

* M.F.: *Regulae pastoralis vitae*. Mesmo título no manuscrito.

experiências de vida comunitária nos monastérios orientais, ou seja, as *Conferências* de Cassiano[5], as *Instituições cenobíticas*[6], depois as *Cartas* de são Jerônimo[7] e, enfim, é claro, a *Regra* de são Bento, ou as *Regras* de são Bento[8], que são o grande texto fundador do monasticismo ocidental.

[A partir] de alguns elementos extraídos desses textos, como se apresenta o pastorado? O que especifica, o que distingue o pastorado, tanto da magistratura grega quanto do tema hebraico do pastor, do bom pastor? Se tomarmos o pastorado em sua definição de certo modo abstrata, geral, totalmente teórica, veremos que ele está relacionado com três coisas. O pastorado está relacionado com a salvação, pois tem por objetivo essencial, fundamental, conduzir os indivíduos ou, em todo caso, permitir que os indivíduos avancem e progridam no caminho da salvação. Verdade para os indivíduos, verdade também para a comunidade. Portanto ele guia os indivíduos e a comunidade pela vereda da salvação. Em segundo lugar, o pastorado está relacionado com a lei, já que, precisamente para que os indivíduos e as comunidades possam alcançar sua salvação, deve zelar por que eles se submetam efetivamente ao que é ordem, mandamento, vontade de Deus. Enfim, em terceiro lugar, o pastorado está relacionado com a verdade, já que no cristianismo, como em todas as religiões de escritura, só se pode alcançar a salvação e submeter-se à lei com a condição de aceitar, de crer, de professar certa verdade. Relação com a salvação, relação com a lei, relação com a verdade. O pastor guia para a salvação, prescreve a Lei, ensina a verdade.

É certo que, se o pastorado fosse apenas isso e se fosse possível descrevê-lo de maneira suficiente a partir disso e apenas nesse nível, o pastorado cristão não teria absolutamente nenhuma espécie de especificidade nem de originalidade, porque, afinal de contas, guiar, prescrever, ensinar, salvar, exortar, educar, estabelecer o objetivo comum, formular a lei geral, fixar nos espíritos, propor-lhes ou impor-lhes opiniões verdadeiras e retas, é o que faz qualquer poder, e a definição que seria dada assim do pastorado não seria em absoluto distante, seria exatamente do mesmo tipo, seria isomorfa à definição das funções da cidade ou dos magistrados da cidade de Platão. Portanto não creio que seja a relação com a salvação, a relação com a lei, a relação com a verdade, tomadas assim, sob essa forma global, que caracterizam precisamente, que assinalam a especificidade do pastorado cristão. Na verdade, creio que não é portanto no plano dessa relação com esses três elementos fundamentais – salvação, lei e verdade – que se define o pastorado. Ele se define, quer dizer, ele se especifica pelo menos num outro plano, e é o que procurarei lhes mostrar agora.

Tomemos primeiramente a salvação. Como é que o pastorado cristão pretende conduzir os indivíduos na vereda da salvação? Consideremos a coisa em sua forma mais geral, mais banal. É um traço comum à cidade grega e ao tema hebraico do rebanho o de que certa comunidade de destino envolve o povo e aquele que é seu chefe ou guia. Se o chefe deixa seu rebanho se desgarrar ou se o magistrado não dirige bem a cidade, ele perde a cidade, ou o pastor perde o rebanho, mas eles se perdem junto. Eles se salvam com eles, eles se perdem com eles. Essa comunidade de destino – tema que também se encontra entre os gregos e os hebreus – se justifica por uma espécie de reciprocidade moral, no sentido de que, quando as desgraças vêm se abater sobre a cidade, ou quando a fome dispersa o rebanho, quem é o responsável? Em que, em todo caso, se deve buscar a causa, qual foi o ponto a partir do qual essa desgraça se abateu? Há que buscar do lado do pastor, do lado do chefe ou do soberano. Afinal de contas, a peste de Tebas, vejam, procurem de onde ela vem, e encontrarão Édipo: o rei, o chefe, o pastor na própria raiz da desgraça da cidade. E, inversamente, quando um mau rei, quando um pastor desastrado se encontra à frente do rebanho ou da cidade, por que razão isso ocorre? Porque a fortuna, ou o destino, ou a divindade, ou Jeová, quiseram punir o povo por sua ingratidão ou a cidade por sua injustiça. Ou seja, o mau rei ou o mau pastor têm por razão e justificação, como acontecimentos da história, os pecados ou as faltas da cidade ou da comunidade. Temos portanto em tudo isso uma espécie de relação global, comunidade de destino, responsabilidade recíproca entre a comunidade e quem é encarregado dela.

Creio que no pastorado cristão existe também toda uma série de relações de reciprocidade entre o pastor e as ovelhas, o pastor e o rebanho, mas essa relação é muito mais complexa, muito mais elaborada do que essa espécie de reciprocidade global [de que] acabo de lhes [falar]. O pastor cristão e suas ovelhas estão ligados entre si por relações de responsabilidade de extrema tenuidade e complexidade. Procuremos identificá-las. Essas relações não globais são antes de mais nada – é sua primeira característica – integral e paradoxalmente distributivas. Aqui também, vocês vão ver, não estamos muito longe do tema hebraico do pastor nem mesmo das conotações que encontramos em Platão, mas é preciso avançar progressivamente. Bom, integral e paradoxalmente distributivas quer dizer o quê? Integralmente quer dizer o seguinte: que o pastor deve assegurar a salvação de todos. Assegurar a salvação de todos quer dizer duas coisas que devem precisamente estar ligadas: de um lado, ele deve assegurar a salvação de todos, isto é, de toda a comunidade, da comunidade em seu conjunto, da comunidade como unidade. "O pastor", diz Crisóstomo, "deve se preocupar com toda a cidade e até mesmo com o *orbis terrarum*[9]." É em certo sentido a salvação de todos, mas é também a salvação de cada um. Nenhuma ovelha é indiferente. Nem uma só deve escapar desse movimento, dessa operação de direção e de condução que leva à salvação. A salvação de cada um é importante em termos absolutos e não apenas relativos. São Gregório nos diz, no *Livro pastoral*, livro II, capítulo V: "Que o pastor tenha compaixão de cada ovelha em particular"[10]. E na *Regra* de são

Bento, capítulo 27, o abade deve mostrar uma extrema solicitude para com cada um dos monges, para com cada um dos membros da sua comunidade: "Com toda a sua sagacidade e seu engenho, ele deve correr para não perder nenhuma das ovelhas que lhe são confiadas"[11]. Todos, quer dizer salvar todos, quer dizer salvar o todo e cada um. Voltamos a encontrar aqui, infinitamente repetida e retomada, a metáfora da romã, a romã que era posta simbolicamente na sobrepeliz do sumo sacerdote em Jerusalém[12]. A unidade da romã, sob seu invólucro sólido, não exclui, ao contrário, é feita da singularidade dos grãos, e cada grão é tão importante quanto a romã[13].

É aí que encontramos, pois, o lado paradoxalmente distributivo do pastorado cristão, paradoxalmente distributivo porque, claro, a necessidade de salvar o todo implica que é necessário aceitar, se preciso, sacrificar uma ovelha que possa vir a comprometer o todo. A ovelha que escandaliza, a ovelha cuja corrupção ameaça corromper todo o rebanho deve ser abandonada, deve ser, eventualmente, excluída, expulsa etc.[14] Mas, por outro lado – está aí o paradoxo –, a salvação de uma só ovelha deve causar tanta preocupação no pastor quanto a de todo o rebanho, não há ovelha pela qual ele não deva, suspendendo todas as suas outras tarefas e ocupações, abandonar o rebanho e tentar trazê-la de volta[15]. "Trazer de volta as ovelhas errantes", eis o problema que não foi simplesmente um tema teórico, mas um problema prático, fundamental, desde os primeiros séculos do cristianismo, quando foi preciso saber o que se fazia dos *lapsi*, dos que haviam renegado a Igreja[16]. Haveria que abandoná-los definitivamente ou ir buscá-los onde estavam e onde haviam caído? Enfim, havia todo esse problema do paradoxo do pastor de que lhes falei[17], porque, de fato, ele já estava presente, não apenas esboçado, mas até mesmo formulado na Bíblia e na literatura hebraica.

Ora, a esse princípio da distributividade integral e paradoxal do poder pastoral, creio que o cristianismo acrescentou, como suplemento, quatro princípios absolutamente específicos e que absolutamente não encontrávamos antes. Primeiro, o que chamarei de princípio da responsabilidade analítica. Ou seja, o pastor cristão deverá, ao fim do dia, da vida do mundo, prestar contas de todas as ovelhas. Uma distribuição numérica e individual possibilitará saber se efetivamente ele se encarregou bem de cada ovelha, e toda ovelha que lhe faltar lhe será contada negativamente. Mas deverá também – é aí que intervém o princípio da responsabilidade analítica – prestar contas de todos os atos de cada uma das suas ovelhas, de tudo o que puder ter acontecido a cada uma delas, de tudo de bom e de mau que elas possam ter feito em cada momento. Portanto, já não é simplesmente uma responsabilidade que se define por uma distribuição numérica e individual, mas por uma distribuição qualitativa e factual. O pastor terá de prestar contas, será interrogado, examinado, diz um texto de são Bento, sobre tudo o que cada uma das suas ovelhas possa ter feito[18]. E são Cipriano, na Carta 8, diz que no temível dia, "se nós, pastores, tivermos nos mostrado negligentes, dir-nos-ão que não buscamos as ovelhas perdidas" – princípio da distribuição numérica – "mas que também não pusemos de volta no bom caminho as que estavam desgarradas, não enfaixamos suas patas quebradas e, no entanto, bebíamos do seu leite e tosquiávamos sua lã"[19]. Portanto, antes dessa responsabilidade individual, é preciso considerar que o pastor é responsável por cada um e cada uma.

Segundo princípio, também totalmente específico ao cristianismo, a que chamarei de princípio da transferência exaustiva e instantânea. É que, no dia temível, o pastor deverá não apenas prestar contas das ovelhas e do que fizeram, mas de cada uma, de cada um dos méritos e deméritos de cada uma das coisas que uma ovelha fez, tudo isso o pastor deverá considerar seu ato próprio. O pastor deverá experimentar tudo o que acontece de bom, no exato momento em que esse bem ocorre com uma ovelha, como seu próprio bem. O mal que sucede à ovelha ou que ocorre através da ovelha ou por causa dela, o pastor deverá considerá-lo também como acontecendo com ele próprio ou que ele mesmo faz. Ele tem portanto de se rejubilar com um júbilo próprio e pessoal com o bem da ovelha, desolar-se ou arrepender-se ele próprio pelo que se deve à sua ovelha. São Jerônimo diz isso na Carta 58: "Fazer da salvação dos outros *lucrum animae suae*, o benefício da sua própria alma"[20]. Princípio da transferência exaustiva e instantânea dos méritos e deméritos da ovelha ao pastor, portanto.

Em terceiro lugar, princípio também totalmente específico do pastorado cristão, o princípio da inversão do sacrifício. De fato, se é verdade que o pastor se perde com a sua ovelha – essa é a forma geral dessa espécie de solidariedade global de que lhes falava há pouco –, ele também deve se perder por suas ovelhas, e no lugar delas. Ou seja, para salvar suas ovelhas, o pastor tem de aceitar morrer. "O pastor", escreve são João, "defende as ovelhas contra os lobos e as feras. Ele dá sua existência por elas[21]." O comentário desse texto fundamental resulta no seguinte: o pastor tem de estar disposto, no sentido temporal da expressão, a morrer de morte biológica se as ovelhas estiverem expostas, tem de defendê-las contra seus inimigos temporais, mas também no sentido espiritual, ou seja, o pastor tem de expor sua alma pela alma dos outros. Tem de aceitar tomar sobre si o pecado das ovelhas para que as ovelhas não tenham de pagar e de maneira que ele é que pague. De modo que o pastor deve, no limite, expor-se à tentação, tomar sobre si tudo o que poderia levar à perdição da ovelha se, por essa espécie de transferência, a ovelha se vir libertada tanto da tentação como do risco que havia de morrer de morte espiritual. Concretamente, esse tema, que certamente parece teórico e moral, adquiriu toda a sua atualidade quando se colocaram os problemas da direção de consciência, de que vou lhes falar um pouco mais tarde. Na direção de consciência, de que se trata, se não de forma global, pelo menos de forma parcial? Trata-se do seguinte:

aquele que dirige a consciência do outro, aquele que explora os recônditos dessa consciência, aquele a quem se confiam os pecados que foram cometidos, as tentações a que se está exposto, aquele portanto que deve enxergar, constatar, descobrir o mal, será que não vai, precisamente, ser exposto à tentação, será que esse mal que lhe relatam, esse mal de que ele vai aliviar a consciência do seu dirigido pelo próprio fato de este tê-lo expendido [*érogé*], não vai exp[ô-lo]* à tentação? Será que saber de pecados tão horríveis, ver tão belas pecadoras não vai expô-lo, precisamente ele, à morte da sua alma no momento em que salvará a alma dessa ovelha?[22] Portanto, todo o problema consiste nisso, é um problema que foi discutido amplamente desde o século XIII e que é precisamente a aplicação desse paradoxo da inversão dos valores, a inversão sacrificial que faz que o pastor tenha de aceitar o perigo de morrer para salvar a alma dos outros. E é precisamente quando houver aceitado morrer pelos outros que o pastor será salvo.

Quarto princípio, quarto mecanismo que encontramos na própria definição do pastorado cristão: é o que poderíamos chamar, aqui também de maneira totalmente esquemática e arbitrária, de princípio da correspondência alternada. De fato, se é verdade que o mérito das ovelhas constitui o mérito do pastor, não podemos dizer também que o mérito do pastor não seria muito grande se as ovelhas fossem, todas, sempre e perfeitamente meritórias? O mérito do pastor não se deve pelo menos em parte ao seguinte: que as ovelhas são rebeldes, que estão expostas ao perigo, que estão sempre a ponto de cair? E o mérito do pastor, que fará sua salvação, será precisamente o de ter lutado sem cessar contra esses perigos, buscado as ovelhas desgarradas, de ter lutado até contra seu próprio rebanho. Por isso, são Bento diz: "Se seus subordinados são indóceis, é então que o pastor será absolvi-

....
* M.F.: será que ele não vai ser exposto.

do"²³. E, inversamente, pode-se dizer também, e de maneira igualmente paradoxal, que as fraquezas do pastor podem contribuir para a salvação do rebanho, assim como as fraquezas do rebanho podem contribuir para a salvação do pastor. Em que as fraquezas do pastor podem contribuir para a salvação do rebanho? Claro, o pastor, na medida do possível, tem de ser perfeito. O exemplo do pastor é fundamental, essencial para a virtude, o mérito e a salvação do rebanho. Como dizia são Gregório no *Livro pastoral*, II, [2]*: "A mão que limpa o que está sujo nos outros não deve, porventura, ser ela própria limpa e impoluta?"²⁴. Logo, o pastor tem de ser limpo e impoluto. Mas, se o pastor não tem fraquezas, se o pastor é limpo e impoluto demais, será que dessa perfeição ele não vai tirar coisas assim como o orgulho? Será que a elevação que ele conceberá da sua própria perfeição não vai constituir – cito outra vez o *Liber pastoralis* de são Gregório –, "será que a elevação que disso ele concebe não vai constituir um precipício em que ele cairá aos olhos de Deus?"²⁵**. Logo, é bom que o pastor tenha imperfeições, que conheça suas imperfeições, que não as oculte hipocritamente aos olhos dos seus fiéis. É bom que ele se arrependa explicitamente, que se humilhe, para se manter, ele próprio, numa modéstia que será uma edificação para os fiéis na mesma medida em que o cuidado que teria em ocultar suas fraquezas produziria um escândalo²⁶. Por conseguinte, assim como de um lado as fraquezas das ovelhas fazem o mérito e asseguram a salvação do pastor, inversamente as faltas ou as fraquezas do pastor são um elemento da edificação das ovelhas e do movimento, do processo pelo qual ele as conduz para a salvação.

Poderíamos continuar indefinidamente ou, em todo caso, por muito tempo essa análise das sutilezas do vínculo entre

....
* M.F.: II, 1.
** M. Foucault acrescenta: a perfeição do pastor é uma escola [*uma ou duas palavras inaudíveis*].

o pastor e suas ovelhas. O que eu queria lhes mostrar, num primeiro ponto, é que, em vez dessa comunidade, dessa reciprocidade global e maciça da salvação e da paz entre as ovelhas e o pastor, trabalhando, elaborando essa relação global que nunca é inteiramente questionada, mas elaborando-a, trabalhando-a de dentro, está a ideia de que o pastor cristão faz o quê? O pastor cristão age numa sutil economia do mérito e do demérito, uma economia que supõe uma análise em elementos pontuais, mecanismos de transferência, procedimentos de inversão, ações de apoio entre elementos contrários, em suma, toda uma economia detalhada dos méritos e dos deméritos, entre os quais, por fim, Deus decidirá. Porque este também é um elemento fundamental: é que, finalmente, essa economia dos méritos e dos deméritos que o pastor tem de administrar sem parar, essa economia não assegura em absoluto, de forma certa e definitiva, a salvação nem do pastor nem das ovelhas. Em última instância, a produção da salvação escapa, está inteiramente nas mãos de Deus. E quaisquer que sejam a habilidade, o mérito, a virtude ou a santidade do pastor, não é ele que opera nem a salvação das suas ovelhas nem a sua própria. Em compensação, ele tem de administrar, sem certeza terminal, as trajetórias, os circuitos, as reviravoltas do mérito e do demérito. Continuamos dentro do horizonte geral da salvação, mas com um modo de ação totalmente diferente, um tipo de intervenção totalmente diferente, outras maneiras de fazer, outros estilos, técnicas pastorais totalmente diferentes das que levariam à terra prometida o conjunto do rebanho. Temos, portanto, destacando-se em relação ao tema global da salvação, algo de específico no cristianismo, que eu vou chamar de economia dos deméritos e dos méritos.

Tomem agora o problema da lei. Acho que seria possível fazer uma análise algo semelhante e mostrar que, no fundo, o pastor não é de forma alguma o homem da lei ou, em todo caso, que o que o caracteriza, o que especifica o pastor, não é em absoluto que ele diz a lei. Muito grosseiramente, de maneira esquemática e caricatural, creio que poderíamos dizer o seguinte: o cidadão grego – falo, evidentemente, do cidadão e não do escravo nem de todos os que se encontram, por uma razão ou por outra, minorizados em relação ao direito da cidadania e aos efeitos da lei –, o cidadão grego não se deixa dirigir, no fundo, e não aceita deixar-se dirigir, senão por duas coisas: pela lei e pela persuasão, isto é, pelas injunções da cidade ou pela retórica dos homens. Eu diria, mais uma vez de maneira bastante grosseira, que a categoria geral da obediência não existe entre os gregos ou, em todo caso, que há duas esferas, que são distintas e que não são em absoluto da ordem da obediência. Há a esfera do respeito às leis, respeito às decisões da assembleia, respeito às sentenças dos magistrados, enfim, respeito às ordens que se dirigem, ou a todos da mesma maneira, ou a alguém em particular, mas em nome de todos. Vocês têm essa zona do respeito e têm a zona, eu ia dizendo a artimanha, digamos que das ações e dos efeitos insidiosos: é o conjunto dos procedimentos pelos quais os homens se deixam levar, persuadir, seduzir por outra pessoa. São os procedimentos pelos quais o orador, por exemplo, convencerá seu auditório, o médico persuadirá seu paciente a seguir este ou aquele tratamento, o filósofo persuadirá aquele que o consulta a fazer esta ou aquela coisa para alcançar a verdade, o domínio de si etc. São os procedimentos pelos quais o mestre que ensina alguma coisa ao seu discípulo conseguirá convencê-lo da importância de chegar a esse resultado e dos meios que é preciso empregar para chegar a ele. Logo, respeitar as leis, deixar-se persuadir por alguém: a lei ou a retórica.

Já o pastorado cristão, a meu ver, organizou uma coisa totalmente diferente, que é estranha, parece-me, à prática grega, e o que ele organizou é o que poderíamos chamar de instância da obediência pura*, a obediência como tipo de con-

....
* "obediência pura": entre aspas no manuscrito, p. 15.

duta unitária, conduta altamente valorizada e que tem o essencial da sua razão de ser nela mesma. Eis o que quero dizer: todo o mundo sabe – aqui também, de início, não nos afastamos muito do que era o tema hebraico – que o cristianismo não é uma religião da lei; é uma religião da vontade de Deus, uma religião das vontades de Deus para cada um em particular. Daí, claro, o fato de que o pastor não vai ser o homem da lei, nem mesmo seu representante; sua ação será sempre conjuntural e individual. Vemos isso a propósito dos tais *lapsi*, dos que renegaram Deus. Não se deve tratar todos da mesma maneira, diz são Cipriano, aplicando-lhes uma só medida geral e condenando-os como poderia condená-los um tribunal civil. Deve-se tratar cada um segundo seu caso particular[27]. Esse tema, de que o pastor não é homem da lei, também aparece na comparação muito precoce e constante com o médico. O pastor não é fundamental nem primeiramente um juiz, é essencialmente um médico que tem de cuidar de cada alma e da doença de cada alma. Vemos isso em toda uma série de textos como este de são Gregório, por exemplo, que diz: "Um mesmo e único método não se aplica a todos os homens, porque não os rege uma natureza de caráter igual. Frequentemente são nocivos a alguns os procedimentos benéficos a outros"[28]. Logo, o pastor pode perfeitamente ter de dar a conhecer a lei, dar a conhecer as vontades de Deus que se aplicam a todos os homens: ele terá de dar a conhecer as decisões da Igreja ou da comunidade que se aplicam a todos os membros dessa comunidade. Mas creio que o modo de ação do pastor cristão se individualizou. Aqui também não estamos muito distantes do que encontramos nos hebreus, apesar de a religião judaica ser essencialmente uma religião da lei. Mas sempre foi dito nos textos da Bíblia que o pastor é aquele que cuida individualmente de cada ovelha e que zela pela salvação de cada uma, [dispensando]*

....
* M.F.: tomando.

os cuidados necessários a cada uma em particular. Em relação a esse tema, de que o pastor é aquele que cuida cada caso em função do que o caracteriza muito mais que o homem da lei, creio que, além disso, o que é próprio do pastorado cristão – e isso creio que não se encontra em nenhuma outra parte – é que a relação da ovelha com aquele que a dirige é uma relação de dependência integral.

Dependência integral quer dizer, creio eu, três coisas. Primeiro, é uma relação de submissão, não a uma lei, não a um princípio de ordem, nem mesmo a uma injunção racional ou a alguns princípios ou conclusões extraídos pela razão. É uma relação de submissão de um indivíduo a outro indivíduo. Isso porque a relação estritamente individual, o correlacionamento entre um indivíduo que dirige e um indivíduo que é dirigido, é não apenas uma condição, mas o princípio mesmo da obediência cristã. E aquele que é dirigido deve aceitar, deve obedecer, no interior mesmo dessa relação individual, e por ser uma relação individual. O cristão se põe nas mãos do seu pastor para as coisas espirituais, mas também para as coisas materiais e para a vida cotidiana. Aqui também, sem dúvida, os textos cristãos retomam sem cessar um texto dos Salmos que diz: "Quem não é dirigido cai como uma folha morta"[29]. É verdade para os leigos, mas por certo também é verdade, e de uma maneira muito mais intensa, para os monges. E vemos aqui, neste caso, a aplicação do princípio fundamental de que, para um cristão, obedecer não é obedecer a uma lei, não é obedecer a um princípio, não é obedecer em função de um elemento racional qualquer, é pôr-se inteiramente na dependência de alguém por ser alguém.

Essa dependência de alguém em relação a alguém na vida monástica é, evidentemente, institucionalizada na relação com o abade, com o superior ou com o mestre de noviços. Um dos pontos fundamentais da organização da vida cenobítica a partir do século IV foi que todo indivíduo que entra numa comunidade monástica é posto nas mãos de alguém, superior, mestre de noviços, que se encarrega inteiramente dele e lhe diz a cada instante o que ele pode fazer. A tal ponto que a perfeição, o mérito de um noviço consiste em considerar uma falta qualquer coisa que viesse a fazer sem ter recebido ordem explícita. A vida inteira deve ser codificada pelo fato de que cada um dos seus episódios, cada um dos seus momentos deve ser comandado, ordenado por alguém. Isso é ilustrado por certo número do que poderíamos chamar de provas da boa obediência, provas da irreflexão e da imediatidade. Temos toda uma série de histórias que foram relatadas por Cassiano na *Instituição cenobítica*, e que também encontramos na *História lausíaca*[30], a prova da irreflexão, por exemplo, que consiste no seguinte: assim que uma ordem é dada a um monge, ele deve imediatamente cessar toda ocupação que atualmente o absorve, interrompê-la no mesmo instante e executar a ordem sem se perguntar por que lhe deram essa ordem e se não seria melhor continuar a ocupação a que está dedicado. Ele cita como exemplo dessa virtude de obediência um noviço que estava copiando um texto, um texto da Sagrada Escritura, e que interrompeu a cópia, nem mesmo no fim de um parágrafo ou no fim de uma frase, nem mesmo no meio de uma palavra, mas no meio de uma letra, que deixou a letra por terminar a fim de obedecer à ordem mais idiota possível que lhe haviam dado[31]. É também a prova do absurdo. A perfeição da obediência consiste em obedecer a uma ordem, não por ela ser razoável ou por lhe confiarem uma tarefa importante mas, ao contrário, por ser absurda. É a história infinitamente repetida do monge João, a quem foi dada a ordem de ir regar, bem longe da sua cela, uma vara seca que tinha sido plantada no meio do deserto e que ele tinha de regar duas vezes por dia[32]. Graças a isso a vara não floresceu, mas a santidade de João, em compensação, foi assegurada. É também a prova do mestre rabugento. Quanto mais o mestre é rabugento, quanto menos ele mostra reconhecimento, gratidão, quanto menos ele felicita o discípulo por sua obediência, mais a obediência é reconhecida como meritória. E, enfim, é principalmente a célebre prova da ruptura da lei, ou seja, que se tem de obedecer mesmo quando a ordem é contrária a tudo o que pode ser considerado lei. É a prova de Lúcio que é contada na *História lausíaca*. Lúcio chega a um mosteiro depois de ter perdido a mulher, mas com o filho que lhe restara, um menino de uns dez anos. Fazem Lúcio passar por toda uma série de provas, ao fim das quais vem esta: você vai afogar seu filho no rio[33]. E Lúcio, por ser uma ordem que ele deve cumprir, vai efetivamente afogar o filho no rio. A obediência cristã, a obediência da ovelha a seu pastor é portanto uma obediência integral de [um] indivíduo a um indivíduo. Aliás, aquele que obedece, aquele que é submetido à ordem, é chamado de *subditus*, literalmente, aquele que é destinado, dado a outro e que se encontra inteiramente à disposição e sob a vontade deste. É uma relação de servidão integral.

Em segundo lugar, é uma relação que não é finalizada, no sentido de que, quando o grego se confia aos cuidados de um médico, de um mestre de ginástica, de um professor de retórica ou mesmo de um filósofo, é para alcançar certo resultado. Esse resultado vai ser o conhecimento de um ofício, ou uma perfeição qualquer, ou a cura, e a obediência, em relação a esse resultado, nada mais é que a passagem necessária e nem sempre agradável. Sempre há portanto, na obediência grega, ou em todo caso no fato de que o grego se submete, num momento dado, à vontade ou às ordens de alguém, há um objeto, a saúde, a virtude, a verdade, e uma finalidade, isto é, virá o momento em que essa relação de obediência será suspensa e até invertida. Afinal de contas, quando alguém se submete a um professor de filosofia na Grécia é para poder chegar, num momento dado, a ser senhor de si, isto é, a inverter essa relação de obediência e a se tornar seu próprio senhor[34]. Ora, na obediência cristã, não há finalidade, porque aquilo a que a obediência cristã leva é o quê? É simplesmente a obediência. Obedece-se para ser obediente, para alcançar um estado* de obediência. Creio que essa noção de estado de obediência também é algo totalmente novo, totalmente específico, que não encontraríamos de forma alguma antes. Digamos ainda que o termo para o qual tende a prática de obediência é o que se chama de humildade, humildade essa que consiste em sentir-se o último dos homens, em receber ordens de qualquer um, em revalidar assim indefinidamente a relação de obediência e, principalmente, em renunciar à vontade própria. Ser humilde não é saber que se pecou muito, ser humilde não é simplesmente aceitar que qualquer um dê ordens e submeter-se a elas. Ser humilde, no fundo, é principalmente saber que toda vontade própria é uma vontade ruim. Se, portanto, a obediência tem um fim, esse fim é um estado de obediência definido pela renúncia, a renúncia definitiva a toda vontade própria. A finalidade da obediência é mortificar sua vontade, é fazer que sua vontade como vontade própria morra, isto é, que não haja outra vontade senão a de não ter vontade. É assim que são Bento, no capítulo V da sua *Regra*, para definir o que são os bons monges, diz: "Eles não vivem mais por seu livre-arbítrio, *ambulantes alieno judicio et imperio*, caminhando sob o juízo e o *imperium* de outro, eles sempre desejam que alguém os comande"[35].

Haveria que explorar tudo isso, porque afinal é importantíssimo tanto no que concerne à moral cristã, na história das ideias, quanto no que concerne à própria prática, à institucionalização do pastorado cristão, e também a todos os problemas do que se chama de "a carne" no cristianismo. Trata-se, como veem, da diferença que há no sentido que se deu sucessivamente à mesma palavra – *apátheia* –, a *apátheia* a que tende precisamente a obediência. Quando um discípulo grego vai ter com um mestre de filosofia e se põe sob sua

....
* Palavra marcada com um círculo no manuscrito, p. 18. À margem: "noção importante".

direção e sob seu governo, é para chegar a uma coisa chamada *apátheia*, ausência de *páthe*, ausência de paixões. Mas em que consiste essa ausência de paixões, o que ela significa e em que ela consiste? Não ter paixões é já não ter passividade. Quero dizer, é eliminar de si mesmo todos esses movimentos, todas essas forças, todas essas tempestades de que você não é senhor e que o expõem assim a ser escravo seja do que acontece em você, seja do que acontece no seu corpo, seja eventualmente do que acontece no mundo. A *apátheia* grega garante o controle de si. E nada mais é, de certo modo, que o inverso do controle de si. Você obedece, portanto, e renuncia a um certo número de coisas, renuncia até, na filosofia estoica e no último epicurismo, aos prazeres da carne e aos prazeres do corpo para garantir a *apátheia*, *apátheia* que é tão só o inverso, o negativo, se vocês quiserem, dessa coisa positiva a que se tende e que é o controle de si. É renunciando que você se torna mestre. A palavra *apátheia*, transmitida dos moralistas gregos, greco-romanos[36], ao cristianismo, [vai adquirir] um sentido totalmente diferente, e a renúncia aos prazeres do corpo, aos prazeres sexuais, aos desejos da carne vai ter um efeito totalmente diferente no cristianismo. Nada de *páthe*, nada de paixões, quer dizer o quê, para o cristianismo? Quer dizer essencialmente renunciar a esse egoísmo, a essa vontade singular que é a minha. E o que se vai recriminar aos prazeres da carne, não é que eles tornam passivo – era esse o tema estoico e inclusive epicurista –, o que se recrimina aos prazeres da carne é que, ao contrário, neles se desenrola uma atividade que é uma atividade individual, pessoal, egoísta. É que o eu, é que eu mesmo estou diretamente interessado neles e neles mantenho, de maneira alucinada, essa afirmação do eu como sendo o que é essencial, fundamental e o que mais valor possui. Por conseguinte, o *páthos* que deve ser conjurado por meio das práticas da obediência não é a paixão, é antes a vontade, uma vontade orientada para si mesma, e a ausência de paixão, a *apátheia*, vai ser a vontade que renuncia a si mesma e que não para de renunciar a si mesma[37].

Creio que poderíamos acrescentar também (mas passo rapidamente sobre isso) que, nessa teoria e nessa prática da obediência cristã, aquele que comanda, no caso o pastor, seja ele abade ou bispo, não deve comandar por comandar, claro, mas deve comandar unicamente porque lhe deram ordem de comandar. A prova qualificadora do pastor é recusar o pastorado de que o encarregam. Ele recusa porque não quer comandar, mas, na medida em que sua recusa seria a afirmação de uma vontade singular, ele tem de renunciar à sua recusa, obedecer e comandar. De sorte que temos uma espécie de campo generalizado da obediência que é característico do espaço em que vão se desenvolver as relações pastorais.

Logo, assim como, a meu ver, a análise, a definição do pastorado, o havia separado do tema da relação comum e havia feito aparecer a economia complexa dos méritos e deméritos que circulam, transferem-se e se intercambiam, creio que, da mesma maneira, em relação ao princípio geral da lei, o pastorado faz surgir toda uma prática da submissão do indivíduo ao indivíduo, sob o signo da lei, é claro, mas fora do seu campo, numa dependência que nunca teve nenhuma generalidade, que não garante nenhuma liberdade, que não leva a nenhum domínio, nem de si nem dos outros. É um campo de obediência generalizada, fortemente individualizado em cada uma das suas manifestações, sempre instantâneo e limitado, e tal que mesmo os pontos de domínio nele presentes ainda são efeitos de obediência.

Conviria notar, claro – por ser um problema (enfim, vou simplesmente indicá-lo) –, que vemos organizar-se aí a série, ou antes, o par servidão-serviço. A ovelha, a pessoa que é dirigida, deve viver sua relação com o pastor como uma relação de servidão integral. Mas, inversamente, o pastor deve sentir seu encargo de pastor como um serviço, e um serviço que faz dele o servidor das suas ovelhas. Seria preciso, assim, comparar, opor tudo isso, essa relação de servidão-serviço, ao que era a concepção grega ou a concepção romana, por exemplo, do encargo, do *officium*. Como vocês estão vendo, outro problema fundamental: o problema do eu, isto é, temos aqui, no poder pastoral (tornarei sobre ele daqui a pouco), um modo de individualização que não apenas não passa pela afirmação do eu, mas ao contrário implica sua destruição.

Enfim, em terceiro lugar – vou ser rápido porque já falamos disso de outra maneira –, o problema da verdade. Aqui também, formulada da maneira mais esquemática, a relação do pastorado com a verdade pode se inscrever, se não tomarmos a coisa em detalhe, numa espécie de curva e de perfil que não a afasta muito do que podia ser o ensino grego. Quero dizer o seguinte: que o pastor, em relação à sua comunidade, tem uma tarefa de ensino. Podemos até mesmo dizer que é sua tarefa primeira e principal. No *De officiis ministrorum*, uma das primeiras frases do texto, que é de santo Ambrósio, diz: "*Episcopi proprium munus docere*", o encargo próprio do bispo é ensinar[38]. Claro, essa tarefa de ensino não é uma tarefa unidimensional, não se trata simplesmente de dar determinada lição aos outros, mas de uma coisa mais complicada. O pastor deve ensinar por seu exemplo, por sua própria vida, e aliás o valor desse exemplo é tão forte que, se ele não dá uma boa lição com sua própria vida, o ensino teórico, verbal, que vier a ministrar se verá obscurecido por isso mesmo. No *Livro pastoral*, são Gregório diz que os pastores que ensinam a boa doutrina mas dão mau exemplo são mais ou menos como pastores que bebessem a água limpa, mas que, tendo os pés sujos, corromperiam a água em que fazem beber as ovelhas que têm a seu encargo[39]. O pastor também ensina de maneira não global, não geral. Ele não ensina da mesma maneira todo o mundo, porque os espíritos dos ouvintes são como as cordas de uma cítara, são tensionados diferentemente e não se pode tocá-las da mesma maneira. São Gregório, no *Liber pastoralis*, apresenta trinta e seis maneiras bem distintas de ensinar, conforme o pastor se dirija a pessoas casadas ou não, a pessoas ricas ou não, a pessoas doentes ou não, a pessoas alegres ou tristes[40]. Tudo isso não nos afasta muito do que era a concepção tradicional do ensino. Mas há a esse respeito, creio eu, duas novidades fundamentais que também caracterizam o pastorado cristão.

Em primeiro lugar, o fato de que esse ensino deve ser uma direção da conduta cotidiana. Trata-se não apenas de ensinar o que se deve saber e o que se deve fazer. Trata-se de ensiná-lo não apenas por princípios gerais, mas por uma modulação cotidiana, esse ensino também tem de passar por uma observação, uma vigilância, uma direção exercida a cada instante e da maneira menos descontínua possível, sobre a conduta integral, total, das ovelhas. A vida cotidiana não deve ser simplesmente, em sua perfeição, em seu mérito ou em sua qualidade, o resultado de um ensino geral, nem mesmo o resultado de um exemplo. A vida cotidiana deve ser efetivamente assumida e observada, de sorte que o pastor deve formar, a partir dessa vida cotidiana das suas ovelhas, que ele vigia, um saber perpétuo que será o saber do comportamento das pessoas e da sua conduta. São Gregório diz, a propósito do pastor em geral: "Ao perseguir as coisas celestes, que o pastor não abandone as necessidades do próximo. Que ele não perca tampouco o gosto pelas alturas, condescendendo às necessidades materiais dos seus próximos"[41]. E refere-se a são Paulo, que, diz ele, "por mais extático que tenha sido na contemplação do invisível, faz seu espírito descer até o leito conjugal. Ele ensina aos esposos a conduta que eles têm o dever de observar em suas relações íntimas". Embora, pela contemplação, são Paulo tenha penetrado o céu, não excluiu da sua solicitude a camada dos que permanecem carnais[42]. Temos portanto um ensino integral que implica, ao mesmo tempo, um olhar exaustivo do pastor sobre a vida das suas ovelhas.

O segundo aspecto, muito importante também, é a direção de consciência[43]. Vale dizer que o pastor não deve simplesmente ensinar a verdade. Ele deve dirigir a consciência, e dirigir a consciência quer dizer o quê? Aqui também precisamos voltar um pouquinho atrás. A prática da direção de consciência não é, no sentido estrito do termo, uma invenção cristã. Houve direções de consciência na Antiguidade[44], mas, enfim, para dizer as coisas muito esquematicamente, creio que podemos caracterizá-las da seguinte maneira. [Primeiro,] na Antiguidade, a direção de consciência é voluntária, ou seja, é quem quer ser dirigido que vai ter com alguém e lhe diz: dirija-me. A tal ponto, aliás, que em suas formas primitivas, e até em formas tardias, a direção de consciência era paga. A pessoa ia ter com alguém e esse alguém lhe dizia: aceito dirigir você, mas você vai me dar tal quantia em dinheiro. Os sofistas tinham barracas de direção de consciência nas praças públicas. A consulta era paga.

Em segundo lugar, a direção de consciência na Antiguidade era circunstancial, isto é, ninguém se deixava dirigir a vida inteira e a respeito de todos os aspectos da vida, só quando passava por um mau momento, por um episódio duro e difícil, é que ia consultar um diretor de consciência. Você fazia um luto, tinha perdido um filho ou a mulher, tinha se arruinado, tinha sido exilado pelo príncipe, pois bem, você ia ver alguém que intervinha, e que intervinha essencialmente como consolador. Portanto a direção de consciência era voluntária, episódica, consoladora, e passava, em certos momentos, pelo exame de consciência. Ou seja, essa direção implicava muitas vezes que o diretor dissesse, convidasse, coagisse mesmo, se é que pode haver coação nisso, o dirigido a examinar sua consciência, a fazer todos os dias, à noite, um exame do que havia feito, das coisas boas ou ruins que podia ter feito, do que lhe havia acontecido, em suma, a repassar a existência do dia, ou um fragmento de existência, passá-la pelo filtro de um discurso, de modo a fixar em verdade o que havia acontecido e os méritos, a virtude, os progressos de quem se examinava assim. Mas esse exame de consciência, que se inscrevia portanto no interior da prática da direção de consciência, tinha essencialmente um objetivo. Era precisamente que a pessoa que se examinava pudesse assumir o controle de si mesma, tornar-se senhora de si, sabendo exatamente o que tinha feito e em que ponto estava do seu progresso. Era portanto uma condição do controle de si.

Na prática cristã, vamos ter uma direção de consciência e formas de exame totalmente diferentes. Primeiro, porque a direção de consciência não é exatamente voluntária. Em todo caso, nem sempre o é, e nos casos dos monges, por exemplo, a direção de consciência é absolutamente obrigatória, não se pode deixar de ter um diretor de consciência. Em segundo lugar, a direção de consciência não é circunstancial. Não se trata de responder a uma desgraça, ou a uma crise, ou a uma dificuldade. A direção de consciência é absolutamente permanente, é a propósito de tudo e a pessoa vai ser dirigida durante toda a vida. Enfim, em terceiro lugar, o exame de consciência que faz efetivamente parte* desses instrumentos da direção de consciência, o exame não tem por função assegurar ao indivíduo o controle de si, compensar de certo modo por esse exame a dependência em que se encontra em relação ao diretor. Vai ser, ao contrário, a coisa inversa. Você só examina a sua consciência para poder ir dizer ao diretor o que você fez, o que você é, o que sentiu, as tentações a que foi submetido, os maus pensamentos que deixou em si, ou seja, é para melhor marcar, para ancorar melhor ainda a relação de dependência ao outro que se faz o exame de consciência. O exame de consciência na Antiguidade clássica era um instrumento de controle, aqui vai ser ao contrário um instrumento de dependência. E o indivíduo vai formar de si, a cada instante, pelo exame de consciência, certo discurso de verdade. Vai extrair e produzir a partir de si mesmo certa verdade, que vai ser aquilo através do que vai estar ligado àquele que

....
* M. Foucault acrescenta: desse arsenal, enfim.

dirige sua consciência. Vocês estão vendo que também aqui a relação com a verdade no pastorado cristão não é, em absoluto, do mesmo tipo que podíamos encontrar na Antiguidade greco-romana, [ela é] muito diferente também do que havia sido esboçado na temática hebraica do pastorado.

Portanto, não é a relação com a salvação, não é a relação com a lei, não é a relação com a verdade que caracteriza fundamentalmente, essencialmente o pastorado cristão. O pastorado cristão, ao contrário, é uma forma de poder que, pegando o problema da salvação em sua temática geral, vai introduzir no interior dessa relação global toda uma economia, toda uma técnica de circulação, de transferência, de inversão dos méritos, e é isso que é seu ponto fundamental. Tal como em relação à lei, o cristianismo, o pastorado cristão não vai simplesmente ser o instrumento da aceitação ou da generalização da lei, o pastorado cristão, de certo modo tangenciando a relação com a lei, vai instaurar um tipo de relação de obediência individual, exaustiva, total e permanente. É bem diferente da relação com a lei. E, enfim, em relação à verdade, embora o cristianismo, o pastor cristão, de fato ensine a verdade, embora obrigue os homens, as ovelhas, a aceitar certa verdade, o pastorado cristão inova absolutamente ao implantar uma estrutura, uma técnica, ao mesmo tempo de poder, de investigação, de exame de si e dos outros pela qual certa verdade, verdade secreta, verdade da interioridade, verdade da alma oculta, vai ser o elemento pelo qual se exercerá o poder do pastor, pelo qual se exercerá a obediência, será assegurada a relação de obediência integral, e através do que passará justamente a economia dos méritos e deméritos. Essas novas relações dos méritos e deméritos, da obediência absoluta, da produção das verdades ocultas, é isso que, a meu ver, constitui o essencial, a originalidade e a especificidade do cristianismo, e não a salvação, não a lei, não a verdade.

Terminarei então dizendo que, por um lado, vemos nascer com o pastorado cristão uma forma de poder absolutamente nova. Vemos também – será esta a minha segunda e última conclusão –, vemos também se esboçar, a meu ver, o que poderíamos chamar de modos absolutamente específicos de individualização. A individualização no pastorado cristão vai se efetuar de acordo com um modo que é totalmente particular e que pudemos apreender justamente através do que dizia respeito à salvação, à lei e à verdade. É que, de fato, essa individualização, assim assegurada pelo exercício do poder pastoral, já não vai ser definida pelo estatuto de um indivíduo, nem por seu nascimento, nem pelo brilho das suas ações. Vai ser definida de três maneiras. Primeiro, por um jogo de decomposição que define a cada instante o equilíbrio, o jogo e a circulação dos méritos e dos deméritos. Digamos que não é uma individualização de estatuto, mas de identificação analítica. Em segundo lugar, é uma individualização que vai se dar não pela designação, pela marcação de um lugar hierárquico do indivíduo. Ela não vai se dar, tampouco, pela afirmação de um domínio de si sobre si, mas por toda uma rede de servidões, que implica a servidão geral de todo o mundo em relação a todo o mundo, e ao mesmo tempo a exclusão do egoísmo como forma central, nuclear do indivíduo. É portanto uma individualização por sujeição. Enfim, em terceiro lugar, é uma individualização que não vai ser adquirida pela relação com uma verdade reconhecida, [mas] que, ao contrário, vai ser adquirida pela produção de uma verdade interior, secreta e oculta. Identificação analítica, sujeição, subjetivação – é isso que caracteriza os procedimentos de individualização efetivamente utilizados pelo pastorado cristão e pelas instituições do pastorado cristão. É portanto toda a história dos procedimentos da individualização humana no Ocidente que está envolvida na história do pastorado. Digamos ainda que é a história do sujeito.

Parece-me que o pastorado esboça, constitui o prelúdio do que chamei de governamentalidade, tal como esta vai se desenvolver a partir do século XVI. Ele preludia a governamentalidade de duas maneiras. Pelos procedimentos próprios do pastorado, por essa maneira, no fundo, de não fazer agir pura e simplesmente o princípio da salvação, o princípio da lei e o princípio da verdade, por todas as espécies de diagonais que instauram sob a lei, sob a salvação, sob a verdade, outros tipos de relações. É por aí portanto que o pastorado preludia a governamentalidade. E preludia também a governamentalidade pela constituição tão específica de um sujeito, de um sujeito cujos méritos são identificados de maneira analítica, de um sujeito que é sujeitado em redes contínuas de obediência, de um sujeito que é subjetivado pela extração de verdade que lhe é imposta. Pois bem, é isso, a meu ver, essa constituição típica do sujeito ocidental moderno, que faz que o pastorado seja sem dúvida um dos momentos decisivos na história do poder nas sociedades ocidentais. Pronto. Agora terminamos com o pastorado. Da próxima vez, vou retomar o tema da governamentalidade.

NOTAS

1. Cf. a aula precedente (15 de fevereiro), p. 215, nota 61.
2. São Cipriano, *Correspondência*, *op. cit.*
3. Ambrósio de Milão (bispo de Milão de 374 a 397), *De officiis ministrorum*, composto em 389. O título exato da obra é *De officiis* (cf. santo Ambrósio, *Des devoirs*, trad. fr. e notas de M. Testard, Paris, Les Belles Lettres, "CUF", 1984, t. 1, introdução, p. 49-52). M. Foucault utiliza o texto da edição Migne (*De officiis ministrorum: Epist. 63 ad Vercellensem Ecclesiam*, PL 16, col. 23-184).
4. Cf. *supra*, p. 213, nota 53.
5. Cassiano, João (c. 360-c. 435), *Collationes... / Conférences*, ed. crítica, trad. fr. e notas de dom E. Pichery, Paris, Cerf ("Sources chrétiennes"), t. I, 1966; t. II, 1967; t. III, 1971. Sobre Cassiano, que passou vários anos com os monges do Egito e, depois, ordenado padre em Roma por volta de 415, fundou e dirigiu dois conventos, um de homens, outro de mulheres, na região de Marselha, cf. o resumo do curso de 1979-1980, "Du gouvernement des vivants", *DE*, IV, nº 289, p. 127-8, a propósito da prática da confissão (*exagoreusis*); "Omnes et singulatim", artigo citado, *ibid.*, p. 144-5, a propósito da obediência (a relação entre o pastor e suas ovelhas concebida, no cristianismo, como uma relação de dependência individual e completa); "Sexualité et solitude" (1981), *ibid.*, nº 295, p. 177; "Le combat de la chasteté" (1982), *ibid.*, nº 312, p. 295-308 (sobre o espírito de fornicação e a ascese da castidade); o resumo do curso de 1981-1982, "L'herméneutique du sujet", *ibid.*, nº 323, p. 364 (mesma referência da p. 177); "L'écriture de soi" (1983), *ibid.*, nº 329, p. 416; "Les techniques de soi" (1988), *ibid.*, nº 363, p. 802-3 (ainda a propósito da metáfora do cambista de dinheiro aplicada ao exame dos pensamentos: cf. *DE*, IV, p. 177 e 364).
6. *De institutis coenobiorum et de octo principalium vitiorum remediis* (escrito c. 420-424) / *Institutions cénobitiques*, ed. crítica, trad. fr. e notas de J.-Cl. Guy, Paris, Cerf ("Sources chrétiennes"), 1965.
7. São Jerônimo (Hyeronimus Stridonensis), *Epistolae*, PL 22, col. 325-1224 / *Lettres*, trad. fr. J. Labourt, Paris, Les Belles Lettres, "CUF", t. I-VII, 1949-1961.

8. *Regula sancti Benedicti / La règle de saint Benoît, op. cit.*
9. Cf. a aula precedente (15 de fevereiro), p. 215, nota 61.
10. Gregório, o Grande, *Regula pastoralis*, I, 5, trad. fr. B. Judic, Paris, Cerf ("Sources chrétiennes"), 1992, p. 196/197: "Sit rector singulis compassione proximus" ("Que o pastor tenha uma compaixão próxima de cada um").
11. *La Règle de saint Benoît*, t. 2, cap. 27: "Quanta solicitude deve ter o abade para com os excomungados", p. 548/549: "Debet abbas [...] omni sagacitate et industria currere, ne aliquam de ovibus sibi creditis perdat" ("O abade deve [...] apressar-se com toda a sua sagacidade e a sua indústria para não perder nenhuma das ovelhas que lhe são confiadas").
12. Êxodo, 28, 34.
13. Cf. por exemplo Gregório, o Grande, *Regula pastoralis*, II, 4, trad. cit., p. 193: "É por isso que, segundo a ordem divina, as romãs juntaram-se aos sinos na vestimenta do padre. O que significam essas romãs, senão a unidade da fé? De fato, na romã, numerosos grãos no interior são defendidos externamente por uma mesma casca; também assim a unidade da fé protege os vários povos da santa Igreja, que uma diversidade de méritos mantém juntos no seu interior".
14. Cf. *La Règle de saint Benoît*, t. 2, cap. 28: "'Se o infiel se vai, que vá', por temer que uma ovelha doente contamine todo o rebanho". Esse tema da ovelha negra, já presente em Orígenes, é um lugar-comum da literatura patrística.
15. *Ibid.*, t. 2, cap. 27: "E que imite o exemplo de ternura do bom pastor, que, abandonando suas oitenta e nove ovelhas nas montanhas, parte em busca de uma só que se tinha desgarrado" (cf. Lucas 4 e Mateus 8,12, citados *supra*, p. 213, nota 48).
16. Esse problema se colocou notadamente, com particular amplitude, após as medidas persecutórias tomadas pelo imperador Décio em 250, o qual queria obrigar os cidadãos do Império a participar em seu favor de um ato de culto aos deuses. Numerosos cristãos, não podendo esquivar a lei, submeteram-se à vontade imperial, de forma mais ou menos completa (alguns, em vez de realizar o ato idolátrico, se limitaram a um gesto vago ou arranjaram certificados falsos). Como a maioria deles desejava ser reintegrada à Igreja, duas tendências se enfrentaram no clero: uma favorável à indulgência, a outra ao rigorismo (daí o cisma rigorista de Novaciano em Roma, denunciado por são Cipriano em sua Carta 69). Aos olhos do episcopado, a reconciliação

dos *lapsi* devia ser precedida por uma penitência apropriada. Cf. são Cipriano, *Liber de lapsis*, PL 4, col. 463-494/ *De ceux qui ont failli*, trad. fr. D. Gorce, in *Textes*, Namur, Éd. du Soleil levant, 1958, p. 88-92 – texto a que se refere Foucault, em "Les techniques de soi" (1982), *loc. cit.*, p. 806, a propósito da *exomológesis* (confissão pública). Cf. igualmente, sobre esse tema, o curso de 1979-1980, "Du gouvernement des vivants", e o seminário realizado em Louvain em maio de 1981 (inédito).

17. Cf. *supra*, aula de 8 de fevereiro, p. 172-4.

18. *La Règle de saint Benoît*, t. 1, cap. 2, "O que o abade deve ser", p. 451: "[...] ele deve recordar sem cessar que é encarregado de dirigir almas, de que também deverá prestar contas. [...] E deve saber que, quando alguém se encarrega de dirigir almas, deve estar preparado para delas prestar contas. E, sabendo ele que tem irmãos confiados aos seus cuidados, esteja certo de que deverá prestar contas ao Senhor por todas essas almas no dia do juízo, sem falar da sua própria alma, claro". É por isso que o pastor deve temer "o exame por que passará um dia acerca das ovelhas que lhe são confiadas".

19. São Cipriano, *Correspondance*, Carta 8, p. 19: "Et cum incumbat nobis qui videmur praepositi esse et vice pastorum custodire gregem, si neglegentes inveniamur, dicetur nobis quod et antecessoribus nostris dictum est, qui tam neglegentes praepositi erant, quoniam 'perditum non requisivimus et errantem non correximus et claudum non colligavimus et lactem eorum edebamus et lanis eorum operiebamur' [cf. Ezequiel 34, 3]" ("Aliás, o cuidado com o rebanho cabe a nós, que estamos à sua frente aparentemente para conduzi-lo e exercer a função dos pastores. Dir-nos-ão pois, se nos mostramos negligentes, o que se disse a nossos predecessores, que foram chefes negligentes, que não fomos em busca das ovelhas perdidas, nem pusemos de volta no bom caminho as que estavam desgarradas, nem enfaixamos suas patas quebradas e, no entanto, bebíamos do seu leite e nos cobríamos com a sua lã").

20. São Jerônimo, *Epistolae*, PL 22, Ep. 58, col. 582: "Si officium vis exercere Presbyteri, si Episcopatus, te vel opus, vel forte honor delectat, vive in urbibus et castellis; et aliorum salutem, fac lucrum animae tuae" (trad. fr. cit., t. 3, p. 78-9: "Se queres exercer a função de padre, se talvez o episcopado – trabalho ou honra – te for agradável, vive nas cidades e nos castelos; faz da salvação dos outros o proveito da tua alma").

21. João 10, 11-12: "Eu sou o bom pastor; o bom pastor dá sua vida por suas ovelhas. O mercenário, que não é o pastor e a quem não pertencem as ovelhas, vê o lobo vir, deixa as ovelhas e foge, e o lobo se apodera delas e as dispersa" (trad. de La Bible de Jérusalem).

22. Cf. Gregório, o Grande, Regula pastoralis, II, 5, trad. fr. cit., p. 203: "[...] muitas vezes o coração do pastor, quando sabe das tentações de outrem, estando a escutá-lo, sofre também a pressão destas; a água do tanque que lava as multidões se suja. Ficando carregada da sujeira dos que nela se lavam, ela perde sua pura transparência". Cf. *Les Anormaux, op. cit.*, aula de 19 de fevereiro de 1975, p. 166, a propósito do problema da "santidade do padre" no exercício da confissão, tal como os teóricos da pastoral tridentina o analisam.

23. *La Règle de saint Benoît*, t. 1, cap. 2: "O que o abade deve ser", p. 443: "[...] se o pastor pôs todo o seu zelo a serviço de um rebanho turbulento e desobediente, se dispensou todos os seus cuidados às ações malsãs dele, seu pastor será absolvido no juízo do Senhor [...]".

24. Gregório, o Grande, *Regula pastoralis*, II, 2: "[...] necesse est ut esse munda studeat manus, quae diluere sordes curat" (trad. fr. cit., I, p. 176: "Cuidará de ser pura, a mão que se dedica a lavar as imundícies").

25. Cf. Gregório, o Grande, *Regula pastoralis*, II, 6, trad. fr. cit., p. 207: "A outorga do poder colocou-o fora da ordem comum, e ele crê que também superou todo o mundo pelos méritos da sua vida. [...] Por um admirável juízo, encontra dentro de si a fossa da humilhação, elevando-se fora de si ao cimo do poder. Torna-se semelhante ao anjo apóstata, desdenhando ser um homem semelhante aos homens".

26. Cf. *ibid.*, p. 215: "[...] que, à luz discreta de certos sinais, seus inferiores também possam se dar conta de que seus pastores são humildes a seus próprios olhos; assim, verão na autoridade deles uma razão de temer e na humildade deles descobrirão um exemplo".

27. Cf. são Cipriano, *Correspondance*, Carta 17 (III, 1), p. 50: "[...] vos itaque singulos regite et consilio ac moderatione vestra secundum divina praecepta lapsorum animos temperate" ("[...] dai uma direção a cada um dos *lapsi* em particular, e que a sabedoria de vossos conselhos e de vossa ação conduza a alma deles segundo os preceitos divinos"). Sobre a questão dos *lapsi*, cf. a introdução do cônego Bayard, *ibid.*, p. XVIII-XIX; cf. também *supra*, nota 16.

28. Gregório, o Grande, *Regula pastoralis*, III, prólogo: "Ut enim longe ante nos reverendae memoriae Gregorius Nazanzinus edocuit, nonuna eademque cunctis exhortatio congruit, quia nec cunctos par

morum qualitas astringit. Saepe namque aliis officiunt, quae aliis prosunt" (trad. fr. cit., II, p. 259: "Como antes de nós expôs Gregório de Nazianzo, de venerada memória [cf. *Discours*, 2, 28-33], uma só e mesma exortação não convém a todos, porque nem todos estão submetidos aos mesmos hábitos da vida. O que é útil para uns muitas vezes é prejudicial aos outros".)

29. No seminário de Louvain, "Mal dire, mal faire" (inédito), Foucault indica os Provérbios como fonte dessa frase, mas ela não se encontra neles, tampouco nos Salmos. A fórmula citada provavelmente resulta da reunião de duas passagens, segundo o texto da Vulgata: (1) Provérbios 11, 14: "Ubi non est gubernator, populus corruet" (*La Bible de Jérusalem*: "Sem direção, um povo sucumbe") e (2): Isaías 64, 6: "Et cecidimus quasi folium universi" (*ibid*.: "Todos nós fenecemos como folhas mortas" – literalmente, segundo o texto latino: "nós caímos"). M. Foucault cita de novo essa frase, sem referência precisa, em *L'Herméneutique du sujet. Cours au Collège de France, 1981-1982*, ed. por F. Gros, Paris, Gallimard-Le Seuil, "Hautes Études", 2001, p. 381 [ed. bras.: *A hermenêutica do sujeito*, trad. Márcio A. da Fonseca e Salma T. Muchail, São Paulo, Martins Fontes, 2004].

30. τό Λαυσιακον / *História lausíaca*, obra composta por Paládio (c. 363-c. 425), bispo de Helenópolis de Bitínia (Ásia Menor), considerado de tendência origenista. Depois de passar vários anos com os monges do Egito e da Palestina, publicou em 420 essa coletânea de biografias de monges dedicada a Lausios ou Lausus, camareiro-mor de Teodósio II (408-450), que constitui uma fonte importante para o conhecimento do monaquismo antigo. Edições: Palladius, *Histoire lausiaque (Vies d'ascètes et de Pères du désert)*, texto grego, introd. e trad. fr. de A. Lucot, Paris, A. Picard et fils, "Textes et Documents pour l'histoire du christianisme", 1912 (com base na edição crítica de Dom Butler, *Historia Lausiaca*, Cambridge, Cambridge University Press, "Texts and Studies" 6, 1904); Pallade d'Hélénopolis, *Les Moines du désert. Histoire lausiaque*, trad. fr. do Carmel de la Paix, Paris, Desclée de Brouwer, "Les Pères dans la foi", 1981. Cf. R. Draguet, "L'*Histoire lausiaque*, une oeuvre écrite dans l'esprit d'Evagre", *Revue d'histoire ecclésiastique*, 41, 1946, p. 321-64, e 42, 1947, p. 5-49.

31. *Institutions cénobitiques*, trad. fr. cit., IV, 12, p. 134-6 / 135-7. O texto não precisa qual texto o escriba está copiando. A obediência, aqui, responde ao apelo de "quem bate na porta e dá o sinal [...] chamando à prece ou a algum trabalho".

32. *Ibid.*, IV, 24, p. 154-6 / 155-7. João, o Vidente – aba João – (falecido por volta de 395, após quarenta anos de reclusão em Licópolis) é uma das figuras mais célebres do monaquismo egípcio no século IV. A história (pondo em cena João Colobos em vez de João de Licópolis) é retomada notadamente nos *Apophtegmata Patrum* (PG 65, col. 204C), com esta modificação importante: a vara acaba deitando raízes e dando frutos (cf. J.-Cl. Guy, *Paroles des Anciens. Apophtegmes des Pères du désert*, Paris, Le Seuil, "Points Sagesses", 1976, p. 69).

33. O episódio não se encontra na *História lausíaca*; é relatado por Cassiano, *Institutions cénobitiques*, IV, 27, trad. fr. cit., p. 162/163, a propósito do abade Patermutus e do seu filho de oito anos (frades, enviados para esse fim, tiram o menino do rio, impedindo que "fosse completamente executada a ordem do ancião, a que o padre já havia satisfeito com sua devoção"), e se encontra em diversas coleções de apotegmas. No seminário de Louvain já citado, é a Cassiano que Foucault remete, ao relatar o exemplo de Patermutus.

34. Sobre a função do mestre na cultura greco-romana, cf. *L'Herméneutique du sujet*, *op. cit.*, aula de 27 de janeiro de 1982, p. 149-58.

35. *La Règle de saint Benoît*, cap. 5, "Da obediência dos discípulos", p. 466/467: "Os que são premidos pelo desejo de avançar para a vida eterna adotam o caminho estreito, de que o Senhor diz: 'Estreito é o caminho que leva à vida': não vivendo a seu bel-prazer e não obedecendo aos seus desejos e aos seus prazeres, mas caminhando sob o juízo e sob o mando de outrem (*ut non suo arbitrio viventes vel desideriis suis et voluptatibus oboedientes, sed ambulantes alieno iudicio et imperio*), permanecendo nos *coenobia*, desejam ter um abade como superior (*abbatem sibi praeesse desiderant*)." Cf. "'Omnes et singulatim'", *loc. cit.*, p. 145-6.

36. Sobre a dificuldade de encontrar um equivalente latino de *apátheia* e o equívoco que a tradução por *impatientia* cria, cf. Sêneca, *Cartas a Lucílio*, 9, 2; os padres latinos traduziram a palavra por *imperturbatio* (são Jerônimo, *in Jer.* 4, proem.) ou, com mais frequência, *impassibilitas* (são Jerônimo, *Epistolae*, 133, 3; santo Agostinho, *Civitas Dei*, 14, 9, 4: "o que os gregos chamam de *apatia*, ἀπάθεια, cujo sinônimo latino só poderia ser *impassibilitas*").

37. Esse breve desenvolvimento sobre a *apátheia* não seria porventura uma crítica implícita às páginas consagradas a essa noção por P. Hadot em seu artigo "Exercices spirituels antiques et 'philosophie chrétienne'" (republicado em *Exercices spirituels et Philosophie antique*,

Paris, Études augustiniennes, 1981, p. 59-74), em que este último, salientando o papel capital desempenhado pela *apátheia* na espiritualidade monástica, traça uma linha de continuidade entre o estoicismo, o neoplatonismo e a doutrina de Evagro, o Pôntico, e de Doroteu de Gaza (*ibid.*, p. 70-2)? Sobre a *apátheia* dos ascetas cristãos, cf. a próxima aula (1º de março), p. 171-3.

38. Essas primeiras palavras do subtítulo do capítulo I, na edição Migne (PL 16, col. 23A), não são retomadas nas edições mais recentes, portanto são, ao que tudo indica, devidas ao editor. A mesma ideia, no entanto, é expressa mais adiante por santo Ambrósio, *De officiis*, I, 2, ed. J. Testard, p. 96: "[...] cum iam effugere non possimus officium docendi quod nobis refugientibus imposuit sacerdotii necessitudo" ("[...] assim, não podemos doravante esquivar o dever de ensinar, que a contragosto o encargo do sacerdócio nos impôs").

39. Gregório, o Grande, *Regula pastoralis*, I, 2, trad. fr. cit., p. 135: "Os pastores bebem uma água límpida quando vão à fonte jorrante da verdade bem entendida. Turvá-la com seus pés é estragar, vivendo mal, os esforços do seu santo estudo. Sim, as ovelhas bebem uma água que pés revolveram quando, em vez de se apegar às palavras ouvidas, apenas imitam os maus exemplos oferecidos aos seus olhos" (comentário da citação da Escritura tirada de Ezequiel 34, 18-19).

40. Cf. a 3ª parte da *Regula pastoralis*, caps. 24-59.

41. *Ibid.*, II, 5, trad. fr. cit., p. 197: "Que ele evite, ao se elevar, ser desatento às misérias do próximo e, fazendo-se próximo das misérias do próximo, abandonar as altas aspirações".

42. *Ibid.*: "Vejam: Paulo é conduzido ao paraíso, penetra os segredos do terceiro céu, mas, apesar de deslumbrado com essa contemplação das realidades invisíveis, dirige o olhar da sua alma para a câmara em que repousam humildes seres de carne e indica-lhes como se comportar em sua vida íntima".

43. A prática cristã da direção de consciência já havia sido objeto da atenção de M. Foucault em *Les Anormaux, op. cit.*, aulas de 19 de fevereiro de 1975, p. 170 ss., e de 26 de fevereiro, p. 187 ss., mas num outro âmbito cronológico – os séculos XVI-XVII – e numa outra perspectiva de análise – o aparecimento do "corpo de desejo e de prazer" no cerne das práticas penitenciais. Como precisa D. Defert, em sua "Cronologia", ele estava trabalhando, em janeiro de 1978, no segundo volume da *Histoire de la sexualité*, que devia reconstituir "uma genealogia da concupiscência através da prática da confissão no cris-

tianismo ocidental e da direção de consciência, tal como se desenvolve a partir do concílio de Trento" (*DE*, I, p. 53). Esse manuscrito foi destruído posteriormente.

44. Sobre a direção de consciência na Antiguidade, cf. P. Rabbow, *Seelenführung. Methodik der Exerzitien in der Antike*, Munique, Kösel, 1954. M. Foucault sem dúvida já tinha lido também a obra de I. Hadot, *Seneca und die grieschisch-römisch Tradition der Seelenleitung*, Berlim, Walter De Gruyter & Co., 1969, que ele cita em 1984 em *Le Souci de soi* [O cuidado de si] (*Histoire de la sexualité*, t. III, Paris, Gallimard, "Bibliothèque des histoires", 1984). Foucault retornará sobre essa comparação das práticas antiga e cristã da direção de consciência no curso "Du gouvernement des vivants", aulas de 12, 19 e 26 de março de 1980, e em *L'Herméneutique du sujet*, aulas de 3 de março de 1982, p. 345-8, e 10 de março, p. 390.

AULA DE 1º DE MARÇO DE 1978

> A noção de "conduta". – A crise do pastorado. – As revoltas de conduta no campo do pastorado. – O deslocamento das formas de resistência, na época moderna, para os confins das instituições políticas: exemplos do exército, das sociedades secretas, da medicina. – Problema de vocabulário: "revoltas de conduta", "insubmissão", "dissidência", "contracondutas". As contracondutas pastorais. Recapitulação histórica: (a) o ascetismo; (b) as comunidades; (c) a mística; (d) a Escritura; (e) a crença escatológica. – Conclusão: desafios da referência à noção de "poder pastoral" para uma análise dos modos de exercício do poder em geral.

Bom, da última vez, falei um pouco do pastorado e da especificidade do pastorado. Por que lhes falei disso e tão longamente? Digamos que por duas razões. A primeira foi para procurar lhes mostrar – o que na certa não lhes passou despercebido – que não existe moral judaico-cristã*; [a moral judaico-cristã] é uma unidade factícia. A segunda é que, se de fato há nas sociedades ocidentais modernas uma relação entre religião e política, essa relação talvez não passe essencialmente pelo jogo entre Igreja e Estado, mas sim entre o pastorado e o governo. Em outras palavras, o problema fundamental, pelo menos na Europa moderna, sem dúvida não é o papa e o imperador, seria antes esse personagem misto ou esses dois personagens que recebem em nossa língua, em outras também aliás, um só e mesmo nome: ministro. É o ministro, na própria equivocidade do termo, que talvez seja o verdadeiro problema, ali onde se situa realmente a relação da religião com a política, do governo com o pastorado. Foi por isso, portanto, que insisti um pouco no tema do pastorado.

....

* Segue-se uma frase quase inteiramente inaudível: noção [...] antissemita. M. Foucault acrescenta: não há portanto moral judaico-cristã.

Eu havia procurado lhes mostrar que o pastorado constituía um conjunto de técnicas e de procedimentos de que eu havia simplesmente indicado alguns elementos fundamentais. Claro, essas técnicas vão bem além do que eu pude indicar a vocês. Ora, o que de passagem eu gostaria de assinalar já, de maneira a poder retomar esse ponto mais adiante, é que a esse conjunto de técnicas e de procedimentos que caracterizam o pastorado, os gregos, os padres gregos e, muito precisamente, são Gregório de Nazianzo já tinham dado um nome, um nome notável, já que [Gregório] chamava isso, o pastorado, de *oikonomía psykhôn*, isto é, economia das almas[1]. Ou seja, essa noção grega de economia que encontrávamos em Aristóteles[2] e que designava, naquele momento, a gestão particular da família, dos bens da família, das riquezas da família, a gestão, a direção dos escravos, da mulher, dos filhos, eventualmente a gestão, o *management*, se vocês preferirem, da clientela, essa noção de economia adquire com o pastorado uma dimensão e um campo de referências totalmente diferentes. Outra dimensão, já que, em relação a essa economia fundamentalmente familiar – *oîkos* é o hábitat – entre os gregos, [a economia das almas] vai adquirir agora as dimensões, se não da humanidade inteira, pelo menos da cristandade inteira. A economia das almas deve incidir sobre a comunidade de todos os cristãos e sobre cada cristão em particular. Mudança de dimensão, mudança de referências também, pois vai se tratar não apenas da prosperidade e da riqueza da família ou da casa, mas da salvação das almas. Todas essas mudanças, a meu ver, são importantíssimas, e procurarei da próxima vez lhes mostrar qual foi a segunda mutação, nos séculos XVI-XVII, dessa noção de economia.

"Economia", evidentemente, sem dúvida não é a palavra que, em francês, melhor convém para traduzir essa *oikonomía psykhôn*. Os latinos traduziam por *regimen animarum*, "regime das almas", o que não é ruim, mas é evidente que em francês somos beneficiários ou somos vítimas, como vocês preferirem, temos a vantagem ou a desvantagem de possuir uma palavra cuja equivocidade é, apesar de tudo, bastante interessante para traduzir essa economia das almas. Essa palavra [que], aliás, em seu sentido ambíguo, é de introdução relativamente recente, só a encontramos, nos dois sentidos de que vou lhes falar agora, a partir do fim do século XVII--[início do] século XVIII – poderíamos buscar citações em Montaigne[3] –, é evidentemente a palavra "conduta". Pois, afinal de contas, esta palavra – "conduta" – se refere a duas coisas. A conduta é, de fato, a atividade que consiste em conduzir, a condução, se vocês quiserem, mas é também a maneira como uma pessoa se conduz, a maneira como se deixa conduzir, a maneira como é conduzida e como, afinal de contas, ela se comporta sob o efeito de uma conduta que seria ato de conduta ou de condução. Conduta das almas, creio que é assim que talvez pudéssemos traduzir menos mal essa *oikonomía psykhôn* de que falava são Gregório de Nazianzo, e penso que essa noção de conduta, com o campo que ela abarca, é sem dúvida um dos elementos fundamentais introduzidos pelo pastorado cristão na sociedade ocidental.

Dito isso, gostaria agora de tentar mostrar um pouco como se abriu a crise do pastorado e como o pastorado pôde de certo modo explodir, dispersar-se e adquirir a dimensão da governamentalidade, ou ainda, como o problema do governo, da governamentalidade pôde se colocar a partir do pastorado. Claro, serão apenas algumas sinalizações, algumas sondagens muito descontínuas. Não se trata, em absoluto, de fazer a história do pastorado, e em particular vou deixar de lado tudo o que se poderia chamar de grandes limitadores externos do pastorado católico e cristão, esses grandes limitadores contra os quais ele se chocou ao longo de toda a Idade Média e, por fim, no século XVI. Por limitadores externos deve-se entender toda uma série de coisas que negligenciarei, não por não existirem ou por não terem tido efeito, mas porque não é esse ponto que eu gostaria de reter, que me interessa mais. Por limitadores externos deve-se entender, é claro, as resistências passivas das populações que estavam sendo cristianizadas e continuaram a sê-lo até bem tarde na Idade Média; essas populações que, mesmo cristianizadas, permaneceram por muito tempo reticentes a certo número de obrigações que lhes eram impostas pelo pastorado. Resistência, por exemplo, secular à prática, à obrigação da confissão imposta pelo concílio de Latrão em 1215. Resistências ativas também, com que o pastorado se chocou frontalmente, sejam elas práticas que podemos chamar de extracristãs – até que ponto elas o eram é outra questão –, como, digamos, a bruxaria, ou ainda choques frontais com as grandes heresias, na verdade a grande heresia que percorreu a Idade Média e que é, grosso modo, a heresia dualista, cátara[4]. Poderíamos mencionar também, como outro limitador externo, [as] relações [do pastorado]* com o poder político, o problema que [ele] encontrou com o desenvolvimento das estruturas econômicas na segunda metade da Idade Média etc.

Não é disso, claro, que eu gostaria de lhes falar. Gostaria de tentar pesquisar alguns dos pontos de resistência, das formas de ataque e de contra-ataque que puderam se produzir no próprio campo do pastorado. De que se trata? Se é verdade que o pastorado é um tipo de poder bem específico que se dá por objeto a conduta dos homens – quero dizer, por instrumento os métodos que permitem conduzi-los e por alvo a maneira como eles se conduzem, como eles se comportam –, se [portanto] o pastorado é um poder que tem de fato por objetivo a conduta dos homens, creio que, correlativamente a isso, apareceram movimentos tão específicos quanto esse poder pastoral, movimentos específicos que são resistências, insubmissões, algo que poderíamos chamar de revoltas específicas de conduta, aqui também deixando à palavra "conduta" toda a sua ambiguidade[5]. São movimentos que têm como objetivo outra conduta, isto é: querer ser conduzido de outro modo, por outros condutores e por outros pastores, para outros objetivos e para outras formas de salvação, por meio de

....

* M.F: das suas relações.

outros procedimentos e de outros métodos. São movimentos que também procuram, eventualmente em todo caso, escapar da conduta dos outros, que procuram definir para cada um a maneira de se conduzir. Em outras palavras, gostaria de saber se à singularidade histórica do pastorado não correspondeu a especificidade de recusas, de revoltas, de resistências de conduta. E, assim como houve formas de resistência ao poder na medida em que ele exerce uma soberania política, assim como houve outras formas de resistência, igualmente desejadas, ou de recusa que se dirigem ao poder na medida em que ele explora economicamente, não terá havido formas de resistência ao poder como conduta?

Farei de imediato três observações. Primeira delas: apresentar as coisas assim não será, por acaso, supor que houve primeiro o pastorado e depois movimentos de retorno, o que chamei aliás de contra-ataques, tipos de reação? Será que não vamos simplesmente retomar os mesmos fenômenos às avessas, digamos, negativos ou reativos? Claro, seria preciso estudar isso bem mais de perto e observar logo que no fundo o próprio pastorado já se formou, desde o início, em reação ou, em todo caso, numa relação de enfrentamento, de hostilidade, de guerra com algo que é difícil chamar de revolta de conduta, na medida em que a conduta, essa forma de conduta em todo caso, ainda não existia de forma clara; enfim, ele se constituiu contra uma espécie de embriaguez dos comportamentos religiosos de que todo o Oriente Médio deu exemplos nos séculos II, III e IV, e de que em particular certas seitas gnósticas dão um testemunho absolutamente notável e irrefutável[6]. De fato, pelo menos em algumas dessas seitas gnósticas, a identificação da matéria com o mal, o fato de a matéria ser percebida, reconhecida, qualificada como mal, e como mal absoluto, acarretava evidentemente certo número de consequências, seja por exemplo da ordem da vertigem, do encantamento provocado por uma espécie de ascetismo indefinido que podia levar ao suicídio: libertar-se da matéria, e o mais depressa possível. A ideia também, o tema: destruir a matéria pelo esgotamento do mal que há nela, cometer todos os pecados possíveis, ir até o fim de todo esse domínio do mal que me é aberto pela matéria, e é assim que destruirei a matéria. Pequemos portanto, e pequemos ao infinito. Tema igualmente da anulação de um mundo que é o da lei; e, por conseguinte, para destruir um mundo que é o mundo da lei, é preciso primeiramente destruir a lei, isto é, contravir a todas as leis. A toda lei que o mundo ou que as potências do mundo apresentam, é necessário responder pela infração, pela infração sistematizada. Inversão de fato do reinado daquele que criou o mundo. Àquele que criou o mundo, àquele Jeová criador de um mundo material que aceitou os sacrifícios de Abel e recusou os de Caim, que amou Jacó e odiou Esaú, que puniu Sodoma, a esse Deus é necessário responder preferindo os sacrifícios de Caim, amando Esaú, detestando Jacó e glorificando Sodoma. Tudo o que se pode chamar retrospectivamente de desordem, foi contra isso que o pastorado cristão, no Oriente e no Ocidente, se desenvolveu. Pode-se dizer, portanto, que temos uma correlação imediata e fundadora entre a conduta e a contraconduta.

A segunda observação é que essas revoltas de conduta têm sua especificidade. Elas são sem dúvida – enfim, é o que eu queria tentar lhes mostrar –, elas são distintas das revoltas políticas contra o poder na medida em que ele exerce uma soberania, distintas também [das revoltas econômicas contra o poder]* na medida em que ele assegura, garante uma exploração. Elas são distintas em sua forma, são distintas em seu objetivo[7]. Existem revoltas de conduta. E, afinal, a maior das revoltas de conduta que o Ocidente cristão conheceu foi a de Lutero, e sabemos muito bem que no início ela não era nem econômica nem política, qualquer que tenha sido, é cla-

....

* M.F.: do poder.
  Cf. manuscrito, p. 5: "Essas 'revoltas de conduta' têm a sua especificidade: são distintas das revoltas políticas ou econômicas em seu objetivo e em sua forma".

ro, o papel que logo assumiram os problemas econômicos e políticos. Mas o fato de essas lutas serem específicas, de essas resistências de conduta serem específicas não quer dizer que permaneceram separadas ou isoladas umas das outras, com seus próprios parceiros, com suas próprias formas, com sua própria dramaturgia e seu objetivo bem distinto. Na verdade, estão sempre ligadas, quase sempre em todo caso, ligadas a outros conflitos ou a outros problemas. Vocês vão encontrar essas resistências de conduta ligadas por exemplo, em toda a Idade Média, às lutas entre a burguesia e o feudalismo, seja nas cidades flamengas[8], por exemplo, ou em Lyon, na época dos valdenses[9]. Vocês vão encontrá-las ligadas também a esse descolamento, que se produziu principalmente, que ficou evidente principalmente a partir do século XII, entre a economia urbana e a economia rural. Vocês têm um exemplo disso com os hussitas, calixtinos[10] de um lado, taboritas do outro[11]. Vocês encontram igualmente essas revoltas de conduta, essas resistências de conduta, ligadas a um problema totalmente diferente, mas capital, o do estatuto das mulheres. E vemos que essas revoltas de conduta estão muitas vezes ligadas a esse problema das mulheres, do seu estatuto na sociedade, na sociedade civil ou na sociedade religiosa. Essas revoltas de conduta floresceram nos conventos femininos, em todo esse movimento que chamamos de movimento da *Nonnenmystik* renana, no século XII[12]. Vocês veem também todos os grupos que se constituem em torno das mulheres profetizas na Idade Média, como Jeanne Dabenton[13], Marguerite Porete[14] etc. Vocês os verão mais tarde naqueles círculos curiosos, meio mundanos, meio populares, de conduta, ou melhor, de direção de consciência do século XVII, enfim na Espanha do século XVI com Isabel de la Cruz[15], ou na França com Armelle Nicolas[16], Marie des Vallées[17], enfim todos esses personagens, Madame Acarie também[18]. Podemos vê-las prender-se também a fenômenos de desnivelamento cultural. Por exemplo, a oposição, o conflito entre os doutores e os pastores, conflito que estoura de forma evidente em

Wyclif[19], nos amauricianos em Paris[20], em Jan Hus em Praga[21]. Logo, por mais que essas revoltas de conduta possam ser específicas em sua forma e em seu objetivo, nunca são autônomas, nunca permanecem autônomas, qualquer que seja o caráter decifrável da sua especificidade. Afinal de contas, a Revolução Inglesa do século XVII, com toda a complexidade dos seus conflitos institucionais, dos seus choques de classes, dos seus problemas econômicos, a Revolução Inglesa deixa ver de ponta a ponta toda uma dimensão muito específica que é a da resistência de conduta, dos conflitos em torno do problema da conduta. Por quem aceitamos ser conduzidos? Como queremos ser conduzidos? Em direção ao que queremos ser conduzidos? Essa é a minha segunda observação sobre a especificidade não autônoma dessas resistências, dessas revoltas de conduta[22].

Enfim, a terceira observação seria a seguinte. É certo que essas revoltas de conduta, em sua forma religiosa, estão ligadas ao pastorado, à grande era do pastorado, isto é, a que conhecemos desde os séculos X-XI até o século XVI e, mesmo, até o fim do século XVII. A partir desse momento, as revoltas de conduta, as resistências de conduta vão adquirir uma forma totalmente diferente. Até certo ponto, pode-se dizer que elas vão diminuir de intensidade e de número, se bem que, afinal, algo como o movimento metodista da segunda metade do século XVIII seja um magnífico exemplo de revolta, de resistência de conduta muito importante, tanto do ponto de vista econômico quanto político[23]. Mas, enfim, creio que se pode dizer, de maneira geral, que, na medida em que, a partir do fim do século XVII – início do século XVIII, muitas das funções pastorais foram retomadas no exercício da governamentalidade, na medida em que o governo pôs-se a também querer se encarregar da conduta dos homens, a querer conduzi-los, a partir desse momento vamos ver que os conflitos de conduta já não vão se produzir tanto do lado da instituição religiosa, e sim, muito mais, do lado das instituições políticas. E vamos ter conflitos de conduta nos confins, nas margens da instituição política. Vou simplesmente lhes citar alguns exemplos como tipos de análise possíveis ou de pesquisas possíveis.

Primeiro, fazer a guerra. Por muito tempo, fazer a guerra, digamos nos séculos XVII-XVIII, fazer a guerra, fora aqueles para os quais ser homem de guerra era um estatuto, *grosso modo* a nobreza, fora esses, fazer a guerra era uma profissão mais ou menos voluntária, às vezes mais para menos voluntária do que para mais, enfim, pouco importa, e nessa medida o recrutamento militar dava lugar a toda uma série de resistências, de recusas, de deserções. As deserções eram prática absolutamente corrente em todos os exércitos do século XVII e do século XVIII. Mas, a partir do momento em que fazer a guerra se tornou, para todo cidadão de um país, não simplesmente uma profissão, nem mesmo uma lei geral, mas uma ética, um comportamento de bom cidadão, a partir do momento em que ser soldado foi uma conduta, uma conduta política, uma conduta moral, um sacrifício, uma dedicação à causa comum e à salvação comum, sob a direção de uma consciência pública, sob a direção de uma autoridade pública, no âmbito de uma disciplina bem precisa, a partir do momento em que, portanto, ser soldado não foi mais simplesmente um destino ou uma profissão, mas uma conduta, então vocês veem se somar à velha deserção-infração de que lhes falava há pouco, outra forma de deserção que eu chamaria de deserção-insubmissão, na qual recusar-se a exercer o ofício da guerra ou a passar durante certo tempo por essa profissão e por essa atividade, essa recusa a empunhar as armas aparece como uma conduta ou uma contraconduta moral, como uma recusa da educação cívica, como uma recusa dos valores apresentados pela sociedade, como uma recusa, igualmente, de certa relação considerada obrigatória com a nação e com a salvação da nação, como certa recusa do sistema político efetivo dessa nação, como uma recusa da relação com a morte dos outros ou da relação com sua própria morte. Vocês estão vendo, portanto, que temos aí o aparecimento de um fenômeno de resistência de conduta que já não tem, de modo algum, a forma da velha deserção e que tem certa analogia com certos fenômenos de resistência de conduta religiosa [que vimos na]* Idade Média.

Tomemos outro exemplo. No mundo moderno, a partir do século XVIII, vocês veem desenvolver-se sociedades secretas. No século XVIII, elas, no fundo, ainda são próximas das formas da dissidência religiosa. Elas têm, como vocês sabem, seus dogmas, seus ritos, sua hierarquia, suas posturas, cerimônias, sua forma de comunidade. A franco-maçonaria, claro, é um exemplo privilegiado disso. Depois, no século XIX, vão ser cada vez mais compostas de elementos políticos, vão se atribuir objetivos políticos mais nítidos, sejam eles complôs, revoluções, revoluções políticas, revoluções sociais, mas sempre com um aspecto de busca de outra conduta: ser conduzido de outro modo, por outros homens, na direção de outros objetivos que não o proposto pela governamentalidade oficial, aparente e visível da sociedade. E a clandestinidade é sem dúvida uma das dimensões necessárias dessa ação política, mas ela comporta ao mesmo tempo, precisamente, ela oferece essa possibilidade de alternativa à conduta governamental sob a forma de outra conduta, com líderes desconhecidos, formas de obediência específicas etc. Poderíamos dizer, no fundo, que ainda existem, nas sociedades contemporâneas, nas nossas, nos partidos políticos, dois tipos de partidos políticos. Os que não são nada mais que degraus para o exercício do poder ou o acesso a funções e a responsabilidades, e os partidos políticos, ou antes, um partido político que, no entanto, deixou faz tempo de ser clandestino, mas que continua a levar a aura de um velho projeto que ele evidentemente abandonou, mas a que seu destino e seu nome

....
* Sequência de palavras dificilmente audíveis.

permanecem ligados, que é o projeto, em última análise, de fazer nascer uma nova ordem social, de suscitar um novo homem. E, por conseguinte, ele tem necessariamente de funcionar, até certo ponto, como uma contra-sociedade, uma outra sociedade, mesmo que não faça mais que reproduzir a que existe; e, por conseguinte, ele se apresenta, ele funciona internamente como uma espécie de outro pastorado, de outra governamentalidade, com seus líderes, suas regras, sua moral, seus princípios de obediência, e, nessa medida, ele detém, como vocês sabem, uma enorme força para se apresentar ao mesmo tempo como uma outra sociedade, uma outra forma de conduta, e para canalizar as revoltas de conduta, para tomar o lugar delas e dirigi-las[24].

Vou dar um terceiro exemplo. O pastorado, em suas formas modernas, estendeu-se em grande parte através do saber, das instituições e das práticas médicas. Pode-se dizer que a medicina foi uma das grandes potências hereditárias do pastorado. Nessa medida, ela também suscitou toda uma série de revoltas de conduta, o que poderíamos chamar de um *dissent* médico forte, desde o fim do século XVIII até os nossos dias, que vai [da] recusa de certas medicações, de certas prevenções, como a vacinação, à recusa de certo tipo de racionalidade médica: o esforço para constituir espécies de heresias médicas em torno de práticas de medicação que utilizam a eletricidade, o magnetismo, as ervas, a medicina tradicional; [a] recusa da medicina, pura e simplesmente, tão frequente em certo número de grupos religiosos. É aí que se vê bem como os movimentos de dissidência religiosa puderam ligar-se à resistência à conduta médica.

Não insisto mais. Queria simplesmente colocar agora um problema de puro e simples vocabulário. Aquilo que chamei há pouco de resistências, recusas, revoltas, será que não poderíamos tentar encontrar uma palavra para [o] designar? Como designar esse tipo de revoltas, ou antes, essa espécie de trama específica de resistência a formas de poder que não exercem a soberania e que não exploram, mas que conduzem*? Empreguei frequentemente a expressão "revolta de conduta", mas devo dizer que ela não me satisfaz muito, porque a palavra "revolta" é ao mesmo tempo demasiado precisa e demasiado forte para designar certas formas de resistência muito mais difusas e muito mais suaves. As sociedades secretas do século XVIII não constituem revoltas de conduta, a mística da Idade Média, de que eu lhes falei há pouco, também não é exatamente uma revolta. Em segundo lugar, a palavra "desobediência" é, em compensação, uma palavra sem dúvida fraca demais, ainda que seja de fato o problema da obediência que está no centro de tudo isso. Um movimento como o anabatismo[25], por exemplo, foi muito mais que uma desobediência. E, fora isso, esses movimentos que procuro identificar aqui têm, com toda certeza, uma produtividade, formas de existência, de organização, uma consistência e uma solidez que a palavra puramente negativa de desobediência não abrangeria. "Insubmissão", sim, talvez, se bem que neste caso se trate de uma palavra que é, de certo modo, localizada e vinculada à insubmissão militar.

Claro, há uma palavra que me vem à mente, mas eu preferiria que me arrancassem a língua a empregá-la. Portanto vou apenas mencioná-la: é, evidentemente, como vocês adivinharam, a palavra "dissidência"[26]. Essa palavra – "dissidência" – talvez pudesse, de fato, convir muito bem para isso, quer dizer, para essas formas de resistência que dizem respeito, que visam, que têm por objetivo e por adversário um poder que se atribui por encargo conduzir, conduzir os homens em sua vida, em sua existência cotidiana. Essa palavra, evidentemente, se justificaria por duas razões, ambas históricas. Primeiro, essa palavra – "dissidência" – foi de fato empregada com frequência para designar os movimentos religiosos de resistência à organização pastoral. Segundo, sua aplicação

---

* Palavra entre aspas no manuscrito.

AULA DE 1º DE MARÇO DE 1978 **267**

atual poderia efetivamente justificar seu uso, porque, afinal de contas, o que se [chama de]* "dissidência" nos países da Europa Oriental e na União Soviética[27] designa de fato uma forma de resistência e de recusa complexa, pois se trata de uma recusa democrática, claro, mas numa sociedade em que a autoridade política, o partido político que é encarregado de definir a economia e as estruturas de soberania características do país, esse partido político é ao mesmo tempo encarregado de conduzir os indivíduos, de conduzi-los em sua vida cotidiana por todo um jogo de obediência generalizada que adquire precisamente a forma do terror, porque o terror não é quando alguns comandam os outros e os fazem tremer: há terror quando mesmo aqueles que comandam tremem, porque sabem que de qualquer modo o sistema geral da obediência os envolve tanto quanto àqueles sobre os quais exercem seu poder[28]. Poderíamos falar, aliás, da pastoralização do poder na União Soviética. Burocratização do partido, não há dúvida. Pastoralização do partido também, e a dissidência, as lutas políticas que englobamos sob o nome de dissidência têm uma dimensão essencial, fundamental, que é certamente essa recusa da conduta. "Não queremos essa salvação, não queremos ser salvos por essa gente e por esses meios." É toda a pastoral da salvação que é posta em questão. É Soljenitsin[29]. "Não queremos obedecer a essa gente. Não queremos esse sistema, em que até os que comandam são obrigados a obedecer pelo terror. Não queremos essa pastoral da obediência. Não queremos essa verdade. Não queremos ser pegos nesse sistema de verdade. Não queremos ser pegos nesse sistema de observação, de exame perpétuo que nos julga o tempo todo, nos diz o que somos no fundo de nós mesmos, sadios ou doentes, loucos ou não etc." Podemos dizer portanto [que] essa palavra – dissidência – abrange de fato uma luta contra esses efeitos pastorais de que eu lhes falei da última

....
* designa como.

vez. Pois bem, justamente, a palavra dissidência está demasiado localizada atualmente nesse gênero de fenômeno para poder ser utilizada sem inconveniente. E, afinal de contas, quem hoje em dia não faz sua teoria da dissidência?

Abandonemos pois essa palavra. O que vou lhes propor é a palavra, mal construída sem dúvida, "contraconduta" – palavra que só tem a vantagem de possibilitar referir-nos ao sentido ativo da palavra "conduta". Contraconduta no sentido de luta contra os procedimentos postos em prática para conduzir os outros; o que faz que eu prefira essa palavra a "inconduta", que só se refere ao sentido passivo da palavra, do comportamento: não se conduzir como se deve. Além disso, essa palavra – "contraconduta" – talvez também permita evitar certa substantificação que a palavra "dissidência" permite. Porque de "dissidência" vem "dissidente", ou o inverso, pouco importa – em todo caso, faz dissidência quem é dissidente. Ora, não estou muito certo de que essa substantificação seja útil. Temo inclusive que seja perigosa, porque sem dúvida não tem muito sentido dizer, por exemplo, que um louco ou um delinquente são dissidentes. Temos aí um procedimento de santificação ou de heroização que não me parece muito válido. Em compensação, empregando a palavra contraconduta, é sem dúvida possível, sem ter de sacralizar como dissidente fulano ou beltrano, analisar os componentes na maneira como alguém age efetivamente no campo muito geral da política ou no campo muito geral das relações de poder. Isso permite identificar a dimensão, o componente de contraconduta, a dimensão de contraconduta que podemos encontrar perfeitamente nos delinquentes, nos loucos, nos doentes. Portanto, análise dessa imensa família do que poderíamos chamar de contracondutas.

Gostaria agora, depois desse rápido sobrevoo do tema geral da contraconduta no pastorado e na governamentalidade, de tentar identificar como as coisas aconteceram na Idade Média, em que medida essas contracondutas puderam, até certo ponto, pôr em questão, trabalhar, elaborar, erodir o poder pastoral de que lhes falei da última vez, isto é, como uma crise interna do pastorado fora aberta na Idade Média, desde havia muito tempo, pelo desenvolvimento de contracondutas. Gostaria que vocês tivessem presente ao espírito certo número de fatos bem conhecidos, portanto peço-lhes desculpa por resumi-los dessa maneira puramente livresca. Em primeiro lugar, claro, em relação ao esboço do pastorado que eu lhes havia feito semana passada, assistimos desde os primeiros séculos do cristianismo a todo um desenvolvimento, a uma extrema complicação das técnicas, dos procedimentos pastorais, a uma institucionalização muito rigorosa e muito densa do pastorado. Em segundo lugar e, se vocês quiserem, caracterizando, mas de maneira muito específica, muito particular, muito importante, essa institucionalização do pastorado, cumpre observar a formação de um dimorfismo, enfim de uma estrutura binária no interior mesmo do campo pastoral, que opõe os clérigos, de um lado, aos leigos, do outro[30]. Todo o cristianismo medieval, e o catolicismo a partir do século XVI, vai ser caracterizado pela existência de duas categorias de indivíduos bem distintos, que não têm nem as mesmas obrigações, nem os mesmos privilégios civis, claro, mas que não têm nem mesmo, tampouco, os mesmos privilégios espirituais: os clérigos, de um lado, e os leigos, de outro[31]. Esse dimorfismo, o problema colocado por esse dimorfismo, o mal-estar introduzido na comunidade cristã pela existência de clérigos que têm não apenas privilégios econômicos e civis, mas também privilégios espirituais, que estão via de regra mais próximos do paraíso, do céu e da salvação que os outros, tudo isso vai ser um dos grandes problemas, um dos pontos de sustentação da contraconduta pastoral[32]. Outro fato, também, de que convém se lembrar, ainda no interior dessa institucionalização do pastorado, é a definição de uma teoria e de uma prática do poder sacramental dos padres. Aqui também, fenômeno relativamente tardio, assim como o aparecimento do dimorfismo entre clérigos e leigos, a saber: o *presb´yteros*, ou o bispo, ou o pastor[33] das primeiras comunidades cristãs não tinha de modo algum um poder sacramental. Foi após toda uma série de evoluções que ele recebeu o poder de ministrar sacramentos, isto é, de ter uma eficácia direta por seu próprio gesto, por suas palavras, uma eficácia direta na salvação das ovelhas[34]. Isso quanto às grandes transformações puramente religiosas do pastorado.

Do ponto de vista político, do ponto de vista exterior, seria preciso falar do entrelaçamento desse pastorado com o governo civil e o poder político. Seria necessário falar da feudalização da Igreja, do clero secular, mas também do clero regular. E, por fim, em terceiro lugar, nos confins dessa evolução propriamente interna e religiosa e dessa evolução externa, política e econômica, seria necessário assinalar, a meu ver, com insistência, o aparecimento de uma coisa importante, essencialmente em torno dos séculos XI-XII. É a introdução, na prática pastoral conhecida, de um modelo que era essencial e fundamentalmente um modelo laico, a saber, o modelo judicial. Para dizer a verdade, quando digo que isso remonta aos séculos XI-XII, está sem dúvida totalmente errado, porque, na verdade, a Igreja já havia adquirido e já exercia funções judiciais desde os séculos VII-VIII, como atestam os penitenciais dessa época. Mas o que é importante é que, a partir dos séculos XI-XII, vemos desenvolver-se e tornar-se obrigatória a prática da confissão, a partir de 1215[35] – na verdade, ela já era consideravelmente generalizada –, isto é, a existência de um tribunal permanente diante do qual cada fiel deve se apresentar regularmente. Vemos aparecer e desenvolver-se a crença no purgatório[36], isto é, um sistema modulado de pena, provisório, em relação ao qual a justiça, enfim, o pastorado pode desempenhar certo papel. E esse papel vai estar precisamente no aparecimento do sistema das indulgências, isto é, na possibilidade de o pastor, na possibilidade de a Igreja atenuar em certa medida e mediante certo número de condições, essencialmente condições financeiras, as penas previstas. Temos aí, portanto, uma penetração do modelo judicial na Igreja, que vai ser, sem dúvida, que foi com toda certeza, a partir do século XII, uma das grandes razões das lutas antipastorais.

Não vou mais insistir nesse tema. Mais uma palavra, para dizer que essas lutas antipastorais adquiriram formas muito diferentes. Também não vou enumerá-las. É de coisas mais precisas que gostaria de lhes falar. Simplesmente, cumpre recordar que vocês encontram essas lutas [anti]pastorais num nível propriamente doutrinal, como por exemplo nas teorias da Igreja, na eclesiologia de Wyclif ou de Jan Hus[37]. Vocês encontram também essas lutas antipastorais sob a forma de comportamentos individuais – seja estritamente individuais, seja individuais mas em série, comportamentos individuais por contágio, como por exemplo o que aconteceu no caso da mística, com a constituição apenas esboçada de alguns grupos que logo se desfazem. Vocês encontram essas lutas antipastorais em grupos, ao contrário, que se constituíram fortemente, uns como apêndice, até mesmo à margem da Igreja, sem que houvesse conflitos muito violentos, como as ordens terceiras ou as sociedades de devoção. Outros são grupos em franca ruptura, como será o caso dos valdenses[38], dos hussitas[39], dos anabatistas[40], uns oscilando da obediência à recusa e à revolta, como os *bégards*[41] e as beguinas, principalmente[42]. Vocês também vão encontrar essas lutas antipastorais, essas contracondutas pastorais em toda uma nova atitude, em todo um novo comportamento religioso, em toda uma nova maneira de fazer e de ser, em toda uma nova maneira de se relacionar com Deus, com as obrigações, com a moral, com a vida civil também. É tudo isso, esse fenômeno difuso e capital que foi chamado de *devotio moderna*[43].

Ora, em todos esses fenômenos tão diversos, quais são os pontos que podemos reter, na medida em que me parece que a própria história das relações conduta pastoral/contracondutas está envolvida neles? Parece-me que a Idade Média desenvolveu cinco formas principais de contraconduta que tendem, todas elas, a redistribuir, a inverter, a anular, a desqualificar parcial ou totalmente o poder pastoral na economia da salvação, na economia da obediência e na economia da verdade, isto é, nesses três domínios de que havíamos falado a última vez e que caracterizam, a meu ver, o objetivo, o domínio de intervenção do poder pastoral. E essas cinco formas de contraconduta desenvolvidas pela Idade Média – mais uma vez me perdoem o caráter escolar e esquemático da análise – [quais são?]*

Em primeiro lugar, o ascetismo. Vocês vão dizer que é um tanto ou quanto paradoxal apresentar o ascetismo como contraconduta, quando se tem o costume de, ao contrário, associar o ascetismo à própria essência do cristianismo e a fazer do cristianismo uma religião da ascese, em oposição às religiões antigas. Acho que devemos recordar que o pastorado, como eu aludia há pouco, o pastorado, na Igreja oriental e na Igreja ocidental, desenvolveu-se nos séculos III-IV, essencialmente, pelo menos numa parte não desprezível, contra as práticas ascéticas, contra em todo caso o que chamavam, retrospectivamente, de excessos do monarquismo, da anacorese egípcia ou síria[44]. A organização de mosteiros com vida comum, e vida obrigatoriamente comum, a organização nesses mosteiros de toda uma hierarquia em torno do abade e dos seus subordinados, que são os intermediários do seu poder, o aparecimento de uma regra nesses mosteiros de vida comum e hierarquizada, de uma regra que se impõe da mesma maneira a todo o mundo ou, em todo caso, a cada categoria de monges de uma maneira específica, mas a todos os membros dessa categoria, conforme sejam noviços ou professos, a existência de uma autoridade absoluta, inconteste, do superior, justamente a regra de uma obediência que nunca

....

* Frase inacabada.

deve ser discutida em relação às ordens do superior, a afirmação de que a verdadeira renúncia é essencialmente a renúncia não ao corpo ou à carne, mas à vontade, em outras palavras, o fato de que o sacrifício supremo pedido ao monge nessa forma da espiritualidade – o que lhe é pedido essencialmente é a obediência –, tudo isso mostra bem que o que estava em jogo era limitar com essa organização tudo o que podia haver de infinito ou tudo o que, em todo caso, havia de incompatível no ascetismo com a organização de um poder[45].

O que havia de fato no ascetismo que era incompatível com a obediência, ou o que havia na obediência que era essencialmente antiascético? Creio que a ascese é, em primeiro lugar, um exercício de si sobre si, é uma espécie de corpo a corpo que o indivíduo trava consigo mesmo e em que a autoridade de um outro, a presença de um outro, o olhar de um outro é, se não impossível, pelo menos não necessário. Em segundo lugar, o ascetismo é um caminho que segue uma escala de dificuldade crescente. É, no sentido estrito do termo, um exercício[46], um exercício que vai do mais fácil ao mais difícil, e do mais difícil ao que é ainda mais difícil e em que o critério dessa dificuldade é o quê? É o sofrimento do próprio asceta. O critério da dificuldade é a dificuldade que o asceta experimenta efetivamente em passar ao estágio seguinte e em fazer o exercício que vem em seguida, de modo que é o asceta com seu sofrimento, o asceta com suas recusas, com seus desgostos, com suas impossibilidades, é o asceta no momento mesmo em que reconhece seus limites que se torna o guia do seu próprio ascetismo e que é levado, por essa experiência imediata e direta do limite, a superá-lo. Em terceiro lugar, o ascetismo é também uma forma de desafio, ou antes, é uma forma de desafio interior, se assim podemos dizer, é também o desafio ao outro. As histórias que fornecem descrições da vida dos ascetas, dos anacoretas orientais, egípcios ou sírios, são repletas dessas histórias em que de asceta a asceta, de anacoreta a anacoreta, fica-se sabendo que um faz um exercício de uma extrema dificuldade, a que o outro vai responder fazendo um exercício de dificuldade ainda maior: jejuar durante um mês, jejuar durante um ano, jejuar durante sete anos, jejuar durante catorze anos[47]. O ascetismo tem, portanto, uma forma de desafio, de desafio interno e de desafio externo. Em quarto lugar, o ascetismo tende a um estado que não é, evidentemente, um estado de perfeição, mas que é apesar de tudo um estado de tranquilidade, um estado de acalmia, um estado de *apátheia*, da qual lhes falei da última vez[48] e que é, no fundo, outra forma do ascetismo. Será diferente, justamente, na pastoral da obediência, mas a *apátheia* do asceta é o domínio que ele exerce sobre si mesmo, sobre seu corpo, sobre seus sofrimentos. Ele chega a um estágio tal, que já não sofre com o que sofre e que, efetivamente, tudo o que ele pode infligir ao seu corpo não provocará nele nenhum distúrbio, nenhuma perturbação, nenhuma paixão, nenhuma sensação forte. E temos também toda uma série de exemplos, como o abade João de que lhes falava da última vez[49], que havia atingido tal ponto de ascetismo que podiam lhe enfiar o dedo no olho, e ele não se mexia[50]. Encontramos aí uma coisa evidentemente muito próxima do ascetismo e do monaquismo budistas[51]. Em suma, trata-se no fim das contas de se vencer, de vencer o mundo, de vencer o corpo, de vencer a matéria ou ainda de vencer o diabo e suas tentações. Donde a importância da tentação, que não é tanto o que o asceta deve suprimir, quanto o que ele deve controlar o tempo todo. O ideal do asceta não é não ter tentações, é chegar a tal ponto de domínio de si, que toda tentação lhe será indiferente. Enfim, quinta característica do ascetismo, é que ele remete seja a uma recusa do corpo, logo da matéria, logo a essa espécie de acosmismo que é uma das dimensões da gnose e do dualismo, seja à identificação do corpo com Cristo. Ser asceta, aceitar os sofrimentos, recusar-se a comer, impor a si próprio o chicote, usar o ferro em seu corpo, em sua carne, é fazer que seu corpo se torne como o corpo de Cristo. É essa identificação que vamos encontrar em todas as formas de ascetismo, na Antiguidade, evidentemente, mas também na Idade Média. Lembrem-se do célebre texto de Suso[52], em que ele conta como, numa manhã de inverno, num frio glacial, ele se impôs o chicote, um chicote com ganchos de ferro que arrancavam pedaços do seu corpo, até o momento em que se pôs a chorar por seu próprio corpo como se fosse o corpo de Cristo[53].

Como vocês veem, temos aí toda uma série de elementos característicos do ascetismo, que se referem seja à justa do atleta, seja ao domínio de si e do mundo, seja à recusa da matéria e ao acosmismo gnóstico, seja à identificação glorificadora do corpo. Isso, evidentemente, é totalmente incompatível com uma estrutura do pastorado que implica (como eu dizia a última vez) uma obediência permanente, uma renúncia à vontade, e somente à vontade, e uma extensão da conduta do indivíduo* ao mundo. Não há nenhuma recusa do mundo no princípio pastoral da obediência; nunca há acesso a um estado de beatitude ou a um estado de identificação com Cristo, a uma espécie de estado terminal de domínio perfeito, mas, ao contrário, um estado definitivo, adquirido desde o início, de obediência às ordens dos outros; e, enfim, na obediência nunca há nada dessa justa com os outros ou consigo mesmo, mas ao contrário uma humildade permanente. Creio que as duas estruturas, a da obediência e a do ascetismo, são profundamente diferentes. É por isso que, quando e onde se desenvolveram contracondutas pastorais na Idade Média, o ascetismo foi um dos pontos de apoio, um dos instrumentos utilizados para isso e contra o pastorado. Esse ascetismo, que foi muito desenvolvido em toda uma série de círculos religiosos – seja ortodoxos, como em meio aos beneditinos e às beneditinas renanos, seja, ao contrário, nos meios francamente heterodoxos, como entre os tabori-

....
* M. Foucault acrescenta: primeiramente.

tas[54], entre os valdenses também, seja ainda simplesmente em meios intermediários, como no caso dos flagelantes[55] –, esse ascetismo é, a meu ver, um elemento, não podemos dizer literalmente estranho ao cristianismo, mas certamente estranho à estrutura de poder pastoral em torno do qual se organizava, tinha se organizado o cristianismo. E é como elemento de luta que ele foi ativado ao longo de toda a história do cristianismo, reativado, sem sombra de dúvida com uma intensidade particular, a partir do século XI ou XII. Portanto, conclusão: o cristianismo não é uma religião ascética. O cristianismo, na medida em que o que o caracteriza, quanto às suas estruturas de poder, é o pastorado, o cristianismo é fundamentalmente antiascético, e o ascetismo é, ao contrário, uma espécie de elemento tático, de peça de reversão pela qual certo número de temas da teologia cristã ou da experiência religiosa vai ser utilizado contra essas estruturas de poder. O ascetismo é uma espécie de obediência exasperada e contravertida, que se tornou domínio de si egoísta. Digamos que há um excesso próprio do ascetismo, um algo mais que assegura precisamente sua inacessibilidade por um poder exterior.

E, se vocês quiserem, também pode-se dizer o seguinte. Ao princípio judaico ou ao princípio greco-romano da lei, o pastorado cristão havia acrescentado este elemento excessivo e completamente exorbitante que era a obediência, a obediência contínua e infinita de um homem a outro. Em relação a essa regra pastoral da obediência, digamos que o ascetismo acrescenta um elemento, ele próprio exagerado e exorbitante. O ascetismo sufoca a obediência com o excesso de prescrições e desafios que o indivíduo lança a si mesmo. Vocês estão vendo que há um nível que é o nível do respeito à lei. O pastorado acrescenta a ele o princípio de uma submissão e de uma obediência ao outro. O ascetismo inverte novamente, outra vez, essa relação fazendo do exercício de si sobre si um desafio. Portanto, primeiro elemento do antipastoral ou da contraconduta pastoral: o ascetismo.

Segundo elemento, as comunidades. Existe, de fato, uma outra maneira, até certo ponto inversa, de se insubmeter ao poder pastoral: a formação de comunidades. O ascetismo tem, antes, uma tendência individualizante. A comunidade é algo bem diferente. Em que ela se baseia? Em primeiro lugar, há uma espécie de fundo teórico que encontramos na maioria das comunidades que se formaram no decorrer da Idade Média. Esse fundo teórico é a recusa da autoridade do pastor e das justificações teológicas ou eclesiológicas propostas para ela. Em particular, as comunidades partem, em todo caso algumas delas, as mais violentas, as mais virulentas, as que estão mais francamente em ruptura com a Igreja, partem do princípio de que a própria Igreja e, em particular, o que constitui seu organismo fundamental ou central, a saber, Roma, é uma nova Babilônia e representa o Anticristo. Tema moral e tema apocalíptico. Nos grupos mais eruditos, de uma maneira mais sutil, essa atividade incessante, sempre reiniciada, de formação de comunidade, apoiou-se em problemas doutrinais importantes. O primeiro era o problema do pastor em estado de pecado. O pastor deve o privilégio do seu poder ou da sua autoridade a uma marca que teria recebido de uma vez por todas e que seria indelével? Em outras palavras, será porque ele é padre e porque recebeu a ordenação que ele detém um poder, um poder que não lhe pode ser retirado, a não ser quando eventualmente suspenso por uma autoridade superior? É o poder do pastor independente do que ele é moralmente, do que ele é interiormente, da sua maneira de viver, da sua conduta? Problema que, como vocês estão vendo, concerne a toda essa economia dos méritos e deméritos de que lhes falei a última vez. E a isso responderam em termos propriamente teóricos, teológicos ou eclesiológicos, certo número de pessoas, essencialmente Wyclif e depois Jan Hus, Wyclif que estabelecia o princípio: "*Nullus dominus civilis, nullus episcopus dum est in peccato mortali*", que significa: "Nenhum senhor civil, mas também nenhum bispo, nenhuma autoridade religiosa, *dum est in peccato mortali*, se estiver em estado de pecado mortal"[56]. Em outras palavras, o simples fato, para um pastor, de estar em pecado mortal suspende todo o poder que ele pode ter sobre os fiéis. E é esse princípio que é retomado por Jan Hus num texto que também se chama *De ecclesia* e em que ele diz... não, não é no *De ecclesia*. Ele tinha mandado escrever, gravar ou pintar nas paredes da igreja de Belém em Praga[57] este princípio: "Às vezes é bom não obedecer aos prelados e aos superiores". Jan Hus falava até da "heresia da obediência"[58]. A partir do momento em que você obedece a um pastor que, ele próprio, é infiel à lei, infiel ao princípio de obediência, nesse momento você também se torna herético. Heresia da obediência, diz Jan Hus.

O outro aspecto doutrinal é o problema do poder sacramental do padre. No fundo, em que consiste o poder do padre de distribuir sacramentos? Desde as origens, a doutrina da Igreja não havia cessado de aprofundar, de estear, de adensar e, cada vez mais, de intensificar o poder sacramental do padre[59]. O padre é capaz, primeiramente, de fazer entrar na comunidade ao batizar, é capaz de absolver ante o céu o que ele absolve na confissão na terra, é capaz enfim de dar o corpo de Cristo pela eucaristia. É todo esse poder sacramental, definido pouco a pouco pela Igreja para seus padres, que vai ser, que é sem cessar questionado nas diferentes comunidades religiosas que se desenvolvem[60]. Recusa, por exemplo, do batismo obrigatório imposto às crianças e que é plenamente um efeito do ato do padre sobre alguém que não tem vontade[61]. Recusa portanto do batismo das crianças e tendência a desenvolver o batismo dos adultos, isto é, um batismo voluntário, voluntário de parte dos indivíduos, voluntário também de parte da comunidade que aceita o indivíduo. Todas essas tendências é que vão levar, claro, ao anabatismo[62], mas já as encontramos entre os valdenses, entre os hussitas etc. Desconfiança [também] da confissão, essa confissão que, até os séculos X-XI, ainda era uma atividade, uma prática que podia ser realizada entre leigos, mas que, depois, a partir dos séculos XI-XII, havia sido reservada essencialmente, exclusivamente aos padres. Vemos desenvolver-se então nessas comunidades a prática da confissão dos leigos, a desconfiança em relação à confissão feita ao padre. Por exemplo, nos relatos feitos pelos Amigos de Deus de Oberland, temos o célebre relato de uma mulher que havia se dirigido a um padre para lhe contar de que tentações era ela objeto, tentações carnais, e o padre lhe responde dizendo que, ora, essas tentações não eram nada de grave e que ela não tinha por que se preocupar, enfim, que eram naturais. E na noite que se segue, Deus, Cristo aparece a ela e diz: por que você confiou seus segredos a um padre? Seus segredos você deve guardar para si mesma[63]. Recusa da confissão, em todo caso tendência a uma recusa da confissão.

E, finalmente, a eucaristia. Vocês têm todo o problema da presença real e todas as práticas de contracondutas que se desenvolveram nessas comunidades, em que a eucaristia retoma a forma da refeição comunitária com consumo de pão e de vinho, mas em geral sem dogma da presença real.

Eis a espécie de fundo teórico sobre o qual se desenvolveram essas comunidades. Positivamente, a formação dessas comunidades se caracteriza pelo fato de que, justamente, elas suprimem ou tendem a suprimir o dimorfismo padres e leigos, que caracterizava a organização da pastoral cristã. Esse dimorfismo clérigos-leigos é substituído por quê? Por um certo número de coisas, que podem ser: a designação do pastor por eleição e de maneira provisória, como encontramos entre os taboritas, por exemplo. Nesse caso, é evidente que o pastor ou o responsável, o *praepositus*, sendo eleito provisoriamente, não tem nenhuma característica que o assinale definitivamente. Não é um sacramento que ele recebe, é a própria vontade da comunidade que o encarrega por algum tempo de um certo número de tarefas, de responsabilidades, e que lhe confia uma autoridade provisória, mas que ele jamais deterá por ter recebido um sacramento. Esse dimorfismo clérigos e leigos é substituído com frequência por outro dimorfismo, muito diferente entretanto, que é o da oposição, da distinção entre os que são eleitos e os que não são eleitos. Encontramos isso, é claro, entre todos os cátaros, encontramos também entre os valdenses. E essa distinção é, apesar de tudo, bem diferente, porque, a partir do momento em que alguém já é eleito, a partir desse momento, a eficácia do padre para a sua salvação se torna nula. E já não é necessária a intervenção de um pastor para guiá-lo no caminho da salvação, pois ele já o trilhou. Inversamente, os que não são eleitos e que nunca serão eleitos, estes também já não necessitam da eficácia do pastor. Nessa medida, esse dimorfismo eleitos-não eleitos exclui toda essa organização do poder pastoral, essa eficácia do poder pastoral que encontramos na Igreja, digamos, oficial, a Igreja geral.

Consideremos ainda o princípio da igualdade absoluta entre todos os membros da comunidade: sob uma forma religiosa, isto é, cada um é pastor, cada um é padre, ou seja, ninguém o é; [ou sob a forma]* econômica estrita que vocês encontram entre os taboritas, em que não havia posse pessoal dos bens e tudo o que podia ser adquirido o era somente pela comunidade, com uma partilha igualitária ou uma utilização comunitária das riquezas.

Isso não quer dizer, por sinal, que, nessas comunidades, o princípio da obediência era totalmente desconhecido ou suprimido. Ao contrário, havia um certo número de comunidades em que nenhuma forma de obediência era reconhecida. Havia comunidades, por exemplo, certos grupos de irmãos do Livre Espírito[64] que eram de inspiração panteísta, mais ou menos inspirados em Amalrico de Bena[65], em Ulrico de Estrasburgo[66], para quem Deus era a própria matéria. Por conseguinte, tudo o que podia ser individualizado não pas-

....
* M.F.: e também, igualdade.

sava de ilusão. A divisão entre o bem e o mal não podia existir e nada mais era que o efeito de uma quimera, e, por conseguinte, todos os apetites eram legítimos. Nessa medida, temos um sistema que, pelo menos em princípio, exclui toda obediência ou, em todo caso, afirma a legitimidade de toda conduta. Mas encontramos então, nessas comunidades, muitas outras maneiras de impor os esquemas de obediência, mas de um modo bem diferente do esquema pastoral. É o caso, por exemplo, das relações de obediência recíproca. Os Amigos de Deus de Oberland tinham regras, juramentos, melhor dizendo, compromissos de obediência recíproca de um indivíduo a outro. Assim, Rulman Merswin[67] e o anônimo chamado Amigo de Deus de Oberland[68] haviam feito um pacto de obediência recíproca por vinte e oito anos. Ficara entendido entre eles que, por vinte e oito anos, um obedeceria às ordens do outro, como se o outro fosse o próprio Deus[69]. Encontramos também fenômenos de inversão de hierarquias. Isto é, embora o pastorado cristão diga que o pastor deve, é claro, ser o último dos servidores da sua comunidade, sabe-se perfeitamente – e tinha-se a experiência disso – que o último dos servidores da comunidade nunca se tornava pastor. Nesses grupos, ao contrário, temos inversões sistemáticas de hierarquia. Ou seja, escolhe-se precisamente o mais ignorante ou o mais pobre, eventualmente o de pior reputação ou honra, o mais depravado, escolhe-se a prostituta para ser a responsável pelo grupo[70]. Foi o que aconteceu, por exemplo, com a Sociedade dos Pobres e Jeanne Dabenton, que passava por ter tido a vida mais desregrada e que se tornara, justamente por causa disso, a responsável, a pastora do grupo. Assim como a ascese tem um pouco esse lado de exagero quase irônico em relação à regra pura e simples de obediência, também poderíamos dizer, por conseguinte, que havia nessas comunidades, e de fato houve em certas comunidades, um lado de contrassociedade, de inversão das relações e de hierarquia social, todo um lado de carnaval. Aí, seria necessário (... bom, este é outro problema) estudar a prática carnavalesca da inversão da sociedade e da constituição desses grupos religiosos com base num modelo exatamente inverso ao da hierarquia pastoral existente. Os primeiros serão efetivamente os últimos, mas os últimos também serão os primeiros.

Terceiro elemento de constituição, uma terceira forma de contraconduta, seria a mística,* isto é, o privilégio de uma experiência que, por definição, escapa do poder pastoral. Esse poder pastoral havia, no fundo, desenvolvido uma economia da verdade que, vocês sabem, ia do ensino, de um lado, do ensino de uma verdade ao exame do indivíduo. Uma verdade transmitida como dogma a todos os fiéis e uma verdade tirada de cada um deles como segredo descoberto no fundo da sua alma. Com a mística, temos uma economia que é completamente diferente, já que, primeiramente, teremos um jogo de visibilidade totalmente diferente. A alma não se mostra ao outro num exame, por todo um sistema de confissões. A alma, na mística, se vê a si mesma. Ela se vê a si mesma em Deus, e vê Deus em si mesma. Nessa medida, a mística escapa fundamentalmente, essencialmente, do exame. Em segundo lugar, a mística, como revelação imediata de Deus à alma, também escapa da estrutura do ensino e dessa repercussão da verdade, daquele que sabe àquele que é ensinado, que a transmite. Toda essa hierarquia e essa lenta circulação das verdades ensinadas, tudo isso é curto-circuitado pela experiência mística. Em terceiro lugar, a mística admite e funciona de acordo com um princípio de progresso, tal como o ensino, mas de acordo com um princípio de progresso que é bem diferente, pois o caminho do ensino vai regularmente da ignorância ao conhecimento pela aquisição

....
* M.F. acrescenta: somente agora percebo que fui longe demais. Tenho vontade de parar por aqui... Vocês devem estar cansados. Não sei. Não sei o que fazer. Por outro lado, precisaríamos concluir. Vai ser rápido, porque são coisas conhecidas, no fundo. Vai ser rápido, e assim ficaremos livres do assunto, passaremos a outra coisa da próxima vez... Bom. Terceiro elemento de contraconduta: a mística

sucessiva de um certo número de elementos que se acumulam, enquanto o caminho da mística é bem diferente, pois passa por um jogo de alternâncias – a noite / o dia, a sombra / a luz, a perda / o reencontro, a ausência / a presença –, jogo que se inverte sem cessar. Melhor dizendo, a mística se desenvolve a partir de experiências e na forma de experiências absolutamente ambíguas, numa espécie de equívoco, já que o segredo da noite é que ela é uma iluminação. O segredo, a força da iluminação está precisamente em que ela é cega. E, na mística, a ignorância é um saber, e o saber tem a própria forma da ignorância. Nessa medida, vocês estão vendo quanto está longe dessa forma de ensino que caracterizava a pastoral. Ainda na pastoral, era necessário haver uma direção da alma individual pelo pastor e, no fundo, nenhuma comunicação da alma com Deus podia ser feita se não fosse, ou relegada, ou pelo menos controlada pelo pastor. O pastorado era o canal que ia do fiel a Deus. Claro, na mística, vocês têm uma comunicação imediata que pode estar na forma do diálogo entre Deus e a alma, na forma do chamado e da resposta, na forma da declaração de amor de Deus à alma, da alma a Deus. Vocês têm o mecanismo da inspiração sensível e imediata que faz a alma reconhecer que Deus está presente. Vocês têm também a comunicação pelo silêncio. Vocês têm a comunicação pelo corpo a corpo, quando o corpo do místico sente efetivamente a presença, a presença premente do corpo do próprio Cristo. Portanto, aqui também, vocês veem quanto a mística está distante da pastoral.

[Quarto elemento], será meu penúltimo ponto, por esse então posso passar rápido, é o problema da Escritura. Ou seja, não é que os privilégios da Escritura não existiam numa economia do poder pastoral. Mas é evidente que a presença da Escritura era como que relegada a um segundo plano em relação ao que era essencial na pastoral: a presença, o ensino, a intervenção, a palavra do pastor. Nos movimentos de contraconduta que vão se desenvolver ao longo de toda a Idade Média, vamos ter precisamente, de certo modo para curto-circuitar o pastorado e a ser utilizado contra o pastorado, o retorno aos textos, o retorno à Escritura⁷¹. Porque a Escritura é um texto que fala sozinho e que não necessita do mediador pastoral; ou, se um pastor tem de intervir, isso só pode se dar de certo modo no interior da Escritura, para esclarecê-la e para melhor colocar o fiel em relação com a Escritura. O pastor pode comentar, pode explicar o que é obscuro, pode designar o que é importante, mas o fará, de qualquer modo, para que o leitor possa ler por si próprio a Escritura. E o ato da leitura é um ato espiritual que põe o fiel em presença da palavra de Deus e que encontra, por conseguinte, nessa iluminação interior, sua lei e sua garantia. Lendo o texto que foi dado por Deus aos homens, o que o leitor percebe é a própria palavra de Deus; e a compreensão que ele tem dela, mesmo quando é pouco clara, nada mais é do que aquilo que Deus quis revelar por si próprio ao homem. Portanto, aqui também podemos dizer que o retorno à Escritura, que foi um dos grandes temas de todas essas contracondutas pastorais na Idade Média, é uma peça essencial.

Enfim, [quinto elemento,] não vou me deter aqui, é a crença escatológica. Afinal, a outra maneira de desqualificar o papel do pastor é afirmar que os tempos se consumaram ou estão se consumando, que Deus vai voltar ou está voltando para reunir seu rebanho. Ele será o verdadeiro pastor. Por conseguinte, já que ele é o verdadeiro pastor que vem para reunir seu rebanho, ele pode dispensar os pastores, os pastores da história e do tempo, e cabe agora a ele fazer as distinções, cabe a ele dar de comer ao rebanho, cabe a ele guiá-lo. Dispensa dos pastores, já que Cristo volta. Ou também, outra forma de escatologia, que se desenvolveu então em toda a linha que deriva mais ou menos diretamente de Joaquim de Fiore⁷², é a afirmação da vinda de um terceiro tempo, de uma terceira época na história. O primeiro tempo teria sido o da encarnação da primeira pessoa da Trindade num profeta, Abraão, e nesse momento o povo judeu necessitava de pastores, que eram os outros profetas. Segundo tempo, segundo período, segunda era: é a era da encarnação da segunda pessoa. Mas a segunda pessoa da Trindade não faz como a primeira, faz melhor. A primeira enviava um pastor, a segunda se encarna ela mesma: é Cristo. Mas, tendo voltado ao céu, Cristo confiou seu rebanho a pastores tidos como seus representantes. Mas vai vir, diz Joaquim de Fiore, o terceiro tempo, o terceiro período, a terceira fase na história do mundo, e nesse momento é o Espírito Santo que vai descer na terra. Ora, o Espírito Santo não se encarna num profeta, não se encarna numa pessoa. Ele se dissemina por todo o mundo, isto é, cada um dos fiéis terá em si mesmo uma parcela, um fragmento, uma centelha do Espírito Santo, e nessa medida não necessitará mais de pastor.

Tudo isso para lhes dizer que creio que podemos encontrar, em todo esse desenvolvimento dos movimentos de contracondutas na Idade Média, cinco temas fundamentais, portanto, que são o tema da escatologia, o tema da Escritura, o tema da mística, o tema da comunidade e o tema da ascese. Isto é, o cristianismo, na sua organização pastoral real, não é uma religião ascética, não é uma religião da comunidade, não é uma religião da mística, não é uma religião da Escritura e, claro, não é uma religião da escatologia. É a primeira razão pela qual eu quis lhes falar disso tudo.

A segunda, é que eu queria lhes mostrar também que esses temas, que foram elementos fundamentais nessas contracondutas, esses elementos não são, evidentemente, exteriores, absolutamente exteriores, de maneira geral, ao cristianismo, que eles são elementos-fronteira, por assim dizer, que não cessaram de ser reutilizados, reimplantados, retomados num sentido e em outro, e esses elementos – como, por exemplo, a mística, a escatologia [ou] a busca da comunidade – foram sem cessar retomados pela própria Igreja. Isso aparece muito claramente nos séculos XV-XVI, quando a Igreja, ameaçada por todos esses movimentos de contraconduta, tentará fazê-los seus e aclimatá-los, até se dar a grande separação, a grande clivagem entre as Igrejas protestantes, que, no fundo, escolheram um certo modo de reimplantação dessas contracondutas, e a Igreja católica, que, de seu lado, tentará pela Contrarreforma reutilizá-las e reinseri-las em seu sistema próprio. É o segundo ponto. Portanto, podemos dizer que a luta não se faz na forma da exterioridade absoluta, mas sim na forma da utilização permanente de elementos táticos pertinentes na luta antipastoral, na própria medida em que fazem parte, de maneira até mesmo marginal, do horizonte geral do cristianismo.

Enfim, em terceiro lugar, queria insistir sobre isso para tentar lhes mostrar que, se tomei esse ponto de vista do poder pastoral, foi, evidentemente, para tentar encontrar o pano de fundo dessa governamentalidade que vai se desenvolver a partir do século XVI. Foi para lhes mostrar também que o problema não é, de forma alguma, fazer uma coisa como a história endógena do poder que se desenvolveu a partir dele mesmo numa espécie de loucura paranoica e narcísica, mas [para] lhes mostrar como o ponto de vista do poder é uma maneira de identificar relações inteligíveis entre elementos exteriores uns aos outros. No fundo, o problema é saber por que, por exemplo, problemas políticos ou econômicos como os que surgiram na Idade Média – por exemplo os movimentos de revolta urbana, os movimentos de revolta camponesa, os conflitos entre feudalismo e burguesia mercantil –, como e por que eles se traduziram num certo número de temas, de formas religiosas, de preocupações religiosas que vão desembocar na explosão da Reforma, da grande crise religiosa do século XVI. Penso que, se não tomamos o problema do pastorado, do poder pastoral, das suas estruturas como sendo o ponto de articulação desses diferentes elementos exteriores uns aos outros – as crises econômicas, de um lado, e os temas religiosos, do outro –, se não tomamos isso como campo de inteligibilidade, como princípio de relacionamento, como intercambiador entre uns e outros, acho que somos obrigados, nesse momento, a voltar às velhas concepções da ideologia [e]* a dizer que as aspirações de um grupo, de uma classe etc., vêm se traduzir, se refletir, se exprimir em alguma coisa como uma crença religiosa. O ponto de vista do poder pastoral, o ponto de vista de toda essa análise das estruturas de poder permite, assim penso, retomar as coisas e analisá-las, não mais na forma de reflexo e transcrição, mas na forma de estratégias e táticas.** Pronto. Perdoem-me por ter me estendido tanto. Da próxima vez, prometo, não falaremos mais dos pastores.

....

* M.F.: quer dizer.
** Por temer estar se "estendendo demais", M. Foucault resume em algumas frases a conclusão mais amplamente desenvolvida do manuscrito, na qual, rejeitando a interpretação dos fenômenos religiosos em termos de ideologia, opõe a ela a identificação das "entradas táticas":
[Se insisti] nesses elementos táticos que deram formas precisas e recorrentes às insubmissões pastorais, não foi, em absoluto, para sugerir que se trata de lutas internas, de contradições endógenas, com o poder pastoral devorando a si mesmo ou encontrando em seu funcionamento seus limites e suas barreiras. Foi para identificar as 'entradas': por onde processos, conflitos, transformações que podem relacionar-se com o estatuto das mulheres, o desenvolvimento de uma economia mercantil, o descolamento entre o desenvolvimento da economia urbana e o desenvolvimento do campo, a elevação ou a extinção da renda feudal, o estatuto do trabalho assalariado urbano, a extensão da alfabetização, por onde fenômenos como esses podem entrar no campo de exercício do pastorado, não para nele se transcrever, se traduzir, se refletir, mas para realizar divisões, valorizações, desqualificações, reabilitações, redistribuições de todo tipo. [...] Em vez de dizer: cada classe, ou grupo, ou força social tem sua ideologia, que permite traduzir na teoria suas aspirações, aspirações e ideologia de que se deduzem rearranjos institucionais, que correspondem às ideologias e satisfazem às aspirações – conviria dizer: toda transformação que modifica as relações de força entre comunidades ou grupos, todo conflito que os põe em confronto ou que os faz rivalizar requer a utilização de táticas que permitem modificar as relações de poder e a introdução de elementos teóricos que justificam moralmente ou fundam em racionalidade essas táticas.

NOTAS

1. Essa expressão aparentemente não está nos *Discursos*. Na passagem do 2º *Discurso* relativa à aplicação diferenciada da medicina das almas (τήν τῶν ψυκῶν ,ιατρείαν 2, 16, 5) segundo a categoria de fiéis, Gregório escreve, entretanto: "Existe entre essas categorias de seres às vezes mais diferença no que concerne aos desejos e apetites, do que no que concerne ao aspecto físico ou, se preferirem, à mistura e à combinação dos elementos de que somos feitos. Portanto não é fácil governá-los." Este último verbo traduz "τὴν οἰκονομίαν" (2, 29, trad. fr. cit., p. 127-9). Portanto é provavelmente a partir desse uso da palavra οἰκονομία, para designar o governo pastoral das ovelhas, como seres de desejos e de apetites, que Foucault forja a expressão citada.

2. Cf. Aristóteles, *Política*, I, 3, 1253b: "Como as partes que constituem a cidade são agora manifestas, é necessário falar em primeiro lugar da administração familiar (οἰκονομία); de fato, toda cidade é composta de famílias. Ora, às partes da administração familiar (οἰκονομία) correspondem aquelas de que, por sua vez, uma família é composta. Mas uma família acabada se compõe de escravos e gente livre. E como é necessário iniciar a pesquisa sobre cada coisa por seus componentes elementares e como as partes primeiras e elementares de uma família são um amo e um escravo, um esposo e uma esposa, um pai e seus filhos, é necessário examinar o que é e como deveria ser cada uma dessa três relações" (*Les Politiques*, trad. fr. P. Pellegrin, Paris, Flammarion, GF, 1990, p. 94).

3. Cf. por exemplo *Essais*, I, 26, ed. A. Tournon, Paris, Imprimerie nationale, 1998, t. I, p. 261: "Os que, como reza nosso uso, empreendem, com uma mesma lição e com semelhante medida de conduta, reger vários espíritos de tão diversas medidas e formas, não é de causar espécie se, em todo um povo de crianças, encontram apenas duas ou três que colham algum justo fruto da sua disciplina".

4. O dualismo maniqueísta (de Manes ou Mani, 216-277) teve grande difusão, desde o século III, na Ásia e no Norte da África. A repressão de que foi objeto no Império levou à sua fragmentação numa multidão de pequenas comunidades clandestinas. Após um eclipse de vários séculos, seitas "maniqueístas" – bogomilos, cátaros – reaparece-

ram na Europa medieval, mas seu vínculo com o maniqueísmo é problemático. A "heresia" cátara se difundiu do século XI ao XIII na Lombardia, na Itália central, na Renânia, na Catalunha, em Champagne, na Borgonha e principalmente no sul da França ("albigenses"). A luta contra estes últimos foi efetuada, primeiro, pela pregação e pelo processo inquisitorial, depois por uma cruzada, convocada por Inocêncio III em 1208, que degenerou numa verdadeira guerra de conquista.

5. Essa análise das revoltas de conduta correlativas do pastorado se inscreve no prolongamento da tese enunciada por Foucault em *La Volonté de savoir, op. cit.*, p. 125-7, segundo a qual "onde há poder, há resistência", não estando esta "jamais em posição de exterioridade em relação ao poder", mas constituindo "o outro termo, nas relações de poder", seu "irredutível *vis-à-vis*". A noção de resistência permanece, em 1978, no cerne da concepção foucaultiana da política. Assim, numa série de folhetos manuscritos sobre a governamentalidade, inseridos entre duas aulas do curso, ele escreve: "A análise da governamentalidade [...] implica que 'tudo é político'. [...] A política não é nada mais, nada menos que o que nasce com a resistência à governamentalidade, a primeira sublevação, o primeiro enfrentamento". A ideia de "contraconduta", segundo a expressão proposta mais adiante, representa uma etapa essencial, no pensamento de Foucault, entre a análise das técnicas de sujeição e a análise, desenvolvida a partir de 1980, das práticas de subjetivação.

6. Foi em nome de um conhecimento superior ou gnose (γνῶσις), que os representantes dos movimentos gnósticos, desde os primeiros séculos do cristianismo, se opuseram ao ensino eclesiástico oficial. Essa tendência se afirmou sobretudo no século II e desabrochou numa multidão de seitas. Enquanto os autores eclesiásticos da Antiguidade viam no gnosticismo uma heresia cristã – tese aceita durante muito tempo pela pesquisa moderna (cf. A. von Harnack, para quem o movimento gnóstico constituía uma helenização radical do cristianismo) –, os trabalhos oriundos da escola comparatista (*religionsgeschichtliche Schule*) desde o início do século puseram em evidência a extrema complexidade do fenômeno gnóstico e mostraram que ele não era um produto do cristianismo, mas o resultado de uma multidão de influências (filosofia religiosa helenística, dualismo iraniano, doutrinas dos cultos de mistérios, judaísmo, cristianismo). Boa síntese *in* M. Simon, *La Civilisation de l'Antiquité et le Christianisme*, Paris, Arthaud, 1972, p. 175-86. Cf. igualmente F. Gros, *in L'Herméneutique du sujet, op. cit.*,

p. 25-26, n. 49, que remete aos trabalhos de H.-Ch. Puech (*Sur le manichéisme et Autres Essais*, Paris, Flammarion, 1979). Talvez Foucault também tenha consultado o livro de H. Jones, *The Gnostic Religion*, Boston, Mass., Beacon Press, 1972.

7. Aproximar essa análise da desenvolvida por Foucault em *Le Pouvoir psychiatrique, op. cit.*, aula de 28 de novembro de 1973, p. 67 ss.: a formação de grupos comunitários relativamente igualitários, na Idade Média e na véspera da Reforma, é descrita aí em termos de "dispositivos de disciplina" que se opõem ao "sistema de diferenciação dos dispositivos de soberania". Tomando o exemplo dos monges mendicantes, dos irmãos da Vida Comum e das comunidades populares ou burguesas que precederam imediatamente a Reforma, Foucault decifra, portanto, em seu modo de organização, muito mais uma crítica da relação de soberania do que uma forma de resistência ao pastorado.

8. Os Países Baixos, no século XIV, foram uma das regiões em que a heresia do Livre Espírito (cf. *infra*, notas 41-42) encontrou o mais forte arraigamento.

9. Próximo originalmente da atitude das ordens mendicantes, o movimento valdense é oriundo da fraternidade dos Pobres de Lyon, fundada em 1170 por Pierre Valdès, ou Valdo (1140-c. 1206), que pregava a pobreza e o retorno ao Evangelho, rejeitando os sacramentos e a hierarquia eclesiástica. Associado inicialmente à pregação anticátara organizada pela Igreja (concílio de Latrão, 1179), não tardou a entrar em conflito com esta, e o valdismo viu-se associado ao maniqueísmo cátaro, a que no entanto se opunha firmemente, no anátema pronunciado pelo papa, no sínodo de Verona de 1184. Sua doutrina difundiu-se na Provença, no Dauphiné, no Piemonte, alcançando a Espanha e a Alemanha. Alguns valdenses chegaram à Boêmia, onde se juntaram aos hussitas. Cf. L. Cristiani, verbete "Valdense", *in Dictionnaire de théologie catholique*, t. XV, 1950, col. 2586-2601.

10. Os calixtinos representavam um dos componentes da tendência moderada dos hussitas, ao lado dos utraquistas. Enquanto estes últimos reclamavam a comunhão sob as duas espécies, os primeiros reivindicavam o cálice. Cf. N. Cohn, *The Pursuit of the Millenium*, Secker & Warburg, 1957 / *Les Fanatiques de l'Apocalypse*, trad. fr. S. Clémendot, Paris, Julliard (Dossiers des "Lettres Nouvelles"), 1962, p. 215. Cf. *infra*, nota 39.

11. Foi em Tabor (fundada em 1420, na Boêmia do Sul, com o nome do monte em que o Novo Testamento situa a ressurreição de

Cristo) que os hussitas radicais, defensores intransigentes dos *Quatro artigos* de Praga (cf. *infra*, nota 39), estabeleceram seu acampamento. Oriundo da insurreição de julho de 1419 contra a administração católica do bairro de Cidade Nova de Praga, imposta pelo rei Venceslau, esse movimento, originalmente composto de artesãos, recrutou rapidamente adeptos nas camadas inferiores da população. "Enquanto a maioria dos utraquistas se atinha, na maior parte dos pontos, à doutrina católica tradicional, os taboritas sustentavam o direito de cada indivíduo, tanto leigo quanto clérigo, interpretar as Escrituras conforme as suas próprias luzes" (N. Cohn, trad. fr. cit., p. 217). Convocando para o massacre de todos os pecadores, a fim de purificar a terra, os mais extremistas anunciavam o advento próximo do Milênio, que se caracterizaria "por um retorno à ordem comunista e anarquista perdida. Impostos, taxas e arrendamentos seriam abolidos, assim como a propriedade privada em todas as suas formas. Não haveria mais autoridade humana de nenhum tipo: 'Todos os homens viverão juntos como irmãos, nenhum será sujeitado a outrem'. 'O Senhor reinará, e o Reino será restituído ao povo" (*ibid.*, p. 222). Essa batalha implicará uma luta sem trégua contra Dives [o Rico], "esse velho aliado do Anticristo", assimilado ao senhor feudal, mas principalmente ao rico citadino, comerciante ou proprietário forâneo (*loc. cit.*). O exército taborita foi derrotado em Lipan, em 1434, por tropas utraquistas. "Depois disso, a força da ala taborita do movimento hussita declinou rapidamente. Após a tomada da cidade de Tabor pelos utraquistas, em 1452, uma tradição taborita coerente só sobreviveu na seita conhecida pelo nome de Irmãos Morávios" (*ibid.*, p. 231). Cf. *infra*, nota 39.

12. *Nonnenmystik*, mística das freiras: expressão depreciativa utilizada por certos eruditos alemães a propósito da espiritualidade das beguinas renano-flamengas. Sobre esse movimento extático feminino, cf. a introdução do frei J.-B. P., in Hadewijch d'Anvers, org., *Écrits mystiques des Béguines*, Paris, Le Seuil, 1954; reed. "Points Sagesses", p. 9-34.

13. Cf. N. Cohn, *Les Fanatiques de l'Apocalypse*, trad. fr. cit., p. 172: "Em 1372, certos heréticos de ambos os sexos que se davam o nome de Société des Pauvres, mas que eram designados pelo apelido obsceno de *turlupins*, foram detidos em Paris. Eles também eram dirigidos por uma mulher [como os discípulos de Marguerite Porete: ver nota seguinte]: Jeanne Dabenton. Ela foi queimada, assim como o corpo do seu assistente, morto na prisão, e os escritos e as roupas estra-

nhas dos seus discípulos. Não se sabe nada da doutrina deles, mas o nome de *turlupins* normalmente só era dado aos Irmãos do Livre Espírito". [*Turlupin* é um palhaço grotesco. (N. R. T.)]

14. Marguerite Porete (falecida em 1310), beguina de Hainaut, autora do *Mirouer des Simples Ames Anienties et qui seulement demourent en Vouloir et Désir d'Amour* (ed. bilíngue de R. Guarnieri, Turnhout, Brepols, "Corpus christianorum. Continuatio Mediaevalis" 69, 1986). O texto, redescoberto em 1876, foi por muito tempo atribuído a Margarida da Hungria. Somente em 1946 foi estabelecida a identidade do seu verdadeiro autor (cf. R. Guarnieri, *Il Movimento del Libero Spirito. Testi e Documenti*, Roma, Ed. di storia e letteratura, 1965). O *Mirouer*, que ensina a doutrina do puro amor, foi queimado na praça pública de Valenciennes no início do século XIV. Declarada herética e relapsa pelo tribunal da Inquisição, Marguerite Porete morreu na fogueira, na Place de Grève, em Paris, no dia 1º de junho de 1310. Sobre as duas proposições que lhe valeram essa condenação, cf. fr. J.-B. P., *in* Hadewijch d'Anvers, org., *Écrits mystiques des Béguines*, p. 16, n. 5. A obra é objeto de várias traduções em francês moderno, além da já citada de R. Guarnieri (Albin Michel, 1984; Jérôme Millon, 1991). Cf. *Dictionnaire de spiritualité...*, t. 5, 1964 (verbete "Frères du Libre Esprit"), col. 1252-1253 e 1257-1268, e t. 10, 1978, col. 343; N. Cohn, trad. fr. cit., p. 171-2.

15. Principal inspiradora dos iluminados da Nova Castela nos anos 1520, Isabel de la Cruz era irmã da Ordem Terceira de São Francisco. De Guadalajara, onde pregava os princípios do abandono místico – o *dejamiento*, distinto do simples *recogimiento* (recolhimento) –, fonte de impecabilidade pelo amor que Deus infunde no homem, seu ensinamento logo se estendeu por toda a Nova Castela. Detida em 1524 pela Inquisição, foi condenada à chibata, depois à prisão perpétua. Cf. M. Bataillon, *Érasme et l'Espagne*, Paris, E. Droz, 1937, reed. Genebra, Droz, 1998, p. 182-3, 192-3 e 469; Cl. Guilhem, "L'Inquisition et la dévaluation des discours féminins", *in* B. Bennassar, org., *L'Inquisition espagnole, XVe-XIXe siècle*, Paris, Hachette, 1979, p. 212. Sobre os detalhes da sua biografia e do seu processo, cf. J. E. Longhurst, *Luther's Ghost in Spain (1517-1546)*, Lawrence, Mass., Coronado Press, 1964, p. 93-9; id., "La beata Isabel de la Cruz ante la Inquisición, 1524-1529", *in Cuadernos de historia de España* (Buenos Aires), vol. XXV-XXVI, 1957.

16. Armelle Nicolas (dita a boa Armelle, 1606-1671): laica de origem camponesa que, depois de anos de lutas interiores, de penitências e de êxtases místicos, pronunciou o voto de pobreza e distribuiu

todos os seus bens aos pobres. Sua vida foi escrita por uma freira do mosteiro de Sainte-Ursule de Vannes (Jeanne de la Nativité), *Le Triomphe de l'amour divin dans la vie d'une grande servante de Dieu, nommée Armelle Nicolas* (1683), Paris, impr. A. Warin, 1697. Cf. *Dictionnaire de spiritualité...*, t. I, 1937, col. 860-861; H. Bremond, *Histoire littéraire du sentiment religieux en France depuis la fin des guerres de Religion jusqu'à nos jours*, Paris, Bloud & Gay, 1916-1936; reed. A. Colin, 1967, t. 5, p. 120-38.

17. Marie des Vallées (1590-1656): também laica de origem camponesa, padeceu desde os dezenove anos de tormentos, convulsões, sofrimentos físicos e morais que duraram até a sua morte. Denunciada como bruxa, foi solta, declarada inocente e verdadeiramente possuída em 1614. João Eudes, que tentou exorcizá-la em 1641, reconheceu-a possuída, mas também santa. Ele escreveu, em 1655, uma obra em três volumes, "La Vie admirable de Marie des Vallées et des choses prodigieuses qui se sont passées en elle", que não foi publicada, mas circulou de mão em mão. Cf. H. Bremond, *op. cit.*, t. 3, p. 538-628; P. Milcent, verbete "Vallées (Marie des)", in *Dictionnaire de spiritualité...*, t. 16, 1992, col. 207-212.

18. Madame Acarie, nascida Barbe Avrillot (1565-1618): pertencente à alta burguesia funcionalista parisiense, foi uma das figuras mais notáveis da mística feminina na França, na época da Contrarreforma. Introduziu na França, em 1604, com o apoio do primo Pierre de Bérulle (1575-1629), o Carmelo espanhol. Cf. H. Bremond, *op. cit.*, t. 2, p. 192-262; P. Chaunu, *La Civilisation de l'Europe classique*, Paris, Arthaud, 1966, p. 486-7.

19. Sobre Wyclif, cf. *supra*, p. 212, nota 44.

20. Discípulos de Amalrico de Bena (c. 1150-1206): ele, que ensinava dialética em Paris, havia sido condenado pelo papa Inocêncio III por sua concepção da incorporação do cristão a Cristo, compreendida num sentido panteísta. Não deixou nenhum escrito. O grupo dos seus seguidores – padres, clérigos e leigos de ambos os sexos – parece que só se reuniu depois da sua morte. Dez deles foram queimados em 1210, após o concílio de Paris que condenou oito das suas propostas. A fonte principal para o amalricanismo é Guilherme, o Bretão (falecido em 1227), *Gesta Philippi Augusti / Vie de Philippe Auguste*, Paris, J.-L. Brière, 1825.

Além do panteísmo (*Omnia sunt Deus, Deus est omnia*), os amalricenses, que professavam o advento do Espírito Santo depois da era do Pai e do Filho, recusavam todos os sacramentos e afirmavam que cada um pode ser salvo pela simples graça interior do Espírito, que o paraíso e o inferno não passam de lugares imaginários e que a única ressurreição consiste no conhecimento da verdade. Negavam, com isso, a própria existência do pecado ("Se", diziam eles, "alguém que possua o Espírito Santo comete algum ato impudico, não peca, porque o Espírito Santo, que é Deus, não pode pecar, e o homem não pode pecar se o Espírito Santo, que é Deus, habita nele", Cesário de Heisterbach (falecido em 1240), *Dialogus miraculorum*). Cf. G.-C. Capelle, *Amaury de Bène. Étude sur son panthéisme formel*, Paris, J. Vrin, 1932; A. Chollet, verbete "Amaury de Bène", in *Dictionnaire de théologie catholique*, t. I, 1900, col. 936-940; F. Vernet, verbete "Amaury de Bène et les Amauriciens", in *Dictionnaire de spiritualié*..., t. 1, 1937, col. 422-425; Dom F. Vandenbroucke, L. Bouyer, *La Spiritualité du Moyen Âge*, Paris, Aubier, 1961, p. 324; N. Cohn, *Les Fanatiques de l'Apocalypse*, p. 152-6.

21. Jan Hus (c. 1370-1415). Ordenado padre em 1400, decano da Faculdade de Teologia de Praga no ano seguinte, é o mais ilustre representante da corrente reformadora nascida da crise da Igreja tcheca no meado do século XIV. Traduziu para o tcheco o Evangelho, que constitui, para ele, a única regra infalível da fé e prega a pobreza evangélica. Admirador de Wyclif, cuja condenação se recusa a aceitar, perde o apoio do rei Venceslau IV e, excomungado (1411 e 1412), retira-se para a Boêmia meridional, onde redige, entre outros escritos, *De ecclesia* (1413). Tendo se recusado a se retratar quando do concílio de Constança, morre na fogueira em 1415. Cf. N. Cohn, trad. fr. cit., p. 213-4; J. Boulier, *Jean Hus*, Paris, Club français du Livre, 1958; P. de Vooght, *L'Hérésie de Jean Huss*, Louvain, Bureau de la *Revue d'histoire ecclésiastique*, 1960 (seguido de um volume anexo, *Hussiana*); M. Spinka, *John Hus' Concept of the Church*, Princeton, NJ, Princeton University Press, 1966.

22. Sobre essas revoltas de conduta baseadas na interpretação da Escritura, cf. a conferência de M. Foucault, "Qu'est-ce que la critique? [Critique et *Aufklärung*]", pronunciada em 27 de maio de 1978, *Bulletin de la Société française de philosophie*, 84 (2), abr.-jun. de 1990, p. 38-9.

23. Cf. *supra*, p. 212, nota 45.

24. Essa crítica perfeitamente transparente do Partido Comunista deve ser ligada ao projeto, evocado por Foucault no curso de 1978-1979, de estudar a "governamentalidade de partido, [...] na origem histórica de algo como os regimes totalitários" (*Naissance de la*

biopolitique, op. cit., aula de 7 de março de 1979, p. 197). Apesar de não ter sido realizado no âmbito do curso, nem por isso esse projeto foi abandonado. Quando da sua última estada em Berkeley, em 1983, Foucault constituiu um grupo de trabalho interdisciplinar sobre as novas racionalidades políticas do entreguerras, que teria estudado, entre outros temas, o militantismo político nos partidos de esquerda, notadamente nos partidos comunistas, em termos de "estilos de vida" (a ética do ascetismo entre os revolucionários etc.). Cf. *History of the Present*, 1, fevereiro de 1985, p. 6.

25. Sobre o movimento anabatista (do grego ἀνά, de novo, e βαπτίζειν, mergulhar na água), oriundo da Guerra dos Camponeses (cf. *infra*, p. 332, nota 1), para o qual os fiéis, batizados em criança, deviam receber um segundo batismo na idade adulta. Decompunha-se em múltiplas seitas. Cf. N. Cohn, *Les Fanatiques de l'Apocalypse*, p. 261-91; E. G. Leonard, *Histoire générale du protestantisme*, Paris, PUF, 1961; reed. "Quadrige", 1988, t. 1, p. 88-91.

26. Palavra já empregada um pouco acima, a propósito das formas religiosas de recusa da medicina.

27. Foi no início dos anos 1970 que a palavra "dissidência" se impôs para designar o movimento intelectual de oposição ao sistema comunista, na URSS e nos países do bloco soviético. "Dissidentes" corresponde à palavra russa *inakomysliachtchie*, "os que pensam de outra maneira". Esse movimento se formou em consequência da condenação de Siniavski e Daniel em 1966 (cf. *supra*, p. 215-6, nota 64). Seus principais representantes na URSS, além de Soljenitsin (cf. *infra*, nota 29), eram o físico Andrei Sakharov, o matemático Leonid Pliutch (que Foucault conheceu quando este chegou a Paris, em 1976), o historiador Andrei Amalrik, os escritores Vladimir Bukovsky (autor de *Une nouvelle maladie mentale en URSS: l'opposition*, trad. fr. F. Simon e J.-J. Marie, Paris, Le Seuil, 1971), Aleksandr Guinzburg, Victor Nekrassov e Aleksandr Zinoviev. Ver *Magazine littéraire*, 125 (junho de 1977): *URSS: les écrivains de la dissidence*. Na Tchecoslováquia, a dissidência se organizou em torno da Carta de 77, publicada em Praga, cujos porta-vozes eram Jiri Hajek, Vaclav Havel e Jan Patocka.

28. Cf. a entrevista de M. Foucault a K. S. Karol, "Crimes et châtiments en URSS et ailleurs..." (*Le Nouvel Observateur*, 585, 26/01-1º/02/1976), *DE*, III, nº 172, p. 69: "[...] o terror, no fundo, não é o auge da disciplina, é seu fracasso. No regime stalinista, o próprio

chefe de polícia podia ser executado um belo dia, ao sair da reunião do ministério. Nenhum chefe da NKVD morreu na cama".

29. Sobre Aleksandr Issaievitch Soljenitsin (nascido em 1918), figura emblemática da dissidência antissoviética, cf. *Naissance de la biopolitique*, aula de 14 de fevereiro de 1979, p. 156, n. 1.

30. Sobre a origem dessa distinção, cf. J. Zeiller, "L'organisation ecclésiastique aux deux premiers siècles", in A. Fliche e V. Martin, org., *Histoire de l'Église depuis les origines jusqu'à nos jours*, t. I: *L'Église primitive*, Paris, Bloud & Gay, 1934, p. 380-1.

31. Sobre as diferenças de estatuto entre esses dois gêneros de cristãos (a que se soma um terceiro "estado", o dos religiosos) na Idade Média, cf. G. Le Bras, in J.-B. Duroselle e E. Jarry, org., *Histoire de l'Église depuis les origines jusqu'à nos jours*, t. XII: *Institutions ecclésiastiques de la Chrétienté médiévale*, Bloud & Gay, 1959, p. 149-77.

32. Alusão à tese do "sacerdócio universal", defendida por Wyclif e Hus, e depois retomada por Lutero.

33. Sobre a sinonímia desses termos ("antigo", πρεσβύτερος, e "vigia", ἐπίσκοπος) no século I e sua diferenciação progressiva, cf. F. Prat, verbete "Évêque. I: Origine de l'épiscopat", in *Dictionnaire de théologie catholique*, t. V, 1913, col. 1658-1672. Ver por exemplo Atos 20, 17.28; 1 Pedro 5, 1-2 etc. Essa sinonímia nos escritos apostólicos é invocada pelos protestantes a favor da tese segundo a qual o ministro é um simples membro da comunidade laica, deputado por ela para a pregação e a administração dos sacramentos.

34. Cf. A. Michel, verbete "Sacrements", in *Dictionnaire de théologie catholique*, t. XIV, 1939, col. 594.

35. O IV concílio de Latrão (1215) instituiu a obrigação de se confessar regularmente, pelo menos uma vez por ano, na Páscoa, para os laicos, e todos os meses ou mesmo todas as semanas, para os clérigos. Sobre a importância desse acontecimento no desenvolvimento da penitência "tarifada", segundo um modelo judiciário e penal, cf. *Les Anormaux*, *op. cit.*, aula de 19 de fevereiro de 1975, p. 161-3.

36. Quando deste curso, o livro fundamental de J. Le Goff, *La Naissance du purgatoire*, Paris, Gallimard, "Bibliothèque des histoires", 1981, ainda não havia sido publicado. Mas Foucault havia podido ler, entre outros estudos, o verbete de A. Michel, "Purgatoire", in *Dictionnaire de théologie catholique*, t. XIII, 1936, col. 1163-1326 (cf. a bibliografia dos trabalhos sobre o purgatório in J. Le Goff, *op. cit.*, p. 487-8).

37. Cf. o *De ecclesia* composto por cada um dos dois autores, um em 1378, o outro em 1413: Iohannis Wyclif, *Tractatus de ecclesia*, ed. por I. Loserth, Londres, Trübner & Co., 1886 (reed.: Johnson Reprint Corporation, Nova York e Londres / Frankfurt, Minerva, 1966); Magistri Johannis Hus, *Tractatus de ecclesia*, ed. por S. H. Thomson, Cambridge, University of Colorado Press, W. Heffer & Sons, 1956.

38. Cf. *supra*, nota 9.

39. Depois da morte de Jan Hus (cf. *supra*, nota 21), a Dieta dos senhores da Boêmia protestou com veemência contra a sua condenação. A "defenestração" de Praga, em julho de 1419, deu o sinal para a insurreição hussita, definitivamente reprimida em 1437. No decorrer desses dezoito anos, a Europa organizou cinco cruzadas, convocadas pelo papa e pelo imperador Sigismundo, para liquidar a "heresia". O programa dos hussitas estava resumido nos *Quatro Artigos* de Praga (1420): livre pregação da Escritura, comunhão sob as duas espécies, confisco dos bens do clero e repressão dos pecados mortais (cf. N. Cohn, *Les Fanatiques de l'Apocalypse*, p. 214-5). Seu movimento, no entanto, era dividido em duas facções inimigas: a facção moderada, utraquista ou calixtina (cf. *supra*, nota 10), aberta a um compromisso com Roma, que obteve satisfação para os dois primeiros artigos em 1433 (*Compactata* de Basileia), e a dos radicais, ou taboritas (cf. *supra*, nota 10). Os utraquistas se aliaram a Roma em 1434 para esmagar os taboritas. Cf. E. Denis, *Huss et la guerre des hussites*, Paris, E. Leroux, 1878, reed., 1930; J. Macek, *Le Mouvement hussite en Bohême*, Praga, Orbis, 1965.

40. Cf. *supra*, nota 25.

41. Cf. N. Cohn, trad. fr. cit., p. 159: "A heresia do Livre Espírito, mantida em xeque por mais de cinquenta anos, teve um rápido recrudescimento em fins do século XIII. Desde esse instante até o fim da Idade Média, ela foi difundida por homens comumente chamados de *bégards* e que constituíam a contrapartida oficiosa e laica das ordens mendicantes. [...] Esses santos mendicantes, cuja autoridade emanava apenas deles mesmos, ostentavam o maior desprezo pelos monges e pelos padres de vida fácil; eles tinham prazer em interromper os serviços religiosos e rejeitavam qualquer disciplina religiosa. Pregavam sem cessar, sem autorização, mas com um sucesso considerável entre o povo". Sobre a condenação dos *bégards* e das beguinas *in regno Alemania* pelo concílio de Viena em 1311, cf. Dom F. Vandenbroucke, *in* Dom J. Leclercq *et al.*, *La spiritualité au Moyen Âge, op. cit.*, p. 427-8.

42. Cf. N. Cohn, trad. fr. citada, p. 161-2: "[...] o movimento [do Livre Espírito] deveu muito às mulheres conhecidas pelo nome de beguinas. Eram citadinas, a maior parte oriunda de famílias abastadas, que se consagravam à vida religiosa permanecendo, porém, no século. No curso do século XIII, as beguinas se multiplicaram na região da atual Bélgica, no norte da França, no vale do Reno – em Colônia havia duas mil –, assim como na Baviera e em certas cidades da Alemanha Central, como Magdeburgo. Para se distinguir, essas mulheres adotaram um hábito de tipo religioso, pelerine de lã cinzenta ou preta, e véu. Mas nem todas praticavam o mesmo tipo de vida, longe disso. Algumas [...] viviam em família, dos seus bens ou do seu trabalho pessoal. Outras, que haviam rompido todo vínculo, erravam de cidade em cidade em busca de esmolas, como os *bégards*. Mas a maioria das beguinas logo constituíram comunidades religiosas oficiosas, agrupadas em certas casas ou bairros. [...] As beguinas não exibiam intenções formalmente heréticas, mas aspiravam ferozmente à experiência mística em suas formas mais intensas. Faltava às beguinas a disciplina de uma ordem regular; tampouco eram guiadas pelo clero secular, que via com olhos nada amenos esses insensatos e temerários acessos de ardor religioso". Cf. Fr. J.-B. P., *in* Hadewijch d'Anvers, org., *Écrits mystiques des Béguines*.

43. Espiritualidade elaborada pelos Irmãos da Vida Comum, reunidos no mosteiro de Windesheim, e batizada por Johannes Busch, cronista de Windesheim. Ela encontrou sua expressão mais consumada na *Imitação de Jesus Cristo*, atribuída a Tomás de Kempis. Cf. P. Debongnie, verbete "'Dévotion moderne'", *in Dictionnaire de spiritualité...*, t. 3, 1957, col. 727-747; P. Chaunu, *Le Temps des reformes. La crise de la chrétienté, l'éclatement*, Paris, Fayard, 1975, p. 257 e 259-60, que remete a E. Delaruelle, E. R. Labande e P. Ourliac, *Histoire de l'Église*, t. XIV, ed. Fliche & Martin, em particular p. 926: "O primeiro traço que chama a atenção, na *devotio moderna*, quando comparada à devoção monástica tradicional, é que ela insiste mais sobre a vida interior pessoal do que sobre a liturgia" (p. 259). Cf. A. Hyma, *The Christian Renaissance: A History of the "Devotio moderna"*, Grand Rapids, Mich., 1924, 2 vols.

44. A restrição do isolamento anacorético foi objeto, no Ocidente, de vários cânones conciliares desde 465 (concílio de Vannes; disposições reiteradas no concílio de Agde (506) e no concílio de Orléans (511)). Cf. N. Gradowicz-Pancer, "Enfermement monastique et priva-

tion d'autonomie dans les règles monastiques (v^e-vi^e siècles)", *Revue historique*, CCLXXXVIII/1, 1992, p. 5. Sobre a anacorese egípcia, cf. P. Brown, *Genèse de l'Antiquité tardive*, Paris, Gallimard ("Bibliothèque des histoires"), 1983, cap. 4, "Des cieux au désert: Antoine et Pacôme" (texto publicado nos Estados Unidos em 1978, a partir de conferências pronunciadas em Harvard em 1976). Foucault sem dúvida conhecia, nesta data, os primeiros artigos de P. Brown sobre a questão (por exemplo: "The rise and function of the Holy Man in late Antiquity", *Journal of Roman Studies*, 61, 1971, p. 80-101), assim como o livro de A. Vööbus, *A History of Ascetism in the Syrian Orient*, Louvain, CSCO, 1958-1960. Cf. igualmente E. A. Judge, "The earliest use of 'Monachos'", *Jahrbuch für Antike und Christentum*, 20, 1977, p. 72-89.

45. Cf. Cassiano, *Conferências*, 18, caps. 4 e 8. Sobre a questão da opção entre a vida anacorética e a vida monástica em Cassiano, cf. em particular a introdução de E. Pichery, p. 52-4, que evoca a posição de são Basílio, favorável à forma cenobítica (N. Gradowicz-Pancer, artigo citado, p. 5, n. 13, remete também a 18, 8, p. 21-2, a propósito dos solitários considerados falsos eremitas); *Regra de são Bento*, cap. 1, "Das espécies de monges" (o autor distingue entre os cenobitas, que vivem em mosteiro sob uma regra e um abade, os anacoretas, já preparados para o "combate singular do deserto" pela disciplina adquirida no mosteiro, os sarabaítas, que "têm por lei a vontade dos seus desejos", e os giróvagos, "sempre errantes e nunca estáveis"). Sobre a passagem do "deserto", como lugar da vida perfeita, ao elogio da vida cenobítica no pensamento de Cassiano, cf. R. A. Markus, *The End of Ancient Christianity*, Cambridge, Cambridge University Press, 1990, cap. 11, "City or Desert? Two models of community".

46. Sobre a ascese, no sentido estrito de *áskesis*, isto é, exercício, cf. *L'Herméneutique du sujet*, aula de 24 de fevereiro de 1982, p. 301-2.

47. Esses exemplos não se encontram nos *Apophtegmata Patrum*, PG 65, trad. ing. de B. Ward, *The Sayings of the Desert Fathers*, Oxford, Oxford University Press, 1975; trad. fr. incompleta de J.-Cl. Guy, *Paroles des Anciens, op. cit.*; trad. fr. integral de L. Regnault, *Les Sentences des Pères du Désert*, Solesmes, 1981.

48. Cf. *supra*, aula de 22 de fevereiro, p. 235-6.

49. Cf. *ibid.*, p. 233.

50. A anedota não se encontra nem nas *Instituições* de Cassiano, nem nos *Apophtegmata Patrum*, nem na *História lausíaca*.

51. Lembrem-se, ao ler esta frase, que Foucault, algumas semanas depois desta aula, esteve no Japão, onde teve a oportunidade de debater, em Kyoto, "com especialistas, sobre a mística budista zen comparada com as técnicas da mística cristã" (D. Defert, "Chronologie", *DE*, I, p. 53). Cf. "Michel Foucault et le zen: un séjour dans un temple zen" (1978), *DE*, III, nº 236, p. 618-24; cf. em particular p. 621, sobre a diferença entre o zen e o misticismo cristão, que "visa a individualização": "O zen e o misticismo cristão são duas coisas que não se pode comparar, ao passo que a técnica da espiritualidade cristã e a do zen são comparáveis".

52. Heinrich Suso (1295?-1366), dominicano, beatificado em 1831; autor do *Horologium sapientiae* e de várias obras escritas em alemão, a *Vida*, o *Livro da sabedoria eterna*, o *Livro da verdade* e o *Pequeno livro das letras*. Tendo entrado para o mosteiro de Constança aos treze anos de idade, seguiu o ensinamento de Eckhart em Colônia e consagrou sua vida a pregar e a dirigir as monjas. Cf. J.-A. Bizet, *Le Mystique allemand Henri Suso et le déclin de la scolastique*, Paris, F. Aubier, 1946; *id*., *Mystiques allemands du XIVᵉ siècle: Eckhart, Suso, Tauler*, s.l. [Paris], Aubier, s.d. [c. 1957], p. 241-89 (reed. Aubier-Montaigne, "Bibliothèque de philologie germanique", 1971); *id*., verbete "Henri Suso", in *Dictionnaire de spiritualité...*, t. 7, 1968, col. 234-257; Dom F. Vandenbroucke, in Dom J. Leclercq *et al*.., *La Spiritualité au Moyen Âge*, p. 468-9.

53. *Vie*, XVI, in Bienheureux Henri Suso, *Oeuvres complètes*, trad. fr. e notas de J. Ancelet-Hustache, Paris, Le Seuil, 1977, p. 185: "No dia de são Clemente, quando começa o inverno, ele fez uma vez uma confissão geral e, como estava em segredo, trancou-se em sua cela, despiu-se até a roupa de baixo de crinolina, pegou sua disciplina com os pregos e bateu-se no corpo, nos braços e nas pernas, de modo que o sangue escorreu de alto a baixo, como quando se escarifica. Por comportar, em particular, um prego curvo como um anzol, a disciplina mordia a carne e a rasgava. Ele se bateu com tanta força que a disciplina se quebrou em três pedaços, um lhe ficou na mão e os pregos de ferro foram projetados contra as paredes. Quando, de pé, olhou para si, todo ensanguentado, essa visão era tão lamentável que ele se parecia de certo modo com o Cristo bem-amado quando o flagelaram cruelmente. Sentiu tamanho dó de si mesmo que chorou de todo o coração, ajoelhou-se no frio, assim nu e ensanguentado, e rogou a Deus para que, com um olhar de candura, apagasse os seus pecados".

54. Cf. *supra*, nota 11.

55. Surgido na Itália, no meado do século XIII, o movimento dos flagelantes – cujos membros praticavam a autoflagelação, por espírito de penitência – estendeu-se à Alemanha, onde teve um notável crescimento durante a Peste Negra de 1348-49. Descrevendo com minúcia o ritual das suas procissões, N. Cohn salienta a atitude benevolente da população para com eles. "Os flagelantes eram considerados e se consideravam eles próprios não simples pecadores que expiavam seus pecados, mas mártires que assumiam os pecados do mundo, afastando com isso a peste, ou até a aniquilação total da humanidade" (*Les Fanatiques de l'Apocalypse*, p. 129). Assim, a flagelação era vivida como uma *imitatio Christi* coletiva. A partir de 1349, o movimento evoluiu para um milenarismo revolucionário, violentamente oposto à Igreja, e teve um papel ativo nos massacres de judeus. A bula do papa Clemente VI (outubro de 1349), condenando seus erros e excessos, acarretou seu rápido declínio. Cf. P. Bailly, verbete "Flagelants", in *Dictionnaire de spiritualité*..., t. 5, 1962, col. 392-408; N. Cohn, trad. fr. cit., p. 121-43.

56. J. Wyclif, *De ecclesia*. A tese é retomada por Jan Hus, que afirma que um padre em estado de pecado mortal já não é um autêntico padre (afirmação que vale para os bispos e o papa): "Os padres que, como quer que seja, vivem no vício, maculam o poder sacerdotal [...]. Ninguém é representante de Cristo ou de Pedro se não imita igualmente seus costumes" (proposições extraídas dos escritos de Hus, segundo a bula de Martinho V de 22 de julho de 1418, citadas por J. Delumeau, *Naissance et Affirmation de la Réforme*, Paris, PUF, "Nouvelle Clio", 2ª ed., 1968, p. 63).

57. A capela dos Santos Inocentes de Belém, comumente chamada Igreja de Belém, na qual Jan Hus, a partir de março de 1402, empreendeu sua pregação em tcheco.

58. Não conseguimos encontrar a fonte dessas duas citações.

59. Cf. *supra*, p. 267.

60. Cf. A. Michel, "Sacrements", *loc. cit.*, col. 593-614.

61. *Ibid.*, col. 594: "A carta de Inocêncio III a Ymbert de Arles (1201), inserida nas *Decretais*, l. III, tit. III, 42, *Majores*, censura os que pretendem que o batismo é conferido inutilmente às crianças, dizendo que a fé ou a caridade e as outras virtudes não lhes podem ser infundidas, nem mesmo como *habitus*, porque elas são incapazes de consentir".

62. Cf. *supra*, nota 25.

63. Cf. A. Jundt, *Les Amis de Dieu au quatorzième siècle*, Paris, Sandoz & Fischbacher, 1879, p. 188. Trata-se da história de Úrsula,

jovem de Brabante que, a conselho de uma beguina, havia optado em 1288 pela vida reclusa e solitária. Depois de ter se dedicado por dez anos "às práticas mais dolorosas do ascetismo, [...] ela foi avisada por Deus para que suspendesse os 'exercícios exteriores que se impunha por vontade própria' e deixasse seu celeste esposo dirigir sozinho sua vida espiritual por meio de 'exercícios interiores'. Ela obedeceu e não demorou a ser assaltada 'pelas tentações mais horríveis e mais impuras'. Depois de ter implorado em vão a assistência de Deus, ela participou seus tormentos ao seu confessor, que tentou abusar da sua ingênua confiança aconselhando-a 'com discursos sutis, cheios de mistério e de obscuridade', a satisfazer seus desejos carnais, a fim de se livrar das tentações que impediam a ação de Deus nela e punham sua alma em perigo. Indignada, ela expulsou o padre da sua presença. Na noite seguinte, Deus lhe censurou vivamente o erro que ela havia cometido ao revelar a um homem os segredos da sua vida interior, que somente seu esposo devia conhecer; acusou-a de, com sua 'tagarelice' imprudente, ter feito um homem decente cair em pecado. Chamado de novo por ela no dia seguinte, o confessor se emendou e voltou a ser um homem de uma piedade e de uma conduta exemplares".

64. Cf. N. Cohn, *Les Fanatiques de l'Apocalypse*, p. 157-63; G. Leff, *Heresy in the Later Middle Ages: The Relation of Heterodoxy to Dissent, c. 1250 – c. 1450*, Manchester, Manchester University Press, 1967, p. 308-407 (que contesta, p. 309-10, a filiação sugerida aqui por Foucault); R. E. Lerner, *The Heresy of the Free Spirit in the Later Middle Ages*, Berkeley, University of California Press, 1972.

65. Cf. *supra*, nota 20, a propósito dos amalricenses.

66. Ulrich Engelbert de Estrasburgo (1220/25-1277) foi um fervoroso discípulo de Alberto Magno, a cujos cursos assistiu em Paris, depois em Colônia. É autor de uma obra gigantesca, a *Summa de summo bono* (cf. J. Daguillon, *Ulrich de Strasbourg, O.P. La summa de Bono. Livre I. Introd. et édition critique*, Paris, "Bibliothèque thomiste" xii, 1930), que constitui um dos grandes textos fundadores da teologia renana. Cf. É. Gilson, *La Philosophie au Moyen Âge*, Paris, Payot, 1922, reed. "Petite Bibliothèque Payot", p. 516-9; A. de Libera, *La Mystique rhénane. D'Albert le Grand à Maître Eckhart*, Paris, Oeil, "Sagesse chrétienne", 1984; reed. Paris, Le Seuil, "Points Sagesses", 1994, p. 99-161.

67. Cf. J. Ancelet-Hustache, introd. a Suso, *O.C.*, p. 32: "[...] Rulman Merswin (1307-82), leigo, banqueiro, homem de negócios, a quem sem dúvida se deve a literatura apócrifa por muito tempo atri-

buída ao Amigo de Deus de Oberland. Ele é, portanto, por assim dizer, um pio falsário, mas no fim consagrou sua fortuna à fundação dos joanitas da Ilha Verde, em Estrasburgo, e se retirou do século aos quarenta anos, para se consagrar inteiramente à vida espiritual". Cf. A. Jundt, *Rulman Merswin et l'Ami de Dieu de l'Oberland. Un problème de psychologie religieuse*, Paris, Fischbacher, 1890; Ph. Strauch, verbete "Rulman Merswin und die Gottesfreunde", in *Realenzyklopädie für protestantische Theologie und Kirche*, t. 17, Leipzig, 1906, p. 203 ss.; J. M. Clark, *The Great German Mystics: Eckhart, Tauler and Suso*, Oxford, Blackwell, 1949, cap. v; F. Rapp, verbete "Merswin (Rulman)", in *Dictionnaire de spiritualité...*, t. 10, 1979, col. 1056-1058.

68. Esse personagem lendário da literatura mística do século xiv sem dúvida não existiu. Desde que o pe. Denifle demonstrou seu caráter fictício ("Der Gottenfreund im Oberland und Nikolaus Von Basel. Eine kritische Studie", in *Histor.-polit. Blätter*, t. LXXV, Munique, 1875, contra Ch. Schmidt, que o identificava com o *bégard* Nicolau de Basileia e publicou com esse nome várias obras atribuídas ao anônimo), os historiadores se perguntam quem se dissimula atrás da sua figura e dos seus escritos. Segundo A. Chiquot, verbete "Ami de Dieu de l'Oberland", in *Dictionnaire de spiritualité...*, t. I, 1937, col. 492, tudo levaria a crer que foi o próprio Rulman Merswin. Sobre esse debate, cf. Dom F. Vandenbroucke, in Dom J. Leclercq et al., *La Spiritualité du Moyen Âge*, p. 475. Ver igualmente, além dos trabalhos citados na nota precedente, a obra de W. Rath, *Der Gottesfreund vom Oberland, ein Menscheitsführer an der Schwelle der Neuzeit: sein Leben geschildert auf Grundlage der Urkundenbücher der Johanniterhauses "Zum Grünen Wörth" in Strassburg*, Zurique, Heitz, 1930, reed. Stuttgart, 1955, que H. Corbin louva no 4º tomo de *En islam iranien*, Paris, Gallimard, "Bibliothèque des idées", 1978, p. 395 n. 72, por ter "salvaguardado a natureza própria do fato espiritual", sem recorrer à hipótese da fraude literária. Foucault, que toma a anedota do pacto de obediência emprestada do livro de A. Jundt (cf. nota seguinte), publicado em 1879, não distingue claramente os dois personagens. Foi em 1890, em *Rulman Merswin et l'Ami de Dieu de l'Oberland* que Jundt respondeu às críticas de Denifle, aceitando a tese segundo a qual o Amigo de Deus de Oberland nunca existiu (p. 45-50), mas rechaçando os argumentos que tendiam a estabelecer que a história deste último não havia passado de uma impostura de Merswin (p. 69-93).

69. Cf. A. Jundt, *Les Amis de Dieu au quatorzième siècle, op. cit.*, p. 175: "Na primavera de 1352 foi firmado entre os dois homens o

pacto solene de amizade que viria a ser tão fértil em consequências para a história posterior. O compromisso que então contraíram não era, entretanto, tão unilateral quanto o relato de Rulman Merswin parece indicar [cf. p. 174, o relato da sua primeira entrevista com o Amigo de Deus de Oberland]. A verdade é que eles se submeteram um ao outro 'no lugar de Deus', isto é, prometeram elevar-se mutuamente em todas as coisas como se houvessem obedecido ao próprio Deus. Essa relação de submissão recíproca durou 28 anos, até a primavera de 1380".

70. Cf. *supra*, nota 13 (N. Cohn, todavia, não menciona a vida desregrada de Jeanne Dabenton).

71. Cf. "Qu'est-ce que la critique?", art. cit., p. 38-9.

72. Joaquim de Fiore (c. 1132-1202): monge cisterciense, nascido em Celico, na Calábria. Fundou em 1191 uma nova ordem, a congregação eremítica de Fiore, aprovada pelo papa em 1196. Baseada numa exegese alegórica da Escritura, sua doutrina das "três eras" ou "três estados" da humanidade – a era do Pai (tempo da lei e da obediência servil, Antigo Testamento), a era do Filho (tempo da graça e da obediência filial, Novo Testamento), a era do Espírito (tempo de uma graça mais abundante e da liberdade) – está exposta notadamente em sua *Concordia Novi ac Veteris Testamenti*. O advento da terceira era, fruto da inteligência espiritual dos dois Testamentos, deveria ser obra de homens espirituais (*viri spirituales*), de que os atuais monges eram os predecessores. A Igreja sacerdotal e hierarquizada seria então substituída pelo reinado monástico da pura caridade. Cf. N. Cohn, *Les Fanatiques de l'Apocalypse*, p. 101-4; Dom F. Vandenbroucke, *in* Dom J. Leclercq et al., *La Spiritualité du Moyen Âge*, p. 324-7.

AULA DE 8 DE MARÇO DE 1978

> Da pastoral das almas ao governo político dos homens. – Contexto geral dessa transformação: a crise do pastorado e as insurreições de conduta no século XVI. – A Reforma protestante e a Contrarreforma. Outros fatores. – Dois fenômenos notáveis: a intensificação do pastorado religioso e a multiplicação da questão da conduta, nos planos privado e público. – A razão governamental própria do exercício da soberania. – Comparação com são Tomás. – A ruptura do *continuum* cosmológico-teológico. – A questão da arte de governar. – Observação sobre o problema da inteligibilidade em história. – A razão de Estado (I): novidade e objeto de escândalo. – Três pontos de focalização do debate polêmico em torno da razão de Estado: Maquiavel, a "política", o "Estado".

Hoje, eu gostaria de passar enfim da pastoral das almas ao governo político dos homens. É evidente que não vou tentar nem sequer esboçar a série de transformações pelas quais se passou efetivamente dessa economia das almas ao governo dos homens e das populações. As próximas vezes, gostaria de lhes falar de algumas das redistribuições globais que sancionaram essa passagem. Como é necessário apesar de tudo prestar um mínimo de homenagem à causalidade e ao princípio de causalidade tradicional, acrescentarei simplesmente que essa passagem da pastoral das almas ao governo político dos homens deve ser situada num determinado contexto que vocês conhecem bem. Houve, primeiramente, é claro, a grande revolta, ou antes, a grande série do que poderíamos chamar de revoltas pastorais do século XV e, evidentemente, sobretudo do século XVI, o que chamarei, digamos assim, de insurreições de conduta*, de que a Reforma protestante foi, no fim das contas, ao mesmo tempo a forma

---

* "Insurreições de conduta": entre aspas no manuscrito.

mais radical e a retomada de controle – insurreições de conduta, cuja história, aliás, seria muito interessante reconstituir*. Se se pode dizer que, em fins do século xv – início do século xvi, os grandes processos políticos e sociais de subversão tiveram por dimensão principal as insurreições de conduta, em compensação creio que não se deveria esquecer que, mesmo nos processos de subversão, mesmo nos processos revolucionários que tinham objetivos e móveis bem diferentes, a dimensão da insurreição de conduta, a dimensão da revolta de conduta sempre esteve presente. Ainda bem manifesta, claro, na Revolução Inglesa do século xvii, em que toda a explosão das diferentes formas de comunidades religiosas, de organização religiosa foi um dos grandes eixos, um dos grandes móveis de todas as lutas. Mas, afinal de contas, tivemos na Revolução Francesa todo um eixo, toda uma dimensão da revolta, da insurreição de conduta, nas quais, é claro, pode-se dizer que os clubes tiveram um papel importante, mas que certamente tiveram outras dimensões. Na Revolução Russa de 1917 também, todo um aspecto insurreições de conduta, [de que]** os sovietes, os conselhos operários foram uma manifestação, mas apenas uma manifestação. Seria muito interessante ver como essas séries de insurreições, de revoltas de conduta se multiplicaram, que efeitos elas próprias tiveram sobre os processos revolucionários, como essas revoltas de conduta foram controladas, dominadas, qual era a sua especificidade, a sua forma, a sua lei interna de desenvolvimento. Enfim, seria todo um campo de estudos possíveis. Em todo caso, eu queria observar simplesmente que essa passagem da pastoral das almas ao governo político dos homens deve ser situada nesse grande clima geral de resistências, revoltas, insurreições de conduta***.

....

* M. Foucault acrescenta: porque, afinal de contas, não houve... *[frase inacabada]*.
** M.F.: nas quais.
*** M.F.: ao princípio de conduta.

Em segundo lugar, é necessário recordar os dois grandes tipos de reorganização da pastoral religiosa, seja sob a forma das diferentes comunidades protestantes, seja sob a forma, evidentemente, da grande Contrarreforma católica. Igrejas protestantes, Contrarreforma católica que, ambas, reintegraram muitos dos elementos que haviam sido característicos dessas contracondutas de que eu lhes falava há pouco. A espiritualidade, as formas intensas de devoção, o recurso à Escritura, a requalificação pelo menos parcial do ascetismo e da mística, tudo isso fez parte dessa espécie de reintegração da contraconduta no interior de um pastorado religioso, organizado seja nas Igrejas protestantes, seja na Contrarreforma. Seria preciso falar também, é claro, das grandes lutas sociais que animaram, arrimaram, prolongaram essas insurreições pastorais. A guerra dos camponeses é um exemplo[1]. Seria preciso falar, também, da incapacidade que tinham as estruturas feudais, e as formas de poder ligadas às estruturas feudais, de enfrentar essas lutas e encerrá-las; e, claro, é mais que conhecido, voltar a falar das novas relações econômicas e, por conseguinte, políticas para as quais as estruturas feudais já não podiam servir de marco suficiente e eficaz; enfim, do desaparecimento dos dois grandes polos de soberania histórico-religiosa que comandavam o Ocidente e que prometiam a salvação, a unidade, o acabamento do tempo, esses dois grandes polos que, acima dos príncipes e dos reis, representavam uma espécie de grande pastorado ao mesmo tempo espiritual e temporal, a saber, o Império e a Igreja. A desarticulação desses dois grandes conjuntos foi um dos fatores da transformação de que lhes falava.

Em todo caso – e é sobre este ponto que encerrarei esta breve introdução –, creio que é preciso observar o seguinte: no curso do século XVI não se assiste a um desaparecimento do pastorado. Não se assiste nem mesmo à transferência maciça e global das funções pastorais da Igreja para o Estado. Assiste-se, na verdade, a um fenômeno muito mais complexo, que é o seguinte. De um lado, podemos dizer que há uma intensificação do pastorado religioso, intensificação desse pastorado em suas formas espirituais, mas também em sua extensão e em sua eficiência temporal. Tanto a Reforma quanto a Contrarreforma deram ao pastorado religioso um controle, uma influência sobre a vida espiritual dos indivíduos muito maior que no passado: aumento das condutas de devoção, aumento dos controles espirituais, intensificação da relação entre os indivíduos e seus guias. Nunca o pastorado havia sido tão intervencionista, nunca havia tido tamanha influência sobre a vida material, sobre a vida cotidiana, sobre a vida temporal dos indivíduos: é a assunção, pelo pastorado, de toda uma série de questões, de problemas referentes à vida material, à higiene, à educação das crianças. Portanto, intensificação do pastorado religioso em suas dimensões espirituais e em suas extensões temporais.

Por outro lado, assiste-se também, no século XVI, a um desenvolvimento da condução dos homens fora até da autoridade eclesiástica, e aqui também sob dois aspectos ou, mais exatamente, sob toda uma série de aspectos que constituem como que um amplo leque, partindo das formas propriamente privadas do desenvolvimento do problema da condução – a pergunta é: como se conduzir? Como conduzir a si mesmo? Como conduzir os filhos? Como conduzir a família? Não se deve esquecer que, nesse momento, aparece, ou antes, reaparece uma função fundamental, que era a função da filosofia, digamos, na época helenística e que havia, em suma, desaparecido durante toda a Idade Média, a filosofia como resposta à pergunta fundamental: como se conduzir? Que regras adotar para si mesmo, a fim de se conduzir como convém; conduzir-se na vida cotidiana; conduzir-se em relação aos outros; conduzir-se em relação às autoridades, ao soberano, ao senhor;* a fim de

....
* M. Foucault acrescenta: para se conduzir também de maneira conveniente e decente, como convém.

conduzir também seu espírito, e conduzi-lo aonde ele deve ir, a saber, à sua salvação, claro, mas também à verdade?[2] E é preciso ver que a filosofia de Descartes, embora possa de fato passar por fundamento da filosofia, também é o ponto de chegada de toda essa grande transformação da filosofia, que a faz reaparecer a partir da pergunta: "Como se conduzir?"[3] *Regulae ad directionem ingenii*[4], *meditationes*[5], tudo isso são categorias, são formas de prática filosófica que haviam reaparecido no século XVI em função dessa intensificação do problema da conduta, o problema de conduzir/conduzir-se como problema fundamental que ressurge nesse momento ou, em todo caso, que adquire nesse momento uma forma não especificamente religiosa e eclesiástica.

Igualmente, aparecimento dessa condução no domínio que chamarei de público. Essa oposição entre o privado e o público ainda não é bem pertinente, conquanto seja sem dúvida na problematização da conduta e na especificação das diferentes formas de conduta que a oposição entre o privado e o público começa a se constituir nessa época. Em todo caso, no domínio público, no domínio que mais tarde se chamará político, também se coloca o problema: como, em que medida, o exercício do poder do soberano pode e deve ser lastreado com um certo número de tarefas que não lhe eram, até então, reconhecidas e que são justamente tarefas de condução? O soberano que reina, o soberano que exerce sua soberania se vê, a partir desse momento, encarregado, confiado, assinalado a novas tarefas, e essas novas tarefas são precisamente as da condução das almas. Não houve portanto passagem do pastorado religioso a outras formas de conduta, de condução, de direção. Houve na verdade intensificação, multiplicação, proliferação geral dessa questão e dessas técnicas da conduta. Com o século XVI, entramos na era das condutas, na era das direções, na era dos governos.

E vocês compreendem por que há um problema que, nessa época, adquiriu uma intensidade maior ainda que os outros, provavelmente porque estava exatamente no ponto de cruzamento dessas diferentes formas de condução: condução de si e da família, condução religiosa, condução pública aos cuidados ou sob o controle do governo. É o problema da instituição das crianças. O problema pedagógico: como conduzir as crianças, como conduzi-las até o ponto em que sejam úteis à cidade, conduzi-las até o ponto em que poderão construir sua salvação, conduzi-las até o ponto em que saberão se conduzir por conta própria – é esse problema que foi provavelmente sobrecarregado e sobredeterminado por toda essa explosão do problema das condutas no século XVI. A utopia fundamental, o cristal, o prisma através do qual os problemas de condução são percebidos é o da instituição das crianças[6].*

....

* M. Foucault deixa de lado aqui um longo desenvolvimento do manuscrito (p. 4-6):

> Insistir no fato de que essas contracondutas não tinham por objetivo: como se livrar do pastorado em geral, de todo pastorado, mas sim: como desfrutar de um pastorado melhor, como ser mais bem guiado, mais seguramente salvo, melhor manter a obediência, melhor aproximar-se da verdade. Várias razões. Esta: que o pastorado tinha efeitos individualizantes: ele prometia a salvação a cada um e de forma individual; ele implicava a obediência, mas como uma relação de indivíduo com indivíduo, garantindo pela própria obediência a individualidade; ele possibilitava que cada um conhecesse a verdade; melhor: a sua verdade. O homem ocidental é individualizado através do pastorado, na medida em que o pastorado o leva à salvação que fixa sua identidade por toda a eternidade, em que o pastorado o sujeita a uma rede de obediências incondicional[ais], em que ele lhe inculca a verdade de um dogma no momento mesmo em que lhe extorque o segredo da sua verdade interior. Identidade, sujeição, interioridade: a individualização do homem ocidental durante o longo milênio do pastorado cristão foi realizada à custa da subjetividade. Por subjetivação. É preciso tornar-se sujeito para se tornar indivíduo (todos os sentidos da palavra sujeito). Ora, na medida em que era fator e agente de individualização, o pastorado criava um formidável apelo, um apetite de pastorado: *[algumas palavras ilegíveis]* como se tornar sujeito sem ser sujeitado? Enorme desejo de individualidade, bem anterior à consciência burguesa e que opõe radicalmente o cristianismo ao budismo (ausência de pastorado /

Do que eu gostaria de lhes falar não é evidentemente de tudo isso, e sim desse ponto particular que evoquei, a saber: em que medida quem exerce o poder soberano deve encarregar-se agora de tarefas novas e específicas, que são as do governo dos homens? Dois problemas de imediato: primeiro, de acordo com que racionalidade, que cálculo, que tipo de pensamento será possível governar os homens no âmbito da soberania? Problema do tipo de racionalidade, portanto. Em segundo lugar, problema do domínio e dos objetos: o que, especificamente, deve ser objeto desse governo dos homens, que não é o da Igreja, que não é o do pastorado religioso, que não é de ordem privada, mas que é da incumbência e da alçada do soberano e do soberano político? Pois bem, hoje eu gostaria de lhes falar da primeira questão, a saber, do problema da racionalidade. Ou seja: de acordo com que racionalidade o soberano deve governar? E para falar em latim, vocês sabem que gosto de falar latim, direi: por contraste com a *ratio pastoralis*, qual deve ser a *ratio gubernatoria*?*

Bem, então, a razão governamental. Para tentar explicar um pouquinho isso, gostaria de retornar um instante ao pensamento escolástico, mais exatamente a são Tomás e ao texto em que ele explica o que é o poder real[7]. É preciso recordar uma coisa: que são Tomás nunca disse que o soberano era tão só um soberano, que ele só tinha de reinar e que não fazia parte das suas incumbências governar. Ao contrário, ele sempre disse que o rei devia governar. Ele até dá uma definição do rei: o rei é "aquele que governa o povo de uma só cidade e de uma só província, tendo em vista o bem comum"[8].

....

        mística / [*uma palavra ilegível*], desindividualização). A grande crise do pastorado e os assaltos das contracondutas que premiram essa crise não levavam a uma rejeição global de toda conduta, mas a uma busca multiplicada para ser conduzido, mas como convém e aonde convém. Donde a multiplicação das "necessidades de conduta" no século XVI.

* M. Foucault acrescenta: Os que sabem latim ... [*fim de frase inaudível*].

É aquele que governa o povo. Mas creio que [o] importante é que esse governo do monarca, segundo são Tomás, não tem especificidade em relação ao exercício da soberania. Entre ser soberano e governar, nenhuma descontinuidade, nenhuma especificidade, nenhuma divisão entre as duas funções. E, por outro lado, para definir em que consiste esse governo que o monarca, o soberano deve exercer, são Tomás se apoia em toda uma série de modelos externos, o que chamarei, se vocês quiserem, de analogias do governo.

Analogias do governo quer dizer o quê? O soberano, na medida em que governa, não faz nada mais do que reproduzir certo modelo, [que] é simplesmente o governo de Deus na terra. São Tomás explica: em que consiste a excelência de uma arte? Em que medida uma arte é excelente? Na medida em que imita a natureza[9]. Ora, a natureza é regida por Deus, porque Deus criou a natureza e não cessa de governá-la todos os dias[10]. A arte do rei será excelente na medida em que imitar a natureza, isto é, em que fizer como Deus. E assim como Deus criou a natureza, o rei será aquele que fundará o Estado ou a cidade, e como todo Deus governa a natureza, o rei governará seu Estado, sua cidade, sua província. Primeira analogia com Deus, portanto.

Segunda analogia, segunda continuidade: com a própria natureza. Não há nada no mundo, diz são Tomás, em todo caso não há nenhum animal vivo cujo corpo não estaria imediatamente exposto à perda, à dissociação, à decomposição, se não houvesse nele certa força diretriz, certa força vital que mantém juntos esses diferentes elementos de que são compostos os corpos vivos e que organiza todos eles em função do bem comum. Se não houvesse uma força viva, o estômago iria para um lado, as pernas para o outro etc.[11] O mesmo se dá num reino. Cada indivíduo num reino tenderia a seu próprio bem, porque precisamente tender ao seu próprio bem é uma das características, um dos traços essenciais do homem. Cada um tenderia a seu bem próprio e, por conseguinte, negligenciaria o bem comum. É necessário portanto que haja no reino algo que corresponda ao que é a força vital, a força diretriz do organismo, e esse algo que vai dirigir as tendências de cada um ao seu próprio bem no sentido do bem comum vai ser o rei. "Como em qualquer multidão", diz são Tomás, "é preciso uma direção encarregada de regular e de governar."[12] É a segunda analogia, a analogia do rei com a força vital de um organismo.

Enfim, terceira analogia, terceira continuidade com o pastor e com o pai de família, porque, diz são Tomás, o fim último do homem não é, evidentemente, ficar rico, nem mesmo ser feliz na terra, não é ter boa saúde. Aquilo a que finalmente o homem tende é a felicidade eterna, o gozo de Deus. A função real deve ser o quê? Deve ser a de proporcionar o bem comum da multidão segundo um método que seja capaz de lhe fazer alcançar a beatitude celeste[13]. E nessa medida vemos que, fundamentalmente, substancialmente, a função do rei não é diferente da do pastor para com suas ovelhas, nem do pai de família para com a sua família. Ele tem de fazer de tal modo que, nas decisões terrestres e temporais que ele toma, a salvação eterna do indivíduo não apenas não seja comprometida, mas seja possível. Vocês estão vendo: analogia com Deus, analogia com a natureza viva, analogia com o pastor e o pai de família, vocês têm toda uma espécie de *continuum*, de *continuum* teológico-cosmológico que é aquilo em nome do que o soberano está autorizado a governar e que proporciona modelos segundo os quais o soberano deve governar. Se no próprio prolongamento, na continuidade ininterrupta do exercício da sua soberania, o soberano pode e deve governar, é na medida em que ele faz parte desse grande *continuum* que vai de Deus ao pai de família, passando pela natureza e pelos pastores. Nenhuma ruptura, portanto. Esse grande *continuum*, da soberania ao governo, não é outra coisa senão a tradução, na ordem – entre aspas – "política", desse *continuum* que vai de Deus aos homens.

Creio que esse grande *continuum* presente no pensamento de são Tomás, que justifica o governo dos homens pelo rei, é que vai ser quebrado no século XVI. *Continuum* quebrado: não quero em absoluto dizer com isso que a relação do soberano, ou daquele que governa, com Deus, com a natureza, com o pai de família, com o pastor religioso, se rompeu. Ao contrário, vemos sem parar [...]*. E vamos vê-las tanto mais formuladas, justamente, quanto mais se tratar de reavaliá-las, de estabelecê-las a partir de outra coisa e segundo outra economia, porque creio que o que caracteriza o pensamento político no fim do século XVI e no início do século XVII é justamente a busca e a definição de uma forma de governo que seja específica relativamente ao exercício da soberania. Digamos com uma palavra, para tomar um pouco de recuo e fazer uma grande ficção, que houve uma espécie de quiasma, uma espécie de cruzamento fundamental que seria o seguinte. No fundo, a astronomia de Copérnico e de Kepler, a física de Galileu, a história natural de John Ray[14], a gramática de Port-Royal[15]... pois bem, um dos grandes efeitos de todas essas práticas discursivas, de todas essas práticas científicas – só estou lhes falando de um dos inúmeros efeitos dessas ciências –**, foi mostrar que, no fundo, Deus rege o mundo somente por leis gerais, leis imutáveis, leis universais, leis simples e inteligíveis, que eram acessíveis seja na forma da medida e da análise matemática, seja na forma da análise classificatória, no caso da história natural, e da análise lógica, no caso da gramática geral. Deus rege o mundo somente por leis gerais, imutáveis, universais, simples e inteligíveis, quer dizer o quê? Quer dizer que Deus não o governa***. Não o governa no modo pastoral. Ele reina soberanamente sobre o mundo através dos princípios.

....

* Seguem-se algumas palavras inaudíveis.
** M. Foucault acrescenta: um dos efeitos dessas novas configurações de saber.
*** Palavra entre aspas no manuscrito, p. 10.

Porque: o que é, no fundo, governar o mundo pastoralmente? Se vocês se reportarem ao que eu dizia quinze dias atrás a propósito da economia específica do poder pastoral[16], economia específica voltada para a salvação, economia específica voltada para a obediência, economia específica voltada para a verdade, se aplicarmos esse esquema a Deus, se Deus govern[asse] pastoralmente o mundo e na medida em que Deus [o] tenha governado pastoralmente, isso quereria dizer que o mundo estava submetido a uma economia da salvação, isto é, que ele era feito para que o homem construísse sua salvação. Ou seja, mais precisamente ainda, as coisas do mundo eram feitas para o homem e o homem não era feito para viver neste mundo, em todo caso não era feito para viver definitivamente neste mundo, e sim para ir para um outro mundo. O mundo governado pastoralmente, conforme a economia da salvação era [portanto] um mundo de causas finais que culminavam num homem que, ele próprio, devia construir a sua salvação nesse mundo. Causas finais e antropocentrismo, era bem isso uma das formas, uma das manifestações, um dos sinais do governo pastoral de Deus sobre o mundo.

Governar o mundo pastoralmente queria dizer, [em segundo lugar,] que o mundo estava submetido a toda uma economia da obediência: cada vez que Deus, por uma razão particular – porque vocês sabem que a obediência pastoral adquire fundamentalmente a forma da relação individual –, cada vez que Deus queria intervir por uma razão qualquer, quando se tratava da salvação ou da perda de alguém, ou numa circunstância ou conjuntura particular, ele intervinha neste mundo de acordo com a economia da obediência. Quer dizer, ele obrigava os seres a manifestar sua vontade por sinais, prodígios, maravilhas, monstruosidades, que eram ameaças de castigo, promessas de salvação, sinais de eleição. Uma natureza pastoralmente governada era, portanto, uma natureza povoada de prodígios, de maravilhas e de sinais.

Enfim, em terceiro lugar, um mundo pastoralmente governado era um mundo no qual havia toda uma economia da verdade, como encontramos no pastorado: verdade ensinada, de um lado, verdade oculta e extraída, do outro. Ou seja, num mundo pastoralmente governado havia, de certo modo, formas de ensino. O mundo era um livro aberto no qual se podia descobrir a verdade, ou antes, no qual a verdade, as verdades eram ensinadas por si mesmas, e eram ensinadas essencialmente sob a forma da remissão recíproca de uma à outra, isto é, da semelhança e da analogia. Era, ao mesmo tempo, um mundo dentro do qual era necessário decifrar verdades ocultas, que se ofereciam ocultando-se e se ocultavam oferecendo-se, isto é, um mundo repleto de cifras, de cifras que se tinha de decodificar.

Um mundo inteiramente finalista, um mundo antropocentrado, um mundo de prodígios, de maravilhas e de sinais, enfim, um mundo de analogias e de cifras[17] – é isso que constitui a forma manifesta de um governo pastoral de Deus sobre este mundo. Ora, é isso que desaparece. Em que época? Muito exatamente, entre os anos de 1580 e 1650, no momento da fundação da episteme clássica[18]. É isso que desaparece ou, se preferirem, numa palavra, podemos dizer que o desenvolvimento de uma natureza inteligível na qual as causas finais vão se apagar pouco a pouco, em que o antropocentrismo vai ser posto em questão, um mundo que será purgado de seus prodígios, maravilhas e sinais, um mundo que se desenvolverá de acordo com formas de inteligibilidade matemáticas ou classificatórias que já não passarão pela analogia e pela cifra, tudo isso corresponde ao que chamarei, perdoem-me o termo, de desgovernamentalização do cosmo.

Ora, exatamente na mesma época, 1580-1660, vai se desenvolver um tema bem diferente, que é o seguinte: o que é próprio do soberano, no exercício da sua soberania, em relação aos seus súditos, não é que ele tem apenas de prolongar na terra uma soberania divina que se repercutiria, de certo modo, no *continuum* da natureza. Ele tem uma tarefa específica, que ninguém mais tem [de desempenhar]*. Nem Deus em relação à natureza, nem a alma em relação ao corpo, nem o pastor ou o pai de família em relação às suas ovelhas ou aos seus filhos. Algo absolutamente específico: essa ação é a que consiste em governar e para a qual não se tem de buscar modelo, nem do lado de Deus, nem do lado da natureza. Essa emergência da especificidade do nível e da forma do governo – é isso o que se traduz pela nova problematização, no fim do século XVI, do que se chamava de *res publica*, a coisa pública. Digamos, também numa palavra, que vocês têm um fenômeno, todo um processo de governamentalização da *res publica*. Pede-se ao soberano que faça mais do que exercer a soberania, pede-se a ele, ao fazer mais do que exercer sua pura e simples soberania, que faça algo diferente do que faz Deus em relação à natureza, do que faz o pastor em relação às suas ovelhas, do que faz o pai de família em relação aos seus filhos. Em suma, pede-se a ele um suplemento em relação à soberania, pede-se a ele uma diferença, uma alteridade em relação ao pastorado. E o governo é isso. É mais do que a soberania, é um suplemento em relação à soberania, é algo diferente do pastorado, e esse algo que não tem modelo, que deve buscar seu modelo, é a arte de governar. Quando se houver encontrado a arte de governar, saber-se-á de acordo com que tipo de racionalidade se poderá fazer essa operação que não é nem a soberania nem o pastorado. Donde o que está em jogo, donde a questão fundamental desse fim de século XVI: o que é a arte de governar?

Resumamos tudo isso. Temos, portanto, de um lado, um nível pelo qual** podemos dizer que a natureza se separa do tema governamental. Teremos agora uma natureza que não tolera mais nenhum governo, que não tolera nada senão

....

* Conjectura: uma ou duas palavras inaudíveis.
** Estas três últimas palavras são dificilmente audíveis.

o reino de uma razão que, afinal, é em comum a razão de Deus e dos homens. É uma natureza que tolera unicamente o reinado de uma razão que lhe estabeleceu de uma vez por todas o quê? Não se diz "leis"... Bem, em todo caso vemos aparecer aí a palavra "lei", quando a coisa ainda se situava do ponto de vista jurídico-epistemológico – é o que ainda não se chamava de "leis", [mas] de "princípios", *principia naturae*. Por outro lado, temos uma soberania sobre os homens que é chamada a se carregar, a se lastrear com uma coisa específica que não está contida diretamente nela, que obedece a um outro modelo e a um outro tipo de racionalidade, e esta coisa a mais é o governo, o governo que deve buscar sua razão. *Principia naturae*, de um lado, e, de outro, a razão desse governo, *ratio* – esta expressão vocês conhecem –, *ratio status*. É a razão de Estado. Princípios da natureza e razão de Estado. E como os italianos estão sempre um passo à nossa frente e à frente de todo o mundo, eles é que foram os primeiros a definir a razão de Estado. Botero, num texto de fins do século XVI[19], escreve o seguinte: "O Estado é uma firme dominação sobre os povos" – vocês estão vendo, nenhuma definição territorial do Estado, não é um território, não é uma província, ou um reino, é apenas povos e uma firme dominação – "o Estado é uma firme dominação sobre os povos". A razão de Estado – e ele não define a razão de Estado no sentido estrito que lhes damos hoje – "é o conhecimento dos meios adequados para fundar, conservar e ampliar essa dominação". Mas, acrescenta Botero (voltaremos a esse ponto mais tarde), "essa razão de Estado abraça muito mais a conservação do Estado do que a sua fundação ou a sua extensão, e muito mais a sua extensão do que a sua fundação propriamente dita"[20]. Ou seja, ele faz da razão de Estado o tipo de racionalidade que vai possibilitar manter e conservar o Estado a partir do momento em que ele é fundado, em seu funcionamento cotidiano, em sua gestão de todos os dias. *Principia naturae* e *ratio status*, princípios da natureza e razão de Estado, natureza e

Estado – temos aí, enfim constituídos ou enfim separados, os dois grandes referenciais dos saberes e das técnicas dados ao homem ocidental moderno.

Observação de puro método. Vocês me dirão: é muita amabilidade sua ter indicado assim o aparecimento desses dois elementos, sua correlação, o jogo de cruzamento, o quiasma que se produziu, mas que você não explica. Claro que não explico, por um monte de razões. Mas gostaria de levantar, mesmo assim, uma questão. Se, como explicação, me pedissem para exibir a fonte única de que derivariam a natureza, o Estado, a separação entre a natureza e o Estado, e a separação entre os *principiae naturae* e a *ratio status*, se me pedissem em suma para encontrar o um que vai se dividir em dois, eu entregaria os pontos na hora. Mas será que a inteligibilidade, a inteligibilidade que seria preciso estabelecer ou que talvez seja preciso estabelecer em história, será que não há outros meios de constituí-la? Será que a inteligibilidade não deveria proceder de outra maneira que não pela busca desse um que se dividiria em dois ou que produziria o dois? Será que não se poderia, por exemplo, partir não da unidade, justamente, nem mesmo dessa dualidade natureza-Estado, mas da multiplicidade de processos extraordinariamente diversos em que encontraríamos justamente essas resistências ao pastorado, essas insurreições de conduta, em que encontraríamos o desenvolvimento urbano, em que encontraríamos o desenvolvimento da álgebra, as experiências sobre a queda dos corpos [...]*? Tratar-se-ia de estabelecer a inteligibilidade dos processos de que lhes falo, mostrando quais foram os fenômenos de coagulação, de apoio, de fortalecimento recíproco, de coesão, de integração; em suma, todo o feixe de processos, toda a rede de relações que por fim induziram como efeito de massa a grande dualidade, ao mesmo tempo corte e cesura, entre, de um lado, uma natureza

....
* Duas ou três palavras inaudíveis.

– que não pode ser compreendida se supusermos um seu governo, que só pode ser compreendida, portanto, se a alijamos de um governo pastoral e se lhe reconhecemos, para regê-la, a soberania de alguns princípios fundamentais – e, de outro lado, uma república, que só pode ser mantida se, justamente, for dotada de um governo, e um governo que vai muito além da soberania. No fundo, a inteligibilidade em história talvez não resida na assinalação de uma causa sempre mais ou menos metaforizada na fonte. A inteligibilidade em história residiria, talvez, em algo que poderíamos chamar de constituição ou composição dos efeitos. Como se compõem os efeitos globais, como se compõem os efeitos de massa? Como se constituiu esse efeito global que é a natureza? Como se constituiu o efeito Estado a partir de mil processos diversos, dos quais procurei lhes indicar apenas alguns? O problema está em saber como se constituíram esses dois efeitos, como eles se constituíram em sua dualidade e segundo a oposição, creio eu essencial, entre a agovernamentalidade da natureza e a governamentalidade do Estado. É aí que está o quiasma, é aí que está o cruzamento, é aí que está o efeito global, mas essa globalidade não passa, justamente, de um efeito, e é nesse sentido da composição desses efeitos maciços que se deveria aplicar a análise histórica. Não preciso lhes dizer que, em tudo isso, tanto nessas poucas reflexões de método apenas esboçadas quanto no problema geral do pastorado e da governamentalidade de que lhes falei até aqui, eu me inspirei e devo certo número de coisas aos trabalhos de Paul Veyne (de que vocês conhecem, em todo caso de que vocês têm absolutamente de conhecer o livro sobre *O pão e o circo*[21]), que fez sobre o fenômeno do evergetismo no mundo antigo um estudo que é, para mim, atualmente, o modelo em que me inspiro para tentar falar destes problemas: pastorado e governamentalidade[22].

Bem, falemos agora da razão de Estado, da *ratio status*. Algumas observações preliminares. A razão de Estado, no sentido pleno, no sentido lato que vimos surgir no texto de Botero, essa razão de Estado foi imediatamente percebida, já naquela época, como uma invenção, em todo caso como uma inovação, que tinha a mesma característica contundente e abrupta da descoberta, cinquenta anos antes, do heliocentrismo, da descoberta da lei da queda dos corpos pouco depois etc. Em outras palavras, foi percebida como novidade. Não é um olhar retrospectivo, como aquele que poderia simplesmente dizer: olhe, ali aconteceu uma coisa que, sem dúvida nenhuma, é importante. Não. Os próprios contemporâneos, isto é, durante todo esse período de fins do século XVI – início do século XVII, todo o mundo percebeu que estava diante de uma realidade ou, em todo caso, de uma coisa, de um problema absolutamente novo. Num texto absolutamente fundamental de Chemnitz – Chemnitz é um personagem que publicou, sob o pseudônimo de Hippolite a Lapide, um texto destinado na verdade aos negociadores do tratado de Vestefália[23], e [que] diz[ia] respeito às relações entre o Império alemão e os diferentes Estados (o *background* histórico de tudo isso, um dos *backgrounds* históricos essenciais é o problema do Império e da administração do Império[24]) –, nesse texto que foi publicado em latim com o título de *Ratio status* e traduzido para o francês muito mais tarde, em 1711 ou 12, já então num outro contexto histórico, mas ainda a propósito do Império em última instância, com o título de *Os interesses dos príncipes alemães* (a tradução parece uma traição, mas na verdade não é: a *ratio status* é, de fato, o interesse dos príncipes alemães), Chemnitz escreve o seguinte, durante a paz de Vestefália, 1647-48, portanto: "Ouvimos todos os dias uma infinidade de pessoas falarem da razão de Estado. Todo o mundo se mete, tanto os que estão enterrados na poeira das escolas quanto os que ocupam os cargos da magistratura"[25]. Portanto, ainda era uma novidade, uma novidade na moda em 1647. Falsa novidade, diziam uns; falsa novidade porque, diziam estes, na verdade a razão de Estado sempre funcionou. Basta ler os historiadores da Antiguidade para ver que, naquele momento, só se falava da razão de Estado. De que fala Tácito? Da razão de Estado[26]. De que ele mostra o funcionamento? Da razão de Estado. Donde essa nova e extraordinária investida do pensamento político no material histórico – [nos] historiadores latinos e, sobretudo, em Tácito – para saber se, efetivamente, não havia ali um modelo da razão de Estado e a possibilidade de extrair desses textos um segredo, no fundo, mal conhecido, um segredo enterrado, esquecido durante toda a Idade Média e que seria recuperado por uma boa leitura de Tácito. Tácito como bíblia da razão de Estado. Donde o formidável retorno à história naqueles anos.

Outros, ao contrário, disseram: de maneira nenhuma, há uma novidade, uma novidade radical, e não é nos historiadores que se deve olhar, mas sim em torno de nós, ou nos países estrangeiros, para saber o que está acontecendo, e é a análise do que há de contemporâneo que permitirá determinar como funciona a razão de Estado. [...]* Aqui convém citar Chemnitz, porque é de fato um dos mais interessantes, aquele que percebeu com perfeição que relação..., enfim, que em todo caso teve em vista uma analogia entre o que acontecia no domínio das ciências e o que acontecia no domínio da razão de Estado. Ele diz: claro, a razão de Estado sempre existiu, se entendermos por razão de Estado o mecanismo pelo qual os Estados podem funcionar[27], mas foi necessário um instrumento intelectual absolutamente novo para detectá-la e analisá-la, do mesmo modo que existem estrelas que nunca foram vistas e que será preciso esperar, para vê-las, o aparecimento de um certo número de instrumentos e lunetas. "Os matemáticos modernos", diz Chemnitz, "descobriram com suas lunetas novas estrelas no firmamento e manchas no sol. Os novos políticos também tiveram as suas lunetas, por meios das

....
* Algumas palavras inaudíveis.

quais descobriram o que os antigos não conheciam ou nos haviam ocultado com cuidado."[28]

Inovação, portanto, imediatamente percebida, dessa razão de Estado, inovação e escândalo. E assim como as descobertas de Galileu – inútil tornar sobre isso – causaram no campo do pensamento religioso o escândalo que vocês sabem, assim também a *ratio status* provocou um escândalo no mínimo tão grande. Claro, o funcionamento real, o funcionamento histórico e político desse escândalo foi bem diferente, na medida em que havia por trás disso tudo o problema da divisão entre as Igrejas protestantes e a Igreja católica, [e] o problema da gestão, por soberanos que se diziam católicos, de Estados em que funcionava a tolerância, como a França. Aliás, pelo fato de os mais rigorosos e mais ardentes partidários da razão de Estado terem sido, pelo menos na França, personagens como Richelieu e Mazarin, que talvez não fossem de uma piedade intensa, mas que em todo caso estavam cobertos com a púrpura, o escândalo religioso provocado por esse aparecimento da noção, do problema, da questão da razão de Estado foi totalmente diferente do que podemos ver no caso da física galileana. Em todo caso, escândalo, e escândalo a tal ponto que havia um papa que se chamava Pio V e que disse: mas a *ratio status* não é, em absoluto, a razão de Estado. *Ratio status* é *ratio diaboli*, é a razão do diabo[29]. E houve toda uma literatura contra a razão de Estado, que era inspirada, na França, ao mesmo tempo por uma espécie de catolicismo – eu ia dizendo integrista –, em todo caso de um catolicismo, por um lado ultramontano, pró-espanhol e [por outro lado] oposto à política de Richelieu. Essa série de panfletos foi muito bem identificada e estudada por Thuau em seu grosso volume sobre o pensamento político sob Richelieu[30]. Remeto vocês a ele, extraindo simplesmente esta citação de um reverendo padre Claude Clément, que era, creio eu, jesuíta e que era ligado, mas não sei até que ponto e em que medida, aos espanhóis – foi para a Espanha, era simplesmente um agente espanhol?, não sei. Em todo caso escreveu em 1637 um livro que se chama *O maquiavelismo jugulado, Machiavellismus jugulatus*, no qual diz, já no início, o seguinte: "Refletindo sobre a seita dos Políticos, não sei o que devo dizer, o que devo calar e com que nome devo chamá-la. Devo designá-la como um Politeísmo? Sim, sem dúvida, porque o Político respeita tudo e o que quer que seja pela simples razão política. Devo chamá-la de Ateísmo? Seria adequado, porque o Político tem um respeito de circunstância que somente a razão de Estado determina; ele muda de cor e de pele, é capaz de mais transformações do que Proteu. Devo denominá-la [sempre essa seita dos Políticos; M.F.] Estatolatria? Seria o nome mais adequado. Se, em sua indiferença geral, o Político respeita alguma coisa, é para conciliar os homens com não sei que divindade, Deus ou Deusa, que os gregos antigos invocavam sob o nome de Cidade, que os romanos invocavam sob o nome de República ou de Império, e que as pessoas de hoje invocam sob o nome de Estado. Eis a única divindade dos Políticos, eis o nome mais adequado para designá-los"[31]. Remeto vocês também – enfim, há uma literatura imensa, vocês vão encontrá-la mais uma vez em Thuau – simplesmente ao título de um texto, que é ainda mais tardio, que data de 1667 e que foi escrito por um certo Raymond de Saint-Martin. O título do livro é o seguinte: *A verdadeira Religião em sua batalha contra todos os erros contrários dos ateus, dos libertinos, dos matemáticos e de todos os outros*[32] *que estabelecem o Destino e a Fatalidade, dos pagãos, dos judeus, dos maometanos, das seitas heréticas em geral, dos cismáticos, dos maquiavelistas e dos políticos*[33].

Dessas diatribes, eu gostaria de reter três palavras. Primeiro, a palavra Maquiavel; segundo, a palavra político; terceiro, é claro, a palavra Estado. Maquiavel, primeiro. Numa aula anterior[34], procurei lhes mostrar que, na verdade, a arte de governar que a gente dos séculos XVI e XVII tanto buscava, essa arte de governar não podia ser encontrada em Maquiavel pela excelente razão de que não estava aí, e não estava aí porque, assim penso, o problema de Maquiavel não é, justamente, a conservação do Estado em si. Acho que vocês vão ver isso melhor a próxima vez, quando abordaremos internamente esse problema da razão de Estado. O que Maquiavel procura salvar, salvaguardar, não é o Estado, é a relação do príncipe com aquilo sobre o que ele exerce sua dominação: o que se trata de salvar é o principado como relação de poder do príncipe com seu território ou sua população. É algo totalmente diferente, portanto. Não há, assim creio, arte de governar em Maquiavel. Apesar disso, Maquiavel – e aqui seria necessário matizar muito o que eu lhes disse da primeira vez, que Maquiavel havia sido recusado na época da arte de governar: é mais complicado que isso, e, no fim das contas, não é verdade –, Maquiavel está no centro do debate. Ele está no centro do debate com valores diversos, ora negativos, ora, ao contrário, positivos. Na verdade, ele está no centro do debate durante todo o período de 1580 a 1650-1660. Está no centro do debate, não na medida em que a coisa passa por ele, mas na medida em que a coisa é dita através dele. Não é por ele que passa, não é por ele e não é nele que vamos encontrar uma arte de governar. Não foi ele que definiu a arte de governar, mas é através do que ele disse que se vai buscar o que é a arte de governar. Afinal de contas, esse fenômeno de discurso em que se vai buscar o que acontece, quando na verdade só se busca dizer alguma coisa através dele, não é um fenômeno único. Nosso Maquiavel, desse ponto de vista, é Marx: a coisa não passa por ele, mas se diz através dele.

Pois bem, como é que a coisa se diz através dele? Os adversários da razão de Estado, esses católicos pró-espanhóis, anti-Richelieu, todos eles dizem aos partidários da razão de Estado e aos que buscam a especificidade de uma arte de governar: vocês pretendem que haja uma arte de governar bem autônoma, bem específica, diferente do exercício da soberania, diferente também da gestão pastoral. Mas essa arte de governar que vocês afirmam existir, ser necessário encontrar, que seria racional, conformada ao bem de todos, de um tipo diferente das leis de Deus ou das leis da natureza, vejam bem, essa arte de governar na verdade não existe, não tem consistência. Ela não pode definir nada mais que... o quê? Pois bem, os caprichos ou os interesses do príncipe. Aprofundem quanto vocês quiserem sua ideia de uma arte específica de governar, e só encontrarão Maquiavel. Vocês só encontrarão Maquiavel, ou seja, nunca encontrarão nada mais que os caprichos ou as leis do príncipe. Fora de Deus, fora das suas leis, fora dos grandes modelos dados pela natureza, isto é, no fim das contas, por Deus, fora do princípio de soberania, não há nada, só há o capricho do príncipe, só há Maquiavel. E é nesse momento que Maquiavel vai representar o papel de contraexemplo, de crítica, de exemplo de redução da arte de governar a nada mais que a salvação, não do Estado, mas do principado. A governamentalidade não existe. Eis o que querem dizer os adversários da razão de Estado quando dizem: vocês não passam de uns maquiavelistas. Vocês não encontrarão essa arte de governar. E, ainda por cima (é o que diz Innocent Gentillet, de que já lhes falei[35]), podemos até dizer que utilizar os princípios de Maquiavel não só não é estar na pista de uma arte de governar, mas é um péssimo instrumento para o próprio príncipe, que correrá o risco de perder seu trono e seu principado, se os aplicar[36]. Logo, Maquiavel permite não só reduzir o que se buscava na especificidade da razão de Estado, mas mostrar que é imediatamente contraditório e nocivo. E, mais radicalmente ainda, há outro argumento que consiste em dizer: mas, quando se prescinde de Deus, quando se prescinde do princípio fundamental da soberania de Deus sobre o mundo, a natureza e os homens, para tentar encontrar uma forma de governo específica, no fundo a que se vai chegar? Aos caprichos do príncipe, como [já] lhes disse, depois também à impossibilidade de fundar acima dos homens qualquer forma de obrigação. Tirem Deus do sistema, digam às pessoas que é preciso obedecer, e que é preciso obedecer a um governo – em nome de que é preciso obedecer? Se já não há Deus, já não há leis. Se já não há Deus, já não há obrigações. E alguém disse: "Se Deus não existe, tudo está permitido". Esse alguém não é quem vocês pensam[37]. É o reverendo padre Contzen, no *Politicorum libri decem*, o *Livro dos políticos*, que data de 1620[38]. Foi em 1620 que disseram*: se Deus não existe, tudo é permitido. Ver como o aparecimento das questões de Estado, da governamentalidade na Rússia em meados do século [XIX]** não provocou a mesma questão, o mesmo problema***. Se Deus não existe, tudo é permitido; logo, Deus tem de existir [...]****

Quanto aos partidários da razão de Estado, uns vão dizer: na verdade, não temos nada a ver com Maquiavel. Maquiavel não nos proporciona o que buscamos. Maquiavel, na verdade, nada mais é que um maquiavelista, nada mais que alguém que só faz cálculos em função dos interesses do príncipe, e nós o recusamos como tal. De modo que vocês estão vendo que a recusa a Maquiavel vai se dar dos dois lados. Do lado dos que criticam a razão de Estado, dizendo que, no fim das contas, a razão de Estado nada mais é que Maquiavel; e dos que são partidários da razão de Estado [e] vão dizer: mas, na verdade, o que buscamos não tem nada a ver com Maquiavel, Maquiavel é bom para jogarmos aos cães. Dentre os partidários da razão de Estado, no entanto, alguns vão aceitar o desafio e dizer: pois muito bem, Maquiavel, pelo menos o dos *Comentários*[39], se não o de *O Príncipe*, esse Maquiavel pode sim nos servir, na medida em que ele tentou efetivamente identificar, fora de todo modelo natural e fora de todo fundamento teológico, o que seriam as necessidades

....

* M. Foucault acrescenta: em termos *[palavra inaudível]*, já que era em latim.
** M.F.: XVII.
*** M. Foucault acrescenta: o mesmo *[palavra inaudível]*.
**** O fim da frase é inaudível (última palavra: um Estado).

internas, intrínsecas à cidade, as necessidades das relações entre os que governam e os que são governados. Assim, vocês encontrarão alguns apologistas de Maquiavel, nunca, é claro, entre os adversários da razão de Estado, mas entre alguns, somente alguns, dos que apoiam a razão de Estado. Vocês terão o exemplo de Naudé, agente de Richelieu, que escreve uma obra em que faz o elogio de Maquiavel[40], e até encontrarão também, num sentido paradoxalmente cristão, um livro de um certo Machon[41], que explica que Maquiavel é totalmente conforme ao que se encontra na Bíblia[42]. E ele não escreve isso para mostrar que a Bíblia está repleta de horrores, mas para mostrar que mesmo entre os povos que são conduzidos por Deus e por seus profetas há uma especificidade irredutível do governo, uma certa *ratio status*, uma certa razão de Estado que funciona por si mesma e fora das leis gerais que Deus pode dar ao mundo ou à natureza. Eis no que concerne a Maquiavel.*

Em segundo lugar, a palavra "político(a)". Vocês viram que em todas essas diatribes contra a razão de Estado, [encontramos] a palavra "política". [Antes de mais nada,] como vocês devem ter notado, a palavra "política" é sempre empregada de maneira negativa, e [além disso] "política" não se refere a alguma coisa, a um domínio, a um tipo de prática, mas a pessoas. São "os políticos". Os políticos são uma seita, isto é, uma coisa que exala ou roça a heresia. A palavra "político[s]" aparece aqui, portanto, para designar pessoas que, entre si, unem certa maneira de pensar, certa maneira de analisar, de raciocinar, de calcular, certa maneira de conceber o

....
* O manuscrito (p. 20) apresenta aqui um desenvolvimento sobre a teoria do contrato como meio para "deter a insidiosa questão de Contzen": "Mesmo que Deus não exista, o homem é obrigado. Por quem? Por si mesmo". Tomando o exemplo de Hobbes, M. Foucault acrescenta: "O soberano assim instituído, sendo absoluto, não será limitado por nada. Logo, poderá ser plenamente um 'governante'".

que um governo deve fazer e em que forma de racionalidade se pode apoiá-lo. Em outras palavras, o que apareceu primeiro no Ocidente do século XVI e do século XVII não foi a política como domínio, não foi a política como conjunto de objetos, não foi nem mesmo a política como profissão ou como vocação, foram os políticos, ou, se quiserem, uma certa maneira de colocar, de pensar, de programar a especificidade do governo em relação ao exercício da soberania. Por oposição ao problema jurídico-teológico do fundamento da soberania, os políticos são os que vão tentar pensar em si mesma a forma da racionalidade do governo. E [é] simplesmente no meado do século XVII que vocês veem aparecer a política, a política entendida então como domínio ou como tipo de ação. Vocês vão encontrar a palavra "a política" em certo número de textos, em particular do marquês du Chastelet[43], vão encontrar também em Bossuet. E, quando Bossuet fala da "política tirada da Sagrada Escritura"[44], vocês veem que nesse momento a política, é claro, deixou de ser uma heresia. A política deixou de ser uma maneira de pensar própria a certos indivíduos, certa maneira de raciocinar própria a certos indivíduos. Ela se tornou um domínio, um domínio valorizado de forma positiva na medida em que tenha sido integrada nas instituições, nas práticas, nas maneiras de fazer, dentro do sistema de soberania da monarquia absoluta francesa. Luís XIV é precisamente o homem que fez a razão de Estado entrar com a sua especificidade nas formas gerais da soberania. O que dá um lugar absolutamente singular a Luís XIV em toda essa história é que, precisamente, ele conseguiu – não simplesmente na sua prática, mas em todos os rituais manifestos e visíveis da sua monarquia (voltarei a isso da próxima vez*) – manifestar a ligação, a articulação, mas, ao

....

* M. Foucault acrescenta: tentaremos *[algumas palavras ininteligíveis]*
  Cf. suas observações, na aula seguinte, sobre o papel político do teatro sob Luís XIV.

mesmo tempo, a diferença de nível, a diferença de forma, a especificidade [da] soberania e [do] governo. Luís XIV é, de fato, a razão de Estado, e, quando ele diz "o Estado sou eu", é precisamente essa costura soberania-governo que é posta em primeiro plano. Em todo caso, quando Bossuet diz "a política tirada da Sagrada Escritura", a política torna-se portanto uma coisa que perde suas conotações negativas. Torna-se um domínio, um conjunto de objetos, um tipo de organização de poder. [Enfim,] ela é tirada da Sagrada Escritura quer dizer que a reconciliação com a pastoral religiosa ou, em todo caso, a modalidade das relações com a pastoral religiosa foi estabelecida. E, se acrescentarmos a isso que essa política tirada da Sagrada Escritura em Bossuet leva à conclusão de que o galicanismo é fundamentado, isto é, que a razão de Estado pode atuar contra a Igreja, vemos que série de reviravoltas se efetuaram entre o momento em que se lançavam anátemas contra os políticos, [em que] se associava os políticos aos maometanos e aos heréticos, [e] em que o bispo de Tours tirava da Sagrada Escritura o direito de Luís XIV ter uma política comandada pela razão de Estado e, por conseguinte, específica, diferente ou mesmo oposta à da monarquia absoluta da Igreja. O Império está de fato morto.

Enfim, em terceiro lugar, depois de Maquiavel e da política, o Estado. (Aqui serei muito breve, porque vou falar disso mais demoradamente a próxima vez.) Claro, seria um absurdo dizer que o conjunto das instituições que chamamos de Estado data desses anos de 1580-1650. Não teria sentido dizer que o Estado nasce então. Afinal de contas, os grandes exércitos já aparecem na França, se organizam com Francisco I. O fisco está instituído há mais tempo ainda. A justiça, há mais tempo ainda. Logo, todos esses aparelhos existiam. Mas o que é importante, o que convém reter, o que em todo caso é um fenômeno histórico real, específico, irredutível, é o momento em que esse algo que é o Estado começou a entrar, entrou efetivamente na prática refletida dos homens. O problema é saber em que momento, em que condições, sob que forma o Estado começou a ser projetado, programado, desenvolvido, no interior dessa prática consciente das pessoas, a partir de que momento ele se tornou um objeto de conhecimento e de análise, a partir de que momento e como ele entrou numa estratégia meditada e concertada, a partir de que momento o Estado começou a ser invocado, desejado, cobiçado, temido, repelido, amado, odiado pelos homens. Resumindo, é essa entrada do Estado no campo da prática e do pensamento dos homens, é isso que é preciso procurar apreender.

O que eu gostaria de lhes mostrar, o que tentarei lhes mostrar é como se pode efetivamente situar a emergência do Estado, como objeto político fundamental, no interior de uma história mais geral, que é a história da governamentalidade, ou ainda, se vocês preferirem, no campo das práticas de poder. Sei bem que há quem diga que, ao falar do poder, não se faz outra coisa senão desenvolver uma ontologia interna e circular do poder, mas eu pergunto: os que falam do Estado, que fazem a história do Estado, do desenvolvimento do Estado, das pretensões do Estado, porventura não são precisamente os que desenvolvem uma entidade através da história e que fazem a ontologia dessa coisa que seria o Estado? E se o Estado não fosse mais que uma maneira de governar? Se o Estado não fosse mais que um tipo de governamentalidade? E se, de fato, todas essas relações de poder que vemos se formarem pouco a pouco a partir de processos múltiplos e bem diferentes uns dos outros, e que pouco a pouco se coagulam e fazem efeito, se essas práticas de governo fossem precisamente aquilo a partir do que se constituiu o Estado? Haveria que dizer, nesse momento, que o Estado não é na história essa espécie de monstro frio que não parou de crescer e de se desenvolver como uma espécie de organismo ameaçador acima de uma sociedade civil. Tratar-se-ia de mostrar como uma sociedade civil, ou antes, simplesmente uma sociedade governamentalizada instituiu, a partir do século XVI, certa coisa, certa coisa ao mesmo tempo frágil e obcecante que se chama Estado. Mas o Estado nada mais é que uma peripécia do governo, e não o governo que é um instrumento do Estado. Ou, em todo caso, o Estado é uma peripécia da governamentalidade. Por hoje é só. Da próxima vez, falarei mais precisamente da razão de Estado.

NOTAS

1. *Bauernkrieg* (1524-1526): revolta dos camponeses alemães, na Suábia, Francônia, Turíngia, Alsácia e Alpes austríacos. Esse movimento que, no prolongamento das revoltas camponesas do século XV, visava antes de tudo o excesso das corveias, as usurpações de serviçais e os abusos das instâncias senhoriais, adquiriu um caráter religioso, no início de 1525, notadamente sob a influência dos anabatistas de Münzer (cf. *supra*, p. 293, nota 25). A repressão levada a cabo pelos príncipes católicos e luteranos fez mais de 100 mil mortos. Cf. E. Bloch, *Thomas Münzer als Theologe der Revolution*, Berlim, Aufgebau-Verlag, 1960 / *Thomas Münzer, théologien de la Révolution*, trad. fr. M. de Gandillac, Paris, Julliard, 1964, reed. "10-18", 1975; L. G. Walter, *Thomas Munzer (1489-1525) et les luttes sociales à l'époque de la Réforme*, Paris, A. Picard, 1927; M. Pianzola, *Thomas Munzer, ou la Guerre des paysans*, Paris, Le Club français du livre, "Portraits d'histoire", 1958; E. G. Leonard, *Histoire générale du protestantisme*, op. cit., ed. 1988, t. 1, p. 93-7.

2. Convém aproximar essa periodização da história da filosofia da que P. Hadot expôs, um ano antes, em seu artigo "Exercices spirituels", *Annuaire de l'École pratique des hautes études, Ve section*, t. LXXXIV, 1977, p. 68 (reed. *in id.*, *Exercices spirituels et Philosophie antique*, Paris, Études augustiniennes, 1981, p. 56): enquanto a filosofia, em seu aspecto original, consistia num "método de formação para uma nova maneira de viver e de enxergar o mundo, [...] um esforço de transformação do homem", foi na Idade Média, com sua redução "ao nível de serva da teologia", que ela veio a ser considerada "um procedimento puramente teórico e abstrato". Sabemos a importância que essa releitura da filosofia antiga em termos de exercícios espirituais terá para o trabalho de Foucault a partir de 1980.

3. Sobre essa leitura das meditações cartesianas, cf. "Mon corps, ce papier, ce feu" (1972), *DE*, II, n° 102, p. 257-8 (a meditação cartesiana como exercício que modifica o próprio sujeito), e *L'Herméneutique du sujet*, op. cit., p. 340-1 ("[A] ideia de meditação, não como jogo do sujeito com seu pensamento, mas como jogo do pensamento sobre o sujeito: no fundo, é exatamente isso que Descartes ainda fazia nas *Meditações* [...]". Em 1983, em sua longa conversação com Dreyfus

e Rabinov, "A propósito da genealogia ética", Foucault não considera mais Descartes como herdeiro de uma concepção da filosofia fundada no primado da conduta de si, mas, ao contrário, como o primeiro a romper com ela: "[...] não se deve esquecer que Descartes escreveu 'meditações' – e as meditações são uma prática de si. Mas a coisa extraordinária nos textos de Descartes é que ele conseguiu substituir um sujeito constituído graças a práticas de si por um sujeito fundador de práticas de conhecimento. [...] Até o século XVI, o ascetismo e o acesso à verdade estão sempre mais ou menos obscuramente ligados na cultura ocidental. [...] Depois de Descartes, é um sujeito do conhecimento não adstrito à ascese que vê o dia" (*DE*, IV, nº 326, p. 410 e 411).

4. *Regulae ad directionem ingenii / Regras para a direção do espírito*, obra redigida por Descartes em 1628 e publicada depois da sua morte em Amsterdam, em 1701 (depois de uma tradução flamenga publicada em 1684) *in R. Descartes opuscula posthuma*. A edição moderna de referência é a de Ch. Adam e P. Tannery, *Oeuvres de Descartes*, Paris, L. Cerf, t. X, 1908, p. 359-469; reed. Paris, Vrin, 1966.

5. *Meditationes Metaphysicae* (ou *Meditationes de Prima Philosophia in qua Dei existentia et animae immortalitas demonstrantur*), Paris, Michel Soly, 1641; trad. fr. do duque de Luynes, *Les Méditations métaphysiques de Descartes*, Paris, Vve J. Camusat & Le Petit, 1647; ed. Adam e Tannery, Paris, Léopold Cerf, 1904.

6. Talvez se deva ver nesse desenvolvimento uma alusão aos trabalhos de Philippe Ariès (*L'Enfant et la vie familiale sous l'Ancien Régime*, Paris, Plon, 1960; reed. Paris, Le Seuil, "L'univers historique", 1973; ed. resumida, "Points Histoire", 1975 [*História social da criança e da família*, LTC, 1981]), que acabava de prefaciar *La Civilité puérile d'Érasme* (Paris, Ramsay, "Reliefs", 1977), situando esse texto na tradição dos manuais de cortesia: "Esses manuscritos de cortesia são, no século XV, para a maneira de se comportar, o equivalente das redações de costumes para o direito; no século XVI, são redações de regras consuetudinárias de comportamento ('códigos de comportamento', dizem R. Chartier, M.-M. Compère e D. Julia [*L'Éducation en France du XVIe au XVIIIe siècle*, Paris, Sedes, 1976]), que definiam como cada um devia se portar em cada circunstância da vida cotidiana" (p. X). O texto de Erasmo, nesse volume, é precedido de uma longa nota de Alcide Bonneau, retomada na edição de Isidore Lisieux (Paris, 1877), sobre os "livros de civilidade desde o século XVI" (cf. também, sobre as fontes e a posteridade da obra de Erasmo, N. Elias, *Über den Process*

der Zivilization. Soziogenetische und psychogenetische Untersuchungen, Berna, Francke, 1939 / *La Civilisation des moeurs*, Paris, Calmann-Lévy, 1973; reed. Le Livre de Poche, "Pluriel", 1977, p. 90-140 [ed. bras.: *O processo civilizador*, 2 vols., Jorge Zahar, 1995]). No artigo que dedicou a Ph. Ariès depois da sua morte, em 1984, Foucault escrevia: "Max Weber se interessava, antes de mais nada, pelas condutas econômicas; Ariès, pelas condutas concernentes à vida" ("Le souci de la vérité", *DE*, IV, nº 347, p. 647).

7. São Tomás de Aquino, *De regno,* em *Opera omnia,* t. 42, Roma, 1979, p. 449-71 / *Du royaume,* trad. fr. M. Martin-Cottier, Paris, Egloff, "Les classiques de la politique", 1946.

8. *Ibid.*, I, 1; trad. fr., p. 34: "[...] o rei é aquele que governa a multidão de uma cidade ou de uma província, e o faz tendo em vista o bem comum".

9. *Ibid.*, I, 12; trad. fr., p. 105: "Como as coisas da arte imitam as da natureza [...], o melhor parece ser extrair o modelo do ofício do rei da forma do governo natural. Ora, encontramos na natureza um governo universal e um governo particular. Um governo universal, segundo o qual todas as coisas estão contidas sob o governo de Deus, que dirige o Universo pela Providência...".

10. *Ibid.*, I, 13; trad. fr., p. 109: "Ao todo, há que considerar duas operações de Deus no mundo: uma pela qual ele o cria, a outra pela qual ele o governa, uma vez criado".

11. *Ibid.*, I, 1; trad. fr., p. 29: "[...] o corpo do homem ou de qualquer animal se desagregaria se não houvesse no corpo certa força diretriz comum visando o bem comum de todos os membros".

12. *Ibid.*; trad. fr., p. 29: "É preciso haver, portanto, em toda multidão, um princípio diretor".

13. *Ibid.*, I, 15; trad. fr., p. 124: "Como [...] o fim da vida que ora levamos com honestidade é a beatitude celeste, por essa razão é do ofício do rei proporcionar à multidão uma vida boa, conforme convém à obtenção da beatitude celeste".

14. Cf. *supra,* p. 113, nota 34.

15. Cf. *supra,* p. 116, nota 48.

16. Cf. *supra,* aula de 22 de fevereiro, p. 222 ss.

17. Sobre essa caracterização do cosmos medieval e renascentista, cf. *Les Mots et les Choses, op. cit.*, cap. II, p. 32-46.

18. *Ibid.*, p. 64-91.

19. Giovanni Botero (1540-1617), *Della ragion di Stato libri dieci*, Venetia, appresso i Gioliti, 1589; 4ª ed. aumentada, Milão, 1598 / *Raison et Gouvernement d'Estat en dix livres*, trad. fr. G. Chappuys, chez Guillaume Chaudière, Paris, 1599. A obra foi objeto de duas reedições recentes, uma de L. Firpo, Turim, UTET, "Classici politici", 1948, a outra de C. Continisio, Roma, Donzelli, 1997.

20. *Ibid.*, I, 1, ed. de 1997, p. 7: "Ragione di Stato si è notizia de' mezzi atti a fondare, conservare e ampliare un dominio. Egli è vero che, sebbene assolutamente parlando, ella si stende alle tre parti sudette, nondimeno pare che più strettamente abbracci la conservazione che l'altre, e dall'altre due più l'ampliazione che la fondazione". Trad. fr., p. 4: "Estat est une ferme domination sur les peuples; & la Raison d'Estat est la cognoissance des moyens propres à fonder, conserver, & agrandir une telle domination & seigneurie. Il est bien vray, pour parler absolument, qu'encore qu'elle s'estende aux trois susdites parties, il semble ce neantmoins qu'elle embrasse plus estroictement la conservation que les autres: & des autres l'estendue plus que la fondation".

21. P. Veyne, *Le Pain et le Cirque. Sociologie historique d'un pluralisme politique*, Paris, Le Seuil, "L'Univers historique", 1976, reed. "Points Histoire", 1995.

22. Pode parecer curioso que Foucault faça aqui o elogio de um livro que se inscreve explicitamente na corrente da sociologia histórica de Raymond Aron e sobre o qual seu autor confessa que o haveria escrito de uma forma totalmente diferente, se houvesse compreendido então a significação da metodologia foucaultiana (cf. seu ensaio, "Foucault révolutionne l'histoire" (1978), in *op. cit.*, p. 212: "[...] acreditei e escrevi, equivocadamente, que o pão e o circo tinham por objetivo estabelecer uma relação entre governantes e governados ou respondiam ao desafio objetivo que eram os governados"). Segundo P. Veyne, a quem fiz a pergunta, convém levar em conta o humor de Foucault na referência que faz ao seu livro. É claro, no entanto, que a análise que P. Veyne propõe do evergetismo ("doações de um indivíduo para a coletividade", p. 9, ou "liberalidades privadas em favor do público", p. 20), sua distinção entre as formas livres e estatutárias de evergesia, o vínculo estabelecido com diversas práticas (mecenato, larguezas *ob honorem* e liberalidades funerárias) e categorias sociais ou atores (notáveis, senadores, imperadores), o realce de motivações múltiplas (piedade, desejo de ser estimado, patriotismo) etc. podiam constituir, ao ver de Foucault, o modelo de uma prática historiográfica hostil a

uma explicação de tipo causal e preocupada em individualizar os acontecimentos. Cf. P. Veyne, *Comment on écrit l'histoire*, *op. cit.* (1ª ed., Paris, Le Seuil, "L'Univers historique", 1971), p. 70: "O problema da causalidade em história é uma sobrevivência da era paleoepistemológica". Como precisa D. Defert, as teses nominalistas de Paul Veyne desenvolvidas em "Foucault révolutionne l'histoire" (mas já presentes em *Comment on écrit l'histoire*), foram discutidas por Foucault, com o grupo de pesquisadores que se reuniam em sua sala, "durante os dois anos em que tratou da governamentalidade e da razão política liberal" ("Chronologie", *DE*, I, p. 53).

23. Sobre esse tratado, ou melhor, sobre esses tratados, que assinalaram o nascimento da Europa política moderna, cf. *infra*, p. 411-2, nota 9.

24. Filho de um alto funcionário alemão, Martin Chemnitz, que havia sido chanceler de dois príncipes do Império, Bogislaw Philipp von Chemnitz (1605-1678) estudou direito e história em Rostock e Iena. Foi nessa universidade que sofreu a influência do jurista calvinista Dominicus Arumaeus (1579-1637), considerado o criador da ciência do direito público alemão, cuja escola teve um papel determinante na crítica da ideologia imperial. Tendo interrompido seus estudos por volta de 1627, por motivos que permanecem obscuros, Chemnitz serviu como oficial no exército neerlandês, depois no exército sueco, onde fez carreira até 1644, e tornou-se historiógrafo de Cristina da Suécia. A *Dissertatio de ratione status in Imperio nostro Romano-Germanico* veio a lume em 1640 (data contestada: talvez 1642 ou 1643; cf. R. Hoke, "Staatsräson und Reichverfassung bei Hippolithus a Lapide", *in* R. Schnur, ed., *Staatsräson. Studien zur Geschichte einen politischen Begriffs*, Berlim, Duncker & Humblot, 1975, p. 409-10 n. 12 e p. 425; M. Stolleis, *Histoire du droit public en Allemagne, 1600-1800*, trad. fr. citada [*supra*, p. 34, nota 25], p. 303 n. 457 sobre o estado da discussão), com o pseudônimo de Hippolithus a Lapide. A obra teve duas traduções francesas, uma de Bourgeois du Chastenet, *Interets des Princes d'Allemagne* (Freistade, [s.n.], 1712, 2 vols.), baseada na primeira edição datada de 1640, a outra, mais completa, de S. Formey, *Les Vrais Intérêts de l'Allemagne* (Haia, [s.n.], 1762, 3 vols.), baseada na segunda edição de 1647. Foucault, que confunde aqui as datas das duas edições, faz referência à primeira tradução. Uma nova edição da obra, a cargo de R. Hoke, está em preparação ("Bibliothek des deutschen Staatsdenkens", sob a dir. de H. Maier e M. Stolleis, Frankfurt/M., Insel Verlag).

25. *Dissertatio*, *op. cit.*, t. I, ed. de 1712, p. 1 (cf. ed. de 1647, p. 1). Citado por E. Thuau, *Raison d'État et Pensée politique à l'époque de Richelieu*, Paris, Armand Colin, 1966, reed. Paris, Albin Michel, "Bibliothèque de l'évolution de l'humanité", 2000, p. 9-10 n. 2. Trata-se da primeira frase da *Dissertatio*, que abre a obra ("Considerations generales sur la raison d'Etat"). O tradutor, no entanto, escreve "na poeira da escola" (*in pulvere scholastico*), expressão dirigida contra o aristotelismo então dominante nas universidades alemãs.

26. Cf. E. Thuau, *op. cit.*, cap. 2, "L'accueil à Tacite et à Machiavel ou les deux raisons d'État", p. 33-102. Para uma problematização das relações entre Tácito, Maquiavel e a razão de Estado, cf. A. Stegmann, "Le tacitisme: programme pour un nouvel essai de définition", *Il Pensiero politico*, II, 1969 (Florença, Olschki), p. 445-58.

27. *Dissertatio*, t. I, ed. de 1712, p. 6 (cf. ed. de 1647, p. 4): "La cause & l'origine de la raison d'état, sont celles de l'Etat même où elle a pris naissance".

28. *Ibid.*, p. 6-7 (cf. ed. de 1647, p. 4).

29. Pio V (1504-1572) foi eleito papa em 1566. A fórmula lhe é atribuída, desde o fim do século XVI, por um grande número de autores. Cf. notadamente Girolamo Frachetta, *L'Idea del Libro de' governi di Stato e di guerra*, Veneza, appresso Damian Zenaro, 1592, p. 44b: "La Ragion di Stato [...] a buona equità da Pio Quinto di felice e santa memoria era appellata Ragion del Diavolo" (outros exemplos citados por R. De Mattei, *Il problema della "ragion di stato" nell'età della controriforma*, Milão-Nápoles, R. Ricciardi, 1979, p. 28-9).

30. E. Thuau, *Raison d'État...* Cf. cap. III, "L'opposition à la 'raison d'enfer'", p. 103-52.

31. R. P. Claude Clément (1594-1642/43), *Machiavellismus jugulatus a Christiana Sapientia Hispanica et Austriaca* [O maquiavelismo jugulado pela Sabedoria cristã da Espanha e da Áustria], Compluti, apud A. Vesquez, 1637, p. 1-2; citado por E. Thuau, *op. cit.*, p. 95-6 (M. Foucault modifica ligeiramente o fim do texto, que se apresenta desta forma: "[...] que os gregos antigos invocavam como a Cidade, os romanos como a República e o Império, as pessoas de hoje como o Estado").

32. Título original: *ou outros*, em vez de *e de todos os outros*.

33. Esse livro do R. P. Raymond de Saint-Martin foi publicado em Montauban em 1667. Cf. E. Thuau, *Raison d'État...*, p. 92 e 443.

34. Cf. *supra*, aula de 1º de fevereiro, p. 122-3.

35. *Ibid.*, p. 121.

36. E. Thuau, *Raison d'État...*, p. 62-5.

37. Alusão à famosa fórmula de Ivan Karamazov no romance de Dostoiévski, *Les Frères Karamazov* [Os irmãos Karamazov (1879-80), trad. fr. de B. de Schloezer, Paris, Gallimard, "Bibliothèque de la Pleiade", 1952, p. 285] (v, 5, a lenda do Grande Inquisidor).

38. R. P. Adam Contzen, SJ, *Politicorum libri decem, in quibus de perfectae reipublicae forma, virtutibus et vitiis tractatur*, Maguntiae, B. Lippius, 1620, p. 20: "Si Deus non est aut non regit mundum, sine metu sunt omnia scelera" (citado por E. Thuau, *Raison d'État...*, p. 94).

39. M. Foucault designa com isso, claro, os *Discursos sobre a primeira década de Tito Lívio* de Maquiavel (manuscrito, p. 19: "Maquiavel (pelo menos o dos Comentários sobre T.L.) buscou os princípios da arte de governar").

40. Gabriel Naudé (1600-1653), secretário do cardeal de Bagni, em Roma, de 1631 a 1641. Foi chamado à França por Richelieu quando da morte daquele, depois tornou-se bibliotecário de Mazarin, até 1651. Foucault se refere a *Considérations politiques sur les coups d'État*, publicado em Roma sem nome de autor ("por G.P.N.") em 1639 (reimpr. Hildesheim, Olms, 1993, introd. e notas de F. Charles-Daubert). Essa primeira edição, limitada a doze exemplares, foi seguida, no século XVII, de várias reedições póstumas: em 1667, sem precisão de lugar ("com base na cópia de Roma"); em 1673, em Estrasburgo, com o título de *Sciences des Princes, ou Considérations politiques sur les coups d'État*, com os comentários de Louis Du May, secretário do Eleitor de Mogúncia; em 1676 em Paris (reed. Bibliothèque de philosophie politique et juridique de l'Université de Caen, 1989) etc. O texto de 1667 foi reeditado por Louis Marin, Paris, Éditions de Paris, 1988, com uma importante introdução, "Pour une théorie baroque de l'action politique". Cf. E. Thuau, *Raison d'État...*, p. 318-34.

41. Louis Machon (1603-?), "Apologie pour Machiavelle en faveur des Princes et des Ministres d'Estat", 1643, versão definitiva 1668 (manuscrito 935 da Bibliothèque de la ville de Bordeaux). Essa obra, composta inicialmente por incentivo de Richelieu, permaneceu inédita, com exceção de um fragmento, que representava o primeiro terço do texto final, publicado, segundo um manuscrito de 1653, na introdução das *Oeuvres complètes de Machiavel* organizadas por J. A. C. Buchon em 1852 (Paris, Bureau du Panthéon littéraire). Cf. E. Thuau, *Raison d'État...*, p. 334-50 (nota biográfica, p. 334 n. 2); G. Procacci, *Machiavelli nella cultura europea..., op. cit.*, p. 464-73.

42. "Minha primeira intenção no que concerne a essa *Apologia* era pôr o texto do nosso Político [Maquiavel] de um lado deste livro, e o da Bíblia, dos doutores da Igreja, dos canonistas, [...], do outro; e mostrar, sem outro raciocínio e sem outro artifício, que esse grande homem não escreveu nada que não tenha sido tirado, palavra por palavra, ou pelo menos que não corresponda a tudo o que esses doutos personagens tenham dito antes dele, ou aprovado depois [...]" (L. Machon, *op. cit.*, textos de 1668, p. 444-8, citado por K. T. Butler, "Louis Machon's 'Apologie pour Machiavelle'", *Journal of the Warburg and Courtauld Institutes*, vol. 3, 1939-40, p. 212).

43. Paul Hay, marquês du Chastelet, *Traité de la politique de France*, Colônia, chez Pierre du Marteau, 1669. Essa obra, que desagradou muito a Luís XIV, foi constantemente reeditada até o fim do século XVII e constituiu uma das principais fontes de inspiração da *Dîme royale* de Vauban (1707). Hay du Chastelet definiu assim a política (ed. aumentada de 1677, mesmo editor, p. 13): "A Política é a arte de governar os Estados, os antigos disseram que era uma ciência Real e muito divina, a mais excelente e a mais mestra de todas as outras, e lhe deram entre as disciplinas práticas a mesma vantagem que a Metafísica e a Teologia possuem entre as Especulativas".

44. Jacques-Bénigne Bossuet (bispo de Meaux, 1627-1704), *Politique tirée des propres paroles de l'Écriture Sainte*, Paris, Pierre Cot, 1709; ed. crítica de J. Le Brun, Genebra, Droz, "Les Classiques de la pensée politique", 1967.

AULA DE 15 DE MARÇO DE 1978

> A razão de Estado (II): sua definição e suas principais características no século XVII. – O novo modelo de temporalidade histórica acarretado pela razão de Estado. – Traços específicos da razão de Estado em relação ao governo pastoral: (1) O problema da salvação: a teoria do golpe de Estado (Naudé). Necessidade, violência, teatralidade. – (2) O problema da obediência. Bacon: a questão das sedições. Diferenças entre Bacon e Maquiavel. – (3) O problema da verdade: da sabedoria do príncipe ao conhecimento do Estado. Nascimento da estatística. O problema do segredo. – O prisma reflexivo no qual apareceu o problema do Estado. – Presença-ausência do elemento "população" nessa nova problemática.

Hoje eu gostaria de lhes falar rapidamente do que se entendia, em fins do século XVI – início do século XVII, por razão de Estado, apoiando-me em certo número de textos, seja italianos, como o de Palazzo, seja ingleses, como o texto de Bacon, seja franceses, ou também o de Chemnitz, de que lhes falei da última vez[1] e que me parece singularmente importante. O que se entende por razão de Estado? Vou começar me referindo a duas ou três páginas do tratado de Palazzo, publicado em italiano no finzinho do século XVI, ou talvez nos primeiros anos do século XVII[2]. Existe na [Bibliothèque] Nationale uma edição datada de 1606, que talvez não seja a primeira, em todo caso a edição francesa, a primeira tradução francesa pelo menos, data de 1611. Esse tratado se chama *Discurso do governo e da verdadeira razão de Estado*, e nas primeiras páginas Palazzo simplesmente formula a questão: o que se deve entender por "razão" e o que se deve entender por "estado"? "Razão", diz ele – e vocês vão ver como tudo isso é, digamos, escolástico, no sentido banal e trivial do termo –, o que é "razão"? Pois bem, "razão" é uma palavra que se emprega em dois sentidos: razão é a essência inteira de uma coisa, é o que constitui a união, a reunião de todas as suas partes, é o vínculo necessário entre os diferentes elementos que a constituem[3]. Isso é que é a razão. Mas "razão" também é usada num outro sentido. A razão é, subjetivamente, certo poder da alma que permite, justamente, conhecer a verdade das coisas, isto é, justamente esse vínculo, essa integridade das diferentes partes da coisa, e que a constituem. A razão é portanto um meio de conhecimento, mas também é algo que permite que a vontade se paute pelo que ela conhece, se paute pela própria essência das coisas[4]. A razão será, portanto, a essência das coisas, o conhecimento da razão das coisas e essa espécie de força que permite [à vontade], e até certo ponto [a] obriga, [a] seguir a essência mesma das coisas[5]. Eis quanto à definição da palavra "razão".

Definição da palavra "estado", agora. "Estado", diz Palazzo, é uma palavra que se entende em quatro sentidos[6]. Um "estado" é um domínio, *dominium*. Em segundo lugar, é uma jurisdição, diz ele, é um conjunto de leis, de regras, de costumes, é mais ou menos, se vocês quiserem, o que chamaríamos de – vou empregar uma palavra que, é claro, ele não utiliza – uma instituição, um conjunto de instituições. Em terceiro lugar, "estado" é, diz ele (diz o tradutor, que acompanho aqui), uma condição de vida, isto é, de certo modo um estatuto individual, uma profissão: o estado de magistrado, ou o estado civil, ou o estado religioso. Enfim, em quarto lugar, o "estado", diz ele, é a qualidade de uma coisa, qualidade que se opõe ao movimento. Um "estado" é o que torna uma coisa, se não totalmente imóvel – aqui passo por cima do detalhe, porque, diz ele, certas imobilidades seriam contrárias ao repouso da coisa, afinal certas coisas têm de se mover para poder permanecer realmente em repouso –, em todo caso esse estado é uma qualidade que faz que a coisa seja o que ela é.

O que é a república? A república é um estado, nos quatro sentidos da palavra, que venho de explicar. Uma república é antes de mais nada um domínio, um território. É, depois, um meio de jurisdição, um conjunto de leis, de regras, de costumes. A república, se não é um estado, pelo menos é um conjunto de estados, isto é, de indivíduos que se definem por seu estatuto. E, enfim, a república é certa estabilidade dessas três coisas precedentes: domínio, jurisdição, instituição ou estatuto dos indivíduos[7].

O que vai ser chamado de "razão de Estado", em ambos os sentidos da palavra "razão", objetivo e subjetivo? Objetivamente, vai se chamar de razão de Estado o que é necessário e suficiente para que a república, nos quatro sentidos da palavra "estado", conserve exatamente sua integridade. Por exemplo, tomemos o aspecto territorial da república. Diz-se que, se determinado fragmento do território, determinada cidade situada no território, determinada fortaleza para defendê-lo é efetivamente indispensável à manutenção da integridade desse Estado, diz-se que esse elemento, esse território, esse fragmento de território, essa cidadela, essas cidades fazem parte da razão de Estado[8]. Agora, tomando o lado [subjetivo]* da palavra "razão", o que vai ser chamado de "razão de Estado"? Pois bem, "uma regra ou uma arte" – cito o texto de Palazzo –, "uma regra ou uma arte [...] que nos dá a conhecer os meios para obter a integridade, a tranquilidade ou a paz da república"[9]. Essa definição formal, essa definição escolástica no sentido trivial da palavra, não é própria de Palazzo, vocês vão encontrá-la praticamente na maioria dos teóricos da razão de Estado. Gostaria de citar um texto de Chemnitz, muito posterior portanto, pois data de 1647[10]. Chemnitz, nesse texto, diz o seguinte: o que é a razão de Estado? É "certo cuidado político que se deve ter em todos os negócios públicos, em todos os conselhos e em todos os desígnios, e que deve tender unicamente à conservação, à ampliação e à felicidade do Estado, para o que há que empregar os meios mais fáceis e mais prontos"[11].

....
* M.F.: positivo.

Essa definição de Palazzo, confirmada por outros, como Chemnitz e vários teóricos da razão de Estado, apresenta imediatamente, como vocês estão vendo, características muito visíveis. Primeiro, nada nessa definição da razão de Estado se refere a outra coisa senão ao próprio Estado. Vocês não têm nenhuma referência a uma ordem natural, a uma ordem do mundo, a leis fundamentais da natureza, nem mesmo a uma ordem divina. Nada do cosmo, nada da natureza, nada da ordem divina está presente na definição da razão de Estado. Em segundo lugar, vocês veem que essa razão de Estado está fortemente articulada em torno da relação essência-saber. A razão de Estado é a própria essência do Estado, e é igualmente o conhecimento que possibilita, de certo modo, acompanhar a trama dessa razão de Estado e obedecer a ela. É portanto uma arte, com seu lado prático e seu lado de conhecimento. Em terceiro lugar, vocês estão vendo que a razão de Estado é essencialmente uma coisa... eu ia dizendo conservadora, digamos conservatória. Trata-se essencialmente, nessa razão de Estado, por essa razão de Estado, de identificar o que é necessário e suficiente para que o Estado exista e se mantenha em sua integridade, se preciso for, caso seja necessário e suficiente para restabelecer essa integridade, se ela vier a ser comprometida. Mas essa razão de Estado não é, de modo algum, um princípio de transformação, diria inclusive de evolução do Estado. Claro, vocês acharão a palavra "ampliação", sobre a qual tornarei brevemente daqui a pouco. Mas essa ampliação nada mais é, no fundo, que a majoração, o aperfeiçoamento de certo número de traços e de características que já constituem efetivamente o Estado e não é, de modo algum, a sua transformação. A razão de Estado é portanto conservadora. Trata-se, dirá o marquês du Chastelet na segunda metade do século XVII, de alcançar uma "justa mediocridade"[12]. Enfim – e é este sem dúvida o traço mais característico –, nessa razão de Estado vocês estão vendo que não há nada que diga respeito a algo como uma finalidade

AULA DE 15 DE MARÇO DE 1978 345

anterior, exterior ou até ulterior ao próprio Estado. Claro, vai se falar da felicidade. Está no texto de Chemnitz[13]. Claro, outros textos também falarão da felicidade. Mas essa felicidade, essa perfeição, a que são atribuídas e a que se deve relacioná-las? Ao próprio Estado. Lembrem-se da maneira como são Tomás falava do que era a república e do que era o governo real. O governo real era do domínio de uma certa arte terrena, mas o objetivo final do governo real era agir de tal sorte que os homens, saindo do seu estatuto terreno e libertados dessa república humana, pudessem alcançar algo que era a felicidade eterna e o gozo de Deus. Ou seja, no fim das contas, a arte de governar, a arte de reinar de são Tomás, estava sempre voltada para esse fim extraterreno, para esse fim extraestatal, eu ia dizendo extrarrepublicano, fora da *res publica*, e era para esse fim que a *res publica* devia estar em última instância voltada[14]. Aqui, não temos nada disso. O fim da razão de Estado é o próprio Estado, e se há algo como uma perfeição, como uma felicidade, será sempre [aquela] ou aquelas do próprio Estado. Não há último dia. Não há ponto final. Não há algo como uma organização temporal unida e final.

Objeções que Palazzo logo se faz – eram objeções que ele havia encontrado? ele próprio é que as imagina? Pouco importa. Elas são interessantes, porque Palazzo diz o seguinte: mas, afinal, se o governo, a arte de governar segundo essa razão de Estado não tem, no fundo, nenhuma finalidade que seja alheia ao próprio Estado, se não se pode propor nada aos homens para além do Estado, se no fundo a razão de Estado não tem finalidade, será que afinal de contas não se pode prescindir dele? Por que os homens seriam obrigados a obedecer a um governo que não lhes propõe nenhuma finalidade, pessoal e exterior ao Estado? Segunda objeção: se é verdade que a razão de Estado tem uma finalidade unicamente conservadora, ou em todo caso um objetivo conservador, se essas finalidades são interiores à própria manutenção do Estado, será que não basta que a razão de Estado simplesmente intervenha quando, por um acidente que pode se produzir em certos casos, mas que não se produzirá todo o tempo, a existência do Estado se vê comprometida? Em outras palavras, a razão de Estado, a arte de governar e o próprio governo não devem simplesmente intervir quando se trata de corrigir um defeito ou fazer frente a um perigo imediato? Logo, não se pode ter um governo descontínuo e uma razão de Estado que intervenha simplesmente em certos pontos e certos momentos dramáticos?[15] Ao que Palazzo responde: de jeito nenhum! A república não poderia subsistir em momento algum, não poderia ter nenhuma duração se não fosse a cada instante levada em conta, mantida por uma arte de governar comandada pela razão de Estado. "A própria república não seria capaz, nem suficiente", diz ele, "para se conservar em paz nem mesmo por uma só hora."[16] A fraqueza da natureza humana e a ruindade dos homens fazem que nada na república poderia se manter se não houvesse, em todo ponto, em todo momento, em todo lugar, uma ação específica da razão de Estado garantindo de maneira concertada e meditada o governo. É sempre necessário, portanto, um governo e o tempo todo um governo: o governo como ato de criação contínua da república.

Creio que essa temática geral posta por Palazzo em sua definição da razão de Estado é importante por várias razões. Só lembrarei uma, e é a seguinte: com essa análise da razão de Estado vemos esboçar-se um tempo, um tempo histórico e político que tem, em relação ao que tinha dominado o pensamento na Idade Média ou até mesmo ainda na Renascença, características bem particulares. Porque se trata justamente de um tempo indefinido, do tempo de um governo que é um governo ao mesmo tempo perpétuo e conservador. Em primeiro lugar, por conseguinte, não há problema de origem, não há problema de fundamento, não há problema de legitimidade, não há tampouco problema de dinastia. Até mesmo o problema que Maquiavel levantava, e que era o de saber como governar, dada a maneira como se havia tomado o poder – não se pode governar da mesma maneira se foi por herança, se foi por usurpação ou se foi por conquista[17] –, esses problemas deixarão de intervir agora, ou só intervirão de forma secundária. A arte de governar e a razão de Estado não levantam mais o problema de origem. Já se está no governo, já se está na razão de Estado, já se está no Estado.

Em segundo lugar, não só não há ponto de origem que seja pertinente para modificar a arte do governo, como o problema do ponto terminal nem deve ser posto. E isto é sem dúvida mais importante do que aquilo. Quer dizer que o Estado – a razão de Estado e o governo comandado pela razão de Estado – não terá de se preocupar com a salvação dos indivíduos. Não terá nem sequer de buscar algo como um fim da história, ou como uma consumação, ou como um ponto em que se articulariam o tempo da história e a eternidade. Nada, por conseguinte, como esse sonho do último Império que, apesar de tudo, havia comandado as perspectivas religiosas e históricas da Idade Média. Afinal de contas, na Idade Média, ainda se estava num tempo que devia, a certa altura, tornar-se um tempo unificado, o tempo universal de um Império em que todas essas diferenças seriam apagadas, e é esse Império universal que anunciaria e seria o teatro no qual se produziria o retorno de Cristo. O Império, o último Império, o Império universal, seja o dos Césares, seja o da Igreja, era no fim das contas algo que rondava a perspectiva da Idade Média, e, nessa medida, não havia governo indefinido. Não havia Estado ou reino fadado indefinidamente à repetição no tempo. Agora, ao contrário, nós nos encontramos numa perspectiva em que o tempo da história é indefinido. É o indefinido de uma governamentalidade para a qual não se prevê termo ou fim. Estamos na historicidade aberta, por causa do caráter indefinido da arte política.

Salvo, evidentemente, se corrigida por um certo número de coisas sobre as quais tornaremos, a ideia de paz perpétua que vai, a meu ver, substituir a ideia de Império terminal. Se o Império terminal era na Idade Média a fusão de todas as particularidades e de todos os reinos numa só forma de soberania, a ideia de paz universal – que já existia na Idade Média, mas sempre como um dos aspectos do Império terminal, ou ainda, como um dos aspectos do Império da Igreja –, [essa ideia] vai ser o vínculo, com que se vai sonhar, entre Estados que continuarão sendo Estados. Vale dizer que a paz universal não será a consequência de uma unificação num império temporal ou espiritual, mas a maneira como diferentes Estados, se efetivamente as coisas funcionarem, poderão coexistir uns com os outros de acordo com um equilíbrio que impedirá justamente a dominação de um sobre os outros. A paz universal é a estabilidade adquirida na e pela pluralidade, por uma pluralidade equilibrada, totalmente diferente portanto da ideia do Império terminal. Mais tarde, essa ideia de uma governamentalidade indefinida será corrigida pela ideia de progresso, a ideia de progresso na felicidade dos homens. Mas isso é outro assunto, é um assunto que implica justamente algo cuja ausência vai se notar em toda essa análise da razão de Estado e que é a noção de população.

Dito isso, para situar um pouco o horizonte geral da razão de Estado, gostaria agora de retomar alguns dos traços desse governo dos homens que, portanto, já não se pratica sob o signo da arte pastoral, mas sob o da razão de Estado. Não é uma análise exaustiva o que eu gostaria de fazer, mas sim fazer – eu ia dizendo algumas sondagens, mas a palavra é infeliz – alguns cortes, a esmo, relacionando justamente a razão de Estado a alguns dos temas importantes que havíamos encontrado na análise do pastorado, ou seja, o problema da salvação, o problema da obediência e o problema da verdade.

E, para estudar a maneira como a razão de Estado pensa, reflete, analisa a salvação, tomarei um exemplo preciso, o da teoria do golpe de Estado. O golpe de Estado: noção importantíssima nesse início de século XVII, tanto que tratados inteiros [lhe] foram consagrados. Naudé, por exemplo, escreve em 1639 *Considerações políticas sobre os golpes de Estado*[18]. Alguns anos antes, houve um texto mais polêmico, mais imediatamente ligado aos acontecimentos, de Sirmond, que se chamava *O golpe de Estado de Luís XIII*[19], mas não era, em absoluto, um texto polêmico contra Luís XIII, [muito] pelo contrário. Porque a palavra "golpe de Estado", no início do século XVII, não significa em absoluto o confisco do Estado por uns em detrimento dos outros, que o teriam detido até então e que se veriam despojados de sua posse. O golpe de Estado é algo bem diferente. O que é um golpe de Estado nesse pensamento político do início do século XVII? É, em primeiro lugar, uma suspensão, uma interrupção das leis e da legalidade. O golpe de Estado é o que excede o direito comum. *Excessus iuris communis*, diz Naudé[20]. Ou ainda, é uma ação extraordinária contra o direito comum, ação que não preserva nenhuma ordem e nenhuma forma de justiça[21]. Nisso, será o golpe de Estado estranho à razão de Estado? Constituirá uma exceção, em relação à razão de Estado? De modo algum. Porque a própria razão de Estado – é esse, creio eu, um ponto essencial a assinalar bem –, a própria razão de Estado não é absolutamente homogênea a um sistema de legalidade ou de legitimidade. A razão de Estado é o quê? Pois bem, é algo, diz Chemnitz, que permite infringir todas "as leis públicas, particulares, fundamentais, de qualquer espécie que sejam"[22]. De fato, a razão de Estado deve comandar, "não segundo as leis", mas, se necessário, "as próprias leis, as quais devem se acomodar ao presente estado da república"[23]. Logo, o golpe de Estado não é ruptura em relação à razão de Estado. Ao contrário, é um elemento, um acontecimento, uma maneira de agir que se inscreve perfeitamente no horizonte geral, na forma geral da razão de Estado, ou seja, é algo que excede as leis ou, em todo caso, que não se submete às leis.

O que há, no entanto, de específico no golpe de Estado que faz que não seja simplesmente uma manifestação dentre outras da razão de Estado? Pois bem, é que a razão de Estado, que por natureza não tem de se dobrar às leis, que em seu funcionamento básico é sempre infratora em relação às leis públicas, particulares, fundamentais, essa razão de Estado ordinária respeita as leis. Ela as respeita não no sentido de que se inclinaria diante das leis, porque as leis positivas, morais, naturais, divinas seriam mais fortes que ela, mas se inclina diante dessas leis, respeita essas leis na medida em que concede em se inclinar diante delas e respeitá-las, na medida em que, se vocês quiserem, coloca-as como elemento do seu próprio jogo. A razão de Estado é, de todo modo, fundamental em relação a essas leis, mas em seu jogo costumeiro faz uso delas, precisamente porque considera esse uso necessário ou útil. Mas vai haver momentos em que a razão de Estado já não pode se servir dessas leis e em que ela é obrigada, por algum acontecimento premente e urgente, por causa de certa necessidade, a se libertar dessas leis. Em nome de quê? Em nome da salvação do Estado. Essa necessidade do Estado em relação a si mesmo é que vai, em certo momento, levar a razão de Estado a varrer as leis civis, morais, naturais que ela houve por bem reconhecer e cujo jogo até então ela havia jogado. A necessidade, a urgência, a necessidade da salvação do próprio Estado vão excluir o jogo dessas leis naturais e produzir algo que, de certo modo, não será mais que pôr o Estado em relação direta consigo mesmo sob o signo da necessidade e da salvação. O Estado vai agir de si sobre si, rápida, imediatamente, sem regra, na urgência e na necessidade, dramaticamente, e é isso o golpe de Estado. O golpe de Estado não é, portanto, confisco do Estado por uns em detrimento dos outros. O golpe de Estado é a automanifestação do próprio Estado. É a afirmação da razão de Estado – [a razão de Estado] que afirma que o Estado deve ser salvo de qualquer maneira, quaisquer que sejam as formas que forem empregadas para salvá-lo. Golpe de Estado, portanto, como afirmação da razão de Estado, como automanifestação do Estado.

Importância, creio, nessa identificação da noção de Estado, importância de certo número de elementos. Primeiro, essa noção de necessidade. Há portanto uma necessidade do Estado que é superior à lei. Ou antes, a lei dessa razão particular ao Estado, que se chama razão de Estado, a lei dessa razão será que a salvação do Estado deve prevalecer, como quer que seja, sobre toda e qualquer outra coisa. Essa lei fundamental, essa lei da necessidade que, no fundo, não é uma lei, excede portanto todo o direito natural, excede o direito positivo, excede o direito que os teóricos não ousam chamar exatamente de direito divino, quer dizer, o direito posto pelos próprios mandamentos de Deus, e eles então o chamam de "filosófico" para mascarar um pouco as coisas. Mas Naudé dirá: o golpe de Estado não obedece à "justiça natural, universal, nobre e filosófica" – a palavra "nobre" é irônica e a palavra "filosófica" encobre outra coisa –, o golpe de Estado, diz Naudé, obedece a "uma justiça artificial, particular, política, [...] relacionada à necessidade do Estado"[24]. Por conseguinte, a política não é uma coisa que tem de se inscrever no interior de uma legalidade ou de um sistema de leis. A política tem a ver com outra coisa, mesmo que utilize as leis como instrumento quando delas necessita em certos momentos. A política é algo que tem relação com a necessidade. E vocês encontram toda uma espécie, não de filosofia, mas, como dizer..., de elogio, de exaltação da necessidade nos escritos políticos do início do século XVII. Alguém como Le Bret, por exemplo, dirá – o que é muito curioso em relação ao pensamento científico da época e em oposição direta a esse pensamento científico –: "Tão grande é a força da necessidade que, como uma deusa soberana, não tendo nada de sagrado no mundo, salvo a firmeza dos seus decretos irrevogáveis, põe sob seu poder todas as coisas divinas e humanas. A necessidade emudece as leis. A necessidade faz cessar todos os privilégios para se fazer obedecer por todo o mundo"25. Não, portanto, governo relacionado com legalidade, mas razão de Estado relacionada com necessidade.

Segunda noção importante: a noção de violência, é claro. Porque é da natureza do golpe de Estado ser violento. A razão de Estado em seu exercício ordinário, habitual, não é violenta, justamente porque ela mesma se atribui, voluntariamente, as leis como marco e como forma. Mas, quando a necessidade exige, a razão de Estado se torna golpe de Estado e, nesse momento, é violenta. Violenta significa que ela é obrigada a sacrificar, a amputar, a prejudicar, ela é levada a ser injusta e mortífera. É o princípio, diametralmente oposto, como vocês sabem, ao tema pastoral de que a salvação de cada um é a salvação de todos, e a salvação de todos é a salvação de cada um. Daí em diante, vamos ter uma razão de Estado cuja pastoral será uma pastoral da opção, uma pastoral da exclusão, uma pastoral do sacrifício de alguns ao todo, de alguns ao Estado. "Para preservar a justiça nas coisas grandes", dizia Charron numa frase retomada por Naudé, "às vezes é preciso desviar-se dela nas coisas miúdas."26 E Chemnitz dará como belo exemplo da violência necessária dos golpes de Estado o que Carlos Magno havia feito com os saxões, quando [os] guerreou e ocupou seus territórios. Chemnitz diz que Carlos Magno havia estabelecido juízes para jugular a revolta e a agitação dos saxões, e esses juízes tinham a particularidade, primeiro, de serem desconhecidos do público, de modo que você não sabia quem o julgava. Depois, esses juízes julgavam sem conhecimento de causa, isto é, sem ter estabelecido nada dos fatos que imputavam aos que eles condenavam. Em terceiro lugar, o julgamento deles se dava sem nenhuma forma de processo, ou seja, não havia nenhum ritual judiciário. Em outras palavras, é uma maneira polida que Chemnitz emprega para dizer que Carlos Magno havia posto assassinos entre os saxões, que matavam quem queriam, como queriam, sem dizer por quê. E deviam matar quem? Os perturbadores da tranquilidade pública e do Estado. Aparece aqui a ideia do crime de Estado, que também poderíamos ter analisado, porque é uma noção importantíssima que aparece nesse momento e que adquire nesse momento dimensões muito particulares. E diz Chemnitz, claro, nesse golpe de Estado de Carlos Magno houve injustiças, inocentes foram condenados, mas o sistema não durou e o furor dos saxões foi mitigado[27]. Portanto, o golpe de Estado é violento. Ora, como o golpe de Estado nada mais é que a manifestação da razão de Estado, chegamos à ideia de que não há nenhuma antinomia, no que concerne ao Estado pelo menos, entre violência e razão. Pode-se até dizer que a violência do Estado nada mais é que, de certa forma, a manifestação irruptiva da sua própria razão. E, fazendo uma oposição – que vocês sem dúvida vão reconhecer, se leram o artigo de Genet no Le Monde do mês de setembro passado[28] –, um texto que data da primeira metade do século XVII (foi escrito sob Richelieu) dizia o seguinte (é um texto anônimo): deve-se distinguir violência de brutalidade, porque as brutalidades são as violências "cometidas não mais que pelo capricho dos particulares", ao passo que as violências que "se cometem pelo concerto dos sábios" são os golpes de Estado[29]. Bossuet também retomou a oposição brutalidade e violência, e Genet por sua vez, simplesmente invertendo a tradição e chamando de brutalidade a violência do Estado e de violência o que os teóricos do século XVII chamavam de brutalidade.

Terceira noção importante, depois da necessidade e da violência, creio ser a característica necessariamente teatral do golpe de Estado. De fato, um golpe de Estado, na medida em que é a afirmação irruptiva da razão de Estado, o golpe de Estado tem de ser imediatamente reconhecido. Ele tem de ser imediatamente reconhecido segundo suas verdadeiras características, exaltando a necessidade que o justifica. Claro, o golpe de Estado supõe uma parte de segredo para ter êxito. Mas, para poder angariar a adesão e para que a suspensão das leis a que está necessariamente ligado não seja debitada a ele, o golpe de Estado tem de ser deflagrado à luz do dia e, deflagrando-se à luz do dia, tem de fazer aparecer na própria cena em que ele se situa a razão de Estado que o fez produzir-se. Evidentemente, o golpe de Estado deve ocultar seus procedimentos e seus encaminhamentos, mas deve aparecer solenemente em seus efeitos e nas razões que o sustentam. Donde a necessidade da encenação do golpe de Estado, que encontramos na prática política daquela época, como no "dia dos tolos"[30], na detenção do príncipe[31], no encarceramento de Fouquet[32]. Tudo isso faz do golpe de Estado uma certa forma de o soberano manifestar a irrupção da razão de Estado e a prevalência da razão de Estado sobre a legitimidade da maneira mais clara possível.

Tocamos aqui um problema aparentemente marginal, mas que apesar de tudo creio ser importante, que é o problema da prática teatral na política, ou ainda da prática teatral da razão de Estado. O teatro, enfim, essa prática teatral, essa teatralização, deve ser um modo de manifestação do Estado e do soberano, do soberano como depositário do poder de Estado. E poderíamos, creio eu, opor [às] cerimônias reais – que, por exemplo, da sagração à coroação, à entrada na cidade ou ao funeral do soberano, marcavam o caráter religioso do soberano e articulavam seu poder com o poder religioso e com a teologia –, poderíamos opor a essas cerimônias tradicionais da realeza a espécie de teatro moderno em que a realeza quis se manifestar e se encarnar, e do qual a prática do golpe de Estado levado a cabo pelo próprio soberano é uma das manifestações mais importantes. Aparecimento, portanto, de um teatro político tendo como outra face o funcionamento do teatro, no sentido literário do termo, como o lugar privilegiado da representação política e, em particular, da representação do golpe de Estado. Porque, afinal de contas, uma parte do teatro histórico de Shakespeare é, sem dúvida, o teatro do golpe de Estado. Peguem Corneille, peguem também Racine, nunca são mais que representações; bom, eu exagero dizendo isso, mas são com muita frequência, são quase sempre representações de golpes de Estado. De *Andrômaca*[33] a *Atália*[34], são golpes de Estado. Mesmo *Berenice*[35] é um golpe de Estado. O teatro clássico, a meu ver, está essencialmente organizado em torno do golpe de Estado[36]. Assim como na política a razão de Estado se manifesta numa certa teatralidade, o teatro, em contrapartida, se organiza em torno da representação dessa razão de Estado sob a forma dramática, intensa e violenta do golpe de Estado. E poderíamos dizer que a corte, tal como Luís XIV a organizou, é precisamente o ponto de articulação, o lugar em que se teatraliza a razão de Estado na forma de intrigas, de desgraças, de opções, de exclusões, de exílios; e a corte também é o lugar em que, precisamente, o teatro vai representar o próprio Estado.

Digamos numa palavra que, na época em que a unidade quase imperial do cosmo se desarticula, na época em que a natureza se desdramatiza, se liberta do acontecimento, se emancipa do trágico, creio que uma outra coisa acontece na ordem política, uma coisa inversa. No século XVII, no fim das guerras religiosas – na época, precisamente, da Guerra dos Trinta Anos, desde os grandes tratados, desde a grande busca do equilíbrio europeu –, abre-se uma nova perspectiva histórica, perspectiva da governamentalidade indefinida, perspectiva da permanência dos Estados que não terão fim nem termo, aparece um conjunto de Estados descontínuos fadados a uma história que não tem esperança, porque não tem termo, Estados que se organizam segundo uma razão cuja lei não é a de uma legitimidade, legitimidade dinástica ou legitimidade religiosa, mas a de uma necessidade que ela deve enfrentar nos golpes que são sempre incertos, ainda que concertados. Estado, razão de Estado, necessidade, golpe de Estado ousado – é tudo isso que vai constituir o novo horizonte trágico da política e da história. Ao mesmo tempo que nasce a razão de Estado, nasce, a meu ver, certo trágico da história que não tem mais nada a ver com a deploração do presente e do passado, com o lamento das crônicas, que era a forma em que o trágico da história até então aparecia, um trágico da história que estava ligado à própria prática política. E o golpe de Estado é, de certo modo, a realização desse trágico numa cena que é o próprio real. E esse trágico do golpe de Estado, esse trágico da história, esse trágico de uma governamentalidade que não tem termo, mas que forçosamente se manifesta, em caso de necessidade, nessa forma teatral e violenta, foi a meu ver caracterizado por Naudé, num texto surpreendente, quando deu sua definição, sua descrição do golpe de Estado. Nesse texto, como vocês vão ver, há uma coisa bem napoleônica, uma coisa que faz singularmente pensar nas noites hitlerianas, nas noites das facas longas. Naudé diz o seguinte: "[...] nos golpes de Estado, vê-se o relâmpago cair antes de ouvi-lo troar nas nuvens". Nos golpes de Estado, "as matinas são ditas antes de serem soadas, a execução precede a sentença; tudo se faz à judaica; [...] um recebe o golpe que pensava dar, outro morre pensando estar em segurança, outro mais sofre como não imaginava, tudo se faz de noite, na obscuridade, entre as névoas e as trevas"[37]. A grande promessa do pastorado, que fazia suportar todas as misérias, mesmo as misérias voluntárias do ascetismo, começa a ser seguida agora pela dureza teatral e trágica do Estado que pede que, em nome da sua salvação, uma salvação sempre ameaçada, nunca certa, se aceitem as violências como a forma mais pura da razão e da razão de Estado. Era isso o que eu queria lhes dizer sobre o problema da salvação, no que concerne ao Estado, pelo ângulo do golpe de Estado.

Em segundo lugar, agora, o problema da obediência. E aqui vou pegar uma questão e um texto totalmente diferentes. A questão diferente: é a questão das revoltas e das sedições que, claro, foram até o fim do século XVII um problema político maior e para as quais há um texto, um texto notável, escrito pelo chanceler Bacon[38], Bacon que ninguém mais estuda e que é certamente um dos personagens mais interessantes desse início de século XVII. Não costumo lhes dar conselhos quanto ao trabalho universitário, mas, se alguns de vocês quisessem estudar Bacon, creio que não perderiam seu tempo[39].

Pois bem, Bacon escreve um texto que se chama, na tradução francesa, *Essai sur les séditions et les troubles*[40] [Ensaio sobre sedições e distúrbios]. Nele, faz toda uma descrição, toda uma análise – eu ia dizendo: toda uma física – da sedição e das precauções a serem tomadas contra as sedições, e do governo do povo, que é notável. Primeiramente, devem-se tomar as sedições como uma espécie de fenômeno, de fenômeno muito menos extraordinário do que perfeitamente normal, natural, de certo modo até imanente à vida da *res publica*, da república. As sedições, diz ele, são como as tempestades, elas se produzem precisamente no momento em que menos se espera, na maior calmaria, em períodos de equilíbrio ou de equinócio. Nesses momentos de igualdade e de calmaria, alguma coisa pode perfeitamente estar se tramando, ou melhor, nascendo, crescendo como uma tempestade[41]. O mar cresce secretamente, diz ele, e é precisamente essa sinalética, essa semiótica da revolta que é preciso estabelecer. Em período de calmaria, como se pode identificar a possibilidade de uma sedição que está se formando? Bacon (vou passar rápido por esse ponto) dá um certo número de indícios. Primeiro, começam a circular rumores, quer dizer, libelos, panfletos, discursos, contra o Estado e contra os que governam. Segundo, o que chamarei de uma inversão dos valores, ou em todo caso das apreciações. Toda vez que o governo faz algo louvável, essa coisa é mal recebida pelas pessoas que estão descontentes. Terceiro, as ordens circulam mal, e percebe-se que as ordens circulam mal por duas coisas: primeiro, pelo tom dos que falam no sistema de difusão das ordens. Os que transmitem as ordens falam com timidez e os que recebem ordens falam com ousadia. Pois bem, quando essa inversão de tom se produz, é bom desconfiar. Outra coisa, ainda concernente à circulação das ordens, é o problema da interpretação, quando aquele que recebe uma ordem, em vez de recebê-la e executá-la, começa a interpretá-la e a inseri-la de certo modo em seu próprio discurso, entre a injunção que ele recebe e a obediência que deveria normalmente segui-la[42].

Isso, quanto a todos os sinais que vêm debaixo e que parecem provar que a tempestade, mesmo em período de equinócio e de calmaria, está se preparando. Depois há sinais que vêm de cima. Também é preciso prestar atenção nos sinais que vêm de cima. Os primeiros são quando os grandes, os poderosos, os que rodeiam o soberano, que são seus oficiais ou seus próximos, quando estes mostram que não obedecem tanto às ordens do soberano quanto ao seu próprio interesse e agem por conta própria. Como diz Bacon, em vez de serem "como planetas que giram com rapidez sob o impulso do primeiro móvel", no caso o soberano, em vez disso, os grandes são como planetas perdidos num céu sem estrelas, vão para qualquer lugar, ou melhor, vão para onde querem, em vez de se manterem na órbita que lhes é imposta[43]. E, enfim, outro sinal que o príncipe se dá a si mesmo, sem querer, é quando o príncipe é incapaz ou não quer mais adotar um ponto de vista que seja exterior ou superior aos diferentes partidos que se opõem e lutam entre si no interior da república, e espontaneamente toma o partido e sustenta os interesses de um partido em detrimento dos outros. Assim, diz ele, quando Henrique III tomou o partido dos católicos contra os protestantes, ele próprio deveria ter atinado em que, assim fazendo, mostrava que seu poder era tal que não obedecia à razão de Estado, mas simplesmente à razão de um partido, e dava assim a todo o mundo, aos grandes como ao povo, um sinal manifesto de que o poder era fraco e que, por conseguinte, a gente podia se revoltar[44].

As sedições são portanto sinais. Elas [também] têm causas; e também aqui de uma maneira escolástica, por assim dizer, em todo caso bem tradicional, Bacon diz: há dois tipos de causas de sedição, as causas materiais e as causas ocasionais[45]. Causas materiais das sedições: não é difícil, diz Bacon, não há muitas, só há duas. Matéria das sedições é primeiro a indigência, em todo caso a indigência excessiva, isto é, um certo nível de pobreza que deixa de ser suportável. E, diz Bacon, "as rebeliões que vêm da barriga são as piores de todas"[46]. Segunda matéria da sedição, fora a barriga, ora essa, a cabeça, isto é, o descontentamento. Fenômeno de opinião, fenômeno de percepção, que não é – e Bacon insiste nesse ponto – necessariamente correlativo do primeiro, o estado da barriga. Pode-se perfeitamente estar descontente, mesmo que a pobreza não seja, afinal, tão grande assim, porque os fenômenos de descontentamento são fenômenos que podem nascer por um certo número de razões e de causas sobre as quais tornaremos e que não são proporcionais à realidade. De fato, diz Bacon, é uma das propriedades, uma das características da ingenuidade do povo indignar-se com coisas que não valem a pena e aceitar, em compensação, coisas que não deveria tolerar[47]. Mas, sendo as coisas como são, há que levar em conta a barriga e a cabeça, a indigência e o estado da opinião. Fome e opinião, barriga e cabeça, eis as duas matérias da sedição. São, diz Bacon, como que duas matérias inflamáveis, isto é, essas duas condições – a barriga e a opinião, a barriga ou a opinião – são absolutamente indispensáveis para que haja sedição[48].

Quanto às causas [ocasionais]*, elas vão ser como esses elementos inflamados que caem sobre uma matéria combustível. Afinal de contas, não se sabe muito bem de onde vêm, e eles podem ser praticamente qualquer coisa. Essas causas ocasionais, Bacon as enumera numa grande desordem. Pode ser uma mudança na religião, pode ser uma modificação na distribuição dos privilégios, pode ser uma subversão das leis

....
* Palavra omitida.

e dos costumes, pode ser uma mudança no regime tributário, pode ser também o fato de o soberano alçar a cargos importantes pessoas indignas, pode ser a presença demasiado numerosa e o enriquecimento demasiado manifesto de estrangeiros, pode ser também a escassez de cereais ou dos meios de subsistência e o aumento dos preços. Tudo o que, em todo caso, diz Bacon, "lesando, une"[49]. Ou seja, há causas ocasionais de sedição quando se leva ao nível de um descontentamento consciente certo número de elementos que, até então, tinham permanecido de certo modo dissociados e indiferentes, quando se produz o mesmo tipo de descontentamento em pessoas diferentes – o que, por conseguinte, as leva a se unirem, apesar da divergência dos seus interesses.

A sedição tem causas, portanto. Ela tem remédios. Esses remédios, não se deve de modo algum tentar aplicá-los a essa série de causas ocasionais, porque essas causas ocasionais são muito numerosas e, se determinada causa ocasional for suprimida, sempre haverá outra que virá acender essas matérias inflamáveis. Na realidade, os remédios devem atuar sobre as matérias inflamáveis, isto é, sobre a barriga ou a cabeça, ou sobre a indigência e o descontentamento. Remédios contra a indigência – passo rapidamente por eles, mas o interessante, creio eu, é a própria natureza dos remédios propostos: pôr fim à indigência e à pobreza, diz Bacon, é reprimir o luxo e impedir a preguiça, a ociosidade, a vagabundagem, a mendicância. É: favorecer o comércio interno, multiplicar a circulação de dinheiro diminuindo a taxa de juros, evitando as propriedades grandes demais, elevando o nível de vida – bem, ele não emprega essa expressão, ele diz: é melhor mais gente gastando pouco do que pouca gente gastando muito[50] –, favorecer o comércio exterior aumentando o valor das matérias-primas pelo trabalho, assegurando ao estrangeiro o serviço de transportes. Também é preciso, diz ele, equilibrar os recursos e a população e fazer que não haja população em demasia para os recursos de que dispõe o Estado. É preciso equilibrar também as proporções entre a população produtiva e os não produtivos, que são os grão-senhores e o clero. Assim, é tudo isso que se tem de fazer para impedir, para apagar essa causa material de revolta que a indigência constitui[51].

No que concerne ao descontentamento, também é necessária toda uma série de técnicas e procedimentos. E Bacon diz: no fundo, há duas categorias de indivíduos no interior do Estado. Há o povo e há os grão-senhores. Ora, na verdade, só há sedição verdadeira, e verdadeiramente perigosa, no dia em que o povo e os grão-senhores vêm a se unir. Porque o povo em si mesmo, diz ele, é lento demais e nunca entraria em revolta se não houvesse instigação da nobreza. Quanto à nobreza, sendo evidentemente pouco numerosa, é fraca, e continuará sendo fraca enquanto o povo mesmo não estiver disposto aos distúrbios. Um povo lento e uma nobreza fraca é o que garante o fato de que a sedição talvez não ocorra e de que os descontentamentos não se contaminarão. Ora, diz Bacon, no fundo, se olhamos do lado dos grão-senhores e dos nobres, não há verdadeiro problema, pois com os grão-senhores e os nobres sempre dá para se arranjar. Ou se os compra, ou se os executa[52]. Um nobre você decapita, um nobre você trai, logo um nobre está sempre do seu lado, e não estará aí o problema. Em compensação, o problema do descontentamento do povo é muito maior, muito mais sério, muito mais difícil de resolver. É preciso fazer que esse descontentamento do povo, por um lado, nunca chegue a tal ponto que não encontre outra saída senão a explosão na revolta e na sedição. Ou seja, é sempre necessário deixar-lhe um pouco de esperança. Em segundo lugar, é preciso fazer que o povo, que é lento e que por si mesmo não pode fazer nada, nunca encontre um líder entre os nobres. Vai ser preciso, portanto, estabelecer sempre um corte, uma rivalidade de interesses entre os nobres e o povo, de maneira que essa coagulação de descontentamentos não se produza[53].

Citei tudo isso, na verdade, porque acho que se compararmos esse texto com o de Maquiavel, que por um certo número de aspectos se parece com ele, logo veremos, no entanto, aparecer uma diferença. Aliás, cumpre notar desde já que Bacon se refere a Maquiavel e que o cita elogiosamente[54]. Apesar disso, creio que podemos ver a diferença. Qual era o problema posto por Maquiavel? Era essencialmente o problema do príncipe que [estava] ameaçado de ser deposto. Como o príncipe deve fazer para não ser deposto? Assim, a aquisição ou a perda do principado é que era essencialmente posta em questão por Maquiavel. Aqui, no fundo, nunca é evocado o problema da deposição do rei ou a possibilidade de que o rei seja escorraçado e perca seu reino[55]. O que é evocado, ao contrário, é uma espécie de possibilidade perpetuamente presente no interior do Estado, que de certo modo faz parte da vida cotidiana dos Estados, em todo caso das virtualidades até mesmo intrínsecas ao Estado. Essa virtualidade é que haja sedição e sublevação. A possibilidade da sedição e da sublevação é uma coisa com [que] há que governar. E o governo – é um dos seus aspectos – será precisamente a assunção dessa possibilidade da sedição e da sublevação.

Em segundo lugar, Maquiavel distinguia bem o que vem do povo e o que vem dos grão-senhores. Também é uma ideia maquiaveliana a de que o descontentamento dos grão-senhores e o descontentamento do povo nunca andam juntos e nunca vêm se reforçar mutuamente[56]. Mas, para Maquiavel, o essencial do perigo vinha dos grão-senhores, em todo caso vinha dos inimigos do príncipe, vinha dos que pensavam no complô e tramavam o complô[57]. Para Maquiavel, no fundo, o povo era essencialmente passivo, ingênuo, devia servir de instrumento do príncipe, caso contrário servia de instrumento dos grão-senhores. O problema era o debate entre o príncipe e seus rivais, rivais internos e externos, os que faziam coalizões militares contra ele e os que faziam complôs internos contra ele. Para Bacon, como vocês estão vendo, o problema não são os grão-senhores. O problema é o povo. Para Bacon, o povo é tão ingênuo quanto em Maquiavel. Mas é ele que vai ser o objeto essencial do que justamente deve ser o governo de um Estado. Enquanto se tratava, para Maquiavel, de manter um principado, podia-se pensar nos grão-senhores e nos rivais. Agora que se trata de governar segundo a razão de Estado, aquilo em que se deve pensar, aquilo que se tem de ter sempre em mente é o povo. O problema do governo não são os rivais do príncipe, é o povo, porque os grão-senhores, mais uma vez, podem ser comprados e podem ser decapitados. Eles são próximos do governo, ao passo que o povo é uma coisa ao mesmo tempo próxima e distante. Ele é realmente difícil, é realmente perigoso. Governar vai ser essencialmente governar o povo.

Terceira diferença, a meu ver, entre Bacon e Maquiavel é que os cálculos de Maquiavel têm essencialmente a ver, parece-me, como dizer?..., com os qualificativos do príncipe, qualificativos reais ou aparentes. O problema de Maquiavel está em dizer: o príncipe deve ser justo ou injusto? Deve parecer justo ou deve parecer injusto? Como ele deve parecer temível? Como deve ocultar sua fraqueza?[58] No fundo, são sempre os epítetos do príncipe que estão em jogo no cálculo maquiaveliano. Com Bacon, ao contrário, temos um cálculo que não tem a ver com os epítetos, com os qualificativos reais ou aparentes do príncipe. É um cálculo que vai aparecer voltado para elementos ao mesmo tempo capitais e reais, isto é – e aqui refiro-me aos remédios que Bacon nos propunha contra as sedições –, a economia. O cálculo do governo, diz Bacon, deve ter por objeto as riquezas, sua circulação, os impostos, as taxas etc., tudo isso é que deve ser o objeto do governo. Logo, cálculo que visa os elementos da economia, e cálculo que visa igualmente a opinião, quer dizer, não a aparência do príncipe, mas o que acontece na cabeça das pessoas que são governadas. Economia e opinião são, a meu ver, os dois grandes elementos de realidade que o governo terá de manipular.

Ora, o que aqui encontramos em filigrana, apenas esboçado em Bacon, é na realidade a prática política da época, pois é a partir dessa época que vemos desenvolver-se, por um lado, com o mercantilismo, uma política que vai ser uma política de cálculo econômico, que não é teoria mas, antes de mais nada, essencialmente, prática política, e [, por outro lado,] as primeiras grandes campanhas de opinião que, na França, vão acompanhar o governo de Richelieu. Richelieu inventou a campanha política por meio de libelos, de panfletos, e inventou essa profissão de manipuladores da opinião, chamados naquela época de "publicistas"[59]. Nascimento dos economistas, nascimento dos publicistas. São os dois grandes aspectos do campo de realidade, os dois elementos correlativos do campo de realidade que aparece como correlativo do governo: a economia e a opinião.

Enfim, em terceiro lugar (aqui vou ser bem rápido, porque passamos da hora e porque são coisas muito mais conhecidas, embora capitais), está o problema da razão de Estado e da verdade. A *ratio status*, a racionalidade intrínseca à arte de governar implica, assim como o pastorado, certa produção de verdade, mas muito diferente em seus circuitos e em seus tipos da que encontramos no próprio pastorado. No pastorado, como vocês se lembram, tinha de haver, primeiro, uma verdade ensinada. Na economia de verdade do pastorado, o pastor tem de conhecer o que acontece na sua comunidade. Cada um daqueles que era ovelha do pastor tinha de descobrir em si mesmo uma verdade que ele traz à luz do dia e de que o pastor é, se não o juiz e o avalista, pelo menos a testemunha perpétua. Era todo esse ciclo de verdades que caracterizava o pastorado. No caso da razão de Estado e dessa nova maneira de governar os homens, vamos ter também todo um campo de verdade, mas evidentemente de um tipo inteiramente diferente. Primeiro, quanto ao conteúdo, o que é necessário saber para governar? Creio que aqui vemos um fenômeno importante, uma transformação que é capital. Nas imagens, na representação, na arte de governar, tal como havia sido definida até o início do século XVII, no fundo o soberano tinha essencialmente de ser sábio e prudente. Ser sábio queria dizer o quê? Ser sábio era conhecer as leis: conhecer as leis positivas do país, conhecer as leis naturais que se impõem a todos os homens, conhecer, é claro, as leis e os mandamentos de Deus. Ser sábio também era conhecer os exemplos históricos, os modelos de virtude e deles fazer regras de comportamento. Além disso, o soberano tinha de ser prudente, isto é, saber em que medida, em que momento e em que circunstâncias era efetivamente necessário aplicar essa sabedoria. Em que momento, por exemplo, as leis da justiça tinham de ser aplicadas em todo o seu rigor, em que momento, ao contrário, os princípios da equidade tinham de prevalecer sobre as regras formais da justiça. Sabedoria e prudência, ou seja, afinal de contas, um manejo das leis.

É a partir do século XVII, creio eu, que vemos aparecer, como caracterização do saber necessário a quem governa, algo totalmente diferente. O que o soberano ou aquele que governa, o soberano na medida em que governa, deve conhecer não são apenas e simplesmente as leis, não são nem mesmo primeira ou fundamentalmente as leis (se bem que sempre se faça referência a elas, claro, e que seja necessário conhecê-las); o que é, a meu ver, ao mesmo tempo novo, capital e determinante, é que o soberano deve conhecer esses elementos que constituem o Estado, no sentido em que Palazzo, no texto pelo qual comecei, falava do Estado. Isto é, quem governa tem de conhecer os elementos que vão possibilitar a manutenção do Estado, a manutenção do Estado em sua força ou o desenvolvimento necessário da força do Estado, para que ele não seja dominado pelos outros e não perca sua existência perdendo sua força ou sua força relativa. Ou seja, o saber necessário ao soberano será muito mais um conhecimento das coisas do que um conhecimento da lei, e essas coisas que o soberano deve conhecer, essas coisas que são a própria realidade do Estado é precisamente o que na época se chama de "estatística"*. Etimologicamente, a estatística, é o conhecimento do Estado, o conhecimento das forças e dos recursos que caracterizam um Estado num momento dado. Por exemplo: conhecimento da população, medida da sua quantidade, medida da sua mortalidade, da sua natalidade, estimativa das diferentes categorias de indivíduos num Estado e da sua riqueza, estimativa das riquezas virtuais de que um Estado dispõe: minas, florestas etc., estimativa das riquezas produzidas, estimativa das riquezas que circulam, estimativa da balança comercial, medida dos efeitos das taxas e dos impostos – são todos esses dados e muitos outros que vão constituir agora o conteúdo essencial do saber do soberano. Não mais, portanto, *corpus* de leis ou habilidade em aplicá-las quando necessário, mas conjunto de conhecimentos técnicos que caracterizam a realidade do próprio Estado.

Tecnicamente, claro, esse conhecimento do Estado suscitava muitas dificuldades. E sabemos que a estatística desenvolveu-se precisamente onde os Estados eram menores ou onde havia uma situação favorável, como na Irlanda ocupada pela Inglaterra[60], onde a possibilidade de saber exatamente o que havia, quais eram os recursos, era dada pela pequenez do país e pela ocupação militar a que estava sujeito. Desenvolvimento também da estatística nos pequenos Estados alemães[61], pois aí as unidades, digamos assim, de pesquisa eram menores. Necessidade também, por causa dessas dificuldades técnicas, de pensar um aparelho administrativo ainda não existente, mas que seria tal que fosse possível, a cada instante, conhecer exatamente o que acontece no reino, um aparelho administrativo que não fosse apenas o agente de execução das ordens do soberano ou o agente de captação de taxas, riquezas, homens de que o soberano necessita,

....

* M. Foucault, no manuscrito, p. 23, escreve: "*Statistik*". Sobre a origem dessa palavra, que data do século XVIII, cf. *infra*, p. 381, nota 61.

mas um aparelho administrativo que fosse ao mesmo tempo um aparelho de saber, aqui também como dimensão essencial ao exercício do poder[62].*

Poderíamos acrescentar a isso um certo número de outros elementos, por exemplo, o problema do segredo. De fato, o saber que o Estado tem de constituir de si mesmo e a partir de si mesmo, esse saber correria o risco de perder certo número dos seus efeitos e não ter as consequências esperadas se, no fundo, todo o mundo soubesse o que acontece. Em particular, os inimigos do Estado, os rivais do Estado não devem saber quais são os recursos reais de que este dispõe em homens, em riquezas etc. Logo, necessidade do segredo. Necessidade, por conseguinte, de pesquisas que sejam de certo modo coextensivas ao exercício de uma administração, mas também necessidade de uma codificação precisa do que pode ser publicado e do que não deve sê-lo. O que na época era chamado – e que fazia explicitamente parte da razão de Estado – de *arcana imperii*, segredos do poder[63], e as estatís-

....

* Depois de ter analisado o "conteúdo" do saber requerido pela razão de Estado, M. Foucault, no manuscrito (p. 24), descreve rapidamente sua "forma": (1) "pesquisas e relatórios contínuos", para começar, possibilitando a constituição de um "saber específico que nasce permanentemente no próprio exercício do poder governamental, que lhe é coextensivo, que o esclarece a cada passo e que indica, não o que se deve fazer, mas o que existe [e] o que é possível. O saber que reclamavam para a política era do domínio da razão prática. Era sempre o 'que fazer' (em termos de habilidade, de prudência, de sabedoria, de virtude). Essencialmente prescritivo, articulado a partir do *exemplum*, de que se tiravam conselhos positivos/negativos. Agora, o governo vai se lastrear de todo um saber factual, contemporâneo, articulado em torno de um real (o Estado), tendo em torno de si um campo de possibilidade e de impossibilidade. O Estado: essa instância do real que define as possibilidades do governo"; (2) o segredo: "em muitos casos, esse saber das forças (real + possibilidade) só é um instrumento de governo contanto que não seja divulgado". Somente esse segundo ponto é retomado na aula.

ticas, em particular, foram por muito tempo consideradas segredos que não se devia divulgar⁶⁴.

Por fim, em terceiro lugar, ainda nessa ordem da prática da verdade, o problema do público, quer dizer, que a razão de Estado deve intervir sobre a consciência das pessoas, não simplesmente para lhes impor um certo número de crenças verdadeiras ou falsas, como quando os soberanos queriam fazer crer em sua legitimidade ou na ilegitimidade do seu rival, mas de maneira que a opinião delas seja modificada e, com a opinião delas, a maneira de elas agirem, seu comportamento como sujeitos econômicos, seu comportamento como sujeitos políticos. É todo esse trabalho com a opinião do público que vai ser um dos aspectos da política da verdade na razão de Estado.*

Dizendo tudo isso a vocês, está claro que não quis de modo algum fazer a genealogia do Estado ou a história do Estado. Quis simplesmente mostrar algumas faces ou algumas arestas do que poderíamos chamar de prisma prático-reflexivo, ou simplesmente prisma reflexivo, em que apareceu no século XVI, fim do século XVI – início do século XVII, o problema do Estado. É mais ou menos como se eu lhes dissesse: não quis fazer a história do planeta Terra em termos de astrofísica, quis fazer a história do prisma reflexivo que permitiu, a partir de um certo momento, pensar que a Terra era um planeta. É mais ou menos a mesma coisa, mas com uma diferença. É que, quando se faz simplesmente a história das

....

* O manuscrito, p. 25, acrescenta: "O público como sujeito-objeto de um saber: sujeito de um saber que é 'opinião' e objeto de um saber que é de tipo totalmente diferente, porque tem a opinião como objeto e porque esse saber de Estado se propõe modificar a opinião ou utilizá-la, instrumentalizá-la. Estamos longe da ideia 'virtuosa' de uma comunicação do monarca com os seus súditos no conhecimento comum das leis humanas, naturais e divinas. Longe também da ideia 'cínica' de um príncipe que mente aos seus súditos para melhor assentar e conservar seu poder".

ciências, quando se faz simplesmente a história da maneira como se aprendeu, constituiu um saber tal que a Terra aparece nele como um planeta em relação ao Sol, quando se faz uma história assim, é evidente que se faz a história de uma série totalmente autônoma e independente, que não tem nada a ver com a evolução do próprio cosmo. O fato de que, a partir de um certo momento, se soube que a Terra é um planeta não influiu em nada sobre a posição da Terra no cosmo, é óbvio, ao passo que o aparecimento do Estado no horizonte de uma prática refletida, no fim do século XVI e início do século XVII, teve uma importância capital na história do Estado e na maneira como efetivamente se cristalizaram as instituições do Estado. O acontecimento reflexivo, o conjunto dos processos pelos quais o Estado, num momento dado, entrou efetivamente na prática refletida das pessoas, a maneira como o Estado, num momento dado, tornou-se, para os que governavam, para os que aconselhavam os governantes, para os que refletiam sobre os governos e a ação dos governos tal como a viam [...]*, essa maneira, com toda a certeza, não foi o fator absolutamente determinante do desenvolvimento dos aparelhos de Estado, que na verdade existiam desde muito antes – exército, fisco, justiça, tudo isso existia muito antes –, mas foi absolutamente capital, creio, para que todos esses elementos entrassem no campo de uma prática ativa, pactuada, refletida, que foi precisamente o Estado. Não se pode falar do Estado-coisa como se fosse um ser que se desenvolve a partir de si mesmo e que se impõe por uma mecânica espontânea, como que automática, aos indivíduos. O Estado é uma prática. O Estado não pode ser dissociado do conjunto das práticas que fizeram efetivamente que ele se tornasse uma maneira de governar, uma maneira de agir, uma maneira também de se relacionar com o governo.

....
* Segmento de frase inacabado.

Foi portanto essa espécie de prisma reflexivo que procurei isolar. E vou concluir fazendo simplesmente uma observação (gostaria de fazer outras, mas tentarei fazê-las da próxima vez). É que, nessa análise da razão de Estado, vista pelo ângulo da salvação e do golpe de Estado, pelo ângulo da obediência e da submissão, pelo ângulo da verdade, da pesquisa e do público, há afinal de contas um elemento que está ao mesmo tempo... eu ia dizendo, presente e ausente – presente de certa maneira, porém mais ausente do que presente. Esse elemento é a população. A população está ao mesmo tempo presente na medida em que, quando se pergunta: qual a finalidade do Estado?, e se responde: a finalidade do Estado é o próprio Estado, mas o próprio Estado na medida em que esse Estado deve ser feliz, deve ser próspero etc., pode-se dizer que a população, como sujeito ou objeto dessa felicidade, é ligeiramente esboçada. Quando se fala da obediência – e, para o governo, o elemento fundamental da obediência é o povo, o povo que pode entrar em sedição –, vê-se que a noção de "população" está ligeiramente presente. Quando se fala do público, desse público sobre cuja opinião é necessário agir, de maneira a modificar seus comportamentos, já se está bem perto da população. Mas creio que o elemento realmente refletido da população, a noção de população não está presente e não é operatória nessa primeira análise da razão de Estado. É no fundo de uma felicidade sem sujeito que a razão de Estado fala. Quando Chemnitz, por exemplo, define o que é a razão de Estado, ele fala em "felicidade do Estado", e nunca em "felicidade da população"[65]. Não são os homens que devem ser felizes, não são os homens que devem ser prósperos, no limite, não são nem mesmo os homens que devem ser ricos, mas o próprio Estado. É esse um dos traços fundamentais da política mercantilista da época. O problema é a riqueza do Estado, não a da população. A razão de Estado é uma relação do Estado consigo mesmo, uma automanifestação na qual o elemento população está esboçado, mas não presente, esboçado mas não refletido. Da mesma maneira, quando se fala com Bacon das sedições, quando se fala da indigência e do descontentamento, está-se bem perto da população, mas Bacon nunca considera a população como constituída de sujeitos econômicos capazes de ter um comportamento autônomo. Vai se falar de riquezas, vai se falar de circulação das riquezas, da balança comercial, não se vai falar da população como sujeito econômico. E, quando, a propósito da verdade, os teóricos da razão de Estado insistem sobre o público, sobre a necessidade de haver uma opinião pública, é de certo modo de uma maneira puramente passiva que a análise se faz. Trata-se de dar aos indivíduos certa representação, certa ideia, de lhes impor alguma coisa, mas de forma alguma de utilizar de maneira ativa a atitude, a opinião, a maneira de agir deles. Em outras palavras, penso que a razão de Estado definiu de fato uma arte de governar em que a referência à população estava implícita, mas, precisamente, ainda não havia entrado no prisma reflexivo. O que vai acontecer, do início do século XVII a meados do século XVIII, vai ser uma série de transformações graças às quais e através das quais essa espécie de elemento central em toda a vida política, em toda a reflexão política, em toda a ciência política a partir do século XVIII, essa noção de população vai ser elaborada. Ela vai ser elaborada por intermédio de um aparelho instalado para fazer a razão de Estado funcionar. Esse aparelho é a "polícia". E é a intervenção desse campo de práticas que vai ser chamado de "polícia", é essa intervenção que, nessa teoria geral – absolutista, se vocês quiserem – da razão de Estado, vai fazer surgir esse novo sujeito. Bem, é isso que tentarei lhes explicar da próxima vez.

NOTAS

1. Cf. a aula precedente (8 de março), p. 321.
2. Giovanni Antonio Palazzo, *Discorso del governo e della ragion vera di Stato*, Napoli, per G. B. Sottile, 1604. Não se sabe quase nada desse autor, salvo que exerceu por algum tempo a profissão de advogado em Nápoles, sem tirar maior proveito desse ofício, e foi secretário do senhor de Vietri, Don Fabrizio Di Sangro. Seu livro foi objeto de duas traduções em francês: *Discours du gouvernement et de la raison vraye d'Estat*, por Adrien de Vallières, Douai, impr. De Bellire, 1611, e *Les politiques et vrays remèdes aux vices volontaires qui se comettent ez cours et republiques*, Douai, impr. B. Bellère, 1661, assim como de uma tradução latina: *Novi discursus de gubernaculo et vera status ratione nucleus, ab Casparo Janthesius*, ab Casparo Janthesius, Dantzig, sumptibus G. Rhetii, 1637.
3. *Discours du gouvernement...*, trad. fr. cit., parte I, cap. 3 ("De la raison d'estat"), p. 13: "Razão é muitas vezes tida como a essência de toda coisa, que outra coisa não é senão o ser inteiro daquilo que consiste na união de todas as partes".
4. *Ibid.*: "Mais que isso, a razão significa a potência intelectual da alma, que entende e conhece a verdade das coisas, e regra bem e devidamente a vontade em suas ações".
5. *Ibid.*: "Tomada pois em sua primeira significação, a razão é a essência inteira das coisas e, tomada na outra, é uma regra justa das próprias coisas e uma medida das nossas operações". Cf. igualmente IV, 17, p. 363.
6. *Ibid.*, I, 2 ("De l'estat de la republique, & des princes, cause finale du gouvernement"), p. 10-1, e IV, 17 ("De la raison d'estat"), p. 362. Por ser mais conciso e mais preciso que o primeiro, citamos o segundo texto integralmente: "Usa-se a palavra estado para significar quatro coisas. Primeiro, ele significa um lugar limitado do domínio, o qual, sendo exercido neste, não pode ultrapassar seus confins. Segundo, estado significa a mesma jurisdição, que se chama estado, na medida em que o príncipe se esforce para conservá-la e torná-la firme e estável perpetuamente; assim sendo, tal estado outra coisa não é senão um domínio perpétuo e estável do príncipe. Terceiro, estado significa

uma opção perpétua de vida, seja não se casar, ser religioso ou se casar; ou, verdadeiramente, significa uma opção de ofício, de arte e de exercício, que também se chama grau e condição, e essa opção é chamada estado, pelo fato de que o homem deve ser imutável nela e constante na observância das suas regras e razões introduzidas para a sua firmeza. Finalmente, estado significa uma qualidade das coisas contrária ao movimento. Porque assim como é sempre próprio das coisas imperfeitas, que existem agora e depois não existem mais, que são ora boas, ora ruins, ora de uma qualidade, ora de outra, sendo isso causado pela contrariedade e pela distinção das próprias coisas; de maneira semelhante, ao contrário, a paz nada mais é que um repouso, uma perfeição e um estabelecimento das próprias coisas, causadas pela simplicidade e pela união das que são voltadas para um mesmo fim, já adquirido; e por essa propriedade de tornar as coisas firmes e estáveis, esse repouso vem a ser chamado estado".

7. *Ibid.*, I, 2; IV, 18-21.
8. *Ibid.*, I, 3, p. 13-4: "Primeiro, razão de estado é a essência inteira das coisas e de tudo o que é requerido a todas as artes e a todos os ofícios que existem na república. Essa descrição pode ser verificada por exemplos, porque qualquer província que venha a fraquejar, ou qualquer cidade, ou se qualquer castelo do reino vier a ser ocupado, a integridade da sua essência cessa. Por isso pode-se e deve-se usar dos meios convenientes para repô-lo em sua inteireza, e esse uso e emprego de meios se faz por razão de Estado, isto é, para a sua integridade".
9. *Ibid.*, p. 14: "Mas, segundo a outra significação, digo que a razão de Estado é uma regra e uma arte que ensina e observa os meios devidos e convenientes para obter o fim destinado pelo artesão, definição esta que se verifica no governo, porque é ele que nos dá a conhecer os meios e nos mostra o exercício dos que são necessários para obter a tranquilidade e o bem da república [...]".
10. Sobre essa datação, cf. *supra*, p. 336-7, nota 24.
11. B. Chemnitz (Hippolithus a Lapide), *Interets des Princes d'Allemagne*, ed. citada (1712), t. 1, p. 12 (texto latino, ed. 1647, p. 8). Algumas páginas acima, Chemnitz critica a definição de Palazzo ("a razão de Estado é uma regra e um nível com o qual se medem todas as coisas e que as conduz ao termo a que são levadas"), por ser "demasiado geral e demasiado obscura" para explicar claramente o que é a razão de Estado (*ibid.*, p. 10; ed. 1647, p. 6-7). Foucault, portanto, só

tem razão de dizer que Chemnitz a confirma se se situar de um ponto de vista exterior aos debates acadêmicos sobre o sentido da expressão.

12. Paul Hay, marquês du Chastelet, *Traitté de la politique de France*, op. cit., ed. de 1677, p. 13-4: "Os meios da Política consistem em observar exatamente a Religião, em administrar justiça em todas as coisas, em fazer de modo que os povos possam se manter nos tempos e varrendo de um Estado a pobreza e a Riqueza, em nele manter uma justa e louvável mediocridade".

13. A tradução de 1712, citada acima por Foucault – "chamo razão de Estado a certo cuidado político que se deve ter em todos os negócios públicos, em todos os conselhos e em todos os desígnios, e que deve tender unicamente à conservação, à ampliação e à felicidade do Estado, para o que há que empregar os meios mais fáceis e mais prontos" (*op. cit.*, p. 12) –, trai aqui o texto latino que define a razão de Estado como certo ponto de vista político, a que, como a uma regra, se remetem toda decisão e toda ação numa república, a fim de atingir o objetivo supremo, que é a salvação e o crescimento da república (*summum finem, qui est salus et incrementum Reipublicae*), pelos meios mais felizes (*felicius*) e mais prontos. A "felicidade" pertence portanto aos meios, e não aos fins.

14. Cf. a aula precedente, p. 311-4.

15. *Op. cit.*, I, 5 ("De la nécessité & de l'excellence du gouvernement"), p. 28-9.

16. *Ibid.*, p. 31: "[...] visto que ele [o governo] é nosso Príncipe, nosso Capitão e condutor nesta guerra do mundo, a república tem continuamente necessidade dele, por serem infinitas as más recaídas a que convém remediar. Isso ainda seria pouco, se não lhe fosse necessário conservar com muito mais vigilância a saúde que ela adquiriu, porque, senão, as desordens dos homens seriam em tão grande número que a própria república não seria capaz nem suficiente para se conservar em paz nem mesmo por uma só hora".

17. Cf. *O príncipe*, cap. II-VII.

18. Cf. a aula precedente, p. 338-9, nota 40.

19. Jean Sirmond (c. 1589-1649), *Le Coup d'Estat de Louis XIII*, Paris, [s.n.], 1631. Cf. E. Thuau, *Raison d'État et Pensée politique à l'époque de Richelieu*, op. cit., p. 226-7 e 395. Esse libelo faz parte do *Recueil de diverses pièces pour servir à l'Histoire* [1626-1634], composto por Hay du Chastelet em 1635 (Paris, [s.n.]).

20. G. Naudé, *Considérations politiques sur les coups d'État*, op. cit. (1667), cap. 2, p. 93 e 103 (reed. 1988, p. 99 e 101). Cf. E. Thuau, *op. cit.*, p. 324. Naudé aplica aos golpes de Estado a definição que ele opõe, de início, à definição dada por Botero para razão de Estado ("[...] no que, a meu ver, ele só coincide com os que a definem como *excessum juris communis propter bonum commune*" [em nota: excesso do direito comum por causa do bem público]): "[Os] golpes de Estado [...] podem ser postos na mesma definição que já demos às Máximas e à razão de Estado, *ut sint excessus juris communis propter bonum commune*". Essa definição é emprestada de Scipione Ammirato (1531-1600), *Discorsi sopra Cornelio Tacito*, Florença, G. Giunti, 1594, XII, 1 / *Discours politiques et militaires sur C. Tacite*, trad. fr. L. Melliet, Rouen, chez Jacques Caillove, VI, 7, p. 338: "[A] razão de Estado outra coisa não é senão uma contravenção às Razões ordinárias, pelo respeito do bem público ou [...] de uma maior e mais universal razão".

21. G. Naudé, *op. cit.*, p. 103 (reed. 1988, p. 101), logo depois da definição latina citada acima: "[...] ou, para estender-me um pouco mais em francês, *ações ousadas e extraordinárias que os Príncipes são obrigados a executar nos casos difíceis e como que desesperados, contra o direito comum, sem guardar nenhuma forma de justiça, arriscando o interesse do particular, pelo bem do público*". Cf. E. Thuau, *op. cit.*, p. 324.

22. B. Chemnitz, *Interets des Princes d'Allemagne*, t. 1, p. 25-6: "A razão de Estado, encerrada nos limites de que vimos de falar [a Religião, a fidelidade, a honestidade natural e a justiça], não reconhece outras: as leis públicas, particulares, fundamentais, ou de qualquer outra espécie que seja, não a perturbam; e, quando se trata de salvar o Estado, ela pode ousadamente infringi-la".

23. *Ibid.*, p. 26: "[...] cumpre comandar, não segundo as leis, mas as próprias leis, as quais devem se acomodar ao presente estado da República, e não o Estado às leis".

24. G. Naudé, *Considérations politiques...*, cap. 5, p. 324-5 (reed. 1988, p. 163-4). A passagem diz respeito à justiça, segunda virtude do ministro-conselheiro, além da força e da prudência: "Tanto mais que essa justiça natural, universal, nobre e filosófica às vezes cai em desuso e é incômoda na prática do mundo, onde *veri juris germanaeque justitiae solidam et expressam effigiem nullam tenemus, umbria et imaginibus ultimur* [não temos nenhuma eficiência sólida e expressa do verdadeiro direito, e da verdadeira justiça, servimo-nos tão só das suas

sombras], será com muita frequência necessário servir-se da artificial, particular, política, feita segundo e relacionada à necessidade e às exigências das Polícias e Estados, pois é bastante folgada e bastante elástica para se acomodar, como a regra lesbiana, à fraqueza humana e popular, e aos diversos tempos, pessoas, assuntos e acidentes". Cf. E. Thuau, *Raison d'État...*, p. 323. Essas fórmulas, como observa A. M. Battista ("Morale 'privée' et utilitarisme politique en France au XVIIe siècle" (1975), *in* Ch. Lazzeri & D. Reynié, *Le Pouvoir de la raison d'État*, Paris, PUF, "Recherches politiques", 1992, p. 218-9), são quase literalmente emprestadas de Charron, *De la sagesse* (1601), Paris, Fayard, "Corpus des oeuvres de philosophie en langue française", 1986, III, 5, p. 626.

25. Cardin Le Bret (1558-1655), *De la souveraineté du roi, de son domaine et de sa couronne*, Paris, 1632; cf. E. Thuau, *op. cit.*, p. 275-8 e 396 para a citação (tirada de R. von Albertini, *Das politische Denken in Frankreich zur Zeit Richelieus*, Giessen, Bruhl, 1951, p. 181).

26. G. Naudé, *Considérations politiques...*, cap. 1, p. 15 (reed. 1988, p. 76): "Muitos consideram que o príncipe, sábio e sensato, deve não apenas comandar segundo as leis, mas também as próprias leis, se a necessidade assim exigir. Para preservar a justiça nas coisas grandes, diz Charron, às vezes é preciso desviar-se dela nas coisas miúdas, e para fazer certo no geral é permitido fazer errado no detalhe". Cf. E. Thuau, *op. cit.*, p. 323. A citação de Charron foi tirada do tratado *De la sagesse*.

27. B. Chemnitz, *Interets des Princes d'Allemagne*, t. 1, p. 27-8: "É verdade que essas pessoas às vezes cometiam injustiças e que essa maneira de punir os criminosos não era muito boa em si, pois os inocentes podiam ser envolvidos entre os culpados. Por isso, esse estabelecimento não durou muito e só foi suportado enquanto se acreditou ser necessário, em relação ao furor dos saxões que só podia ser mitigado por uma via tão extraordinária".

28. J. Genet, "Violence et brutalité" (À propos de la "Rote Armee Fraktion"), *Le Monde*, nº 10137, 2 de setembro de 1977, p. 1-2. Afirmando logo de saída que "violência e vida são quase sinônimos", Genet escrevia: "[...] o processo contra a violência é a própria brutalidade. E, quanto maior a brutalidade, quanto mais infamante o processo, mais a violência se torna imperiosa e necessária. Quanto mais prepotente a brutalidade, mais a violência, que é vida, será exigente até o heroísmo". Ele concluía assim a primeira parte do seu artigo: "Deve-

mos a Andreas Baader, a Ulrike Meinhof, a Holger Meine, à R.A.F. em geral, ter-nos feito compreender, não apenas por palavras, mas por suas ações, fora das prisões e nas prisões, que somente a violência pode pôr fim à brutalidade dos homens". A referência a esse texto é ainda mais interessante porque pode aparecer como uma apologia do terrorismo ("[a palavra] 'terrorismo' [...] deveria ser aplicada igualmente e mais ainda às brutalidades de uma sociedade burguesa"), contra os "esquerdistas desenvoltos" oriundos de Maio de 68, qualificados de angélicos, espiritualistas e humanistas – "o heroísmo", escreve Genet, "não está ao alcance de qualquer militante" –, ao passo que Foucault, desde 1977, manifestava nitidamente sua hostilidade em relação a toda forma de ação terrorista ("Eu não aceitava o terrorismo e o sangue, não aprovava Baader e seu bando", confiou mais tarde a Claude Mauriac. Cf. Cl. Mauriac, *Le Temps immobile*, Paris, Grasset, t. IX, 1986, p. 388; citado por D. Eribon, *Michel Foucault*, Paris, Flammarion, 1989, p. 276).

29. *La Vérité prononçant ses oracles sans flatteries*, citado por E. Thuau, *Raison d'État...*, p. 395: "As violências são brutalidades quando se cometem não mais que por um capricho particular; quando elas se cometem pelo concerto dos sábios, são golpes de Estado".

30. O dia de 11 de novembro de 1630, em que os "tolos" eram os adversários de Richelieu, que se imaginavam vencedores quando não eram. Luís XIII, doente, havia prometido a Maria de Médicis, a Gastão de Orléans e a Ana da Áustria, coligados, que demitiria o cardeal, mas mudou de ideia depois de uma entrevista com ele em Versalhes e lhe entregou seus inimigos (*Petit Robert des noms propres*, 1996, p. 630).

31. Alusão à detenção do príncipe de Condé, que tinha se aproximado dos conjurados depois da paz de Rueil, em 1649?

32. Em 1661. Superintendente das Finanças desde 1653, Nicolas Fouquet (1615-1680?) havia adquirido uma fortuna prodigiosa. Acusado de malversações, foi encarcerado na torre de Pignerol ao fim de um longo processo cheio de irregularidades.

33. Jean Racine, *Andromaque* (1668), em *Théâtre complet*, ed. por Maurice Rat, Paris, Garnier, 1960, p. 112-71.

34. *Athalie* (1691), *ibid.*, p. 648-715.

35. *Bérénice* (1671), *ibid.*, p. 269-350.

36. Aproximar essas observações das que Foucault desenvolve, em 1976, sobre a função política das tragédias de Shakespeare, Cor-

neille e Racine (*Il faut défendre la société*, op. cit., aula de 25 de fevereiro de 1976, p. 155-7).

37. G. Naudé, *Considérations politiques*..., p. 105 (reed. 1988, p. 101). Cf. E. Thuau, *Raison d'État*..., p. 324.

38. Francis Bacon (1561-1626), barão de Verulam, conselheiro de Estado em 1616, ministro da Justiça em 1617, depois Grão-Chanceler de 1618 a 1621, data na qual, acusado de concussão, foi destituído das suas funções.

39. Esse conselho terá sido ouvido? Em todo caso, a partir do fim dos anos 70, os estudos baconianos tiveram um impulso importante na França notadamente com a tradução dos *Essais* (Aubier, 1979), de *La Nouvelle Atlantide* (Payot, 1983; GF, 1995), do *Novum Organum* (PUF, 1986), do *De dignitate et augmentis scientiarum / Du progrès et de la promotion des savoirs* (Gallimard, "Tel", 1991) e de *La Sagesse des Anciens* (Vrin, 1997).

40. *Of Seditions and Troubles*. Esse escrito, ausente das duas primeiras edições dos *Essays* (*The Essayes or Counsels, Civill and Morall*, 1597, 1612), figura na terceira edição, publicada em 1625 (Londres, impr. John Haviland), um ano antes da morte do autor. Citaremos em nota o texto inglês e a tradução francesa, a partir da edição bilíngue dos *Essais*, estabelecida por M. Castelain, Paris, Aubier, 1979, p. 68-82.

41. Bacon, op. cit. (ed. Castelain), p. 68/69: "Shepheards of People have need know the Kalenders of Tempests in State, which are commonly greatest, when Things grow to Equality; As Naturall Tempests are greatest about the Aequinoctia. And as there are certain hollow Blasts of Winde ans secret Swellings of Seas before a Tempest, so are there in States." / "Os pastores de povos devem conhecer bem os calendários das tempestades do Estado, que costumam ser mais fortes quando as coisas tendem à igualdade, assim como as tempestades naturais são mais fortes em torno do equinócio. E assim como antes de uma tempestade há rajadas surdas de vento e roncos secretos dos mares, assim também se dá com os Estados."

42. *Ibid.*, p. 70/71.

43. *Ibid.*, p. 72/73: "For the Motions of the greatest persons in a Government ought to be as the Motions of the Planet under *Primum Mobile* (according to the old Opinion), which is, That Every of them is carried swiftly by the Highest Motion, and softly in their owne Motion. And therfore, when great Ones, in their owne particular Motion move violently, [...] It is a Signe the Orbs are out of Frame." / "Porque

AULA DE 15 DE MARÇO DE 1978   **379**

o movimento dos maiores personagens de um governo deve ser como o movimento dos planetas sob o *primum mobile* (segundo a antiga opinião), isto é, cada um deles é rapidamente carregado pelo movimento supremo, e lentamente pelo seu movimento próprio. Portanto, quando os grandes se movimentam violentamente em seu movimento particular, [...] é sinal de que as órbitas estão desajustadas."

44. *Ibid.*, p. 70-2/71-3. Alusão à atitude da Liga Católica, depois da paz de Monsieur (1576), que ela considerava demasiado favorável aos huguenotes. Ela forçou Henrique III a recomeçar a guerra contra estes últimos, ao mesmo tempo em que visava destroná-lo em benefício do líder da Liga, o duque Henrique de Guise. O rei mandou assassiná-lo em 1588, depois do dia das Barricadas, em Paris, quando a Liga sublevou-se em favor do duque.

45. Essa distinção aparece sob uma forma menos escolástica no texto original de Bacon, que fala de "the Materials of Seditions; Then, [...] the Motives of them" / "a matéria das sedições, depois [...] seus motivos" (*ibid.*, p. 72/73).

46. *Ibid.*, p. 74/75: "[...] the Rebellions of the Belly are the worst" / "[...] as rebeliões da barriga são as piores".

47. *Ibid.*: "And let no Prince mesure the Danger of them by this, wether they be Iust, or Iniust? For that were to imagine People to be too reasonable, who doe often spurne at their owne Good; Nor yet by this, wether the Griefes, whereupon they rise, be in fact great or small; For they are the most dangerous Discontentments, where the Fear is greater than the Feeling." / "E que nenhum príncipe meça o perigo das queixas pelo fato de serem justas ou injustas, porque isso seria imaginar o povo demasiado sensato, quando ele muitas vezes repele seu próprio bem; nem pelo fato de as queixas, quando surgem, serem de fato grandes ou medíocres, porque os descontentamentos em que o medo é maior que o sofrimento são os mais perigosos."

48. *Ibid.*, p. 72/73: "[...] the surest way to prevent Seditions (if the Times doe beare it) is to take away the Matter of them. For if there be Fuell prepared, it is hard to tell whence the Spark shall come that shall set in on Fire. The Matter of Seditions is of two kindes; Much Poverty and Much Discontentment". / "[...] o meio mais seguro de prevenir as sedições (se os tempos permitirem) é suprimir sua matéria. Porque, havendo matéria inflamável pronta, é difícil dizer de onde virá a centelha que a inflamará. A matéria das sedições é de dois tipos: muita pobreza e muito descontentamento".

49. *Ibid.*, p. 74/75: "[...] whatsoever in offending People ioyneth and knitteth them in a Common Cause" / "[...] tudo o que, lesando os súditos, une-os e funde-os numa causa comum".

50. *Ibid.*, p. 76/77: "For a smaller Number, that spend more and earne lesse, doe weare out an Estate sooner then a greater Number, that live lowwer and gather more." / "Porque um número menor, que gaste mais e ganhe menos, solapa mais rápido uma nação do que um número maior, que viva mais modestamente e produza mais."

51. *Ibid.*, p. 74-6/75-7.

52. O texto não diz exatamente isso: "[...] which Kind of Persons are either to be wonne and reconciled to the State, and that in a fast and true manner; Or to be fronted with some other of the same Partym, that may oppose them, and so divide the reputation". / "[...] essa gente [os nobres] pode ser ganha e reconciliada com o governo, de forma firme e segura; ou se pode suscitar-lhes em seu próprio partido algum adversário que lhe fará oposição, e assim dividir sua reputação". O remédio proposto, como esclarece a frase seguinte, é portanto "dividir e romper as facções", e não executar os líderes.

53. *Ibid.*, p. 76-80/77-81.

54. *Ibid.*, p. 70/71: "[...] as Macciavel noteth well; when Princes that ought to be Common Parents, make themselves as a Party and leane to a side, it is as a Boat that is overthrowen by uneven weight on the one Side". / "[...] como bem nota Maquiavel, quando os príncipes, que deveriam ser os pais de todos, tornam-se uma facção e tomam partido, é como um barco sobrecarregado de um lado por um peso mal distribuído". Segue-se então o exemplo de Henrique III.

55. Cf. no entanto p. 72/73 (a propósito do exemplo de Henrique III): "[...] when the Authority of Princes, is made but an Accessary to a Cause, And that there be other Bands that tie faster then the Band of Soveraignty, Kings begin to be put almost out of Possession". / "[...] quando a autoridade dos príncipes já não é mais que o reforço de uma facção e quando existem outros nós que amarram com maior firmeza do que o da soberania, os reis estão próximos de ser esbulhados".

56. Cf. *O Príncipe*, cap. 9.

57. Sobre o perigo das conjurações, cf. *ibid.*, cap. 19 (trad. cit. [*supra*, p. 65, nota 2], p. 156-7).

58. *Ibid.*, caps. 15-19.

59. Cf. E. Thuau, *Raison d'état...*, p. 169-78, sobre o "governo dos espíritos" segundo Richelieu e a aplicação do princípio "governar é fazer crer".

60. M. Foucault faz alusão aos trabalhos de William Petty (1623-1684), fundador da aritmética política (*Political Arithmetick or a Discourse Concerning, The Extent and Value of Lands, People, Buildings: Husbandry, Manufacture, Commerce, Fishery, Artizans, Seamen, Soldiers; Publick Revenues, Interest, Taxes, Superlucration, Registries, Banks Valuation of Men, Increasing of Seamen, of Militia's, Harbours, Situation, Shipping, Power at Sea, &c. As the same relates to every Country in general, but more particularly to the Territories of His Majesty of Great Britain, and his Neighbours of Holland, Zealand, and France*, Londres, R. Clavel, 1691; trad. franc. Dussauze & Pasquier, in *Les Oeuvres économiques de William Petty, op. cit.*, t. 1, p. 263-348). De 1652 a 1659, Petty, que tinha sido contratado como médico pelo governo da Irlanda, havia sido encarregado, depois de estabelecer o cadastro da ilha, de dividir as terras confiscadas aos católicos entre as tropas inglesas e seus financiadores. Foi dessa experiência que nasceu sua obra *The Political Anatomy of Ireland* (1671-1672; 1ª ed., Londres, D. Brown, 1691 / *L'Anatomie politique de l'Irlande*, em *Oeuvres économiques*, t. 1, p. 145-260).

61. Sobre o desenvolvimento da estatística alemã, cf. V. John, *Geschichte der Statistik, op. cit.*, p. 15-154. As obras mais representativas dessa tradição são os escritos de H. Conring dedicados à "notitia rerum publicarum" (*Opera*, t. IV, Braunschweig, F. W. Meyer, 1730) e o tratado de Gottfried Achenwall – a quem devemos a invenção da palavra *Statistik*, em 1749 –, *Notitiam rerum publicarum Academiis vindicatam*, Göttingen, J. F. Hager, 1748. Cf. R. Zehrfeld, *Hermann Conrings (1606-1681) Staatenkunde. Ihre Bedeutung für die Geschichte der Statistik unter besonderen Berücksichtigung der Conrigischen Bevölkerungslehre*, Berlim-Leipzig, W. De Gruyter, 1926; F. Felsing, *Die Statistik als Methode der politischen Ökonomie im 17. und 18. Jahrhundert*, Leipzig, 1930.

62. Cf. *infra*, p. 426-7.

63. Esse conceito, que remonta a Tácito, foi introduzido por Bodin no vocabulário político moderno (*Methodus ad facilem Historiarum cognitionem*, [Parisiis, apud Martinum Iuvenem], 1566, cap. 6 / *La Méthode de l'histoire*, trad. fr. P. Mesnard, Paris, PUF, 1951, p. 349). O primeiro grande tratado dedicado a esse tema é o do jurista alemão Arnold Clapmar (dito Clapmarius), *De arcanis rerum publicarum*, Bremen, 1605; reed. Amsterdam, apud Ludovicum Elzevirium, 1644.

64. Cf. por exemplo o *Discours historique à Monseigneur le Dauphin sur le Gouvernement intérieur du Royaume*, 1736: "Quanto mais as

forças do Estado são ignoradas, mais são respeitáveis" (manuscrito anônimo de inspiração colbertista, citado por E. Brian, *La Mesure de l'État*, Paris, Albin Michel, "L'Évolution de l'humanité", 1994, p. 155). Essa tradição do segredo da administração prolongou-se, como mostra Brian, até a segunda metade do século XVIII.

65. Cf. *supra*, nota 13.

AULA DE 22 DE MARÇO DE 1978

> A razão de Estado (III). – O Estado como princípio de inteligibilidade e objetivo. – O funcionamento dessa razão governamental: (A) Nos textos teóricos. A teoria da manutenção do Estado. (B) Na prática política. A relação de concorrência entre os Estados. – O tratado de Vestefália e o fim do Império Romano. – A força, novo elemento da razão política. – Política e dinâmica das forças. – O primeiro conjunto tecnológico característico dessa nova arte de governar: o sistema diplomático-militar. – Seu objetivo: a busca de um equilíbrio europeu. O que é a Europa? A ideia de "balança". – Seus instrumentos: (1) a guerra; (2) a diplomacia; (3) o estabelecimento de um dispositivo militar permanente.

Procurei mostrar um pouco a vocês como se realizou na Europa o que poderíamos chamar de avanço de uma "razão governamental"*. Não quero dizer com isso que essa arte de governar os homens, de que procurei indicar a vocês alguns traços ao falar da prática pastoral, tornou-se, por um processo de simples transporte, transferência, traslado, um dos atributos do poder soberano. Não é que o rei se tornou pastor, se tornou pastor dos corpos e das vidas, mais ou menos como o outro pastor, o pastor espiritual, era o pastor das almas e das sobrevidas. O que veio à luz – é o que procurei lhes mostrar – foi uma arte absolutamente específica de governar, uma arte que tinha sua própria razão, sua própria racionalidade, sua própria *ratio*. Acontecimento na história da razão ocidental, da racionalidade ocidental, que não é sem dúvida menos importante do que aquele que, exatamente na mesma época, isto é, fins do século XVI – correr do século XVII, foi caracterizado por Kepler, Galileu, Descartes etc. Temos aqui um fenômeno bastante complexo de transforma-

....

* Entre aspas no manuscrito.

ção dessa razão ocidental. Procurei lhes mostrar como esse aparecimento de uma razão governamental tinha dado lugar a certa maneira de pensar, de raciocinar, de calcular. Essa maneira de pensar, de raciocinar, de calcular era o que, na época, se chamava política, e nunca se deve esquecer que ela foi inicialmente percebida, reconhecida – e logo inquietou os contemporâneos – como algo que seria uma heterodoxia. Outra maneira de pensar, outra maneira de pensar o poder, outra maneira de pensar o reino, outra maneira de pensar o fato de reinar e de governar, outra maneira de pensar as relações entre o reino do céu e o reino terrestre. Essa heterodoxia é que foi identificada como e chamada de política; a política, que seria um pouco para a arte de governar o que a *máthesis* era, na mesma época, para a ciência da natureza.

Quis também lhes mostrar que essa *ratio* governamental, essa razão governamental desenhava algo que era ao mesmo tempo seu princípio e seu objetivo, seu fundamento e sua meta, e esse algo, mais ou menos princípio e objetivo da razão governamental, é o Estado. O Estado que seria, por assim dizer, um pouco, não sei bem como dizer..., princípio de inteligibilidade e esquema estratégico, digamos, para usar uma palavra anacrônica em relação à época de que lhes falo: a ideia reguladora[1]. O Estado é a ideia reguladora da razão governamental. Quero dizer com isso que o Estado, nesse pensamento político, nesse pensamento que buscava a racionalidade de uma arte de governar, o Estado foi de início um princípio de inteligibilidade do real. O Estado foi certa maneira de pensar o que eram, em sua natureza própria e em seus vínculos, em suas relações, certo número de elementos, certo número de instituições já dados. O que é um rei? O que é um soberano? O que é um magistrado? O que é um corpo constituído? O que é uma lei? O que é um território? O que são os habitantes desse território? O que é a riqueza do príncipe? O que é a riqueza do soberano? Tudo isso começou a ser concebido como elementos do Estado. O Estado foi certa maneira de conceber, de analisar, de definir a natureza e as relações desses elementos já dados. O Estado é, portanto, um esquema de inteligibilidade de todo um conjunto de instituições já estabelecidas, de todo um conjunto de realidades já dadas. Percebe-se que o rei se define como um personagem que tem um papel particular, não tanto em relação a Deus, não tanto em relação à salvação dos homens, mas em relação ao Estado: magistrado, juiz etc. Logo, o Estado como princípio de inteligibilidade de uma realidade já dada, de um conjunto institucional já estabelecido.

Em segundo lugar, o Estado funciona nessa razão política como um objetivo – isto é, como o que deve ser obtido ao cabo das intervenções ativas – dessa razão, dessa racionalidade. O Estado é o que deve estar no fim da operação de racionalização da arte de governar. A integridade do Estado, o acabamento do Estado, o fortalecimento do Estado e seu restabelecimento, se ele foi comprometido, se alguma revolução o derrubou ou, por um momento, suspendeu sua força e seus efeitos específicos, é tudo isso que deve ser obtido pela intervenção da razão de Estado. O Estado é portanto o princípio de inteligibilidade do que é, mas também é o que deve ser. E só se compreende o que é como Estado para melhor conseguir fazer o Estado existir na realidade. Princípio de inteligibilidade e objetivo estratégico, é isso, a meu ver, que emoldura a razão governamental, que era chamada, precisamente, de razão de Estado. Quero dizer que o Estado é, essencialmente e antes de mais nada, a ideia reguladora dessa forma de pensamento, dessa forma de reflexão, dessa forma de cálculo, dessa forma de intervenção que se chama política. A política como *máthesis*, como forma racional da arte de governar. A razão governamental coloca o Estado, portanto, como princípio de leitura da realidade e o coloca como objetivo e como imperativo. O Estado é o que comanda a razão governamental, quer dizer, é o que faz que se possa governar racionalmente segundo as necessidades; é a função de inteligibilidade do Estado em relação ao real e é o que faz que seja racional, que seja necessário governar. Governar racionalmente porque há um Estado e para que haja um Estado. Eis em poucas palavras o que eu procurei lhes dizer nas últimas vezes.

Tudo isso, claro, é totalmente insuficiente para chegar a identificar realmente o funcionamento dessa razão de Estado, dessa razão governamental. De fato, se retomarmos um pouco essas definições da razão de Estado de que lhes falava, parece-me que há sempre algo como, não exatamente um equívoco, mas como uma oscilação, uma espécie de efeito de mexido, de tremido, uma oscilação na definição. Não sei se vocês se [lembram], quando me referi ao texto de Palazzo, escrito, editado, publicado em italiano em 1606 e traduzido em francês em 1611[2], como a razão de Estado era definida. Palazzo dizia que a razão de Estado é o que deve assegurar a integridade do Estado, é, dizia ele, e cito suas próprias palavras, "a própria essência da paz, a regra de viver em repouso, a perfeição das coisas"[3]. Em outras palavras, Palazzo dá aqui uma definição propriamente essencialista da razão de Estado. A razão de Estado deve fazer que o Estado efetivamente seja conforme ao que ele é, isto é, permaneça em repouso, próximo da sua essência, que sua realidade seja exatamente conforme ao que deve ser, no nível da sua necessidade ideal. A razão de Estado vai ser portanto esse ajuste da realidade do Estado à essência eterna do Estado, ou, em todo caso, à essência imutável do Estado. Digamos numa palavra: a razão de Estado é o que permite manter o Estado "em estado". Aliás, Palazzo (eu lhes citei esse texto[4]) jogava com a palavra *status*, que significa ao mesmo tempo "Estado", no sentido de um Estado, e ao mesmo tempo a imobilidade da coisa. Manter o Estado em estado, eis o que dizia Palazzo.

Mas, na verdade, nas definições do próprio Palazzo e em outras definições mais ou menos da mesma época, a razão de Estado é ao mesmo tempo caracterizada por um outro aspecto que intervém de uma maneira, não posso dizer absolutamente secreta mas, digamos, discreta. De fato, Palazzo diz que a razão de Estado é a regra que possibilita a aquisição dessa paz, desse repouso, dessa perfeição das coisas, a aquisição dessa paz, sua conservação e sua amplificação. Botero, que é, a meu ver, o primeiro na Itália a fazer a teoria da razão de Estado, diz que a razão de Estado é "um conhecimento perfeito dos meios pelos quais os Estados se formam, se mantêm, se fortalecem e se ampliam"[5]. Chemnitz, muito mais tarde, no momento do tratado de Vestefália, dirá que a razão de Estado é o que permite estabelecer, conservar, ampliar uma república[6]. E, embora seja verdade que a maioria dos teóricos insiste no fato de que a razão de Estado é o que permite manter o Estado – emprega-se a palavra "manutenção", manter –, todos acrescentam que, junto com isso, além disso, ademais, talvez de uma maneira um tanto ou quanto subordinada aliás, também é necessário ampliá-lo. O que é então essa ampliação do Estado que intervém em todas as definições da razão de Estado? As definições, enfim, os textos que cito para vocês – o de Botero, o de Palazzo certamente, o de Chemnitz, sem dúvida um pouco menos, porque estava mais vinculado a uma situação política precisa –, a maioria desses textos é, apesar de tudo, constituída de textos um pouquinho teóricos e especulativos, que ainda têm um certo relento platônico, no sentido de que a manutenção do Estado em conformidade com a sua essência de Estado é que deve, segundo eles, caracterizar a razão de Estado. O que há que evitar, claro, são os acontecimentos quase necessários, em todo caso sempre ameaçadores de que Bacon falava, por exemplo a propósito das sedições[7]. Mas é outra coisa também. O que há que evitar, segundo Botero, segundo Palazzo e os outros, são esses processos praticamente inevitáveis, sempre ameaçadores em todo caso, que trazem embutido o risco de fazer o Estado entrar em decadência e de, depois de tê-lo levado ao zênite da história, fazê-lo desaparecer e se apagar. O que se trata de evitar, no fundo – e é nisso e por isso que a razão de Estado funciona, segundo Botero e Palazzo –, é o que aconteceu ao reino da Babilônia, ao Império Romano, ao Império de Carlos Magno, esse ciclo do nascimento, do crescimento, da perfeição e, depois, da decadência. Esse ciclo é o que se chama, no vocabulário da época, de "revoluções". A revolução, as revoluções são essa espécie de fenômeno quase natural, enfim meio natural e meio histórico, que faz os Estados entrarem num ciclo que, depois de tê-los levado à luz e à plenitude, os faz em seguida desaparecer e se apagar. É isso a revolução. E o que Botero e Palazzo entendem por razão de Estado é, no fundo, essencialmente, manter os Estados contra essas revoluções. Nesse sentido, vocês estão vendo que estamos próximos de Platão, como eu lhes dizia há pouco, mas com a diferença de que, contra a decadência sempre ameaçadora das cidades, Platão propunha um meio, que era uma boa constituição, boas leis e magistrados virtuosos, enquanto os homens do século XVI, Botero, Palazzo, contra essa ameaça quase fatal das revoluções, o que eles propõem não são tanto leis, não é tanto uma constituição, não é nem mesmo a virtude dos magistrados, é uma arte de governar, logo uma espécie de habilidade, em todo caso uma racionalidade nos meios utilizados para governar. Mas, no fundo, essa arte de governar ainda tem o mesmo objetivo das leis de Platão, isto é, evitar a revolução, manter o Estado, um só Estado, num estado permanente de perfeição.

Mas, de fato, em textos que são menos teóricos, menos especulativos, menos moralistas ou morais que os de Botero e de Palazzo, creio que encontramos uma coisa bem diferente. Nós a encontramos em textos que emanam de gente certamente mais próxima da prática política, de gente que está diretamente envolvida nela, que a exerceram eles próprios, ou seja, nos textos deixados por Sully, que foram publicados com o título de *Economias reais*[8], nos textos deixados por Richelieu, como também nas *Instruções* que foram dadas a embaixadores, por exemplo, ou a um certo número de dirigentes, de funcionários reais. E vemos neles que essa teoria da manutenção do Estado é de todo insuficiente para cobrir a prática real da política e a efetivação da razão de Estado. Essa outra coisa, o suporte real àquilo que Botero e os outros chamavam simplesmente de "ampliação" do Estado é um fenômeno, parece-me, muito importante. É a constatação de que os Estados são postos uns ao lado dos outros num espaço de concorrência. E creio que essa ideia é, na época, ao mesmo tempo fundamental, nova e de uma extrema fecundidade quanto a tudo o que talvez possamos chamar de tecnologia política. Ideia nova, por quê? Podemos encarar a coisa sob dois aspectos: um aspecto propriamente teórico e um aspecto que se refere à realidade histórica do Estado.

Ponto de vista teórico: creio que a ideia de que os Estados estejam, entre si, numa relação de concorrência é, no fundo, a consequência direta, quase inelutável, dos princípios teóricos postos pela razão de Estado, de que lhes falei da última vez. Quando procurava lhes dizer como se concebia a razão de Estado, resultava que o Estado era definido pelos teóricos da razão de Estado como sendo sempre, em si mesmo, seu próprio fim. O Estado só se subordina a si mesmo. Não há nenhuma lei positiva, claro, tampouco nenhuma lei moral, tampouco nenhuma lei natural, no limite talvez nem mesmo nenhuma lei divina – mas essa é uma outra questão –, em todo caso, não há nenhuma lei que possa se impor de fora ao Estado. O Estado só se subordina a si mesmo, busca seu próprio bem e não tem nenhuma finalidade exterior, isto é, ele não deve desembocar em nada mais que em si mesmo. Nem a salvação do soberano, claro, nem a salvação eterna dos homens, nem nenhuma forma de consumação ou de escatologia para a qual deveria tender. Com a razão de Estado, eu lhes recordava da última vez, estamos num mundo de historicidade indefinida, num tempo aberto e sem termo. Em outras palavras, através da razão de Estado está esboçado um mundo em que haverá necessariamente, fatalmente e para sempre uma pluralidade de Estados que terão sua lei e seu fim apenas em si mesmos. A pluralidade de Estados não é, nessa perspectiva, uma forma de transição entre um primeiro reino unitário e um império último em que a unidade se encontraria. A pluralidade de Estados não é uma fase de transição imposta aos homens durante um tempo e para seu castigo. Na verdade, a pluralidade de Estados é a própria necessidade de uma história agora inteiramente aberta e que não é temporalmente polarizada para uma unidade última. Um tempo aberto, uma espacialidade múltipla – eis o que está de fato implicado nessa teoria da razão de Estado de que eu lhes falava na última vez.

Mas, para dizer a verdade, essas consequências teóricas sem dúvida não teriam como cristalizar algo como uma tecnologia política* se, de fato, elas não fossem articuladas numa realidade histórica de que constituíam precisamente o princípio de inteligibilidade. Ora, essa realidade histórica na qual se articulou a ideia de uma história temporalmente aberta e de um espaço, eu ia dizendo estatalmente múltiplo, essa realidade o que é? Claro, foi no decorrer do século XVI, de uma maneira absolutamente constatável, tangível, definitiva, reconhecida – e, aliás, institucionalizada no século XVII e no célebre tratado de Vestefália[9], de que vou lhes falar novamente –, que as velhas formas da universalidade que haviam sido propostas e impostas à Europa ao longo de toda a Idade Média e praticamente desde o Império Romano, e como herança do Império Romano, que enfim tudo isso desaparece. O fim do Império Romano deve ser situado exatamente em [1648]**, isto é, no dia em que se reconhece enfim que o Império não é a vocação última de todos os Estados, o Império já não é a forma na qual um dia se deve esperar ou sonhar que os Estados se fundirão. É nessa mesma época que se constata, ainda

....
* M. Foucault acrescenta: se, de fato, elas não pudessem ter se investido.
** M.F.: 1647.

com esse tratado de Vestefália, o fato de que a cisão da Igreja, devida à Reforma, essa cisão, de um lado, é adquirida, é institucionalizada, é reconhecida[10] e, de outro, os Estados, em sua política, em suas opções, em suas alianças, já não têm nem sequer de se unir de acordo com seus laços religiosos. Os Estados católicos podem perfeitamente se aliar a Estados protestantes e vice-versa, os Estados católicos podem utilizar exércitos protestantes e vice-versa[11]. Em outras palavras, essas duas grandes formas de universalidade que, sem dúvida, pelo menos no caso do Império, tinham se tornado uma espécie de invólucro vazio, de casca sem conteúdo desde que havia um certo número de anos, de décadas, talvez até de séculos, mas que ainda conservavam seu poder de focalização, de fascinação e de inteligibilidade histórica e política, essas duas grandes formas de universalidade – o Império e a Igreja – perderam sua vocação e seu sentido, pelo menos no nível dessa universalidade. É nessa realidade que se articula o princípio de que se está num tempo que é [politicamente]* aberto e num espaço que é estatalmente múltiplo. Temos agora unidades de certo modo absolutas, sem nenhuma subordinação nem dependência umas [em relação às outras], pelo menos no caso das principais, e essas unidades – é esse, então, o outro aspecto, a outra vertente da realidade histórica com que tudo isso se articula –, essas unidades se afirmam, ou em todo caso se procuram, procuram se afirmar, num espaço que é agora o dos intercâmbios econômicos ao mesmo tempo multiplicados, ampliados e intensificados. Elas procuram se afirmar num espaço que é o da concorrência comercial e da dominação comercial, num espaço de circulação monetária, num espaço de conquista colonial, num espaço de controle dos mares, e tudo isso dá à afirmação de cada Estado por si mesmo não simplesmente a forma de autofinalidade de que eu lhes falava na última vez, mas esta forma nova, a

* M.F.: temporalmente.

da concorrência. Só é possível afirmar-se num espaço de concorrência política e econômica, para empregar palavras meio anacrônicas em relação à realidade, num espaço de concorrência que vai dar seu sentido a esse problema da ampliação do Estado como princípio, fio condutor da razão de Estado.

Mais concretamente ainda, pode-se dizer que todo o aparecimento, melhor dizendo, todo o desenvolvimento de uma razão de Estado que só pode conservar o Estado por ampliação das suas forças num espaço de concorrência, creio que tudo isso adquire sua figura imediata e concreta no problema, *grosso modo*, da Espanha, ou da Espanha e da Alemanha. A razão de Estado, é verdade, nasceu na Itália, foi formulada na Itália a partir dos problemas específicos das relações dos pequenos Estados italianos entre si. Mas, se ela se desenvolveu, se ela se tornou efetivamente uma categoria de pensamento absolutamente fundamental para todos os Estados europeus, se não continuou sendo um instrumento de análise, de reflexão, uma ferramenta de ação, uma forma estratégica própria dos pequenos Estados italianos, foi por causa de todos esses fenômenos de que eu lhes falava e que se concretizam, que adquirem a própria figura da Espanha. A Espanha que, por um lado, como herdeira por vias dinásticas do Império e da família que detinha o Império, se torna herdeira da pretensão à monarquia universal; a Espanha que, por outro lado, se vê desde o século XVI detentora de um império colonial e marítimo praticamente planetário e quase monopolista, pelo menos desde a absorção de Portugal; enfim, a Espanha que é aos olhos da Europa inteira o exemplo de um fenômeno espantoso, que vai por décadas e décadas conduzir a reflexão dos cronistas, dos historiadores, dos políticos e dos economistas, a saber: o fenômeno de que a Espanha, por causa disso mesmo, por causa desse quase monopólio, enfim, da extensão do seu império, enriqueceu-se de maneira espetacular por alguns anos e empobreceu de maneira mais espetacular e mais rápida ainda no decorrer do século XVII, talvez até desde o início do século XVI. Temos portanto, com a Espanha, um conjunto de processos que cristalizaram completamente todas essas reflexões sobre a razão de Estado e o espaço concorrencial no qual se passou a viver doravante. Primeiro, todo Estado, como a Espanha, desde que tenha os meios para tanto, desde que tenha a extensão para tanto, desde que possa realmente definir sua pretensão, todo Estado vai procurar por si próprio ocupar em relação aos outros uma posição dominante. Já não será diretamente ao Império que se aspirará, mas a uma dominação de fato sobre os outros países. Segundo, o próprio exercício dessa dominação, essa situação de quase monopólio que a Espanha havia, se não adquirido, pelo menos sonhado e quase alcançado por certo tempo, vê-se entretanto perpetuamente ameaçada por aquilo mesmo que pôde provocá-la e mantê-la, ou seja, um Estado pode empobrecer por enriquecer, pode se esgotar por seu excesso de poder, e a situação de dominação pode ser vítima de algo que vai se chamar agora de revolução, mas num sentido bem diferente: a revolução como o conjunto dos mecanismos reais pelos quais aquilo que havia assegurado o poderio do Estado e da dominação vai provocar, por contragolpe, a diminuição do seu poderio. A Espanha foi aquilo em torno de quê, o objeto privilegiado, o exemplo típico em torno do qual a análise da razão de Estado vai se desenvolver. Compreende-se que todas as análises da razão de Estado, todas as análises desse novo campo da política que estava se definindo tenham se desenvolvido de forma privilegiada entre os inimigos e os rivais da Espanha: a França, a Alemanha que procurava se livrar do jugo da preeminência imperial, a Inglaterra dos Tudor. Em suma, passou-se de um tempo, aquele que, a meu ver, ainda dominava, que ainda servia de horizonte para o pensamento político do século XVI, passou-se de um tempo com tendência unificadora e marcado, ameaçado por revoluções essenciais, para um tempo aberto e perpassado por fenômenos de concorrência que podem trazer revoluções reais, revoluções no próprio plano dos mecanismos que asseguram a riqueza e o poder das nações.

Dito isso, será que tudo isso é tão novo assim? Será que, efetivamente, pode-se dizer que a abertura de um espaço de concorrência entre os Estados é um fenômeno que surgiu bruscamente no fim do século XVI e no início do século XVII, cristalizando assim toda uma série de novos aspectos e de novos desenvolvimentos dessa razão de Estado? Claro, fazia tempo que rivalidades, enfrentamentos, fenômenos de concorrência tinham se produzido. Isso é óbvio. No entanto, mais uma vez, gostaria que ficasse bem claro que aquilo de que falo, aquilo que está em questão em tudo o que lhes digo aqui é o momento em que todos esses fenômenos começam efetivamente a entrar num prisma reflexivo que permite organizá-los em estratégias. O problema está em saber a partir de que momento foram efetivamente percebidos na forma de concorrência entre Estados, de concorrência num campo econômico e político aberto, num tempo indefinido, esses fenômenos de enfrentamento, de rivalidade que se podiam constatar, evidentemente, desde sempre. A partir de que momento organizaram-se um pensamento e uma estratégia da concorrência para codificar todos esses fenômenos? É o que eu gostaria de tentar apreender, e parece-me que foi a partir dos séculos XVI-XVII que as relações entre os Estados foram percebidas não mais sob a forma da rivalidade, mas sob a forma da concorrência. E aqui – claro, posso apenas indicar o problema –, creio que seria preciso procurar identificar a maneira como os enfrentamentos entre os reinos eram percebidos, reconhecidos, falados e, ao mesmo tempo, pensados e calculados em forma de rivalidades, essencialmente de rivalidades dinásticas, e a partir de que momento começou-se a pensá-los na forma da concorrência.

AULA DE 22 DE MARÇO DE 1978 395

De maneira bem grosseira, bem esquemática, poderíamos dizer que, enquanto se permanecia numa forma de enfrentamento pensado como rivalidade de príncipes, de rivalidade dinástica, o elemento pertinente era, evidentemente, a riqueza do príncipe, seja sob a forma do tesouro que ele possuía, seja também sob a forma dos recursos fiscais de que ele podia dispor. A primeira das transformações se dá quando se para de pensar, de calcular, de avaliar as possibilidades de enfrentamento e as possibilidades de desenlace do enfrentamento a partir da riqueza do príncipe, do tesouro de que ele dispunha, dos recursos monetários que ele tinha, e quando se procura pensá-la[s] na forma da riqueza do próprio Estado. Passagem da riqueza do príncipe como fator de poder à riqueza do Estado como a própria força do reino. Em segundo lugar, segunda transformação, quando se passa de uma estimativa do poder de um príncipe pela extensão das suas posses a uma pesquisa das forças mais sólidas, mesmo que mais secretas, que vão caracterizar um Estado: ou seja, [não] mais as posses em si, [mas] as riquezas intrínsecas ao Estado, os recursos, aquilo de que ele pode dispor, recursos naturais, possibilidades comerciais, balança das trocas etc. Em terceiro lugar, terceira transformação: quando se pensavam os enfrentamentos em termos de rivalidade dos príncipes, o que caracterizava a força do príncipe era seu sistema de alianças, no sentido familiar ou no sentido das obrigações familiares a ele ligadas, mas, a partir do momento em que se começou a pensar os enfrentamentos em termos de concorrência, é [pela] aliança como combinação provisória de interesses que as forças vão ser avaliadas e calculadas. Essa passagem da rivalidade dos príncipes à concorrência dos Estados é sem dúvida uma das mutações mais essenciais nas formas, tanto da chamada vida política como da história do Ocidente.

Claro, a passagem da rivalidade dinástica à concorrência dos Estados é uma passagem complexa, lenta, que eu caricaturo indicando por alto alguns de seus traços, e os encavalamentos serão mais demorados. Por exemplo, a Guerra de Sucessão da Espanha, no início do século XVIII[12], ainda estará impregnada dos problemas, das técnicas, dos procedimentos, dos modos de fazer e de pensar das rivalidades dinásticas. Mas acredito que, com a Guerra de Sucessão da Espanha e o freio, o fracasso com que topou, temos o derradeiro momento, a derradeira forma de enfrentamento em que a rivalidade dinástica dos príncipes ainda vai impregnar e, até certo ponto, comandar uma coisa que é a concorrência dos Estados e que aparecerá em seguida em estado livre, em estado nu, nas guerras seguintes. Em todo caso, a partir do momento em que se passou da rivalidade dos príncipes à concorrência entre os Estados, a partir do momento em que o enfrentamento foi pensado em termos de concorrência de Estados, é evidente que se descobre, que se põe a nu uma noção absolutamente essencial e fundamental, que ainda não havia aparecido e que ainda não havia sido formulada em nenhum dos textos teóricos sobre a razão de Estado de que lhes falei. Essa noção é, evidentemente, a noção de força. Não é mais a ampliação dos territórios, mas o aumento da força do Estado; não é mais a extensão das posses ou das alianças matrimoniais, [mas] o incremento das forças do Estado; não é mais a combinação das heranças por meio das alianças dinásticas, mas a composição das forças estatais em alianças políticas e provisórias. É tudo isso que vai ser a matéria-prima, o objeto e, ao mesmo tempo, o princípio de inteligibilidade da razão política. A razão política, se a considerarmos, portanto, não mais nesses textos um tanto teóricos, ainda um tanto essencialistas e platônicos de que lhes falava na última vez, mas, se vocês a considerarem nas formulações de que foi objeto principalmente no fim do século XVI, no início do século XVII, sobretudo em torno da Guerra dos Trinta Anos[13], e por pessoas que eram muito mais práticas do que teóricas da política, pois bem, encontraremos um novo estrato teórico. Esse novo estrato teórico e analítico, esse novo elemento da razão política é a força. É a força, a força dos Estados. Entramos agora numa política que vai ter por objeto principal a utilização e o cálculo das forças. A política, a ciência política encontra o problema da dinâmica.

Abre-se então evidentemente um problema que deixo completamente em suspenso, simplesmente o assinalo para vocês. Vocês estão vendo que essa evolução que se produziu a partir de uma realidade histórica e de processos históricos identificáveis – trata-se da descoberta da América, da constituição de impérios coloniais, do desaparecimento do Império, do recuo, do esmaecimento das funções universalistas da Igreja –, enfim, todos esses fenômenos, que são o que são e que têm sua necessidade e sua inteligibilidade próprias, nos levam ao aparecimento, no pensamento político, da categoria fundamental da força. Todos esses fenômenos conduzem a uma mutação no pensamento político que faz que estejamos, pela primeira vez, em presença de um pensamento político que pretende ser ao mesmo tempo uma estratégia e uma dinâmica das forças. Ora, na mesma época e por processos inteiramente diferentes, vocês sabem muito bem disso, as ciências da natureza, essencialmente a física, também vão encontrar essa noção de força. De modo que a dinâmica política e a dinâmica como ciência física são praticamente contemporâneas. Seria preciso ver como tudo isso se articulou em Leibniz[14], que é o teórico geral da força, tanto do ponto de vista histórico-político como do ponto de vista da ciência física. Por que aconteceu assim, o que é essa contemporaneidade? Confesso que não tenho rigorosamente a menor ideia, mas creio ser inevitável colocar esse problema na medida mesma em que, com Leibniz, temos a prova de que a homogeneidade dos dois processos não era, em absoluto, estranha ao pensamento dos contemporâneos.

Resumamos tudo isso. O verdadeiro problema dessa nova racionalidade governamental não é, portanto, tanto ou somente a conservação do Estado numa ordem geral, mas a conservação de uma certa relação de forças, a conservação, a manutenção ou o desenvolvimento de uma dinâmica das forças. Pois bem, creio que para pôr em ação uma razão política que vai portanto se definir, agora, essencialmente a partir da dinâmica das forças, creio que para isso o Ocidente, ou as sociedades ocidentais, criaram dois grandes conjuntos que só podem ser compreendidos a partir daí, dessa racionalização das forças. Esses dois grandes conjuntos de que eu queria lhes falar hoje e da próxima vez são, evidentemente, de um lado, um dispositivo diplomático-militar e, de outro, o dispositivo da polícia, no sentido que a palavra tinha na época – esses dois grandes conjuntos que têm essencialmente a função de garantir o quê? Primeiro, a manutenção de uma relação de forças e, por outro lado, o incremento de cada uma das forças sem que haja ruptura do conjunto. Essa manutenção da relação das forças e esse desenvolvimento das forças internas a cada um dos elementos, sua junção, é precisamente isso que mais tarde vai se chamar de mecanismo de segurança.

Primeiro, as novas técnicas de tipo diplomático-militar. Se os Estados são postos uns ao lado dos outros numa relação de concorrência, é preciso encontrar um sistema que permita limitar o máximo possível a mobilidade de todos os outros Estados, sua ambição, sua ampliação, seu fortalecimento, mas deixando aberturas suficientes a cada Estado para que possa maximizar sua ampliação sem provocar seus adversários e sem, portanto, acarretar seu próprio desaparecimento ou seu próprio enfraquecimento. Esse sistema de segurança foi esboçado e, na verdade, perfeitamente estabelecido ao fim da Guerra dos Trinta Anos, ao fim portanto desses cem anos de lutas religiosas e políticas[15] que levaram de forma clara e definitiva ao desaparecimento tanto do sonho imperial como do universalismo eclesiástico, e que estabeleceram, uns diante dos outros, certo número de Estados que podiam, todos, aspirar à afirmação de si mesmos e à autofinalidade de sua própria política. Esse sistema estabelecido no fim da Guerra dos Trinta Anos comportava o quê? Comportava um objetivo e comportava instrumentos. O objetivo era o equilíbrio da Europa. O equilíbrio da Europa, também neste caso, tal como a razão de Estado, é de origem italiana; a ideia de um equilíbrio é de origem italiana. É, creio eu, em Guicciardini que encontramos a primeira análise de toda essa política pela qual cada um dos príncipes italianos procurava manter a Itália num estado de equilíbrio[16]. Deixemos o caso italiano e voltemos à Europa. Equilíbrio da Europa quer dizer o quê? Quando os diplomatas, os embaixadores que negociaram o tratado de Vestefália recebiam instruções do seu governo[17], recomendavam-lhes explicitamente que agissem de tal modo que os novos traçados de fronteiras, as novas divisões dos Estados, as novas relações estabelecidas entre os Estados alemães e o Império, as zonas de influência da França, da Suécia, da Áustria, [que] tudo isso [fosse] feito em função de um princípio: manter certo equilíbrio entre os diferentes Estados da Europa.

Primeiro, o que é a Europa? Ideia absolutamente nova a ideia de Europa nesse início ou nessa primeira metade do século XVII. O que é a Europa? Em primeiro lugar, é justamente uma unidade que já não tem, de forma alguma, a vocação universalista que, por exemplo, o cristianismo podia ter. O cristianismo visava por definição, por vocação, cobrir o mundo inteiro. A Europa, ao contrário, é uma divisão geográfica que, na época, por exemplo, não compreende a Rússia e não compreende a Inglaterra, senão de uma maneira muito ambígua, pois a Inglaterra não era efetivamente parte ativa no tratado de Vestefália. Logo a Europa é certa divisão geográfica bem limitada, sem universalidade. Em segundo lugar, a Europa não é uma forma hierárquica de Estados mais ou menos subordinados uns aos outros e que culminaria numa forma política última e única, que seria o Império. Cada soberano – falo aqui de um modo bem grosseiro, vocês vão ver, vai ser necessário corrigir isso logo –, cada soberano é imperador em seu próprio reino ou, em todo caso, os principais soberanos são imperadores em seu reino, e não há nada que, no fundo, assinale num dos soberanos de um desses Estados uma superioridade que faria da Europa uma espécie de conjunto único. A Europa é fundamentalmente plural. O que não quer dizer, é claro – e é aqui que corrijo já o que acabo de dizer –, que não haja diferenças entre os Estados*. [O fato é bem nítido]**, por exemplo, antes mesmo do tratado de Vestefália, no que Sully conta a propósito de Henrique IV e do que ele chamava de "magnífico desígnio"[18]. O magnífico desígnio, que Sully pretende ter sido o pensamento político de Henrique IV, consistia em constituir uma Europa, é claro, logo uma Europa plural, uma Europa como divisão geográfica limitada, sem universalidade e sem unidade culminante, claro, mas na qual teria havido quinze Estados mais fortes que os outros, que teriam tomado a decisão pelos outros[19]. Logo, é uma divisão geográfica, uma multiplicidade sem unidade de Estados, [entre] os quais no entanto há uma diferença importante, se não constitutiva, se não entrelaçada, uma diferença importante entre os pequenos e os grandes. Enfim, quarta característica da Europa, é que, ao mesmo tempo que é uma divisão geográfica, uma pluralidade, ela tem suas relações com o mundo inteiro, mas essa relação com o mundo inteiro assinala a especificidade mesma da Europa em relação ao mundo, pois a Europa só deve ter e só começa a ter com o resto do mundo um certo tipo de relação, que é o da dominação econômica ou da colonização – ou, em todo caso, o da utilização comercial. A Europa como região geográfica de Estados múltiplos, sem unidade mas com desnível entre pequenos e grandes, tendo com o resto do mundo uma relação de utilização, de colonização, de dominação, foi esse pensamento que se formou [no] fim [do] século XVI e bem no início

....

* M.F.: e, ao contrário, foi muito bem assinalada.
** M.F.: Encontramo-lo.

do século XVII, um pensamento que vai se cristalizar em meados do século XVII com o conjunto dos tratados que são assinados nesse momento – e é a realidade histórica de que ainda não saímos. É isso o que é a Europa.

Segundo, a balança. O que é a balança da Europa?[20] A palavra latina é *trutina Europae**. A palavra "balança" é empregada em vários sentidos nos textos dessa época. A balança da Europa significa, e assim foi segundo os diferentes países, segundo as diferentes políticas, segundo os diferentes momentos, em primeiro lugar, a impossibilidade de o Estado mais forte ditar sua lei a qualquer outro Estado. Em outras palavras, manter-se-á a balança da Europa se houver um arranjo para que a diferença entre o Estado mais forte e os que o seguem não seja tal que o mais forte dos Estados possa impor sua lei a todos os outros. Por conseguinte, limitação do descompasso entre o mais forte e os outros**. Primeiro ponto. Em segundo lugar, a balança europeia, o equilíbrio europeu foi concebido como a constituição de um número limitado de Estados mais fortes, entre os quais a igualdade será mantida de tal modo que cada um desses Estados mais fortes poderá impedir qualquer outro de tomar a frente e prevalecer. Em outras palavras, constituição de uma aristocracia de Estados, e de uma aristocracia igualitária que adquirirá a forma, por exemplo, de uma igualdade de forças entre a Inglaterra, a Áustria, a França e a Espanha. Com uma quadriga como essa, está claro que nenhum dos quatro poderá tomar uma distância considerável em relação aos outros, tendo os três outros evidentemente como primeira reação, se esse fe-

....

* Manuscrito, p. 14: "*trutina sive bilanx Europeae*" (expressão citada por L. Donnadieu, *La Théorie de l'équilibre. Étude d'histoire diplomatique et de droit international*, tese de doutoramento em ciências políticas (Universidade de Aix-Marselha), Paris, A. Rousseau, 1900, p. 3).
** M. Foucault, no manuscrito, remete aqui a "Sully, 'o magnífico desígnio'". Cf. *supra*, p. 414-5, nota 18.

nômeno começasse a se produzir, impedi-lo de uma maneira ou de outra. Enfim, terceira definição do equilíbrio europeu, é a que encontramos mais facilmente entre os juristas e que vai ter em seguida toda a série de consequências que vocês podem imaginar. Vocês a encontram no século XVIII em Wolff, no *Jus gentium*, onde ele diz que o equilíbrio europeu deve consistir no seguinte: que a "União mútua de várias nações" deve poder se dar de tal modo "que a força preponderante de um ou vários países seja igual à força reunida dos outros"[21]. Em outras palavras, as coisas têm de ser de tal modo que a reunião de várias pequenas potências possa contrabalançar a força da potência superior, que poderia vir a ameaçar uma delas. Possibilidade, por conseguinte, de coligação que seja tal que o efeito da coligação possa contrabalançar, a um momento dado e num lugar dado, qualquer das preponderâncias estabelecidas. Limitação absoluta da força dos mais fortes, equalização dos mais fortes, possibilidade de combinação dos mais fracos contra os mais fortes: são essas as três formas concebidas e imaginadas para constituir o equilíbrio europeu, a balança da Europa.

Vocês estão vendo que, com esses diferentes procedimentos, em vez de uma espécie de escatologia absoluta que determinaria como ponto de consumação da história um império, uma monarquia universal, vamos ter algo que poderíamos chamar de escatologia relativa, uma escatologia precária e frágil, mas para a qual deve-se efetivamente tender, e essa escatologia frágil, pois bem, é a paz. É a paz universal, paz relativamente universal e paz relativamente definitiva, claro, mas essa paz com que se sonha nesse momento já não é esperada de uma supremacia por fim unitária e definitivamente inconteste, como a do Império ou como a da Igreja. Essa paz universal, paz relativamente universal, definitiva mas relativamente definitiva, é esperada, ao contrário, de uma pluralidade sem efeitos maiores e únicos de dominação. Já não é da unidade que se faz provir a paz, mas da não unidade, da pluralidade mantida como pluralidade. Vocês estão vendo o quanto estamos agora numa perspectiva histórica, mas ao mesmo tempo numa forma de técnica diplomática bem diferente da que era a da Idade Média, por exemplo, em que era da Igreja que se esperava a paz, porque ela era a potência única, única e unificante. Agora espera-se a paz dos próprios Estados e da sua pluralidade. Mudança considerável. É esse o objetivo, para garantir essa segurança na qual cada Estado poderá efetivamente aumentar suas forças, sem que o aumento das suas forças seja causa de ruína para os outros e para ele próprio.

Em segundo lugar, os instrumentos. Os instrumentos de que se dota essa razão de Estado, cuja armadura é diplomática e se definiu, portanto, essencialmente pela constituição de uma Europa, de uma balança europeia, esses instrumentos, a meu ver, são três. O primeiro instrumento dessa paz universal precária, frágil, provisória, que toma o aspecto de uma balança e de um equilíbrio entre uma pluralidade de Estados, nem é preciso dizer, é a guerra. Ou seja, doravante vai-se poder guerrear, ou melhor, dever-se-á guerrear precisamente para manter esse equilíbrio. E então vemos as funções, as formas, as justificativas, o pensamento jurídico da guerra, mas também seus objetivos, se alterarem completamente. Porque, afinal de contas, o que era a guerra, tal como era concebida na Idade Média? A guerra era essencialmente um comportamento, eu ia dizendo jurídico, quero dizer judicial. Fazia-se a guerra por quê? Quando havia uma injustiça, quando havia violação de direito ou, em todo caso, quando alguém pretendia certo direito que era contestado por outro. Na guerra medieval, não havia nenhuma descontinuidade entre o universo do direito privado, no qual se tratava de liquidar litígios, e o mundo do direito, que, justamente, não se chamava nem podia se chamar internacional e público, e que era o mundo do enfrentamento dos príncipes. Estava-se sempre no litígio, na liquidação do litígio – você tomou a minha herança, você confiscou uma das minhas terras, você repudiou minha irmã –, e eles se batiam, e as guerras se desenvolviam nesse marco jurídico, que era o da guerra pública e da guerra privada. Era a guerra pública como guerra privada, ou era a guerra privada que adquiria uma dimensão pública. Estava-se numa guerra de direito. Aliás, a guerra era liquidada exatamente como um procedimento jurídico, por uma coisa que era a vitória, a qual era como que um julgamento de Deus. Você perdeu, logo o direito não estava do seu lado. Sobre essa continuidade entre o direito e a guerra, sobre essa homogeneidade entre a batalha e a vitória, e o julgamento de Deus, remeto-os ao livro de Duby sobre *O domingo de Bouvines*[22], em que vocês têm páginas esclarecedoras sobre o funcionamento judicial da guerra.

Agora, vamos ter uma guerra que vai funcionar de outra maneira, pois de um lado não se está mais numa guerra do direito, está-se numa guerra do Estado, da razão de Estado. No fundo, já não é necessário alegar uma razão jurídica para deflagrar uma guerra. Tem-se perfeitamente o direito de alegar, para deflagrar uma guerra, uma razão puramente diplomática – o equilíbrio está comprometido, é necessário restabelecer o equilíbrio, há um excesso de poder de um lado e não se pode tolerá-lo. Claro, vai-se achar um pretexto jurídico, mas a guerra se descola desse pretexto jurídico. Em segundo lugar, se a guerra perde sua continuidade em relação ao direito, vocês percebem que ela recupera outra continuidade, e essa outra continuidade, claro, é a continuidade em relação à política. Essa política que tem precisamente por função manter o equilíbrio entre os Estados, essa política que deve assegurar a balança dos Estados no âmbito da Europa, é ela que, num dado momento, vai ordenar que se entre em guerra, que se entre em guerra contra este ou aquele, até certo ponto, e até certo ponto somente, sem que o equilíbrio seja por demais comprometido, com um sistema de alianças etc. Por conseguinte, é a partir desse momento que aparece o princípio que, como vocês sabem, será formulado quase duzentos anos depois por alguém que dirá: "A guerra é a continuação da política por outros meios"²³. Mas ele não fazia nada mais que constatar uma mutação que, na verdade, havia sido adquirida desde o início do século XVII [com a constituição]* da nova razão diplomática, da nova razão política no momento do tratado de Vestefália. Não se deve esquecer que no bronze dos canhões do rei da França vinha escrito: *Ultima ratio regum*, "a última, a derradeira razão dos reis"²⁴.** Logo, primeiro instrumento para fazer funcionar esse sistema da segurança europeia, do equilíbrio europeu.

Segundo instrumento, claro, instrumento tão antigo quanto a guerra e também profundamente renovado, é o instrumento diplomático. E é nesse momento que se vê aparecer algo relativamente novo – bem, aqui vamos ter de precisar as coisas –, em todo caso, uma coisa como o tratado de Vestefália é um tratado multilateral em que não se liquida um litígio entre várias pessoas, mas em que a totalidade dos Estados, com exceção da Inglaterra, que constituem esse novo conjunto que é a Europa, vai resolver seus problemas, resolver seu conflito²⁵. Ora, resolver isso não quer dizer, justamente, seguir as linhas jurídicas prescritas pelas leis e pelas tradições. Não é seguir as linhas jurídicas prescritas pelos direitos de herança ou pelos direitos do vencedor, com as cláusulas de resgate, de casamento, de cessão. As linhas de força que serão seguidas pelos diplomatas nesse tratado multilateral são as linhas determinadas pela necessidade de um equilíbrio. Vão trocar, negociar, transferir os territórios, as cidades, os bispados, os portos, as abadias, as colônias – em função de quê? Portanto, não mais em função do velho direito de herança ou do velho direito do vencedor, mas em função

....

* M.F.: no momento dessa grande constituição.
** Segue-se uma frase em parte inaudível: [...] a razão política que agora se inscreveu no canhão [...].

de princípios físicos, pois se tratará de anexar este território àquele, de transferir esta renda àquele príncipe, de conceder este porto àquele território, em função do princípio pelo qual certo equilíbrio inter estatal deve ser estabelecido de maneira que seja o mais estável possível. É uma física dos Estados, não mais um direito dos soberanos, que vai ser o princípio fundamental dessa nova diplomacia. E, em ligação com isso, claro, sempre na ordem da diplomacia, vê-se aparecer a criação do que ainda não se chama de missões diplomáticas permanentes, em todo caso a organização de negociações praticamente permanentes e a organização de um sistema de informações sobre o estado das forças de cada país (voltarei a isso daqui a pouco). Quanto aos embaixadores permanentes, trata-se, na verdade, de novo, de uma instituição de longa gênese, que vemos aparecer, instalar-se em fins do século xv – início do século xvi, mas a organização consciente, pensada e permanente de uma diplomacia sempre negociando data dessa época. Ou seja, tem-se a ideia de um dispositivo permanente de relações entre Estados, dispositivo esse que não é nem uma unidade imperial nem a universalidade eclesiástica. É a ideia de uma verdadeira sociedade das nações – e não estou empregando uma palavra retrospectiva. A ideia foi efetivamente formulada nesse momento. Vocês vão encontrá-la em alguém que se chamava Crucé, que escreveu no início do século xvii uma espécie de utopia que se chamava *O novo Cineas*[26], na qual ele projeta, por um lado, uma polícia[27] (tornarei sobre esse ponto mais detalhadamente a próxima vez[28]), por outro lado, ao mesmo tempo e numa correlação absolutamente essencial – e que explica por que, tendo prometido a vocês falar da polícia, tenho a sensação de ser preciso lhes falar antes das organizações diplomático-militares –, uma organização permanente entre os Estados, uma organização de consulta, com embaixadores reunidos em permanência numa cidade. Essa cidade seria Veneza, território que ele diz ser neutro e indiferente a todos os príncipes[29], e esses embaixadores reunidos permanentemente em Veneza seriam encarregados de liquidar os litígios e as contestações e de zelar para que o princípio do equilíbrio fosse mantido[30].

Essa ideia de que os Estados formam entre si, no espaço europeu, como que uma sociedade, essa ideia de que os Estados são como indivíduos que devem manter entre si um certo número de relações que o direito deve determinar e codificar, foi isso que suscitou nessa época o desenvolvimento do que foi chamado de direito das gentes, o *jus gentium*, que se torna um dos pontos fundamentais, um dos focos de atividade do pensamento jurídico, particularmente intenso, já que se trata de definir quais vão ser as relações jurídicas entre esses novos indivíduos, que coexistem num novo espaço, a saber, os Estado na Europa, os Estados numa sociedade das nações. E essa ideia de que os Estados são uma sociedade, vocês vão encontrá-la claramente formulada num texto do início do século XVIII, no maior teórico do direito das gentes, que se chama Burlamaqui – trata-se de *Os princípios do direito da natureza e das gentes*[31] –, que diz: "A Europa forma hoje um sistema político, um corpo em que tudo está ligado por relações e pelos diversos interesses das nações que habitam esta parte do mundo. Já não é, como outrora, um amontoado confuso de peças isoladas, cada uma das quais se acreditava pouco interessada pela sorte das outras e raramente se importava com o que não lhe dizia diretamente respeito" – o que, historicamente, é totalmente falso, mas pouco importa, não é assim que acontecia antes, mas eis como ele define a situação atual: "A atenção contínua dos soberanos a tudo o que acontece em seu país e nos outros, os ministros sempre residentes [referência aos diplomatas permanentes[32]; M.F.], as negociações perpétuas fazem da Europa moderna uma espécie de república cujos membros, independentes mas ligados pelo interesse comum, se reúnem para manter a ordem e a liberdade".

Aí está, portanto, como nasce essa ideia da Europa e da balança europeia. Ela se cristaliza, é claro, com o tratado de

Vestefália[33], primeira manifestação completa, consciente, explícita de uma política do equilíbrio europeu, tratado este, como vocês sabem, que tem por função principal reorganizar o Império, definir seu estatuto, seus direitos em relação aos principados alemães, as zonas de influência da Áustria, da Suécia e da França sobre o território alemão – tudo em função das leis de equilíbrio que na verdade nos explicam que a Alemanha podia se tornar, e de fato se tornou, o foco de elaboração da república europeia. Nunca se deve esquecer o seguinte: que a Europa, como entidade jurídico-política, a Europa como sistema de segurança diplomática e política, é o jugo que os países mais poderosos (dessa Europa) impuseram à Alemanha cada vez que tentaram lhe fazer esquecer o sonho do imperador adormecido, seja ele Carlos Magno, Barba Roxa ou o sujeitinho que ardeu na fogueira entre seu cachorro e sua amante num entardecer de maio* na sede da chancelaria. A Europa é a maneira de fazer a Alemanha esquecer o Império. Logo, não há por que se espantar com que, embora o imperador efetivamente não desperte nunca, a Alemanha às vezes se reerga e diga: "Sou a Europa. Sou a Europa, já que vocês quiseram que eu seja a Europa". E ela diz isso precisamente aos que quiseram que ela seja a Europa, e que não seja nada mais que a Europa, a saber, o imperialismo francês, a dominação inglesa ou o expansionismo russo. Quiseram substituir, na Alemanha, ao desejo de império, a obrigação da Europa. "Pois bem, responde a Alemanha, não tem problema, porque a Europa será meu império. É justo que a Europa seja meu império, diz a Alemanha, já que vocês só fizeram a Europa para impor à Alemanha a dominação da Inglaterra, da França e da Rússia." É bom não esquecer essa pequena anedota quando, em 1871, Thiers discutia com o ministro plenipotenciário alemão que se chamava, creio eu,

....

* Lapso evidente. Hitler suicidou-se no dia 30 de abril de 1945, no *bunker* subterrâneo da chancelaria do Reich, em Berlim.

Ranke e lhe dizia: "Mas, afinal, contra quem vocês combatem? Nós não temos mais exército, ninguém mais pode lhes opor resistência, a França está esgotada, a Comuna deu o golpe final nas possibilidades de resistência, contra quem vocês guerreiam?". Ranke respondeu: "Contra Luís xiv, ora bolas!"

Então, terceiro instrumento desse sistema diplomático-militar, que vai permitir a manutenção da balança europeia – era portanto, primeiro, a guerra, uma nova forma, uma nova concepção da guerra; segundo, um instrumento diplomático –, o terceiro instrumento vai ser a constituição de um elemento igualmente fundamental e igualmente novo: o estabelecimento de um dispositivo militar permanente que vai comportar, [primeiro,] uma profissionalização do homem de guerra, a constituição de uma carreira das armas; segundo, uma estrutura armada permanente, capaz de enquadrar as tropas recrutadas excepcionalmente em tempo de guerra; terceiro, um equipamento de fortalezas e de transportes; quarto, enfim, um saber, uma reflexão tática, tipos de manobra, esquemas de ataque e de defesa, em suma, toda uma reflexão própria e autônoma sobre a coisa militar e as guerras possíveis. Aparecimento, portanto, dessa dimensão militar que está longe de se esgotar na prática da guerra. A existência de um dispositivo militar permanente, caro, de grande envergadura, inteligente, no interior mesmo do sistema da paz, foi isso, é claro, um dos instrumentos indispensáveis à constituição do equilíbrio europeu. De fato, como seria possível manter esse equilíbrio se efetivamente cada um dos Estados, pelo menos os mais poderosos, não tivesse esse dispositivo militar e não fizesse que esse dispositivo militar [fosse], em suma, em linhas gerais, globalmente, mais ou menos do mesmo nível do dispositivo do seu principal rival? Por conseguinte, a constituição de um dispositivo militar que não vai ser tanto a presença da guerra na paz quanto a presença da diplomacia na política e na economia, a existência desse dispositivo militar permanente que é uma das peças essenciais numa política comandada pelo cálculo dos equilíbrios, pela manutenção de uma força que se obtém pela guerra, ou pela possibilidade da guerra, ou pela ameaça da guerra. Em suma, é um dos elementos essenciais nessa concorrência entre os Estados, em que cada um procura, evidentemente, inverter a relação de força a seu favor, mas que todos querem manter em seu conjunto. Aqui também vemos como esse princípio de Clausewitz, de que a guerra é a continuação da política, teve um suporte, um suporte institucional preciso que foi a institucionalização do militar. A guerra já não é uma outra face da atividade dos homens. A guerra vai ser, num momento dado, a aplicação de certo número de meios que a política definiu e de que o militar é uma das dimensões fundamentais e constitutivas. Temos portanto um complexo político-militar, absolutamente necessário à constituição desse equilíbrio europeu como mecanismo de segurança; esse complexo político-militar será posto permanentemente em ação e a guerra será tão somente uma das suas funções. [É fácil compreender, portanto,]* que a relação entre o que é a paz e a guerra, que a relação entre o civil e o militar vai se manifestar em torno de tudo isso**.

Bem, demorei um pouco, perdoem-me. A próxima vez, vou lhes falar do outro grande mecanismo de segurança que foi instalado nessa razão de Estado doravante voltada para o problema da força e do poderio, e esse outro instrumento, essa outra grande tecnologia não é mais o dispositivo diplomático-militar, é o dispositivo político de polícia.

....

* Conjectura: algumas palavras inaudíveis.
** O manuscrito acrescenta, p. 20: "4. Quarto instrumento: um aparelho de informação. Conhecer suas próprias forças (e, aliás, ocultá-las), conhecer a força dos outros, aliados, adversários, e ocultar que as conhece. Ora, conhecê-las implica saber em que consiste a força dos Estados. Onde está o segredo em que isso reside: mistério da Espanha que perdeu seu poderio, mistério das Províncias Unidas, um dos Estados importantes da Europa".

NOTAS

1. Sobre esse conceito kantiano, de que Foucault faz um uso bastante livre aqui, cf. *Critique de la raison pure*, I, II, "Appendice à la dialectique transcendantale: De l'usage régulateur des idées de la Raison pure", trad. fr. A. Tremesaygues & P. Pacaud, Paris, PUF, 1968, p. 453-4: "As ideias transcendentais [...] têm um excelente uso regulador, indispensavelmente necessário: o de dirigir o entendimento para um certo fim, que faz as linhas de direção que todas as suas regras seguem convergirem num ponto que [...] serve para lhes proporcionar a máxima unidade com a máxima extensão".

2. Cf. aula precedente (15 de março), p. 341-3.

3. A. Palazzo, *Discours du gouvernement et de la raison vraye d'Estat*, trad. fr. de Vallières (citada), IV, 24, p. 373-4: "Finalmente razão de Estado é a própria essência da paz, a regra de viver em repouso e a perfeição das coisas [...]".

4. Cf. aula precedente, p. 342-3.

5. Cf. *supra*, aula de 8 de março, p. 318.

6. Cf. aula precedente, p. 343.

7. Cf. aula precedente, p. 356 ss.

8. Maximilien de Béthune, barão de Rosny, duque de Sully (1559-1641), *Économies royales*, ed. por J. Chailley-Bert, Paris, Guillaumin, s.d. [c. 1820]. Cf. *infra*, nota 18.

9. A paz de Vestefália, definitivamente firmada em Münster, no dia 24 de outubro de 1648, ao fim da Guerra dos Trinta Anos, foi o resultado de cinco anos de intensas e difíceis negociações entre as principais potências europeias. Os historiadores distinguem três grandes períodos: (1) de janeiro de 1643 a novembro de 1645, em que as questões de procedimento estiveram no centro das discussões; (2) de novembro de 1645 a junho de 1647, que permitiu acertar a maior parte das divergências acerca dos alemães e dos holandeses; (3) o ano de 1648, que terminou com a assinatura dos dois tratados de Münster, entre o Império e a França (*Instrumentum Pacis Monsteriense*), e de Osnabrück, entre o Império e a Suécia (*Instrumentum Pacis Osnabrucense*) (cf. G. Parker, *La Guerre de Trente Ans*, trad. fr. cit. [*supra*, p. 36, nota 30], p. 269). Os Estados do Império viram ser-lhes reconhecida

de direito a "superioridade territorial" (*Landeshoheit*) que grande parte deles já exercia de fato, havia um século. Quanto ao Império, despojado do seu caráter sagrado, continuou a sobreviver como Estado, mas à custa de certas modificações constitucionais. Para maiores precisões sobre estas últimas, cf. M. Stolleis, *Histoire du droit public en Allemagne, 1600-1800*, trad. fr. cit., p. 335-43.

10. Na verdade, os tratados consagraram o reconhecimento do calvinismo como terceira religião legal do Império, junto com o catolicismo e o luteranismo.

11. Já era, na esteira das "políticas", a atitude adotada por Richelieu em relação à Casa de Espanha, que levou à entrada em guerra declarada em 1635. "Uns são os interesses de Estado que ligam os príncipes, outros os interesses da salvação das nossas almas" (Richelieu, in D. L. M. Avenel, org., *Lettres, Instructions diplomatiques et Papiers d'État du cardinal de Richelieu*, t. I, 1608-1624, Paris, Imprimerie impériale, 1854, p. 225). Essa política, baseada unicamente no critério dos "interesses de Estado", teve sua primeira defesa sistemática no tratado de Henri de Rohan, *De l'intérêt des princes et des États de la chrétienté*, Paris, 1638; ed. estabelecida por Ch. Lazzeri, Paris, PUF, 1995. Cf. F. Meinecke, *L'Idée de la raison d'État dans l'histoire des Temps modernes*, trad. fr. cit. [*supra*, p. 148, nota 5], livro I, cap. 6, "La doctrine des intérêts des États dans la France de Richelieu" (sobre Rohan, cf. p. 150-80).

12. Esse conflito, que opôs a França e a Espanha a uma coligação europeia (Quádrupla Aliança) de 1701 a 1714, em consequência da subida de Felipe V, neto de Luís XIV, ao trono da Espanha, terminou com os tratados de Utrecht e de Rastadt. Cf. L. Donnadieu, *La théorie de l'équilibre. Étude d'histoire diplomatique et de droit international*, tese de doutoramento em ciências políticas (Universidade de Aix-Marselha), Paris, A. Rousseau, 1900, p. 67-79.

13. A Guerra dos Trinta Anos (1618-1648), que transformou pouco a pouco a Alemanha em campo de batalha da Europa (a Suécia interveio em 1630, a França, após uma "guerra velada", em 1635), foi ao mesmo tempo uma guerra civil e o primeiro grande conflito internacional a pôr em ação, no século XVII, lógicas de potência. Sobre os tratados de Vestefália, que puseram fim a essa guerra, cf. *supra*, nota 9.

14. Gottfried Wilhelm Leibniz (1646-1717), jurista, matemático, filósofo e diplomata, autor dos *Ensaios de teodiceia* (1710) e da *Monadologia* (1714). Sobre a "força" como expressão física da unidade da substância, cf. em particular *Specimen dynamicum* (1695), ed. H. G. Dorsch,

Hamburgo, F. Meiner, 1982. Leibniz também é autor de certo número de escritos histórico-políticos: cf. *Opuscules contre la paix de Ryswick*, in *Die werke von Leibniz gemäss seinem handschriftlichen Nachlass in der Bibliothek zu Hannover*, Hanôver, Klindworth, 1864-1884, vol. VI, sect. B. Sobre o dinamismo leibniziano, cf. M. Guéroult, *Leibniz, Dynamique et métaphysique*, Paris, Aubier-Montaigne, 1967; W. Voisé, "Leibniz's model of political thinking", *Organon*, 4, 1967, p. 187-205. Sobre as implicações jurídico-políticas das suas posições metafísicas, cf. A. Robinet, *G. W. Leibniz. Le meilleur des mondes par la balance de l'Europe*, Paris, PUF, 1994, especialmente p. 235-6: "O que é 'a balança da Europa?' É a ideia de *uma física político-militar das nações*, em que forças antagônicas variáveis se exercem em violentos choques aleatórios, uns com os outros, uns contra os outros. [...] A balança da Europa não é um problema de estática, mas de dinâmica".

15. Cem anos, considerando-se o período que vai da paz de Augsburgo (1555), que reconhecia a cada Estado, no seio do Império, o direito de praticar a religião (católica ou luterana) que ele confessava – princípio chamado mais tarde *cujus regio, ejus religio* –, e consagrava, com isso, o fim do Império medieval, à paz de Vestefália (1648).

16. Francesco Guicciardini (1483-1540), *Storia d'Italia*, I, 1, Fiorenza, appresso Lorenzo Torrentino, 1561 (ed. incompleta); Genebra, Stoer, 1621; reed. Turim, Einaudi, 1970, a cura di Silvana Seidel Menchi, p. 6-7: "E conoscendo che alla republica fiorentina e a sé proprio sarebbe molto pericoloso se alcuno de' maggiori potentati ampliasse piú la sua potenza, procurava con ogni studio che le cose d'Italia in modo bilanciate si mantenessino che piú in una che in un'altra parte non pendessino: il che, senza la conservazione della pace e senza vegghiare con somma diligenza ogni accidente benché minimo, succerede non poteva." / *Histoire d'Italie*, trad. fr. J.-L. Fournel & J.-Cl. Zancarini, Paris, Robert Laffont, "Bouquins", 1996, p. 5: "E, consciente de que, para a república florentina e para si mesmo seria perigosíssimo que um dos mais poderosos aumentasse ainda mais sua força, ele [= Lourenço de Medici] fazia de tudo para que as coisas da Itália se mantivessem equilibradas, que a balança não pendesse mais para um lado que para o outro; o que não podia suceder sem a conservação da paz e sem vigiar, com suma diligência, todos os acontecimentos, mesmo que fossem mínimos".

17. Cf. *Recueil des instructions données aux ambassadeurs et ministres de France, depuis les traités de Westphalie jusqu'à la Révolution fran-*

çaise, XXVIII, Estados alemães, t. 1: *L'Électorat de Mayence*, org. G. Livet, Paris, Éd. du CNRS, 1962; t. 2: *L'Électorat de Cologne*, 1963; t. 3: *L'Électorat de Trèves*, 1966. Ver também a coleção das *Acta Pacis Westphalicae*, em curso de publicação desde 1970, com organização de K. Repgen, no âmbito da Nordrhein-Westfälische Akademie der Wissenschaften (Serie II. Abt. B: *Die französischen Korrespondenzen*, Münster, Aschendorf, 1973).

18. Maximilien de Béthune, barão de Rosny, duque de Sully, *Mémoires des sages et royales oeconomies d'Estat, domestiques, politiques et militaires de Henri le Grand*, Paris, "Nouvelle Collection des mémoires pour servir à l'histoire de France", éd. Michaud & Pujoulat, t. 2, 1837, cap. C, p. 355b-356a. Cf. E. Thuau, *Raison d'État et Pensée politique à l'époque de Richelieu, op. cit.*, p. 282, que remete ao artigo de Ch. Pfister, "Les 'Oeconomies royales' de Sully et le Grand Dessein de Henri IV", *Revue historique*, 1894 (t. 54, p. 300-24; t. 55, p. 67-82 e 291-302; t. 56, p. 39-48 e 304-39). A expressão "magnífico desígnio" é citada por L. Donnadieu, *La Théorie de l'équilibre*, p. 45, acompanhada do seguinte extrato das *Oeconomies royales* (éd. Petitot, VII, 94): "Tornar todos os quinze grandes potentados da Europa cristã aproximadamente de uma mesma igualdade de força, reino, riqueza, extensão e dominação, e estabelecer para tudo isso marcos e limites tão bem ajustados e mutuamente temperados, que não possam vir aos que seriam os maiores e mais ambiciosos desejos e avidez de crescer, nem aos outros, desconfianças, invejas, nem temor de serem oprimidos por aqueles".

19. Cf. o segundo e terceiro desígnio do rei expostos por Sully, *op. cit.*, p. 365a: "[...] associar tantas potências soberanas quanto possível ao desígnio de reduzir todas as monarquias hereditárias a uma força quase igual, tanto em extensão de país como em riquezas, a fim de que as por demais excessivas de uns não lhes façam ter o desejo de oprimir os fracos, e a estes o temor de poder sê-lo", "[...] tentar pôr entre as quinze dominações, que deveriam compor a cristandade da Europa, limites tão bem ajustados entre as que são limítrofes e regulamentar de forma tão equitativa a diversidade de seus direitos e pretensões, que nunca mais possam entrar em disputa".

20. Sobre essa questão, além da tese de Donnadieu, que é a principal fonte de Foucault, cf. E. Thuau, *Raison d'État...*, p. 307-9, e o artigo de G. Zeller a que este último remete ("Le principe d'équilibre dans la politique internationale avant 1789", *Revue historique*, 215, jan.-mar. de 1956, p. 25-57).

AULA DE 22 DE MARÇO DE 1978   **415**

21. Christian von Wolff, *Jus gentium methodo scientifica pertractatum*, Halle, in officina libraria Rengeriana, 1749, cap. VI, § 642, citado por L. Donnadieu, *La Théorie de l'équilibre*, p. 2, n. 5, que acrescenta: "Talleyrand se aproxima de Wolff: 'O equilíbrio é uma relação entre as forças de resistência e as forças de agressão recíproca de diversos corpos políticos' ('Instruction pour le congrès de Vienne', Angeberg, p. 227)".

22. G. Duby, *Le Dimanche de Bouvines*, Paris, Gallimard ("Trente journées qui ont fait la France"), 1973, notadamente p. 144-8.

23. C. von Clausewitz, *Vom Kriege*, ed. estabelecida por W. Hahlweg, Bonn, Dümmlers Verlag, 1952, livro I, cap. 1, § 24 / *De la guerre*, Paris, Minuit, 1955; trad. fr. De Vatry, revista e completada, Paris, Lebovici, 1989. Comparar essa análise com a desenvolvida no curso de 1975-1976, *"Il faut défendre la société"*, *op. cit.*, p. 146-7. A fórmula de Clausewitz era apresentada aí, não como o prolongamento da nova razão diplomática, mas como uma reviravolta na relação entre guerra e política definida, nos séculos XVII-XVIII, pelos historiadores da guerra das raças.

24. Sobre essa fórmula, cf. a declaração dos príncipes do Império (a 23ª observação em resposta à circular enviada pelos plenipotenciários franceses, em 6 de abril de 1644, para convidá-los a enviar representantes às conferências de Münster), citada por G. Livet, *L'Équilibre européen*, Paris, PUF, 1976, p. 83: "Vimos inscrições, retratos do rei da França, em que ele é denominado conquistador do Universo, vimos em seus canhões este pensamento – *o último argumento dos reis* – que exprime perfeitamente seu gênio usurpador".

25. "Em Munster, em torno do núncio e do representante de Veneza, sentam-se, além das potências em guerra na Alemanha [a França e a Suécia], a Espanha, as Províncias Unidas, Portugal, a Savoia, a Toscana, Mântua, os Cantões suíços, Florença" (G. Livet, *La Guerre de Trente Ans*, Paris, PUF, 1963, p. 42).

26. Emeric Crucé (Emery La Croix, 1590?-1648), *Le Nouveau Cynée, ou Discours d'Estat representant les occasions & moyens d'établir une paix generalle & la liberté du commerce par tout le monde*, Paris, chez Jacques Villery, 1623, reed. 1624; repr. EDHIS (Éditions d'histoire sociale), Paris, 1976. Cf. L.-P. Lucas, *Un plan de paix générale et de liberté du commerce au XVIIe siècle, Le Nouveau Cynée d'Emeric Crucé*, Paris, L. Tenin, 1919; H. Pajot, *Un rêveur de paix sous Louis XIII*, Paris, 1924; E. Thuau, *Raison d'État...*, p. 282. Crucé não fala de "sociedade das nações", mas de "sociedade humana" (*op. cit.*, prefácio [não paginado]):

"[...] a sociedade humana é um corpo cujos membros têm uma simpatia, de maneira que é impossível que as doenças de um não se comuniquem aos outros". Cf. *ibid.*, p. 62.

27. *Ibid.*, prefácio (não paginado): "[...] este pequeno livro contém uma polícia universal, útil indiferentemente a todas as nações e agradável aos que têm alguma luz de razão" (ver o texto a partir da p. 86).

28. Foucault tornará, na próxima aula, sobre a questão da polícia, mas não sobre a análise que Crucé dela faz.

29. *Op. cit.*, p. 61: "Ora, o lugar mais cômodo para tal assembleia é o território de Veneza, por ser como que neutro e indiferente a todos os príncipes, além de ser próximo das mais assinaladas monarquias da terra, as do papa, dos dois imperadores e do rei de Espanha."

30. Interpretação bastante livre do texto de Crucé. Cf. *ibid.*, p. 78: "[...] nada pode garantir um Império a não ser uma paz geral, cujo mecanismo principal consiste na limitação das Monarquias, de modo que cada príncipe se contenha nos limites das terras que possui atualmente e que não os ultrapasse por nenhuma pretensão. E, se ele se achar ofendido por tal regulamento, considere que os confins dos reinos e senhorias são postos pela mão de Deus, que os tira e transfere quando e onde melhor lhe aprouver". Esse respeito ao *status quo*, conforme à vontade divina, está muito distante do princípio dinâmico do equilíbrio.

31. Jean-Jacques Burlamaqui (1694-1748), *Principes du droit de la nature et des gens*, parte IV, cap. II, ed. póstuma por De Felice, Yverdon, 1767-1768, 8 vols.; nova ed. revista e corrigida por M. Dupin, Paris, chez B. Warée, 1820, 5 vols.; citado por L. Donnadieu, *La Théorie de l'équilibre*, p. 46, que acrescenta: "As ideias de Burlamaqui são encontradas, palavra por palavra, em Vattel, *Droit des gens*." Cf. E. de Vattel, *Le Droit des gens, ou Principes de la loi naturelle...*, III, 3, § 47 ("De l'Équilibre politique"), Londres, [s.n.], 1758, t. 2, p. 39-40.

32. Como L. Donnadieu precisa, *op. cit.*, p. 27, n. 3: "Os tratados de Vestefália consagraram o uso dos embaixadores. Eis de onde vem em parte sua grande influência sobre o Equilíbrio".

33. Sobre a paz de Vestefália, que se compõe na realidade de vários tratados, cf. (novamente) *supra*, nota 9.

AULA DE 29 DE MARÇO DE 1978

O segundo conjunto tecnológico característico da nova arte de governar segundo a razão de Estado: a polícia. Significações tradicionais da palavra até o século XVI. Seu novo sentido nos séculos XVII-XVIII: cálculo e técnica garantem o bom emprego das forças do Estado. – A tripla relação entre o sistema do equilíbrio europeu e a polícia. – Diversidade das situações italiana, alemã e francesa. – Turquet de Mayerne, *A monarquia aristodemocrática*. – O controle da atividade dos homens como elemento constitutivo da força do Estado. – Objetos da polícia: (1) o número de cidadãos; (2) as necessidades da vida; (3) a saúde; (4) as profissões; (5) a coexistência e a circulação dos homens. – A polícia como arte de administrar a vida e o bem-estar das populações.

[M. Foucault pede desculpas pelo atraso, devido a um engarrafamento.] Terei uma segunda má notícia a lhes dar, mas vou dá-la no fim... Bem, essa nova arte de governar, aquela que, como procurei lhes mostrar, tinha se tornado – este é o primeiro ponto – uma das funções, um dos atributos ou uma das tarefas da soberania, que, como procurei lhes mostrar, tinha encontrado seu princípio fundamental de cálculo na razão de Estado, creio que o essencial da novidade dessa nova arte de governar (foi o que procurei lhes mostrar na última vez) está em outra coisa. Ou seja, não se trata mais, para essa arte de governar que, evidentemente, havia sido esboçada desde havia muito, não se trata mais, para ela, a partir do fim do século XVI – início do século XVII, não se trata mais, para ela, conforme a antiga fórmula, de se conformar, de se aproximar, de permanecer conforme à essência de um governo perfeito. Doravante, a arte de governar vai consistir, não em restituir uma essência ou em permanecer fiel a ela, vai consistir em manipular, em manter, em distribuir, em restabelecer relações de força, e relações de força num espaço de concorrência que implica crescimentos competitivos. Em outras palavras, a arte de governar se desenrola num campo relacional de forças. E é isso, a meu ver, o grande limiar de modernidade dessa arte de governar.

Manifestar-se num campo relacional de forças significa, concretamente, instalar dois grandes conjuntos de tecnologia política. Um, de que lhes falei na última vez, é um conjunto constituído pelos procedimentos necessários e suficientes à manutenção do que já se chamava na época de balança da Europa, o equilíbrio europeu, isto é, em suma, a técnica que consiste em organizar, ordenar a composição e a compensação interestatal das forças, e isso graças a uma dupla instrumentação: uma instrumentação diplomática, diplomacia permanente e multilateral, de um lado, e, de outro, organização de um exército profissional. Eis o primeiro grande conjunto tecnológico característico da nova arte de governar num campo concorrencial de forças.

O segundo grande conjunto tecnológico, aquele de que gostaria de lhes falar hoje, é algo que na época se chamava de "polícia", e deve ficar bem claro que tem muito pouco a ver – um ou dois elementos em comum, não mais – com o que iria se chamar, no fim do século XVIII, de polícia. Em outras palavras, do século XVII ao fim do século XVIII, a palavra "polícia" tem um sentido totalmente diferente do que hoje entendemos[1]. A propósito dessa polícia, gostaria de fazer três conjuntos de observações.

Em primeiro lugar, claro, sobre o sentido da palavra. Digamos que no século XV, no século XVI, vocês já encontram com frequência essa palavra – "polícia" – designando, naquele momento, um certo número de coisas. Primeiro, chama-se de "polícia" simplesmente uma forma de comunidade ou de associação que seria, numa palavra, regida por uma autoridade pública, uma espécie de sociedade humana, na medida em que algo como um poder político, como uma autoridade pública, se exerce sobre ela. Vocês vão encontrar com muita frequência expressões, enumerações como esta: os estados, os principados, as cidades, as polícias. Ou ainda, vocês encontram frequentemente as duas palavras associadas: as repúblicas e as polícias. Não se dirá que uma família é uma polícia, não se dirá que um convento é uma polícia, porque falta precisamente o caráter de autoridade pública que se exerceria sobre ela. Mas é, de qualquer modo, uma espécie de sociedade relativamente mal definida, é uma coisa pública. Esse uso da palavra "polícia", nesse sentido, vai durar praticamente até o início do século XVII. Em segundo lugar, chama-se também de "polícia", ainda nos séculos XV e XVI, o conjunto dos atos que vão precisamente reger essas comunidades sob autoridade pública. Assim é que vocês encontram a expressão quase tradicional "polícia e regimento", "regimento" empregado no sentido de maneira de reger, maneira de governar, associado a "polícia". Enfim, vocês têm o terceiro sentido da palavra "polícia", que é simplesmente o resultado, o resultado positivo e valorizado de um bom governo. Eis, em linhas gerais, os três significados algo tradicionais que encontramos até o século XVI.

Ora, a partir do século XVII, parece-me que a palavra "polícia" vai começar a adquirir um significado profundamente diferente. Creio que podemos resumi-lo, *grosso modo*, da seguinte maneira. A partir do século XVII, vai-se começar a chamar de "polícia" o conjunto dos meios pelos quais é possível fazer as forças do Estado crescerem, mantendo ao mesmo tempo a boa ordem desse Estado[2]. Em outras palavras, a polícia vai ser o cálculo e a técnica que possibilitarão estabelecer uma relação móvel, mas apesar de tudo estável e controlável, entre a ordem interna do Estado e o crescimento das suas forças. Há uma palavra, aliás, que exprime em boa parte esse objeto, esse domínio, que designa bem essa relação entre o crescimento das forças do Estado e sua boa ordem. Essa palavra algo estranha vocês vão encontrar várias vezes para caracterizar o objeto da polícia. Vão encontrá-la no início do século XVII num texto sobre o qual terei a oportunidade de tornar várias vezes, um texto de Turquet de Mayerne, que tem o curioso nome de *A monarquia aristodemocrática*, texto de 1611[3]. Tornarão a encontrá-lo cento e cinquenta anos mais tarde, num texto alemão de Hohenthal, em 1776[4]. E essa palavra é simplesmente a palavra "esplendor". A polícia é o que deve assegurar o esplendor do Estado. Turquet de Mayerne, em 1611, diz: "Tudo o que pode proporcionar ornamento, forma e esplendor à cidade" – é disso que a polícia deve se ocupar[5]. E Hohenthal, em 1776, diz, retomando de resto justamente a definição tradicional: "Aceito a definição dos que chamam de polícia o conjunto dos meios que servem ao esplendor de todo o Estado e à felicidade de todos os cidadãos."[6] O que é esplendor? É ao mesmo tempo a beleza visível da ordem e o brilho de uma força que se manifesta e que se irradia. Portanto, a polícia é de fato a arte do esplendor do Estado como ordem visível e força brilhante. De uma maneira mais analítica, é esse tipo de definição da polícia que vocês encontram naquele que foi, afinal, o maior dos teóricos da polícia, um alemão que se chama Von Justi[7], que, nos *Elementos gerais de polícia*, em meados do século XVIII, dava esta definição da polícia: é o conjunto das "leis e regulamentos que dizem respeito ao interior de um Estado e procuram consolidar e aumentar o poderio desse Estado, que procuram fazer um bom uso das suas forças"[8]. O bom uso das forças do Estado – é esse o objeto da polícia.

A segunda observação que quero fazer é que vocês podem ver como são estreitas as relações entre essa definição da polícia, que é tradicional, canônica nos séculos XVII-XVIII, e os problemas do equilíbrio da balança da Europa. Relação morfológica primeiro, porque, no fundo, o equilíbrio europeu, essa técnica diplomático-militar da balança consistia em quê? Pois bem, em manter um equilíbrio entre forças diferentes, múltiplas, que tendiam cada uma a crescer de acordo com seu próprio desenvolvimento. A polícia também vai ser, mas de certo modo no sentido inverso, certa maneira de fazer crescer ao máximo as forças do Estado, de um Estado, mantendo porém sua boa ordem. Num caso, trata-se de manter – e é esse o objetivo principal – um equilíbrio, de certo modo, apesar do crescimento do Estado: é o problema do equilíbrio europeu. O problema da polícia vai ser: como, mantendo a boa ordem no Estado, fazer que suas forças cresçam ao máximo. Primeira relação, portanto, entre a polícia e o equilíbrio europeu.

Em segundo lugar, relação de condicionamento, porque é evidente que nesse espaço de competição interestatal que se abriu amplamente no decorrer do século XVI, no fim do século XVI, e que tomou o lugar das rivalidades dinásticas, nesse espaço de concorrência, não digo generalizada, de concorrência europeia entre os Estados, está entendido que a manutenção do equilíbrio só é adquirida na medida em que cada um dos Estados é capaz de fazer crescer sua própria força e numa proporção tal, que ele nunca seja superado por outro. Só se pode efetivamente manter a balança e o equilíbrio na Europa na medida em que cada um dos Estados tenha uma boa polícia que lhe permita fazer suas próprias forças crescerem. E, se o desenvolvimento não for relativamente paralelo entre cada uma dessas polícias, vamos ter fatos de desequilíbrio. Cada Estado, para não ver a relação das forças se inverter em seu desfavor, deve ter uma boa polícia. E chegaremos rapidamente à consequência, de certo modo paradoxal e inversa, que consistirá em dizer: mas, afinal, se no equilíbrio europeu há um Estado, mesmo que não seja o meu, que tenha uma má polícia, vamos ter um fenômeno de desequilíbrio. Por conseguinte, é preciso zelar para que, mesmo nos outros Estados, a polícia seja boa. Portanto, o equilíbrio europeu vai funcionar como polícia de certo modo interestatal ou como direito. O equilíbrio europeu dará ao conjunto dos Estados o direito de zelar para que a polícia seja boa em cada um desses Estados. É a consequência que será tirada, de forma sistemática, explícita, formulada, em 1815, com o tratado de Viena e a política da Santa Aliança[9].

Enfim, em terceiro lugar, entre equilíbrio europeu e polícia há uma relação de instrumentação, no sentido de que há pelo menos um instrumento comum. Esse instrumento comum ao equilíbrio europeu e à organização da polícia é o quê? É a estatística. Para que o equilíbrio seja efetivamente mantido na Europa, é preciso que cada Estado possa, primeiro conhecer suas próprias forças, segundo conhecer, apreciar as forças dos outros e, por conseguinte, estabelecer uma comparação que possibilitará, justamente, acompanhar e manter o equilíbrio. É necessário portanto um princípio de decifração das forças constitutivas de um Estado. É necessário saber, de cada Estado, do seu e dos outros, qual a população, qual o exército, quais os recursos naturais, qual a produção, qual o comércio, qual a circulação monetária – todos estes, elementos que são efetivamente dados por essa ciência, ou antes, por esse domínio do conhecimento que se abre e se funda, se desenvolve nesse momento e que é a estatística. Ora, como se pode estabelecer a estatística? Pode-se estabelecê-la justamente pela polícia, porque a polícia, como arte de desenvolver as forças, supõe que cada Estado identifique exatamente quais são as suas possibilidades, as suas virtualidades. A estatística se torna necessária por causa da polícia, mas também se torna possível por causa da polícia. Porque é justamente o conjunto dos procedimentos instaurados para fazer as forças crescerem, para combiná-las, para desenvolvê-las, é todo esse conjunto, numa palavra, administrativo que vai permitir que se identifique em cada Estado em que consistem suas forças, onde estão as possibilidades de desenvolvimento. Polícia e estatística se condicionam mutuamente, e a estatística é, entre a polícia e o equilíbrio europeu, um instrumento comum. A estatística é o saber do Estado sobre o Estado, entendido como saber de si do Estado, mas também saber dos outros Estados. E é nessa medida que a estatística vai se encontrar na articulação dos dois conjuntos tecnológicos.

Haveria um quarto elemento de relação essencial, fundamental, entre polícia e equilíbrio, de que procurarei lhes falar a próxima vez: é o problema do comércio. Vamos deixá-lo de lado por enquanto.

O terceiro conjunto de observações que eu gostaria de lhes fazer é o seguinte: esse projeto de polícia, em todo caso a ideia de que deve haver em cada Estado uma arte comum de fazer as forças constitutivas desse Estado crescerem, esse projeto não assumiu, é claro, a mesma forma, o mesmo arcabouço teórico, não se dotou dos mesmos instrumentos nos diferentes Estados. Enquanto os elementos de que lhes falei até aqui, por exemplo, a teoria da razão de Estado ou o dispositivo do equilíbrio europeu, foram em suma noções ou dispositivos compartilhados, claro que com modulações, pela maioria dos países europeus, no caso da polícia as coisas aconteceram, a meu ver, de maneira diferente, e não encontramos aqui, em absoluto, nem as mesmas formas de reflexão, nem as mesmas institucionalizações da polícia nos diferentes países europeus. Isso certamente precisaria ser estudado em detalhe. A título de indicação e de hipótese, de forma vaga, por assim dizer, pode-se afirmar o seguinte, creio eu.

No caso da Itália, o que foi que aconteceu? Pois bem, curiosamente, enquanto a teoria da razão de Estado foi muito desenvolvida aí, enquanto o problema do equilíbrio foi um problema importante e frequentemente comentado, a polícia, em compensação, não aparece. Não aparece como instituição tampouco como forma de análise e de reflexão. Poderíamos dizer o seguinte: talvez a fragmentação territorial da Itália, a relativa estagnação econômica que ela experimentou a partir do século XVII, a dominação política e econômica do estrangeiro, a presença, também, da Igreja como instituição universalista e, ao mesmo tempo, localizada, dominante na península e ancorada territorialmente num lugar preciso da Itália, tudo isso, enfim, talvez tenha feito que a problemática do crescimento das forças nunca tenha podido se estabelecer realmente, ou antes, foi perpetuamente atravessada e obstruída por outro problema, dominante para a Itália, que era justamente o equilíbrio dessas forças plurais, ainda não unificadas e talvez não unificáveis. No fundo, desde a grande fragmentação da Itália, a questão sempre foi, antes de tudo, a da composição e compensação das forças, isto é, primado [da] diplomacia. E o problema do crescimento das forças, desse desenvolvimento concertado, ponderado, analítico das forças do Estado, só pôde vir depois. Era sem dúvida verdade antes da unidade italiana e é sem dúvida verdade também depois de a unidade italiana ter sido realizada e de algo como um Estado italiano ter se constituído, um Estado que nunca foi verdadeiramente um Estado de polícia, no sentido dos séculos XVII-XVIII, é claro, e que sempre foi um Estado de diplomacia, isto é, um conjunto de forças plurais, entre as quais um equilíbrio precisa ser estabelecido, entre os partidos, os sindicatos, as clientelas, a Igreja, o Norte, o Sul, a máfia etc. – tudo isso, que faz que a Itália seja um Estado de diplomacia sem ser um Estado de polícia. E é isso que talvez faça que, justamente, uma guerra, ou uma guerrilha, ou uma quase guerra seja a forma de existência permanente do Estado italiano.

No caso da Alemanha, a divisão territorial produziu paradoxalmente um efeito totalmente diverso. Teve-se, ao contrário, uma superproblematização* da polícia, um desenvolvimento teórico e prático intenso do que deve ser a polícia como mecanismo de ampliação das forças do Estado. Seria preciso procurar identificar as razões pelas quais uma fragmentação territorial que, na Itália, produziu [um] efeito, produz na Alemanha um efeito exatamente inverso. Passemos por cima dessas razões. O que gostaria simplesmente de

---
* Palavra entre aspas no manuscrito.

indicar a vocês é o seguinte: pode-se pensar que esses Estados alemães que haviam sido constituídos, reordenados, às vezes até criados no momento do tratado de Vestefália, em meados do século XVII, esses Estados alemães constituíram verdadeiros pequenos laboratórios microestatais, que puderam servir de modelo e como que de locais de experimentação. Entre estruturas feudais recombinadas pelo tratado de Vestefália e tendo acima da Alemanha, pairando sobre o seu território, a ideia imperial, mas debilitada, se não anulada, por esse mesmo tratado de Vestefália, vimos constituírem-se esses novos Estados, se não modernos, pelo menos intermediários entre as estruturas feudais e os grandes Estados, que se tornaram espaços privilegiados para a experimentação estatal. E esse aspecto laboratório viu-se sem dúvida reforçado pelo seguinte fato: de que a Alemanha, ao sair de uma estrutura feudal, não tinha em absoluto o que tinha a França, um pessoal administrativo já constituído. Ou seja, para fazer essa experimentação foi necessário dotar-se de um novo pessoal. Esse novo pessoal era encontrado onde? Era encontrado numa instituição que existia por toda a Europa mas que, nessa Alemanha assim fragmentada e, principalmente, dividida entre católicos e protestantes, adquiriu uma importância muito maior do que em qualquer outra parte: a universidade. Enquanto as universidades, na França, não paravam de perder seu peso e sua influência por um certo número de razões, que eram tanto o desenvolvimento administrativo quanto o caráter dominante da Igreja católica, na Alemanha as universidades tornaram-se ao mesmo tempo lugares de formação desses administradores que deviam assegurar o desenvolvimento das forças do Estado e de reflexão sobre as técnicas a empregar para fazer crescer as forças do Estado. Daí o fato de que nas universidades alemãs vocês veem se desenvolver uma coisa que não teve praticamente equivalente na Europa e que é a *Polizeiwissenschaft*, a ciência da política[10]; essa ciência da polícia que, desde o meado, quer dizer, desde o fim do século XVII até o fim do século XVIII, vai ser uma especialidade totalmente alemã, uma especialidade alemã que se difundirá pela Europa e que terá uma influência capital. Teorias da polícia, livros sobre a polícia, manuais para os administradores, tudo isso proporciona uma enorme bibliografia da *Polizeiwissenschaft* no século XVIII[11].

Na França, creio que temos uma situação que não é nem a situação italiana nem a situação alemã. O desenvolvimento rápido, precoce da unidade territorial, da centralização monárquica, também da administração, fez que a problematização da polícia não se tenha feito em absoluto com base nesse modo teórico e especulativo que podemos observar na Alemanha. Foi de certa maneira no interior mesmo da prática administrativa que a polícia foi concebida, mas concebida sem teoria, concebida sem sistema, concebida sem conceitos, praticada, por conseguinte, institucionalizada, através das medidas, dos decretos, dos conjuntos de éditos, através de críticas também, dos projetos vindos não da universidade, de maneira nenhuma, mas de personagens que giravam em torno da administração, seja por serem eles próprios administradores, seja por desejarem entrar na administração, seja por terem sido expulsos dela. Encontramo-la igualmente em pedagogos, em particular nos pedagogos dos príncipes: vocês têm uma teoria da polícia, por exemplo, em Fénélon[12], outra, interessantíssima, no abade Fleury[13], em todos os que foram preceptores dos delfins. De sorte que vocês não vão encontrar na França grandes edifícios assemelhados à *Polizeiwissenschaft* [alemã], [tampouco] esta noção, que foi tão importante na Alemanha, de *Polizeistaat*, Estado de polícia. Encontrei-a – claro que sob reserva, acho que a encontraríamos em outros textos –, mas enfim encontrei uma vez em Montchrétien, no seu *Tratado de economia política*, a expressão "Estado* da polícia", que corresponde exatamente ao *Polizeistaat* dos alemães[14].

....
* Com maiúscula no manuscrito.

É essa a situação geral desse problema da polícia. Bem, agora uma pergunta: de que a polícia se ocupa realmente, se é verdade que seu objetivo geral é o aumento das forças do Estado em tais condições que a própria ordem desse Estado não só não se veja comprometida, mas fortalecida? Vou pegar um texto de que já lhes falei, texto muito precoce, pois data bem do início do século XVII, e que é uma espécie de utopia justamente daquilo que os alemães teriam imediatamente chamado de um *Polizeistaat*, um Estado de polícia, para o qual os franceses não tinham essa palavra. Essa utopia de um Estado de polícia, de 1611, foi redigida por alguém que se chama Turquet de Mayerne, e nesse texto, portanto, cujo título é *A monarquia aristodemocrática*, Turquet de Mayerne começa definindo a polícia como "tudo o que deve dar [eu já citei esse texto para vocês; M.F.] ornamento, forma e esplendor à cidade"[15]. É "a ordem de tudo o que se poderia ver" na cidade[16]. Por conseguinte, a polícia é de fato, tomada nesse nível, exatamente a inteira arte de governar. Arte de governar e exercer a polícia são, para Turquet de Mayerne, a mesma coisa[17]. Mas se agora quiserem saber efetivamente como exercer a polícia, bem, diz Turquet de Mayerne, é preciso que em todo bom governo haja quatro grandes ofícios e quatro grandes oficiais[18]: o Chanceler, para cuidar da justiça; o Condestável, para cuidar do exército; o Superintendente, para cuidar das finanças – tudo isso já são instituições existentes – e um quarto alto oficial, que seria, diz ele, "Conservador e reformador-geral da polícia". Qual seria seu papel? Seu papel seria manter entre o povo [aqui eu cito; M.F.] "uma singular prática de modéstia, caridade, lealdade, indústria e harmonia"[19]. Tornarei sobre isso daqui a pouco.

Agora, esse alto oficial, que está portanto no mesmo nível do chanceler e não tem superintendente, esse conservador da polícia, vai ter quem sob as suas ordens nas diferentes regiões do país e nas diferentes províncias? Desse conservador-geral da polícia dependerão em cada província quatro escritórios que são portanto os derivados diretos, os subordinados diretos do conservador de polícia. O primeiro tem por nome Birô de Polícia propriamente dita, e esse Birô de Polícia propriamente dita tem por encargo o quê? Em primeiro lugar, a instrução das crianças e dos jovens. Esse Birô de Polícia é que deverá cuidar que as crianças aprendam as letras, e por letras, diz Turquet de Mayerne, entende-se tudo o que é necessário para prover a todas as funções do reino, o que portanto é necessário para exercer uma função no reino[20]. Deverão aprender, evidentemente, a piedade e, enfim, deverão aprender as armas[21]. Esse Birô de Polícia que cuida da instrução, das crianças e dos jovens deverá também se ocupar da profissão de cada um. Quer dizer que, terminada a formação, quando o rapaz fizer 25 anos, deverá se apresentar ao Birô de Polícia. Lá ele deverá dizer que tipo de ocupação quer ter na vida, seja ele rico ou não, queira ele enriquecer ou queira simplesmente deleitar-se. De todo modo, deve dizer o que quer fazer. Será inscrito num registro com a escolha da sua profissão, a escolha do seu modo de vida, inscrito, e inscrito de uma vez por todas. Os que, por acaso, não quisessem se inscrever num dos itens – deixo de lado os que são propostos[22] –, os que não quisessem se inscrever não deveriam nem sequer ser tidos como cidadãos, mas deveriam ser considerados "rebotalho do povo, vadios e sem honra"[23]. Eis quanto ao Birô de Polícia.

Ao lado, sempre portanto sob a responsabilidade, sob a direção desse oficial superior que é o Reformador-geral da polícia, vamos ter, ao lado do Birô de Polícia propriamente dita, birôs de polícia não propriamente dita, como o Birô de Caridade. E o Birô de Caridade vai se ocupar dos pobres, dos pobres válidos, é claro, aos quais dará um trabalho ou que forçará a aceitar um trabalho, [e] os pobres doentes e inválidos, a que dará subvenções[24]. Esse Birô de Caridade também se ocupará da saúde pública em tempos de epidemia e de contágio, mas em todos os tempos também. O Birô de Caridade se ocupará [também] dos acidentes, dos acidentes causados por incêndios, inundações, dilúvios e de tudo o que possa ser causa de empobrecimento, "que ponha as famílias em indigência e miséria"[25]. Tentar impedir esses acidentes, tentar repará-los e ajudar os que deles são vítimas. Enfim, outra função desse Birô de Caridade, emprestar dinheiro, emprestar dinheiro "aos pequenos artesãos e aos lavradores" que estivessem necessitados para o exercício da sua profissão e de maneira a poder pô-los ao abrigo "das rapinas dos usurários"[26].

Terceiro birô, depois da polícia propriamente dita e da caridade, um terceiro birô vai se ocupar dos comerciantes. Este regulará (passo rápido sobre ele) os problemas do mercado, os problemas de fabricação, de modo de fabricação, e deverá favorecer o comércio em toda a província[27]. Enfim, quarto birô, o Birô do Domínio, que se ocupará dos bens imobiliários: evitar, por exemplo, que os direitos senhoriais pesem demais sobre o povo, zelar pela compra e pela maneira como se compram e se vendem os bens fundiários, zelar pelo preço dessas vendas, manter o registro das heranças, zelar enfim pelo domínio do rei e pelos caminhos, rios, edifícios públicos, florestas[28].

Pois bem, se examinamos melhor esse projeto de Turquet de Mayerne, o que vemos? Vemos primeiro o seguinte: que a polícia que, num certo nível, se identifica com o governo inteiro, aparece – e é este seu segundo nível, sua primeira precisão em relação a essa função geral – como uma função de Estado diante das três outras, as da justiça, do exército e das finanças, que eram instituições tradicionais. Instituições tradicionais às quais há que acrescentar uma quarta, que vai ser a modernidade administrativa por excelência, a saber, a polícia. Em segundo lugar, o que se deve notar é que, quando Turquet de Mayerne define o papel do reformador geral da polícia, o que ele diz? Diz que esse reformador deve zelar pela lealdade, pela modéstia dos cidadãos; logo ele tem uma função moral, mas também deve se ocupar da riqueza e da vida doméstica, isto é, da maneira como as pessoas se conduzem quanto às suas riquezas, quanto à sua maneira de trabalhar, de consumir. É portanto um misto de moralidade e de trabalho. Mas o que me parece essencial e característico, sobretudo, é que o que constitui o próprio cerne da polícia, esses birôs de polícia propriamente dita de que lhes falei, quando examinamos de que eles se ocupam, para o que devem voltar sua atenção, percebemos que é, de um lado, a educação e a profissão, a profissionalização dos indivíduos; a educação que deve formá-los, de maneira que possam ter uma profissão, e também qual a profissão ou, em todo caso, qual o tipo de atividade a que se dedicam e a que se comprometem a dedicar-se. Logo, temos todo um conjunto de controles, de decisões, de injunções que tem por objeto os próprios homens, não na medida em que têm um estatuto, não na medida em que são alguma coisa na ordem, na hierarquia e na estrutura social, mas na medida em que fazem alguma coisa, na medida em que são capazes de fazê-lo e na medida em que se comprometem a fazê-lo ao longo da vida. Aliás, o próprio Turquet de Mayerne observa: o que é importante para a polícia não é a distinção entre nobres e plebeus, não é portanto a diferença de estatuto, é a diferença das ocupações[29]. Gostaria de lhes citar este texto notável que se encontra no início, nas primeiras páginas do livro de Turquet de Mayerne. Ele diz, a propósito dos magistrados de polícia: "Propus aos magistrados que serão seus reitores" – trata-se da polícia –, "propus o homem como verdadeiro sujeito em que a virtude e o vício se imprimem, a fim de que, como por graus, ele seja levado desde a sua infância até sua perfeição e a fim de que, tendo-o levado a uma certa perfeição, ele seja contido, ele e suas ações, nos termos da verdadeira virtude política e social, qualquer que seja a coisa a que se dedique"[30].

Ter "o homem como verdadeiro sujeito", e o homem como verdadeiro sujeito "qualquer que seja a coisa a que se dedique", na medida em que, precisamente, ele tem uma atividade e que essa atividade deve caracterizar sua perfeição e possibilitar por conseguinte a perfeição do Estado, é isso, creio, que é um dos elementos fundamentais e mais característicos do que se passou a entender por "polícia". É isso que é visado pela polícia, a atividade do homem, mas a atividade do homem na medida em que tem uma relação com o Estado. Digamos que a concepção tradicional, o que interessava o soberano, o que interessava o príncipe ou a república, era o que os homens eram, eram por seu estatuto ou eram por suas virtudes, por suas qualidades intrínsecas. Era importante que os homens fossem virtuosos, era importante que eles fossem obedientes, era importante que não fossem preguiçosos, que fossem trabalhadores. A boa qualidade do Estado dependia da boa qualidade dos elementos do Estado. Era uma relação de ser, era uma relação de qualidade de ser, era uma relação de virtude. Nessa nova concepção, o que vai interessar ao Estado não é o que são os homens, não são nem mesmo seus litígios como num Estado de justiça. O que interessa ao Estado não é nem mesmo o dinheiro deles, o que é a característica de um Estado, digamos, de fiscalidade. O que caracteriza um Estado de polícia é que aquilo que lhe interessa é o que os homens fazem, é sua atividade, é sua "ocupação"*. O objetivo da polícia é, portanto, o controle e a responsabilidade pela atividade dos homens na medida em que essa atividade possa constituir um elemento diferencial no desenvolvimento das forças do Estado. A meu ver, estamos aqui no âmago do que vai constituir a organização do que os alemães

....

* Palavra entre aspas no manuscrito. M. Foucault nota na margem do manuscrito: "Cf. Montchrétien, p. 27." (Este último escreve: "O homem mais entendido em matéria de polícia não é o que, por suplício rigoroso, extermina os bandidos e os ladrões, mas o que, pela ocupação que dá aos que são subordinados ao seu governo, impede que eles existam", *Traité d'économie politique* (1615), ed. por Th. Funck-Brentano, Paris, E. Plon, 1889, p. 27.)

chamam de Estado de polícia, e os franceses, sem chamá-lo assim, de fato instauraram. Através do projeto de Turquet de Mayerne, vemos, no fundo, a que se prende esse projeto de grande polícia. É a atividade do homem como elemento constitutivo da força do Estado.

Concretamente, a polícia deverá ser o quê? Pois bem, ela deverá adotar como instrumento tudo o que for necessário e suficiente para que essa atividade do homem se integre efetivamente ao Estado, às suas forças, ao desenvolvimento das forças do Estado, e deverá fazer de maneira que o Estado possa, por sua vez, estimular, determinar e orientar essa atividade de uma maneira que seja efetivamente útil ao Estado. Numa palavra, trata-se da criação da utilidade estatal, a partir de e através da atividade dos homens. Criação da utilidade pública a partir da ocupação, da atividade, a partir do fazer dos homens. Creio que a partir daí e apreendendo aí o cerne dessa ideia tão moderna da polícia, creio que podemos facilmente deduzir os objetos de que a polícia pretende doravante se ocupar.

Primeiro, a polícia terá de se ocupar – primeira preocupação – com o número de homens, porque é muito importante, tanto no que concerne à atividade dos homens quanto à sua integração numa utilidade estatal, saber quantos eles são e fazer que haja o maior número possível. A força de um Estado depende do seu número de habitantes: é uma tese que vemos formulada já bem cedo na Idade Média, repetida ao longo do século XVI, mas que, no século XVII, vai começar a adquirir um sentido preciso, na medida em que logo se colocará o problema de saber quantos homens são efetivamente necessários e que relação deve haver entre o número de homens e a extensão do território, as riquezas, para que a força do Estado possa crescer o mais possível e da maneira mais segura. A tese, a afirmação de que a força de um Estado depende da quantidade de seus habitantes, vocês vão encontrá-la obstinadamente repetida ao longo de todo o século

XVII, no início do século XVIII ainda, antes da grande crítica e da grande reproblematização que os fisiocratas farão. Mas vou tomar um texto do fim do século XVII – início do XVIII. Nas notas que foram publicadas, que eram as notas das aulas que dava ao delfim[31], o abade Fleury dizia: "Não se pode administrar justiça, fazer guerra, levantar finanças etc., sem que haja abundância de homens vivos, sadios e pacíficos. Quanto mais há, mais o resto é fácil, mais o Estado e o príncipe são poderosos". Mas é preciso dizer desde logo que não é o número absoluto da população que é importante, mas sua relação com o conjunto das forças: extensão do território, recursos naturais, riquezas, atividades comerciais, etc. E é ainda Fleury que diz nas suas notas de curso: "[...] extensão de terras não faz nada para a grandeza do Estado, mas fertilidade e quantidade de homens sim. Holanda, Moscóvia, Turquia, que diferença? Extensão deserta prejudica o comércio e o governo. Mais valem 500 mil homens em pouco espaço do que um milhão dispersos; terra de Israel"[32]. Daí o primeiro objeto da polícia: a quantidade de homens, o desenvolvimento quantitativo da população em relação aos recursos e possibilidades do território que essa população ocupa; é o que Hohenthal chamará, em seu *Tratado de polícia*, de *copia civium*, a quantidade, a abundância de cidadãos[33]. Em primeiro lugar, portanto, a quantidade de cidadãos: é esse o primeiro objeto da polícia.

Segundo objeto da polícia: as necessidades da vida. Porque não basta haver homens, é necessário também que eles possam viver. E, por conseguinte, a polícia vai se ocupar dessas necessidades imediatas. Em primeiro lugar, claro, os víveres, os objetos ditos de primeira necessidade. Aqui também Fleury dirá: "príncipe é pai: alimentar seus filhos, procurar os meios de proporcionar ao povo alimento, roupa, habitação, calefação. [...] Nunca se multiplica em excesso os gêneros úteis à vida"[34]. Esse objetivo da polícia – zelar para que as pessoas possam efetivamente manter a vida que o nascimento lhes deu – implica evidentemente uma política agrícola: multiplicar o povo do campo pela diminuição dos impostos, dos encargos, da milícia, cultivar as terras que ainda não são cultivadas etc. Tudo isso está em Fleury[35]. Logo isso implica uma política agrícola. Isso implica igualmente um controle exato da comercialização dos gêneros, da sua circulação, das provisões feitas para os momentos de escassez alimentar: em suma, toda a polícia de cereais de que eu havia lhes falado no início[36] e que constitui, para d'Argenson, a polícia "mais preciosa e mais importante para a ordem pública"[37]. O que implica que não apenas a comercialização desses víveres e gêneros será vigiada, mas também sua qualidade no momento em que são postos à venda, sua boa qualidade, o fato de não estarem estragados etc.

E por aí chegamos a um terceiro objeto da polícia, depois da quantidade de pessoas, das necessidades da vida, chegamos ao problema da saúde. A saúde torna-se um objeto de polícia na medida em que a saúde é efetivamente uma das condições necessárias para que os homens numerosos, que subsistem graças aos víveres e aos elementos de primeira necessidade que lhes são fornecidos, esses indivíduos possam trabalhar, exercer atividades, ocupar-se. Por conseguinte, a saúde não será, para a polícia, simplesmente um problema no caso de epidemia, quando a peste se declara ou quando se trata simplesmente de afastar os contagiosos, como os leprosos, mas agora a saúde, a saúde cotidiana de todo o mundo vai se tornar um objeto permanente de preocupação e de intervenção para a polícia. Portanto vai ser necessário estar atento a tudo o que possa causar as doenças em geral. Vai ser então o caso, principalmente nas cidades, do ar, do arejamento, da ventilação, estando tudo isso, evidentemente, ligado à teoria dos miasmas[38], e vamos ter toda uma política de um novo equipamento, de um novo espaço urbano que será submetido, subordinado a princípios, a preocupações de saúde: largura das ruas, dispersão dos elementos que podem produzir miasmas e envenenar a atmosfera, os açougues, os matadouros, os cemitérios. Portanto toda uma política do espaço urbano ligada a esse problema de saúde.

Quarto objeto da polícia, depois da saúde: vai ser precisamente, quando se tem homens em grande número que podem subsistir e que gozam de boa saúde, zelar por sua atividade. Por sua atividade, entender, antes de mais nada, o fato de que não fiquem ociosos. Pôr para trabalhar todos os que podem trabalhar é a política voltada para os pobres válidos. Prover unicamente às necessidades dos pobres inválidos. E será também, muito mais importante, zelar pelos diferentes tipos de atividade de que os homens são capazes, zelar para que, efetivamente, os diferentes ofícios de que se necessita, de que o Estado necessita, sejam efetivamente praticados, zelar para que os produtos sejam fabricados de acordo com um modelo que seja tal que o país possa se beneficiar. Donde toda essa regulamentação dos ofícios que é outro dos objetivos da polícia.

Enfim, último objeto da polícia, a circulação: a circulação das mercadorias, dos produtos oriundos da atividade dos homens. E essa circulação deve ser entendida antes de mais nada no sentido dos instrumentos materiais que é necessário lhe proporcionar. Assim, a polícia cuidará das estradas, da sua manutenção, do seu desenvolvimento, da navegabilidade dos rios, dos canais etc. Em seu *Tratado de direito público*, Domat dedica [a essa questão] um capítulo que se chama "Da polícia", cujo título completo é este: "Da polícia para o uso dos mares, dos grandes e pequenos rios, das pontes, das ruas, das praças públicas, dos grandes caminhos e outros lugares públicos"[39]. O espaço da circulação é portanto um objeto privilegiado para a polícia[40]. Por "circulação", porém, deve-se entender não apenas essa rede material que possibilita a circulação das mercadorias e eventualmente dos homens, mas a própria circulação, isto é, o conjunto dos regulamentos, imposições, limites ou, ao contrário, facilidades e incentivos que vão possibilitar a circulação dos homens e das coisas no reino e, eventualmente, fora das fronteiras. Donde os regulamentos tipicamente de polícia, uns que vão reprimir a vagabundagem, outros que vão facilitar a circulação das mercadorias nesta ou naquela direção, e outros que vão impedir que os operários qualificados possam sair do lugar onde trabalham ou, principalmente, possam deixar o reino. É todo esse campo da circulação que vai se tornar, depois da saúde, depois dos víveres e dos objetos de primeira necessidade, depois da própria população, o objeto da polícia.

De maneira geral, no fundo, o que a polícia vai ter de regular e que vai constituir seu objeto fundamental são todas as formas, digamos, de coexistência dos homens uns em relação aos outros. É o fato de viverem juntos, de se reproduzirem, de necessitarem, cada um de seu lado, de certa quantidade de alimento, de ar para respirar, viver, subsistir, é o fato de trabalharem, de trabalharem uns ao lado dos outros, em ofícios diferentes ou semelhantes, é também o fato de estarem num espaço urbano de circulação, é (para empregar uma palavra que é anacrônica em relação às especulações da época) toda essa espécie de socialidade que deve ser tarefa da polícia. Os teóricos do século XVIII dirão: no fundo, é da sociedade que a polícia se ocupa[41]. Mas Turquet de Mayerne já tinha dito que a vocação dos homens – ele não emprega a palavra "vocação", bem, não me lembro mais – era de se associar uns aos outros, de se buscar mutuamente, e é essa "comunicação", "o encaminhamento e a manutenção" dessa comunicação que é propriamente o objeto da polícia[42]. A coexistência e a comunicação dos homens uns com os outros – é, afinal de contas, esse o domínio que deve abranger essa *Politzeiwissenschaft* e essa instituição da polícia de que fala a gente do século XVII e do século XVIII.

O que a polícia abrange assim é, no fundo, um imenso domínio que, poderíamos dizer, vai do viver ao mais que viver. Quero dizer com isso: a polícia deve assegurar-se de que os homens vivam, e vivam em grande número, a polícia deve assegurar-se de que eles tenham de que viver e, por conseguinte, tenham de que não morrer muito, ou não morrer em quantidade grande demais. Mas deve assegurar-se ao mesmo tempo de que tudo o que, em sua atividade, pode ir além dessa pura e simples subsistência, de que tudo isso vá, de fato, ser produzido, distribuído, repartido, posto em circulação de tal maneira que o Estado possa tirar efetivamente daí sua força. Digamos numa palavra que nesse sistema econômico, social, poderíamos dizer até nesse novo sistema antropológico instaurado no fim do século XVI e no início do século XVII, nesse novo sistema que já não é comandado pelo problema imediato de não morrer e sobreviver, mas que vai ser comandado agora pelo problema de viver e fazer um pouco melhor que viver, pois bem, é aí que a polícia se insere, na medida em que é um conjunto de técnicas que asseguram que viver, fazer um pouco melhor que viver, coexistir, comunicar-se, tudo isso será efetivamente transformável em forças do Estado. A polícia é o conjunto das intervenções e dos meios que garantem que viver, melhor que viver, coexistir, será efetivamente útil à constituição, ao aumento das forças do Estado. Temos portanto com a polícia um círculo que, partindo do Estado como poder de intervenção racional e calculado sobre os indivíduos, vai retornar ao Estado como conjunto de forças crescentes ou a se fazer crescer – mas que vai passar pelo quê? Ora, pela vida dos indivíduos, que vai agora, como simples vida, ser preciosa para o Estado. No fundo, isso já estava adquirido, sabia-se perfeitamente que um rei, um soberano era tanto mais poderoso quanto mais súditos tinha. Vai passar pela vida dos indivíduos, mas vai passar também pelo melhor que viver, pelo mais que viver, isto é, pelo que na época se chama de comodidade dos homens, seu aprazimento [*agrément*] ou sua felicidade. Vale dizer que esse círculo, com tudo o que ele implica, faz que a polícia deva ser capaz de articular, uma com a outra, a força do Estado e a felicidade dos indivíduos. Essa felicidade, como mais que viver dos indivíduos – é isso que de certo modo deve ser logrado e constituído em utilidade estatal: fazer da felicidade dos homens a utilidade do Estado, fazer da felicidade dos homens a própria força do Estado. E é por isso que vocês encontram, em todas essas definições da polícia a que eu fazia alusão há pouco, um elemento que eu havia cuidadosamente reservado e que é a felicidade dos homens. Vocês encontram, por exemplo em Delamare, a afirmação de que o único objeto da polícia "consiste em levar o homem à mais perfeita felicidade de que ele possa desfrutar nesta vida"[43]. Ou também Hohenthal – cuja definição da polícia eu citei para vocês[44], mas apenas em sua primeira parte –, Hohenthal diz que a polícia é o conjunto dos meios que asseguram "*reipublicae splendorem*", o esplendor da república, "*et externam singulorum civilium felicitatem*", e a felicidade externa de cada indivíduo[45]. Esplendor da república e felicidade de cada um. Retomo a definição fundamental de Justi que, mais uma vez, é a mais clara e mais articulada, a mais analítica. Von Justi diz o seguinte: "A polícia é o conjunto de leis e regulamentos, relativos ao interior de um Estado, que tendem a consolidar e aumentar sua força, a fazer bom uso das suas forças" – isso eu já tinha citado – "e, enfim, proporcionar a felicidade dos súditos"[46]. Consolidar e aumentar a força do Estado, fazer bom uso das forças do Estado, proporcionar a felicidade dos súditos, é essa articulação que é específica da polícia.

Há uma palavra que, melhor ainda que a de aprazimento [*agrément*], de comodidade, de felicidade, designa aquilo de que a polícia se ocupa. Essa palavra é raramente encontrada antes do fim do século XVIII. E no entanto foi empregada no início do século XVII e, parece-me, de forma única, sem ter sido reutilizada na literatura francesa, mas vocês vão ver que eco terá e como vai desembocar em toda uma série de problemas absolutamente fundamentais. Esta palavra é a seguinte, que encontramos em Montchrétien, *A economia política*.

Montchrétien diz o seguinte: "No fundo, a natureza só pode nos dar o ser, mas o bem-estar nos vem da disciplina e das artes"[47]. A disciplina, que deve ser igual para todos, pois é importante para o bem do Estado que todos vivam bem e honestamente, e as artes, que, desde a queda, são indispensáveis para nos proporcionar – cito novamente – "o necessário, o útil, o decente e o agradável"[48]. Pois bem, tudo o que vai do ser ao bem-estar, tudo o que pode produzir esse bem-estar para além do ser e de tal sorte que o bem-estar dos indivíduos seja a força do Estado, é esse, parece-me, o objetivo da polícia.*

Bom, se por um lado eu estava atrasado, mas só uns quinze minutos, por outro lado, em todo caso, estou longe de ter terminado o que gostaria de lhes dizer. Então – era a segunda má notícia –, vou sem dúvida dar mais uma aula semana que vem, quarta-feira, em que procurarei, a partir dessa definição geral da polícia, ver como ela foi criticada, como as pessoas se distanciaram dela no século XVIII, como a economia política pôde nascer dela, como o problema específico da população se separou dela, [o que irá] juntar-se ao problema "segurança e população" de que lhes falei da última vez. Então, se isso não os aborrecer... Enfim, em todo caso, darei essa aula quarta-feira que vem. Como, de todo modo, nenhum de vocês é forçado a assistir, façam como quiserem...

....
* M. Foucault acrescenta no manuscrito, p. 28: "O 'bem' que estava presente na definição do governo em são Tomás (fazer de sorte que os homens se conduzam bem para poder alcançar o bem supremo) muda inteiramente de sentido".

NOTAS

1. Cf. a definição que M. Foucault dá em 1976, "La politique de la santé au XVIIIe siècle", art. citado [*supra*, p. 106, nota 7], p. 17: "O que será chamado até o fim do Antigo Regime de polícia não é, ou não é apenas, a instituição policial; é o conjunto dos mecanismos pelos quais são assegurados a ordem, o crescimento canalizado das riquezas e as condições de manutenção da saúde 'em geral'" (segue-se uma breve descrição do tratado de Delamare). O interesse de Foucault por Delamare remonta aos anos 60. Cf. *Histoire de la folie...*, *op. cit.*, ed. de 1972, p. 89-90.

2. Numa série de folhetos manuscritos sobre a polícia, anexados ao dossiê de preparação do curso, M. Foucault cita esta passagem das *Instructions* [Instruções] de Catarina II (cf. *infra*, p. 485, nota 18), a propósito da transformação do sentido da palavra polícia ("de efeito para a causa"): "Tudo o que serve à manutenção da boa ordem da sociedade é da competência da polícia".

3. Louis Turquet de Mayerne (1550-1615), *La Monarchie aristo-démocratique, ou le gouvernement composé et mesclé des trois formes de legitimes Republiques*, Paris, Jean Berjon et Jean le Bouc, 1611. Em sua conferência "'Omnes et singulatim'", M. Foucault precisa: "É uma das primeiras utopias-programas de Estado policiado. Turquet de Mayerne a compôs e apresentou em 1611 aos estados-gerais da Holanda. Em *Science and Rationalism in the Government of Louis XIV* [Baltimore, Md., The John Hopkins Press, 1949], J. King chama a atenção para a importância dessa estranha obra [...]" (art. citado, *DE*, IV, p. 154). Ver notadamente p. 31-2, 56-8, 274 (J. King diz: "Louis Turquet-Mayerne"). Cf. igualmente R. Mousnier, "L'opposition politique bourgeoise à la fin du XVIe et au début du XVIIe siècle. L'oeuvre de Turquet de Mayerne", *Revue historique*, 213, 1955, p. 1-20.

4. Peter Carl Wilhelm, Reichsgraf von Hohenthal, *Liber de politia, adspersis observationibus de causarum politiae et justitiae differentiis*, Leipzig, C. G. Hilscherum, 1776, § 2, p. 10. Tendo a obra sido escrita em latim, entenda-se: o texto do alemão Hohenthal. Sobre esse tratado, cf. "'Omnes et singulatim'", *loc. cit.*, p. 158.

5. L. Turquet de Mayerne, *La Monarchie aristodémocratique*, *op. cit.*, livro I, p. 17: "[...] deve-se entender pelo nome de Polícia tudo o que pode dar ornamento, forma e esplendor à Cidade, e que é de fato a ordem de tudo o que poderíamos ver nela".
6. P. C. W. von Hohenthal, *Liber de politia*, *op. cit.*, § II, p. 10: "Non displicet vero nobis ea definitio, qua politiam dicunt congeriem mediorum (s. legum et institutorum), quae universae reipublicae splendori atque externae singulorum civium felicitati inserviunt". Em apoio a essa definição, Hohenthal cita J. J. Moser, *Commentatio von der Landeshoheit in Policey-Sachen*, Frankfurt-Leipzig, 1773, p. 2, § 2, e J. S. Pütter, *Institutiones Iuris publici germanici*, Göttingen, 1770, p. 8. Nem um nem outro, no entanto, ao insistir sobre a felicidade ou a segurança dos súditos, utilizam o termo "esplendor".
7. Polígrafo de carreira movimentada, cuja vida contém muitas zonas de sombra, Johann Heinrich Gottlob von Justi (1720-1771) foi ao mesmo tempo professor e praticante. Ensinou cameralística primeiro no Theresianum de Viena, estabelecimento fundado em 1746, destinado à educação dos jovens nobres, e, após diversas peripécias que o levaram de Leipzig à Dinamarca, estabeleceu-se em 1760 em Berlim, onde Frederico II lhe confiou, alguns anos depois, o cargo de Berghauptmann, uma espécie de administrador geral das minas. Acusado, sem dúvida injustamente, de ter desviado dinheiro público, foi encarcerado em 1768 na fortaleza de Küstrin, onde, cego e arruinado, morreu sem ter podido provar sua inocência. Aos dois períodos, vienense e berlinense, correspondem obras de tonalidade bem distinta, as primeiras (dentre as quais *Grundsätze der Policey-Wissenschaft*, 1756, baseada nas suas aulas no Theresianum e traduzida em francês com o título de *Éléments généraux de police*, 1769) essencialmente centradas no bem do Estado, as segundas (*Grundriß einer guten Regierung*, 1759; *Grundfeste der Macht und Glückseligkeit der Staaten oder Polizeiwissenschaft*, 1760-61) acentuam mais o bem dos indivíduos.
8. J. H. G. von Justi, *Grundsätze der Policey-Wissenschaft*, Göttingen, Van den Hoecks, 1756, p. 4: "In weitläuftigem Verstande begreift man unter der Policey alle Maaßregeln in innerlichen Landesangelegenheiten, wodurch das allgemeine Vermögen des Staats dauerhaftiger gegründet und vermehret, die Kräfte des Staats besser gebrauchet und überhaupt die Glückseligkeit des gemeinen Wesens befördet werden kann; und in diesem Verstande sind die Commercien, Wissenschaft, die Stadt- und Landöconomie, die Verwaltung der Bergwerke, das

Forstwesen und dergleichen mehr, in so fern die Regierung ihre Vorsorge darüber nach Maaßgebung des allgemeinen Zusammenhanges der Wohlfahrt des Staats einrichtet, zu der Policey zu rechnen." / *Éléments généraux de police*, trad. fr. parcial de Eidous, Paris, Rozet, 1769, introd., § 2 (trata-se da polícia em sentido lato): "[...] abrange-se sob o nome de polícia as leis e regulamentos que dizem respeito ao interior de um Estado, que tendem a consolidar e a aumentar seu poderio, a fazer bom uso das suas forças, a proporcionar a felicidade aos súditos, numa palavra, o comércio, as finanças, a agricultura, a exploração das minas, os bosques, as florestas etc., visto que a felicidade do Estado depende da sabedoria com a qual todas essas coisas são administradas".

9. Sobre o congresso de Viena (setembro de 1814 - junho de 1815), cuja Ata final de 9 de junho de 1815 reúne os diferentes tratados assinados pelas grandes potências, cf. *supra*, p. 148, nota 9. A Santa Aliança, firmada em setembro de 1815, foi de início um pacto de inspiração religiosa, assinado pelo czar Alexandre I, pelo imperador da Áustria, Francisco I, e pelo rei da Prússia, Frederico Guilherme II, para a defesa "dos preceitos da justiça, da caridade cristã e da paz" "em nome da Santíssima e indivisível Trindade". Metternich, que a considerava "um monumento vazio e sonoro", soube transformá-la num instrumento de união das potências aliadas contra os movimentos liberais e nacionalistas. Ela se desfez em 1823, após o congresso de Verona e da expedição francesa à Espanha.

10. Sobre o ensino da *Polizeiwissenschaft* nas universidades alemãs no século XVIII, cf. *supra*, p. 34-5, nota 25. Cf. M. Stolleis, *Histoire du droit public en Allemagne, 1600-1800*, trad. fr. cit., p. 562-70.

11. Sobre essa bibliografia, cf. M. Humpert, *Bibliographie des Kameralwissenschaften*, Colônia, K. Schröder, 1937, que remonta até o século XVI. O autor recenseia mais de 4.000 títulos, de 1520 a 1850, nos itens "ciência da polícia no sentido lato" e "ciência da polícia no sentido estrito". Cf. também A. W. Small, *The Cameralists*, *op. cit.* [*supra*, p. 35, nota 25]; H. Maier, *Die ältere deutsche Staats- und Verwaltungslehre*, Neuwied-Berlim, H. Luchterhand, 1966 (reed. consideravelmente aumentada, Munique, DTV, 1986), e P. Schiera, *Il Cameralismo e l'assolutismo tedesco*, *op. cit.*

12. Fénélon, François de Salignac de La Mothe (1651-1715), preceptor do duque de Borgonha de 1689 a 1694. M. Foucault faz sem dúvida alusão ao *Examen de conscience sur les devoirs de la royauté* (1ª ed. póstuma sob o título de *Direction pour la conscience d'un roi*,

Haia, Neaulme, 1747), in *Oeuvres de Fénélon*, Paris, Firmin Didot, 1838, t. 3, p. 335-47.
13. Cf. *infra*, p. 434-5.
14. Antoyne de Montchrétien (Montchrestien, 1575-1621), *Traité de l'oeconomie politique* (1615), ed. por Th. Funck-Brentano, Paris, E. Plon, 1889, livro I, p. 25: "E no que concerne à polícia, os povos setentrionais dela se servem, em nossos dias, melhor e de forma mais regrada do que nós".
15. Cf. *supra*, nota 5.
16. *Ibid.*
17. Cf. L. Turquet de Mayerne, *La Monarchie aristodémocratique*, livro IV, p. 207: "[...] a esta [= a Polícia] se reduz tudo o que poderíamos pensar ou dizer em matéria de governo: estendendo-se a Polícia evidentemente a todos os Estados e condições das pessoas, e a tudo o que elas designam, fazem, manejam ou exercem".
18. *Ibid.*, livro I, p. 14.
19. *Ibid.*, p. 15.
20. *Ibid.*, p. 20: "[...] prover de forma adequada a todas as funções, em que seja necessário empregar homens de letras".
21. *Ibid.*, p. 19-20: "[...] zelar pela instrução da juventude de todas condições, principalmente no que requer o público e em que haja correto e notório interesse, em todas as famílias; que se reduz a três itens, a saber: à Instituição das letras, à piedade ou religião e à disciplina militar [...]".
22. *Ibid.*, p. 14: "A saber, como ricos, tendo grandes rendas, ou como negociadores e homens de negócio, ou como artesãos, e os últimos e mais baixos, como lavradores e operários".
23. *Ibid.*, p. 22: "Diante deles [os Reitores dos Birôs de Polícia], em cada alçada, deverão comparecer todos os que, alcançaram a idade de vinte e cinco anos, para declarar a profissão que gostariam de seguir, registrar-se numa das ditas classes, conforme seus meios, alimentação e aptidão, sob pena de ignomínia. Porque os que não se inscreverem nos registros de ditos Birôs não deverão ser tidos como cidadãos, mas como um rebotalho do povo, vadios e sem honra, privados de todos os privilégios de ingenuidade [...]".
24. *Ibid.*, p. 23.
25. *Ibid.*, p. 24-5: "Proverão também ditos Reitores à saúde pública em todos os tempos; e, ocorrendo contágio, socorrerão os enfermos e remediarão a todos os acidentes que tal calamidade traz [...]. Os

acidentes de fogo e as grandes inundações ou dilúvios também serão da responsabilidade e da diligência daqueles em cada sede, por serem causas de empobrecimento e lançarem a gente na indigência e na miséria".

26. *Ibid.*, p. 24.

27. Cf. *ibid.*, p. 25: "le Bureau des Marchans" [o Birô dos comerciantes].

28. *Ibid.*, p. 25-6.

29. *Ibid.*, p. 14: "[...] sendo as condições de cada classe [= as cinco ordens ou classes de que se compõe o povo] puramente privadas, não se trata aqui de Nobreza, nem de Plebeidade, mas apenas dos meios e modos que cada um deve observar para viver e conservar-se na República".

30. *Ibid.*, p. 19.

31. Claude Fleury (1640-1723), padre e historiador, subpreceptor dos filhos do rei com Fénélon – não confundir com o cardeal Fleury, que também foi preceptor de Luís XV. É autor de numerosas obras, a mais célebre das quais são as *Institutions du droit français*, Paris, 1692, 2 vols. Cf. R. E. Wanner, *Claude Fleury (1640-1723) as an Educational Historiographer and Thinker*, Haia, Martinus Nijhoff, 1975, e, sobre sua atividade de publicista, G. Thuillier, "Économie et administration au Grand Siècle: l'abbé Claude Fleury", *La Revue administrative*, 10, 1957, p. 348-573; *id.*, "Comment les Français voyaient l'administration au XVIIIe siècle: le Droit public de la France de l'abbé Fleury", *ibid.*, 18, 1965, p. 20-5.

32. Esta citação, assim como a precedente, não foi encontrada na única edição dos *Avis au Duc de Bourgogne* de que temos conhecimento, in *Opuscules*, Nîmes, P. Beaume, 1780, t. 3, p. 273-84. Cf. no entanto *Pensées politiques* de Fleury, *ibid.*, p. 252: "É a quantidade de homens e não a extensão da terra que faz a força de um Estado. Mais valeria comandar cem homens numa ilha fértil de dez léguas do que estar só numa ilha de duzentas léguas; assim como aquele que governar cem mil homens em dez léguas de país será mais poderoso que aquele que tiver duzentos mil dispersos em cem léguas".

33. P. C. W. von Hohenthal, *Liber de politia*, cap. I, I, "De copia civium" (§§ VIII-XI), p. 17-28.

34. C. Fleury, *Avis au Duc de Bourgogne*, *op. cit.*, p. 277: "Príncipe é pai: alimentar seus filhos: procurar os meios de proporcionar ao povo alimento, roupa, habitação, calefação. Víveres: trigo e outros ce-

reais, legumes, frutas: beneficiar os lavradores, eles são os mais necessários de todos os súditos, laboriosos, vivendo de pouco, de ordinário pessoas de bem: o meio mais honesto de ganhar, com a Agricultura: nunca se multiplica em excesso os gêneros úteis à vida".

35. *Ibid.*: "Repovoar as Cidades e multiplicar o povo do campo por meio da diminuição dos Impostos, isenção de Milícia etc.".

36. Cf. *supra*, aula de 18 de janeiro, p. 41-4.

37. Marc-René de Voyer, marquês d'Argenson (1652-1721), pai do autor das *Memórias* (cf. *Naissance de la biopolitique, op. cit.*, aula de 10 de janeiro de 1979, p. 22). Sucedeu a La Reynie como tenente-geral de polícia em 1697, depois exerceu as funções de presidente do Conselho de Finanças e ministro da Justiça (1718). A frase é tirada de uma carta de 8 de novembro de 1699, citada por M. de Boislisle, *Correspondance des Contrôleurs généraux*, t. II, n$^\text{o}$ 38, e reproduzida por E. Depitre em sua introdução a Herbert, *Essai sur la police générale des grains, op. cit.*, [*supra*, p. 66, nota 7], ed. de 1753, p. V.

38. Cf. C. Fleury, *Avis du Duc de Bourgogne*, p. 378: "Cuidar da limpeza das cidades tendo em vista a saúde, prevenir doenças populares; ar bom, água boa e abundante".

39. Jean Domat (jurista jansenista, advogado do rei no presidial de Clermont, 1625-1696), *Le Droit public, suite des Loix civiles dans leur ordre naturel*, Paris, J.-B. Coignard, 2 vols., 1697 (2ª ed. em 5 vols., 1697); reed. Paris, 1829, reproduzida na "Bibliothèque de philosophie politique et juridique", Presses Universitaires de Caen, 1989, livro I, título VIII: "De la Police pour l'usage des mers, des fleuves, des rivières, des ports, des ponts, des rues, des places publiques, des grands chemins, & autres lieux publics: & de ce qui regarde les eaux & forêts, la chasse & la pêche".

40. *Ibid.*, 1697², t. IV, p. 224-5: "[...] foi para esse uso dessa segunda espécie de coisas [as coisas produzidas pelo homem, como alimentos, roupas e habitação] que, por serem todas elas necessárias na sociedade dos homens e por eles não poderem tê-las e pô-las em uso a não ser por vias que requerem diferentes ligações e comunicações entre elas, não apenas de um lugar ao outro, mas de um país a outro, e entre as nações mais distantes, Deus pela ordem da natureza e os homens pela polícia proveram o necessário para facilitar as comunicações".

41. Na série de folhetos manuscritos sobre a polícia, já citada acima (p. 442, nota 2), M. Foucault cita Delamare a propósito dessa ideia de que "é da 'sociedade' que a polícia se ocupa": "A polícia encer-

ra em seu objeto todas as coisas que servem de fundamento e de regra às sociedades que os homens estabeleceram entre si". E acrescenta: "Um conjunto de indivíduos com relações de coexistência que os fazem viver e morar juntos. Em suma, uma população".

42. L. Turquet de Mayerne, *La Monarchie aristodémocratique*, livro I, p. 4: "[...] sem essa comunicação cujo encaminhamento e manutenção é o que chamamos propriamente de Polícia, é certo que estaríamos privados ainda mais de humanidade e piedade, pereceríamos miseravelmente por carências e não haveria no mundo nem amor nem caridade alguma".

43. N. Delamare, *Traité de la police*, *op. cit.*, t. I, ed. de 1705, prefácio não paginado [p. 2].

44. Cf. *supra*, p. 422 (citação completa, em latim, na nota 6).

45. P. C. W. von Hohenthal, *Liber de politia*, p. 10.

46. Cf. *supra*, nota 6.

47. A. de Montchrétien, *Traité de l'oeconomie politique*, *op. cit.*, p. 39. [Em francês, convém lembrar, há um só verbo para "ser" e "estar": *être*. A frase de Montchrétien joga com essa duplicidade: "Au fond, la nature ne peut nous donner que l'être, mais le bien-être nous le tenons de la discipline et des arts." (N. T.)]

48. *Ibid.*, p. 40.

AULA DE 5 DE ABRIL DE 1978

A polícia (continuação). – Delamare. – A cidade, lugar de elaboração da polícia. Polícia e regulamentação urbana. A urbanização do território. Relação da polícia com a problemática mercantilista. – A emergência da cidade-mercado. – Os métodos da polícia. Diferença entre polícia e justiça. Um poder de tipo essencialmente regulamentar. Regulamentação e disciplina. – Volta ao problema dos cereais. – A crítica do Estado de polícia a partir do problema da escassez alimentar. As teses dos economistas, relativas ao preço do cereal, à população e ao papel do Estado. – Nascimento de uma nova governamentalidade. Governamentalidade dos políticos e governamentalidade dos economistas. – As transformações da razão de Estado: (1) a naturalidade da sociedade; (2) as novas relações entre o poder e o saber; (3) a responsabilidade com a população (higiene pública, demografia etc); (4) as novas formas de intervenção estatal; (5) o estatuto da liberdade. – Os elementos da nova arte de governar: prática econômica, gestão da população, direito e respeito às liberdades, polícia com função repressiva. – As diferentes formas de contraconduta relativas a essa governamentalidade. – Conclusão geral.

Bom, vamos terminar hoje este curso um pouco prolongado. Primeiro duas palavras sobre o que era concretamente a polícia – quer dizer, como se apresentava efetivamente nos textos a prática da polícia. Creio ter lhes explicado da última vez a ideia geral, mas, concretamente, um livro consagrado à polícia fala de quê? Creio que devemos nos referir de qualquer modo ao que foi durante todo o século XVIII a compilação fundamental, o texto básico da prática da polícia, tanto na Alemanha como na França, aliás, apesar da compilação ser em francês, mas é sempre a ela que os livros alemães se referiam quando se tratava de saber de que se falava quando se falava da polícia. Essa compilação é a de Delamare, é uma grossa compilação da legislação de polícia em três volumes, publicada, não me lembro mais, em 1711, 1708..., enfim, que foi republicada várias vezes no século XVIII[1]. Essa compilação de Delamare, como as que a seguiram[2], precisa em geral que há treze domínios de que a polícia deve se ocupar. São a religião, os costumes, a saúde e os meios de subsistência, a tranquilidade pública, o cuidado com os edifícios, as praças e os caminhos, as ciências e as artes liberais, o comércio, as manufaturas e as artes mecânicas, os empregados domésticos e os operários, o teatro e os jogos, enfim o cuidado e a disciplina dos pobres, como "parte considerável do bem público"[3]. Delamare agrupa esses treze itens[4] num certo número de títulos mais gerais, ou antes, de funções mais gerais, porque, se a polícia se ocupa da religião e dos costumes, é que se trata, para ela, de garantir o que ele chama de "bondade da vida"[5]. Se ela se ocupa da saúde e da subsistência, é porque tem por função "a conservação da vida"[6]. Bondade, conservação da vida. A tranquilidade, o cuidado com os edifícios, as ciências e as artes liberais, o comércio, as manufaturas e as artes mecânicas, os domésticos e os operários, tudo isso se refere à "comodidade da vida"[7]; o teatro e os jogos, os "aprazimentos da vida"[8]. Quanto à disciplina e ao cuidado dos pobres, é "uma parte considerável do bem público"[9], é essa eliminação ou, em todo caso, esse controle dos pobres, a exclusão dos que não podem trabalhar e a obrigação, para os que efetivamente podem, de trabalhar. Tudo isso constitui a condição geral para que a vida, na sociedade, seja efetivamente conservada de acordo com a sua bondade, a sua comodidade, os seus aprazimentos. Como vocês estão vendo, temos aí, a meu ver, a confirmação do que eu lhes dizia na última vez, a saber, que aquilo de que a polícia, no sentido geral do termo, no sentido que era o do século XVII e do século XVIII, aquilo de que a polícia deve ser ocupar é o viver e o mais que viver, o viver e o melhor viver. Como dizia Montchrétien, não só é preciso ser, mas também é preciso "bem ser"[10]. Bondade, conservação, comodidade, aprazimentos da vida – é disso mesmo que se trata.

Ora, quando observamos, de fato, quais são esses diferentes objetos definidos portanto como do domínio da prática, da intervenção e também da reflexão da polícia e sobre a polícia, vemos, parece-me, primeira coisa a observar, que esses objetos são afinal de contas essencialmente objetos que poderíamos chamar de urbanos. Urbanos no sentido de que uns, alguns desses objetos, só existem na cidade e porque existe uma cidade. São as ruas, as praças, os edifícios, o mercado, o comércio, as manufaturas, as artes mecânicas etc. Os outros são objetos que são problema e que são do domínio da polícia, na medida em que é principalmente na cidade que eles adquirem o essencial da sua importância. A saúde, por exemplo, a subsistência, todos os meios para impedir que haja escassez alimentar, [a] presença dos mendigos, [a] circulação dos vagabundos – os vagabundos só vão ser problema no campo bem no fim do século XVIII. Digamos que tudo isso são problemas da cidade. Em termos mais gerais, são os problemas da coexistência e da coexistência densa.

Em segundo lugar, deve-se notar que os problemas de que a polícia se ocupa também são, bem próximos desses problemas da cidade, os problemas, digamos, do mercado, da compra e venda, da troca. É a regulamentação da maneira como se pode e se deve pôr as coisas à venda, a que preço, como, em que momento. É também a regulamentação dos produtos fabricados, é a regulamentação das artes mecânicas e, de um modo geral, dos artesanatos. Numa palavra, é todo esse problema da troca, da circulação, da fabricação e do pôr em circulação as mercadorias. Coexistência dos homens, circulação das mercadorias: seria necessário completar dizendo também circulação dos homens e das mercadorias uns em relação aos outros. É todo o problema, justamente, desses vagabundos, das pessoas que se deslocam. Digamos, em suma, que a polícia é essencialmente urbana e mercantil, ou ainda, para dizer as coisas mais brutalmente, que é uma instituição de mercado, no sentido bem amplo.

Logo, não há que se surpreender com um certo número de fatos. Primeiramente, em sua prática, em suas instituições reais, essas legislações que as grandes compilações do século XVIII reúnem, de onde vêm? Em geral são antigas, remontam aos séculos XVI, XV, XIV às vezes, e são essencialmente legislações urbanas. Ou seja, a polícia, em suas práticas e em suas instituições, muitas vezes não fez mais que retomar essa preliminar que era a regulamentação urbana, tal como tinha se desenvolvido desde a Idade Média e que dizia respeito à coabitação dos homens, à fabricação das mercadorias, à venda dos gêneros. É portanto uma espécie de extensão dessa regulamentação urbana que a polícia do século XVII e do século XVIII vai visar.

A outra instituição que serve, de certo modo, de preliminar à polícia não é a regulamentação urbana, é a *maréchaussée*, isto é, a força armada que o poder real havia sido obrigado a pôr em serviço no século XV para evitar todas as consequências e as desordens que se seguiam às guerras, essencialmente à dissolução dos exércitos no fim das guerras. Soldados dispensados, soldados que muitas vezes não haviam recebido o soldo, soldados debandados, tudo o que constituía uma massa flutuante de indivíduos que, evidentemente, se entregava a toda sorte de ilegalidades: violência, delinquência, crime, roubo, assassinato – todas as pessoas errantes, e eram essas pessoas errantes que a *maréchaussée* era encarregada de controlar e reprimir.

São, todas estas, instituições anteriores à polícia. A cidade e a estrada, o mercado e a rede viária que alimenta o mercado. Daí o fato de que a polícia nos séculos XVII e XVIII foi, a meu ver, essencialmente pensada em termos do que poderíamos chamar de urbanização do território. Tratava-se, no fundo, de fazer do reino, de fazer do território inteiro uma espécie de grande cidade, de fazer que o território fosse organizado como uma cidade, com base no modelo de uma cidade e tão perfeitamente quanto uma cidade. Não se deve esquecer que, em seu *Tratado de direito público**, que é importantíssimo para todos esses problemas da articulação entre o poder de polícia e a soberania jurídica, Domat diz que "é pela polícia que foram feitas as cidades e os lugares em que os homens se reúnem e se comunicam pelo uso das ruas, das praças públicas e [...] das estradas"[11]. No espírito de Domat, o vínculo entre polícia e cidade é tão forte que ele diz que é só por ter havido uma polícia, isto é, porque se regulamentou a maneira como os homens podiam e deviam, primeiro, se reunir e, segundo, se comunicar, no senso lato do termo "comunicar", isto é, coabitar e intercambiar, coexistir e circular, coabitar e falar, coabitar e vender e comprar, foi por ter havido uma polícia regulamentando essa coabitação, essa circulação e esse intercâmbio que as cidades puderam existir. A polícia como condição de existência da urbanidade. No fim do século XVIII, 150 anos, ou quase, depois de Domat, Fréminville, num dicionário geral de polícia[12], dará esta explicação, totalmente mítica aliás, do nascimento da polícia na França, dizendo que Paris tinha se tornado a primeira cidade do mundo no século XVII e que assim se tornara pela perfeição exata da sua polícia. A exata polícia que nela tinha sido praticada havia feito de Paris um modelo tão perfeito e tão maravilhoso que Luís XIV, diz Fréminville, "quis que todos os juízes de todas as cidades do seu reino fizessem a polícia conformando-se à de Paris"[13]. Há cidades porque há polícia, e é porque há cidades tão perfeitamente policiadas que se teve a ideia de transferir a polícia para a escala geral do reino. "Policiar", "urbanizar", evoco simplesmente essas duas palavras para que vocês tenham todas as conotações, todos os fenômenos de eco que pode haver nessas duas palavras e com todos os deslocamentos e atenuações de sentido que pode ter havido no decorrer do século XVIII, mas, no sentido estrito dos termos, policiar e urbanizar é a mesma coisa.

....
* M. Foucault acrescenta: do século XVII.

Vocês também estão vendo – é a outra observação que quero fazer a propósito dessa relação entre a polícia e, digamos, a urbanidade –, vocês estão vendo que essa polícia, a instauração dessa polícia, não pode absolutamente ser dissociada de uma teoria e de uma prática governamental, geralmente postas no item mercantilismo. O mercantilismo – isto é, uma técnica e um cálculo do fortalecimento do poder dos Estados na competição europeia pelo comércio, pelo desenvolvimento do comércio e pelo novo vigor dado às relações comerciais. O mercantilismo se insere inteiramente nesse contexto do equilíbrio europeu e da competição intraeuropeia de que lhes falei faz algumas semanas[14], e proporciona como instrumento, como arma fundamental nessa competição intraeuropeia que deve ser feita na forma do equilíbrio, proporciona como instrumento essencial o comércio. Ou seja, ele exige, primeiro, que cada país procure ter a população mais numerosa possível; segundo, que essa população seja inteiramente posta para trabalhar; terceiro, que os salários pagos a essa população sejam os mais baixos possíveis, de modo que – quarto – os preços de custo das mercadorias sejam os mais baixos possíveis, que por conseguinte se possa vender o mais possível ao exterior, venda essa que assegurará a importação do ouro, a transferência do ouro para o tesouro real ou, em todo caso, para o país que triunfar comercialmente desse modo. Ora, o que possibilitará, primeiramente, assegurar, é claro, o recrutamento de soldados e a força militar indispensável para o crescimento do Estado e para o seu jogo no equilíbrio europeu, e que possibilitará também incentivar a produção, donde um novo progresso comercial? É toda essa estratégia do comércio como técnica de importação da moeda, é isso que é um dos traços característicos do mercantilismo. E vocês percebem por que, no momento em que a razão de Estado se dá como objetivo o equilíbrio europeu, tendo como instrumento uma armadura diplomático-militar, e na época em que essa mesma razão de Estado se dá como outro objetivo o crescimento singular de cada potência estatal e se dá ao mesmo tempo, como instrumento desse crescimento, o comércio, vocês percebem como e por que a polícia não pode ser dissociada de uma política que é uma política de concorrência comercial no interior da Europa.

Polícia e comércio, polícia e desenvolvimento urbano, polícia e desenvolvimento de todas as atividades de mercado no sentido amplo, tudo isso vai constituir uma unidade, a meu ver, essencial no século XVII e até o início do século XVIII. Parece que o desenvolvimento da economia de mercado, a multiplicação e a intensificação dos intercâmbios a partir do século XVI, parece que a ativação da circulação monetária, que tudo isso fez a existência humana entrar no mundo abstrato e puramente representativo da mercadoria e do valor de troca[15]. Pode ser, e pode ser que se deva deplorar isso, então deploremos. Mas creio que, muito mais que essa entrada da existência humana no mundo abstrato da mercadoria, o que se manifesta no século XVII é algo bem diferente. É um feixe de relações inteligíveis, analisáveis, que possibilitam ligar, como as faces de um mesmo poliedro, um certo número de elementos fundamentais: a formação de uma arte de governar, que seria ajustada ao princípio da razão de Estado; uma política de competição na forma do equilíbrio europeu; a busca de uma tecnologia de crescimento das forças estatais* por meio de uma polícia que teria essencialmente por finalidade a organização das relações entre uma população e uma produção de mercadorias; e, por fim, a emergência da cidade-mercado, com todos os problemas de coabitação, de circulação, como problemas do âmbito da vigilância de um bom governo de acordo com os princípios da razão de Estado. Não estou dizendo que é nesse momento que nasce a cidade-mercado, mas creio que o fato de a cidade-mercado ter se tornado o modelo da intervenção estatal na vida dos

....
* Manuscrito: "intraestatais".

homens é o fato fundamental do século XVII, em todo caso o fato fundamental a caracterizar o nascimento da polícia no século XVII. Há um ciclo, por assim dizer, razão de Estado e privilégio urbano, um vínculo fundamental entre a polícia e o primado da mercadoria, e é na medida em que houve essa relação entre razão de Estado e privilégio urbano, entre polícia e primado da mercadoria, que o viver e o melhor que viver, que o ser e o bem-estar dos indivíduos tornaram-se efetivamente pertinentes – e pela primeira vez, creio eu, na história das sociedades ocidentais – para a intervenção do governo. Se a governamentalidade do Estado se interessa, e pela primeira vez, pela materialidade fina da existência e da coexistência humana, pela materialidade fina da troca e da circulação, se esse ser e esse melhor-estar é levado em conta pela primeira vez pela governamentalidade do Estado, e isso através da cidade e através dos problemas como os da saúde, das ruas, dos mercados, dos cereais, das estradas, é porque o comércio é pensado nesse momento como o instrumento principal da força desse Estado e, portanto, como o objeto privilegiado de uma polícia que tem por objetivo o crescimento das forças do Estado. Eis a primeira coisa que eu queria lhes dizer a propósito desses objetos da polícia, do seu modelo urbano e da sua organização em torno do problema do mercado e do comércio.

Segunda observação, ainda a propósito dessa polícia de que lhes falava na última vez, é que essa polícia manifesta a intervenção de uma razão e de um poder de Estado em domínios que são, parece-me, novos. Em compensação, os métodos empregados por essa polícia me parecem relativamente e até mesmo, inteiramente tradicionais. Claro, a ideia de um poder de polícia vai ser, desde o início do século XVII, perfeitamente distinta de outro tipo de exercício do poder régio, que é o poder de justiça, o poder judiciário. Polícia não é justiça, e nisso todos os textos concordam, sejam os textos dos que efetivamente apoiam e justificam a necessidade de uma polícia, sejam os textos dos juristas ou dos parlamentares que manifestam certa desconfiança em relação a essa polícia. De todo modo, a polícia é percebida como não sendo a justiça[16]. Claro, ela deriva do poder régio, assim como a justiça, mas permanece bem separada dessa justiça. A polícia não é, nesse momento, de forma alguma pensada como uma espécie de instrumento nas mãos do poder judiciário, uma espécie de maneira de aplicar efetivamente a justiça regulamentada. Não é um prolongamento da justiça, não é o rei agindo através do seu aparelho de justiça, é o rei agindo diretamente sobre seus súditos, mas de forma não judiciária. Um teórico como Bacquet diz: "O direito de polícia e o direito de justiça não têm nada em comum. [...] Não se pode dizer que o direito de polícia pertença a qualquer outro que não o rei"[17]. É portanto o exercício soberano do poder real sobre os indivíduos que são seus súditos, é nisso que consiste a polícia. Em outras palavras, a polícia é a governamentalidade direta do soberano como soberano. Digamos ainda que a polícia é o golpe de Estado permanente. É o golpe de Estado permanente que vai se exercer, que vai agir em nome e em função dos princípios da sua racionalidade própria, sem ter de se moldar ou se modelar pelas regras de justiça que foram dadas por outro lado. Específica, portanto, em seu funcionamento e em seu princípio primeiro, a polícia também deve sê-lo nas modalidades da sua intervenção. E também, no fim, na segunda metade do século XVIII, nas *Instructions* [Instruções] de Catarina II – ela pretendia constituir um código de polícia –, nas instruções que ela dá e que são inspiradas pelos filósofos franceses, ela diz: "Os regulamentos da polícia são de uma espécie totalmente diferente da das outras leis civis. As coisas da polícia são coisas de cada instante, enquanto as coisas da lei são coisas definitivas e permanentes. A polícia se ocupa das coisas miúdas, enquanto as leis se ocupam das coisas importantes. A polícia se ocupa perpetuamente dos detalhes", e enfim ela só age pronta e imediatamente[18]. Temos aí, portanto, em relação ao funcionamento geral da justiça, uma certa especificidade da polícia.

Mas, quando se examina como efetivamente essa especificidade tomou corpo, percebe-se que na verdade a polícia só conhece e só conheceu nos séculos XVII e XVIII uma forma, um modo de ação e de intervenção. Claro, isso não passa pelo aparelho judiciário, vem diretamente do poder régio, é um golpe de Estado permanente, mas um golpe de Estado permanente que se dá como instrumento o quê? Pois bem, o regulamento, o decreto, a proibição, a instrução. É com base no modo regulamentar que a polícia intervém. É também nas *Instructions* de Catarina II que podemos ler: "A polícia necessita mais de regulamentos do que de leis"[19]. Estamos num mundo do regulamento indefinido, do regulamento permanente, do regulamento perpetuamente renovado, do regulamento cada vez mais detalhado, mas estamos sempre no regulamento, estamos sempre nessa espécie de forma, apesar dos pesares, jurídica, se não judiciária, que é a da lei ou, pelo menos, da lei em seu funcionamento móvel, permanente e detalhado, que é o regulamento[20]. Mas, digamos assim, morfologicamente a polícia, mesmo totalmente diferente da instituição judiciária, não intervém com instrumentos e modos de ação radicalmente diferentes dos da justiça. Que a polícia é um mundo essencialmente regulamentar é tão verdadeiro que um dos teóricos da polícia do meado do século XVIII, Guillauté, escrevia que a polícia devia ser essencialmente regulamentar, mas, diz ele, também há que evitar, afinal, que o reino se torne um convento[21]. Estamos no mundo do regulamento, estamos no mundo da disciplina.* Ou seja, é necessário ver que essa grande proliferação das disciplinas locais e regionais a que pudemos assistir desde o fim do século XVI até o século XVIII nas fábricas, nas escolas, no exército[22], essa

....

* M. Foucault acrescenta, no manuscrito: "E, de fato, os grandes tratados práticos de polícia foram compilações de regulamentos".

proliferação se destaca sobre o fundo de uma tentativa de disciplinarização geral, de regulamentação geral dos indivíduos e do território do reino, na forma de uma polícia que teria um modelo essencialmente urbano. Fazer da cidade uma espécie de quase convento e do reino uma espécie de quase cidade – é essa a espécie de grande sonho disciplinar que se encontra por trás da polícia. Comércio, cidade, regulamentação, disciplina – creio serem esses os elementos mais característicos da prática de polícia, tal como era entendida nesse século XVII e [na] primeira metade do século XVIII. Eis o que eu queria dizer a última vez, se tivesse tido tempo para caracterizar esse grande projeto da polícia.

Bem, agora gostaria de voltar ao ponto de que partimos logo no começo. Vocês se lembram, aqueles textos que procurei analisar para vocês, pois bem, se vocês quiserem, vamos pegar os mais precisos dentre eles, os que diziam respeito justamente ao que era chamado de polícia dos cereais e de problema da escassez alimentar[23]. Isso nos situa no meado, em todo caso [no] fim do primeiro terço do século XVIII, e acredito – porque no fundo não fiz outra coisa nos últimos meses senão procurar comentar com vocês esses textos sobre os cereais e a escassez alimentar, era sempre deles que se tratava através de certo número de desvios –, creio que podemos compreender melhor a importância do problema posto a propósito da polícia dos cereais e da escassez alimentar, podemos compreender melhor a importância do problema, o ardor das discussões, podemos compreender melhor também o avanço teórico e a mutação que estava em gestação em tudo isso a partir desse problema, dessas técnicas e desses objetos específicos à polícia. Parece-me que através do problema dos cereais, da sua comercialização e da sua circulação, através do problema da escassez alimentar também, vê-se a partir de que problema concreto, por um lado, e em que direção, por outro, se fez a crítica do que poderíamos chamar de Estado de polícia. A crítica do Estado de polícia, o desmantelamento, a desarticulação desse Estado de polícia em que se tinha pensado tanto e com tanta esperança no início do século XVII, assiste-se a essa desarticulação, creio eu, na primeira metade do século XVIII, através de certo número de problemas, essencialmente daqueles de que lhes falei, os problemas econômicos e os problemas da circulação de cereais em particular.

Permitam-me retomar um pouco alguns temas e teses que eram evocados naquele momento a propósito da polícia dos cereais. Primeira tese, vocês se lembram – refiro-me à literatura, em linhas gerais, fisiocrática, mas não exclusivamente fisiocrática, pois o problema não é tanto o do conteúdo positivo de cada tese quanto o que está em jogo em cada uma delas, aquilo de que se fala e em torno do que se organiza o problema – primeira tese dessa literatura fisiocrática ou, de modo mais geral, dessa literatura dos economistas: se se quiser evitar a escassez alimentar, isto é, se se quiser que os cereais sejam abundantes, é preciso antes de mais nada que eles sejam bem pagos[24]. Essa tese se opõe, no nível mesmo do que afirma, ao princípio que era aplicado em toda a política mercantilista anterior, em que se dizia primeiramente: é preciso haver bastante cereal, é preciso que esse cereal tenha um preço baixo, por ter preço baixo é que vai ser possível pagar os salários mais baixos possíveis, que o preço de custo das mercadorias a comercializar será baixo, e quando esse preço for baixo será possível vendê-las ao estrangeiro, e vendendo-as ao estrangeiro é que se poderá importar o máximo possível de ouro. Logo, era uma política de baixo preço dos cereais para o baixo salário dos operários. Ora, com a tese dos fisiocratas de que lhes falava há pouco, ao insistirem, como sendo um momento absolutamente fundamental, sobre o vínculo que haveria entre a abundância dos cereais e seu bom preço, isto é, seu preço relativamente alto, vocês veem que os fisiocratas – de um modo geral, o pensamento dos economistas do século XVIII – não somente opõem a um certo número de teses outras teses, mas principalmente [reintroduzem]* na análise e nos objetivos de uma intervenção política a própria agricultura, o lucro agrícola, as possibilidades do investimento agrícola, o bem-estar do camponês, o mais que viver dessa população constituída pelo campesinato. Em outras palavras, o esquema que era inteiramente ordenado em torno do privilégio da cidade sofre com isso forte abalo. Os limites implícitos do sistema da polícia, limites que haviam sido estabelecidos pelo privilégio urbano, esses limites estouram e desembocam no problema do campo, da agricultura. Problemática dos economistas que reintroduz a agricultura como elemento fundamental numa governamentalidade racional. A terra aparece agora, ao lado da cidade, pelo menos tanto quanto a cidade, mais que a cidade, como objeto privilegiado da intervenção governamental. Uma governamentalidade que leva em conta a terra. Não só ela leva em conta a terra, mas essa governamentalidade não deve mais centrar-se no mercado, na compra e venda dos produtos, em sua circulação, mas sim, em todo caso antes de tudo, na produção. Enfim, terceiro, essa governamentalidade já não se interessa tanto pelo problema de como vender mais barato aos outros o que se produziu a um preço mais baixo, mas centra-se no problema do retorno, isto é, de como o valor do produto pode ser reembolsado àquele que foi seu produtor primeiro, a saber, o camponês ou o agricultor. Logo já não é a cidade, e sim a terra, já não é a circulação, e sim a produção, já não é a venda ou o ganho com a venda, e sim o problema do retorno – tudo isso é que aparece agora como objeto essencial da governamentalidade. Uma desurbanização em benefício de um agrocentrismo, substituição ou, em todo caso, emergência do problema da produção relativamente ao problema da comercialização, é, creio eu, o primeiro grande

....
* M.F: ela reintroduz.

abalo no sistema da polícia, no sentido em que se entendia esse termo no século XVII e no início do século XVIII.

Segunda tese. A segunda tese, vocês se lembram, era a seguinte: se o cereal for bem pago, isto é, se se deixar o preço do cereal subir, de certo modo, tanto quanto ele quiser, tanto quanto possível em função da oferta e da demanda, em função da raridade e do desejo dos consumidores, se se deixar o cereal subir, o que vai acontecer? Pois bem, o cereal continuará a subir indefinidamente, seu preço se estabelecerá, se estabelecerá nem alto nem baixo demais, simplesmente se estabelecerá num valor que é o valor justo. É a tese do preço justo[25]. E o preço do cereal se fixará nesse valor que é justo por que razão? Pois bem, primeiro porque, se o cereal estiver num preço alto demais, os agricultores não hesitarão em semear tanto quanto puderem, pois, justamente, o preço está bom e eles esperam bons ganhos. Se semearem muito, as colheitas serão melhores. Quanto melhores forem as colheitas, menor, é claro, será a tentação de acumular o cereal aguardando o momento de escassez. Logo, todo o cereal será comercializado. E, se o preço for bom, os estrangeiros evidentemente vão tentar enviar o máximo possível de trigo para aproveitar o máximo possível esse bom preço, de sorte que, quanto mais alto for o preço, mais ele tenderá a se fixar e a se estabilizar. Pois bem, esse segundo princípio que os economistas defendem, vocês veem que ele questiona – o quê? Não mais o objeto urbano, que era o objeto privilegiado da polícia. Ele questiona outra coisa, a instrumentação principal do sistema de polícia, a saber, justamente a regulamentação, essa regulamentação de que eu lhes dizia há pouco que era, [no modo] de uma disciplina generalizada, a forma essencial na qual havia sido pensada a possibilidade e a necessidade da intervenção da polícia. O postulado dessa regulamentação policial era, é claro, que as coisas eram indefinidamente flexíveis e que a vontade do soberano, ou então, essa racionalidade imanente à *ratio*, à razão de Estado, podia obter as coisas que ela queria. Ora, é exatamente isso que é questionado na análise dos economistas. As coisas não são flexíveis, e não são flexíveis por duas razões. A primeira é que não apenas há certo curso das coisas que não se pode modificar e que, precisamente, tentando modificá-lo, só se faz agravá-lo. Assim, explicam os economistas, quando o cereal rareia, é caro. Se se quiser impedir que o cereal raro não seja caro valendo-se de regulamentos que fixem seu preço, o que vai acontecer? Pois bem, as pessoas não vão querer vender seu cereal, quanto mais se tentar baixar os preços, mais a escassez se agravará, mais os preços tenderão a subir. Por conseguinte, não apenas as coisas não são flexíveis, como são de certo modo recalcitrantes, elas se voltam contra os que desejam modificar seu curso. Obtém-se exatamente o resultado inverso ao que se queria. Recalcitrância das coisas, por conseguinte. Não só essa regulamentação não vai no sentido desejado, mas ela é simplesmente inútil. E a regulamentação de polícia é inútil, pois justamente, como mostra a análise de que eu lhes falava há pouco, há uma regulação espontânea do curso das coisas. A regulamentação não só é nociva, como, pior ainda, é inútil. Assim, é preciso substituir a regulamentação mediante a autoridade de polícia por uma regulação que se faz a partir e em função do curso das próprias coisas. Segundo grande abalo que sofre o sistema da *Polizei*, da polícia.

Terceira tese que encontramos nos economistas é a de que a população não constitui, em si, um bem. Aqui também, ruptura essencial. No sistema da polícia, o que eu evocava na última vez, a única maneira em que a população era levada em consideração era ver nela, primeiro, o fator quantidade: há população bastante? E a resposta sempre era: nunca há população bastante. Nunca há população bastante por quê? Porque se necessita de mais braços para trabalhar muito e fabricar muitos objetos. Necessita-se de muitos braços para evitar que os salários subam demais e para garantir, por conseguinte, um preço de custo mínimo para as coisas que se tem de fabricar e comercializar. São necessários muitos braços, contanto, é claro, que esses braços estejam todos trabalhando. São necessários, por fim, muitos braços e braços trabalhando, contanto que sejam dóceis e apliquem efetivamente os regulamentos que lhes são impostos. Numerosos, trabalhadores, dóceis, ou melhor, muitos trabalhadores dóceis – tudo isso vai assegurar a quantidade, de certo modo, eficaz de que se necessita para uma boa polícia. O único dado natural que se introduz na máquina é a quantidade. Fazer de modo que as pessoas se reproduzam, e se reproduzam o máximo possível. E fora dessa variável quantidade, os indivíduos que constituem a população não são nada além de súditos, súditos de direito ou súditos de polícia, se vocês quiserem, em todo caso súditos que têm de aplicar regulamentos.

Com os economistas, vamos ter uma maneira totalmente diferente de conceber a população. A população como objeto de governo não vai ser uma certa quantidade ou o maior número de indivíduos trabalhando e aplicando regulamentos. A população vai ser sempre outra coisa. Por quê? Primeiro porque, para os economistas, o número mesmo não é, em si, um valor. Claro, é preciso bastante população para produzir muito, e principalmente bastante população agrícola. Mas não é preciso demais, e não deve ser demais, justamente para que os salários não sejam baixos demais, isto é, para que as pessoas tenham interesse em trabalhar e também para que possam, pelo consumo de que são capazes, sustentar os preços. Logo, não há valor absoluto da população, mas simplesmente um valor relativo. Há um número ótimo desejável de gente num território dado, e esse número desejável varia em função tanto dos recursos como do trabalho possível e do consumo necessário e suficiente para sustentar os preços e, de modo geral, a economia. Segundo, esse número que não é em si um valor absoluto, esse número não deve ser estabelecido autoritariamente. Não é para fazer como aqueles utopistas do século XVI, que diziam: vejam qual é, *grosso modo*, o número de pessoas suficiente e necessário para constituir as cidades felizes. Na verdade, o número de pessoas vai se ajustar por si próprio. Ele vai se ajustar em função precisamente dos recursos que serão postos à sua disposição. Deslocamento da população, eventualmente regulação dos nascimentos (deixo esse problema de lado, azar), em todo caso há uma regulação espontânea da população que faz [que] – e isso todos os economistas dizem, Quesnay em particular insiste nesse ponto[26] – sempre se terá o número de pessoas que é naturalmente determinado pela situação, aqui, num ponto dado. A população num ponto dado – pois bem, se vocês examinarem as coisas numa certa escala de tempo, esse número vai ser ajustado em função da situação e sem que se tenha de intervir, em absoluto, com uma regulação. A população não é portanto um dado indefinidamente modificável. É essa a terceira tese.

A quarta tese que encontramos nos economistas é a seguinte: deixar agir a liberdade de comércio entre os países. Aqui também diferença fundamental em relação ao sistema da polícia. No sistema da polícia, tratava-se, vocês se lembram, de fazer de tal modo que se mandasse para os outros países o máximo possível de mercadorias, para extrair desses países o máximo possível de ouro e assegurar o retorno desse ouro ou a vinda desse ouro para o país, e era esse um dos elementos fundamentais desse crescimento das forças, que era o objetivo da polícia. Vai se tratar agora, não de vender, de certo modo, a toda força para repatriar ou importar o máximo possível de ouro, vai se tratar agora, nessas novas técnicas de governamentalidade que os economistas evocam, de integrar os países estrangeiros a mecanismos de regulação que vão atuar no interior de cada país. Aproveitar os altos preços praticados nos países estrangeiros para enviar para eles o máximo possível de cereais e deixar os preços praticados em casa subirem para que o trigo estrangeiro, os cereais estrangeiros possam vir. Vai-se deixar portanto agir a concorrência, mas concorrência entre o que e o quê? Não, justamente, a concorrência-competição entre os Estados, de que eu lhes falava na última vez e que era o sistema ao mesmo tempo da polícia e do equilíbrio das forças no espaço europeu. Vai-se deixar agir uma concorrência entre os particulares, e é precisamente esse jogo do interesse dos particulares fazendo concorrência uns aos outros e procurando cada um por si o lucro máximo, é isso que vai permitir que o Estado, ou a coletividade, ou ainda toda a população embolsem, de certo modo, o ganho dessa conduta dos particulares, isto é, ter cereais ao preço justo e ter uma situação econômica que seja a mais favorável possível. A felicidade do conjunto, a felicidade de todos e de tudo, vai depender de quê? Não mais, justamente, da intervenção autoritária do Estado que vai regulamentar, sob a forma da polícia, o espaço, o território e a população. O bem de todos vai ser assegurado pelo comportamento de cada um, contanto que o Estado, contanto que o governo saiba deixar agir os mecanismos do interesse particular, que estarão assim, por fenômenos de acumulação e de regulação, servindo a todos. O Estado não é portanto o princípio do bem de cada um. Não se trata, como era o caso da polícia – lembrem-se do que eu lhes dizia da última vez –, de fazer de tal modo que o melhor viver de cada um seja utilizado pelo Estado e retransmitido em seguida como felicidade da totalidade ou bem-estar da totalidade. Trata-se agora de fazer de tal modo que o Estado não intervenha senão para regular, ou antes, para deixar o melhor-estar de cada um, o interesse de cada um se regular de maneira que possa de fato servir a todos. O Estado como regulador dos interesses, e não mais como princípio ao mesmo tempo transcendente e sintético da felicidade de cada um, a ser transformada em felicidade de todos. É essa, a meu ver, uma mudança capital que nos põe em presença dessa coisa que vai ser, para a história dos séculos XVIII, XIX e também XX, um elemento essencial, a saber: qual deve ser o jogo do Estado, qual deve ser o papel do Estado, qual deve ser a função do Estado em relação a um jogo que, em si, é um jogo fundamental e natural, que é o jogo dos interesses particulares?

Vocês estão vendo como, através dessa discussão sobre os cereais, sobre a polícia dos cereais, sobre os meios de evitar a escassez alimentar, o que se vê esboçar-se é toda uma forma nova de governamentalidade, oposta quase termo a termo à governamentalidade que se havia esboçado na ideia de um Estado de polícia. Claro, encontraríamos certamente no século XVIII, na mesma época, muitos outros sinais dessa transformação da razão governamental, desse nascimento de uma nova razão governamental. Creio ainda assim que o importante, o importante é salientar que, em linhas gerais, é no âmbito do problema do que se chama ou do que se chamará de economia que tudo isso acontece. Em todo caso, é bom ficar claro que os primeiros a fazer, no século XVIII, a crítica do Estado de polícia, não foram os juristas. Houve por certo muito ranger de dentes entre os juristas no século XVII, menos, por sinal, do que no século XVIII, quando, postos em presença do Estado de polícia e do que isso implicava quanto às modalidades diretas de ação do poder régio e da sua administração, eles foram até certo ponto reticentes, às vezes críticos em relação ao nascimento desse Estado de polícia. Mas isso sempre em referência a certa concepção tradicional do direito e dos privilégios que eram reconhecidos por esse direito aos indivíduos. Não se tratava, para eles, de nada mais que limitar um poder régio que se tornava, aos olhos deles, cada vez mais exorbitante. Nunca houve entre os juristas, mesmo entre os que criticaram o Estado de polícia, tentativa ou esforço para definir uma nova arte de governar. Em compensação, os que fizeram a crítica do Estado de polícia em função da eventualidade, da possibilidade, em função do nascimento de uma nova arte de governar, pois bem, foram os economistas. Creio, aliás, que se deve pôr de certo modo em paralelo essas duas grandes famílias que se fazem eco a um século de intervalo e que eram, na realidade, profundamente opostas. Como vocês se lembram, no início do século XVII tivemos* o que foi percebido na época como uma verdadeira seita, como uma espécie de heresia, que eram os políticos[27]. Os políticos eram os que definiam uma nova arte de governar em termos que não eram mais os da grande, como dizer?..., conformidade à ordem do mundo, à sabedoria do mundo, a essa espécie de grande cosmoteologia que servia de marco para as artes de governar da Idade Média e ainda do século XVI. Os políticos eram os que disseram: vamos deixar de lado esse problema do mundo e da natureza, procuremos saber qual a razão intrínseca da arte de governar, definamos um horizonte que possibilite estabelecer exatamente quais devem ser os princípios racionais e as formas de cálculo específicas de uma arte de governar. E, recortando assim o domínio do Estado no grande mundo cosmoteológico do pensamento medieval e do pensamento da Renascença, eles definiram uma nova racionalidade. Heresia fundamental, heresia dos políticos. Pois bem, quase um século depois apareceu uma nova seita, percebida por sinal igualmente como seita[28], a dos economistas. Economistas que eram heréticos em relação a quê? Não mais em relação a esse grande pensamento cosmoteológico da soberania, mas heréticos em relação a um pensamento ordenado em torno da razão de Estado, heréticos em relação ao Estado, heréticos em relação ao Estado de polícia, e foram eles que inventaram uma nova arte de governar, sempre em termos de razão, claro, mas de uma razão que não era mais a razão de Estado, ou que não era mais apenas a razão de Estado, que era, para dizer as coisas mais precisamente, a razão de Estado modificada por essa coisa nova, esse novo domínio que estava aparecendo e que era a economia. A razão econômica está, não substituindo a razão de Estado, mas dan-

....

* M. Foucault acrescenta: o que foi apresentado.

do um novo conteúdo à razão de Estado e dando, por conseguinte, novas formas à racionalidade de Estado. Nova governamentalidade que nasce com os economistas mais de um século depois da outra governamentalidade [ter] aparecido no século XVII. Governamentalidade dos políticos que vai nos dar a polícia, governamentalidade dos economistas que vai, a meu ver, nos introduzir em algumas das linhas fundamentais da governamentalidade moderna e contemporânea.

Claro, é preciso ter presente que se continua na ordem da razão de Estado. Ou seja, continua se tratando, nessa nova governamentalidade esboçada pelos economistas, de ter por objetivo o aumento das forças do Estado dentro de um certo equilíbrio, equilíbrio externo no espaço europeu, equilíbrio interno sob a forma da ordem. Mas essa racionalidade de Estado, razão de Estado que continua de fato a dominar o pensamento dos economistas vai se modificar, e são algumas dessas modificações essenciais que eu gostaria de identificar.

Primeiro, vocês estão vendo que uma análise como a que eu evocava há pouco, muito esquematicamente, a propósito da polícia dos cereais e da nova economia, em que esse problema era pensado, vocês estão vendo que essa análise se refere a todo um domínio de processos que podem, até certo ponto, ser ditos naturais. Voltemos um instante ao que eu lhes dizia algumas semanas atrás[29]. Na tradição que, *grosso modo*, era a tradição medieval e também a da Renascença, um bom governo, um reino bem ordenado, como eu lhes disse, era o que fazia parte de toda uma ordem do mundo e que era querido por Deus. Inscrição, por conseguinte, do bom governo nesse grande marco cosmoteológico. Em relação a essa ordem natural, a razão de Estado havia portanto introduzido um recorte, ou mesmo um corte radical: era o Estado, o Estado que surgia e que fazia aparecer uma nova realidade com sua racionalidade própria. Ruptura portanto com essa velha naturalidade que demarcava o pensamento político da Idade

Média. Não naturalidade, artificialidade absoluta, por assim dizer, em todo caso ruptura com essa velha cosmoteologia – o que, aliás, havia acarretado as críticas de ateísmo de que lhes falei[30]. Artificialismo dessa governamentalidade de polícia, artificialismo dessa razão de Estado.

Mas eis que agora, com o pensamento dos economistas, vai reaparecer a naturalidade, ou antes, uma outra naturalidade. É a naturalidade desses mecanismos que fazem que, quando os preços sobem, se se deixar que subam, eles vão se deter sozinhos. É essa naturalidade que faz que a população seja atraída pelos altos salários, até um certo momento em que os salários se estabilizam e, com isso, a população não aumenta mais. É portanto uma naturalidade que, como vocês estão vendo, não é mais de maneira nenhuma do mesmo tipo da naturalidade do cosmo, que demarcava e sustentava a razão governamental da Idade Média ou do século XVI. É uma naturalidade que vai ser oposta justamente à artificialidade da política, da razão de Estado, da polícia. Vão opô-la a ela, mas segundo modos totalmente específicos e particulares. Não são processos da própria natureza, entendida como natureza do mundo, é uma naturalidade específica às relações dos homens entre si, ao que acontece espontaneamente quando eles coabitam, quando estão juntos, quando intercambiam, quando trabalham, quando produzem [...]. Ou seja, é uma naturalidade de algo que, no fundo, ainda não havia tido existência até então e que, se não é designado, pelo menos começa a ser pensado e analisado como tal: a naturalidade da sociedade.

A sociedade como uma naturalidade específica à existência em comum dos homens, é isso que os economistas, no fundo, estão fazendo emergir como domínio, como campo de objetos, como domínio possível de análise, como domínio de saber e de intervenção. A sociedade como campo específico de naturalidade própria do homem: é isso que vai fazer surgir como *vis-à-vis* do Estado o que se chamará de sociedade civil[31]. O que é a sociedade civil, senão precisamente esse algo que não se pode pensar como sendo simplesmente o produto e o resultado do Estado? Mas tampouco é algo que é como que a existência natural do homem. A sociedade civil é o que o pensamento governamental, as novas formas de governamentalidade nascidas no século XVIII fazem surgir como correlativo necessário do Estado. De que o Estado deve se ocupar? O que ele deve tomar a seu encargo? O que ele deve conhecer? O que ele deve, se não regulamentar, pelo menos regular, ou de que ele deve respeitar as regulações naturais? Não de uma natureza de certo modo primitiva, nem tampouco de uma série de súditos indefinidamente submetidos a uma vontade soberana e sujeitável às suas exigências. O Estado tem a seu encargo uma sociedade, uma sociedade civil, e é a gestão dessa sociedade civil que o Estado deve assegurar. Mutação fundamental, está claro, em relação a uma razão de Estado, a uma racionalidade de polícia que continuava a lidar apenas com uma coleção de súditos. É o primeiro ponto que eu queria salientar.

O segundo ponto é que, nessa nova governamentalidade e correlativamente a esse novo horizonte de naturalidade social, vocês veem aparecer o tema de um conhecimento, e de um conhecimento que é – eu ia dizendo específico ao governo, mas não seria de todo exato. De fato, o que temos com esses fenômenos naturais de que os economistas falavam? Temos processos que podem ser conhecidos por procedimentos de conhecimento que são do mesmo tipo que qualquer conhecimento científico. A reivindicação de racionalidade científica, que não era em absoluto colocada pelos mercantilistas, é colocada em compensação pelos economistas do século XVIII, que vão dizer que a regra da evidência deve ser a que se aplica a esses domínios[32]. Por conseguinte, não é mais essa espécie de cálculos de forças, cálculos diplomáticos, que a razão de Estado faz intervir no século XVII. É um conhecimento que, em seus próprios procedimentos, deve ser um conhecimento científico.* Em segundo lugar, esse conhecimento científico é absolutamente indispensável para um bom governo. Um governo que não levasse em conta esse gênero de análise, o conhecimento desses processos, que não respeitasse o resultado desse gênero de conhecimento, esse governo estaria fadado ao fracasso. Vê-se isso bem quando, contra todas as regras da evidência e da racionalidade, ele regulamenta por exemplo o comércio dos cereais, estabelece preços máximos: age às cegas, contra os seus interesses, literalmente se engana, e se engana em termos científicos. Logo, temos aí um conhecimento científico indispensável ao governo, mas o que é muito importante é que não é um conhecimento de certo modo do próprio governo, interno ao governo. Ou seja, já não é, em absoluto, um conhecimento interno à arte de governar, já não é simplesmente um cálculo que deveria nascer no interior da prática dos que governam. Temos aí uma ciência que está de certo modo num cara a cara com a arte de governar, ciência que é exterior e que, mesmo quem não é governante, mesmo quem não participa dessa arte de governar, pode perfeitamente fundar, estabelecer, desenvolver, provar de fio a pavio. Mas, das consequências dessa ciência, dos resultados dessa ciência, o governo não pode prescindir. Logo, como vocês estão vendo, aparecimento de uma relação entre o poder e o saber, o governo e a ciência, que é de um tipo bem particular. Essa espécie de unidade que ainda continuava a funcionar, essa espécie de mag-

....

* O manuscrito precisa (folha 21 de uma aula não paginada): "Esse conhecimento é a economia política, não como simples conhecimento de procedimentos para enriquecer o Estado, mas como conhecimento dos processos que ligam as variações de riquezas e as variações de população em três eixos: produção, circulação, consumo. Nascimento, pois, da economia política".

ma, se vocês quiserem, mais ou menos confuso de uma arte de governar, que seria ao mesmo tempo saber e poder, ciência e decisão, começa a se decantar e a se separar, e em todo caso dois polos aparecem: uma cientificidade que vai cada vez mais reivindicar sua pureza teórica, que vai ser a economia; e, depois, que vai reivindicar ao mesmo tempo o direito de ser levada em consideração por um governo que terá de modelar por ela suas decisões. Era o segundo ponto importante, a meu ver.

Terceiro ponto importante nessa nova governamentalidade é, evidentemente, o surgimento sob novas formas do problema da população. Até então, no fundo, não se tratava tanto da população quanto do povoamento ou, também, do contrário da depopulação. Quantidade, trabalho, docilidade, de tudo isso já falamos. Agora, a população vai aparecer como uma realidade ao mesmo tempo específica e relativa: relativa aos salários, relativa às possibilidades de trabalho, relativa aos preços, mas também específica, em dois sentidos. Primeiro, a população tem suas próprias leis de transformação, de deslocamento, e é submetida a processos naturais tanto quanto a própria riqueza. A riqueza se desloca, a riqueza se transforma, a riqueza aumenta ou diminui. Pois bem, por processos que não são os mesmos, mas que são do mesmo tipo ou, em todo caso, que são igualmente naturais, a população vai se transformar, vai crescer, decrescer, se deslocar. Existe pois uma naturalidade intrínseca à população. E, por outro lado, outra característica específica da população é que se produz entre cada um dos indivíduos e todos os outros toda uma série de interações, de efeitos circulares, de efeitos de difusão que fazem que haja, entre um indivíduo e todos os outros, um vínculo que não é o vínculo constituído e desejado pelo Estado, mas que é espontâneo. É essa lei da mecânica dos interesses que vai caracterizar a população. Naturalidade da população, lei de composição dos interesses no interior da população, eis que a população, como vocês estão vendo, aparece como uma realidade muito mais densa, espessa, natural, do que aquela série de súditos submetidos ao soberano e à intervenção da polícia, mesmo em se tratando da polícia no sentido lato e pleno do termo, tal como era empregado no século XVII. E, com isso, se a população é efetivamente dotada dessa naturalidade, dessa espessura e desses mecanismos internos de regulação, vocês veem que vai ser preciso que o Estado assuma, não mais propriamente os indivíduos a serem submetidos, e a serem submetidos a uma regulamentação, mas essa nova realidade. Assunção da população em sua naturalidade – vai ser o desenvolvimento de certo número, se não de ciências, pelo menos de práticas, de tipos de intervenção, que vão se desenvolver na segunda metade do século XVIII. Vai ser, por exemplo, a medicina social, enfim o que era chamado nessa época de higiene pública, vão ser os problemas da demografia, enfim tudo o que vai fazer surgir uma nova função do Estado, de assunção da população em sua própria naturalidade. A população como coleção de súditos é substituída pela população como conjunto de fenômenos naturais.

A quarta grande modificação da governamentalidade é a seguinte: é que, se efetivamente os fatos de população, os processos econômicos obedecem a processos naturais, o que isso quer dizer? Quer dizer, claro, que não apenas não haverá nenhuma justificação, mas não haverá nem mesmo interesse algum em tentar lhes impor sistemas regulamentares de injunções, de imperativos, de proibições. O papel do Estado e, por conseguinte, a forma de governamentalidade que doravante vai lhe ser prescrita, essa forma de governamentalidade vai ter como princípio fundamental respeitar esses processos naturais ou, em todo caso, levá-los em conta, fazê-los agir ou agir com eles. Ou seja, de um lado, a intervenção da governamentalidade estatal deverá ser limitada, mas esse limite posto à governamentalidade não será simplesmente uma espécie de marco negativo. No interior do campo assim delimitado, vai aparecer todo um domínio de intervenções, de intervenções possíveis, de intervenções necessárias, mas que não terão necessariamente, que não terão de um modo geral e que muitas vezes não terão em absoluto a forma da intervenção regulamentar. Vai ser preciso manipular, vai ser preciso suscitar, vai ser preciso facilitar, vai ser preciso deixar fazer, vai ser preciso, em outras palavras, gerir e não mais regulamentar. Essa gestão terá essencialmente por objetivo, não tanto impedir as coisas, mas fazer de modo que as regulações necessárias e naturais atuem, ou também fazer regulações que possibilitem as regulações naturais. Vai ser preciso portanto enquadrar os fenômenos naturais de tal modo que eles não se desviem ou que uma intervenção desastrada, arbitrária, cega, não os faça desviar. Ou seja, vai ser preciso instituir mecanismos de segurança. Tendo os mecanismos de segurança ou a intervenção, digamos, do Estado essencialmente como função garantir a segurança desses fenômenos naturais que são os processos econômicos ou os processos intrínsecos à população, é isso que vai ser o objetivo fundamental da governamentalidade.

Daí, enfim, a inscrição da liberdade não apenas como direito dos indivíduos legitimamente opostos ao poder, às usurpações, aos abusos do soberano ou do governo, mas [da] liberdade que se tornou um elemento indispensável à própria governamentalidade. Agora só se pode governar bem se, efetivamente, a liberdade ou certo número de formas de liberdade forem respeitados. Não respeitar a liberdade é não apenas exercer abusos de direito em relação à lei, mas é principalmente não saber governar como se deve. A integração das liberdades e dos limites próprios a essa liberdade no interior do campo da prática governamental tornou-se agora um imperativo.

Vocês estão vendo como se desarticula essa grande polícia super-regulamentar, digamos assim, de que eu lhes havia falado. Essa regulamentação do território e dos súditos que ainda caracterizava a polícia do século XVII, tudo isso deve ser evidentemente questionado, e vamos ter agora um sistema de certo modo duplo. De um lado, vamos ter toda uma série de mecanismos que são do domínio da economia, que são do domínio da gestão da população e que terão justamente por função fazer crescer as forças do Estado e, de outro lado, certo aparelho ou certo número de instrumentos que vão garantir que a desordem, as irregularidades, os ilegalismos, as delinquências sejam impedidas ou reprimidas. Ou seja, o que era o objeto da polícia, no sentido clássico do termo, no sentido dos séculos XVII-XVIII – fazer a força do Estado crescer respeitando a ordem geral –, esse projeto unitário vai se desarticular, ou antes, vai tomar corpo agora em instituições ou em mecanismos diferentes. De um lado, teremos os grandes mecanismos de incentivo-regulação dos fenômenos: vai ser a economia, vai ser a gestão da população etc. De outro, teremos, com funções simplesmente negativas, a instituição da polícia no sentido moderno do termo, que será simplesmente o instrumento pelo qual se impedirá que certo número de desordens se produza. Crescimento dentro da ordem, e todas as funções positivas vão ser asseguradas por toda uma série de instituições, de aparelhos, de mecanismos etc., e a eliminação da desordem – será essa a função da polícia. Com isso, a noção de polícia se altera inteiramente, se marginaliza e adquire o sentido puramente negativo que conhecemos.

Numa palavra, pode-se dizer que a nova governamentalidade que, no século XVII, tinha acreditado poder aplicar-se inteira num projeto exaustivo e unitário de polícia, vê-se agora numa situação tal que, de um lado, terá de se referir a um domínio de naturalidade que é a economia. Terá de administrar populações. Terá também de organizar um sistema jurídico de respeito às liberdades. Terá enfim de se dotar de um instrumento de intervenção direto, mas negativo, que vai ser a polícia. Prática econômica, gestão da população, um direito público articulado no respeito à liberdade e às liberdades, uma polícia com função repressiva. Como vocês estão vendo, o antigo projeto de polícia, tal como havia aparecido em correlação com a razão de Estado, se desarticula, ou antes, se decompõe entre quatro elementos – prática econômica, gestão da população, direito e respeito às liberdades, polícia –, quatro elementos que vêm se somar ao grande dispositivo diplomático-militar que, por sua vez, não foi modificado no século XVIII.

Temos portanto a economia, a gestão da população, o direito, com o aparelho judiciário, [o] respeito às liberdades, um aparelho policial, um aparelho diplomático, um aparelho militar. Vocês estão vendo que é perfeitamente possível fazer a genealogia do Estado moderno e dos seus aparelhos, não precisamente a partir de uma, como eles dizem, ontologia circular[33] do Estado que se afirma e cresce como um grande monstro ou uma máquina automática. Podemos fazer a genealogia do Estado moderno e dos seus diferentes aparelhos a partir de uma história da razão governamental. Sociedade, economia, população, segurança, liberdade: são os elementos da nova governamentalidade, cujas formas, parece-me, ainda conhecemos em suas modificações contemporâneas.

Se vocês me derem mais dois ou três minutos, gostaria de acrescentar o seguinte. Tentei lhes mostrar, vocês se lembram, como a pastoral e o governo dos homens tinham se estabelecido [e] se desenvolvido, com a intensidade que vocês sabem, na Idade Média, tinham suscitado, como projeto de conduzir os homens, certo número de contracondutas, ou antes, como correlativamente tinham se desenvolvido a arte, o projeto e as instituições destinadas a conduzir os homens e as contracondutas que se opuseram a isso: todos aqueles movimentos de resistência ou de transformação da conduta pastoral que enumerei. Pois bem, creio que se poderia dizer praticamente a mesma coisa, em todo caso fazer a mesma análise quanto à governamentalidade em sua forma moderna. E, no fundo, eu me pergunto se não poderíamos estabelecer um certo número, não digo exatamente de analogias, mas de certo modo de correspondências. Eu tinha procurado lhes mostrar como, entre a arte pastoral de conduzir os homens e as contracondutas que lhe eram absolutamente contemporâneas, vocês têm toda uma série de intercâmbios, de apoios recíprocos, e era mais ou menos das mesmas coisas que se tratava. Pois bem, eu me pergunto se não poderíamos fazer a análise do que poderíamos chamar de contracondutas no sistema moderno de governamentalidade do seguinte modo: dizendo que, no fundo, as contracondutas que vemos se desenvolver em correlação com a governamentalidade moderna têm como objeto os mesmos elementos dessa governamentalidade, e que vimos se desenvolver, a partir de meados do século XVIII, toda uma série de contracondutas que têm essencialmente por objetivo, precisamente, recusar a razão de Estado e as exigências fundamentais dessa razão de Estado e que vão se apoiar naquilo mesmo que essa razão de Estado, através das transformações que eu lhes havia indicado, havia terminado por fazer surgir, ou seja, justamente nestes elementos que são a sociedade oposta ao Estado, a verdade econômica em relação ao erro, à incompreensão, à cegueira, o interesse de todos em oposição ao interesse particular, o valor absoluto da população como realidade natural e viva, a segurança em relação à insegurança e ao perigo, a liberdade em relação à regulamentação.

De modo mais esquemático e para resumir tudo o que eu gostaria de ter dito a vocês sobre esse ponto, poderíamos dizer o seguinte. No fundo, a razão de Estado, como vocês se lembram, havia posto como primeira lei, lei de bronze da governamentalidade moderna e, ao mesmo tempo, da ciência histórica, que agora o homem deve viver em um tempo indefinido. Governos sempre haverá, o Estado sempre estará aí e não esperem por uma parada. A nova historicidade da razão de Estado excluía o Império dos últimos tempos, excluía o reino da escatologia. Contra esse tema que foi formulado no fim do século XVI e que ainda permanece hoje em dia, vamos ver se desenvolverem contracondutas que terão precisamente por princípio afirmar que virá o tempo em que o tempo terminará, que têm [terão] por princípio colocar a possibilidade de uma escatologia, de um tempo último, de uma suspensão ou de um acabamento do tempo histórico e do tempo político, o momento, por assim dizer, em que a governamentalidade indefinida do Estado será detida e parada por o quê? Pois bem, pela emergência de algo que será a própria sociedade. No dia em que a sociedade civil puder se emancipar das injunções e das tutelas do Estado, quando o poder de Estado puder enfim ser absorvido por essa sociedade civil – essa sociedade civil que eu procurei lhes mostrar como nascia na própria forma, na própria análise da razão governamental –, com isso, o tempo, se não da história, pelo menos da política, o tempo do Estado terminará. Escatologia revolucionária que não parou de atormentar os séculos XIX e XX. Primeira forma de contraconduta: a afirmação de uma escatologia em que a sociedade civil prevalecerá sobre o Estado.

Em segundo lugar, procurei lhes mostrar como a razão de Estado colocou como princípio fundamental a obediência dos indivíduos e o fato de que, doravante, os vínculos de sujeição dos indivíduos já não deviam se fazer na forma feudal da vassalagem, mas na forma de uma obediência total e exaustiva, em sua conduta, a tudo o que pode ser um imperativo do Estado. Agora vamos ver se desenvolverem contracondutas, reivindicações na forma da contraconduta, que terão como sentido o seguinte: deve haver um momento em que a população, rompendo com todos os vínculos de obediência, terá efetivamente o direito, não em termos jurídicos, mas em termos de direitos essenciais e fundamentais, de romper todos os vínculos de obediência que ela pode ter com o Estado e, erguendo-se contra ele, dizer doravante: é minha lei, é a lei das minhas exigências, é a lei da minha própria natureza de população, é a lei das minhas necessidades fundamentais que deve substituir essas regras da obediência. Escatologia, por conseguinte, que vai tomar a forma do direito absoluto à revolta, à sedição, à ruptura de todos os vínculos de obediência – o direito à própria revolução. Segunda grande forma de contraconduta.

E, enfim, a propósito da razão de Estado, tentei lhes mostrar como ela implicava que o Estado ou os que o representam é que são os detentores de uma certa verdade sobre os homens, sobre a população, sobre o que acontece dentro do território e na massa geral constituída pelos indivíduos. O Estado como detentor da verdade – a esse tema, as contracondutas vão opor este: a própria nação, em sua totalidade, deve ser capaz, num momento dado, de deter exatamente, em cada um dos seus pontos bem como em sua massa, a verdade sobre o que ela é, o que ela quer e o que ela deve fazer. A ideia de uma nação titular do seu próprio saber, ou ainda a ideia de uma sociedade que seria transparente a si mesma e que deteria a sua própria verdade, mesmo que, aliás, seja um elemento dessa população ou também uma organização, um partido, mas representativo de toda a população, a formular essa verdade – de todo modo, a verdade da sociedade, a verdade do Estado, a razão de Estado, não cabe mais ao próprio Estado detê-las, é à nação inteira que cabe ser titular delas. Aqui também, terceira grande forma, a meu ver, de contraconduta, que, como vocês estão vendo, se opõe termo a termo ao que caracteriza a razão de Estado tal como ela surgiu no século XVI, mas que se apoia nessas diferentes noções, nesses diferentes elementos que apareceram na própria transformação da razão de Estado.

Quer se oponha a sociedade civil ao Estado, quer se oponha a população ao Estado, quer se oponha a nação ao Estado, como quer que seja, esses elementos é que foram postos em jogo no interior dessa gênese do Estado e do Estado moderno. São portanto esses elementos que vão entrar em jogo, que vão servir de objetivo ao Estado e ao que se opõe a ele.

E, nessa medida, a história da razão de Estado, a história da *ratio* governamental, a história da razão governamental e a história das contracondutas que se opuseram a ela não podem ser dissociadas uma da outra.*

♦

Era o que eu queria lhes dizer. Tudo o que eu queria fazer este ano era uma pequena experiência de método para lhes mostrar que, a partir da análise relativamente local, relativamente microscópica dessas formas de poder caracterizadas pelo pastorado, a partir daí, era perfeitamente possível,

....
* M. Foucault deixa de lado as duas últimas páginas do manuscrito, nas quais, definindo os movimentos revolucionários como "contracondutas, ou antes, tipos de contracondutas que correspondem a essas formas de sociedade em que o 'governo dos homens' tornou-se um dos atributos da sociedade, quando não sua função essencial", examina brevemente a questão da sua "herança religiosa":

> Invoca-se com frequência a herança religiosa dos movimentos revolucionários da Europa moderna. Ela não é direta. Ou, em todo caso, não é uma filiação ideologia religiosa – ideologia revolucionária. O vínculo é mais complexo e não põe em relação ideologias. Ao pastorado estatal se opuseram contracondutas que tomaram emprestados ou modularam alguns dos seus temas com base nas contracondutas religiosas. É, antes, do lado das táticas antipastorais, das fraturas cismáticas ou heréticas, do lado das lutas em torno do poder da Igreja, que se deve procurar a razão de certa coloração dos movimentos revolucionários. Em todo caso, há fenômenos de filiação real: o socialismo utópico tem [certamente?] raízes bem reais, não em textos, livros ou ideias, mas em práticas identificáveis: comunidades, colônias, organizações religiosas, como os *quakers* nos Estados Unidos, na Europa Central, [...] e fenômenos de parentesco [ou] alternativa: o metodismo e a Revolução Francesa. Questão de ideologia religiosa que [absorveu?] o processo revolucionário? A não ser que, num país de estrutura estatal fraca, de desenvolvimento econômico forte e de organização pastoral múltipla, as revoltas de conduta possam ter adquirido muito mais [paradoxalmente?] a forma "arcaica" de uma nova pastoral.

creio que sem paradoxo nem contradição, chegar aos problemas gerais que são os do Estado, contanto, justamente, que [não erijamos] o Estado [como] uma realidade transcendente cuja história poderia ser feita a partir dela mesma. A história do Estado deve poder ser feita a partir da própria prática dos homens, a partir do que eles fazem e da maneira como pensam. O Estado como maneira de fazer, o Estado como maneira de pensar. Creio que essa não é, [certamente], a única possibilidade de análise que temos quando queremos fazer a história do Estado, mas é uma das possibilidades, a meu ver, suficientemente fecunda, fecundidade essa ligada, no meu entender, ao fato de que se vê que não há, entre o nível do micropoder e o nível do macropoder, algo como um corte, ao fato de que, quando se fala num, [não] se exclui falar no outro. Na verdade, uma análise em termos de micropoderes compatibiliza-se sem nenhuma dificuldade com a análise de problemas como os do governo e do Estado.

NOTAS

1. Nicolas Delamare, *Traité de la police*, op. cit. A obra se compõe de três volumes publicados em Paris, por J. & P. Cot, em 1705 (t. i), depois por P. Cot em 1710 (t. ii) e por M. Brunet (t. iii). Um quarto volume, realizado por A.-L. Lecler du Brillet, aluno de Delamare, veio completar o conjunto quinze anos depois da morte do autor: *Continuation du Traité de la police. De la voirie, de tout ce qui en dépend ou qui y a quelque rapport*, Paris, J.-F. Hérrissant, 1738. Reedição aumentada dos dois primeiros volumes por M. Brunet em 1722. Uma reedição fraudulenta dos quatro volumes, dita 2ª edição, apareceu em Amsterdam, "à custa da Companhia", em 1729-1739 (P.-M. Bondois, "Le Commissaire N. Delamare et le *Traité de la police*", art. citado [*supra*, p. 71-2, nota 26], p. 322, n. 3). O primeiro volume compreende os quatro primeiros livros: I, "De la Police en général, & de ses Magistrats & Officiers"; ii, "De la Religion"; iii, "Des Moeurs"; iv, "De la Santé". O segundo volume, os 23 primeiros títulos do livro v, "Des Vivres". O terceiro volume, a continuação do livro v. O quarto, o livro vi, "De la Voirie". Permanecendo inacabada, a obra definitiva constitui portanto uma parte – cerca da metade – do programa estabelecido por Delamare (faltam os livros que deviam ser dedicados à segurança das cidades e das estradas, às ciências e às artes liberais, ao comércio, às artes mecânicas, aos serviçais, domésticos e operários, aos pobres).

2. Cf. Edmé de la Poix de Fréminville, *Dictionnaire ou Traité de la police générale des villes, bourgs, paroisses et seigneuries de la campagne*, Paris, Gissey, 1758 (reimpr. Nîmes, Praxis, 1989) (compilação de regulamentos de polícia organizados por itens alfabéticos); Du Chesne (tenente de polícia em Vitry-en-Champagne), *Code de la police, ou Analyse des règlements de police*, Paris, Prault, 1757 (4ª ed., 1768); J.-A. Sallé, *L'Esprit des ordonnances et des principaux édits déclarations de Louis xv, en matière civile, criminelle et beneficiale*, Paris, Bailly, 1771; Nicolas Des Essarts, *Dictionnaire universel de police*, Paris, Moutard, 1786-1791, 8 vols. (o qual, segundo P.-M. Bondois, art. citado, p. 318, n. 1, "pilhou inteiramente" o *Traité de la police*).

3. N. Delamare, *Traité de police*, t. i, livro I, título I, p. 4: "[...] desde o nascimento do Cristianismo, os Imperadores e nossos Reis

acrescentaram a essa antiga divisão o cuidado e a disciplina dos pobres, como parte considerável do bem público, de que não se encontra nenhum exemplo na Polícia de Atenas, nem na da Roma pagã".

4. Delamare, por sua vez, enumera apenas onze. Cf., *ibid.*: "A Polícia, a nosso ver, está portanto totalmente encerrada nessas onze partes que vimos de percorrer: a Religião; a Disciplina dos costumes; a Saúde; os Víveres; a Segurança e a Tranquilidade pública; as Estradas; as Ciências e as Artes Liberais; o Comércio, as Manufaturas e as Artes Mecânicas; os Servidores Domésticos, os Operários e os Pobres". Essa pequena diferença está no fato de que Foucault aponta o teatro e os jogos como um item especial, quando estão compreendidos no dos costumes, como explica Delamare, p. 4 (cf. nota seguinte), e distingue domínios que Delamare reúne. Em sua conferência "'Omnes et singulatim'" (art. citado, *DE*, IV, p. 157), em compensação, ele fala dos "onze objetos da polícia", segundo Delamare.

5. *Traité de la police*, *loc. cit.*: "[...] enquanto os gregos propõem como primeiro objeto da sua Polícia a conservação da vida natural, nós subordinamos esses cuidados aos que a podem tornar boa, e que dividimos, como eles, em dois pontos: a Religião e os Costumes". (Cf. *ibid.*, p. 3: "Os primeiros legisladores dessas célebres Repúblicas [gregas], considerando que a vida é a base de todos os outros bens que são objeto da Polícia, e que a própria vida, se não for acompanhada por uma boa e sábia conduta, e por todos os recursos externos que lhe são necessários, não passa de um bem muito imperfeito, dividiram toda a Polícia nessas três partes: a conservação, a bondade e os aprazimentos da vida".)

6. *Ibid.*: "Quando retomamos como segundo objeto a conservação da vida, ainda acompanhamos a esse respeito a mesma subdivisão, aplicando os cuidados da nossa Polícia a estas duas coisas importantes: a saúde e a subsistência dos Cidadãos".

7. *Ibid.*: "No que concerne à comodidade da vida, que era o terceiro objeto da Polícia dos Antigos, também a subdividimos como eles em seis pontos: a Tranquilidade pública; os cuidados com os Edifícios, as Ruas, as Praças públicas e os Caminhos; as Ciências e as Artes liberais; o Comércio; as Manufaturas; as Artes mecânicas; os Domésticos e os operários".

8. *Ibid.*: "Imitamos enfim essas antigas repúblicas nos cuidados que elas dispensaram a essa porção da polícia que concerne aos aprazimentos da vida. Há não obstante esta diferença entre os antigos e

nós: como os jogos e os espetáculos participavam, entre eles, de modo considerável do culto que prestavam aos seus deuses, suas leis tinham em vista apenas multiplicá-los e aumentar sua magnificência, enquanto os nossos, mais conformes à pureza da nossa religião e a nossos costumes, têm por objeto corrigir os abusos que uma licença demasiado grande poderia neles introduzir, ou assegurar-lhes a tranquilidade. Daí vem que em vez de fazer, como eles, um título à parte em nossa polícia, nós os colocamos naquele que concerne à disciplina dos costumes."

9. Cf. *supra*, nota 3.

10. Cf. aula precedente (29 de março), p. 440. [Cf. também p. 448, nota 47. (N. T.)]

11. J. Domat, *Le Droit public*, *op. cit.*, livro I, título VIII, ed. de 1829, p. 150: "[...] foi pela natureza que um dos usos que Deus deu aos mares, aos grandes e pequenos rios, é o de abrir vias que se comuniquem com todos os países do mundo pela navegação. E foi pela polícia que se fizeram cidades e outros lugares em que os homens se reúnem e se comunicam pelo uso das ruas, das praças públicas e outros lugares adequados a esse uso, e que os de cada cidade, de cada província, de cada nação podem se comunicar com todos os outros de qualquer país, pelas estradas".

12. E. de la Poix de Fréminville, *Dictionnaire ou Traité de la police générale des villes...*, *op. cit.*, prefácio, p. VI.

13. *Ibid.*

14. Cf. *supra*, aula de 22 de março, p. 399 ss.

15. Alusão à crítica situacionista do capitalismo, que denunciava o duplo reinado do fetichismo da mercadoria e da sociedade do espetáculo. Foucault volta ao tema no curso seguinte. Cf. *Naissance de la biopolitique*, *op. cit.*, aula de 7 de fevereiro de 1979, p. 117.

16. Cf. por exemplo Charles Loyseau, *Traité des seigneuries* (1608), que Foucault, nas folhas manuscritas sobre a polícia, a que já fizemos referência (*supra*, p. 442, nota 2), cita a partir de Delamare, *Traité de police*, livro I, título I, p. 2: "É um direito, diz esse sábio Jurisconsulto, pelo qual é permitido fazer *ex officio*, pelo interesse do bem público e sem postulação de ninguém, Regulamentos que obrigam e que sujeitam todos os cidadãos de uma cidade, por seu bem e sua utilidade comum. E acrescenta que o poder do Magistrado de Polícia se aproxima e participa muito mais do poder do príncipe, do que o do juiz, que não tem outro direito senão o de pronunciar entre o demandante e o defensor."

O texto original é o seguinte: "[...] o direito de Polícia consiste propriamente em poder fazer regulamentos particulares para todos os Cidadãos do seu distrito e território. O que excede o poder de um simples juiz que não tem outro poder senão o de pronunciar entre demandante e defensor, e não o de fazer regulamentos sem postulação de nenhum demandante, nem audição de nenhum defensor, e que concernem e sujeitam a todo um povo. Assim, esse poder se aproxima e participa muito mais do poder do príncipe do que do juiz, dado que esses regulamentos são como leis e ordenanças particulares, que também são chamadas propriamente de Éditos, como foi dito aqui no terceiro capítulo" (*Traité des seigneuries*, cap. IX, § 3, Paris, L'Angelier, 4ª ed. ampliada, 1613, p. 88-9).

17. Jean Bacquet (m. c. 1685), *Traicté des droits de justice*, Paris, L'Angelier, 1603, cap. 28, "Si les droicts de Police, de Guet, et de Voirie, appartiennent aux haults Justiciers. Ou bien au Roy", p. 381: "Que o direito de justiça e de polícia não têm nada em comum um com o outro" (= título do § 3). "Por isso dizem que o direito de justiça não contém em si o direito de polícia, que são eles direitos distintos e separados. Tanto que um senhor, sob a sombra da sua justiça, não pode pretender o direito de polícia" (§ 3). "Tampouco, sendo certo que o exercício da polícia contém em si a conservação e a manutenção dos habitantes de uma cidade e do bem público desta, pode-se dizer que o direito de polícia pertence a outros que não ao rei" (§ 4).

18. Catarina II, *Supplément à l'Instruction pour un nouveau code* (=*Instructions pour la commission chargée de dresser le projet du nouveau code de loix*), São Petersburgo, tipografia da Academia de Ciências, 1769, § 535 (cf. *Surveiller et Punir, op. cit.*, p. 215, onde Foucault faz referência à mesma passagem). Esse texto reproduz quase palavra por palavra uma passagem do *Espírito das leis* de Montesquieu, livro XXVI, cap. 24 ("Que os regulamentos de polícia são de uma ordem diferente da das outras leis civis"): "As matérias de polícia são coisas de cada instante, em que de ordinário se trata de coisas pequenas: não são necessárias formalidades, portanto. As ações da polícia são prontas, e esta se exerce sobre coisas que voltam todos os dias: as grandes punições não são adequadas a ela, portanto. Ela se ocupa perpetuamente de detalhes: portanto os grandes exemplos não são feitos para ela" (Montesquieu, *O.C.*, ed. citada ["Bibliothèque de la Pleiade"], t. I, p. 775-6).

19. Catarina II, *Supplément*...; Montesquieu, *loc. cit.*, p. 776: "Ela tem antes regulamentos que leis".

20. Cf. *supra*, nota 16.

21. M. Guillauté (oficial da *maréchaussée* de Île-de-France), *Mémoire sur la réformation de la police de France, soumis au roi en 1749*, Paris, Hermann, 1974, p. 19: "Cidades regulares, só temos as que se incendiaram, e pareceria que para termos um sistema de polícia bem articulado em todas as suas partes seria necessário incendiar o que dele temos coligido; mas esse remédio é impraticável e, ao que tudo indica, estamos reduzidos para sempre a um velho edifício que não podemos demolir e que temos de escorar de todos os lados. [...] Não se trata de fazer da sociedade uma casa religiosa, o que não é possível: é preciso diminuir tanto quanto se puder certos inconvenientes, mas talvez fosse perigoso aniquilá-los. Deve-se supor os homens como eles são, e não como deveriam ser. É necessário combinar o que o estado atual da sociedade permite ou não permite, e trabalhar de acordo com esses princípios".

22. Cf. *Surveiller et Punir*, p. 135-96 (parte III, "Discipline").

23. Cf. *supra*, aula de 18 de janeiro, p. 42-4.

24. Sobre o "bom preço" dos cereais, ver por exemplo F. Quesnay, verbete "Grains" (1757), in *op. cit.* [F. *Quesnay et la physiocratie*, t. 2], p. 507-9, e verbete "Hommes", *ibid.*, p. 528-30; cf. também G. Weulersse, *Le Mouvement physiocratique, op. cit.*, livro II, cap. 3, "Le 'bon prix' des grains", p. 474-577; *Les Physiocrates, op. cit.*, cap. 4, "Le programme commercial: le Bon prix des grains", p. 129-71.

25. No sentido do bom preço, ou do preço de mercado (cf. S. L. Kaplan, *Le Pain, le Peuple et le Roi*, trad. fr. cit. [*supra*, p. 65-6, nota 4], nota 14 do cap. II, p. 402: "[...] para Turgot, o 'preço justo' sempre representaria o verdadeiro preço de mercado, fosse a época calma ou conturbada. Nesse sentido, o preço justo é o preço normal, o que os economistas chamam de bom preço" [sobre essa noção, cf. nota anterior]). Sobre o sentido do conceito de "preço justo" na tradição teológico-moral e no discurso da polícia até o século XVIII, cf. *Naissance de la biopolitique*, aula de 17 de janeiro de 1979, p. 49, n. 2.

26. Cf. *supra*, p. 109, nota 19, e p. 110, nota 24.

27. Cf. *supra*, aula de 8 de março, p. 328.

28. Cf. por exemplo Grimm, que ridicularizava todos os senões da seita, "seu culto, suas cerimônias, seu jargão e seus mistérios" (citado por G. Weulersse, *Les Physiocrates*, p. 25).

29. Cf. *supra*, aula de 8 de março, p. 311-5.

30. *Ibid.*

31. M. Foucault tornará mais demoradamente sobre esse conceito de sociedade civil na última aula (4 de abril de 1979) de *Naissance de la biopolitique*, p. 299 ss.

32. Cf. o verbete "Évidence" da *Encyclopédie* (t. vi, 1756), redigido por Quesnay sob o véu do anonimato (*in F. Quesnay et la physiocratie*, t. 2, p. 397-426).

33. Essa expressão, já empregada no fim da aula de 8 de março (cf. *supra*, p. 331: "Sei bem que há quem diga que, ao falar do poder, não se faz outra coisa senão desenvolver uma ontologia interna e circular do poder"), remete às críticas feitas por alguns à análise do poder feita por Foucault desde o meado dos anos 70.

RESUMO DO CURSO*

O curso teve por objeto a gênese de um saber político que ia colocar no centro das suas preocupações a noção de população e os mecanismos capazes de assegurar sua regulação. Passagem de um "Estado territorial" a um "Estado de população"? Certamente não, porque não se trata de uma substituição, mas antes de um deslocamento de tônica e do aparecimento de novos objetivos, logo de novos problemas e de novas técnicas.

Para acompanhar essa gênese, tomamos como fio diretor a noção de "governo".

1. Seria necessário fazer uma pesquisa aprofundada não apenas sobre a noção, mas também sobre os procedimentos e os meios postos em ação para possibilitar, numa sociedade dada, o "governo dos homens". Numa primeira aproximação, parece que, nas sociedades gregas e romanas, o exercício do poder político não implicava nem o direito nem a possibilidade de um "governo" entendido como atividade

....
* Publicado in *Annuaire du Collège de France, 78e année, Histoire des systèmes de pensée, année 1977-1978*, 1978, p. 445-9. Republicado em *Dits et Écrits, 1954-1968*, editado por D. Defert e F. Ewald, com a colaboração de J. Lagrange, Paris, Gallimard, "Bibliothèque des sciences humaines", 1994, 4 vols.; cf. t. III, nº 225, p. 719-23. [Cf. *infra*, p. 512-3, nota 62].

que tem por meta conduzir os indivíduos ao longo da vida colocando-os sob a autoridade de um guia responsável pelo que fazem e pelo que lhes acontece. Seguindo as indicações fornecidas por P. Veyne, parece que a ideia de um soberano--pastor, de um rei ou magistrado-pastor do rebanho humano só se encontra nos textos gregos arcaicos ou em alguns autores pouco numerosos da época imperial. Em compensação, a metáfora do pastor que zela pelas suas ovelhas é aceita quando se trata de caracterizar a atividade do pedagogo, do médico, do professor de ginástica. A análise do *Político* confirmaria essa hipótese.

Foi no Oriente que o tema do poder pastoral adquiriu sua amplitude – principalmente na sociedade hebraica. Certo número de traços marcam esse tema: o poder do pastor se exerce menos sobre um território fixo do que sobre uma multidão em deslocamento rumo a um objetivo; ele tem como papel fornecer ao rebanho sua subsistência, zelar cotidianamente por ele e assegurar sua salvação; enfim, trata-se de um poder que individualiza, concedendo, por um paradoxo essencial, tanto valor a uma ovelha quanto ao rebanho inteiro. É esse tipo de poder que foi introduzido no Ocidente pelo cristianismo e que adquiriu uma forma institucional no pastorado eclesiástico: o governo das almas se constitui na Igreja cristã como uma atividade central e douta, indispensável à salvação de todos.

Ora, os séculos XV e XVI veem se abrir e se desenvolver uma crise geral do pastorado. Não apenas e não tanto como uma rejeição da instituição pastoral, mas de uma forma muito mais complexa: busca de outras modalidades (não necessariamente menos estritas) de direção espiritual e de novos tipos de relação entre pastor e rebanho; mas também buscas sobre a maneira de "governar" as crianças, uma família, um território, um principado. O questionamento geral da maneira de governar e de se governar, de conduzir e de se conduzir, acompanha, no fim do feudalismo, o nascimento de novas formas de relações econômicas e sociais e as novas estruturações políticas.

2. Analisamos em seguida, sob alguns dos seus aspectos, a formação de uma "governamentalidade" política, isto é, a maneira como a conduta de um conjunto de indivíduos viu-se implicada, de forma cada vez mais acentuada, no exercício do poder soberano. Essa transformação importante é assinalada em diferentes "artes de governar" redigidas no fim do século XVI e na primeira metade do século XVII. Ela está sem dúvida ligada à emergência da "razão de Estado". Passa-se de uma arte de governar cujos princípios eram tomados de empréstimo às virtudes tradicionais (sabedoria, justiça, liberalidade, respeito às leis divinas e aos costumes humanos) ou às habilidades comuns (prudência, decisões pensadas, cuidado de rodear-se dos melhores conselheiros) para uma arte de governar cuja racionalidade tem seus princípios e seu campo de aplicação específico no Estado. A "razão de Estado" não é o imperativo em nome do qual se possa ou se deva rejeitar todas as outras regras; é a nova matriz de racionalidade segundo a qual o príncipe deve exercer sua soberania governando os homens. Está-se longe da virtude do soberano de justiça, longe também dessa virtude que é a do herói de Maquiavel.

O desenvolvimento da razão de Estado é correlato ao ocaso do tema imperial. Roma, finalmente, desaparece. Uma nova percepção histórica se forma; ela já não está polarizada no fim dos tempos e na unificação de todas as soberanias particulares no império dos últimos dias; ela se abre para um tempo indefinido em que os Estados têm de lutar uns contra os outros para assegurar sua sobrevivência. E, mais que os problemas da legitimidade de um soberano sobre um território, o que vai aparecer como importante é o conhecimento e o desenvolvimento das forças de um Estado: num espaço (ao mesmo tempo europeu e mundial) de concorrência estatal, muito diferente daquele em que se defrontavam as rivalidades dinásticas, o problema maior é o de uma dinâmica das forças e das técnicas racionais que possibilitem intervir nesse espaço.

Assim, a razão de Estado, fora das teorias que a formularam e justificaram, toma forma em dois grandes conjuntos de saber e de tecnologia políticos: uma tecnologia diplomático-militar, que consiste em garantir e desenvolver as forças do Estado por um sistema de alianças e pela organização de um aparelho armado (a busca de um equilíbrio europeu, que foi um dos princípios diretores dos tratados de Vestefália, é uma consequência direta dessa tecnologia política); o outro é constituído pela "polícia", no sentido que então se dava a essa palavra, isto é, o conjunto dos meios necessários para fazer crescer, do interior, as forças do Estado. No ponto de junção dessas duas grandes tecnologias e como instrumento comum, deve-se colocar o comércio e a circulação monetária interestatal: é do enriquecimento pelo comércio que se espera a possibilidade de aumentar a população, a mão de obra, a produção e a exportação, e de se dotar de exércitos fortes e numerosos. O par população-riqueza foi, na época do mercantilismo e da cameralística, o objeto privilegiado da nova razão governamental.

3. É a elaboração desse problema população-riqueza (em seus diferentes aspectos concretos: fiscalidade, escassez alimentar, despovoamento, ociosidade-mendicância-vagabundagem) que constitui uma das condições de formação da economia política. Esta se desenvolve quando se percebe que a gestão da relação recursos-população não pode mais passar exaustivamente por um sistema regulamentar e coercitivo que tenderia a aumentar a população para aumentar os recursos. Os fisiocratas não são antipopulacionistas em oposição aos mercantilistas da época precedente; eles colocam de outro modo o problema da população. Para eles, a população não é a simples soma dos súditos que habitam um território, soma que seria o resultado da vontade de cada um de ter fi-

lhos ou de uma legislação que favoreceria ou desfavoreceria os nascimentos. É uma variável que depende de um certo número de fatores. Nem todos esses são naturais, muito pelo contrário (o sistema de impostos, a atividade da circulação e a repartição do lucro são determinantes essenciais da taxa de população). Mas essa dependência pode ser analisada racionalmente, de modo que a população apareça como "naturalmente" dependente de múltiplos fatores, que podem ser artificialmente modificáveis. Assim, começa a aparecer, em derivação relativamente à tecnologia de "polícia" e em correlação com o nascimento da reflexão econômica, o problema político da população. Esta não é concebida como uma coleção de sujeitos de direito, nem como um conjunto de braços destinados ao trabalho; é analisada como um conjunto de elementos que, por um lado, se liga ao regime geral dos seres vivos (nesse caso, a população é do domínio da "espécie humana": essa noção, nova na época, deve ser distinguida da de "gênero humano") e, por outro, pode dar ensejo a intervenções concertadas (por intermédio das leis, mas também das mudanças de atitude, de maneira de fazer e de viver que podem ser obtidas pelas "campanhas").

Seminário

O seminário foi dedicado a alguns dos aspectos do que os alemães chamaram no século XVIII de *Polizeiwissenschaft*, isto é, a teoria e a análise de tudo "o que tende a consolidar e a aumentar o poder do Estado, a fazer um bom uso das suas forças, a proporcionar a felicidade dos súditos" e principalmente "a manutenção da ordem e da disciplina, os regulamentos que tendem a lhes tornar a vida cômoda e a lhes proporcionar as coisas de que necessitam para subsistir".

Procuramos mostrar a que problemas essa "polícia" devia responder; como o papel que lhe era atribuído era diferente do que mais tarde ia ser dado à instituição policial; que efeitos se esperavam dela para assegurar o crescimento do Estado, e isso em função de dois objetivos: permitir-lhe marcar e melhorar seu lugar no jogo das rivalidades e das concorrências entre Estados europeus e garantir a ordem interna por meio do "bem-estar" dos indivíduos. Desenvolvimento do Estado concorrencial (econômico-militar), desenvolvimento do Estado de *Wohlfahrt* (riqueza-tranquilidade-felicidade). São esses dois princípios que a "polícia", entendida como arte racional de governar, deve poder coordenar. Ela é concebida nessa época como uma espécie de "tecnologia das forças estatais".

Dentre os principais objetos de que essa tecnologia deve se ocupar, a população, na qual os mercantilistas viram um princípio de enriquecimento e na qual todo o mundo reconhece uma peça essencial da força dos Estados. E, para administrar essa população, é necessária, entre outras coisas, uma política de saúde capaz de diminuir a mortalidade infantil, de prevenir as epidemias e de fazer baixar a taxa de endemia, de intervir nas condições de vida, para modificá-las e impor-lhes normas (quer se trate de alimentação, de hábitat ou de urbanização das cidades) e proporcionar equipamentos médicos suficientes. O desenvolvimento a partir da segunda metade do século XVIII do que foi chamado *Medezinische Polizei, hygiène publique, social medicine*, deve ser inscrito no marco geral de uma "biopolítica"; esta tende a tratar a "população" como um conjunto de seres vivos e coexistentes, que apresentam características biológicas e patológicas específicas. E essa própria "biopolítica" deve ser compreendida a partir de um tema desenvolvido desde o século XVII: a gestão das forças estatais.

Foram feitas exposições sobre a noção de *Polizeiwissenschaft* (P. Pasquino), sobre as campanhas de variolização no século XVIII (A.-M. Moulin), sobre a epidemia de cólera em Paris em 1832 (F. Delaporte), sobre a legislação dos acidentes de trabalho e o desenvolvimento dos seguros no século XIX (F. Ewald).

SITUAÇÃO DOS CURSOS
Michel Senellart*

Os dois cursos de Michel Foucault, que publicamos simultaneamente, *Segurança, território, população* (1978) e *Nascimento da biopolítica* (1979), formam um díptico cuja unidade reside na problemática do biopoder, introduzida pela primeira vez em 1976[1]. É pela evocação desse conceito que se inicia o primeiro curso; é ele também que assinala, já no título, o programa do segundo. Pareceria, por conseguinte, que os dois cursos não fazem nada mais que reconstituir a gênese desse "poder sobre a vida" em cuja emergência no século XVIII Foucault via uma "mutação capital, uma das mais importantes sem dúvida, na história das sociedades humanas"[2]. Eles se inscreveriam, assim, na perfeita continuidade das conclusões do curso de 1976. Depois de uma interrupção de um ano – o curso não foi realizado em 1977 –, Fou-

....
* Michel Senellart é professor de filosofia política na École normale supérieure des lettres et sciences humaines de Lyon. É autor de *Machiavélisme et Raison d'État* (Paris, PUF, 1989), *Les Arts de gouverner* (Paris, Le Seuil, 1995). Traduziu para o francês a *Histoire du droit public en Allemagne, 1600-1800. Théorie du droit public et science de la police*, de M. Stolleis (Paris, PUF, 1998).
1. Cf. *"Il faut défendre la société". Cours au Collège de France, 1975-1976*, ed. por M. Bertani e A. Fontana, Paris, Gallimard-Le Seuil, "Hautes Études", 1997, aula de 17 de março de 1976, p. 216-26; *La Volonté de savoir*, Paris, Gallimard, "Bibliothèque des histoires", 1976, p. 181-91.
2. "Les mailles du pouvoir", 1976, *DE*, IV, nº 297, p. 194.

cault teria retomado a palavra no mesmo ponto em que tinha parado, a fim de dar consistência, pela análise histórica, a uma hipótese até então formulada em termos bastante gerais.

A efetivação desse projeto, no entanto, leva-o a desvios que, aparentemente, afastam-no do seu objetivo inicial e reorientam o curso numa nova direção. De fato, tudo acontece como se a hipótese do biopoder, para se tornar verdadeiramente operacional, exigisse ser situada num marco mais amplo. O anunciado estudo dos mecanismos pelos quais a espécie humana entrou, no século XVIII, numa estratégia geral de poder, apresentado como o esboço de uma "história das tecnologias de segurança"[3], cede a vez, já na quarta aula do curso de 1978, ao projeto de uma história da "governamentalidade", desde os primeiros séculos da era cristã. Do mesmo modo, a análise das condições de formação da biopolítica, no segundo curso, logo se apaga em benefício da análise da governamentalidade liberal. Em ambos os casos, trata-se de lançar luz sobre as formas de experiência e de racionalidade a partir das quais se organizou, no Ocidente, o poder sobre a vida. Mas essa pesquisa tem por efeito, ao mesmo tempo, deslocar o centro de gravidade dos cursos, da questão do biopoder, para a do governo, a tal ponto que esta, finalmente, eclipsa quase inteiramente aquela. É tentador, portanto, à luz dos trabalhos posteriores de Foucault, ver nesses cursos o momento de uma virada radical, em que tomaria corpo a passagem à problemática do "governo de si e dos outros"[4]. Rompendo com o discurso da "batalha" utilizado

....

3. *Supra*, este volume [daqui em diante: *STP*], aula de 11 de janeiro de 1978, p. 14-5.
4. Título dos dois últimos cursos, de 1983 e 1984. É também o título do livro anunciado por Foucault, em 1983, na coleção "Des travaux" que acabava de criar para a Seuil com Paul Veyne e François Wahl. Ver o resumo do curso de 1981, "Subjectivité et vérité", *DE*, IV, nº 304, p. 214, onde Foucault enuncia seu projeto de retomar a questão da

desde o início dos anos 70[5], o conceito de "governo" assinalaria o primeiro deslizamento, acentuado a partir de 1980, da analítica do poder à ética do sujeito.

A genealogia do biopoder, apesar de ser abordada de forma oblíqua e permanecer, por isso mesmo, muito alusiva, não cessa entretanto de constituir o horizonte dos dois cursos. Foucault conclui o resumo do segundo, em 1979, com estas palavras:

> O que deveria ser estudado agora é a maneira como os problemas específicos da vida e de população foram postos no interior de uma tecnologia de governo que, sem ter sido sempre liberal, longe disso, não parou de ser acossada desde o fim do século XVIII pela questão do liberalismo.[6]

É portanto esse projeto, a que se refere também o título do curso do ano seguinte – "Do governo dos vivos"[7] –, que orienta então a pesquisa de Foucault, através dos seus numerosos meandros. A questão do biopoder é no entanto inseparável do trabalho sobre a história da sexualidade, a que ele dá

....

governamentalidade sob um novo aspecto: "o governo de si por si em sua articulação com as relações com o outro".

5. "La Société punitive" (inédito), aula de 28 de março de 1973: "O poder é conquistado como uma batalha e perdido do mesmo modo. É uma relação belicosa, e não uma relação de apropriação, que está no cerne do poder". Cf. também *Surveiller et punir*, Paris, Gallimard, "Bibliothèque des histoires", 1975, p. 31. *Il faut défendre la société*, tinha por objeto, se não abandonar essa concepção, pelo menos interrogar os pressupostos e as consequências históricas do recurso ao modelo da guerra como analisador das relações de poder.

6. *Naissance de la biopolitique. Cours au Collège de France, 1978-1979*, ed. por M. Senellart, Paris, Gallimard-Le Seuil, "Hautes Études", 2004 [daqui em diante: *NBP*], "resumo do curso", p. 329. [*Nascimento da biopolítica,* trad. Eduardo Brandão, São Paulo, Martins Fontes, no prelo.]

7. Esse curso trata do governo das almas, através do problema do exame de consciência e da confissão.

seguimento paralelamente aos cursos. Esta, afirmava ele em 1976, "está exatamente na encruzilhada do corpo e da população"⁸. A partir de 1978, e ao longo de todo o caminho que levará, em 1984, a *O uso dos prazeres* e a *O cuidado de si*, ela se carrega de uma nova significação, não representando mais apenas o ponto de articulação dos mecanismos disciplinares e dos dispositivos de regulação, e sim o fio condutor de uma reflexão ética centrada nas técnicas de si. Atualização de um plano de análise sem dúvida ausente dos trabalhos anteriores, mas cujos contornos se esboçam a partir de 1978 na problemática da governamentalidade.

✦

Convém, em primeiro lugar, lembrar certos elementos do contexto histórico, político e intelectual em que se inscrevem esses cursos⁹.

A reflexão que Foucault empreende sobre a racionalidade governamental moderna faz parte, antes de mais nada, do desenvolvimento de um pensamento de esquerda – para o qual contribuía a "segunda esquerda"¹⁰ – que se distanciou do marxismo e se abriu para novas questões (a vida cotidiana, a situação das mulheres, a autogestão etc.)¹¹. Em setembro de

....
8. *Il faut défendre la société*, p. 224.
9. Mencionaremos aqui unicamente os acontecimentos em que Foucault se envolveu e que tiveram um eco, direto ou indireto, nos cursos.
10. É em junho de 1977, no congresso do Partido Socialista, em Nantes, que "Michel Rocard desenvolve sua concepção das duas culturas políticas da esquerda: uma jacobina, estatizante, que aceita a aliança com os comunistas, a outra descentralizadora e regionalista, que a recusa, logo chamada de 'segunda esquerda'" (D. Defert, "Chronologie", *DE*, I, p. 51).
11. Para um olhar retrospectivo sobre esse período, cf. sua entrevista com G. Raulet na primavera de 1983, "Structuralisme et poststructuralisme", *DE*, IV, nº 330, p. 453-4: "Novos problemas, novo pensa-

1977, ele assistiu ao fórum sobre "a esquerda, a experimentação e a mudança social" organizado por *Faire* e *Le Nouvel Observateur*[12]: "Escrevo e trabalho para as pessoas que estão aí, essas novas pessoas que formulam novas questões"[13]. Essa preocupação em participar da renovação da cultura de esquerda, à distância das estratégias partidárias, explica sua recusa a tomar posição nas eleições legislativas de março de 1978[14]. É também no âmbito dos debates suscitados pelo fracasso da esquerda naquele escrutínio e pela perspectiva da eleição presidencial de 1981, que se deve entender a questão colocada no ano seguinte:

> Existe uma governamentalidade adequada ao socialismo? Que governamentalidade é possível como governamentalidade estritamente, intrinsecamente, autonomamente socialista? Em todo caso, [...] se há uma governamentalidade efetivamente socialista, ela não está oculta no interior do socialismo e dos seus textos. Não se pode deduzi-la deles. É preciso inventá-la.[15]

....

mento, isso foi capital. Acho que um dia, quando se olhar para esse episódio da história da França [desde os primeiros anos do gaullismo], vai se ver o desabrochar de um novo pensamento de esquerda, que, sob múltiplas formas e sem unidade – talvez um dos seus aspectos positivos –, mudou completamente o horizonte em que se situam os movimentos de esquerda atuais".

12. Para mais detalhes sobre esse fórum, cf. a introdução da entrevista de Foucault, "Une mobilisation culturelle" (*Le Nouvel Observateur*, 12-18 de setembro de 1977), *DE*, III, nº 207, p. 329-30 (ele se inscreveu na oficina de "medicina de bairro"). Ver também o suplemento especial *Forum*, "Les hommes du vrai changement", no mesmo número do *Nouvel Observateur*, p. 47-62.
13. "Une mobilisation culturelle", *loc. cit.*, p. 330.
14. Cf. "La grille politique traditionnelle" (*Politique Hebdo*, 6-12 de março de 1978), *DE*, III, nº 227, p. 506.
15. *NBP*, aula de 31 de janeiro de 1979, p. 95.

Essa questão, que dá todo o seu relevo à análise da governamentalidade neoliberal desenvolvida no curso, não cessará de ocupar Foucault. Ela está no princípio do projeto de "livro branco" sobre a política socialista que ele proporá em 1983: "Existe uma problemática do governo para os socialistas ou eles têm apenas uma problemática do Estado?"[16].

Outro fenômeno importante, cujo imenso eco os cursos repercutem em certas passagens: o movimento soviético de dissidência, que recebe na época um apoio cada vez mais amplo. Foucault, que tinha conhecido Leonid Pliutch, quando da chegada deste a Paris em 1976, organizou em junho de 1977 um evento no teatro Récamier, com um certo número de dissidentes, para protestar contra a visita à França de Leonid Brejnev[17]. É em referência a esse movimento que ele teoriza pela primeira vez, alguns meses depois, o "direito dos governados, [...] mais preciso, mais historicamente determinado que os direitos humanos", em nome da "legítima defesa em face dos governos"[18]. A palavra "dissidência" entra, então, por um tempo, em seu vocabulário. Ele escreve, por exemplo, em fins de 1977, prefaciando o livro de Mireille Debard e Jean-Luc Hennig, *Les Juges kaki*[19]: "Trata-se de multiplicar

....

16. Citado por D. Defert, "Chronologie", *loc. cit.*, p. 62.
17. *Ibid.*, p. 51. Cf. D. Macey, *The Lives of Michel Foucault*, Nova York, Pantheon Books, 1993 / *Michel Foucault*, trad. fr. P.-E. Dauzat, Paris, Gallimard, "Biographies", 1994, p. 388-90.
18. "Va-t-on extrader Klaus Croissant?" (*Le Nouvel Observateur*, 14 de novembro de 1977), *DE*, III, nº 210, p. 362 e 364: "A concepção tradicional [do direito de asilo] situava o 'político' na luta contra os governantes e seus adversários; a concepção atual, nascida da existência dos regimes totalitários, é centrada em torno de um personagem que não é tanto o 'futuro governante', mas o 'perpétuo dissidente' – quero dizer, aquele que está em desacordo global com o sistema em que vive, que exprime esse desacordo com os meios que estão à sua disposição e que é perseguido por isso".
19. Paris, A. Moreau, 1977.

no tecido político os 'pontos de repulsão' e de ampliar a superfície das dissidências possíveis"[20]. A banalização do termo, no entanto, parece tê-lo irritado rapidamente, pois se recusa a empregá-lo, no curso de 1978, a propósito das revoltas de conduta[21].

Mas é o caso Klaus Croissant que constitui o acontecimento principal, em fins de 1977, do ponto de vista do engajamento pessoal de Foucault. Advogado do "bando de Baader" (*Rote Armee Fraktion*), Klaus Croissant havia pedido direito de asilo na França, onde encontrara refúgio em julho de 1977. No dia 18 de outubro, três dirigentes da RAF, presos desde 1972 em Sttutgart, foram encontrados mortos em sua cela. No dia 19, em represália, membros do grupo assassinaram Hanns-Martin Schleyer, presidente das organizações patronais alemãs, que tinha sido sequestrado no dia 5 de setembro. Encarcerado na prisão da Santé, em Paris, no dia 24 de outubro, Klaus Croissant foi extraditado em 16 de novembro. Foucault, que participou da manifestação diante da Santé nesse dia, tomara firmemente posição a favor do reconhecimento do direito de asilo para Croissant. Os artigos e entrevistas que publicou nessa ocasião apresentam um interesse muito particular em relação a seus dois cursos seguintes. Além do apelo, já evocado, ao "direito dos governados"[22], ele introduziu de fato a ideia do "pacto de segurança" que passa a ligar o Estado à população:

> O que acontece hoje portanto? A relação de um Estado com a população se dá essencialmente sob a forma do que se poderia chamar de "pacto de segurança". Antigamente, o Es-

....
20. "Préface", *DE*, III, nº 191, p. 140. Esse texto foi publicado em *Le Monde* de 1-2 de dezembro de 1977.
21. *STP*, aula de 1º de março de 1978, p. 266: "E, afinal de contas, quem hoje em dia não faz sua teoria da dissidência?", diz ele.
22. Cf. *supra*, nota 18.

tado podia dizer: "Vou lhes dar um território" ou: "Garanto que vocês vão poder viver em paz em suas fronteiras". Era o pacto territorial, e a garantia das fronteiras era a grande função do Estado.[23]

O título do curso de 1978 – *Segurança, território, população* – já está por inteiro nessa frase. Mas Foucault insiste igualmente, e de maneira mais clara sem dúvida do que nos cursos, sobre as formas específicas de luta que as "sociedades de segurança" requerem. É por isso que, para ele, é importante não reduzir esse novo tipo de poder às categorias tradicionais do pensamento político nem atacá-lo valendo-se da grade de análise do "fascismo" ou do "totalitarismo". Essa crítica, repetida no curso de 1979[24], não visa somente as teses esquerdistas de que Foucault foi por muito tempo próximo. Ela explica igualmente sua rejeição do terrorismo como meio de ação que extrai sua legitimidade da luta antifascista[25]. Seu apoio a Croissant, em nome da defesa do direito de

....
23. "Michel Foucault: la sécurité et l'État" (*Tribune socialiste*, 24-30 de novembro de 1977), *DE*, III, nº 213, p. 385. Cf. também "Lettre à quelques leaders de la gauche" (*Le Nouvel Observateur*, 28 de novembro - 4 de dezembro de 1977), *DE*, III, nº 214, p. 390.
24. Cf. *NBP*, aula de 7 de março de 1979, p. 191 ss., cf. p. 197: "[...] creio que o que não se deve fazer é imaginar que se está descrevendo um processo real, atual e que diz respeito a nós todos quando se denuncia a estatização ou a fascistização, a instauração de uma violência estatal etc.".
25. Sobre a oposição desse tipo de terrorismo de grupelhos a um terrorismo ancorado num movimento nacional e, por isso, "moralmente justificado, [...] mesmo que possamos ser hostis a este ou aquele tipo de ação", cf. "Michel Foucault: la sécurité et l'État", *loc. cit.*, p. 383-4 (posição muito próxima da sustentada por R. Badinter, "Terrorisme et liberté", *Le Monde*, 14 de outubro de 1977). Cf. igualmente "Le savoir comme crime" (*Jyôkyô*, abril de 1976), *DE*, III, nº 174, p. 83, sobre o caráter contraproducente, no Ocidente, do terrorismo, que só consegue obter o contrário do que visa: "[...] o terror acarreta tão

asilo, excluía portanto toda e qualquer solidariedade com o terrorismo. Posição que sem dúvida esteve na origem do seu desentendimento com Gilles Deleuze, que ele nunca mais reveria depois disso[26].

O caso Croissant põe em evidência a importância da "questão alemã" na reflexão política de Foucault. Como ele declara ao *Spiegel* um ano depois: "Ignorar pura e simplesmente a Alemanha sempre foi para a França um meio de neutralizar os problemas políticos ou culturais que ela lhe colocava"[27]. Essa questão se coloca em dois níveis: o da divi-

....

só a obediência cega. Empregar o terror para a revolução é, em si, uma ideia totalmente contraditória".

26. Cf. D. Eribon, *Michel Foucault*, Paris, Flammarion, 1989, p. 276, que cita, em apoio a essa explicação, uma passagem do diário de Claude Mauriac, datado de março de 1984 (*Le Temps immobile*, t. IX, Paris, Grasset, p. 388). Deleuze havia publicado, com Guattari, um artigo sobre Klaus Croissant e o grupo Baader (*Le Monde*, 2 de novembro de 1977), "Le pire moyen de faire l'Europe", no qual, apresentando a República Federal alemã como um país "que pode exportar seu modelo judiciário, policial e 'informativo' e tornar-se o organizador qualificado da repressão e da intoxicação nos outros Estados", exprimia seu temor de que "a Europa inteira fique sob esse tipo de controle reclamado pela Alemanha" e caucionava a ação terrorista: "[...] a questão da violência, e também do terrorismo, não parou de agitar o movimento revolucionário e operário desde o século passado, sob formas bem diversas, como resposta à violência imperialista. As mesmas questões se colocam hoje em relação aos povos do terceiro mundo, com que Baader e seu grupo se identificam, considerando a Alemanha como um agente essencial da sua opressão" (reed. *in* G. Deleuze, *Deux Régimes de fous, et autres textes*, Paris, Minuit, "Paradoxe", 2003, p. 137-8). Cf. também D. Macey, *Michel Foucault*, trad. fr. citada, p. 403 ("Foucault tinha se recusado a assinar uma petição que Félix Guattari tinha lançado e que também se opunha à extradição de Klaus Croissant, mas qualificava a Alemanha de 'fascista' [...]"). É nesse contexto que se inscreve o texto de Jean Genet, citado por Foucault *in STP*, aula de 15 de março de 1978, *supra*, p. 353.

27. "Une énorme surprise" (*Der Spiegel*, 30 de outubro de 1978), *DE*, III, nº 247, p. 699-700.

são da Europa em blocos antagônicos (que efeitos daí resultam para a Alemanha "cortada em dois"?[28]) e o da construção da Comunidade Europeia (que lugar a República Federal ocupa nela?). Daí os longos desenvolvimentos dedicados, em 1979, ao "modelo alemão", através da análise do pensamento ordoliberal do pós-guerra:

> [O] modelo alemão [...] não é o modelo tão frequentemente depreciado, renegado, amaldiçoado, repugnado do Estado bismarckiano em via de tornar-se hitlerista. O modelo alemão que se difunde, [...] que está em questão, [...] que faz parte da nossa atualidade, que a estrutura e que a perfila sob o seu corte real, esse modelo alemão é a possibilidade de uma governamentalidade neoliberal.[29]

A "questão alemã", tal como a coloca de forma aguda o debate sobre o terrorismo, é portanto, para Foucault, uma das

....

28. Fazendo suas as palavras de um escritor da Alemanha Oriental, Heiner Müller, Foucault diz em novembro de 1977: "Em vez de evocar os velhos demônios a propósito da Alemanha, é preciso referir-se à situação atual: a Alemanha cortada em dois. [...] Não se pode compreender a multiplicação das medidas de segurança na Alemanha Federal sem levar em conta um medo bem real que vem do Leste" ("Michel Foucault: 'Désormais, la sécurité est au-dessus des lois'", (*Le Matin*, 18 de novembro de 1977), *DE*, III, nº 211, p. 367). É importante situar essas declarações no clima de germanofobia muito difundido então na França e a que Günther Grass, por exemplo, reagia da seguinte maneira: "Quando eu me pergunto onde, na Europa, está hoje o perigo de um movimento de direita agressivo – descarto a palavra 'fascismo', que vem com demasiada facilidade à boca –, observo a Itália ou a Inglaterra e vejo surgir ali problemas que me assustam. [...] Mas nem por isso me passaria pela cabeça dizer: a Inglaterra está caminhando em direção ao fascismo" (debate com Alfred Grosser, publicado em *Die Zeit* de 23 de setembro e republicado por *Le Monde* de 2-3 de outubro de 1977).
29. *NBP*, aula de 7 de março de 1979, p. 198.

chaves essenciais da compreensão política do presente. É a essa preocupação, também, que estão ligadas as suas duas viagens a Berlim, em dezembro de 1977 e março de 1978, para encontrar os militantes da esquerda alternativa[30].

Em abril de 1978, depois de terminar seu curso, Foucault efetua uma viagem de três semanas ao Japão. Pronuncia nesse país conferências em que resume sua análise do poder pastoral[31] e a situa na perspectiva da *História da sexualidade*[32], cujo segundo volume está redigindo então[33]. Expõe aí, ademais, sua concepção do papel do filósofo como "moderador do poder", na grande tradição, que remonta a Sólon, do filósofo antidéspota, mas a contrapelo das suas formas clássicas[34]:

> Talvez a filosofia ainda possa desempenhar um papel no âmbito do contrapoder, contanto que esse papel não consista mais em defender, em face do poder, a lei da filosofia, contanto que a filosofia pare de se pensar como profecia, contanto que a filosofia pare de se pensar ou como pedagogia, ou como legislação, e se dê como tarefa analisar, elucidar, tornar visíveis e, portanto, intensificar as lutas que se desenrolam em torno do poder, as estratégias dos adversários no interior das relações de poder, as táticas utilizadas, os focos de resistência, contanto, em suma, que a filosofia pare de colocar a questão do poder em termos de bem ou mal, e sim em termo de existência.[35]

....

30. Cf. D. Defert, "Chronologie", *loc. cit.*, p. 52 e 53.
31. Cf. *STP*, aulas de 8, 15, 22 de fevereiro e 1º de março de 1978.
32. Cf. "La philosophie analytique du pouvoir" (27 de abril de 1978), *DE*, III, nº 232, p. 548-50, e "Sexualité et pouvoir" (20 de abril de 1978), *ibid.*, nº 233, p. 560-5.
33. Trata-se do volume sobre a pastoral reformada, *La Chair et le Corps*, anunciado em *La Volonté de savoir*, p. 30, n. 1, cujo manuscrito foi integralmente destruído.
34. "La philosophie analytique du pouvoir", *loc. cit.*, p. 537.
35. *Ibid.*, p. 540.

É nesse mesmo espírito que Foucault, desde a sua volta do Japão, reinterpreta a questão kantiana "O que é a *Aufklärung?*"[36], sobre a qual não parará de tornar[37]. Explicita assim, num vocabulário bastante novo em relação a seus escritos dos anos precedentes, o projeto crítico no interior do qual se inscreve sua análise da governamentalidade.

Paralelamente a esse trabalho teórico, Foucault concebe o programa de "reportagens de ideias", associando intelectuais e jornalistas em pesquisas de campo aprofundadas:

> É preciso assistir ao nascimento das ideias e à explosão da sua força; e isso, não nos livros que as enunciam, mas nos acontecimentos em que elas manifestam sua força, nas lutas travadas pelas ideias, contra ou a favor delas.[38]

....

36. "Qu'est-ce que la critique?" (conferência de 27 de maio de 1978 na Société française de philosophie), *Bulletin de la Société française de philosophie*, 2, abr.-jun. de 1990, Paris, Armand Colin, p. 35-63 (texto não republicado em *Dits et Écrits*).
37. Cf. "'Omnes et singulatim': vers une critique de la raison politique" (conferência em Stanford, 10 e 16 de outubro de 1979), *DE*, IV, nº 291, p. 135: "[...] desde Kant, o papel da filosofia foi impedir a razão de ultrapassar os limites do que é dado na experiência; mas, desde essa época, [...] o papel da filosofia também foi vigiar os abusos de poder da racionalidade política [...]"; "Qu'est-ce que les Lumières?" (1984), *DE*, IV, nº 339, p. 562-78; mesmo título, *ibid.*, nº 351, p. 679-88 (tirado da primeira aula do curso de 1983, "Le Gouvernement de soi et des autres").
38. "Les 'reportages' d'idées" (*Corriere della Sera*, 12 de novembro de 1978), *DE*, III, nº 250, p. 707. Entre as reportagens previstas, sobre o Vietnã, os Estados Unidos, a Hungria, a democratização espanhola, o suicídio coletivo da seita do pastor Jones na Guiana, só aparecerão as de Foucault sobre o Irã, de A. Finkielkraut sobre a América de Carter e de A. Glucksmann sobre os *boat people*. A reportagem de Finkielkraut, que o texto de Foucault citado logo acima introduzia, contém notadamente um capítulo sobre a Escola neoliberal de Chicago, "Il capitalismo come utopia", a que Foucault consagrará duas aulas em

A primeira dessas reportagens, publicada no *Corriere della Sera*, é a que Foucault faz no Irã, de 16 a 24 de setembro[39], alguns dias depois da "sexta-feira negra"[40], e, posteriormente, de 9 a 15 de novembro de 1978, durante as grandes revoltas e manifestações contra o xá[41]. No Irã, ele se encontra notadamente com o aiatolá liberal Shariat Madari, segundo dignitário religioso do país, hostil ao exercício do poder po-

....
  seu curso do ano seguinte (*NBP*, 14 e 21 de março de 1979) (cf. A. Finkielkraut, *La Rivincita e l'Utopia*, Milão, Rizzoli, 1980, p. 33-4).
39. Lá, Foucault encontra Pierre Blanchet e Claire Brière, jornalistas do *Libération*, que publicarão, em abril de 1979, *Iran: la révolution au nom de Dieu* (Paris, Le Seuil, "L'Histoire immédiate"), seguido de uma entrevista de Foucault, "L'esprit d'un monde sans esprit", *DE*, III, nº 259, p. 743-56. A entrevista é precedida por estas poucas linhas: "[...] Na hora em que os esquemas clássicos da luta armada são questionados, o acontecimento nos interpela. Qual pode ter sido a força desse povo que derrubou o xá sem dar um só tiro? Será a força de uma espiritualidade reencontrada através de uma religião, o islã xiita? Qual pode ser o futuro dessa revolução sem equivalente no mundo?" (p. 227). O texto da quarta capa, no prolongamento dessa pergunta, precisava: "Essa irrupção da espiritualidade na política também não está prenhe de uma nova intolerância?".
40. No dia 8 de setembro o exército havia atirado na multidão reunida na praça Djaleh, provocando assim milhares de mortes. Cf. "L'armée, quand la terre tremble" (*Corriere della Sera*, 28 de setembro de 1978), *DE*, III, nº 241, p. 665.
41. Ver o quadro "Chronologie des événements d'Iran" (de 8 de janeiro de 1978, data das primeiras manifestações em Qom, reprimidas pelo exército, a 31 de março de 1979, data da adoção por referendo da República islâmica), *ibid.*, p. 663. Sobre as circunstâncias precisas das viagens de Foucault e suas relações com os membros da oposição iraniana no exílio, cf. D. Defert, "Chronologie", *loc. cit.*, p. 55; D. Eribon, *Michel Foucault*, p. 298-309; D. Macey, *Michel Foucault*, p. 416-20. Para um comentário dos artigos de Foucault, cf. H. Malagola, "Foucault en Iran", in A. Brossat, org., *Michel Foucault. Les jeux de la vérité et du pouvoir*, Presses universitaires de Nancy, 1994, p. 151-62.

lítico pelo clero xiita[42], e se interessa, no prolongamento do curso dado alguns meses antes[43], pela ideia de "bom governo" exposta por este último[44]. O "governo islâmico", escreve Foucault, não poderia designar "um regime político em que o clero desempenharia um papel de direção ou de enquadramento"[45], mas sim um duplo movimento de politização das estruturas tradicionais da sociedade, em resposta a problemas atuais, e de abertura de uma "dimensão espiritual"[46] na vida política. Ele

....

42. Quando recebeu Foucault, Madari "estava rodeado de vários militantes dos direitos humanos no Irã" ("À quoi rêvent les Iraniens?" [*Le Nouvel Observateur*, 16-22 de outubro de 1978], *DE*, III, nº 245, p. 691). Cf. P. Blanchet e C. Brière, *Iran: la révolution...*, p. 169. Cf. também G. Kepel, *Jihad. Expansion et déclin de l'islamisme*, Paris, Gallimard, 2000, reed. "Folio", p. 157: "O clero não estava [...] em sua maioria alinhado às concepções revolucionárias de Khomeini, que queria substituir o império Pahlevi por uma teocracia (*velayat-e faqih*) em que o poder supremo seria detido por um *faqih* – aquele religioso especializado na lei islâmica, detrás do qual transparecia o próprio Khomeini. A maioria dos clérigos, seguidores do grande aiatolá Shariat Madari, se opunha a esse projeto. Contentavam-se com reclamar a maior autonomia possível, o controle das suas escolas, das suas obras sociais e dos seus recursos financeiros ante os assédios do Estado, mas não tinham nenhuma ambição de controlar um poder teologicamente tido como impuro – até o retorno do imã oculto, do messias que encheria as trevas e a iniquidade do mundo de luz e de justiça." Tendo entrado em conflito com Khomeini, em fevereiro de 1979, por ter incentivado a criação do Partido Republicano Popular, Shariat Madari terminou seus dias em prisão domiciliar.
43. Cf. em particular *STP*, aula de 15 de fevereiro de 1978, p. 203-7, a propósito das relações entre o poder pastoral da Igreja e o poder político.
44. "Esperamos o Mahdi [o décimo segundo imã, ou Imã oculto], mas lutamos todo dia por um bom governo" (citado por Foucault em "Téhéran: la loi contre le chah" (*Corriere della Sera*, 8 de outubro de 1978), *DE*, III, nº 244, p. 686; mesma citação em "À quoi rêvent les Iraniens?", *loc. cit.*, p. 691).
45. "À quoi rêvent les Iraniens?", *loc. cit.*
46. Expressão repetida duas vezes, *ibid.*, p. 693-4.

presta uma homenagem calorosa, nessa ocasião, à ação e ao ensino de Ali Chariati[47], falecido em 1977, cuja "sombra [...] paira sobre toda a vida política e religiosa do Irã de hoje"[48]. É à luz dessas grandes figuras doutrinais, "liberal" e socialista, que se deve entender a célebre frase de Foucault sobre a "espiritualidade política", fonte de tantos mal-entendidos:

> Que sentido tem, para os [iranianos], procurar à custa da própria vida essa coisa cuja possibilidade, nós, desde a Renascença e as grandes crises do cristianismo, esquecemos: uma espiritualidade política. Já ouço os franceses rirem, mas sei que estão errados.[49]

....

47. Professor de sociologia na universidade de Mashhad, Ali Chariati (1933-1977) ligou-se em Paris a vários intelectuais, como Louis Massignon, de quem foi aluno, e Frantz Fanon, de quem traduziu para o persa *Les Damnés de la terre* [*Os condenados da terra*]. Expulso da Universidade, continuou seu ensino num instituto religioso no norte de Teerã. Sua audiência era tamanha que o regime interditou as instalações do instituto. Detido por dezoito meses, optou depois por exilar-se em Londres, onde morreu de um ataque cardíaco. Sobre seu pensamento, cf. D. Shayegan, *Qu'est-ce qu'une révolution religieuse?*, Paris, Presses d'aujourd'hui, 1982, reed. Albin Michel, 1991, p. 222-37. Numa entrevista a P. Blanchet e C. Brière ("Comment peut-on être persan?", *Le Nouvel Observateur*, 25 de setembro de 1982), D. Shayegan situava Chariati na linhagem dos que, como Frantz Fanon e Ben Bella, "acreditaram possível casar o profano com o sagrado, Marx com Maomé". Cf. igualmente P. Blanchet e C. Brière, *Iran: la révolution...*, p. 178-9, e G. Kepel, *Jihad*, p. 53-4 *et passim*, que salienta a influência de Chariati (Shariʿati) sobre o movimento islâmico-revolucionário dos mudjahidin do povo (p. 56 e 154; cf. a nota 14, p. 555-6, sobre esse movimento). A obra de referência sobre Chariati é hoje a grande biografia de Ali Rahnema, *An Islamic Utopia: A political biography of Ali Shariʿati*, Londres, Tauris, 1998.
48. "À quoi rêvent les Iraniens?", *loc. cit.*, p. 693.
49. *Ibid.*, p. 694. Sobre as polêmicas suscitadas por essa análise do "governo islâmico", cf. D. Eribon, *Michel Foucault*, p. 305, e a "Réponse de Michel Foucault à une lectrice iranienne" (*Le Nouvel Observateur*,

Numa entrevista dada no mesmo momento (fim de 1978), recordando as greves estudantis de março de 1968 na Tunísia, onde era então professor, Foucault liga de novo a "espiritualidade" à possibilidade do sacrifício de si:

> O que é que, no mundo atual, pode suscitar num indivíduo a vontade, o gosto, a capacidade e a possibilidade de um sacrifício absoluto? Sem que se possa supor nisso a menor ambição ou o menor desejo de poder e de lucro? Foi o que vi na Tunísia, a evidência da necessidade do mito, de uma espiritualidade, o caráter intolerável de certas situações produzidas pelo capitalismo, pelo colonialismo e pelo neocolonialismo.[50]

O xá deixa o poder no dia 16 de janeiro de 1979. No dia 1º de fevereiro, Khomeini, exilado desde 1964, faz um retorno triunfal ao Irã. Pouco depois, começam as execuções de oponentes ao novo regime pelos grupos paramilitares islâmicos. Foucault é então alvo de vivas críticas, da esquerda como da direita, por seu apoio à revolução[51]. Sem querer entrar na polêmica[52], opta por responder com um artigo-manifesto, em *Le Monde* de 11-12 de maio, "Inutile

....
13-19 de novembro de 1978), *DE*, III, nº 251, p. 708. Espanta-nos que um editorialista em voga, mais de vinte anos depois da publicação desses artigos, ainda possa apresentar Foucault como "advogado do khomeinismo iraniano em 1979, logo teoricamente solidário dos seus abusos" (A. Minc, "Le terrorisme de l'esprit", *Le Monde*, 7 de novembro de 2001).
50. "Entretien avec Michel Foucault" (fim de 1978), *DE*, IV, nº 281, p. 79.
51. Apoio cada vez mais crítico, como atesta a sua "Lettre ouverte à Mehdi Bazargan" (*Le Nouvel Observateur*, 14-20 de abril de 1979), *DE*, III, nº 265, p. 780-2.
52. Cf. "Michel Foucault et l'Iran" (*Le Matin*, 26 de março de 1979), *DE*, III, nº 262, p. 762.

de se soulever?" [Inútil sublevar-se?]"⁵³. Afirmando a transcendência da sublevação em relação a toda forma de causalidade histórica – "o homem que se subleva é, em última instância, inexplicável"⁵⁴ –, opõe a "espiritualidade a que se referiam os que iam morrer" ao "governo sangrento de um clero integrista"⁵⁵. A sublevação é essa "dilaceração que interrompe o fio da história" e introduz nela a dimensão da "subjetividade"⁵⁶. A espiritualidade, geradora de força insurrecional⁵⁷, é portanto indissociável da subjetivação, ética e política, sobre a qual Foucault reflete então⁵⁸. O "sujeito" já não designa simplesmente o indivíduo sujeitado, mas a singularidade que se afirma na resistência ao poder – as "revoltas de conduta" ou "contracondutas", de que trata o curso de 1978⁵⁹. É essa necessária resistência ("é sempre perigoso

....

53. "Inutile de se soulever?" (*Le Monde*, 11-12 de maio de 1979), *DE*, III, nº 269, p. 790-4.
54. *Ibid.*, p. 791.
55. *Ibid.*, p. 793.
56. *Ibid.*: "A gente se subleva, é um fato; e é por aí que a subjetividade (não a dos grandes homens, mas a de qualquer um) se introduz na história e lhe empresta seu fôlego."
57. Sobre essa análise da religião em termos de força, cf. "Téhéran: la foi contre le chah", *loc. cit.*, p. 688: "A religião xiita [...] é hoje o que foi várias vezes no passado: a forma que a luta política adquire a partir do momento em que mobiliza as camadas populares. Ela faz, de milhares de descontentamentos, de ódios, de misérias, uma força. [...]".
58. Essa palavra aparece em *STP*, no fim da sétima aula (22 de fevereiro de 1978), p. 242-4, no marco da "história do sujeito" encetada pela análise do pastorado cristão.
59. Cf. *STP*, aula de 1º de março de 1978. É interessante, a esse respeito, aproximar um dos exemplos citados por Foucault da análise da espiritualidade xiita proposta por Henry Corbin, em sua obra monumental, *En Islam iranien*, Paris, Gallimard, "Bibliothèque des idées", 1978. De fato, recapitulando os principais aspectos da escatologia xiita, cujo centro é a pessoa do 12º Imã, ele vê aí o núcleo de uma "cavalaria espiritual" inseparável do conceito dos "Amigos de Deus",

o poder que um homem exerce sobre outro"⁶⁰) que também justifica a invocação de "leis intransponíveis e [de] direitos sem restrições". Foucault opõe assim sua "moral teórica" aos cálculos dos estrategistas:

> [...] se o estrategista é o homem que diz: "Que importa determinada morte, determinado grito, determinada sublevação ante a grande necessidade do conjunto, e que me importa, em contrapartida, determinado princípio geral na situação particular em que estamos", pois bem, para mim é indiferente que o estrategista seja um político, um historiador, um revolucionário, um partidário do xá ou do aiatolá; minha moral teórica é inversa. Ela é "antiestratégica": ser respeitoso quando uma singularidade se subleva, intransigente quando o poder infringe o universal.⁶¹

É entre a rejeição política do terrorismo e esse elogio da sublevação, em name de uma "moral antiestratégica", que se desenrola a problemática da "governamentalidade".

....

de que a "Ilha Verde" dos *Gottesfreunde*, fundada por Rulman Merswin em Estrasburgo no século xiv, constituiria uma das recorrências históricas no Ocidente (*op. cit.*, t. iv, p. 390-404). Cf. *STP*, aula citada, p. 278-9, sobre Rulman Merswin e o Amigo de Deus de Oberland. Foucault não podia conhecer esse texto, publicado em abril de 1978, quando ele estava dando seu curso. Sabe-se no entanto que leu Corbin antes de ir para o Irã (cf. nota do editor, in *DE*, iii, nº 241, p. 662). As palavras que emprega a propósito de Chariati, "cuja morte [...] deu-lhe o lugar, tão privilegiado no xiismo, do invisível Presente, do Ausente sempre presente" ("À quoi rêvent les Iraniens?", *loc. cit.*, p. 693), aparecem como o decalque das de Corbin sobre o 12º Imã, o "Imã oculto aos sentidos, mas presente no coração dos fiéis" (*op. cit.*, p. xviii).
60. "Inutile de se soulever?", *loc. cit.*, p. 794.
61. *Ibid.*

Estrutura e objeto dos cursos

1. Segurança, território, população[62]

O curso de 1978 assinala a abertura de um novo ciclo no ensino de Michel Foucault no Collège de France.

Muito embora se refira, aparentemente, a um conjunto de objetos bem diverso do dos cursos dos anos 1970-1975, o curso de 1976 na verdade se inscrevia na continuidade do mesmo programa de pesquisa. Como anunciava Foucault no ano anterior, ele devia "encerr[ar] um ciclo"[63]. Seu projeto era estudar, no prolongamento dos seus trabalhos anteriores sobre "a formação de um saber e de um poder de normalização, a partir dos procedimentos jurídicos tradicionais da punição", "os mecanismos pelos quais, desde o fim do século XIX, se pretende 'defender a sociedade'"[64]. Tratava-se então de analisar a teoria da defesa social surgida na Bélgica por volta de 1880, para descriminalizar e medicalizar os jovens delinquentes[65]. O curso, na realidade, apresenta um conteúdo bem di-

....
62. O curso foi anunciado no *Annuaire du Collège de France, 77e année*, p. 743, com o título de "Sécurité, territoire et population" [Segurança, território e população]. Mas como Michel Foucault cita esse título duas vezes durante o curso — primeiro para explicá-lo (1ª aula), depois para corrigi-lo (4ª aula) — na forma "Sécurité, territoire, population", foi esta última formulação que adotamos.
63. *Les Anormaux. Cours au Collège de France, année 1974-1975*, ed. por V. Marchetti e A. Salomoni, Paris, Gallimard-Le Seuil, "Hautes Études", 1999, "Résumé du cours", p. 311.
64. *Ibid.*
65. Precisão feita por D. Defert, *in* J.-Cl. Zancarini, org., *Lectures de Michel Foucault*, École Normale Supérieure Éditions, 2000, p. 62. "Aliás — acrescenta D. Defert —, Foucault deu um seminário na Bélgica em 1981 sobre esse tema que o interessava." Trata-se do ciclo de cursos intitulado "Mal faire, dire vrai. Fonctions de l'aveu", dado por Foucault em Louvain, na primavera de 1981, como parte da cátedra

ferente, pois trata da guerra no discurso histórico, e não mais da defesa social. Esse objeto, no entanto, não desaparece inteiramente, mas é ressituado numa perspectiva genealógica mais geral: a que permite explicar a "grande reviravolta do histórico para o biológico [...] no pensamento da guerra social"[66]. Assim, a defesa da sociedade está ligada à guerra pelo fato de ser pensada, no fim do século XIX, como uma "guerra interna"[67], contra os perigos que nascem do próprio corpo social.

É nessa ocasião que Foucault propõe pela primeira vez o conceito de biopoder, ou biopolítica, retomado no mesmo ano em *A vontade de saber*[68], introduz a noção de população – "massa global, afetada por processos de conjunto que são próprios da vida [...] como o nascimento, a morte, a [re]produção, a doença etc."[69] – e retifica sua hipótese anterior de uma "sociedade disciplinar generalizada"[70] mostrando como as técnicas de disciplina se articulam aos dispositivos de regulação.

> Depois da anátomo-política do corpo humano, instaurada no decorrer do século XVIII, vemos aparecer, no fim do mesmo século, algo que já não é uma anátomo-política do

....

Franqui. Sobre esse seminário, cf. F. Tulkens, "Généalogie de la défense sociale en Belgique (1880-1914)", *Actes*, 54, verão de 1986, nº especial: *Foucault hors les murs*, p. 38-41.

66. *"Il faut défendre la société*, aula de 10 de março de 1976, p. 194.
67. *Ibid*.
68. *La Volonté de savoir*, p. 184.
69. *Il faut défendre la société*, aula de 17 de março de 1976, p. 216.
70. *Ibid.*, p. 302. "Essa não é, acho eu, senão uma primeira interpretação, e insuficiente, da ideia de sociedade de normalização", acrescentava. Essa noção de "sociedade disciplinar" aparece pela primeira vez em *Le Pouvoir psychiatrique. Cours au Collège de France, année 1973-1974*, ed. por J. Lagrange, Paris, Gallimard-Le Seuil, "Hautes Études", aula de 28 de novembro de 1973, p. 68. É retomada depois em *Surveiller et punir*, p. 217.

corpo humano, mas que eu chamaria de "biopolítica" da espécie humana.⁷¹

Partindo das conclusões do curso de 1976, o curso de 1978 se propõe prolongar e aprofundar esse deslocamento teórico. Depois do estudo da disciplina dos corpos, o da regulação das populações. Abre-se assim um novo ciclo, que levará Foucault, alguns anos mais tarde, a horizontes de que seus ouvintes de então nem podiam suspeitar.

O título do curso, *Segurança, território, população*, descreve com muita exatidão o problema posto. De fato, trata-se de saber em que consiste essa nova tecnologia de poder surgida no século XVIII, que tem por objeto a população e "visa, [...] pelo equilíbrio global, algo como uma homeostase: a segurança do conjunto em relação aos seus perigos internos"⁷². Tecnologia de segurança que Foucault opõe aos mecanismos mediante os quais o soberano, até a idade clássica, se esforçava por garantir a segurança do seu território⁷³. "Território"

....
71. *Ibid.*, p. 289. Cf. também *La Volonté de savoir*, p. 183: "[O] poder sobre a vida desenvolveu-se desde o século XVII sob duas formas principais; elas não são antitéticas; constituem, antes, dois polos de desenvolvimento ligados por todo um feixe intermediário de relações. [...] O primeiro a se formar foi centrado no corpo-máquina: seu adestramento, o aumento das suas aptidões, a extorsão das suas forças [etc.], tudo isso foi possibilitado por procedimentos de poder que caracterizam as disciplinas: anátomo-política do corpo humano. O segundo, que se formou um pouco depois, em meados do século XVIII, está centrado no corpo-espécie, [...] com o corpo [...] servindo de suporte para os processos biológicos [proliferação, nascimentos e mortalidade, nível de saúde, expectativa de vida]; encarregam-se dele por toda uma série de intervenções e de controles reguladores: uma biopolítica da população. As disciplinas do corpo e as regulações da população constituem os dois polos em torno dos quais se desenvolveu a organização do poder sobre a vida".
72. *Ibid.*, p. 297.
73. Sobre a correlação, constante no curso, das noções de "território" e de "soberania", cf. em particular *STP*, aula de 25 de janeiro de 1978,

e "população" funcionam assim como polos antitéticos entre os quais vai se desenrolar a pesquisa. Como se passou da soberania sobre o território à regulação das populações? Quais foram os efeitos dessa mutação no plano das práticas governamentais? Que nova racionalidade passa a regê-las? O objeto do curso, portanto, está claramente definido: através da história das tecnologias de segurança, "tentar ver se podemos [...] falar de uma sociedade de segurança"[74]. Objeto político tanto quanto histórico, já que concerne ao diagnóstico do presente: "Poderíamos dizer que em nossas sociedades a economia geral de poder está se tornando da ordem da segurança?"[75].

É esse programa que Foucault segue até a sessão de 1º de fevereiro, a partir de três exemplos tomados dos séculos XVII-XVIII: os espaços de segurança, com o problema da cidade, que o leva a salientar as relações entre uma população e seu "meio"; o tratamento do aleatório, com o problema da escassez alimentar e da circulação dos cereais, que lhe permite relacionar a questão da "população" à economia política liberal; a forma de normalização específica da segurança, enfim, com o problema da varíola e da inoculação, que o leva a distinguir normação disciplinar e normalização no sentido estrito. Ao fim desse percurso, que acompanha de perto o projeto traçado em 1976[76], Foucault chega ao que devia, na

....

p. 85: "[...] o problema tradicional da soberania e, por conseguinte, do poder político ligado à forma da soberania, sempre fora até então o de, ou conquistar novos territórios, ou, ao contrário, manter o território conquistado [...] Em outras palavras, tratava-se de algo que poderíamos chamar precisamente de segurança do território ou segurança do soberano que reina no território".
74. *STP*, aula de 11 de janeiro de 1978, p. 15.
75. *Ibid.*
76. Foucault distinguia então três grandes domínios de intervenção da biopolítica no fim do século XVIII e no início do século XIX: (1) os processos de natalidade e mortalidade, induzindo um novo enfoque do problema da morbidade; (2) os fenômenos da velhice, dos aci-

sua opinião, "ser o problema preciso deste ano, a correlação entre a técnica de segurança e a população"[77]. A emergência desta última, como ideia e como realidade, não é somente importante do ponto de vista político. Tem igualmente um significado decisivo no plano epistemológico, como atesta a maneira pela qual ele reformula, à sua luz, a arqueologia das ciências humanas exposta em *As palavras e as coisas*:

> [...] a temática do homem, através das ciências humanas que o analisam como ser vivo, indivíduo trabalhador, sujeito falante, deve ser compreendida a partir da emergência da população como correlato de poder e como objeto de saber. O homem [...] nada mais é finalmente que uma figura da população.[78]

A análise dos dispositivos de segurança relativos à população levou Foucault a pôr progressivamente em destaque o conceito de "governo". Se inicialmente este último é empregado em seu sentido tradicional de autoridade pública ou de exercício da soberania, vai adquirindo porém pouco a pouco, graças ao conceito fisiocrático de "governo econômico", um valor discriminante, designando as técnicas específicas de gestão das populações. O "governo", nesse contexto, adquire então o sentido estrito de "arte de exercer o poder na

....

dentes, das doenças etc., que alteram a capacidade dos indivíduos; (3) as relações entre os homens, como seres vivos, e seu meio, através, essencialmente, do problema da cidade (*Em defesa da sociedade*, aula de 17 de março de 1976, p. 288-92). A grande diferença entre essa descrição e os exemplos escolhidos em 1978 reside, claro, na ausência do problema dos cereais. Em outros termos, o que permanece não formulado no curso de 1976 é a questão do liberalismo como nova racionalidade governamental.

77. *STP*, aula de 11 de janeiro de 1978, p. 15.
78. *STP*, aula de 25 de janeiro de 1978, p. 103.

forma [...] da economia"⁷⁹, o que permite a Foucault definir o liberalismo econômico como uma arte de governar.

O triângulo problemático – segurança-território-população –, que servia de marco inicial para a pesquisa, foi substituído assim pela série sistemática segurança-população-governo. É por isso que Foucault decide dedicar a sessão de 1º de fevereiro à análise do terceiro termo. Essa aula, que se inscreve no prolongamento lógico das precedentes, assinala, na realidade, uma profunda reviravolta na orientação geral do curso. De fato, Foucault introduz o conceito de "governamentalidade", pelo qual, mediante uma espécie de *coup de théâtre* teórico, desloca de repente o objeto do seu trabalho. Depois de dissociar o problema do governo, tal como se formula no século XVI, dos estratagemas do príncipe hábil descritos por Maquiavel e de mostrar como a "população" havia permitido o desbloqueio da arte de governar, em relação ao duplo modelo, jurídico e doméstico, que o impedia de encontrar sua dimensão própria, ele torna sobre o título do curso, que não lhe parece mais convir ao seu projeto:

> [...] se eu quisesse ter dado ao curso que iniciei este ano um título mais exato, certamente não teria escolhido "segurança, território, população". O que eu queria fazer agora, se quisesse mesmo, seria uma coisa que eu chamaria de história da "governamentalidade"⁸⁰.

Essa reviravolta constitui um simples aprofundamento das hipóteses de partida, ou faz parte desse procedimento de lagostim pelo qual Foucault, com humor, caracteriza seu modo de progressão ("sou como o lagostim, ando de lado"⁸¹)? Questão, sem dúvida, desprovida de pertinência. A intervenção

....

79. *STP*, aula de 1º de fevereiro de 1978, p. 127.
80. *Ibid.*, p. 143.
81. *NBP*, aula de 31 de janeiro de 1979, p. 80.

do conceito de "governamentalidade" procede ao mesmo tempo do desenvolvimento de um plano preestabelecido (que corresponde, como constatamos, às quatro primeiras aulas) e de um pensamento em movimento, que decide, a partir do que descobre, retomar certas análises anteriores (a propósito da arte de governar e da pastoral das almas[82]), numa perspectiva teórica ampliada. Mais do que qualquer outro momento do ensino de Foucault, talvez, ela ilustra esse gosto pelo labirinto "onde posso me aventurar, deslocar meu objetivo, abrir-lhe subterrâneos, enfiá-lo longe dele mesmo, encontrar-lhe proeminências que resumem e deformam seu percurso", invocado na introdução de *A arqueologia do saber*[83].

Com esse conceito abre-se um novo campo de pesquisa – não mais a história das tecnologias de segurança, que passa provisoriamente para o segundo plano, mas a genealogia do Estado moderno –, cujos pressupostos metodológicos e teóricos a aula seguinte explicita. Trata-se de aplicar ao Estado o "ponto de vista" que havia sido adotado, nos anos precedentes, no estudo das disciplinas, separando as relações de poder de todo enfoque institucionalista ou funcionalista[84]. É por isso que Foucault redefine assim o objeto do curso:

> Será que é possível repor o Estado moderno numa tecnologia geral de poder que teria possibilitado suas mutações, seu desenvolvimento, seu funcionamento? Será que se pode falar de algo como uma "governamentalidade", que seria para o Estado o que as técnicas de segregação eram para a psiquia-

....
82. Ambas, como é recordado adiante, já foram objeto da atenção de Foucault em *Les Anormaux* (cf. *infra*, p. 528-9).
83. *L'Archéologie du savoir*, Paris, Gallimard, "Bibliothèque des sciences humaines", 1969, p. 28 [ed. bras.: *A arqueologia do saber*, Rio de Janeiro, Forense Universitária, 1972].
84. Foucault precisa, no manuscrito do curso, quais são os efeitos políticos dessa opção metodológica. Cf. *STP*, aula de 8 de fevereiro de 1978, p. 160-1, nota *.

tria, o que as técnicas da disciplina eram para o sistema penal, o que a biopolítica era para as instituições médicas?[85]

A problemática da "governamentalidade" assinala portanto a entrada da questão do Estado no campo de análise dos micropoderes. Convém, a esse respeito, fazer algumas observações:

1. Essa problemática responde à objeção frequentemente feita a Foucault de ignorar o Estado em sua análise do poder. Ora, esta, explica ele, nem exclui o Estado nem lhe é subordinada. Não se trata nem de negar o Estado nem de instalá-lo em posição de proeminência, mas de mostrar que a análise dos micropoderes, longe de ser limitada a um domínio preciso, que seria definido por um setor da escala, deve ser considerada "um ponto de vista, um método de decifração válido para a escala inteira, qualquer que seja a sua grandeza"[86].

2. O novo interesse de Foucault pelo Estado, no entanto, não se reduz a essas considerações de método. Decorre também da ampliação do campo de análise, levada a cabo no fim do curso de 1976. A gestão dos "processos biossociológicos das massas humanas", ao contrário das disciplinas aplicadas no âmbito de instituições limitadas (escola, hospital, quartel, fábrica etc.) envolve de fato o aparelho de Estado. É no nível do Estado que se encontram os "órgãos complexos de coordenação e de centralização" necessários a esse fim. A biopolítica só pode ser concebida, portanto, como "uma biorregulação pelo Estado"[87].

3. Considerar a questão do Estado é indissociável, em Foucault, da crítica das suas representações correntes: o Es-

....
85. *Ibid.*, p. 162.
86. *NBP*, aula de 7 de março de 1979, p. 192.
87. *Il faut défendre la société*, p. 223.

tado como abstração intemporal[88], polo de transcendência[89], instrumento de dominação de classe[90] ou monstro frio[91] – tudo isso, formas, a seu ver, de "supervalorização do problema do Estado"[92], a que ele opõe a tese de que o Estado, "realidade compósita"[93], nada mais é que "o efeito móvel de um regime de governamentalidades múltiplas"[94]. É esse mesmo enfoque que lhe permite, em 1979, relacionar a questão do Estado à da "fobia do Estado"[95], cujos efeitos "inflacionistas"[96] põe em evidência.

....

88. Cf. *NBP*, aula de 10 de janeiro de 1979, p. 4, a propósito dos universais, aos quais Foucault escolheu opor o ponto de vista de um nominalismo metodológico, e *ibid.*, aula de 31 de janeiro de 1979, p. 78-9.
89. Cf. *STP*, aula de 5 de abril de 1978, p. 481.
90. Cf. *STP*, aula de 1º de fevereiro de 1978, p. 144.
91. *Ibid.* e *NBP*, aula de 10 de janeiro de 1979, p. 7.
92. *Loc. cit. supra*, nota 90.
93. *Ibid.*
94. *NBP*, aula de 31 de janeiro de 1979, p. 79. É assim que se deve entender a expressão, um tanto obscura à primeira vista, "governamentalização do Estado" utilizada por Foucault no fim da 4ª aula de *STP* (1º de fevereiro de 1978, p. 145).
95. *NBP*, aula de 31 de janeiro de 1979, p. 79.
96. *NBP*, aula de 7 março de 1979, p. 192-6. A essa crítica da "fobia do Estado" fazem eco, de modo invertido, as questões que Foucault se coloca então (mas que não formula no curso) sobre o "desejo de Estado" na época clássica. Cf. "Méthodologie pour la connaissance du monde: comment se débarasser du marxisme", entrevista a R. Yoshimoto (25 de abril de 1978), *DE*, III, nº 235, p. 617-8: "Este ano dou um curso sobre a formação do Estado e analiso, digamos, as bases dos meios de realização estatal num período que vai do século XVI ao século XVII no Ocidente, ou antes, o processo no curso do qual o que chamamos de razão de Estado se forma. Mas topei com uma parte enigmática que não pode mais ser resolvida pela simples análise das relações econômicas, institucionais ou culturais. Existe aí uma espécie de sede gigantesca e irresistível que obriga a se voltar para o Estado. Poderíamos chamar de desejo do Estado".

A grade de análise da governamentalidade não constitui portanto uma ruptura no trabalho de Foucault em relação à sua análise anterior do poder, mas se inscreve no espaço aberto pelo problema do biopoder[97]. Seria inexato portanto afirmar que o conceito de "governo" substitui, a partir dessa data, o de "poder", como se este último pertencesse a uma problemática já superada. O deslizamento do "poder" ao "governo" que se efetua no curso de 1978 não resulta do questionamento do marco metodológico, mas da sua extensão a um novo objeto, o Estado, que não tinha seu lugar na análise das disciplinas.

As etapas dessa "governamentalização do Estado" é que são o objeto das nove últimas aulas do curso, através da análise do pastorado cristão (aulas 5 a 8, de 8, 15, 22 de fevereiro e 1º de março de 1978) e da passagem do pastorado ao governo político dos homens (aula 9, de 8 de março) e, depois, da arte de governar segundo a razão de Estado[98] (fim da aula 9 à aula 11, de 8 a 22 de março) e dos dois conjuntos

....
97. É tendo em vista "abordar o problema do Estado e da população" que Foucault justifica a elaboração dessa grade de análise (cf. *STP*, aula de 8 de fevereiro de 1978, p. 156).
98. A principal fonte de Foucault, nessas aulas, é o livro de E. Thuau, *Raison d'État et Pensée politique à l'époque de Richelieu*, Paris, Armand Colin, 1966 (reed. Paris, Albin Michel, "Bibliothèque de l'évolution humaine", 2000). Não parece que ele tinha lido, então, a obra clássica de F. Meinecke, *Die Idee der Staatsräson in der neueren Geschichte*, Munique-Berlim, Oldenburg, 1924 / *L'Idée de la raison d'État dans l'histoire des Temps modernes*, trad. fr. M. Chevalier, Genebra, Droz, 1973, mencionado em outubro de 1979 em sua conferência "'Omnes et singulatim'", *loc. cit.*, p. 150. De maneira geral, ele não leva em conta os numerosos trabalhos, alemães e italianos, publicados sobre esse tema desde os anos 1920. Para uma bibliografia completa do tema, antes e depois de 1978, cf. G. Borrelli, *Ragion di stato e Leviatano*, Bolonha, Il Mulino, 1993, p. 312-60, e as publicações regulares do *Archivio della Ragion di Stato* (Nápoles) desde 1993.

tecnológicos que a caracterizam: o sistema diplomático-militar amoldado à manutenção do equilíbrio europeu (aula 11) e a polícia, no sentido clássico de "conjunto dos meios necessários para fazer crescer, do interior, as forças do Estado"[99] (aulas 12 e 13, de 29 de março e 5 de abril)[100]. A última aula termina com a volta ao problema da população, cujo ponto de emergência Foucault pode definir melhor agora "em derivação relativamente à tecnologia de 'polícia' e em correlação com o nascimento da reflexão econômica"[101]. É por esse problema estar no cerne da crítica, pela economia política, do Estado de polícia que o liberalismo aparece como a forma de racionalidade própria dos dispositivos de regulação biopolítica.

É essa, precisamente, a tese que o curso de 1979 se propõe desenvolver.

2. Nascimento da biopolítica

Esse curso se apresenta, desde a primeira sessão, como a continuação direta do precedente. Anunciando a intenção de continuar o que havia começado a dizer no ano anterior, Foucault precisa antes de mais nada a escolha do método que comanda sua análise[102], depois resume as últimas aulas, dedicadas ao governo da razão de Estado e à sua crítica a partir do problema dos cereais. O princípio de limitação externa da razão de Estado, que o direito representava, é substituído, no século XVIII, por um princípio de limitação interna, sob a forma da economia[103]. De fato, a economia política traz em si a

....
99. "Resumo do curso", *supra*, p. 492.
100. Sobre essa série de aulas, cf. *ibid.*, p. 489-93.
101. *Ibid.*, p. 493. Cf. *STP*, aula de 5 de abril de 1978, p. 472-6.
102. Cf. *supra*, nota 84.
103. No manuscrito sobre o "governo", que serviu de introdução ao se-

exigência de uma autolimitação da razão governamental, baseada no conhecimento do curso natural das coisas. Assinala portanto a irrupção de uma nova racionalidade na arte de governar: governar menos, para ter eficiência máxima, em função da naturalidade dos fenômenos com que se tem de lidar. É essa governamentalidade, ligada em seu esforço de autolimitação permanente à questão da verdade, que Foucault chama de "liberalismo". O objeto do curso é, portanto, o de mostrar em que o liberalismo é condição de inteligibilidade da biopolítica:

> Com a emergência da economia política, com a introdução do princípio limitativo na própria prática governamental, realiza-se uma substituição importante, ou melhor, uma duplicação, pois os sujeitos de direito sobre os quais se exerce a soberania política aparecem como uma *população* que um governo deve administrar.
> É aí que a linha de organização de uma "biopolítica" encontra seu ponto de partida. Mas quem não vê que isso é apenas uma parte de algo bem mais amplo, que [é] essa nova razão governamental?
> Estudar o liberalismo como marco geral da biopolítica.[104]

O projeto anunciado é o seguinte: estudar primeiro o liberalismo em sua formulação original e em suas versões contemporâneas, a alemã e a americana, depois chegar ao problema da política da vida[105]. Somente a primeira parte desse programa será realizada, pois Foucault foi levado a desenvol-

....
minário de 1979, Foucault descreve essa passagem como "o grande deslocamento da veridição jurídica para a veridição epistêmica".
104. Manuscrito da primeira aula. Cf. *NBP*, aula de 10 de janeiro de 1979, p. 24, nota *.
105. Cf. *NBP*, *ibid.*, p. 23 ss. O projeto esboçado aqui é precisado (e, por isso, retrospectivamente aclarado) mais adiante: cf. *NBP*, aula de 31 de janeiro de 1979, p. 80 ss.

ver sua análise do liberalismo alemão mais demoradamente do que previa[106]. Esse interesse pela economia social de mercado não se deve apenas ao caráter paradigmático da experiência alemã. Ele se explica também por razões de "moralidade crítica" ante "essa espécie de laxismo", que constitui, a seu ver, certa "crítica inflacionista do Estado" pronta a denunciar o fascismo no funcionamento dos Estados democráticos ocidentais[107]. A "questão alemã" vê-se, assim, situada no cerne das questões metodológicas, históricas e políticas que formam a trama do curso.

As aulas 2 e 3 (17 e 24 de janeiro) são dedicadas ao estudo das características específicas da arte liberal de governar, tal como se esboça no século XVIII. Nelas, Foucault explicita, em primeiro lugar, o vínculo entre verdade e governamentalidade liberal, através da análise do mercado como lugar de veridição, e precisa as modalidades de limitação interna que daí decorrem. Faz aparecer, desse modo, as duas vias de limitação do poder público, correspondentes a duas concepções heterogêneas da liberdade: a via axiomática revolucionária, que parte dos direitos humanos para fundar o poder soberano, e a via radical utilitarista, que parte da prática governamental para definir, em termos de utilidade, o limite de competência do governo e a esfera de independência dos indivíduos. Vias distintas, mas não excludentes entre si. É à luz da sua interação estratégica que convém estudar a história do liberalismo europeu desde o século XIX. É ela

....
106. Cf. *NBP*, início da aula de 7 de março de 1979, p. 191: "[...] eu tinha a intenção, no começo, de lhes falar da biopolítica, mas, sendo as coisas como são, acabei me alongando, me alongando demais talvez, sobre o neoliberalismo, e ainda por cima o neoliberalismo em sua forma alemã". Cf. também o "Resumo do curso", *ibid.*, p. 323: "O curso deste ano acabou sendo inteiramente consagrado ao que devia formar apenas a sua introdução".
107. *NBP*, aula de 7 de março de 1979, p. 194-6.

também que ilumina, ou põe em perspectiva, a maneira como Foucault, a partir de 1977, problematiza os "direitos dos governados" em relação à invocação, mais vaga e mais abstrata, dos "direitos do homem"[108].

Na 3ª aula, depois de examinar a questão da Europa e das suas relações com o resto do mundo segundo a nova razão governamental, ele reconsidera sua opção de chamar de "liberalismo" aquilo que, no século XVIII, se apresenta muito mais como um naturalismo. A palavra liberalismo se justifica pelo papel que a liberdade desempenha na arte liberal de governar: liberdade garantida, sem dúvida, mas também produzida por essa arte, que para alcançar seus fins necessita suscitá-la, mantê-la e enquadrá-la permanentemente. Assim, o liberalismo pode ser definido como o cálculo do risco – o livre jogo dos interesses individuais – compatível com o interesse de cada um e de todos. É por isso que a incitação a "viver perigosamente" implica o estabelecimento de múltiplos mecanismos de segurança. Liberdade e segurança: os procedimentos de controle e as formas de intervenção estatal requeridas por essa dupla exigência é que constituem o paradoxo do liberalismo e que estão na origem das "crises de governamentalidade"[109] que ele vem conhecendo há dois séculos.

Portanto, a questão agora é saber que crise de governamentalidade caracteriza o mundo atual e que revisões a arte liberal de governar ocasionou. É a essa tarefa de diagnóstico que responde o estudo, a partir da 4ª aula (31 de janeiro), das duas grandes escolas neoliberais, o ordoliberalismo ale-

....
108. Não se trata, é claro, de reduzir a problemática dos "direitos dos governados", indissociável do fenômeno da dissidência (cf. "Va-t-on extrader Klaus Croissant?", *loc. cit.*, p. 364), à problemática da independência dos governados segundo o cálculo utilitarista, mas de salientar uma proximidade que, sem dúvida, não é alheia ao interesse que Foucault manifesta então pelo liberalismo.
109. *NBP*, aula de 24 de janeiro de 1979, p. 70.

mão[110] e o anarcoliberalismo americano[111] – única incursão de Foucault, ao longo de todo o seu ensino no Collège de France, no campo da história contemporânea. Essas duas escolas não participam apenas de um mesmo projeto de refundação do liberalismo. Elas também representam duas formas distintas de "crítica da irracionalidade própria do excesso de governo"[112], uma valorizando a lógica da concorrência pura, no terreno econômico, ao mesmo tempo em que enquadra o mercado por meio de intervenções estatais (teoria da "política de sociedade"), a outra procurando ampliar a racionalidade do mercado a domínios tidos até então como não econômicos (teoria do "capital humano").

As duas últimas aulas tratam do nascimento da ideia de *homo oeconomicus*, como sujeito de interesse distinto do sujeito de direito, no pensamento do século XVIII, e da noção de "sociedade civil", correlativa da tecnologia liberal de governo. Enquanto o pensamento liberal, em sua versão mais clássica, opõe a sociedade ao Estado, como a natureza ao artifício ou o espontâneo ao forçado, Foucault põe em evidência o paradoxo que a relação entre ambos constitui. De fato, a sociedade representa o princípio em nome do qual o governo liberal tende a se autolimitar. Ela o obriga a se indagar sem cessar se ele não governa demais e, desse ponto de vista, desempenha um papel crítico em relação a todo excesso de governo. Mas também constitui o alvo de uma intervenção governamental permanente, não para restringir, no plano prático, as liberda-

....

110. Como a bibliografia francesa sobre esse tema é extremamente reduzida, fora a tese de F. Bilger (*La Pensée économique libérale de l'Allemagne contemporaine*, Paris, Librairie générale de Droit, 1964), de que Foucault se serve, assinalemos a recente publicação do colóquio *L'Ordoliberálisme allemand. Aux sources de l'économie sociale de marché*, org. P. Commun, Université de Cergy-Pontoise, CIRAC/CICC, 2003.

111. Cf. *NBP*, "Resumo do curso", p. 327-9.

112. *Ibid.*, p. 327.

des formalmente concedidas, mas para produzir, multiplicar e garantir essas liberdades de que o sistema liberal necessita[113]. Assim, a sociedade representa ao mesmo tempo o "conjunto das condições do governo mínimo liberal" e a "superfície de transferência da atividade governamental"[114].

Conceitos essenciais

Terminemos essa apresentação com alguns comentários sobre os dois conceitos fundamentais – "governo" e "governamentalidade" – em torno dos quais os cursos se organizam.

Governo

É no curso de 1975, *Os anormais*, que se desenha, pela primeira vez, a problemática da arte de governar. Opondo o modelo da exclusão dos leprosos ao da inclusão dos pestíferos[115], Foucault creditava então à Idade Clássica a invenção

---

113. Cf. a última aula de *STP* (5 de abril de 1978, p. 473-6), a que Foucault remete implicitamente quando fala de um "governo onipresente, [...]" que, ao mesmo tempo em que "respeita a especificidade da economia", deve " administr[ar] o social" (*NBP*, p. 300).
114. Manuscrito de 1981 sobre "[O] liberalismo como arte de governar" em que Foucault, remetendo ao seminário do ano anterior, recapitula sua análise do liberalismo. Essa análise deve ser cotejada, notadamente, com a que é proposta por P. Rosanvallon, *Le Capitalisme utopique. Critique de l'idéologie économique*, Paris, Le Seuil, "Sociologie politique", 1979, p. 68-9 (reed. sob o título de *Le Libéralisme économique. Histoire de l'idée de marché*, Paris, Le Seuil, "Points Essais", 1989), com a qual parece às vezes dialogar (cf. referência de Foucault a esse livro no "Resumo do curso", *NBP*, p. 326).
115. Modelos que ele ressitua, em 1978, no âmbito da sua análise das tecnologias de segurança (cf. *STP*, aula de 11 de janeiro de 1978, p. 11-4).

de tecnologias positivas de poder, aplicáveis em diversos níveis (aparelho de Estado, instituições, família):

> A Idade Clássica, portanto, elaborou o que podemos chamar de uma "arte de governar", precisamente no sentido em que se entendia, nessa época, o "governo" das crianças, o "governo" dos loucos, o "governo" dos pobres e, logo depois, o "governo" dos operários.[116]

Por "governo", esclarecia Foucault, cumpria entender três coisas: a nova ideia de um poder baseado na transferência, na alienação ou na representação da vontade dos indivíduos; o aparelho de Estado instaurado no século XVIII; e, enfim, uma "técnica geral de governo dos homens", que constituía o "o reverso das estruturas jurídicas e políticas da representação, e a condição de funcionamento e de eficácia desses aparelhos"[117]. Técnica cujo "dispositivo tipo" consistia na organização disciplinar descrita no ano anterior[118].

A análise do "governo", nesse mesmo curso, não se limitava às disciplinas, mas se estendia às técnicas do governo das almas, forjadas pela Igreja em torno do ritual da penitência[119]. Disciplina dos corpos e governo das almas apareciam assim como as duas faces complementares de um mesmo processo de normalização:

> No momento em que os Estados estavam se colocando o problema técnico do poder a exercer sobre os corpos [...], a Igreja, de seu lado, elaborava uma técnica de governo das almas, que é a pastoral, a pastoral definida pelo concílio de Trento e retomada, desenvolvida em seguida por Carlos Borromeu.[120]

....
116. *Les Anormaux*, aula de 15 de janeiro de 1975, p. 45.
117. *Ibid.*
118. Cf. *Le pouvoir psychiatrique*, aulas de 21 e 28 de novembro, e de 5 de dezembro de 1973.
119. *Les Anormaux*, aula de 19 de fevereiro de 1975, p. 158-80.
120. *Ibid.*, p. 165.

A arte de governar e a pastoral: são esses dois fios que o novo curso de 1978 desenrola, mas com certo número de diferenças significativas. Extensão considerável, primeiro, do âmbito cronológico: já não é no século XVI, como reação à Reforma, que se constitui a pastoral, mas desde os primeiros séculos do cristianismo, sendo o governo das almas definido pelos padres como "a arte das artes" ou a "ciência das ciências"[121]. Foucault reinscreve então a pastoral tridentina na longa duração do pastorado cristão. Recentramento, em seguida, da arte de governar no próprio funcionamento do Estado: o governo, em seu sentido político, já não designa as técnicas pelas quais o poder se conecta aos indivíduos, mas o próprio exercício da soberania política[122] – vimos, mais acima, a que objeto metodológico correspondia esse novo "ponto de vista"[123]. Deslocamento, enfim, da análise dos mecanismos efetivos do poder para a "consciência de si do governo"[124]. Esse gesto, no entanto, não rompe com o enfoque "microfísico" dos trabalhos anteriores. Como ele explica na introdução ao seminário de 1979, trata-se, para ele, de estudar menos as práticas do que a estrutura programática que lhes é inerente, a fim de explicar os "procedimentos objetivos" que dela decorrem:

....

121. Cf. *STP*, aula de 15 de fevereiro de 1978, p. 200.
122. *NBP*, aula de 10 de janeiro de 1979, p. 4, em que Foucault explica que entende por "arte de governar" a "racionalização da prática governamental no exercício da soberania política".
123. Cf. *supra*, p. 519, notas 84 e 85.
124. *NBP*, aula de 10 de janeiro de 1979, p. 4: "Não estudei, nem quero estudar a prática governamental real, tal como se desenvolveu, determinando aqui e ali a situação que tratamos, os problemas postos, as táticas escolhidas, os instrumentos utilizados, forjados ou remodelados etc. Quis estudar a arte de governar, isto é, a maneira pensada de governar o melhor possível e também, ao mesmo tempo, a reflexão sobre a melhor maneira possível de governar. Ou seja, procurei apreender a instância da reflexão *na* prática de governo e *sobre* a prática de governo".

Toda governamentalidade é necessariamente estratégica e programática. Nunca dá certo. Mas é em relação a um programa que podemos dizer que nunca dá certo. Como quer que seja, não são os efeitos da organização social que pretendo analisar, mas sim os efeitos de objetivação e de veridição. E isso nas ciências humanas → loucura, penalidade, e em relação a ela mesma, na medida em que ela se reflete → governamentalidade (Estado/sociedade civil).

Trata-se de interrogar o tipo de prática que é a governamentalidade, na medida em que ela tem efeitos de objetivação e de veridição quanto aos próprios homens, constituindo-os como sujeitos.[125]

Governamentalidade

(a) Formulado pela primeira vez na 4ª aula do curso de 1978 (1º de fevereiro de 1978), o conceito de "governamentalidade"[126] desliza progressivamente de um sentido preciso, historicamente determinado, para um significado mais geral e abstrato. Ele serve, de fato, nessa aula, para nomear o regime de poder instaurado no século XVIII, que "tem por alvo

....

125. Manuscrito da introdução ao seminário de 1979.
126. Contrariamente à interpretação proposta por certos comentadores alemães, a palavra "governamentalidade" não poderia resultar da contração de "governo" e "mentalidade" (cf. por exemplo U. Bröckling, S. Krasmann e T. Lemke, org., *Gouvernementalität der Gegenwart. Studien zur Ökonomisierung des Sozialen*, Frankfurt/Meno, Suhrkamp, 2000, p. 8); "governamentalidade" deriva de "governamental", assim como "musicalidade" de "musical" ou "espacialidade" de "espacial", e designa, conforme as ocorrências, o campo estratégico das relações de poder ou as características específicas da atividade de governo. A tradução da palavra por "*Regierungsmentalität*", que aparece no texto de apresentação do colóquio "Governmentality Studies" realizado em Viena em 23-24 de março de 2001, é portanto um contrassenso.

principal a população, por principal forma de saber a economia política e por instrumento técnico essencial os dispositivos de segurança"[127], assim como o processo que levou à "preeminência desse tipo de poder que podemos chamar de 'governo' sobre todos os outros: soberania, disciplina [...]"[128]. Ele designa portanto um conjunto de elementos cuja gênese e cuja articulação são específicas da história ocidental.

Por sua dimensão histórica e singular, ao caráter acontecimental da "governamentalidade" somam-se os limites do seu campo de aplicação. Ela não define uma relação de poder qualquer, mas as técnicas de governo subjacentes à formação do Estado moderno. De fato, ela é para o Estado

> o que as técnicas de segregação [são] para a psiquiatria, o que as técnicas da disciplina [são] para o sistema penal, o que a biopolítica [é] para as instituições médicas.[129]

A "governamentalidade", nessa etapa da reflexão de Foucault, é portanto o conceito que permite recortar um domínio específico de relações de poder, em relação ao problema do Estado. É essa dupla característica – acontecimental e regional – da noção que vai tender a se eclipsar no decorrer dos anos seguintes. A partir de 1979, a palavra já não designa somente as práticas governamentais constitutivas de um regime de poder particular (Estado de polícia ou governo mínimo liberal), mas "a maneira como se conduz a conduta dos homens", servindo assim como "grade de análise para as relações de poder" em geral[130]. Embora nesse momento essa grade seja sempre aplicada no âmbito do problema do Estado,

....
127. *STP*, aula de 1º de fevereiro de 1978, p. 143.
128. *Ibid.* Processo que se resume à sequência: poder pastoral – dispositivo político-militar – polícia (p. 144).
129. *STP*, aula de 8 de fevereiro de 1978, p. 162. Cf. *supra*, p. 519.
130. *NBP*, aula de 7 de março de 1979, p. 192.

SITUAÇÃO DOS CURSOS **531**

dele se destaca no ano seguinte para se tornar coextensiva ao campo semântico do "governo",

> [...] sendo essa noção entendida no sentido amplo de técnicas e procedimentos destinados a dirigir a conduta dos homens. Governo dos filhos, governo das almas ou das consciências, governo de uma casa, de um Estado ou de si mesmo.[131]

Como "governamentalidade" parece portanto passar a se confundir com "governo"[132], Foucault trata então de distinguir as duas noções, a primeira definindo o "campo estratégico de relações de poder, no que elas têm de móvel, de transformável, de reversível"[133], no seio do qual se estabelecem os tipos de conduta, ou de "condução de conduta", que caracterizam a segunda. Mais exatamente – porque o campo estratégico nada mais é que o próprio jogo das relações de poder entre elas –, ele mostra como elas se implicam reciprocamente, não constituindo a governamentalidade uma estrutura, isto é, "uma invariante relacional entre [....] variáveis",

....

131. Resumo do curso "Du gouvernement des vivants" (1980), *DE*, IV, nº 289, p. 125.
132. Sobre o governo como prática que consiste em "conduzir condutas", cf. também "Deux essais sur le sujet et le pouvoir" (abril de 1983), *in* H. Dreyfus e P. Rabinow, *Michel Foucault: Beyond Structuralism and Hermeneutics*, University of Chicago Press, 1982 / *Michel Foucault. Un parcours philosophique*, trad. fr. F. Durand-Bogaert, Paris, Gallimard, "Bibliothèque des sciences humaines", 1984, p. 314.
133. *L'Herméneutique du sujet. Cours au Collège de France, année 1981-1982*, ed. por F. Gros, Paris, Gallimard-Le Seuil, "Hautes Études", 2001, p. 241*. Cf. também o "Resumé du cours" de 1981, "Subjectivité et vérité", *DE*, IV, nº 304, p. 214: um dos objetivos a que correspondia o estudo da "governamentalidade", além da crítica das concepções correntes do "poder", era analisar este último "como um domínio de relações estratégicas entre indivíduos ou grupos – relações que têm por objeto a conduta do outro ou dos outros [...]".

mas uma "generalidade singular"[134], cujas variáveis, em sua interação aleatória, correspondem a conjunturas.

Ela é, assim, a racionalidade imanente aos micropoderes, qualquer que seja o nível de análise considerado (relação pais/filhos, indivíduo/poder público, população/medicina etc.). Se ela é "um acontecimento"[135], não é mais como sequência histórica determinada, como no curso de 1978, mas na medida em que toda relação de poder decorre de uma análise estratégica:

> Uma generalidade singular: ela só possui realidade acontecimental, e sua inteligibilidade só pode pôr em obra uma lógica estratégica.[136]

Resta-nos indagar que vínculo une, no pensamento de Foucault, esses tipos de acontecimentalidade: a que se inscreve num processo histórico particular, próprio das sociedades ocidentais, e a que encontra sua ancoragem teórica numa definição geral do poder em termos de "governo"[137].

(b) A análise dos tipos de governamentalidade é indissociável, em Foucault, da análise das formas de resistência, ou "contracondutas", que lhe correspondem. Assim, na 8ª aula do curso de 1978 (1º de março de 1978) ele faz o inventário

....

134. Manuscrito sobre a governamentalidade (sem título, maço de 11 folhas numeradas de 22 a 24, depois não paginadas), inserido entre as aulas de 21 de fevereiro e 7 de março de 1979 de NBP.
135. Ibid.
136. Cf. supra, nota 134.
137. Cf. "Deux essais sur le sujet et le pouvoir", loc. cit., p. 314: "O modo de relação próprio do poder não deveria ser buscado portanto nem do lado da violência e da luta, nem do lado do contrato e do vínculo voluntário (que não podem ser mais que, no máximo, instrumentos dele), mas do lado desse modo de ação singular – nem guerreiro nem jurídico – que é o governo".

das principais formas de contraconduta desenvolvidas na Idade Média em relação ao pastorado (o ascetismo, as comunidades, a mística, a Escritura, a crença escatológica). Do mesmo modo, a análise da governamentalidade moderna, amoldada ao princípio da razão de Estado, o leva no fim do curso a pôr em relevo diferentes focos de contracondutas específicas, em nome da sociedade civil, da população ou da nação. Como essas contracondutas constituem, em cada época, o sintoma de uma "crise de governamentalidade"[138], é importante indagar que formas elas adquirem na crise atual, a fim de definir novas modalidades de luta ou de resistência. A leitura do liberalismo proposta por Foucault só pode ser compreendida portanto sobre o fundo dessa interrogação.

Parece-nos interessante, a esse respeito, citar o seguinte trecho do manuscrito em que Foucault definia a governamentalidade como "generalidade singular". De fato, vemos aí como a política é sempre concebida, para ele, do ponto de vista das formas de resistência ao poder[139] (por sinal, é o único texto, tanto quanto sabemos, em que ele faz alusão a Carl Schmitt):

> A análise da governamentalidade como generalidade singular implica que "tudo é político". Dá-se tradicionalmente dois sentidos a essa expressão:
> – O político se define por toda a esfera de intervenção do Estado [...] Dizer que tudo é político é dizer que o Estado está em toda parte, direta ou indiretamente.
> – O político se define pela onipresença de uma luta entre dois adversários [...]. Essa outra definição é a de K. [sic] Schmitt.
> A teoria do camarada.

....
138. *NBP*, aula de 24 de janeiro de 1979, p. 70.
139. Cf., aqui também, "Deux essais sur le sujet et le pouvoir", p. 300, onde Foucault sugere um novo modo de investigação das relações de poder, que consiste em "tomar as formas de resistência aos diferentes tipos de poder como ponto de partida".

[...]
Em suma, duas formulações: tudo é político pela natureza das coisas; tudo é político pela existência dos adversários. Trata-se, antes, de dizer: nada é político, tudo é politizável, tudo pode se tornar político. A política não é nada mais nada menos do que o que nasce com a resistência à governamentalidade, a primeira sublevação, o primeiro enfrentamento.[140]

(c) Apesar de esses dois cursos, de 1978 e de 1979, terem permanecido inéditos até esta data, com exceção da 4ª aula (1º de fevereiro de 1979) do primeiro[141] e de alguns extratos do segundo[142], a problemática da governamentalidade, notadamente a partir do resumo que Foucault havia apresentado em suas conferências em Stanford, em 1979[143], deu origem, de uns dez anos para cá, a um vasto campo de pesquisas nos países anglo-saxões, e mais recentemente na Alema-

....
140. Manuscrito sobre a governamentalidade citado *supra*, nota 134. Sendo a letra de Foucault, em vários pontos, difícil de decifrar, não citamos as passagens em que nossa transcrição teria sido demasiado lacunar ou incerta.
141. Publicada em italiano em *Aut-Aut*, nº 167-168, 1978, depois em francês em *Actes*, 54, verão de 1986. É esse texto, sensivelmente diferente do que publicamos, que é retomado em *DE*, III, nº 239, p. 635-57. Uma tradução inglesa dessa mesma aula foi publicada na revista *Ideology and Consciousness*, 6, 1979.
142. Extraído de *NBP*, aula de 31 de janeiro de 1979, com o título de "La phobie d'État", *Libération*, 967, 30 de junho-1º de julho de 1984 (texto traduzido em alemão in U. Bröckling, S. Krasmann e T. Lemke, org., *Gouvernementalität der Gegenwart*, p. 68-71); extraído de *NBP*, aula de 24 de janeiro de 1979, com o título de "Michel Foucault et la question du libéralisme", *Le Monde*, suplemento do nº de 7 de maio de 1999. Lembremos, além disso, que a primeira aula de cada um dos dois cursos tinha sido objeto de uma edição em cassetes, com o título de *De la gouvernementalité*, Paris, Le Seuil, 1989.
143. "'Omnes et singulatim'", *loc. cit.*, p. 134-61.

nha[144], os *"governmentality studies"*. Em certas universidades, eles até conseguiram um lugar entre as disciplinas dos departamentos de sociologia ou de ciência política. O ponto de partida desse movimento foi a publicação do livro *The Foucault Effect: Studies in governmentality*, em 1991, por G. Burchell, C. Gordon e P. Miller[145], que continha, além da aula de Foucault sobre o tema, uma longa introdução de Colin Gordon, oferecendo uma síntese aprofundada dos cursos de 1978 e 1979, e um conjunto de estudos centrados, em particular, na noção de risco (concepção do risco social, modalidades de prevenção do risco, desenvolvimento das técnicas de seguro, filosofia do risco etc.)[146]. Resultou daí o desenvolvimento de uma literatura considerável no campo das ciências sociais, da economia política e da teoria política, de que não é evidente-

....

144. Além da obra coletiva já citada (*supra*, notas 126 e 142), cf. os numerosos artigos de T. Lemke, que se seguem à sua notável obra, *Eine Kritik der politischen Vernunft. Foucaults Analyse der modernen Gouvernementalität*, Berlim-Hamburgo, Argument Verlag, 1997.
145. Londres, Harvester Wheatsheaf, 1991.
146. Ver os artigos de J. Donzelot, "The mobilisation of society" (p. 169-79), F. Ewald, "Insurance and risk" (p. 197-210), D. Defert, "'Popular life' and insurance technology" (p. 211-33) e R. Castel, "From dangerousness to risk" (p. 281-98). O texto de D. Defert constitui uma introdução geral aos trabalhos do grupo de pesquisa "on the formation of the insurance apparatus, considered as a schema of social rationality and social management" (p. 211) formado em 1977 com J. Donzelot, F. Ewald e outros pesquisadores, que deu ensejo à redação de várias monografias: "Socialisation du risque et pouvoir dans l'entreprise" (datilografado, Ministère du Travail, 1977) e "Assurance-Prévoyance-Sécurité: Formation historique des techniques de gestion dans les sociétés industrielles" (datilografado, Ministère du Travail, 1979). Para uma discussão desse conjunto de trabalhos, cf. P. O'Malley, "Risk and responsibility", *in* A. Barry, T. Osborne e N. Rose, *Foucault and Political Reason: Liberalism, Neo-liberalism and Rationalities of Government*, Londres, University College, 1996, p. 189-207.

mente possível fazer um inventário no âmbito desta apresentação. Para uma visão de conjunto, remeto ao livro de Mitchell Dean, *Governmentality: Power and Rule in Modern Society*[147], e ao artigo de Thomas Lemke, "Neoliberalismus, Staat und Selbsttechnologien. Ein kritischer Überblick über die *governmentality studies*"[148]. A aplicação recente do conceito de governamentalidade a domínios tão distantes dos centros de interesse de Foucault quanto a gestão dos recursos humanos[149] ou a teoria das organizações[150] atesta a plasticidade desse esquema de análise e da sua capacidade de circulação nos mais diversos espaços.

✦

Gostaria de agradecer a Daniel Defert pela generosidade com que pôs à minha disposição os manuscritos e dossiês de Michel Foucault, assim como à minha esposa, Chantal, por sua ajuda tão preciosa no trabalho de transcrição das aulas.

M.S.

....

147. Londres, Thousand Oaks/Nova Déli, Sage Publications, 1999.
148. *Politische Vierteljahresschrift*, 41 (1), 2000, p. 31-47.
149. Cf. notadamente B. Townley, *Reframing Human Resource Management: Power, Ethics and the Subject at Work*, Londres, Thousand Oaks/Nova Déli, Sage Publications, 1994; E. Barratt, "Foucault, HRM and the ethos of the critical management scholar", *Journal of Management Studies*, 40, (5), julho de 2003, p. 1069-87.
150. Cf. A. McKinlay e K. Starkey, org., *Foucault: Management and Organization Theory, from Panopticon to Technologies of the Self*, Londres, Thousand Oaks/Nova Déli, Sage Publications, 1998, e o colóquio "Organiser après Foucault", realizado na École des Mines, em Paris, nos dias 12-13 de dezembro de 2002.

ÍNDICES

ÍNDICE DAS NOÇÕES

abundância [das colheitas, dos produtos]: 44, 46, 49, 68 n. 10, 92, 458
(– monetária): 140
(– de homens): 432
(– de cidadãos, *copia civium*): 433, 444 n. 33;
v. Hohenthal
(– dos salários): 111 n. 19;
v. Weulersse
(excesso de – e queda dos preços): 42-4
(fontes da – [Quesnay]): 117 n. 40
abundância/escassez (oscilações): 49, 51, 80, 92
acontecimento (tratamento do –): 76
agovernamentalidade da natureza: 320; *vs.* governamentalidade
aleatório(s)
(tratamento do –): 15
(elementos – no espaço): 28;
v. Leibniz
anabatismo, anabatistas: 266, 271, 295 n. 25, 333 n. 1
análise genealógica: 159
análise genética: 159
anti-Maquiavel (literatura): 123-4, 132, 153 n. 26;
v. Elyoth, Frederico II, Gentillet, de La Perrière, Paruta
antipastoral: 201, 276, 286;
v. ascetismo
apátheia: 237-8, 252 nn. 36-37, 274
arte de governar: 106, 124-9, 136-48, 202, 221, 317, 324-6, 339 n. 39, 340 nn. 42-43, 345-6, 364, 371, 384-5, 388, 418, 427, 453, 465-6, 489, 492, 516;
v. governamentalidade, razão de Estado
artes adjuvantes da política: 196
artificialismo, artificialidade: 95
(– político, da política): 28, 468; *vs.* naturalidade;
v. economistas, sociedade
ascese: 285
ascetismo: 200, 255, 259, 272-7, 307, 356
(excessos próprios do –): 276

"balança": 245, 365, 401-2;
v. equilíbrio europeu
bem comum: 129, 132, 152
n. 21, 311, 312, 335 n. 8
(–, economia da família): 151
n. 19
(–, fim da soberania [segundo os juristas], "fim adequado" [segundo os economistas]): 133
"bem-estar" dos indivíduos: 439, 492; v. melhor que viver, Montchrétien
bem público: 133, 375 n. 20, 448
biopoder: 3, 30, 32 n. 1, 493, 495, 512, 520; v. biopolítica, espécie humana, meio, naturalidade
biopolítica: 30, 32 n. 1, 33 n. 6, 163 n.*, 492, 513 e n. 71, 521-3 e n. 106; v. espécie humana; Lamarck
"bom governo" do Estado: 128, 419; v. polícia
"bom preço", "preço justo" (tese economista do –): 46, 458, 485 n. 25

cameralismo, cameralista(s): 20-1, 35 n. 25, 92-4, 136, 154 n. 33, 441 n. 7;
v. mercantilismo; Justi, Stolleis
cameralística (*Cameralwissenschaft*): 35 n. 25, 442 n. 11, 490
capital: v. cidade; Le Maître
"capitalizar" um território, um Estado, uma província: 21, 23, 27
cidade: 167-8 [metáfora do navio], 170-1, 188-9, 195-6, 232, 288 n. 2, 324, 327, 338 n. 31, 419-20, 427, 441 n. 5;
v. endemias
(formas de organização da –): 198, 220
(funções da –): 224
cidade dos homens: 120
cidade(s)
(cidade-capital): 18-21, 34 nn. 12, 16-19 e 22, 35 n. 23; v. Le Maître
(cidade-mercado): 86, 453
(organização das – no séc. XVIII): 23-5, 39; v. Vigny
(desencravamento espacial da – no séc. XVIII): 17
(gente das –): 43;
(insegurança das –): 24
cidades disciplinares: 25; (– em forma de acampamento romano: Kristiania, Gotemburgo, Richelieu): 21-3, 36 n. 30
circulação(ões): 19-24, 27, 36 n. 32, 39, 64, 68 n. 10, 86-7, 95, 102, 363, 371, 435-7
(– monetária): 360, 391, 422-3, 453;
v. cidade-mercado
(– monetária interestatal): 490
(– urbana): 22-3, 450;
v. Vigny
(liberdade de –, comercial e política): 23, 45-6, 433, 434-6, 463

(liberdade de – dos cereais):
45-6, 53, 67-8 nn. 7-10
e 13; v. Herbert
(– das riquezas): 95;
v. Gournay
(– fora das fronteiras): 436
(boa –, má – [metáfora do
sangue]): 23
(campo de –, espaço de –):
435
(materialidade fina da troca e
da –): 454
circulação das verdades
ensinadas: 282
circulação dos homens: 436, 449
circulação dos méritos e dos
deméritos: 244-5
(técnica de –): 244;
v. pastorado cristão
coabitação dos homens: 450-1
Código de direito canônico: 216
n. 59
Código de polícia, da polícia:
455, 481 n. 2; v. Catarina II,
Du Chesne
código legal, jurídico-legal: 8,
10-2
(– e pensamento negativo): 61
comércio: 17, 19-20, 34 n. 20,
69 n. 15, 95, 381 n. 60, 429,
433, 441-2 n. 8, 448, 452;
v. circulação, mercado,
mercantilismo
(o –, fator de competição
intraeuropeia): 452
(o –, instrumento principal da
força do Estado): 452-3
(o –, processo circular, de
troca): 166

(o –, técnica de importação da
moeda): 452
(– [intraurbano]): 22-4, 25-6
(– [extraurbano]): 34 n. 12,
35 n. 23, 66 n. 4; v. capital;
Le Maître
(– dos cereais): 45-7, 51-3,
54, 66 n. 1, 67 n. 9, 68 nn.
12 e 14, 69 nn. 15 e 17, 70
n. 18, 72 n. 26, 110-1
n. 15, 112 n. 20, 471;
v. Abeille, Gournay
(fluxo do – exterior): 102,
360
(liberdade de –): 415 n. 26;
v. circulação, economistas,
liberalismo
"comunicação(ões)", objeto da
polícia (sécs. XVII-XVIII): 436,
445-6 nn. 40-42, 483 n. 11
comunidades: 196-8, 220-1,
269, 277-8;
v. contraconduta(s)
conduta: 19, 95, 165, 256-68,
277, 475, 489, 509;
v. governo
(– governamental): 264
(– integral): 241
(– médica): 265
(– moral): 263
(– pastoral): 271, 475
(– política): 263
(– cotidiana): 206
(– de conduta): 530
(– das almas (*oikonomía
psykhôn, regimen
animarum*)): 206, 257-6,
306 ["condução"];
v. economia, pastorado

(– dos homens): 262, 264, 266, 530-1
(– dos indivíduos): 128
(– dos particulares): 464
(conflitos de –): 263
condutas econômicas: 30
contágio [fenômeno urbano]: 85-6
contraconduta(s): 260, 263, 268, 271, 285, 289 n. 5, 307, 447, 475-9 e n.*, 509;
v. insubmissão, insurreições, revoltas
(– pastoral): 271, 275, 286
(o ascetismo, forma de –): 272-6
(a comunidade, forma de –): 276-82
(a crença escatológica, forma de –): 284-5
(a mística, forma de –): 282-4
(o retorno à Escritura, forma de –): 285
"contrato"
(noção de –): 144
(teoria do –): 139; v. arte de governar, soberano
contrato social: 58, 72 n. 24, 144
controles
(– coletivos e individuais): 21
(– reguladores): 33 n. 5
corpus disciplinar: 11;
v. disciplina
cosmo: 335 n. 17, 344, 355, 369;
v. desgovernamentalização do cosmo; naturalidade
crescimento do Estado, das forças do Estado, das forças estatais: 405-6, 419-20, 424, 426, 452, 492
criminalidade [urbana]: 7-8;
v. repressão; estatística(s)
crise(s): 7, 41, 286
(a – como disparada circular): 83
(– de governamentalidade): 524, 533
(– dos meios de subsistência): 66 n. 4, 137
(– do pastorado): 205, 257, 269, 294 n. 21; v. Chaunu
cristianismo: 198-200, 207, 219, 220, 226, 231-3, 237-8, 244, 247 n. 5, 272, 275, 285-6, 399, 488, 507;
v. *apátheia*, Igreja, pastorado
(– medieval): 269
(– ocidental): 253-4 n. 43
(– oriental): 206
(início do –): 202, 226, 481-2 n. 3
(– e Escritura): 285
curvas de normalidade: 85

delinquência: 3, 13, 160, 450, 474
(a –, ruptura do contrato social): 58-9
(custo da –): 13; v. repressão, estatística
demográfica (expansão –, séc. XVIII): 140
depopulação: v. população
desgovernamentalização do cosmo: 316
desobediência: 96, 266
desordem: 61, 260, 450, 474

ÍNDICE DAS NOÇÕES **543**

(a eliminação da –, função da polícia): 474
despovoamento: 490
direção
   (– pastoral, das almas): 168, 185, 215 n. 57, 216 n. 61, 221, 225, 250-1 nn. 27 e 29, 283; v. conduta ("condução")
   (– de consciência): 97, 168, 228, 238, 242-3, 253-4 nn. 43 e 44, 261
   (– da conduta cotidiana): 241
direito(s): v. Kelsen, Pufendorf, Rousseau
   (– comum [Naudé]): 349, 375 n. 19-21
   (– natural: teóricos do –): 98
   (– público [Domat]): 130, 139, 435, 445 n. 39, 451, 474
   (– privado: universo do direito e mundo do direito): 403
   (– de justiça e direito de polícia): 455, 483-4 nn. 16 e 17
   (– das gentes, *jus gentium*): 407, 415 n. 31
   (– dos governados): 498
   (– dos indivíduos: a liberdade como direito): 473; v. liberalismo
   (guerra de –): 404
direitos humanos: 498, 523
direitos senhoriais: 429
disciplina (celular, militar, operária, penal, religiosa, escolar, generalizada): 12, 14-7, 21, 23, 26-7, 36 n. 30, 40, 59-64, 76, 89, 99, 144-5, 158, 160, 177-8 n. 7, 263, 290 n. 7, 297 n. 41, 300 n. 53, 439, 443 n. 21, 456, 460, 530
   (a –, modo de individualização das multiplicidades): 16-7
   (– e espaço): 23, 25-7, 36 n. 30; v. distribuição espacial
   (o cuidado e a – dos pobres): 448, 481-2 n. 3
disciplina [instrumento de penitência]: 300 n. 53
disciplinar (o): 10-2
   (tratamento – das multiplicidades no espaço): 22-3
disciplinarização do exército: 21, 456
disciplinas (as): 29, 85, 158
   ("disciplinas práticas" [Hay du Chastelet]): 340 n. 43
   (o ponto de vista das –): 160
dispositivo de poder: 199
dispositivo(s)
   (– diplomático-militar): 397-8, 409, 410, 475
   (– militar permanente): 409-10
   (– permanente de relações entre Estados): 406
   (– político de polícia): 397, 410
   (– do equilíbrio europeu): 423
dispositivo(s) de disciplina: 290 n. 7

dispositivo(s) de segurança:
8-16, 28, 40, 45, 49-50,
59-61, 64-5, 75, 80, 145, 148
(– e mecanismos
  disciplinares): 61-2, 64-5,
  75; vs. mecanismos
  jurídico-legais;
v. mecanismo de segurança
dispositivos de soberania: 260,
290 n. 7
dissidência: 121, 264-8, 295
n. 27, 296 n. 29, 498-9;
v. contraconduta(s)
distribuição espacial
(a –, critério de distinção entre
  disciplina e segurança): 75
doença reinante: 81
doutrina fisiocrática: 45;
v. fisiocratas

economia: 127-9, 139-46, 147,
154 n. 36, 363-4, 463, 465-6,
469-71
(a – como física): 63, 73 n. 28
(a – como ciência de
  governo): 143
(– nacional alemã, iníc. séc.
  XIX): 21
(– de mercado): 453, 523
(– de poder, geral de poder):
  15-7, 39, 89-90, 148, 164,
  514; v. população(ões),
  soberania
(– da obediência): 272, 315
(– da verdade): 272
(– das almas): 256, 305
(– dos méritos e dos
  deméritos): 231, 239
(– do poder pastoral): 283, 315

(– da salvação): 272, 315
(gestão da –): 43, 56
(teóricos da –): 47, 49
economia política: 73 n. 28,
102-5, 117 n. 42, 128, 143-6,
152 n. 21, 438, 514, 521-2
(condições de formação da –):
  490
(nascimento da –): 143
econômico(a)(s)
("análise –"; das riquezas):
  102-3, 105
(comportamentos –): 54
(governo –): 44-5, 67 n. 5
(pensamento –): 44-5, 47, 69
  n. 15; v. fisiocratas
economistas (os – do séc. XVIII):
59, 63, 69 n. 15, 80, 94-6,
134
(financistas que se
  tornaram –): 105
(literatura dos –): 458
(nascimento dos –): 364
(teses dos –): 458-69, (– sobre
  a população): 459-61
endemias, epidemias [no espaço
urbano], endemoepidemias:
78-9, 84-6, 91, 109 n. 8, 141,
492; v. inoculação
equilíbrio europeu: 420-3
era das condutas: 309
era de Cronos: 194
era dos governos: 309
era jurídico-legal: 11
era pastoral, do pastorado: 199,
262
escassez alimentar
(– "quimera" [Abeille]): 51-2,
  53-6

(temor quimérico da –): 70-1 n. 19
(a –, "doença da imaginação"): 70-1 n. 19
(– flagelo, problema da –): 40-2, 44-46, 48-9, 51-60, 66 nn. 3-4, 67 n. 9, 70 n. 19, 72 n. 26, 78-80, 87, 88-91, 434, 449, 457-8, 465, 490
(sistema anti–): 43-4, 458-9, 465, 490; v. mercantilismo
escatologia: 284-5, 402, 476-7
espaço(s) [territorial, de circulação]: 3, 17, 27-8, 433-6; v. organização, planejamento
(– disciplinar, disciplinado): 29-30, 39, 62-3
(– do mercado): 50, 59;
(– de segurança): 3, 15-6, 514
espécie humana: 3, 29-31, 101, 115-6 n. 34, 117 n. 42, 493-4, 513; v. naturalidade
Estado(s): 120-1, 126, 136-40, 143, 146-8, 175, 188, 318, 324-5, 329-31, 338 n. 31, 342, 363, 365-6, 390, 437-8, 479-80, 499-500
(– administrativo/s): 17, 120, 146-8
(– europeus): 132; (competição, concorrência entre os –): 453
(– hereditários): 110 n. 11
(– territorial): 18-21, 97, 120, 342, 487; v. soberania
(– de governo): 148
(– de justiça): 146-7, 431
(– de polícia): 424, 426-8, 431, 457-8, 465-7
(– de população): 92-3, 158, 196, 199, 213 n. 38, 221, 432-3, 478, 487
(– de *Wohlfahrt*): 442, 492
("ampliação" do –): 344-5, 374 n. 13, 387-8, 392, 467; v. Chemnitz
(conservação, força, poder, riqueza do –): 71-2 n. 23, 93-4, 95-6, 111-2 n. 19, 136, 146-8, 367-9, 372-3 n. 6, 391-2, 418-22, 423, 425, 431-4, 437-8, 444 n. 32, 453-4;
v. crescimento, Império, Igreja, governo, governamentalidade, polícia, razão de Estado
(finalidade do –): 370
(nascimento do –): 330
(supervalorização do problema do –): 146
Estado e verdade: 364-5, 476
estatística: 7, 12, 14, 26, 33 n. 7, 109-10 nn. 8 e 10, 140-1, 366 e n.*, 381 n. 61
(a –, ciência do Estado): 136, 154 n. 31
(a –, instrumento comum entre polícia e equilíbrio europeu): 422
estatísticas (as), segredos do poder: 367, 381 n. 63

família (instrumentalidade da –): 140-1; v. governo

felicidade: 187-8, 194-6, 313, 344-5, 348, 374 n. 13, 420, 437; v. Delamare, Tomás de Aquino, Turquet de Mayerne ("– do Estado" [Chemnitz]): 370; v. Tomás de Aquino, Delamare, Hohenthal
filosofia
  (a –, política da verdade): 5
  (– pitagórica): 189; v. Delatte
  ("– utilitarista"): 99 n.*
fisiocracia: 73 n. 28, 144
fisiocratas: 45-9, 59, 63, 68 n. 14, 69-71 nn. 17-19, 80, 88, 93-6, 99, 111-2 n. 19, 134, 143 n.*, 433, 458, 490
fisiocrático(a)
  (literatura –): 458
  (princípio – do "governo econômico"): 45
fome: 7, 40, 66 n. 3, 70 n. 19, 131-224; v. escassez alimentar

genealogia das tecnologias de poder: 48
genealogia do Estado: 368, 475, 517
golpe de Estado: 348-56
  (– permanente: a polícia): 455-6
  (teorias, teóricos do –): 349, 351, 374 n. 19 e 375 n. 20; v. Naudé, Sirmond
  (– e razão de Estado): 348-55, 370
governamentalidade: 146-8, 149 n. 1, 157-8, 164
  (– política e nascimento do Estado moderno): 221

(o Estado, peripécia da –): 332
(a/ – e pastorado): 183, 219, 245-6, 257, 262-3, 289 n. 5, 320; v. dispositivos de disciplina, mecanismos de segurança, pastorado
(b/ – e modernidade): 286, 336-7 n. 22, 418, 454, 459, 463-77, 489; v. liberalismo, polícia, razão de Estado
(– e "paz perpétua"; – indefinida): 347, 355
(– e prática de partido): 294-5 n. 24, 497
(negação da –): 326-7
governamentalização
  (– do Estado): 147-8, 166 n.*
  (– da res publica): 317
governo: 119, 164-8, 417, 487, 515-6, 527-8, 530-1, 532
  (– econômico): 45, 67 n. 5, 73 n. 28, 117 n. 40, 128-9, 152-3 n. 23, 158; v. fisiocratas; Quesnay
  (– pastoral): 202, 219-46, 288 n. 1, 315-6
  (– político): 121, 149 n. 1, 305, 328-9; v. La Mothe Le Vayer, Maquiavel
  (– territorial): 29-31, 131-2; v. soberania
  (– da população): 64-5, 90-100, 99 n.*, 103, 105-6, 140-2, 144-5, 520-1
  (– de soberania): 29-31, 98, 102, 106; v. mercantilismo
  (– dos homens): 64-5, 168, 198-9, 308, 314, 348-9,

475, 487 [vs. administração das coisas: 65]; (– e gestão das populações): 76-8, 98, 140-2, 305, 474-5
(– do povo): 357-71
(analogias do –): 312-3
(conceito ético-jurídico do –): 98
(ciência do –): 140, 177 n. 1
(práticas de –: de si mesmo, das almas [e das condutas], dos Estados): 119-21, 120, 154 n. 36, 165-75, 201, 214 n. 47, 311, 313-5, 348-9, 475, 488, 489, 527-8; v. pastoral, pastorado
(inversão do – em relação ao reino): 102
(técnica/s de –): 42-3, 45, 64, 73 n. 28, 113 n. 25, 143-8, 494-5, 530; v. dispositivos de segurança, governamentalidade
(os três tipos de –: moral, econômico, político [La Mothe Le Vayer]): 127-43

heresia(s)
(– médicas): 265
(– das políticas): 466
(– de obediência [J. Hus]): 278
(grandes – da Idade Média: heresia dualista, cátara): 258
v. contracondutas, pastorado
história da governamentalidade: 32 n. 3, 146, 331, 494

história das contracondutas: 479
história das disciplinas: 145
história das técnicas: 12
história das tecnologias: 12
história das tecnologias de segurança: 15
história do pastorado: 198
história do sujeito: 245

ideologia
(a – de Condillac, os ideólogos): 99, 113-4 nn. 26 e 27
(– de liberdade, formas modernas da economia e política liberal): 63-4; v. liberdade ideológica
Igreja: 156, 198-200, 204-7, 277, 285, 307, 311, 330, 397, 527-8
(– católica): 198-9, 285
(– cristã): 176, 199-200, 204
(– ocidental): 207
(– protestante): 200-1, 205, 285-6, 307, 323
(doutrina da –): 277
(feudalização da –): 270
(funções universalistas da –): 397
(institucionalização de uma religião como –): 199
ilegalismos: 450; v. repressão
Império, império
(– universal): 347
(fim do – Romano: paz de Vestefália): 390-1
individualização (a) no pastorado cristão
(identificação analítica,

sujeição, subjetivação): 243-6,
  300 n. 51
inoculação antivariólica ou
  variolização: 78, 109 n. 8
  [Bernouilly vs. d'Alembert]
institucional-centrismo: 159
instituição
  (– de mercado): 449
  (– da polícia): 436-7
  (– da polícia no sentido
    moderno do termo): 474-5
  (– psiquiátrica): 159
  (– das crianças): 310
insubmissão(ões): 258-9, 266
  (deserção-insubmissão): 263
insurreições de conduta: 305;
  v. anabatistas, comunidades,
  povo; Bacon

juristas (os): 98, 132, 465

lei: v. código legal, norma
"liberal": 49-50
liberalidades privadas em favor
  do público: 336-7 n. 22
liberalismo: 62-4, 494-5
  (princípio do –): 62-4
  (ideologia e política do –):
    62-5, 69 n. 15, 71 n. 22
liberdade ideológica e técnica de
  governo: 64-5

má sorte (conceito cosmológico-
  -político da –): 41
mecanismo(s) disciplinar(es): 9,
  10-2, 33 n. 5, 53, 59, 61, 75,
  82, 88, 93, 162
  (– e dispositivos de
    segurança): 59-60, 75

mecanismos
  (– jurídico-legais): 12
  (– de transferência): 231
  (– de incentivo-regulação): 474
  (– de regulação): 464, 471-2,
    487
  (– do mercado): 53;
    v. fisiocratas
mecanismos de poder: 59, 65,
  86, 101, 105
mecanismos de segurança: 15,
  28, 31, 33 n. 5, 65, 79-80,
  86-7, 88-9, 102, 119, 473
  (– de segurança-popu-
    lação-governo): 102
mecanismos-passarela: 208
meio: 28-31, 40-1
  (noção de – associada à
    circulação e à causalidade):
    28-9
  (– em biologia; em física):
    37-8 nn. 36 e 37
  (– e população): 104-5
  (– e território): 39-40;
    v. dispositivos de segurança
  (a república, – de jurisdição):
    343
melhor que viver (o), o mais
  que viver: 436-7, 454, 482-3
  nn. 6-8; v. bem-estar, polícia;
  Delamare, Montchrétien
mercado: 23, 43, 48-50, 52-8,
  71 n. 20, 85-6, 91-4, 429,
  449-50, 452, 459, 492, 526
  n. 114; v. "preço justo",
  espaço, instituição, polícia,
  cidade-mercado
mercantilismo, mercantilistas:
  20-1, 43, 93-4, 136-41, 364,

452, 490; v. cameralismo, sistema antiescassez alimentar
mito (o) do *Político*: 194
multiplicidade: 16-7, 23, 119-20, 175, 199, 319, 400
(– humana): 36 n. 30;
(– de indivíduos): 55-6, 162 n.*
(– de dissidência): 163 n.*
(– de sujeitos): 16
(– das práticas de governo): 126
(– de um povo): 16-7
(poder pastoral e – em movimento): 170-2

naturalidade
(– social): 468-9; v. economistas
(– da espécie humana): 29 e n.*
(– da população, das populações, do seu desejo): 94-5, 99, 470-2, 474-5
(– do cosmo): 468
(concepção medieval da –): 467-8
norma
(a lei e a –): 76; v. Kelsen
normação: 77, 84-5; v. técnicas disciplinares
normal/anormal: 77-8, 84-5
normalidades diferenciais, curvas de distribuição de normalidades: 83-5; v. estatística(s)
normalização: 76, 84-5
(– disciplinar): 76-7
(– [da segurança]): 15, 65; v. dispositivos de segurança
(procedimentos, técnicas de –): 65, 76
normatividade
(– intrínseca à lei): 76

obediência: 252 n. 35, 272, 271-6, 315, 477
(a –, tipo de conduta unitária): 232-3
(– generalizada; de partido): 244-6, 264-5
(a – na Grécia antiga e no pastorado cristão: diferença de finalidades): 231-2, 236-8
(a –: população/soberano): 95-6, 101-2
(a –: súditos/soberano, vontades/soberano): 88-9, 96-7, 132-3
(a –: território/soberano): 20
(estado de – no pastorado cristão): 236-8; v. *apátheia*, economia; [v. também: escatologia; Joaquim de Fiore]
(regra pastoral da –): 133-4, 234-7, 252 n. 35, 276, 315
vs. dissidência
obediência/desobediência
(– do povo): 348, 356-8, 370; v. insubmissão, povo, revoltas; Bacon
(inversão da – no ascetismo): 276
(– de reciprocidade da – e princípio da partilha igualitária nas comunidades): 280-2

opinião (a): 364, 368
  (– pública): 371
  (– do público): 368, 370-1
organização, planejamento
  (– da prevenção): 7
  (– da cidade: Nantes): 18,
    23-4; v. Le Maître
  (– da vida cenobítica): 234-5

panóptico, Panoptique: 33-4
  n. 11, 89, 90, 113 n. 26, 160,
  178 n. 8; v. Bentham
pastor
  (– humano): 193
  (– dos homens): 168-76, 180
    n. 28, 195-205, 211 n. 10,
    219-20, 224-5
  (– dos povos): 180 n. 23
  (funcionário-pastor): 188
  (magistrado-pastor, tema
    pitagórico do –): 187-9, 488
  (metáfora do –): 169, 189
  (paradoxo do –): 225
  (princípio da unicidade do –):
    193
  v. multiplicidade, pastorado
pastorado
  (o – na relação entre Deus e
    os homens): 168
  (o – cristão como arte de
    governar os homens): 221
  (– e arte de governar,
    governamentalidade): 317,
    320, 325-6
  (– cristão e temática hebraica
    do rebanho): 168;
    v. metáfora do pastor,
    paradoxo do pastor
  (autonomia do –): 204

  (crise do –): 286, 488
  (difusão do – nas pequenas
    comunidades): 198
  (origens do –): 200-2, 272
  (institucionalização do –):
    204, 220, 269, 307-9; (– e
    governo das almas): 488
  (relação entre – e verdade):
    223-4, 239-40, 243-5, 316,
    348, 363-5
  (– e princípio da
    responsabilidade analítica):
    226
  (– e princípio da inversão do
    sacrifício): 228; v. também
    ascetismo
  (– e princípio da
    distributividade integral e
    paradoxal do poder): 226
  (– e princípio da transferência
    exaustiva e instantânea):
    227-8; v. economia dos
    méritos e deméritos
  (– e retorno à Escritura):
    284-5
  v. individualização, revoltas,
    soberania
pastoral (a)
  (– católica ou protestante): 120
  (– cristã e Estado moderno):
    220
  (– cristã e tema hebraico do
    pastor: diferenças): 221
  (– cristã e
    governamentalidade): 157,
    257-8
  (– da obediência): 276; (– e
    resistência): 267;
    v. dissidência; Soljenitsin

(– das almas): 283; v. governo das almas
(– e governo dos homens): 305-7, 475, 489; v. arte de governar, conduta
(– e lei): 231-2
(– e razão de Estado): 323
(– e Reforma): 200-1
(reorganização da –): 307
pastoral(ais)
(ensino –): 283
(técnicas –): 201-2; v. Gregório de Nazianzo
pastor-rebanho (relação): 203, 206-8, 211 n. 8, 284, 316-7, 488; v. poder pastoral, pastorado
pedagogia
(– do Príncipe): 126-8; v. La Mothe Le Vayer
(problemática da – no séc. xvi): 120
periculosidade: 10; v. mecanismos de segurança, mecanismos disciplinares
poder
(o –): 9, 65, 113-4 n. 27
(– pastoral): 168-76, 188-9, 199-207, 216 n. 58, 488; v. multiplicidade
(distributividade paradoxal do –): 226-7
(– pastoral cristão): 239-40, 245-6; v. individualização
(– político): 146-8, 175, 188, 488
(– sobre o Estado de justiça): 175
(– sobre o Estado administrativo): v. governamentalidade
(– pastoral e poder político): 205-9, 211, 329, 383-4
(– territorial de soberania): 29-30, 86-90, 101-2, 124-5, 130, 133, 307, 311, 324-5
(economia geral do – e tecnologia de segurança): 15-7, 39
(tecnologia/s de –): 48, 65, 97, 100, 159-60, 162-3 n.*
(teoria do –): 3-4
polícia: 127-8, 427-33, 443 n. 17, 445-6 nn. 39, 40 e 41; 447-8, 472-4, 482 nn. 4 e 7, 485 n. 21, 491
(definição da – nos sécs. xv-xvi): 418; (papel no séc. xvii): 425-7
(definição da – no séc. xviii): 425-7
(a –, condição de existência da urbanidade): 450-3
(a –, instituição de mercado): 450
(– disciplinar dos cereais): 59-60, 72 n. 26, 457, 460-1, 467; v. Delamare
(– médica): 79-80
(– universal [Crucé]): 406, 416 n. 27
(dispositivo de –: elemento da racionalização governamental; bom uso, crescimento ordeiro das forças do Estado): 397-8, 419-20, 441-2 n. 8, 455, 473, 520-1

(dispositivo político de –: mecanismo de segurança): 410

(–, crescimento das forças do Estado e equilíbrio europeu): 420-1, 427

(– e golpe de Estado permanente: governamentalidade direta do soberano; direito de polícia independente do direito de justiça): 454-5, 483-4 nn. 16 e 17, 484 n. 18

(– e "economia"): 128, 453, 457-8, 521

(– e equilíbrio europeu, apesar do crescimento das forças do Estado): 420, 463

(– e governamentalização do Estado): 148

(– e população): v. população

(– e ordem; também: superregulamentação, eliminação da desordem [séc. xviii]): 420, 425-6, 454-5, 473-4, 481 n. 2; v. desordem

(– e sociedade civil): 468-9

(Estado de –, *Polizeistaat*: nascimento e crítica): 425, 457, 465

(ciência da –, *Polizeiwissenschaft*): 442 n. 11, 491;

(teoria da – [Fénélon, Fleury]): 426

político(a)

(a –, essência do –): 190, 193-7, 384; v. arte de governar, polícia

(a –, "o que nasce com a resistência à governamentalidade"): 289 n. 5, 533-4

(a –, estratégia geral de poder): 3; ("assunto de pastoreio"): 176, 188-9

(– [sanitária] do espaço urbano):108-9 n. 7, 434-5

(– dos corpos [ideólogos]): 113-4 n. 27

(circulação –): 20; v. cidade-capital

(eficácia – da soberania): 20

(localização da soberania –): 31

(as sociedades – modernas): 63; v. fisiocratas

(– e ordem da natureza): 63

(– e estratégia [Clausewitz]): 122

(teoria – e técnica de segurança): 15

políticos (os): 213 n. 34 [Platão], 328-30, 412 n. 11, 466-7

(os novos – [Chemnitz]): 322

(a seita dos – [Clément]): 286; v. heresia, governamentalidade

população: 10, 15-6, 30, 38 nn. 39 e 40, 40-1, 44, 51, 54-9, 64-5, 78-9, 81, 84, 88, 89-106, 109-10 nn. 10 e 13, 111-2 nn. 19 e 20, 116-7 nn. 37 e 40, 130, 133-46, 148, 158, 191, 213 n. 38, 258,

290-1 n. 11, 301 n. 55, 324-5,
338 nn. 25, 26 e 30, 348,
360-1, 366, 370, 422, 433-4,
436, 437-9, 445-6 n. 41, 453,
459, 461-6, 468, 471-4, 478,
487-91, 496, 500, 510-1
(a –, personagem política):
55-6, 89-90
(a –, problema de
bioeconomia): 103
(a noção de –): 56-9, 91-2,
370-1, 433
(– e emprego dos homens):
93, 117 n. 40
(– e filologia): 104-5
(– e estatística): 109-10 n. 10
(segurança da –): 88
v. biopolítica, economia
política, Estado, meio,
multiplicidade, polícia,
súditos
população/depopulação: 90-1,
110 n. 13, 112 n. 21, 471; vs.
despovoamento
população e povo: 56-9; v. povo
populacionismo/
antipopulacionistas: 93-4,
111 nn. 18-19; 490
populações flutuantes: 25
povo: 58-9, 361, 362-3, 370; vs.
população; v. Abeille, Bacon
"preço baixo": 49, 458;
v. abundância
principado (relação do Príncipe
com o seu –): 123-4
príncipe(s)/Príncipe
[segundo Bacon]: 358-60,
362-3; v. povo
[segundo Le Maître]: 34 n. 19

[segundo Loyseau]: 483-4
n. 16; v. polícia
[segundo Maquiavel]: 87-8,
124-6, 130, 135-6, 325-6,
339 n. 41, 362-3;
v. anti-Maquiavel,
principado
[segundo Palazzo]: 372-3
n. 6, 374 n. 16; v. razão de
Estado;
(da rivalidade dos – à
concorrência dos Estados):
391-403;

razão de Estado (*ratio status*):
149 n. 4, 320-5, 325-7, 338
nn. 25, 26 e 30, 343-4,
348-56, 358, 363-5, 368,
370-1, 373-4 nn. 11 e 13,
374-5 nn. 19, 20 e 22, 412
n. 11; v. Bacon, Chemnitz,
Maquiavel, Palazzo, Tácito
(–, "dominação sobre os
povos" [Botero]): 318
(–, manutenção da integridade
do Estado): 343, 387-8
(–, mecanismo de
funcionamento dos
Estados): 322
(–, princípio de
inteligibilidade política,
razão governamental): 385
(– e "ampliação" do Estado):
387, 392
(– e "balança" europeia,
equilíbrio europeu): 401-2,
421-2, 452-3
(– e dispositivos de polícia):
410, 417, 453; v. polícia

(– e "interesses do Estado"): 412 n. 11
(– e naturalidade da sociedade): 467-9; v. contracondutas
(– e morte do Império): 330
(– e privilégio urbano): 459
(– e relação essência-saber): 344
(– vs. razão econômica): 460-1, 467-8; v. economistas
(emergência da –): 489
repressão (custo da –): 8, 12
resistência, revolta, resistência de conduta: 213 n. 41, 259-66, 260 n.*, 289 n. 5, 294 n. 22, 509
(– à conduta médica): 265
(– à conduta pastoral): 199-200, 257, 265, 306, 475-6
(resistência-deserção militar): 263-4
revoltas políticas: 260 e n.*
(– camponesas, urbanas, do povo; sedições): 54, 58, 71-2 n. 23, 86, 96, 357-61, 370, 379 n. 45; v. Abeille, Bacon

"sabedoria" (do príncipe): 134-6, 154 n. 28, 364-5
salvação
(a – no séc. XVI): 121
(a – de todos: fim da soberania): 132-3; v. bem comum
(a – da nação): 263, 267
(a – da pátria: os meios de subsistência): 172
(a – no pastorado: do indivíduo, de todos e de cada um): 215 n. 54, 223;
(– das almas): 249 n. 20, 256; (– do rebanho): 173-4, 176
(a – e o sacrifício do pastor na temática hebraica e no Ocidente): 174, 176
(relação com a –, a lei e a verdade no pastorado cristão): 222-3, 244-5
(– e *continuum* teológico-político): 313-5
(– e noção de eleição): 279
(– e poder sacramental): 269
(– e razão de Estado): 348-52, 356, 374 n. 13
segurança
(técnica de –): 79-84; v. também endemias, epidemias
(tecnologias de –): 15, 80
v. dispositivos de segurança, mecanismos de segurança, mecanismos disciplinares
segurança e "*laisser faire*": 60 n.*
soberania
(– histórico-religiosa): 307; v. governo, analogias do
(– imperial): 208
(– jurídica): 451;
(– política e temas crísticos): 207, 216-7 n. 62
(implantação territorial da –: relação primordial): 15-7, 19-23, 27-8, 87-8

(princípio de – e arte de
   governar): 325-6, 465-7
(– e funções urbanas:
   circulação política,
   comércio): 19-21, 34 n. 20,
   39, 86-90
(– e distribuição espacial,
   hierarquia espacial: espaço
   disciplinado): 18-21,
   39-40; v. Bentham, Le
   Maître
(– e naturalidade da
   população): 94-8
(– e multiplicidades): 16,
   28-9, 95-6
(– e razão política): 328-30
soberania-disciplina-gestão
   governamental: 143;
   v. governamentalidade,
   obediência, pastorado
soberano
   ("disposição" do –): 134-5
soberano/súdito(s) (relação):
   28-30, 34 n. 20, 40-1, 86-90,
   120, 123-4, 183, 316, 444-5
   n. 34, 455; v. bem comum,
   contrato, obediência,
   população, principado

"sociedade de segurança" (séc.
   XX): 15
subjetivação: 245-6, 310 n.*
sujeição: 245, 289 n. 5;
   v. individualização
sujeitos de direito: 28, 94,
   99-100, 462-3, 491
sujeitos de polícia: 462-3

técnicas disciplinares: 12, 15,
   64, 77-8
território: 15-23, 27-8, 29-31,
   40, 87-8, 90-1, 95, 124,
   130-1, 166, 170-1, 175, 318,
   325, 342-4, 352, 384, 405-7,
   424, 432-3, 450, 457, 462,
   464, 473, 478, 483-4 n. 16,
   487, 488-90, 493, 500
   (o –, fundamento do
      principado ou da
      soberania): 130-1
   v. meio, segurança,
      urbanização, cidade

verdade (relação com a –:
   Antiguidade, pastorado
   cristão): 222-3, 239-40,
   243-5, 252 n. 35

ÍNDICE DOS NOMES DE PESSOAS

Abeille (L.-P.): 47-55, 57-8, 66 n. 1, 69-72 nn. 17 e 19-23
Acarie (B., nascida Avrillot): 261, 293 n. 18
Achenwall (G.): 381 n. 61
Adam (C.): 334 n. 4
Agostinho (santo): 252 n. 36
Albertini (R. von): 376 n. 25
Alberto Magno: 302 n. 66
Alembert (J. Le Rond d'): 37-8 n. 37, 109 n. 8
Alexandre I (1777-1825, czar da Rússia): 442 n. 9
Amalrico de Bena: 280, 293 n. 20
Amalrik (A.): 295 n. 27
Ambrósio (santo) [Ambrósio de Milão]: 206, 216-7 n. 62, 222, 240, 247 n. 3, 253 n. 38
Amigo de Deus de Oberland (O): 302-3 nn. 67 e 68
Ammirato (S.): 375 n. 20
Ana da Áustria: 377 n. 30
Ancelet-Hustache (J.): 300 n. 53, 302-3 n. 67
Argenson (M.-R. de Voyer d'): 69 n. 15, 72 n. 26, 434, 445 n. 37

Ariès (P.): 334-5 n. 6
Aristóteles: 115-6 n. 34, 153 n. 25, 288 n. 2
Armelle Nicolas: 261, 292-3 n. 16
Arnauld (A.): 118 n. 48
Aron (R.): 178 n. 9, 336-7 n. 22
Arquitas de Tarento: 185, 210 n. 4
Arumaeus (D.): 337 n. 24
Avenel (D. L. M.): 412 n. 11

Baader (A.): 376-7 n. 28, 499
Bacon (F.): 110 n. 13, 341, 356-63, 371, 378-80 nn. 38-55, 387
Bacquet (J.): 455, 484 n. 17
Bailly (P.): 301 n. 55
Barucq (A.): 180 n. 26
Basílio (são): 299 n. 45
Bataillon (M.): 292 n. 15
Battista (A. M.): 375-6 n. 24
Bayard (cônego): 215 n. 51, 250 n. 27
Ben Bella (A.): 507
Bentham (J.): 33-4 n. 11, 113 n. 26, 160, 178 n. 8

Bento (são): 205, 215 n. 54,
 223, 225-6, 227, 229, 237,
 248 nn. 8, 11 e 14-15, 249
 n. 18, 250 n. 23, 252 n. 35,
 299 n. 45
Bernouilli (D.): 109 n. 8
Bertani (M.): 32 n. 1, 493
Bertelli (S.): 149 n. 3
Bérulle (P. de): 293 n. 18.
Besançon (A.): 208, 217 n. 63
Bilger (F.): 525 n. 110
Bizet (J.-A.): 300 n. 52
Blanchet (P.): 505 e n. 39, 507
Bloch (E.): 333 n. 1
Bodin (J.): 381 n. 63
Boisguilbert (P. Le Pesant de):
 67-8 n. 9
Boislisle (M. de): 445 n. 37
Bondois (P.-M.): 72 n. 26, 481
 nn. 1 e 2
Bonneau (A.): 334-5 n. 6
Borrelli (G.): 520
Bossuet (J.-B.): 329-30, 340
 n. 44, 353
Botero (G.): 318, 321, 336
 n. 19, 387-9
Botkine (L.): 210 n. 3
Bouchet (G.): 179 n. 20
Bukovsky (V.): 295 n. 27
Boulier (J.): 294 n. 21
Boullée (E.-L.): 24, 37 n. 33
Bourgeois du Chastenet (L.):
 337 n. 24
Bouyer (L.): 293-4 n. 20
Brejnev (L.): 217 n. 64, 498
Bremond (H.): 292-3 nn. 16-17
Brian (E.): 381-2 n. 64
Brière (C.): 505 e n. 39, 507
Brocard (L.): 112 n. 20

Brossat (A.): 505
Brown (P.): 298-9 n. 44
Buchon (J. A. C.): 339 n. 41
Buffon (G. L. Leclerc de): 37-8
 n. 37, 115-6 n. 34
Burlamaqui (J.-J.): 407, 416
 n. 31
Busch (J.): 298 n. 43
Butler (K. T.): 340 n. 42

Calvino (J.): 215 n. 56
Campenhausen (H. F. von):
 216-7 n. 62
Canguilhem (G.): 37-8 nn. 36-
 38, 107 n. 1
Cantillon (R.): 69 n. 15, 112
 n. 20
Capelle (G.-C.): 293-4 n. 20
Carlos Magno (imperador):
 352-3, 388, 408
Cassiano (J.): 222-3, 235, 247
 nn. 5-6, 251-2 nn. 31-33,
 299 n. 45
Castel (R.): 159, 177 nn. 3-4
Catarina II (1684-1727,
 imperatriz da Rússia): 440
 n. 2, 455-6, 484-5 nn. 18 e
 19
Cesário de Heisterbach: 293-4
 n. 20
Chaignet (A. E.): 210 n. 4
Chappuys (G.): 336 n. 19
Chariati [Sharicati] (A.): 507 e
 n. 47
Charles-Daubert (F.): 339 n. 40
Charron (P.): 352, 375-6 n. 24
Chartier (R.): 334-5 n. 6
Chaunu (P.): 293 n. 18, 298
 n. 43

Chemnitz (B. P. von) [Hippolithus a Lapide]: 321-2, 337-8 nn. 24-25 e 27-28, 322, 343-5, 349, 352-3, 370, 373-4 nn. 11 e 13, 375 n. 22, 375-6 nn. 23 e 27, 387
Chenonceaux (C. Dupin de): 67-8 n. 9
Child (J.): 69 n. 15
Chiquot (A.): 303 n. 68
Chollet (A.): 293-4 n. 20.
Choublier-Myskowski (N.): 151-2 n. 19
Cícero: 153 n. 25, 181 n. 35
Cipriano (são): 204, 215 nn. 51-52, 222, 227, 233, 247 n. 2, 248-9 nn. 16 e 19, 250 n. 27
Clapmar (A.) [dito Clapmarius]: 381 n. 63
Clark (I. M.): 302-3 n. 67
Clausewitz (C. von): 122, 410, 415 n. 23
Clément (C.): 323, 338 n. 31
Clemente VI [Pierre Roger] (m. 1352, papa): 301 n. 55
Cliquot-Blervache (S.): 69 n. 15
Cohn (N.): 290-2 nn. 10, 11 e 13, 295 n. 25, 297 nn. 39 e 41, 301 n. 55, 302 n. 64, 304 n. 70
Commun (P.): 525 n. 110
Compère (M.-M.): 334-5 n. 6
Condé (L. J. de Bourbon, príncipe de): 377 n. 31
Condillac (E. Bonnot de): 99, 113 n. 26
Conring (H.) 381 n. 61

Contzen (A.), SJ: 327, 328 n.*, 339 n. 38
Copérnico (N.): 314
Corbin (H.): 303 n. 68
Corneille (P.): 377-8 n. 36
Cristiani (L.): 213-4 n. 44, 290 n. 9
Croissant (K.): 499-501 e n. 26
Crucé (E.) [Emery La Croix]: 406, 415-6 n. 26, 416 nn. 29 e 30
Cuvier (G.): 104, 118 nn. 45 e 46

Dabenton (J.): v. Jeanne Dabenton
Daguillon (J.): 302 n. 66
Daire (E.): 112-3 n. 22
Damilaville (E. N.): 112-3 n. 22
Daniel (I.): 295 n. 27
Darwin (C.): 104
Daumas (F.): 180 n. 26
Debard (M.): 498
Debongnie (F.): 298 n. 43
Décio [Cneius Lecius Mecius] (c. 200-251, imperador romano): 248-9 n. 16
Defert (D.): 32 n. 2, 217 n. 64, 253 n. 43, 300 n. 51, 336-7 n. 22, 496 n. 10, 498 n. 16, 511 n. 65
Delamare [de La Mare] (N.): 59, 66-7 nn. 3 e 4, 72 n. 26, 439, 440 n. 1, 445-6 n. 41, 448, 481 n. 1, 481-3 nn. 3-8, 483 n. 16
Delaruelle (E.): 298 n. 43
Delatte (A.): 186, 189, 211 nn. 6-8

Delattre (L.): 37 n. 35
Deleuze (G.): 501 e n. 26
Delumeau (J.): 301 n. 56
De Mattei (R.): 338 n. 29
Demóstenes: 187
Denifle (H.): 303 n. 68
Denis (E.): 297 n. 39
Depitre (E.): 67-8 nn. 7 e 9, 69-70 nn. 16 e 17, 445 n. 37
Des Essarts (N.): 481 n. 2
Descartes (R.): 309, 333-4 nn. 3-5, 383
Destutt de Tracy (A. L. C. de): 113 n. 26
De Vooght (P.): 294 n. 21
Dexter (G.): 151 n. 15
Diderot (D.): 37-8 n. 37, 112-3 n. 22
Diès (A.): 211 n. 10
Dolhagaray (B.): 215-6 nn. 55-59
Domat (J.): 435, 445 nn. 39 e 40, 451, 483 n. 11
Donnadieu (L.): 412 n. 12, 414 n. 18, 415 n. 21, 416 nn. 31 e 32
Doroteu de Gaza: 252-3 n. 37
Dostoiévski (F.): 339 n. 37
Draguet (R.): 251 n. 30
Duby (G.): 213 n. 40, 404, 415 n. 22
Du Chastelet (P. Hay): 329, 340 n. 43, 344, 374 nn. 12 e 19
Du Chesne: 481 n. 2
Du May (L.): 339 n. 40
Dupin, v. Chenonceaux
Dupont de Nemours [Du Pont de Nemours] (P. S.): 68 n. 14, 69-71 nn. 17 e 19, 73 n. 28, 152-3 n. 23

Durkheim (É.): 115 n. 33
Duroselle (J.-B.): 296 n. 31
Dürr (L.): 180 n. 24
Duvillard (E. E.): 82, 109-10 n. 10

Ebeling (H.): 210 n. 1
Eckhart (J., dito Mestre): 302 n. 66
Ehrard (J.): 72-3 n. 27
Elias (N.): 334-5 n. 6
Elkan (A.): 150 n. 6
Elyot (T.): 123, 151 n. 13
Engels (F.): 117 n. 41
Engemann (J.): 181-2 n. 36, 210 n. 1
Erasmo (D.) [Desiderius Erasmus]: 334-5 n. 6
Eribon (D.): 376-7 n. 28, 501 n. 26, 507-8 n. 49
Esquirol (J.-E. D.): 177 n. 4
Estienne (H.): 179 n. 18
Estobeu [Ioannes Stobaeus]: 210 n. 4
Evagro, o Pôntico: 251 n. 30, 252-3 n. 37
Ewald (F.): 32 n. 2, 492

Fanon (F.): 507 n. 47
Felipe V (1683-1746, rei da Espanha): 412 n. 12
Felsing (F.): 381 n. 61
Fénélon (F. de Salignac de La Mothe): 426, 442-3 n. 12
Fichte (J. G.): 21, 35 n. 26
Filolau: 210 n. 4
Fílon de Alexandria: 181-2 n. 36
Finkielkrault (A.): 504-5 n. 38

Firpo (L.): 150 n. 10
Fleischauer (C.): 153 n. 26
Fleury (C.): 426, 433-4, 444-5 nn. 31, 32, 34-35 e 38
Fliche (A.): 296 n. 30
Fontana (A.): 32 n. 1, 493
Forbonnais (F. Véron-Duverger de): 69-70 n. 17
Formey (S.): 337 n. 24
Fouquet (N.): 354, 377 n. 32
Frachetta (G.): 338 n. 29
Francisco I (1494-1547, rei da França): 330
Francisco I (1768-1835, imperador da Áustria): 442
Frederico Guilherme I (1668-1740, rei da Prússia): 35 n. 25
Frederico II (1712-1786): 132, 151 n. 12, 153 n. 26
Frederico Guilherme II (1744-1797): 442 n. 9
Fréminville (E. de La Poix de): 451, 481 n. 2, 483 nn. 12-13
Froissart (J.): 178-9 nn. 12 e 15-16

Galiani (abade F.): 69 n. 16
Galileu (G.): 314, 323, 383
Gastão de Orléans (1608-1660): 377 n. 30
Genet (J.): 353, 376-7 n. 28
Gentillet (I.): 123, 150-1 n. 11
Gilson (É.): 302 n. 66
Ginzberg (L.): 181-2 n. 36
Glucksmann (A.): 504-5 n. 38
Godefroy (F.): 178-9 nn. 11-20
Gogol (N.): 208, 217 n. 64
Gonnard (R.): 38 n. 39

Goudart (A.): 112 n. 20
Gournay (V. de): 47, 68 n. 10, 69 n. 15, 71 n. 22
Gradowicz-Pancer (N.): 298-9 nn. 44 e 45
Graunt (J.): 99-100, 114 n. 28, 114-5 nn. 29-33
Gregório (são) [Gregório, o Grande]: 205, 214-5 nn. 47 e 53, 222, 225, 230, 233, 240-1, 248 nn. 10 e 13, 250 nn. 22 e 24-26, 250-1 n. 28, 253 nn. 39-41 e 42, 288 n. 1
Gregório de Nazianzo: 202, 214 n. 46, 250-1 n. 28, 256, 288 n. 1
Grelot (P.): 180-1 n. 28
Grimm (F.-M. de): 485 n. 28
Gros (F.): 251 n. 29, 289-90 n. 6
Grosser (A.): 502
Gruppe (O. F.): 185, 211 n. 6
Guarnieri (R.): 292 n. 14
Guattari (F.): 501 n. 26
Guéroult (M.): 412-3 n. 14
Guerry (A.-M.): 33 n. 7
Guicciardini (F.): 413 n. 16
Guilhem (C.): 292 n. 15
Guilherme, o Bretão: 293 n. 20
Guillauté (M.): 456, 485 n. 21
Guinzburg (A.): 295 n. 27
Guy (J.-Cl.): 252 n. 32
Guyénot (E.): 115-6 n. 34

Habermas (J.): 116 n. 35
Hadewijch d'Anvers: 291-2 nn. 12 e 14, 298 n. 42
Hadot (I.): 254 n. 44
Hadot (P.): 149 n. 1, 252-3 n. 37, 333 n. 2

Hajek (J.): 295 n. 27
Hamp (V.): 180 n. 28
Harnack (A. von): 289-90 n. 6
Hautesierck (F. Richard de): 109 n. 9
Havel (V.): 295 n. 27
Hecht (J.): 107-8 n. 2
Heisterbach (C. de), v. Cesário de Heisterbach
Hennig (J.-L.): 498 e n. 19
Henri de Rohan (1574-1538): 412 n. 11
Henrique III (1551-1589, rei da França): 358
Henrique IV (1553-1610): 400
Herbert (C.-J.): 67-8 nn. 7 e 9, 110 n. 13
Hobbes (T.): 98, 328
Hohenthal (P. C. W. von): 420, 433, 438, 440-1 nn. 4 e 6, 444 n. 33
Hoke (R.): 337 n. 24
Holbach (P. H. d'): 115-6 n. 34
Hull (C. H.): 114 n. 28
Hume (D.): 110 n. 13
Humpert (M.): 442 n. 11
Hus (J.), v. Jan Hus
Hyma (A.): 298 n. 43

Innocenti (P.): 149 n. 3
Inocêncio III [Lotario Conti] (m. 1216, papa): 288-9 n. 4, 301 n. 61
Isabel de la Cruz: 261, 292 n. 15
Isócrates: 186, 211 n. 9

Jacob (F.): 115-6 n. 34, 118 n. 45

Jan Hus: 215 n. 56, 262, 271, 277-8, 294 n. 21, 296 n. 32, 297 n. 37, 301 nn. 56 e 57
Jarry (E.): 296 n. 31
Jaubert (P.): 95, 112 n. 21
J.-B. P. (frei): 291-2 nn. 12 e 14, 298 n. 42
Jeanne Dabenton: 261, 281, 291-2 n. 13, 304 n. 70
Jeanne de la Nativité: 292-3 n. 16
Jenner (E.): 108 n. 4
Jeremias (J.): 180-1 nn. 28, 30 e 31
Jerônimo (são) [Hieronymus Stridonensis]: 247 n. 7, 249 n. 20, 252 n. 36
João Crisóstomo (são): 206, 216 n. 61, 222, 225, 228, 250
João de Licópolis [João, o Vidente, abade João]: 252 n. 32, 274
João Eudes (são): 293 n. 17
Joaquim de Fiore: 284-5, 304 n. 72
Johannet (J.): 217 n. 64
John (V.): 154 n. 31, 381 n. 61
Jones (H.): 289-90 n. 6
Jost (W.): 180-2 nn. 28, 30 e 36, 210 n. 1
Judge (E. A.): 298-9 n. 44
Julia (D.): 334-5 n. 6
Jundt (A.): 301-2 n. 63, 303-4 nn. 68-69
Jurin (J.): 109 n. 8
Justi (J. H. G. von): 420, 438, 441-2 nn. 7 e 8
Justino [Marcus Junianus Justinus]: 181-2 n. 36

Kant (I.): 411 n. 1
Kaplan (S. L.): 66-7 n. 4, 68 n. 12, 70-1 n. 19, 72 n. 26, 485 n. 25
Kellermann: 122
Kelsen (H.): 76, 107 n. 1
Kempf (T. H.): 180-1 n. 28
Kepel (G.): 506 n. 42, 507 n. 47
Kepler (J.): 314, 383
Khomeini (R.): 506
King (J.): 440 n. 3
Kreager (P.): 114 n. 28

Labande (E.-R.): 298 n. 43
La Coste (P.), SJ: 108 n. 6
Lagrange (J.): 32 n. 2, 113 n. 26
Lamarck (J.-B. Monet de): 28, 37 n. 36, 104, 118 nn. 44-45
La Mothe Le Vayer (F.): 127, 151-2 nn. 19 e 20
Lancelot (C.): 118 n. 48
Landry (A.): 108 n. 18, 117 n. 40
La Perrière (G. de): 123, 125-6, 129-35, 138, 151 nn. 15, 17 e 18, 153 n. 24, 154 nn. 28-30
Larrère (C.): 117 n. 40
La Reynie (G. N. de): 72 n. 26, 445 n. 37
Launay (M. de): 116 n. 35
Lazarsfeld (P.): 114 n. 28
Lazzeri (C.): 375-6 n. 24
Le Bras (H.): 109 n. 8, 110 n. 13, 114 n. 28, 296 n. 31
Le Bret (P. Cardin): 351, 376 n. 25
Le Brun (L. S. D.): 109 n. 9
Leclercq (Dom J.): 297 n. 41

Ledoux (C.-N.): 24, 37 n. 34
Le Droumaguet (R.): 108 n. 4
Leff (G.): 302 n. 64
Le Goff (J.): 296 n. 36
Leibniz (W. G.): 397, 412-3 n. 14
Lelièvre (P.): 23, 36 n. 31
Le Maître (A.): 18-22, 34 n. 12
Le Mée (R.): 38 n. 39
Lemercier (J.): 36 n. 29, 70-1 n. 19
Leo (H.): 122, 149 n. 4
Léonard (E. G.): 295 n. 25, 333 n. 1
Lerner (R. E.): 302 n. 64
Letaconnoux (J.): 67-8 n. 9
Le Trosne [Letrosne] (G.-F.): 68 nn. 12 e 14, 73 n. 28
Libera (A. de): 302 n. 66
Lineu: 115-6 n. 34
Lisieux (I.): 334-5 n. 6
Livet (G.): 415 nn. 24 e 25
Longhurst (J. E.): 292 n. 15
Louis (P.): 153 n. 25, 179-80 n. 22, 210 n. 1
Loyseau (C.): 483 n. 16
Lucas (L.-P.): 415-6 n. 26
Luís XIII (1601-1648): 21, 349, 377 n. 30
Luís XIV (1638-1715): 21, 329, 330, 340 n. 43, 355
Lutero (M.): 215 n. 56, 260, 296 n. 32

Macek (J.): 297 n. 39
Macey (D.): 498 n. 17, 501 n. 26
Machault d'Arnouville (J.-B.): 68 n. 10
Machon (L.): 328, 339-40 nn. 41 e 42

Maier (H.): 442 n. 11
Malagola (H.): 505 n. 41
Malkani (F.): 107 n. 1
Malthus (T. R.): 103, 117 nn. 41 e 42
Manes [Mani]: 288-9 n. 4
Maquiavel [Machiavelli] (N.): 41, 66 n. 2, 87, 110 n. 11, 121-6, 130, 136, 149 nn. 2, 4 e 5, 150-1 nn. 10, 11 e 12, 153 n. 26, 324-30, 338 n. 26, 339-40 nn. 39, 41 e 42, 346, 362-3, 380 nn. 56-58, 489
Marc (C. C. H.): 177 n. 4
Marchetti (V.): 33 n. 8
Marguerite Porete: 261, 291-2 nn. 13 e 14.
Maria de Médicis: 377 n. 30
Marie des Vallées: 261, 293 n. 17
Marin (L.): 339 n. 40
Marius Lupus: 205, 216 n. 59
Markus (R. A.): 299 n. 45
Martin-Cottier (M.): 335 n. 7
Martinho v [Ottone Colonna] (1368-1431, papa): 301 n. 56
Marx (K.): 103, 117 n. 41, 325
Masqueray (P.): 179 n. 21
Massignon (L.): 507
Mauriac (C.): 376-7 n. 28
Mazarin (J.): 323
McFarlane (K. B.): 213-4 n. 44
Mehdi Bazargan: 508
Meine (H.): 376-7 n. 28
Meinecke (F.): 149 n. 5, 412 n. 11, 520
Meinhof (U.): 376-7 n. 28
Merswin (R.), v. Rulman Merswin

Metternich[-Winneburg] (C. W. L. de): 442 n. 9
Meysonnier (S.): 69 n. 15
Michel (A.): 296 n. 34, 301 nn. 60 e 61
Milcent (P.): 293 n. 17
Miller (G.): 107-8 n. 2
Minc (A.): 507-8 n. 49
Mirabeau (V. Riquetti de): 95, 112 n. 20
Moheau [J.-B.]: 30-1, 38 nn. 39-42
Montaigne (M. de): 257, 288 n. 3
Montaigu, Lady [Eléonore Beaulieu]: 108 n. 6
Montchrétien [Montchrestien] (A. de): 431 n.*, 443 n. 14, 446 n. 47, 448
Montesquieu (C. de Secondat de la Brède de): 110 n. 13, 484 n. 18
Moreau de Séchelles (J.): 68 n. 10
Morellet (A.): 69 n. 15
Moser (J. J.): 441 n. 6
Moulin (A.-M.): 33 n. 10, 107-8 nn. 2, 5 e 6, 109 n. 8
Mousnier (R.): 440 n. 3
Müller (D.): 180 n. 23
Müller (H.): 502
Münzer (T.): 333 n. 1
Murphy (A.): 69 n. 15

Naudé (G.): 328, 339 n. 40, 349-51, 352, 356, 375-6 nn. 20, 21 e 24, 378 n. 37
Naves (R.): 153 n. 26
Naz (R.): 215 n. 55

Necker (J.): 69-70 n. 17
Nekrassov (V.): 295 n. 27
Newton (I.): 28, 37-8 n. 37
Nicolau de Basileia: 303 n. 68
Nietzsche (F.): 155 n. 39
Novaciano [Novatianus]: 248-9 n. 16

Ourliac (P.): 298 n. 43

Pacôme [são Pacômio]: 298-9 n. 44
Pajot (H.): 415-6 nn. 26 e 27
Paládio de Helenópolis [Palladios, Palladius]: 251 n. 30
Palazzo (A.): 341-6, 365, 372-3 nn. 2-9, 374 nn. 15-16, 386, 388, 411 n. 3
Parker (G.): 36 n. 30, 411-2 n. 9
Paruta (P.): 123, 151 n. 14
Pasquino (P.): 154 n. 33
Pasteur (L.): 79
Patermutus: 252 n. 33
Patocka (J.): 295 n. 27
Pattullo (H.): 112-3 n. 22
Paulino de Milão [Paulinus Tyrius]: 216-7 n. 62
Paulo (são) [Paulo de Tarso]: 214 n. 49, 241
Peil (D.): 180-1 n. 28, 181-2 n. 36
Perrot (J.-Cl.): 18, 33-4 n. 11, 38 n. 39, 111 n. 18, 112 n. 22
Perrot (M.): 33-4 n. 11
Petty (W.): 114 n. 28, 381 n. 60
Pfister (C.): 414 n. 18

Pianzola (M.): 333 n. 1
Pichery (E.): 299 n. 45
Pignarre (R.): 179-80 n. 22
Pio v (1504-1572, papa): 323, 338 n. 29
Pitágoras: 210 n. 4
Platão: 153 n. 25, 176, 187-91, 193-7, 208, 211-3 nn. 10-39, 224, 225, 388
Pliutch (L.): 295 n. 27, 498
Plumart de Dangeul (L. J.): 67-8 n. 9
Politi (L.) [Ambrogio Catarino]: 122, 150 n. 10
Post (G. E.): 180-1 n. 28
Prat (F.): 296 n. 33
Procacci (G.): 149-50 nn. 4 e 5, 150 n. 10, 339 n. 41
Pseudo-Arquitas: 185
Puech (H.-C.): 289-90 n. 6
Pufendorf (S. von): 132, 153 n. 27, 181 n. 35
Pütter (J. S.): 441 n. 6

Quérard (J.-M.): 69-70 n. 17
Quesnay (F.): 67 nn. 5-6, 70-1 n. 19, 95, 98, 103, 111-2 nn. 18 e 19, 112-3 n. 22, 117 n. 40, 129, 152-3 n. 23, 463, 485 n. 24, 486 n. 32

Rabbow (P.): 254 n. 44
Racine (J.): 354, 377-8 nn. 33-36
Rahnema (A.): 507 n. 47
Ranke (L. von): 122, 149-50 n. 5, 409
Rapp (F.): 302-3 n. 67
Rath (W.): 303 n. 68

Rathé (C. E.): 150-1 n. 11
Ray (J.): 115-6 n. 34
Razzell (P. E.): 107-8 n. 2
Regnault (L.): 299 n. 47
Rehberg (A.W.): 122, 149 n. 3
Repgen (K.): 413-4 n. 17
Reynié (D.): 375-6 n. 24
Ricardo (D.): 117 n. 42
Richelieu (A. J. du Plessis de): 36-7 nn. 29 e 32, 154 n. 32, 337 n. 25, 338 n. 41, 353, 363, 375 n. 19, 376 n. 25, 377 n. 30, 381 n. 59, 388, 412 n. 11
Ridolfi (A.): 122, 150 n. 7
Robinet (A.): 412-3 n. 14
Rohan (H. de): 412 n. 11
Rousseau (J.-J.): 72 n. 24, 98, 115-6 n. 34, 128, 144-5, 152 nn. 21-22, 154 n. 36-37
Rousseau (M.): 24, 36 n. 32
Rufino de Aquileia [Tyrannius Rufinus]: 214 n. 47
Rulman Merswin: 281, 302-3 n. 67, 303 n. 68, 510

Saint-Martin (R. de), SJ: 324, 338 n. 33
Sakharov (A.): 295 n. 27
Sallé (J.-A.): 481 n. 2
Salleron (L.): 112-3 n. 22
Salomoni (A.): 33 n. 8
Schelle (G.): 69 n. 15
Schiera (P.): 154 n. 33, 442 n. 11
Schmidt (C.): 303 n. 68
Schmitt (R.): 184, 210 nn. 2 e 3
Schnur (R.): 337 n. 24
Sciacca (E.): 151 n. 15

Seibert (I.): 180 nn. 25 e 27
Sêneca: 252 n. 36
Senellart (M.): 33 n. 6, 493
Shakespeare (W.): 354, 377-8 n. 36
Shariat Madari: 505-6 e n. 42
Shayegan (D.): 507 n. 47
Sigismundo de Luxemburgo (1411-1437, rei da Hungria): 297 n. 39
Simon (M.): 289-90 n. 6
Siniavski (A.) [Abram Tertz]: 217 n. 64, 295 n. 27
Sirmond (J.): 349, 374 n. 19
Small (A.W.): 35 n. 25, 442 n. 11
Sócrates: 189, 213 n. 39
Sófocles: 179 nn. 21-22
Soljenitsin (A. I.): 267, 295 n. 27, 296 n. 29
Spengler (J. J.): 111-2 mn. 18 e 19
Spinka (M.): 294 n. 21
Starobinski (J.): 36-7 n. 33
Stegmann (A.): 338 n. 26
Stegmann von Pritzwald (K.): 210 n. 1
Stolleis (M.): 35 n. 25, 337 n. 24, 411-2 n. 9, 442 n. 10, 493
Strauch (P.): 302-3 n. 67
Struensee (J. F.): 35 n. 26
Sully (M. de Béthune de Rosny de): 388, 400, 411 n. 8, 414 nn. 18 e 19
Suso (bem-aventurado Heinrich Seuse): 300 nn. 52-53, 302-3 n. 67

Tácito: 322, 338 n. 26, 375 n. 20, 381 n. 63
Talleyrand [C. M. de Tayllerand-Périgord]: 415 n. 21
Tannery (P.): 334 n. 4
Testard (M.): 247 n. 3
Thiers (L.-A.): 116 n. 36, 408
Thomas Münzer, v. Münzer (T.)
Thuau (E.): 323-4, 338 nn. 25, 26, 30 e 31, 374 n. 19, 376 n. 25, 377 n. 29, 414 nn. 18 e 20, 520 n. 98
Thuillier (G.): 109 n. 10, 444 n. 31
Tomás de Aquino (são): 153 n. 25, 311-4, 335 nn. 7-13, 345, 439 n.*
Tomás de Kempis [Thomas Hemenken]: 298 n. 43
Trasímaco: 188-9
Trudaine de Montigny (J. C. P.): 68 n. 14
Turgot de l'Eaulne (A. R. J.): 68-9 n. 14-15, 485 n. 25
Turquet de Mayerne (L.): 420, 427-8, 429-32, 440-1 nn. 3 e 5, 443-4 nn. 17-30, 446 n. 42

Ulrich Engelbert [dito Ulrico de Estrasburgo]: 280, 302 n. 66

Valdès [ou Valdo] (P.): 290 n. 9
Valentiniano I [Flavius Valentianus] (321-375, imperador romano): 206
Vallières (A. de): 372 n. 2
Vandenbroucke (Dom F.): 293-4 n. 20, 297 n. 41, 300 n. 52, 303 n. 68, 304 n. 72

Vattel (E. de): 416 n. 31
Vauban (S. Le Prestre de): 340 n. 43
Venceslau IV (1378-1419, rei da Boêmia): 291-2 n. 11, 294 n. 21
Vernet (F.): 293-4 n. 20
Véron de Forbonnais (F.), v. Forbonnais (F. Véron-Duverger de)
Veyne (P.): 178 nn. 9 e 10, 198, 213 n. 40, 320, 336 nn. 21 e 22, 488, 494 n. 4
Vigny (Vigné de): 24-6, 37 n. 35
Villari (P.): 149 n. 5
Vilquin (E.): 38 n. 39, 110 n. 15, 114 nn. 28 e 29
Virgílio: 30, 38 n. 41
Voisé (W.): 412-3 n. 14
Voltaire (F.-M. Arouet, dito): 115-6 n. 34, 151 n. 12
Voöbus (A.): 298-9 n. 44

Wahl (F.): 494 n. 4
Wakefield (G. S.): 214 n. 45
Wallhausen (J. J. von): 36 n. 30
Walter (L. G.): 333 n. 1
Wanner (R. E.): 444 n. 31
Ward (B.): 299 n. 47
Weber (M.): 334-5 n. 6
Wesley (J.): 200, 214 n. 45
Weulersse (G.): 68 nn. 11 e 14, 69-70 nn. 17 e 18, 73 n. 28, 111-2 nn. 18 e 19, 485 nn. 24 e 28
Wolff (C. von): 402, 415 n. 21
Workman (H. B.): 213-4 n. 44

Wyclif (J.): 200, 205, 213-4 n. 44, 215 n. 56, 262, 271, 277, 294 n. 21, 296 n. 32, 297 n. 37, 301 n. 56

Xenofonte: 211 n. 10

Zehrfeld (R.): 381 n. 61
Zeiller (J.): 296 n. 30
Zeller (G.): 414 n. 20
Zinoviev (A.): 295 n. 27